2010年1月8日，2010年北京市经济和信息化工作会议

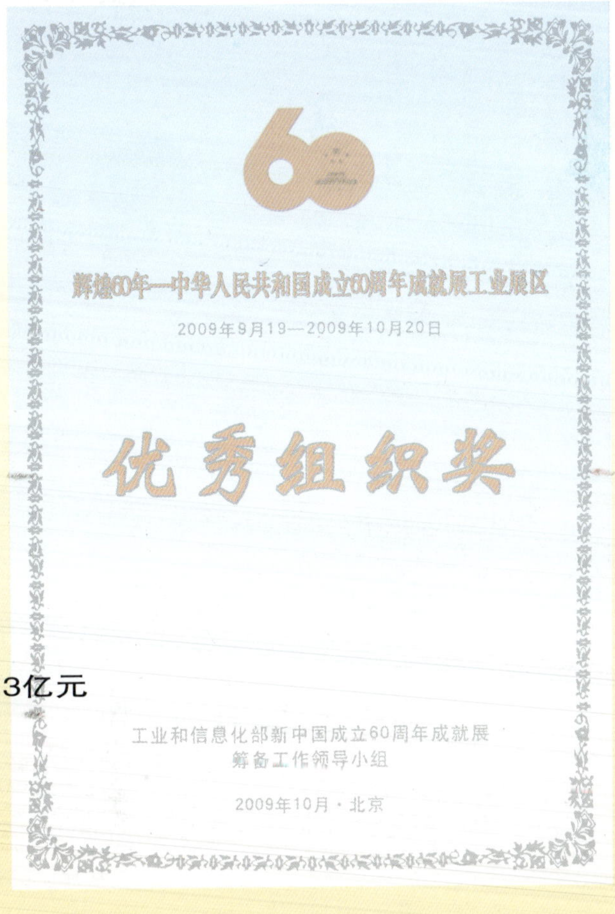

辉煌60年—中华人民共和国成立60周年成就展工业展区

2009年9月19—2009年10月20日

优秀组织奖

工业和信息化部新中国成立60周年成就展
筹备工作领导小组

2009年10月·北京

- 完成工业总产值（现价）11039.13亿元
- 完成工业增加值 2282.19亿元
- 主营业务收入 12173.06亿元
- 工业实现利润总额 742.92亿元
- 工业经济效益综合指数 % 210.87

2009年6月10日，北京市副市长苟仲文出席北京市绿色能源产业基地揭牌仪式

2009年12月2日，北京市经济和信息化委员会主任朱炎出席北京亦庄移动硅谷启动暨入园企业签约仪式

2009年5月21日，北京市经济和信息化委员会党组书记李平出席首钢京唐钢铁公司1号高炉开炉仪式

2009年3月30日，京西重工收购德尔福悬架和制动业务签约

2010年5月7日，北京市经济和信息化委员会副主任梁胜出席2010年北京国际LED展览会开幕典礼

北京现代组装车间

北京市帮扶企业调度会

2009年11月20日，北京市经济和信息化委员会副主任姜贵平出席北京市产业调整和振兴方案新闻发布会

石化新材料科技产业基地

三一重工技术中心

2010年2月12日，北京市经济和信息化委员会副主任白新陪同市地方志办公室领导参观政务网络管理中心

2010年4月6日，北京市经济和信息化委员会副主任王学军观看三一重工起重机图片展示

2009年10月14日，中国动漫游戏城建设项目启动信息发布会

2010年4月8日，北京市经济和信息化委员会副主任李洪出席北京市国防科技工业安全保密工作会

2010年4月1日，北京市经济和信息化委员会纪检组组长张国栋到顺义冷轧厂调研

2009年9月2日，首钢纪念建厂90周年暨劳动模范表彰大会

2010年3月4日，北京市帮扶工作表彰大会

2009年8月7日，京芯半导体公司与飞思卡尔半导体、摩托罗拉公司移动通信核心技术转让签约仪式

2009年12月18日，《北京工业年鉴》工作总结大会代表合影

北京工业年鉴

北京市经济和信息化委员会　编

IYB 2010

BEIJING INDUSTRY YEAR BOOK

北京工艺美术出版社

图书在版编目(CIP)数据

北京工业年鉴:2010/北京市经济和信息化委员会编.—北京:北京工艺美术出版社,2010.11

ISBN 978—7—80526—980—1

Ⅰ.①北... Ⅱ.①北... Ⅲ.①工业经济—北京市—2010—年鉴 Ⅳ.①F427.1—54

中国版本图书馆 CIP 数据核字(2010)第 212838 号

北京工业年鉴——2010

作　　者:北京市经济和信息化委员会
通信地址:北京市朝阳区工体北路6号凯富大厦510室
邮政编码:100027
电　　话:(010) 85235624　85235643　85235083
电子邮箱:bianjibu@bjeit.gov.cn　yangxiuzhen@bjeit.gov.cn
特约编辑:杨秀珍　伍鹏程
责任编辑:梁　瑶　邵晓晨
装帧设计:李秋平
英文翻译:吴　琼
责任印刷:宋朝晖
出版发行:北京工艺美术出版社
通信地址:北京市东城区和平里七区16号楼
邮政编码:100013
排　　版:北京金新华文化发展中心
印　　制:北京振兴源印务有限公司
经　　销:全国新华书店
开　　本:889毫米×1194毫米　1/16
字　　数:954千字
插　　页:24
印　　张:34
印　　数:1～2000
版　　次:2010年11月第1版
印　　次:2010年11月第1次印刷
书　　号:ISBN 978—7—80526—980—1/J·880
定　　价:280.00元

本书附同版本CD—ROM一张，光盘内容以书面文字为准。
如有印装错误，编辑部负责调换。

《北京工业年鉴》编纂委员会

《北京工业年鉴》编辑部

编辑说明

一、《北京工业年鉴》（2010 年版）由北京市经济和信息化委员会主办，北京市工业经济研究所承办。

二、本年鉴是一部工业经济和信息高度密集的大型工具书和资料性年刊。本书通过大量的资料数据，详尽刊载、真实记录北京市 2009 年工业经济的发展变化，对于全面、系统地了解和掌握北京工业经济发展所取得的成就，研究北京工业经济运行和重要行业、重点企业的发展变化及其规律，指导下一年度的经济工作具有较大的参考价值。

三、本年鉴高举中国特色社会主义伟大旗帜，以邓小平理论和“三个代表”重要思想为指导，深入贯彻落实科学发展观，力求展示本地区经济特色，突出行业发展特点，数据翔实、内容科学地反映客观情况。

四、本年鉴采用文章和条目两种体裁，以条目体为主，辟有文选、工业大事记、工作概况、工业数据、工业分述、开发区、协会组织、重点项目、企业、产品、工业专利、人物、法规政策文件及附录 14 个一级栏目。

五、本年鉴所载内容均由各级有关部门和单位提供，并经主管负责人审核。全市性数据由北京市统计局提供。

六、本年鉴选用资料的时限为 2009 年 1 月 1 日至 2009 年 12 月 31 日（个别内容根据实际情况其时限略作前后延伸）。

七、本卷是本年鉴连续出版的第二十卷。为顺应世界城市建设，与国际接轨，从本卷开始，本年鉴改为国际标准大 16 开本。

八、本年鉴自 1991 年出版以来，受到广大读者的关心和支持，对此我们深表感谢。限于我们的水平，欢迎读者继续对年鉴的不足之处给予批评和指正，帮助我们进一步改进年鉴的编辑工作，以期更好地为读者服务。

目　　录

文　选

工业大事记

工作概况

工业数据

工业分述

开 发 区

协会组织

重点项目

企　业

产 品

工业专利

人 物

法规政策文件

附　录

彩色插页目录

石化新材料科技产业基地
三一重工技术中心
6 2010年2月12日，北京市经济和信息化委员会副主任白新陪同市地方志办公室领导参观政务网络管理中心
2010年4月6日，北京市经济和信息化委员会副主任王学军观看三一重工起重机图片展示
2009年10月14日，中国动漫游戏城建设项目启动信息发布会
7 2010年4月8日，北京市经济和信息化委员会副主任李洪出席北京市国防科技工业安全保密工作会
2010年4月1日，北京市经济和信息化委员会纪检组组长张国栋到顺义冷轧厂调研
2009年9月2日，首钢纪念建厂90周年暨劳动模范表彰大会
8 2010年3月4日，北京市帮扶工作表彰大会
2009年8月7日，京芯半导体公司与飞思卡尔半导体、摩托罗拉公司移动通信核心技术转让签约仪式
2009年12月18日，《北京工业年鉴》工作总结大会代表合影

第二辑
1 北京同仁堂
2 马坡聚源产业基地
3 北小营镇宏大二三产业基地
4 昌平区经济和信息化委员会
5 昌平区经济和信息化委员会
6 燕山石化
7 燕山石化
8 北京南口轨道交通机械有限责任公司

第三辑
1 北京天盛建筑工程有限公司
2 首钢集团
3 首钢集团
4 首钢京唐钢铁公司自备电站发电机组并网发电
海水淡化装置
首钢生产的冷轧产品
5 首钢京唐钢铁公司炼钢生产线
首钢京唐钢铁公司2250热轧生产线
首钢京唐钢铁公司炼铁厂区
6 北京京煤化工有限公司
7 天津宏泰公司生产区
乳化炸药生产线包装工序
开发研制的全自动雷管装配机完全实现人机隔离操作
京煤化工公司北京厂区一角
8 2009年11月26日，北京市开发区工作会
2009年3月20日，北京市女企业家协会五届二次理事扩大会暨2008年度优秀创业女性表彰大会
2009年3月17日，北汽福田公司与什邡钢管公司协作会议

Contents

Articles

Chronicle Events of Industry

Overview of Industries

Industrial Data

Introduction of Industry in Specific Districts

Development Zones

Associations

Major Projects

Enterprises

Products

Industry Patents

Personages

Documents of Policy and Regulation

Appendix

Catalog of Color Inserts

文　选

在北京市经济和信息化工作会议上的讲话（节选）

北京市副市长　苟仲文

2010年1月8日

同志们：

这次会议非常重要，主要任务是全面贯彻党的十七大、十七届三中四中全会、中央经济工作会议、全国工业和信息化工作会议以及市委十届七次全会，市政府有关会议精神，落实“优化一产、做强二产、做大三产”的指导思想，在新的起点上建设好“人文北京、科技北京、绿色北京”。下面，我讲三点意见。

一、面对复杂多变的形势，全市上下共同努力，在应对金融危机、保增长方面取得了重要的阶段性成果

2008年下半年以来，随着金融危机的不断蔓延，我市经济社会发展受到严重冲击。市委市政府坚决贯彻执行党中央、国务院做出的一系列方针政策，把保增长、调结构、保民生、保稳定作为全市工作的重中之重，采取有力措施，狠抓落实。经过全市上下共同努力，2009年1～11月，全市国民经济增长9.5%，完成了年初确定的“保九”目标，全年人均GDP有望超过1万美元，圆满实现打赢一场硬仗的目标。这些成绩的取得，来之实属不易。这是党中央国务院英明决策、市委市政府正确领导的结果，更是全市各战线同志们迎难而上、团结拼搏的结果。

市经济信息化委是这次机构改革中新组建的部门，2009年3月底正式挂牌，受命于危难之际，成立时间虽然不长，但工作富有成效。一方面，按照市委市政府的统一部署，稳步推进机构改革，顺利实现了平稳过渡；另一方面，在机构人员尚未到位的情况下，扎实有序地开展工作。从年初开始，市经济信息化委认真落实市委市政府的精神，牵头制定了应对金融危机、帮扶企业的若干意见，提出了29条政策措施，圆满完成了工业增长“保八”的目标，软件和信息服务业保持了两位数的高速增长势头，为全市经济目标的完成作出了贡献。

在应对金融危机、帮扶企业的过程中，市经济信息化委认真发挥牵头部门的作用，主动协调相关委办局、各区县与各开发区，制订配套措施，从政策上对工业发展资金使用进行了重大的创新突破，狠抓重大项目，扎实推进信息基础设施提升计划，全面落实市委市政府交办的各项任务。特别是能够着眼全球产业发展的前沿，研究问题，引进项目，广泛开展国际战略合作。一年来的工作表明，市经济信息化委能够牢牢把握市委市政府的战略意图，坚持发扬奥运拼搏精神，注重提高工作效率，高标准、严要求开展工作，确实是不辱使命，成效显著。经济和信息化战线上的广大干部职工，用实际行动表明，大家确实是一支作风硬朗、素质优良、能打硬仗、善于拼搏、勇于创新的队伍。借此机会，我代表市委市政府向全市经济和信息化战线上的同志们表示衷心的感谢！

2009 年是值得认真思考和好好总结的一年，我们全力以赴保障了首都经济的平稳较快发展，对首都经济和信息化工作又有了更多、更新的认识。一是二产在首都经济中具有举足轻重的地位。金融危机在北京而言，本质上是制造业危机，制造业上不去，谈不上首都经济又快又好发展。二是结构调整是推动二产发展的关键环节。去年我们取得的这些成绩，关键是我们在产业结构调整上做了大文章。无论是汽车、电子、软件等各个方面，我们在重大项目的投放上、在战略性新兴产业的前瞻布局上、在自主创新上下了大力气。三是一个高度发达的世界城市离不开高度发达的信息化基础设施和无处不在的信息技术应用。信息化上不去，首都北京很难屹立于世界城市之林。信息化能不能为老百姓带来实实在在的方便，也是衡量首善之区的重要指标。

二、努力保持首都经济平稳较快增长，加快结构调整和发展方式转变

过去几年，北京市取得了很大成绩，但是我们不能固守成绩，我们既要看到北京的优势和有利条件，又不能沾沾自喜，更不能躺在奥运和国庆活动成功筹办的成绩上睡大觉。2010 年，加快首都发展和城市建设的任务依然艰巨，我们面临的形势不容乐观。我们要深刻领会刘淇同志的讲话精神，进一步解放思想，树立强烈的发展意识，积极探索首都发展的规律和特点，切实拓宽视野，勇于突破常规，努力在更高层次上推动首都经济社会又好又快发展。为此，必须要从如下方面着手，切实做好工作。

第一，要牢固树立发展是第一要务的思想意识，坚持不断解放思想，转变观念，创造性开展工作。

当前，全国各省区市都在抢抓机遇，加快发展，形势喜人，形势也逼人。前一段时期，刘淇书记带队到长三角省市进行调研，受刘淇书记委托，郭金龙市长、王安顺副书记带队到珠三角进行调研。通过调研，我们确实感到了北京在科学发展上面临的紧迫性和重要性。上海、杭州、广东、深圳、苏州、宁波等城市，经济发展形势好，发展势头好，这些城市的人均 GDP 都已经超过 1 万美元，苏州更高达 1.5 万美元，远远超出北京的水平，北京进一步发展的任务十分艰巨。

北京市三次产业结构较好，第三产业在全市经济中占有比例全国最高，当前首都科学发展面临的主要问题是经济总量不大和人均总量偏低。2008 年，上海市国民经济生产总值达到 13000 亿元，比北京整整高出了 3000 亿元，上海第三产业占全市 GDP 比例虽然不高，但总量与北京相等。和上海相比，北京的差距主要是在工业上，第二产业是首都经济的短板，因此发展工业，是破解北京发展问题的关键所在。近期，市委市政府反复研究北京的发展问题，达成共识，总体基调是“优化一产、做强二产、做大三产”，这是今后全市开展工作的总方针。

我们要坚持市委市政府确定的“高端、高效、高标准”的发展战略。对高端制造业的定位要有新认识，坚持做强目标，努力在破解做强命题上做文章。政策上要有新突破，把存量优化、增量扩张相结合，在培育新型产业集群的发展上取得突破性进展。

第二，要深入落实科学发展观，坚持转变发展方式，不断优化产业结构。

中央经济工作会议提出，把转变发展方式作为全国今年经济工作的主线，体现了我国政府应对气候变化的负责任的大国态度。北京作为首都，作为首善之区，在转变发展方式、调整结构上要走在全国的前列。经济和信息化战线的同志们今后一段时期的工作，要牢牢把握这一主线，大力推进节能减排、淘汰落后，努力为建设低碳城市作出贡献。

我们要根据国家的工作部署，在技术改造上加大政府资金支持力度，鼓励企业将最适用、最先进的技术引进来，提高工艺水平，改造传统业务流程，以此提升改造现有产业的竞争力和活力，带动自主创新和技术成果转化。加快推动本市企业兼并重组的步伐，深化国有企业的改革转制，增强企业活力和创新动力，培育一批千亿元企业。同时鼓励企业“走出去”，支持本市优势企业参与全国乃至全球范围内的资源整合。

同时要坚持现代制造业和生产性服务业“双轮驱动”，融合发展的新思路，摒弃单纯就制造业而言制造业，就服务业而言服务业的传统产业划分的思维模式，形成制造业、生产性服务业相互带动、相互促进的新局面，加快促进生产性服务业的发展，努力打造新的经济增长点。

第三，集中精力和时间抓大事、抓大项目，推动重点产业的调整振兴。

全市上下，特别是经济和信息化战线的同志们，要围绕破解发展难题，在产业规划布局、重大项目引进、产业园区集聚发展等关键环节上下大力气，做好文章。比如，在土地问题上，今年市政府安排了1000亿元的盘子，其中，就考虑了产业用地问题，会拿出一定资金推进工业开发区的一级开发问题。这个安排，一方面是要解决扩大投资问题，增加投资对全市经济的拉动作用，同时也有利于解决制约工业开发区的空间问题，有一举两得的作用。市经济信息化委要主动加强与相关委办的沟通协调。需要市领导协调的，要及时汇报，市政府将给予大力支持。

去年，市经济信息化委会同发展改革委，研究制定了电子、汽车、装备、生物医药、新能源、都市型产业等领域的调整振兴方案，还起草了软件和信息服务业发展的政策意见，市政府已经讨论通过，即将提交市委常委会审议。这些重点产业，都是经过多年的发展沉淀，逐步形成的适合首都功能特点的经济支撑力量。这些产业发展政策描绘了未来的产业发展蓝图，今后主要任务就是做好落实。我们要以重大项目为抓手和牵引，打造专业化的产业园区，不断完善产业配套环境，形成有整体竞争力的产业链，牢牢占据产业链的高端核心环节。在重大项目引进上要有大手笔，这是解决发展后劲的关键所在。要结合落实重点产业调整振兴实施方案，进一步抓好招商引资，引进建设一批高端项目，深化产学研合作，推进科技成果产业化，高度重视与中央企业、军工企业集团的合作，加快项目对接，力争一批项目落地北京。

刚才朱炎同志在发言中提到，下一步还要研究制定发展现代制造业、培育战略性新兴产业、促进两化融合等政策措施，这些意见我完全赞同，同时，也希望市经济信息化委进一步按照职责定位，进一步理清相关政策制定的思路，争取在比较短的时间内，实现政策的全覆盖，努力为全市经济和信息化工作开展创造良好的发展环境。

第四，要高度重视中小企业发展促进工作，积极推进民营经济发展。

中小企业、民营经济机制灵活，创新能力强，在经济发展中地位很重要。和长三角、珠三角等国内经济发达地区比，北京市中小企业、民营经济盘子较小，数量较少，存在较大差距。北京要借鉴兄弟省市区的先进经验和成功做法，加快推进中小企业和民营经济发展。一是要加快中小企业地方立法，完善政策支持体系，进一步健全促进中小企业、民营经济发展的体制机制，落实政策，改进服务。二是要充分发挥首都的特殊优势，吸引一批有特点的中小企业、民营经济总部落户北京，帮助企业做大做强，提升首都中小企业、民营经济的发展水平、发展规模、发展质量。三是突出首都特色，发挥首都丰富的科技和智力资源优势，大力发展科技型中小企业和文化创意产业，努力形成充满活力、成长性好的产业集群，为大企业的培育奠定坚实的基础。

第五，要以实施信息化基础设施提升计划为契机，全力提升城市信息化水平，为建设世界城市贡献力量。

市委市政府提出要把北京打造成高水平的“世界城市”，其中信息化建设任务是很重的。未来的城市，一定是一个信息技术无所不在的智能化城市，信息化应用也绝不仅是互联网、数字电视、电子商务、计算机这些内容。随着信息技术的不断革新，物联网、云计算、无线城市、超大规模数据处理这些新内容，必将不断走进我们的生活。我们有理由相信，一个世界城市必然需要发达的信息基础设施和各种新技术来支撑。我赞同朱炎同志报告中提到的“信息惠民、信息强政、信息兴业”三大行动计划，也支持北京市研究提出信息社会行动纲要，在下一个五年规划编制过程中，站在全球信息技术发展的前端，精心设计，认真落实。

三、几点要求

（一）进一步树立责任感和使命感

组建市经济和信息化委员会，是贯彻十七大精神，推动信息化与工业化融合的重大举措。市经济信息化委是全市经济工作的重要统筹部门，在确保全市经济发展上承担着重大责任。工业在全市经济中所占比例在20%以上，地位十分重要，要按照“做强”的要求，继续抓好发展工作。软件和信息服务业在全市经济中所占比重已经达到10%，成为全市的支柱产业，北京在发展软件和信息服务业方面具有比较好的条件和优势，进一步发展的空间和潜力很大，要重点加快发展。中小企业占全市企业总量的99%以上，从业人员占全市的70%以上，应税总额占全市的60%以上，促进中小企业发展，也承载服务民生、繁荣民营经济的重要内涵。信息化工作全面覆盖经济和社会各个领域，去年我市推进的信息化基础设施提升计划，全年完成总投资达到130亿元以上，对拉动全市投资、扩大内需、带动上下游产业发展发挥了重要作用。

从以上工作看，经济和信息化工作在全市经济社会发展中涉及范围很广，与一二三次产业和与城市建设和管理都有很密切的关系，经济与信息化工作在全市经济工作中具有十分重要地位和作用。经济和信息化工作的开展，直接关系全市大局，在推动首都科学发展上承担着重大责任。

（二）进一步创新工作方式，提高工作效率

市经济信息化委工作头绪虽然多，但要始终坚持把融合发展作为第一要务，持续不断地解放思想，转变观念，创新工作思路。要努力把握职能定位，理清工作边界，探索建立履行职责的体制机制，认真总结、不断掌握经济和信息化工作的规律和方法。要立足把握全市发展大局，着眼于优化投资环境；坚持以建设服务型政府为目标，研究探索行政审批改革，促进建立绿色审批机制长效机制，变“绿通”为“普通”；努力实现部门联动、简化流程、精减规范审批事项，为重大项目落地北京创造条件；发挥职能部门的作用，建立健全非公投资的核准、备案制度，把好市场准入关，为非公经济提供优质高效的服务。

（三）进一步理顺工作职能，加强队伍建设

市经济信息化委要着眼建设世界城市和“三个北京”的目标，定位在经济和信息化统筹的综合部门，不断丰富职责内涵，以“两化”融合为指引，加快职能转变。各区县要结合实际情况，积极稳妥推进机构改革，加强经济和信息化队伍机构设置和队伍建设，尽快与市经济信息化委形成工作合力。市区两级经济和信息化主管部门，要努力建设学习型组织，树立良好工作作风，加强能力建设，打造一支高素质、战斗力强的经济和信息化干部队伍，不辜负市委市政府和全市人民的重托。

在市经济信息化委开展作风建设年活动动员大会上的讲话

北京市经济和信息化委员会党组书记　李　平

2009年5月8日

同志们：

今年2月，市委决定在全市各级领导干部中开展弘扬北京奥运精神、加强作风建设年活动。按照市委的统一部署和工作要求，原市工业促进局、信息工作办公室、乡镇企业局党组分别在第一时间迅速启动了作风建设年活动，研究制定实施方案，加强活动的组织领导，落实有关具体工作。3月份，市政府机构改革工作全面展开，市经济和信息化委员会正式挂牌成立。按照市委市政府对我委的职责定位和工作要求，面对新职能、新形势和新任务，委党组认真学习和领会市委市政府的指示精神，对如何进一步开展好作风建设年活动，顺利完成机构改革任务，贯彻落实好市委十届六中全会精神，认真做好当前和全年的各项工作，全力完成保增长、保民生、保稳定任务进行了专题研究。结合当前的形势和任务要求，委党组着眼于市经济信息化委机关干部队伍建设的长远目标，进一步加强作风建设年活动的统筹组织，在原有工作的基础上，召开全委机关干部和直属事业单位领

北京市经济和信息化委员会党组书记 李 平

导班子成员大会，对开展作风建设年活动进行统一部署、再次动员。刚才，梁胜同志传达了刘淇书记在全市开展领导干部作风建设年活动动员大会上的讲话，张国栋同志对此次活动进行了具体部署，活动的目标要求、基本原则和实施方法都已经讲得很清楚，各单位、各部门要认真组织落实。下面，我代表委党组对进一步搞好作风建设年活动讲三点意见。

一、统一思想，提高认识，充分把握开展作风建设年活动的重要性和必要性

市级各委办局机关的工作作风是市委市政府党风政风的重要组成部分和直接体现。机关作风的好坏、办事效率的高低，不仅关系到市委市政府的形象，而且关系到全市经济社会发展的成败。面对新的形势和新的任务，市委决定开展弘扬北京奥运精神、加强领导干部作风建设年活动，对于巩固学习实践科学发展观活动成果，对于积极应对国际金融危机挑战，实现“保增长、保民生、保稳定”目标，对于顺利完成机构改革和全年各项工作任务，具有十分重要的意义。

第一，开展作风建设年活动是继续深入贯彻科学发展观的迫切需要。

作风是世界观、人生观、价值观的直接反映，是党性修养、政治品质、道德境界的具体体现。作风好坏是衡量一个政党是否具有较强执政能力，能否始终保持先进性的重要标志。实践证明，党性决定党风，党风决定作风，作风决定事业的成败。我们党历来非常重视作风建设，并在长期革命和建设的伟大实践中，形成了具有中国特色的优良传统和作风。比如，理论联系实际的作风，密切联系群众的作风，艰苦奋斗的作风等等，为我们党长期的革命和建设事业不断取得成功发挥了十分重要的作用。去年10月以来，根据中央和市委的统一部署，全市统一开展了第一批深入学习实践科学发展观活动，全委党员干部在科学发展观的理解认识和工作能力水平的提高上都取得了明显成效。要实现党员干部受教育、科学发展上水平、人民群众得实惠的目标，关键问题是提高干部素质、加强作风建设。从这个意义上讲，开展干部作风建设年活动，既是学习实践科学发展观活动的不断深入，也是巩固学习实践活动成果的重要举措。我们要通过开展作风建设年活动，切实把深入学习实践科学发展观活动进一步推向深入，把学习实践科学发展观活动体现在领导干部的作风建设上，落实在具体工作中。

第二，开展作风建设年活动是应对金融危机、实现保增长的迫切需要。

去年下半年以来，受国际金融危机影响，加上长期存在的经济结构不尽合理、经济发展后劲不足、创新能力薄弱等问题，当前和今后一个时期，工业和信息化工作要实现保增长、扩内需、调结构的目标，压力很大，任务艰巨。胡锦涛同志强调，加强党的作风建设，对于应对金融危机、积极贯彻科学发展观、保证经济社会健康发展有着重要意义。刘淇同志在市委十届六次全会上要求，要认真开展领导干部作风建设年活动，充分发挥各级领导干部的示范带头作用，组织和动员社会各方面的力量，形成推动首都发展的强大动力。应对国际金融危机，实现调结构、上水平、保增长，必须从转变干部作风入手，提高服务质量和服务水平，以高效的服务和良好的作风，优化发展环境，帮扶企业共克时艰。

奥运会成功举办之后，我们部分同志在精神状态上有所松懈，干劲有所滑坡。面对严峻形势，部分同志思想上有畏难情绪，思路不新，招数不多。面对这些情况，我们必须集中力量，组织开展作风建设，解决好干部作风方面存在的突出问题，增强干部职工应对挑战、共度难关的信心，保持良好的精神状态，保持良好的工作作风，全面落实市委市政府作出的重大决策部署。要通过加强干部作风建设，不断提高服务企业、服务基层、服务群众的能力，切实解决好群众反映强烈的、企业急需解决的突出问题，以良好的党风政风，密切党群干群关系，维护首都的和谐稳定大局。

第三，开展作风建设年活动是顺利完成机构改革工作，建设和谐机关的必然要求。

组建经济和信息化委员会是市委适应经济社会发展需要，进行政府机构改革的重大决策，我们必须坚决拥护和贯彻执行。我们要借作风建设年活动和机构改革的东风，进一步加强机关的全面建设。经济和信息化委员会是由来自原市工业促进局、信息化工作办公室、乡镇企业局的同志们组成的一个新的集体。每一位同志都将面对新的环境、新的领导和新的同事，全体干部职工都要加强自我教育，树立大局意识，提倡和谐友善、团结协作的良好风气，互相尊重、互相关心、互相理解，把大家的积极性和创造性调动起来，把一个新的集体维护好、建设好。加强作风建设，要求全委同志要以更高的标准、更高的要求，保证机构改革有序进行，努力实现人员思想不散、机关秩序不乱、工作落实不误的目标要求。新的单位要有新的气象、新的面貌、新的作风。要加强机关内部管理制度建设，用制度规范机关各项工作，从一开始就把机关建设放在一个较高的起点和较高的水平上。要进一步提高机关人员综合素质，改进机关作风，坚持以人为本，妥善处置各种在机构改革中可能出现的不和谐、不协调、不稳定因素，营造振奋精神、努力工作的正气环境，建立健康向上、团结友善的机关内部关系和政企干群关系，把思想和行动统一到中央和市委市政府的要求上来，形成构建和谐、共度难关的强大合力。

第四，开展作风建设年活动是提升干部队伍综合素质的重要举措。

党的执政能力和党的先进性，不仅体现在党的理论、路线和方针政策上，而且也体现在广大党员干部的良好作风上。胡锦涛总书记在中纪委七次全会上的重要讲话中大力倡导“勤奋好学、学以致用，心系群众、服务人民，真抓实干、务求实效，艰苦奋斗、勤俭节约，顾全大局、令行禁止，发扬民主、团结共事，秉公用权、廉洁从政，生活正派、情趣健康”的“八种良好风气”，为加强作风建设指明了方向。调结构、上水平、保增长、保民生、保稳定，是当前贯彻落实科学发展观最为重要的实践，任务艰巨，责任重大，时间紧迫，特别需要有一支政治强、作风硬、能吃苦、能战斗，善于领导科学发展和破解难题能力强的干部队伍。据了解，全委来自各单位的干部职工都能够紧紧围绕中心工作，开拓进取、忠于职守、奋发向上、积极进取，在自己的本职岗位上，为全市的经济社会发展做了大量卓有成效的工作，取得了显著成绩。因此可以肯定地说，我们的干部队伍是讲政治顾大局的，基本素质是过硬的，工作能力是很强的。但是对照总书记的要求，对照筹办奥运期间形成的五种精神，即为国争光的爱国主义精神、艰苦奋斗的创业精神、精益求精的敬业精神、勇攀高峰的创新精神、团结协作的团队精神，对照经济和信息化委员会新的职责要求，我们也必须保持一个清醒地认识，应该看到在某些干部的作风方面还存在一些问题，在新的机构组建之初，也要对此有所警示，只有坚持不懈地把加强干部队伍建设作为推进首都经济社会发展的关键环节来抓，才能确保广大干部职工主动适应新形势新任务的要求，以前所未有的精神状态和扎实的工作作风迎接新的挑战，再创新的辉煌。

二、把握全局，突出重点，努力确保作风建设年活动取得明显成效

开展弘扬北京奥运精神、加强领导干部作风建设年活动，是今年机关党建工作的重点，要认真按照市委的统一部署组织开展。委党组提出，开展作风建设年活动，要在践行科学发展观的自觉性上有新提高，在理论水平和领导素质上有新提升，在破解经济社会发展中的难题上有新办法，在求真务实的工作作风上有新增强，在体制机制创新上有新突破等五个方面的目标要求。我们要利用好机构改革的契机，以作风建设年活动为抓手，建设崭新的机关，树立优良的作风，培养高素质的干部队伍。

第一，顾全大局，加强团结，圆满完成机构改革工作。

市经济和信息化委员会组建工作目前没有完全到位，正处于过渡期。确保机构改革顺利完成，实现机构融合、人员融合、思想融合、工作融合，形成一个新的战斗集体，是市委市政府的要求，也是我们当前的首要任务。机构设置、人员安排，委领导班子会做统一的考虑和安排，“三定方案”正式通过后，将按照规定有序进行。这次改革基本不涉及减员，大家要把心思放在工作上，不要过多地考虑个人问题，正确处理部门利益与整体利益、个人利益和集体利益的关系，自觉服从改革大局。改革过渡期间，大家一定要树立大局观念，自觉维护和推动改革。不利于机构改革的话不说，不利于机构改革的事不干，这是每一名党员，尤其是党员领导干部起码应具备的素质，是检验同志们作风是否正派的政治标准。希望同志们严守纪律，共同努力，确保机构改革平稳完成。

第二，坚持学习，提高素质，努力建设学习型机关。

市经济信息化委整合了原工促局、信息办、乡镇企业局的全部职能和发改委、科委的部分职能。与原有各部门相比，人员增多了，职能扩充了，责任加大了。组建市经济信息化委是北京实施新体制的重要探索，负责北京工业及相关产业发展、信息化推进，工业行业管理职能得到强化，形成了覆盖各种所有制、各种隶属关系、不同规模工业类型的"大工业"管理体制。与工业密切相关的软件及信息服务业、生产性服务业相关职能纳入进来，工作范围覆盖二产及生产服务业的内容。信息化工作更是覆盖三次产业的全市性综合工作。这样的职能定位，对更好地促进全市工业发展、促进工业和信息化融合十分有利。当然，这个体制对大家的素质和能力要求也更高了。同志们来自于不同部门，原有工作经历、业务要求不尽相同，如何尽快地适应新的岗位要求，具备相应的知识、素质和能力，是新的挑战。无论是委领导还是处级干部或一般干部都面临这个问题，加强学习、提高素质和能力，是大家共同面临的任务。一方面，委里会考虑以适当的方式，尽快安排集体学习和交流活动，以方便大家对全委工作了解，同时也希望同志们主动搞好个人学习、相互学习，加强对有关理论和业务知识的掌握，增强全局观念，树立全委工作一盘棋的思想，形成整体合力。我们倡导建立学习型机关，这在当前尤为重要。任何一名同志，如果继续凭着老经验办事，肯定跟不上形势。

第三，坚定信心，振奋精神，全力推进科学发展。

今年我们面临空前严峻的形势，国际金融危机仍在蔓延，市场需求继续萎缩，经济下行压力很大。市委市政府推出了一系列经济刺激政策，首都经济发展面临有利条件，大家要正确把握形势，坚定信心，坚持把保增长、保民生、保稳定作为当前贯彻落实科学发展观、开展作风建设年活动的重要实践，把思想和行动统一到市委全会的决策部署上来，按照调结构、上水平、保增长的总要求，振奋精神，勇于挑战，努力为实现全市经济增长9%作出贡献。工业要以"保八"为目标，加快推进重点产业振兴规划制订实施，加快重大项目建设，加强产品市场开拓，加大企业帮扶力度，同时要着眼于科学发展，加快推进技术创新、技术改造、节能减排及园区建设等工作，努力推动产业结构调整和发展方式转变，促进建设品牌工业、创新工业和生态工业。要结合机构改革调整，探索加强推进中央企业、市属企业、区县企业、乡镇企业、中小企业发展的总思路，尽快形成"大工业"管理模式。要结合职能定位，研究探索软件产业、生产性服务业发展的思路，引导企业转变经营模式，延长产业链条，发展价值链高端环节，形成集研发、设计、制造、营销、品牌等环节于一体、良性互动的格局。信息化工作要坚持以围绕构建首都现代化服务体系、推动经济结构调整和产业升级、提高城市管理及运行效率、支撑和促进城乡公共服务均等化等任务，深化信息惠民、信息兴业、信息强政、信息助农等重大计划实施，推进信息化基础设施建设，加强电子政务建设，拓展涉农、基层等服务领域，强化网络和信息安全管理，加强无线电管理，推进信息资源开发利用，加强信用体系建设，努力提升信息化水平，巩固和提升我市信息化在全国的领先优势。尤其是要结合机构职能定位，发挥体制优势，着力探索信息化与工业化融合的途径和方法，提升北京制造的信息化水平，打造北京工业新的竞争力，探索一条符合北京优势的新型（信息）工业化道路，进一步落实市委市政府确定的高端产业发展战略，把我市工业和信息化工作提到一个新水平。

第四，求真务实，扎实工作，全面改进工作作风。

新机构具有新职能，面临新形势和新任务，我们承担的责任重大，任务艰巨，必须要以创新的精神、饱满的精神，大兴求真务实的作风，更加扎实地开展工作，圆满完成我们的使命。一是要大兴调查研究之风。要按照作风建设年活动的统一安排，结合市经济信息化委重点工作，尽快安排委领导分头深入基层开展调研，摸清情况，研究工作，形成思路，重点工作要形成有分量的调研报告。二是大兴为企业、为基层办实事之风。要想企业、基层之所想，急企业、基层之所急，切实帮助企业、帮助基层解决难题，创新工作方法，提高工作效率。要反对搞表面上热热闹闹、有新闻轰动效应、投机取巧、华而不实、对促进工作有害而无益的活动，反对做表面文章、摆花架子等形式主义和官僚主义作风。三是改进会风、文风。要按照市委有关要求，严格控制会议数量和规模，少开会、开短会、讲短话、写短文，为基层创造好环境。我们政府部门的一言一行代表政府形象，体现党的作风，要身体力行，以优良的党风带政风，以优良的政风促民风。

第五，践行宗旨，改善民生，密切党群干群关系。

群众路线是党的政治路线，全心全意为人民服务是党的根本宗旨。我们要始终坚持走群众路线，时刻牢记全心全意为人民服务的根本宗旨，坚持发展为了人民、发展依靠人民、发展成果由人民群众共享，密切党和政府与人民群众的血肉联系。要深入工业和信息化的重要发展区、基础薄弱区、重点行业、重点企业，建立联系点，虚心听取基层意见，向重点帮扶企业、帮扶对象，送扶持政策，送信息服务，送党和政府的关怀。要建立领导干部接待群众来访制度，及时协调解决重大疑难问题，切实把矛盾和纠纷化解在基层，消灭在萌芽。要简化投资审批、核准程序，提高工作效率。要改进和完善信息公开制度，及时发布工业和信息化信息，提高工作透明度，保障人民群众对我们工作的知情权、参与权、表达权和监督权。

第六，加强修养，严守纪律，永葆党的政治本色。

加强党性修养。中国特色社会主义理论体系是马克思主义中国化的最新成果，是全国各族人民团结奋斗的共同思想基础，要加强学习。前一时期各个单位组织开展了深入学习实践科学发展观活动，对以科学发展观为核心的中国特色社会主义理论学习有成效、有收获，对推进工作、理清思路、解决问题发挥了重要作用。中国特色社会主义理论内涵丰富，博大精深，过去的学习远远不够，开展作风建设年活动要继续把理论学习作为重点，强化用科学发展观武装头脑、指导实践的能力，切实推动工作。

加强党性锻炼。联系新职能、新任务、新形势、新要求，提高运用马克思主义立场、观点、方法，研究分析和解决工业和信息化工作深层次矛盾和问题的本领和方法，提高科学发展的能力。要深入查找自身在党性党风方面的突出问题，牢固树立正确的世界观、人生观、价值观、政绩观、权力观和利益观。正确看待个人得失，正确把握利益关系，对党忠诚、为党分忧、对民尽责、为民奉献。时刻保持清醒头脑，自觉抵制奢侈浪费和违法乱纪之风，从思想上构筑坚强防线，培养健康的生活情趣，始终保持共产党人的政治本色。使用干部要坚持德才兼备，以德为首。要慎重对待手中的权力，把群众利益放在首位，主动接受群众监督，不能靠手中的权利收受或索要企业、基层的礼金，为个人谋利。委党组不希望任何同志因一念之差而发生政治问题，对腐败现象也不会包庇和放纵，发现一起要严肃处理一起，决不姑息手软。

加强纪律观念。纪律关系整体战斗力，任何人没有违反和破坏纪律的特权，都要严守党的政治纪律、组织纪律、经济工作纪律和群众工作纪律。要坚决反对自由主义、享乐主义和拜金主义行为。阳奉阴违、实用主义、会上不说、会下乱说、当面不说、背后乱说等不良行为，是不允许的。

第七，民主决策，廉洁自律，加强领导班子建设。

重大项目、重大资金和重要人事安排等重大事项要实行集体决策。要严格执行民主集中制，先征求大家的意见建议，班子集体讨论、集体研究、集体决策，确保决策的科学性和民主性，杜绝出现关系项目、人情项目和攀比项目，杜绝腐败现象。重大事项在集体决策后，任何人都要按照工作分工不折不扣地执行。对执行不力造成严重影响的要进行责任追究，承担相应责任。要加强党风廉政建设，抓好领导干部廉洁自律，严格按照中央和市委的有关制度加强对干部的教育管理。纪检监察部门要发挥职能，履行职责，加强对领导班子和党员干部的监督检查，督促落实责任制，做好事件查处工作。要建立完善委党组中心组学习制度，领导干部要加强学习，要与时俱进，争做理论、政策、业务等学习的典范，发挥示范带头作用。

第八，建章立制，依法行政，加强机关正规化建设。

加强制度建设。制度是确保机构运行的重要保证，是机关建设的重要内容。要尽快把经信委各项制度制订工作纳入日程，迅速建立主任办公会制度、党组办公会制度、重大事项、重大资金管理和使用制度、干部选拔使用制度等规章制度，并严格执行。机关运行要按制度办事，加强规范性，防止随意性。

坚持依法行政。这是我们党立党为公、执政为民、依靠人民群众行使权力、维护和实现最广大人民群众根本利益的集中体现。要严格遵守行政审批、行政许可等有关法律法规，切实做到依法行政。

要培育优良的机关文化，营造讲政治、讲正气、讲团结、讲贡献的小环境。做人做事要表里如一，说老实话、办老实事、做老实人、不弄虚作假、不口是心非。对待工作要尽职尽责，有意见在正式场合讲，在会上讲，相互配合，不推诿扯皮，补台不拆台。分内工作不能对领导一个态度，对其他同志另一个态度。尊重是相互的，要想别人尊重，首先要尊重别人；不尊重别人，很难获得别人的尊重。对基层服务对象，要谦虚谨慎，不能居高临下、颐指气使、指手画脚，更不能粗鲁、简单、粗暴。具体工作有意见和分歧很正常，但要心平气和地讲，要抱着真诚为基层服务的态度去做事。对待领导和同事要摆正位置、相互尊重、与人为善，大事讲原则、小事讲谅解，言谈举止要符合身份。适当时候、适当地点，开个玩笑，活跃一下气氛是可以的，但要注意适度，区分场合，内外有别。在工作时间和正式场合，不能哥们姐们的不正规，不能讲内容不健康的黄段子或政治笑话。评价同志要全面看待，不能抓住一点不及其余，全面否定，不能在背后贬低领导和同事，要取长补短、相互学习、共同进步。古人说家丑不可外扬。对待职务晋升、工资调整、考核评比等关系个人发展和利益问题，要光明磊落，相信组织的决定，相信群众的智慧，不能得到了沾沾自喜、目空一切，得不到就怨天尤人、牢骚满腹。同事间要比贡献、比业绩，不能随意否定、污辱或攻击别人，不能心胸狭窄，要心胸开阔，做人格高尚的人。

加强机关党群工作。基层党组织要积极支持中心工作，开展丰富多彩的文化体育活动，加强支部建设，加强思想政治工作，提高党组织的凝聚力和战斗力，充分调动党员干部的创造性和积极性。工会和共青团等部门要关心、理解职工的工作和生活，要关心年轻干部的成长，主动了解干部职工的困难，认真吸取合理化建议，在政策和规定允许的情况下，帮助困难同志解决实际问题，维护个人的合法权益，解决干部职工的后顾之忧，把机关建设成职工温暖之家，使大家能够以更好的精神状态投入到工作中去。

三、精心组织，狠抓落实，为开展作风建设年活动提供坚强的保证

开展加强作风建设年活动，是市委弘扬北京奥运精神、在新的起点上开创发展新局面的要求，是着眼于应对国际金融危机、加强干部队伍建设、优化发展环境、推动科学发展做出的一项重大决策。市委十届六次全会对扎实开展学习实践科学发展观活动和领导干部作风建设年活动提出了更加明确的要求。我们一定要把作风建设作为当前和全年的重要工作来抓，务求思想作风有变化、工作创新有突破。

第一，要坚持领导带头。

为加强对作风建设年活动的组织领导，成立委作风建设年活动领导小组。领导小组下设办公室，具体负责此项工作。领导同志坚持“五个带头”是加强作风建设的关键所在。委领导，机关处室、各事业单位的领导干部一定要牢记首都工作的职责使命，要工作在第一线，冲锋在最前面，要率先垂范、身体力行，充分发挥表率示范作用，大力弘扬奥运精神，自觉加强党性修养，以更加高昂的斗志投入到调结构、上水平、保增长、保民生、保稳定各项工作中去。要求广大干部做到的，领导干部要首先做到，要求基层做到的，机关要首先做到，要求领导班子做到的“一把手”要首先做到。在这里，我代表委领导班子表个态，在加强作风建设年活动中，每个班子成员都要从我做起，带头转变工作作风，深入基层、深入群众，千方百计地帮助企业度过难关，带头发扬艰苦奋斗、勤俭节约的精神，真正把有限的资源和财力用在发展经济和改善民生的事业上，请全委干部职工监督。委领导班子成员要发挥好“一岗双责”作用，既要抓业务工作，又要抓分管处室干部的作风建设。

第二，要加强组织推动。

机关各处室、各事业单位要按照委作风建设年活动实施方案的进度要求，细化制定本部门、本单位的作风建设工作计划，加强宣传教育，引导干部职工自觉防止和克服“与己无关、老一套、无所谓”等模糊认识，积极投身到作风建设年活动中去，真正使干部素质得到提高、机关作风得到改进。全委同志要把学习贯彻市委十届六次全会精神作为当前作风建设的重要内容，密切关注各大报纸、新闻媒体、政府网站关于市委全会精神的宣传报道，认真学习领会，力求用市委全会精神统领年度的各项工作。各党支部要围绕当前的工作大局，组织党员干部开展“进农村、进社区、进企业，促发展、促和谐”（三进两促）活动，以党建促进业务工作的开展，在工作实践中丰富党建内涵，加强基层调研，创新工作思路。委作风建设年活动领导小组办公室要加强督促指导，发现解决问题，总结推广经验。要加强对活动的舆论宣传，及时向上级部门反映我委开展活动的做法、经验和体会。要利用好网络、简报等多种方式，宣传典型，弘扬正气，为开展好作风建设年活动营造浓厚氛围。

第三，要促进工作落实。

加强作风建设，重在培养教育干部、重在解决突出问题、重在推动各项工作。要紧紧围绕全委的中心工作，着眼于应对国际金融危机、克服经济发展困难，努力实现保增长、保民生、保稳定的大局，加强对形势的研究分析和动态把握，加强对关系工业经济和信息化推进工作中的重大问题以及带倾向性问题的深入分析，增强工作的前瞻性、主动性、敏锐性。要加紧做好年度各项目标任务的分解细化工作，明确责任，真抓实干，在一个“实”字上下功夫，力争在解决关键性的重大问题上取得实质性突破。

同志们，机构改革赋予了经济和信息化委员会新的职能，市委市政府对全市工业和信息化工作提出了新的要求，人民群众对我们的工作寄予了新的期望。在委党组的正确领导下，全委干部职工围绕应对国际金融危机保增长、保民生、保稳定和机构改革等任务，开展了大量卓有成效的工作，并取得了一些新的进展。市委十届六次全会对全面完成今年的各项任务进行了动员部署，为全市工业经济发展和信息化推进工作指明了方向。我们要振奋精神、借势发力，认真学习和领会市委全会精神，进一步解放思想，转变作风，扎实推进全年各项工作的落实，以优异的成绩迎接新中国成立60周年。

转方式　调结构　促发展
开拓首都经济和信息化建设新局面

——在2010年北京市经济和信息化工作会议上的报告

北京市经济和信息化委员会主任　朱　炎

2010年1月8日

同志们：

这次会议是在我市经济处于企稳回升的关键时期召开的一次重要会议。主要任务是：全面贯彻党的十七大、十七届三中四中全会、中央经济工作会议、全国工业和信息化工作会议，以及市委十届七次全会精神，总结2009年工作，分析面临的形势，部署2010年主要工作，统一思想，

北京市经济和信息化委员会主任 朱 炎

明确任务，为完成今年各项工作奠定基础。下面，我代表市经济和信息化委员会做报告。

一、2009 年的主要工作

过去的一年，是首都经济和信息化建设极不平凡的一年。在国际金融危机的影响下，全市经济艰难开局，工业增速下滑至进入新世纪以来的历史低点，产品出口大幅下降，众多企业生产经营陷入困境。在党中央、国务院、市委市政府的坚强、正确领导下，围绕“打赢一场硬仗，办好一件大事”，全市经济和信息化战线坚定信心，知难而进，弘扬奥运拼搏精神，牢牢把握“保增长、保民生、保稳定、调结构、上水平”的总要求，化挑战为机遇，全市经济和信息化工作紧张有序、迅速有力展开，圆满完成了国庆 60 周年庆祝活动有关保障任务，并为实现全市经济增长 9%的目标作出了重要贡献。

——工业增速止跌回升企稳向好。全市规模以上工业生产呈现一季度探底、二季度复苏、三季度回升的运行态势，增速分别是－3.4%、0.5%、18.6%；进入四季度，工业保持快速增长态势，1～11 月规模以上工业增长 7.9%，工业经济全年保八的增长目标可顺利实现，预计工业增加值占全市 GDP 的比重超过 20%。

——软件和信息服务业继续保持高速增长。1～11 月份实现营业收入 2150 亿元，同比增长 15%，全年预计实现营业收入 2350 亿元。其中，计算机服务与软件业预计实现营业收入 1800 亿元，同比增长 16%，约占全国比例 21%。软件和信息服务业全年预计实现增加值 1150 亿元，同比增长 16.5%，约占全市 GDP 的 10.4%。

——工业节能减排成效显著。全年共组织 62 家“高污染、高耗能、高耗水”企业退出，每年可以节约能源 5.4 万吨标准煤，节约新鲜水 321 万立方米。前三季度，工业万元增加值水耗为 22.3 吨，规模以上工业万元增加值能耗降至 0.87 吨标准煤，同比下降 12.8%。

——中小企业不断发展壮大。全市中小企业约 25 万户，占全市企业的 99%以上，主营业务收入占 56%以上，从业人员占 70%以上，应税总额占 60%以上。镇村企业健康发展，运行态势良好，工业增速高于全市平均水平。

——信息化应用水平在全国领先的基础上进一步提升。信息化基础设施提升计划全面推动城市信息化进程，全市网民数预计达到 1100 万人，占总人口的比例达到 65%，其中 2 兆及以上宽带用户达到 135 万户。全市 3G 网络用户达到 66 万，占全国的 6.7%，其中，TD 用户约 33 万，占全国 TD 用户的 8%。高清交互数字电视用户超过 7 万户。首都之窗连续被评为省级政府门户网站全国第一，全年电子商务预计实现交易额 2300 亿元，同比增长 15%。

一年来，重点工作如下：

（一）认真落实国家和本市应对金融危机的一揽子计划和政策措施，企业帮扶效果明显

市委市政府高度重视、沉着应对金融危机。市领导亲自挂帅、亲临一线，解决企业面临的实际困难，组建帮扶企业应对国际金融危机协调小组，多次召开工作会，积极协调、果断决策，全力开展企业帮扶工作。

帮扶工作主要围绕政策、市场、融资、减负等方面展开，市政府出台了 66 条帮扶政策，市区两级财政统筹安排帮扶资金约 100 亿元。在全国率先推出自主创新产品政府采购试点政策，完成了近 33 亿元的试点采购。积极推进家电下乡、汽车退黄建绿、工业品下乡等工作，我市家电下乡产品销售约 17 万件，以旧换新 22 万件。举办了亦庄、顺义等多场银企对接会，海淀、朝阳、顺义等区县启动投资平台改革试点，设立 21 家小额贷款公司。创新工业发展资金使用方式，支持 227 家企业获得 1.8 亿元的流动资金贴息，拉动新增流动资金贷款 113 亿元。认定高新技术企业 5226 家，数量居全国首位。对历史遗留的 45 个工业用地项目进行处理，34 个项目取得土地使用

权证或签订出让合同。降低失业、工伤等保险费率，调整医疗保险缴费周期，全市受益企业近14万家，减轻企业负担46亿元。

各区县政府、中关村园区管委会、亦庄等开发区全面落实国家和本市各项举措，采取“一企一策”，有针对性地解决企业的具体问题。企业及时调整生产经营，采取保产能利用率、转入海外订单、岗位轮换等措施，不裁员、不减薪，为稳定生产、稳定就业做出了积极贡献。在全市上下的共同努力下，一系列有力的帮扶举措，在较短的时间内扭转了经济增速下滑的势头，坚定了企业战胜金融危机的信心，切实解决了困扰企业生产经营的深层次矛盾和实际问题，工作成效显著。

（二）狠抓“保增长、调结构”，增强产业可持续发展后劲

大力推进重点项目建设。市政府分别与国防科技工业九大集团、三大基础电信运营商、中石化等央企签署战略合作协议，积极争取重大项目落地北京。整合各方面资源，加大产业投资力度，我市共获得中央财政支持13.5亿元，市经济信息化委重点推进的产业项目共201项，各方面总投资1941亿元，项目建成后预计新增销售收入5407亿元。全市开发区累计招商项目2780个，项目总投资747亿元，同比增长72.6%。一大批重点项目的陆续开工、竣工和投产，极大地鼓舞了全市经济和信息化战线的干劲与士气。

积极推进产业调整振兴。出台了电子信息、汽车、装备制造、生物医药、新能源和都市型产业等产业调整振兴实施方案，以此为契机，推进产业加速发展。一是重点推进以京东方八代线为核心的数字电视产业园建设，目前总投资280亿元的京东方八代线已动工兴建。积极推进亦庄移动硅谷、望京移动谷等专业园区建设，大力发展LED产业。二是大力支持北汽福田、北京现代等公司加紧生产，本市全年完成汽车产销127万辆，同比增长65%，约占全国的10%。启动并推进福田中重卡技改以及现代三工厂建设等一批重大项目，推动新能源汽车的研发和产业基地建设，规划建设高端汽车零部件基地，加快培育中低速磁悬浮交通设备产业。三是积极支持三一重工北京制造中心、金风风电设备产业园、中锦阳薄膜太阳能电池产业基地等项目建设，大力推动数控机床、工程机械等产业基地的建设。四是完善生物医药产业基地建设，承担肿瘤、疫苗、医疗器械等国家重大科研项目，推动苏灵等国家一类新药上市，力促抗肿瘤药K001等自主成果研发。五是燕房合作取得积极进展，启动建设石化新材料科技产业基地，双酚A、聚碳酸酯等一批项目相继落户。首钢京唐钢铁项目一期一步工程建成并投入试运行，形成年产485万吨钢的生产能力。六是支持都市型企业开拓市场，组织食品工业“走出去”，开展2009年北京“时装之都”活动，创新发展工艺美术事业。七是以中航发动机项目为依托，启动建设航空航天产业园，努力把握通用航空产业的发展前沿。

不断优化产业布局。积极指导工业开发区建设，明确功能定位。首钢工业区启动区规划改造工作全面展开。延庆新能源和平谷绿能产业基地先后落成，雁栖、天竺空港等开发区成为第二批市级生态试点园。我市电子信息、石化新材料和汽车产业基地成为国家新型工业化产业示范基地。发布了工业遗产保护与再利用工作导则，推进工业设计，提升工业产品核心竞争力，结合工业旅游，推动创意产业与制造业融合发展。

大力推进自主创新。以中关村国家自主创新示范区建设为契机，积极推进01至04国家科技重大专项工作，推进02专项的装备制造和工艺项目取得重要突破，修订企业技术中心认定办法，认定了54家企业技术中心，支持资金5400万元。对物联网、云计算等先进技术开展前瞻性研究，组织推进“感知北京”示范工程，研究建设超算中心。发布了信息化标准发展规划，完成电子政务运维等地方标准的起草、编制。

积极推进节能减排工作。通过实施耗能企业退出、资源再利用项目、生态工业园试点建设等措施，推进节能减排。出台“高污染、高耗能、高耗水”小水泥企业有序退出的实施意见。认真做好污染扰民企业搬迁工作，组织重点行业开展能效对标工作，完善重点用能企业在线监测平台建设，召开绿色节电、节水技术推广会，提前两年实现“十一五”确定的单位能耗、水耗分别下

降30%的目标。

（三）发展环境不断优化，软件和信息服务业健康发展

自去年以来，本市软件和信息服务业管理体制得到有效整合，为产业健康发展提供了保障。积极开展"软件名城"创建，在中关村软件园开展"高端软件外包服务交付中心"建设试点。信息化基础设施提升计划的实施有力拉动了我市软件和信息服务业需求，专门组织企业参与市场对接，3G网络建设、数字电视推广，有效促进了手机电视、导航服务等数字内容产业的繁荣。启动建设中国动漫游戏城等重点项目。继续做好软件企业优惠政策落实，促进软件企业、产品数量双增长。继续通过企业软件正版化、政府采购等活动支持国产基础软件发展，在电子政务、企业信息化建设中不断深化实施国产软件和服务替代工程。华胜天成、东华软件等一批企业通过兼并重组，迅速成长为新领军企业，百度搜索、金山软件、暴风影音等一大批企业不断创新产品和业务模式，在产业竞争中赢得先机。长风软件联盟不断壮大，3G产业联盟、中关村物联网产业联盟先后成立，有效整合提高产业链竞争力。

（四）制定实施信息化基础设施提升计划，"数字北京"建设取得新进展

市委市政府根据北京发展所处的历史阶段和建设国际大都市的战略目标，提出了北京信息化基础设施提升计划。近一年来，我市信息网络水平进一步提高，无线网络城市初步建成，各运营商累计建设无线基站1.2万个，实现了3G信号平原地区的室外全覆盖。宽带信息网络建设迈上新台阶，在全市范围内实现2M宽带全覆盖；累计完成28万户光纤入户建设，使这些用户具备了20M宽带接入能力。吸引了电信基础设施投资超过135亿。在全国率先开展高清交互网络建设，有线电视网络双向改造完成160万户。DAB数字多媒体广播、CMMB移动多媒体广播等一大批项目顺利推进。创新建立区县协调、共同推进的"双进入"体制，地铁移动信号覆盖等一批长期困扰基础设施建设的问题得到了有效突破。

"信息惠民"计划在民生和社会维稳等方面取得显著进展。发行80万张社保卡，石景山区和西城区开展试点使用，147家定点医院实现医保门诊社保费用的实时结算。ETC（电子收费）系统实现高速公路全覆盖，显著提高了通行效率。住房公积金信息查询、网上旅游预订、网上办理驾照等各种创新服务，极大方便市民生活。数字缴费通、无障碍网站等受到群众特别欢迎。"信息强政"计划在奥运成果基础上向纵深发展。网格化与移动视频监控相结合，从城市管理扩展到公共安全、生产安全、危险源管理等领域。流动人口信息化管理通过二期建设日趋完善，首次实现了流动人口的精细化管理。人口、法人、空间基础数据库全部建成，在全市实现了共享。积极支持金融业统一征信平台建设，推动"信用北京"不断深化。全面推进网上审批绿色通道服务，审批效率明显提高。"信息兴业"计划迎来前所未有的发展机遇。信息化基础设施建设带来的设备和应用需求，拉动了上下游产业的发展。两化融合深度不断加强，信息技术在金融、物流、旅游、制造业、现代农业等领域的应用不断加深。超过10%的企业已将电子商务作为经营的主要手段，涌现了百度、慧聪、金银岛等一批行业龙头网站，神州数码等企业的BtoB平台带动了产业链的整合，BtoC电子商务在金融危机下逆势上扬，京东商城、凡客诚品等企业实现100%以上的成长，对零售、流通领域拉动效果明显，部分郊区通过网络销售特色农产品、拓展休闲旅游卓有成效。

我市高度重视信息安全工作，积极推进信息安全等级保护工作，继续推进政务网络信任体系建设，开展重点网络和信息系统的安全测评，启动了市信息安全灾难恢复中心建设。深入开展"信息安全一流的可信城市"研究，起草制定行动纲要。

（五）关心支持中小企业，逐步优化发展环境

我市积极贯彻国务院关于促进中小企业发展的若干意见，起草了实施细则，成立多部门参加的工作小组。高起点推进中小企业地方立法，建立了中小企业统计监测体系。为解决中小企业融资难的问题，我市搭建间接融资服务平台和上市融资服务平台，着力解决其股权、信贷和上市融

资难题。设立初期规模8亿元的中小企业创业投资引导基金，预计可引导社会投资20亿元。设立15亿元的再担保资金，已到位10亿元，已签订再担保授信总额300亿元。建立了政府部门推动企业改制上市工作协调机制。目前我市在深交所创业板上市企业9家，占全国的21%。支持和引导14个区县建立了中小企业服务中心，为中小企业提供公益性管理咨询服务，加大宣传推介力度。在促进郊区农村城乡一体化进程中，镇村产业基地建设得到加强，发挥了重要的产业支撑作用。研究起草了促进镇村企业发展的指导意见，提出了镇村产业基地入区标准。农民培训就业工作取得显著成效，各区县共组织农村“4050”人员培训班158期，培训2万余人，其中，80%实现就业。

（六）全力做好国庆60周年庆祝活动保障、防治甲流和支援什邡工作，为城市运行和公共管理做出积极贡献

积极做好国庆60周年庆祝活动各项保障工作。认真部署，狠抓落实。一是保质保量地完成国庆阅兵、指挥调度和应急通信服务保障工作。组织完成了天安门周边通信管线建设，协调建设了天安门地区阅兵图像监控系统和相关网络通信设施，按时完成800兆无线政务网四期建设，在天安门地区实现双基站信号覆盖。二是周密防范、快速处置网络信息安全突发事件。启动建设全市政务信息安全监控系统，组织大规模的全市网络与信息系统攻击性演练，加强信息安全应急指挥，妥善处置突发事件。三是在国庆期间实施无线电管制，清理无线电台2.5万部，在国庆活动相关区域严密部署监测检测设备、车辆和人员，排查各类不明信号和可疑干扰60余起，有力防范和处置“邪教”无线插播。四是强化农药、民爆安全生产，加强重点监控化学品管理，做好核应急各项工作，面向食品生产企业加强食品安全法制宣传。较好地完成了军工科研生产服务保障，为国庆阅兵作出突出贡献。

全力组织生物医药企业投入抗甲流工作。先后支持科兴生物、金豪药业、万泰生物等企业研制生产甲流疫苗和诊断试剂，帮助洗得宝消毒液等企业做好产品储备，保证市场供应平稳。首个中药新药“金花清感方”研制取得重大阶段性成果，本市共生产甲流疫苗1600万支、甲流诊断试剂超过2万人份，为国家和本市防治甲流工作提供极大支持。

高度重视对什邡的产业援助工作，积极推动相关工作取得实质进展。加紧建设北京—什邡产业园区，基础设施项目已经开工。我市先后组织74家企业赴什邡进行投资考察并洽谈合作，共有25家签订投资协议，嘉寓集团等6家北京企业已经落户产业园，计划总投资12.8亿元，已完成投资9980万元。完成了北京—什邡产业园发展规划研究等16项智力援助课题。

（七）机构改革稳妥推进，全市经济和信息化工作格局基本形成

去年3月底，市经济和信息化委员会正式挂牌，全面整合工业、信息化、乡镇企业、软件和信息服务业、中小企业等方面的管理职能。各区县政府的机构改革也正在积极推进。作为全市经济统筹的综合部门，经济工作范围涉及一二三产业，信息化推进工作全面覆盖经济和社会发展的各个领域，责任重大，使命光荣。在机构成立后，市经济信息化委迅速组织力量，努力克服困难，全力投入到抗击金融危机、稳定首都经济、做好国庆保障、防治甲流疫情等全市重大工作中去，快速调整转变政府职能，圆满完成了市委市政府交办的各项任务。在机构改革过程中，抓住作风建设年的契机，讲团结、顾大局、守纪律，做到了工作不断、思想不乱，改革、工作两不误。为在高起点上做好工作，全委着眼国内外发展趋势和首都功能定位，围绕工作目标、职责履行和队伍建设，深入开展研讨交流，注重调查研究，谋划发展战略，互相尊重学习，加速全面融合，在较短时间内，初步形成了一支战斗力强、工作效率高、精神面貌好的工作队伍，为今后发展奠定了坚实的基础。

2009年对北京市经济和信息化战线而言是值得总结的一年，我们取得了很多宝贵经验和体会。一是一二三产均衡协调发展是北京科学发展的应有之意。当前，要重点解决二产发展乏力这一突出问题，适度发展现代制造业的本质还是发展。二是产业结构调整要年年讲、天天讲，要持

续进行不放松。要坚定不移地大力发展战略性新兴产业，同时要毫不放松地发展适应北京的重点产业。结构调整就是“规模、效益、就业、绿色”，必须有机统一于建设“人文北京、科技北京、绿色北京”之中。三是转变发展方式，推动经济持续增长，要综合发挥市场作用和政府作用，看不见的手和看得见的手都要“硬”。科技、人才、资金、企业家精神主要靠发挥市场配置的基础性作用，政府主要是创造环境，制定空间布局、产业、产品的市场准入规则。统筹研究产业标准、提高行政效率、扶持新产业、帮助小企业应对危机、劳动力素质的整体提高等就是发挥政府的作用。四是要坚持两化融合、协调发展。这既是北京建设世界城市，提高城市运行、管理水平的必由之路，同时也是推动北京产业结构调整、升级的战略选择。

同志们，这一年来所取得的工作成绩来之不易，这是市委市政府正确领导的结果，是工业和信息化部等国家部委大力支持和指导的结果，是贯彻落实科学发展观、弘扬奥运拼搏精神的结果，是全市经济和信息化战线同志们共同努力的结果，是全市人民理解关心、帮助支持的结果。在此，我代表经济和信息化委员会向辛勤工作在经济和信息化战线的同志们、向所有关心支持首都经济和信息化建设的各界朋友们表示崇高的敬意和衷心的感谢！

二、当前面临的形势和 2010 年工作要求

（一）面临的形势

与建设世界城市的目标相比，我市经济和信息化工作还有不小的差距，发展的任务繁重，二产已经成为首都经济的短板，规模不大、产业标准不高、发展后劲不足，产业配套、空间布局和政策措施等方面呈现“碎片化”格局，土地产出率有待提高，政策需要形成合力，产业集聚度尚需提升，科技优势转变为产业优势没有很好地解决。北京信息化总体水平虽然处于全国前列，但北京的城市化进程进入新阶段，信息化服务经济和社会的能力有待进一步增强，由于首都地位特殊以及我国在关键技术和产品上受制于人，使我们在信息安全方面面临较大挑战。

2010 年是实施“十一五”规划的最后一年，也是应对国际金融危机的关键一年，更是在新的起点上加快建设“人文北京、科技北京、绿色北京”的行动之年。从国际、国内及北京经济形势看，2010 年全市经济和信息化工作总体形势是机遇挑战并存，有利条件和不利因素同时存在。

一方面，国内外宏观形势趋稳向好和本市经济所蕴含的积极因素，为实现新发展创造了条件。一是国际经济开始复苏，今年形势总体好于去年，出口市场有望进一步好转，同时全球经济结构面临调整，新技术革新带来巨大的产业发展机遇。二是国家宏观调控政策保持连续性和稳定性，全年固定资产投资大约保持去年水平，新的刺激国内消费政策陆续出台后，国内经济形势将逐步好转，城镇化的步伐进一步加快。三是市委市政府要求在更高起点、更高标准上加快发展，对实体经济发展给予高度重视，为我们做好经济和信息化工作提供了坚强保障。四是奥运会后首都城市建设进入新阶段，建设中关村国家自主创新示范区、加快南城建设有助于进一步释放城市发展的势能，为首都经济和信息化建设开辟了新的空间。五是 2009 年国家和本市为“保增长”推出的一大批政策措施，其效应将在今年进一步显现，重大项目的推进也将初见成效。

另一方面，发展中也面临着诸多挑战，需要积极应对。一是世界经济复苏基础并不稳固，导致金融危机爆发的主要矛盾和制度性根源尚未彻底解决，国际市场自主增长能力不足，国际贸易保护主义抬头，国际资源能源价格震荡可能加剧，企业经营面临输入型通胀压力。二是国内经济的结构性矛盾突出，扩大内需是个长期的过程，部分产能过剩，企业竞争压力加大。三是区域同质化竞争加剧，长三角、珠三角、滨海新区迅速崛起，各兄弟省市都在进行产业结构调整，都在积极抢占新能源、新材料、数字电视等产业制高点，区域间的产业竞争日益激烈。四是一批重大项目尚处建设过程中，2010 年还难以发挥作用。

中央经济工作会和市委十届七次全会把发展方式转变提到了新的高度，在发展中促转变，在转变中更好地发展，将成为 2010 年经济和信息化工作的主线。市委市政府提出，要加快把北京建成世界城市，明确提出了“优化一产、做强二产、做大三产”的发展思路，要求围绕做大做强实体经济，狠抓“三个一批带动工程”。为此，我们要进一步增强机遇意识、竞争意识和发展意识，树立强烈的紧迫感、责任感和使命感，加快首都科学发展思想要有新解放，推动科学发展要有大举措，自主创新要有高起点，民营经济要有大发展，努力开拓首都科学发展、社会和谐进步的新局面。

(二) 2010 年工作的指导思想

全面贯彻党的十七大、十七届三中四中全会和中央经济工作会议，全国工业和信息化工作会议，市委十届七次全会精神，以邓小平理论和“三个代表”重要思想为指导，深入贯彻落实科学发展观，践行“人文北京、科技北京、绿色北京”三大理念，坚持走“高端、高效、高标准”的发展道路，加快结构调整和发展方式转变，着力抓好一批重大项目，落实产业调整振兴方案，切实提高增长的质量和效益，更加注重重点产业的加快发展，更加注重培育发展战略性新兴产业，更加注重节能减排、淘汰落后和兼并重组，更加注重技术改造和自主创新，更加注重推进两化融合、二三产融合、军民融合，加快“数字北京”建设，不断开创首都经济和信息化工作新局面。

(三) 2010 年的主要目标

综合考虑各方面因素，2010 年全市经济和信息化工作主要预期目标是：

——力争规模以上工业增加值增速达到 8%左右。

——软件和信息服务业营业收入增长 20%左右。

——万元工业增加值能耗、水耗降低 5%左右。

——信息化总水平继续保持全国领先，中关村国家自主创新示范区核心区等重点区域的信息化程度率先达到世界一流水平。

——经济发展要有量的增长和质的提高，在提高劳产率、土地产出水平，降低能耗、水耗等方面力争全国领先。

三、2010 年的重点任务

(一) 积极采取措施，推动经济平稳较快增长

继续做好企业帮扶。协调推动国家和本市应对金融危机一揽子政策措施的深入落实，将企业帮扶工作长效化、机制化，重点推进解决土地、资金、市场等制约企业发展的难题，不断优化产业结构、增强发展后劲。

加强经济运行调控。完善经济运行监测和预警体系，及时进行产业发展分析，定期发布产业发展报告。会同有关部门加强原材料、能源、交通等方面的协调配套，组织保障重点产业、重点企业的正常生产经营，配合做好价格调控。会同相关部门对重大项目的生产安全实施督查，加强对军工产品、危险化学品、农药、民爆等市场监管，做好禁止化学武器和核应急日常工作，组织力量继续做好甲流防治工作。

增强内需对经济增长的拉动作用。促进经济增长由主要依赖投资拉动和政策支撑，向更多依靠消费需求拉动转变。充分利用城市基础设施建设、南城发展建设的重大机遇，促进装备、轨道交通等产业发展。抓住 3G 发展、宽带建设、三网融合、农村信息化、文化创意产业的市场机遇，促进信息服务消费，支持电子商务等新型消费模式。会同有关部门落实完善家电、汽车、建材、信息等下乡和以旧换新政策。

狠抓重大项目。围绕促进重点产业发展，面向国内外优势产业领域加大招商引资力度，积极引入适合首都特点和要求的重大高端产业项目，促进投资增长。集中力量推进重大项目落地建设，全力协调项目建设中遇到的重大问题，切实解决项目落地难问题。创新项目推进服务机制，变“绿通”为“普通”，简化投资项目的审批流程，尽快形成高效便捷的项目核准、备案制度。

(二) 加大产业结构调整力度，推进发展方式转变

加强产业结构调整指导。抓紧修订实施产业结构调整指导目录，严格市场准入，控制产能过剩。根据不同行业特点，提高环保、技术、安全、资源消耗和综合利用等方面的准入门槛。

支持企业开展技术改造。应用高新技术和先进适用技术改造提升传统产业，出台企业技术改造指导意见。实施重点产业技术改造计划，政府引导，支持企业加大技术改造投资，提高企业生产能力和竞争力。同时做好相关项目的申报和组织实施工作，加强技术改造投资统计，完善项目后评价制度。

积极推进企业兼并重组。研究制定本市实施兼并重组的指导意见，会同相关部门推动国有企业的兼并重组和转型升级，支持汽车、建材、钢铁、医药、食品饮料、装备等北京优势资源参与全国企业兼并重组，将兼并重组与淘汰落后、扶优扶强、产业转移相结合，支持一批企业做大做强，培育若干个千亿级企业。

加强质量和品牌建设。研究出台重点产业的质量管理指导意见，加强企业产品质量管理体系建设，促进企业创新品种、提高质量，重点加强对食品生产企业的安全教育指导。做好工业、信息化标准化发展规划的制定和实施工作，制定、修订5项以上信息化地方标准，完成标龄超过5年的标准复审和年度执标评价工作。支持企业参与相关标准的研制和修订，推动企业贯标。完善品牌推进政策措施和机制，打造一批国家级品牌，加大力度培育世界级品牌，加强宣传推广。

加快淘汰落后产能，努力建设低碳工业。大力推进节能减排和循环经济发展，编制并组织实施推进工业节能减排指导意见。推进水泥、石灰等“三高”和“五小”企业退出。组织实施一批节能减排重点项目，开展“百家节能示范企业”活动，完善重点能企业用能状况报告制度，推动企业自主节能。加强重点用能企业在线监测平台建设，扩大应用范围，继续做好能源监测试点工作，探索利用碳排放指标指导企业节能减排。大力推广应用工业节能新设备、新技术。积极支持工业废物处理、垃圾再利用、能源服务等新兴业态发展，走绿色发展之路。

（三）落实重点产业调整振兴方案

以重大项目为牵引，加快重点产业调整振兴方案的实施。继续推进以京东方八代线为核心的数字电视产业园建设，引进数字电视整机、TFT－LCD制造装备、芯片设计和集成电路产业。以购买萨博汽车技术为契机，把自主品牌、自主创新和发展新能源汽车统筹起来，推出北京的乘用车自主品牌。落实越野车新产品引进生产，建设乘用车基地。继续推进福田中重卡二工厂、多功能车工厂、戴姆勒合资等五大项目。完成北京现代10万辆新增轿车技改，推动现代第三工厂建设项目。以福田康明斯、京西重工等项目为抓手，在关键零部件领域实现突破，促进房山高端汽车零部件基地建设。制定北京轨道交通设备产业发展实施方案，迅速做大做强城轨交通产业。推动三一重工北京制造中心、和利时控制与自动化系统产业基地等一批重大项目建成投产或达产，加快建设数控机床、工程机械等特色装备产业基地。加速推进燕房合作，尽快启动搬迁，加快建设中石化相关产业项目，完善配套产业招商。支持都市型企业集聚发展，做大做强食品产业和服装纺织产业，组织企业开拓国内外两大市场，推进时尚设计广场和工艺美术发展平台建设。继续做好什邡产业援助，推动完成北京—什邡产业园基础设施建设，达到“七通一平”条件，建设完成8万平方米的标准厂房，组织富亚环保涂料和申安LED等项目实现投产运营，推动5家以上企业相关项目落地建设。

（四）积极培育，促进战略性新兴产业的发展

要以国际视野和战略思维发展新兴战略性产业，抓住科技革命和产业发展机遇，着眼世界产业发展前沿，及早布局，出台促进战略性新兴产业发展的指导意见。发挥首都科技优势，重点发展信息网络、新能源、新材料、先进装备制造、生物和医药、航空航天、生产性服务业、文化创意产业等战略性新兴产业。

大力支持以TD－SCDMA第三代移动通信标准为核心的大唐产业园以及以京芯半导体WCDMA关键芯片为核心的“移动硅谷”产业园的建设。支持同方、太时芯光等一批LED项目，继续完善集成电路设计、封装、装备材料和封装测试产业链，鼓励大型计算、大型存储、新型显示等新兴产业的发展。加快中锦阳、天威英利太阳能、金风风电、中核科技等新能源产业基地建设，

积极扶持新能源汽车发展，支持电动汽车在出租车、公务车等领域先行先试，将北京真正做成新能源产业的原始创新基地。以石化新材料产业基地为依托，大力发展新材料产业。培育国内领先的中低速磁悬浮交通设备产业，落实磁悬浮关键部件在京发展方案。推进生物医药产业跨越发展工程，提升“京药品牌”整体形象，加快化学药国际化进程，打造数字医学影像平台，推进现代中药产业集群，壮大疫苗、诊断试剂及基因药物产业规模，积极向籽种、工业生物技术等新领域、新业态渗透。以中航发动机项目为契机，加快建设航空航天产业园，培育发展通用航空产业。加快工业设计、产品研发、电子商务、现代物流、管理咨询、工业旅游等生产性服务业发展，促进规模化、品牌化、网络化经营。大力推进文化创意产业发展。

（五）做大软件和信息服务业，打造世界级软件基地

出台促进软件和信息服务业发展的意见，按照“打造一批大集团、聚集一批大总部、做强一批高端企业、培育一批高成长企业”以及培育10个领军企业的要求，扶持软件和信息服务业发展，继续抓好以中关村软件园、中国移动信息港、微软（中国）研发集团总部、中国动漫游戏城、密云数据中心基地、中关村核心区软件新园为代表的重点项目建设，组建软件和信息服务交易中心。支持国产基础软件的研发和产业化，推进国产化软件应用替代示范工程。在云计算、物联网、网络视频、移动互联网方面形成标志性项目，规划北京云计算产业园、物联网产业园、导航产业园等新兴产业专业园区，积极发展新型服务产业。

（六）高起点建设“数字北京”，推进“两化融合”向纵深发展

继续做好信息化基础设施建设。高水平的信息基础设施和无处不在的信息技术是世界城市的重要内涵。继续落实信息化基础设施提升计划，初步建成国内最好的3G网络、20M宽带覆盖最广的信息网络以及用户最多的高清电视网络。进一步发挥各区县在双进入工作机制中的作用。将中关村国家自主创新示范区核心区、丽泽金融商务区等作为示范区，打造世界一流的区域信息化环境。将平谷、延庆等区县作为“三网融合”示范区，开展应用融合试点。提升城南地区信息基础设施水平，实施数字社区行动计划，在远郊区县开展“信息化村”试点。

继续推动“信息惠民、信息强政、信息兴业”三大行动计划，促进信息化应用迈上新台阶。利用物联网技术在农业监测、环境气象监测、医疗卫生等领域开展试点应用。推进3G网络在医疗卫生、市政管理等重点领域开展应用，在城乡结合部、山区、旅游景区部署移动视频监控。全面推进城乡一体化医保系统和养老系统，扩大社保卡覆盖面，使其真正成为“市民卡”。完善缴费服务平台，对数字北京信息亭进行升级换代。继续举办信息化宣传普及活动，着力实施“信息化三下乡”。进一步整合首都之窗网上服务，建设网上行政服务大厅。整合政府各部门和社会信息资源，推进政务信息公开、共享。实施绿色出行信息服务工程，开放道路监控视频。推广视频会议，将网格化管理扩展到全市远郊区县，完善经济监测系统建设。继续发挥信息化基础设施建设对软件和电子信息产业的拉动作用，加大对自主创新产品的采购力度。积极推动智能卡工程，支持电子商务发展，完善支付、物流、信用等支撑平台建设，推进移动商务、电子商务产业园等一批重大项目，开展中小企业电子商务培训，做大北京电子商务市场。

做好“两化融合”试点示范。信息技术是经济增长“倍增器”、发展方式“转换器”和产业升级“助推器”。深入研究“两化”融合指标体系和服务体系。从企业层面围绕研发设计、过程控制、企业管理、物流市场、人力资源开发、新兴产业和技术改造等七个环节，支持一批试点示范企业和项目，深化基于互联网平台的中小企业信息化服务。从行业层面深入推进信息技术在现代服务业、制造业、现代农业的应用，继续开展典型经验交流和推广，重点提升装备、汽车、都市等产业的竞争力。从区域层面提升六大经济区的信息服务能力，支持开发区、产业园建设智慧园区。

持续推进社会信用体系建设。加强全市信用信息基础设施建设，逐步建成统一的信用信息共享交换系统。推动建设金融业统一征信平台，建立信用行业协会，促进信用服务业发展。加强信

贷、税务、产品质量等领域的行业信用监管，推进建设项目信息公开和诚信体系建设，不断完善中小企业信用体系，加强信用宣传，提高社会信用意识，打造“信用北京”。

把维护网络和信息安全放在更加突出的位置。率先贯彻落实国家关于新时期信息安全的指导意见，继续推进信息安全一流的可信城市建设，完善信息安全的领导体制，建立信息安全管理的长效机制。提高全民信息安全意识，推进建立健康网络文化。推进网络信任体系建设，督促企业严格落实网络信息安全责任。完善应急、监控、容灾备份等基础设施建设，确保基础信息网络和重要信息系统安全可靠运行。跟踪研究新技术新业务带来的信息安全风险，提升信息安全主动防御能力。按照“管好频率、管好台站、管好秩序”的要求，进一步加强无线点管理工作。

（七）营造良好的发展环境，增强中小企业新的活力

完善政策环境。着力建立完善的政策法制环境、公平有序的市场环境和完善的公共服务环境。尽快出台落实国务院关于促进中小企业发展的实施办法，完善部门联席会议制度，保持政府经费支持的稳定增长，完善统计指标体系和跟踪监测渠道，落实各项财政税收优惠政策。

健全服务体系。加强区县两级中小企业服务机构建设，形成联动机制。建立健全中小企业社会化服务体系，开展管理咨询、人员培训等方面的服务。支持中小企业增加研发投入，加大技术改造力度，加快结构调整步伐。争取认定一批不同类型、具有示范带动作用的小企业创业基地，努力培育一批“专、特、精、新”的小巨人企业，形成一批有影响力的创新企业群。进一步完善中小企业宣传渠道，营造有利于民营经济发展的舆论环境。

加大融资支持。以小企业为主要扶持对象，以战略性新兴产业、中关村高新技术产业、生产性服务业为重点支持方向，解决融资难题。继续加强直接、间接融资服务体系建设，积极推进中小企业集合债券、短期融资券、小额贷款公司等金融创新产品，用好中小企业创业投资基金，发挥倍增效益。建立中小企业信用贷款、信用担保风险补偿机制，将中小企业再担保资金扩大到15亿元。完善中小企业上市育成机制，支持利用创业板上市融资，争取实现20家以上企业上市目标

支持镇村企业健康发展。配合城乡一体化进程，加快推进重点小城镇产业发展。出台推进郊区镇村企业发展的意见，加大对镇村企业的支持力度，提升镇村产业基地的水平，为大工业做好配套。积极发展山区沟域经济，支持发展农产品加工业，实现独具特色，着眼高端的发展模式。

（八）服务好首都国防科技工业，推动军民融合

国防科技工业作为国家战略性产业，是军队武器装备发展的基础，要紧紧抓住工业化信息化发展的有利时机，以信息技术改造提升国防科技工业，要以保军品、保发展、保增长为中心，统筹军民优势资源，推动军民融合发展。保障重点武器装备、重大工程项目顺利完成。完善军民结合、寓军于民的武器装备科研生产体系。充分发挥北京军工资源优势，在中航发动机产业园、中航火箭、航天二三院军民融合产业基地、航天煤气化装备产业基地、中关村航天创新园等重大项目上深化合作。

（九）整合产业发展要素，进一步完善发展环境

科学规划产业布局。落实市委市政府关于建设北部高新技术产业带和南部现代制造业新区的部署，尽快研究出台产业布局指导意见。充分发挥城市发展新区和远郊区县的作用，逐步打造海淀—昌平、顺义—通州、亦庄—大兴、大兴—房山等四个万亿规模的现代产业增长极以及一条都市绿色产业发展带。在北部高新技术产业带大力发展软件和信息服务业、战略性新兴产业。继续推进首钢搬迁工作，推进首钢在京产业的转型发展，落实千亿产业发展规划，加快首钢工业区启动区规划改造和产业替代，支持永定河水岸经济带建设。研究制定产业项目用地政策，加强产业用地储备，拓展产业发展空间，协调有关部门提高年度土地储备计划中产业用地的储备比例。推动建立全市产业布局联席会议制度和区域统筹发展协调机制，完善产业用地管理流程，探索建立工业项目用地联审机制。大力推进开发区、专业化产业基地、生态工业园

区、生态涵养发展区共建基地的建设。研究城区工业遗产资源保护、开发和再利用，推进产业替代和转型升级。

加大产业投资力度。整合全市各类产业支持资金，在政府已有各类产业发展资金的基础上提高统筹支持的力度，加大政府在战略性新兴产业、现代制造业、软件和信息服务业、信息化方面的投资力度，加大产业投资比重，积极引导民间投资。通过贷款贴息、融资担保、资本金注入等方式，支持符合首都功能定位的产业发展。用好工业发展资金和中小企业发展资金，探索设立产业储备型基金，创新使用机制。

加强科技创新和成果转化。大力推进中关村国家自主创新示范区建设，在发展理念、政策措施、保障条件等方面，把自主创新放在更加突出的位置，重点促进突破10项关键技术，转化10项重点科技成果，打造中关村产业品牌。协调推进物联网、超级计算中心、云计算中心等重点工程，研究制定物联网发展规划，以公共安全、食品安全、市政管理等领域应用为先导，以东城、朝阳等区域应用为突破，推进“感知北京”示范工程。组织实施好国家科技重大专项，努力推动核心技术和关键技术攻关，02专项各项目研发与产业化要取得阶段性成果，争取01、03、04专项更多项目在北京落地和产业化。继续推进以企业为主体、市场为导向、产学研用联合的技术创新体系建设，召开全市科技创新工作大会。协调建立行业知识产权信息共享和预警机制，开展知识产权信息服务。继续加大对自主创新产品的采购力度。

发挥首都经济优势，推进央地合作。中央企业是首都经济的重要组成部分，服务中央企业、加强央地合作是促进首都经济发展的重要途径。进一步落实市政府与各大央企签订的战略合作协议，做好各产业专项对接，争取一批新项目尽快落户北京。形成与央企定期、长效的沟通机制。同时为央企做好服务，切实解决相关具体问题。

（十）工作保障和相关要求

加强组织领导，加快政府职能转变。全系统要着眼建设世界城市和“三个北京”的目标，立足奥运会后北京进入新阶段的市情，加快职能转变，创新工作方式，全面履行职责。加强市区两级经济和信息化主管部门的职能对接，市经济信息化委加强对区县经济和信息化主管部门的工作指导、业务培训和实际支持。目前区县政府机构改革正在进行中，各区县经济和信息化主管部门一定要增强大局意识，做好机构设置和人员调配，适应事业发展的需要。

承前启后，做好经济和信息化发展规划工作。全面做好工业、信息化、中小企业、乡镇企业等“十一五”发展规划的落实收尾工作。超前谋划，组织研究制定“十二五”时期全市工业和信息化总规划、分行业规划、分领域规划，指导区县、开发区、行业部门开展相关规划的编制工作。

开展前瞻性研究，完善政策法规环境。加强对二三产融合、低碳经济发展、两化融合等战略性问题的调查研究，组建经济和信息化专家顾问团队，强化研究支撑体系。在促进两化融合、推进企业兼并重组、加快技术改造等方面尽快研究制定政策。加快中小企业地方立法进程，继续做好信息安全政府规章的修订工作，积极推进无线电、信息化项目管理等方面的地方立法，完善经济和信息化政策法规体系，做好行政执法监督，推进依法行政。

加强高素质人才队伍建设。加强战略性新兴产业、城市信息化等领域的高端技术领军人才引进，深入实施“海聚工程”，加大海内外优秀人才的引进力度，组织高端产业发展专题研讨班，加强企业管理者素质培训，建设一支具有战略眼光和较强创新能力的企业家队伍。培养现代制造业中高素质的制造者，继续开展工业和信息化职业技能培训和竞赛，继续推进实施全民信息能力行动纲要。

建设学习型机关，加强作风建设。要从如下五个方面切实加强工作能力：加强班子建设、作风转变、自我调节的能力；加强宏观决策、政策设计、规划指导的能力；加强经济统筹、经济调度的能力；加强大系统、大项目指挥的能力；加强个人机关工作能力，建设一支善学习、肯奉献、素质高、能力强的经济和信息化干部队伍。以深入开展党员作风建设年活动为抓手，切实提高工作效率，加强机关党的建设，加大重大项目的监察力度，积极推进惩治和预防腐败体系建设，清正勤勉，克己奉公，建设廉洁机关。

同志们，2010年全市经济和信息化工作面临的形势复杂，任务艰巨，让我们在市委市政府的坚强领导下，以高昂的精神状态、饱满的工作热情、扎实的工作作风，在新的起点上高标准做好各项工作，为建设“人文北京、科技北京、绿色北京”作出新的贡献！

做大做强融资平台　助推中小企业健康发展

——关于北京首创担保房山分公司不断发展壮大的调查

房山区经济和信息化委员会主任　赵　军

房山区经济和信息化委员会主任　赵　军

北京首创担保房山分公司始建于2003年。6年来，按照政府主导、市场运作、政策支持、风险可控、产业倾斜的原则，秉承诚信、稳健、创新、共赢的经营理念，大力发展信用担保业务，完善信用担保体系，在政府、银行、企业之间架起了合作共赢的桥梁，为解决中小企业融资难的问题发挥了重要作用。

一、担保工作取得的主要成效

截止到2009年11月底，累计批准担保项目445项，到位贷款金额达到13.9亿元/年，增长幅度达到40%以上。特别是2009年以来，进一步加大担保服务力度，为中小企业应对金融危机，实现逆势而上发挥了积极作用。1月—11月，共完成担保项目162项，到位担保金额5.6亿元。一批企业通过担保资金获得了长足的发展。如北京澳特舒尔保健品开发有限公司是我区重点企业，生产销售“碧生源”系列保健产品。房山分公司先后为其提供了2笔共7500万元贷款担保支持，使企业购进先进设备，生产能力提高，经营业绩迅速提升。2007年销售收入2.4亿元，上缴税金2400万元；2008年销售收入达到3.8亿元，上缴税金达到5000万元，成为我区纳税大户；2009年1月—10月销售收入5.5亿元，税金7500万元。北京进联国玉制动泵有限公司为劳动密集型加工企业，行业市场竞争激烈。2006年通过竞标，企业进入比亚迪汽车配套体系，由于缺少流动资金，企业面临丢失订单的困境，分公司为其提供担保贷款200万元，使企业顺利履行供货合同，并获得比亚迪F4单项产品独家供货权。2008年，分公司为其提供500万元担保贷款，企业销售收入达到5200万元，比2007年增长38%。今年1月—11月销售收入达9200万元，企业员工人数达280人，其中新安排残疾人就业56名，社会效益明显。

总结担保公司不断发展壮大的经验，主要有以下几个方面：

第一，得益于区政府的高度重视。区政府将信用担保体系建设纳入政府工作的重要内容。主管区长多次组织会议，协调解决实际问题。特别是在财政资金十分紧张的情况下，建立了担保金增资机制和风险补偿机制，增强了担保实力和承贷额度。

担保中心设立初期，区政府投入担保资本金1000万元，市财政配套50%资金，通过首创担保平台放大10倍后，可在1.5亿元的额度内为中小企业提供融资服务。首创房山分公司成立后，随着业务量快速增长，担保资金需求加大，2006年至2008年间区财政累计拨付资本金达4000万元，担保资本金总额达到5000万元，承保额度达到7.5亿元。截至11月底，通过首创担保放大效应，撬动13.89亿元的银行资金注入中小企业，按在保额6.31亿元计算，担保资金放大12.6倍，担保资金但杠杆作用明显。

第二，得益于担保机制的不断创新。一是建立健全了《业务评审制度》、《在保项目监控管理制度》、《逾期及代偿项目管理制度》、《项目经理负责制》等一系列规章制度，提高了项目决策的客观性和科学性。二是积极探索科学有效的反担保机制，控制担保风险。为破解中小企业抵押物不足和“银行有钱贷不出去，企业没钱借不到款”的难题，依据担保法对“抵押”的规定，从开展担保业务初期的个人无限连带责任和财产抵押的有限反担保措施，创新性地增加了承租权质押、动产质押、经营权质押、合格证监管等反担保措施，使反担保控制能力加强的同时也拓宽了企业融资的渠道，使许多以前不能担保的项目得以落实，有效增强了反担保控制能力。三是加强在保监控。通过与银行沟通，多种渠道了解企业现状，定期收取企业财务报表，实施在保项目现场检查，提前送达贷款到期通知书等多措并举，有效化解了金融风险。

第三，得益于务实高效的职业队伍建设。担保公司现有人员14人，下设财务室、评审部、风险部、财务咨询服务部，为企业提供全方位的贷款担保咨询服务。按照“内强素质，外树形象”的要求，加大业务培训力度，形成了刻苦学习业务知识的良好氛围，为拓展业务提供了可靠的体制保障。在此基础上，从中小企业发展的实际出发，努力实践和探索具有房山特色的信用担保有效途径。一是加强调查研究，拓展担保业务。通过深入企业走访、加强宣传推介等多种途径，积极开发项目源。二是突出重点，扶持工业企业做大做强。在累计批准的担保项目中，工业项目占70％以上。三是创新服务理念，深化服务内涵。组织在保企业成立非营利、会员制的互助基金，为即将到期而还款出现临时性困难的企业提供小额、短期的资金扶助。截至2009年11月底，共组织企业59户，筹集资金590万元，互助会从2008年开始运作，累计提供资金互助61次，互助金额3842万元，有多家企业通过互助基金解决了到期贷款的难题。同时发挥担保中心接触企业较多，信息面较广的优势，将同行业或产品互补的企业组织起来进行沟通合作，已有数家企业通过这种形式达成了协作或供货的意向。四是加强银担合作，降低企业融资成本。积极与北京银行、北京农村商业银行发展良好的合作关系，业务面涉及以上两家银行的20余家支行，涵盖了整个行政区域。

二、存在的主要问题

（一）注册资本金有待增加

为争取政策支持，为中小企业提供更为高效便捷的担保服务，我区于2009年8月26日注册成立了北京燕鸿投资担保有限责任公司。担保公司注册资本金目前为1.1亿元，但实际账面资金仅4000万元。与本市同等规模的担保公司注册资金差距较大（均在2亿元以上）。由于注册资本金规模小，使公司信用评级受到制约，直接影响到与金融机构的合作。

（二）担保代偿补偿机制还不够健全

首创担保房山分公司自2006年成立后，经过近3年的积极运作，担保业务不断扩大，担保实力不断增强。但由于担保业务量的扩大，风险也不断加大，建立合理的“长效代偿补偿机制”是担保机构可持续发展的关键。但目前还未制定完善的担保补偿政策，缺乏防范和抵御风险的有效手段。

（三）担保准备金相对不足

担保公司以服务企业为宗旨，将各项担保收费降至最低标准。通常情况下，担保公司担保费用是按照担保贷款数额的2％来收取，而我们仅按1％收取，由于收费标准低，造成提取担保准备金困难。目前，我区担保准备金仅有400余万元，远远低于行业标准。

三、下一步工作建议

（一）进一步创新工作思路，强化服务职能

继续对符合国家产业政策的高科技、节能环保、循环经济等经济效益和社会效益好的项目进行重点支持。增进与北京农商行和北京银行的良好合作关系，发展与建行、工行等金融机构的合作范围，扩大与首创担保公司的项目授权权限，满足担保业务的需要。

（二）进一步创新服务理念，延伸服务内容

继续发挥在保企业互助会作用，扩大互助会规模，增强互助基金实力，使更多的企业享受互助服务。继续强化财务服务职能，加强申请企业的财务状况分析、流动资金测算，避免企业盲目融资。加强对申请企业的财务指导，不断提升财务管理水平。

（三）继续推进银企合作，实现互利双赢

通过组织召开“银企担合作研讨会”，创办“企业高管培训班”等多种形式，对企业进行融资指导。继续完善信息交流平台，组织企业相互交流与合作，构筑和谐共赢经济圈。

（四）培育优质客户，鼓励企业诚实守信

尝试从在保企业中选择信誉度高、经营前景好、管理规范的企业，认定为分公司优质客户，落实优惠和奖励措施，引导企业诚实守信。

（五）进一步强化在保监控，降低金融风险

严格落实按月收取贷款企业财务报表，定期听取企业财务人员汇报和随时到企业走访等监控措施，健全和完善制度化、规范化、标准化管理制度体系，确保担保资金的安全、科学、高效运作。

（六）进一步政府扶持力度，做大做强融资平台

北京燕鸿担保有限公司区财政应拨付适当比例的资金，同时采取多渠道筹集，尽快解决不能享受税收减免政策和国家工信部对担保机构的专项资金支持的问题。由区财政出资300万元，担保公司自筹100万元，作为担保准备金，使担保准备金达到行业标准，确保担保公司健康稳定运行。区政府应尽快制订代偿补偿政策，为担保工作提供可靠的体制机制保障。

（摘自《房山调研》第七十九期）

发展航空制造业　开创临空经济发展新局面

顺义区经济和信息化委员会主任　吴建国

顺义区经济和信息化委员会
主任　吴建国

2009年3月2日，北京市与中航工业集团正式签署战略合作协议，占地3000亩的航空产业园项目成功落户顺义区。航空产业园的项目为中航发动机有限责任公司、中航系统有限责任公司、中航工业复合材料研发工程中心等实体，3个项目总投资规模165亿元，预计至少形成1000亿元以上产业规模，将有力的促进区域产业结构优化和经济总量扩充。

一、顺义工业发展面临挑战

改革开放30年来，顺义工业发展经历了从农副产品深加工业向现代制造业的腾飞。特别是从十五末到十一五初，伴随北京现代的快速发展和汽车产业配套企业的不断入驻，顺义工业迎来前所未有的高速发展期。全区工业总产值由2003年的442.6亿元增长到2006年的1109.4亿元，年均增幅高达36%；工业增加值由91.4亿元增长到147.1亿元，年均增长达到17.3%；2006年工业产值突破千亿元，在全市18个区县中稳居第一。在工业总量壮大的同时，企业创新水平、品牌优势和融资能力也不断提高，全区国家级企业技术中心3家，市级企业技术中心15家；国家级实验室3个；中国名牌产品5件，中国驰名商标8件；燕京、顺鑫、汇源、东

方雨虹等6家工业企业成功上市，工业发展后劲和抗风险能力显著提升。顺义工业始终坚持“五化”发展方向，构建了一批定位科学、分工明确的专业化功能区，逐步形成汽车研发检验、工业设计和工业旅游等生产性服务业聚集区，第二产业对第三产业的拉动作用日益显现。

当2006年全区工业产值突破千亿元大关后，顺义工业增长陷入停滞，增速连续两年低于10%，2007年同比增长4.4%，2008年同比增长5.3%。原因是汽车和电子两大支柱产业的不定期波动严重影响工业稳定增长，2007年现代汽车销售下降20%，2008年索爱电子销售下降13.7%，直接影响工业增速大幅放缓。特别是随着汽车产业上下游配套企业吸引入驻完成，占顺义工业半壁江山的汽车产业增长主要依靠整车厂（北京现代）的销售表现，具有很高的不确定性。在现代二工厂和首钢冷轧项目建成投产后，固定资产投资50亿元以上的工业项目储备为零，工业发展后劲明显不足。以索爱普天为代表的外资企业，由于只是其国际企业集团中的一家生产加工厂，不掌握核心技术，没有产品研发、市场开拓的能力，产销规模和企业发展完全受制于海外总部和市场。

与此同时，周边区县的快速发展与我区形成鲜明对比，使我区处在了一个不进则退、慢进亦退的艰难局面。2008年，全市18个区县中工业产值排名前三的依次为顺义1066.8亿元、房山814亿元、昌平690亿元，增速分别是顺义5.3%、房山29.6%、昌平13.9%。

受国际金融危机影响，市场萎缩，企业订单数量大幅减少，融资难、回款难，资金压力不断增大，实体经济受到冲击不断显现。各支柱产业中，最先受到冲击的是通讯制造业，索爱普天在2008年一季度工业产值出现负增长，全年减产50亿元；5月份首钢冷轧在钢材价格大幅下跌、全行业巨幅亏损的大形势下投产试运行，产销持续低迷，未能实现年初目标；二季度末，受金融危机和奥运车辆限行等众多因素影响，整车销售陷入低迷，以北京现代为龙头的汽车产业难以继续高速增长态势，增速放缓。受此影响，2008年顺义区共完成工业总产值1160.1亿元，同比增长5.3%，销售收入1152.2亿元，同比增长5.4%。2009年1月全区工业经济还曾出现负增长，完成工业总产值90.8亿元，同比下降11.5%，经济下行压力不断增大。

二、航空制造业是顺义区工业发展的重要抓手

顺义区作为北京市重点发展的三个新城之一，定位首都现代制造业基地，拥有六大高端功能区之一的临空经济功能区和毗邻首都机场的区位优势。通过近10年的规划、建设和发展，临空经济区已逐步成为首都一块定位科学、特色突出、功能完备、贡献巨大的经济功能区。

临空经济区是指由于机场对周边地区产生的直接或间接的经济影响，促使在机场周围生产、技术、资本、贸易、人口的聚集，形成了具备多功能的经济区域。临空经济的产业主要包括以下四大类：第一类是航空运输和物流服务产业；第二类是服务于航空枢纽的产业；第三类是具有明显航空运输指向性的加工制造业和有关服务业，其中包括航空工具与用品的制造业；第四类是以研发和管理为主的总部经济。

早在1992年顺义县委、县政府就提出了“依托机场、服务机场，大力发展空港口岸经济”的思路，先后在首都国际机场东侧规划了林河工业区、在机场西侧规划了空港工业区和北京天竺出口加工区。2000年，顺义区“十五”计划进一步提出了“空港国际化、全区空港化、发展融合化”的运行机制。此后，在首都国际机场北侧规划建设了北京空港物流基地。2003年，明确提出要抓住首都国际机场扩建和民航体制改革的机遇，大力发展临空经济。2004年5月和2006年5月，顺义区政府与经济日报社联合举办了两次“临空经济发展论坛”。2005年，北京市提出发展六大高端产业功能区，并将临空经济功能区的建设目标与发展要求编入《北京市国民经济和社会发展第十一个五年规划》。临空经济进入到科学、理性和自觉发展的新阶段，产业构成和功能分区也进一步趋向合理，初步形成临空经济区的雏形。截至目前，临空经济区的面积为178平方公里，2008年全年，临空经济区实现增加值350亿元，同比增长16%；实现财税总额112.3亿元，同比增长14%；实现工业企业出口交货值342.5亿元，占全市出口交货值的19.4%。

此次航空制造业的引入将进一步促进地区产业结构优化和经济总量扩充，弥补全区工业发展中的不足，使我区经济结构和产业布局趋于合理，165亿元的投资规模成为全市头号工业项目，应用于军品和民用飞机上的尖端科研成果将成为国家支持重点。建成投产后，中航集团为顺义工业贡献的产值就将突破千亿元，航空制造业将超越汽车、电子，成为我区工业的新王牌。未来5年，首都临空经济区有望成为东北亚乃至全球发展临空经济的示范区。

三、中航工业项目对推进全区经济社会发展的重大意义

中航工业项目是我区引入的第一个大型航空制造业项目，随着中航发动机、系统公司和复合材料研发中心等项目建设工作的启动，顺义临空经济将提升到一个更为广阔、丰富和高端的发展平台。

（一）提升临空经济发展内涵

国航股份、国航货运、联邦快递和首都机场股份等企业是临空经济区内税收和就业贡献的突出企业，也是航空运输和物流服务产业的代表企业。空港航空地面服务有限公司、首都机场航空安保有限公司和华欧航空培训中心等企业是服务于航空枢纽的代表。中航三大项目建成投产后，将开创顺义航空制造业发展的新纪元。临空经济功能区将同时具备航空物流和航空制造两种业态形式，成为名副其实的“航空城”。同时发动机和机载系统属于航空制造业的高端领域，可服务于军、民两用，中航工业集团通过投资不仅可以使自身发展壮大，还能对航空物流业产生深远的影响，两种产业之间存在较强互补性：制造业企业可为航空公司提供发动机和机载系统等核心部件的相关产品和维修服务；航空物流企业可以为制造业的关键产品提供快捷的物流服务，两种产业可以在较短时间内形成优势互补，相得益彰的发展格局。

（二）巩固顺义工业在全市的领先地位

现代制造业是首都经济的重要组成部分，作为全市现代制造业基地，顺义抓住了中航工业集团合并重组这一历史性机遇，吸引了中航工业集团三大重点项目，以3000亩土地吸纳165亿元投资，形成1000亿元以上规模的产业聚集区，再加上现有的汽车、电子、数控机床和食品饮料等产业的贡献，到“十二五”期间，预计全区工业总产值及销售收入可实现翻一番，向3000亿元目标迈进，从而进一步巩固顺义工业在北京的优势地位，开启顺义经济发展的新篇章。

（三）提升区域经济自主创新能力

加快技术创新步伐是增强顺义经济发展后劲，打造北京工业强区的关键。发动机研发中心和复合材料研发中心的建设为航空制造业保持产品高端和技术领先提供了强有力保障。发动机是飞机动力的源泉，发动机的研发是制造飞机的关键环节；复合材料具备可设计性、有效利用性，能大大降低飞机的使用和维护成本。随着两大技术研发机构的建设，一大批具有国际水准的实验中心、测试中心、新材料研发机构将汇聚顺义，为其他产业或企业提供高水平的研发资源，加快区域工业自主创新步伐。

（四）提升顺义社会文明程度和影响力

伴随着航空产业园的建设，来自国内外的航空技术人才和产业精英将汇聚顺义，汇聚临空经济区，同时在产业园内形成高素质人才聚集区，通过在产业园周边地区规划建设培训中心、高级公寓和休闲娱乐场所等设施，为航空人才及其家属提供生态、宜居的生活环境，使这一地区成为推动全区社会和谐文明的重点区域。

（摘自2009年顺义区委中心组学习上的讲话）

关于进一步优化我区企业服务环境的探讨

怀柔区经济和信息化委员会主任　周怀明

怀柔区经济和信息化委员会
主任　周怀明

企业发展是地方经济与社会发展的基础，企业的生存状况关系到地方经济总量、产业结构调整、劳动力就业、社会稳定等诸多方面。多年来，我区在土地、财政、科技、项目审批等方面出台了大量利于企业落地、鼓励企业发展、支持企业创新的政策。区委区政府非常重视企业服务环境的改善，使经济近年持续较快发展。但从持续健康发展的高度来看，企业发展还存在一些制约因素，政府的企业服务环境尚有很大的改善空间。

一、企业服务环境中的短板分析

今年以来，金融危机对实体经济的影响不断加深，使企业生存与发展中长期存在的一些内外部门矛盾与困难愈显突出。3月，区政府组织了对全区227家规模以上企业调查，有199家企业提出214个制约企业发展的困难和需要政府帮助解决问题。其中融资难问题超过70％；土地、规划等历史遗留问题，项目落地审批时限长、程序复杂，受土地、能源配置限制企业发展空间不足，受出口市场萎缩影响，造成企业生产经营陷入困境等接近30％。

通过定向调研与分析，我们发现：金融危机发生以来，区政府成立了企业帮扶领导小组，出台了多项政策。建立了项目审批绿色通道，项目审批落地的时间已大为缩短；划拨专项资金加强了区内融资担保环节建设，并同时参与了市高端制造业融资平台；加强了高新技术企业认定指导工作；使企业长期存在的一些显性与隐性的困难得到了很大程度的解决。但仍然有些问题困扰企业发展。

（一）企业融资需求与金融机构放贷意愿错位

融资难是企业反应最集中的问题，规模以上企业3月份资金缺口6.2亿元。过去三年中，各金融机构共发放单笔500万元以下贷款总额不足10亿元，其中还包括房贷、车贷等消费性贷款，用于企业的贷款少之又少。除福田以外，绝大部分是中小企业贷款，其单笔贷款需求规模多在500万元之下。而金融机构出于资金安全与寻租成本控制等方面考虑，更愿意将资金放贷于大企业、大项目。同时，由于缺少对金融机构支持中小企业发展方面的鼓励政策，致使全区金融机构多年贷存比不足40％，即有超过60％源于本地的存款被区内银行用于支持怀柔以外的大企业、大项目。

（二）企业信用体系建设缺失

没有企业信用体系，使本区企业的诚信历史和经营潜力无法利用。目前，怀柔尚无一个成体系的企业综合信息收集、整合与评价系统可供金融机构与企业共同享用。银行更多靠长期形成的投资习惯和审核方式在所熟悉的领域或长期合作的企业间放贷，很少向规模小、建立时间短、无形资产占比高及不甚了解的行业投资。而许多未曾发生过银行借贷的优质企业、新建的高科技潜力企业、文化创意类企业，以及产品销路通畅、市场前景很好的企业，因未发生过贷款，尚无法从人民银行的信用体系中查询其信用资料，而使各商业银行失去了对它们做出全面、正确评价的条件，从而很难以担保、抵押以外的方式从银行获得贷款。

（三）本地担保环节极其薄弱

怀柔区只有一家担保公司，即注册资本3000万元，财政背景的信利源担保公司。主要面对农村产业发展进行担保，且受资金规模及项目审核制度所限，对中小企业融资很难发挥作用。尤其是其注册资本离各大商业银行对担保公司注册资本1亿元的入库门槛要求甚远，除农商行外，其他区内金融机构基本无法与之合作，企业更难借助其获得贷款。金融危机以来，区政府已对信利源担保公司加大注资到1亿元，虽然规模达到金融机构合作门槛，但其运行体制及项目审查体制的非市场化，依然不能使其真正发挥为全区中小企业服务的职能。亟待在推进信利源担保公司市场化运作的同时，引进和建立多家担保机构，搭建起企业与银行间的桥梁。

（四）企业资产质量与金融机构的抵押、质押要求错位

怀柔区有相当多企业是在改革开放后，尤其是1990年代后落地怀柔的，其中很大一部分企业是以向区、镇，甚至村级开发区租用国有、集体土地、以租代征土地、租用商业设施或租用土地及标准化厂房建厂的。土地证的缺失使这些企业缺乏有效的抵押物，尤其有不少企业在租用土地上进行了大量厂房、设备投资，因企业无有效土地证明，致使所建厂房无法取得房产证，企业的大部分资产因无有效证明，而无法作为抵押物取得银行或其他准金融机构的贷款。土地、山林、水面的长期承包权，长期租赁的商铺等等也存在同样问题。

（五）历史遗留问题限制企业发展

长期以来部分镇乡重招商引资、轻后期服务，强调年度落地项目完成、放松企业各项手续，使以土地、规划为主的历史遗留问题制约企业正常生产经营和发展。部分企业在建厂时土地购买、厂房建设等相关手续没有及时办理，形成以土地、规划为主的历史遗留问题。有些企业用以租代买的方式购置土地后，发现地权在始租前已被当地镇乡政府用于贷款抵押，而企业多年缴付的以租代买资金并未用于还贷，企业根本无法取回土地证明。以上情况，造成企业虽然形成大量事实投资，却无法取得合法的土地、房屋证明，致使企业无法利用这些资产从银行、投资公司、股权投资机构及其他合作企业间获得融资，更不可能上市及发行企业债券。

（六）土地及其他资源配置不足，影响企业发展

土地供应的紧张，既影响我区高端产业引进、限制新兴产业发展，也使很多原有优质企业难以实现扩张。而同时，全区各镇乡都或多或少地存在一些低产企业甚至关门多年的企业占用大量资源，却不能发挥资源效力的现象。在总体规划的开发区内，通信、电力等配套市政基础设施规划建设滞后，也给部分企业造成现有设备不能正常开工，新增产能计划受阻等方面的影响。

（七）企业自身综合素质有待提高

部分企业尤其是很多小企业，在企业财务管理、人力资源使用、企业社会责任承担等方面还存在不规范行为，在企业内部资源管理、新技术新产品研发、企业管理标准化建设、信息化及电子商务建设方面还存在意识落后、能力不足、手段不新、人才匮乏的问题，显露出竞争力不强、承受力不足、发展与提升缓慢的弱点。

二、进一步强化企业服务的建议

通过深入企业走访，我们认为，我区企业环境还有很大改善空间。要实现我区企业的可持续发展，还需要我们从多方面入手，全方位做好企业服务工作。

（一）设立金融环境建设基金，引导资本流向企业

建立支持中小企业金融奖励基金和风险代偿金，鼓励银行、贷款公司、担保公司服务中小企业。一是在对金融机构的年终考核奖励政策中加大其支持本地中小企业相关指标的权重；二是对担保公司给中小企业提供中小规模贷款担保的，根据年笔数与额度的增加幅度，给予适当比例的资金奖励；三是金融机构对企业提供的中小规模贷款，如发生还贷风险，经法院裁定后，按银行贷款本金实际损失的适当比例予以代偿。四是担保公司对企业担保的项目，如发生还贷风险，经法院裁定后，按代偿本金实际损失的适当比例予以代偿。五是对建立服务于中小企业的区域性融资服务平台的项目，给予适当比例的资金支持，并在项目运行中适度给予补助。

（二）建立企业融信平台，挖掘企业融资潜质

政府主导，尽快建立服务于企业、金融机构的区域性企业融资信用信息服务平台。实现政府部门的政策信息、金融机构的产品信息、区内企业的融资需求在平台上共享、互动。一是使区内外金融机构、担保机构、各类投资机构能获取全区各种类企业的基本信息和融资需求；二是使企业能推荐自己、宣传自己，并了解各类金融机构的融资产品，不断挖掘土地、厂房以外的融资潜力；三是使企业良好的信用纪录、稳定的供应链、市场认同的产品、加工合同、订单、库存原材料、知识产权、出口退税单据等都可以成为融资的资源，开拓企业的融资潜质；四是鼓励更多企业提高内部管理水平，主动诚信经营，不断提高诚信等级，获得更多低成本融资机会。

（三）做实本地担保环节，加入全市再担保体系

要做大做实担保环节。一是加快完成对信利源担保公司的机制转变，使其成为一个真正的市场主体。二是出台相应优惠政策，吸引资本进入担保领域，吸引区外担保公司来我区开展担保业务，做强担保环节。三是尽快促成信利源担保公司与北京市中小企业再担保公司的合作，使进入北京市再保体系，拓展企业与银行的合作面，加强银行与企业的合作。

（四）建立特别登记机制，开发企业可抵押资产

政府主导，大力开发可质押资产。在区内设立一个可以为租用、承包及不完全资产做登记的机关，为土地长期租用权、山林与水面承包权、在未获证土地上形成事实投资的厂房及设备设施、长期租赁的商铺等进行统一登记。登记信息与此类资源的主管部门及出租发包方共享共用。金融机构、准金融机构、担保机构等可依据此类登记对企业进行一定量的担保或贷款。在贷款全额偿付之前，未经登记机关解冻，此类资产不得转租、转包、转让，使此类企业实际付出了成本的资产成为可质押物，使一大批这样的企业有可能获得来自金融机构及担保公司的帮助。

（五）着力解决遗留问题，力促企业轻装腾飞

一是加大企业土地、规划历史遗留问题的解决力度，积极协助企业理清土地历史规划利用状况证明材料，纠正企业入驻前的手续不清、主体不明等问题。二是对企业入区后因手续缓办、以租代买、规划变更政策法规变化对企业造成的土地、规划手续不全问题，加大部门协调力度、拓宽对市级相关部门的反映渠道，使这类问题快速解决。三是对因规划土地政策变更形成的代征比例过高、土地价格变化等类型的企业用地成本增加，应考虑以其他方式给予相关企业一定补偿。四是注重引入企业的后续服务工作。五是对涉及多部门的排污、道路、绿化、违章建筑清理等企业周边环境建设和治理问题，加大协调解决力度。

（六）加强存量资源整合，超前基础设施配套

要探索建立低效高耗企业退出机制。在不断完善区内产业、企业奖励政策的同时，尽快探索制定高耗、低效企业退出机制。一是强化对企业的环保设施和排放物监测、检查，加大处罚和整改力度，促进不达标企业进行环保投资，提高其环境利用成本。二是对水、土及物流资源占用低效的企业给予一定其他方面的补偿或支持，使其向土地容量更大，资源更廉价的区域转移。三是对已经停产关闭的老旧企业进行资源清查、回购，重新规划整合，并发利用。四是要强化招商选商理念，更加注重引进高端企业。对处于产业链低端的企业、总部设在外地的生产基地型企业慎重考察，尽量不引。同时，要科学制定水、电、汽等基础设施建设规划，超前计划、提前建设，满足经济规模与企业快速发展的需求。

（七）加强企业培训指导工作，提高企业综合竞争力

一是发挥区工商联、区中小企业协会及行业协会的作用，加强中小企业法律、财务、行业标准建设方面的培训工作，提高企业合法经营、规范财务管理、注重职工各项权益保障方面的意识和水平。二是组织区内发展迅速、管理规范、企业综合实力较强的企业决策与管理者，形成优秀企业家俱乐部或智囊团，定期举办中小企业发展分类讲座、困境中小企业巡视及发展问题诊断，帮助中小企业准确定位、科学发展。三是依托正在筹建中的区中小企业融资信用信息服务平台，

借助其在企业资源管理系统方面的优势，鼓励企业租用国际标准化企业管理模块，并加强企业国际标准化系统使用技术与实施理念的培训与推广，使企业真正实现与国际接轨。

（摘自2009年11月怀柔区委研究室《怀柔调研》24期）

关于通过农村土地流转发展产业园的调查与思考

密云县经济委员会主任 姜 博

密云县经济委员会
主任 姜 博

近年来，按照依法自愿有偿原则，以加快经济发展、促进农民就业增收为目标，密云县各镇加快了土地承包经营权流转的速度，在发展规模经营、拓展工业发展空间及推动新农村建设上采取了新措施、取得了新成效，其中巨各庄镇蔡家洼休闲工业观光园、东邵渠镇水果加工基地、十里堡镇王各庄村三个农民自主创业产业基地发展尤为突出。

一、基本情况及成效

巨各庄镇蔡家洼休闲工业观光园、东邵渠镇水果加工基地、十里堡镇王各庄村三个农民自主创业产业基地，采取土地入股、龙头企业带动、全民表决等方式流转土地发展产业园。截至2008年底，累计完成基础设施投入4亿元，签约入驻企业31家，安置本市就业1032人，实现销售收入2.1亿元。其中巨各庄镇蔡家洼村在以一次性补偿的方式将山场等资源收归集体的基础上，以流转合同的形式把农民手中的约166.67公顷土地全部流转归村集体，由村集体统一规划经营，建设一大功能区、三大产业区，形成了土地入股、宅基地集中、一二三产联动发展的旧村改造效应。东邵渠镇在原废弃砖厂建设汇源厂区，并通过租赁的方式将东、西邵渠两个试点村农民手中的约166.67公顷土地流转给企业，将一产、二产、三产通过原料生产示范基地、果汁浓缩深加工、人员培训与旅游观光结合起来，形成了盘活闲置土地（工业用地）、建设加工企业、带动土地流转、促进农民增收的发展模式。十里堡镇王各庄村则是结合新农村建设有关文件精神，经全体村民表决同意利用约33.33公顷闲置荒芜土地建设产业基地，拓展工业发展空间，已吸引12家企业入驻，为农民就业增收搭建平台。

通过调查，这三个农民创业产业基地土地流转取得的效益及产生的影响主要表现为：

（一）促进了农业产业化经营，增加了农业效益

土地流转后，将分散的土地资源集中起来，有利于生产要素的集中投入，有效地提高了土地资源配置效率，有力地促进了农业规模化、集约化、高效化发展，土地正逐步从资源向资本转变。如蔡家洼村整合农民分散的土地及山场，发展特色农业、设施农业、观光农业。目前已经建成以栽植精品林果树为主的特色观光采摘园、以加工业为主的工业园，增加了农业产出效益。

（二）壮大了新农村产业发展支撑，提高了农村城镇化水平

土地流转对土地功能最大化的追求催生了对土地功能的统筹规划，土地的功能不再仅仅停留在传统、单一的农业产业上。根据土地资源的不同特点，土地在一产、二产、三产之间进行了重新划分，改变了农村单一产业的局面，为新农村产业发展提供了有力的支撑，农村城镇化水平逐渐提高。

（三）加快了农村剩余劳动力转移步伐，增加了较稳定的农民收入

土地流转解除了土地对农民的束缚，促进了农民加快成为产业工人，加快了农村劳动力向非

农产业转移、向城镇集聚的速度。同时农民在获得稳定的土地流转金的基础上，通过进入企业、合作社或外出打工获得工资性收入。如东邵渠汇源果汁发展“果树银行”项目，招收有种植经验的村民为企业培育果树，农民获得了土地流转金和工资收入，收益比过去提高了三倍多。2009年，蔡家洼村村民土地流转金、就业收入、股份分红等加起来，人均纯收入预计可达1.6万元。

（四）实现了农村经济合作化，农民走向“新联合”

土地流转之后，生产资源进一步集中，促进了农村经济合作组织迅速发展，“公司＋合作组织＋农户”、“合作组织＋基地＋农户”等新联合形式多样，促进了农村产业化经营，降低了农业生产、农产品交易成本及单一个体生产、交易风险，提高了农产品质量和附加值，促进了农民走向新联合。

二、几点启示

（一）解放思想，开拓创新

思想解放是前提，想干、能干、会干，三者缺一不可。如蔡家洼村曾经历了小麦高产区、靠天种地（水资源受保护不再被允许用来灌溉）、玉米低产（2001年—2003年连年干旱）等阶段，农业的单一发展使得农民生活质量难于提高。2003年以后，村领导班子学习借鉴南方经验，破除小农经济思想局限，积极推进农业产业结构调整。通过依靠企业，推行公司化经营，以流转合同的形式，由村经济合作社将村民每家每户的土地、山场全部流转归村集体，由村集体统一规划经营，村民全部由村集体负责安置就业。同时东、西邵渠村农民加入果树银行项目，王各庄村全村村民表决推进农民产业基地建设，产业发展方式新，突破了小农思想的局限性。

（二）因地制宜，科学发展

三个典型充分根据各自的资源状况及群众意愿进行，发展的产业园形式不拘，各有特色。如蔡家洼村是以流转合同的形式把土地从农民手中全部流转归村集体，实行股份制，按照资源股、宅基地股、土地股、资产股4种入股方式对村民进行分红，增加农民资本收益。东邵渠镇土地流转则可归结为引进业主（汇源果汁企业）承包租赁经营，农户将承包土地的部分或全部承包经营权以一定条件转包给经济合作社，在经济合作社的统一管理下与企业签订流转合同，为企业加工果汁提供原材料。王各庄村则是经过全民表决，一致同意利用闲置荒芜土地建产业基地，拓展工业发展空间，为农民就业增收搭建平台。

（三）统筹兼顾，协调推进

新农村建设是一项系统工程，“生产发展、生活宽裕、村容整洁、乡风文明、管理民主”20字方针，本质上就要求统筹兼顾、协调推进。在这方面，蔡家洼村有效整合土地资源，根据资源特点格式化土地，对土地功能进行重新定位分区。在规划上，统筹现代农业园区、农民居住生活区、农产品加工区、绿色旅游商务区，改善村民生活环境、改变生产生活方式；在产业发展上，统筹一二三产，以一产促进二三产业发展，以二三产业带动一产，最终形成3个产业联动发展；在利益分配上，统筹企业、村集体和农民的利益，实现农民拥护建设、村集体积极发展、企业放心投资多赢；在保护农民利益上，统筹当前与长远，立足当前，着眼长远；在村域发展上，统筹物质文明建设和精神文明建设，两个文明一起抓。

（四）放眼长远，惠及农民

上述典型的形成和发展，其原因就在于维护了农民当前及未来相当长时期的利益，得到了农民的理解与拥护。如蔡家洼村土地流转归集体后，村民每亩地每年得到保底1000元的补偿款；村民全部由村集体安排上班，每月领取800元～1200元的工资（并上三险，进厂以前年龄段的保险则由村里负责接续）；另外每年还有土地股份分红。东邵渠和西邵渠两村739户，90％已在企业就业（成为产业工人），每户每年可增加收入9000余元。

三、相关建议

（一）用城镇化理念统领新农村建设

新农村建设在战略指导思想上，要克服就村建"村"的狭隘认识，用"城"的定位引导和把握好"乡"的规划、建设。一方面，走出用小农经济的发展理念设计"新农村"的规划误区，改变短期行为、重复建设、低水平维持型发展的工作思路，真正把新农村建设作为一个大战略、高目标和长远任务。另一方面，借鉴南方村、镇合并经验，以实现土地功能最大化为目标，统筹规划土地资源及其他资源，让有限的资源实现最大的效益。

（二）树立加快土地流转建设新农村的意识

党的十七届三中全会指出，按照依法自愿有偿原则，允许农民以转包、出租、互换、转让、股份合作等形式流转土地承包经营权，发展多种形式的适度规模经营。做好土地流转工作是推进规模化、集约化发展的基础，是建设新农村、农业增效、农民持续增收的有效途径。因此，要解放思想、开拓创新，与不断解放和发展的农村生产力相适应，加快土地流转。

（三）规范有序促进土地流转

要严格按照政策法规依法流转土地，在稳定家庭承包制的基础上，明确所有权、稳定承包权、搞活使用权，坚持依法签订合同，尊重农民的选择和意愿。多种形式加快土地流转，可考虑通过住房置换宅基地，将宅基地的减少同建设用地的增加相挂钩，发展农村土地承包经营权的出租和入股等方式。

（四）变资源比较优势为发展优势

要辨证地认识比较优势，高度重视内生比较优势，因地制宜地组织和整合各种优势资源，抓住优势中的优势，加大资金和技术投入，加大环境的改造，加大招商引资对外开放的程度，真正把比较优势通过市场化的手段转化为竞争优势，确立跨越式发展所需的发展优势。

（五）进一步提高农村经济合作组织的规模化、产业化水平

鼓励农村经济合作组织通过土地流转、资金入股等形式，不断扩大生产规模；支持农村经济合作组织与龙头加工企业、销售组织合作，走联合发展道路。

（摘自2009年12月13日中共密云县委《领导参阅》第10期）

借助创业板市场　做强做大中关村企业

中关村科技园区管理委员会主任　郭　洪

中关村科技园区管理委员会主任　郭　洪

创业板的启动为中关村和全国创新创业企业发展带来了前所未有的发展机遇。分析和研究中关村创新创业企业的特点和需求，可以促进创业板市场建设，培育新兴行业的领军企业，加速创新创业企业做强做大。

一、创业板适合创新创业企业发展，将成为培育新兴产业领域领军企业的摇篮

证监会对创业板市场的定位是为创新型和成长型企业提供服务的资本市场。创业板关键不在于门槛高低、条件宽严以及规模大小，关键是看为传统产业还是为新兴产业的企业服务。传统产业和新兴产业企业各自的基因以及对资本市场的需求是完全不一样的。创业板市场要在创新型国家建设、经济结构调整和发展方式的转变中发挥重要作用，很重要的一点就是要为新兴产业的企业服务。经济结构调整是一个永恒的话题，调整的主体是企业，如果大多数新创办的企业从事的是传统产业，那么，结构调整就是一句空话。新兴产业

的创新创业企业的发展需要一个为它量身定做的资本市场，如果缺乏这样一个市场，大多数新创办企业也难以选择从事新兴产业。创业板为新兴产业服务的定位必将促进大量创新创业企业的产生、发展和壮大，进而促进经济结构的调整。

创业板市场的关键词是“创业”，中关村的灵魂也是“创新”、“创业”。我们希望在创业板市场建设当中重点聚焦在培育新兴产业的领军企业，针对创新创业企业的特点和需求进行相应制度设计。新兴产业的创新创业企业有很明显的一些特征：一是企业的核心资产，主要是人才和知识产权。二是企业的商业模式新，新兴业态层出不穷，有些新的业态听都没有听说过的。三是非线性高成长，有些企业前几年进行研发投入，处于亏损状态，但是当技术或产品推向市场后，当年收入就可能实现5000万元甚至1亿元。另外，创新创业企业需要持续创新，可能还会阶段性的做一些调整，其成长规律和传统产业企业的成长规律完全不一样，不是线性增长方式。四是企业固定资产比重比较低，主要是研发和服务，流动资产占的比重较高。五是创新创业企业一般都要进行股权激励安排。六是企业间通过联盟形成“专利池”，交叉许可使用。现在靠单一企业和单一技术形成产品的时代早已经过去了，过去靠一个企业线性的技术创新模式已经不能适应竞争的需要，所以企业之间与大学、科研机构往往组建标准联盟、技术联盟、产业联盟，联合研发共性技术，构建“专利池”，专利方面往往采用交叉许可的方式。

过去中关村企业在主板和中小板上市时，发审会过会率低，很多中关村的企业被迫选择到境外上市，2006年—2008年，中关村有33家企业在境内外上市，其中有21家选择在境外上市。创业板能满足创新创业企业的需求体现在“三新”：一是监管理念新，二是制度设计新，三是功能定位新。因此，创业板的正式启动，将为创新创业企业的发展带来空前的发展机遇。我们也希望证券监管部门进一步建立和完善多层次资本市场，尤其是在中关村股份报价转让试点的基础上，加快建设中国证监会统一监管下的全国性场外交易市场。

二、中关村创新创业企业资源丰富，创业板将促进创新创业企业做强做大

中关村是我国创新创业最活跃的地区，每年新创办的高新技术企业有3000多家，目前有高新技术企业近2万家，产生了一大批高科技、高成长的企业，每年新增加销售收入过亿元的企业100多家。截至2008年底，中关村销售收入超过亿元的企业有1018家，超过5亿元的企业有261家。按照创业板发行上市的条件，符合创业板财务指标的企业近千家。目前中关村完成改制的非上市股份有限公司300多家，正在改制和拟改制的企业500多家。近年来，每年都有10余家中关村企业在境内外上市，其中2007年有20家企业上市。最近通过创业板发行审核的29家企业中，中关村企业有6家。

创业板的推出对于支持创新创业企业的作用体现在三个方面：

一是有利于创业金融体系的建立和完善。创新创业企业的发展需要与之相适应的创业金融服务，长期以来，我们国家缺乏为创新创业企业服务的创业金融体系。创业板的推出不仅拓宽了创新创业企业的融资渠道，更重要的是搭建了高效的技术和资本对接的机制。通过创业板市场，不仅有利于企业从资本市场融资，而且有利于企业通过创业投资、股权私募、银行信贷、发行债券等其他融资方式获得资金。

传统的对企业的划分方法大多根据企业规模划分为大企业和中小企业。这种划分方法偏重于静态和时点概念，按照这种企业划分方法制订的支持政策远远不能满足创新创业企业的发展需求。创新创业企业的发展需要持续不断的创新，具有高投入、高成长、高风险、高收益的特点，企业研发投入大，非线性、爆炸式增长，技术风险和市场风险高，毛利率高，边际贡献大。因此，支持创新创业企业的发展，更重要的是要建立一个支持企业从小到大的连续的金融服务机制，也就是要建立一个动态的机制。美国硅谷的创新创业非常活跃，每年新创办的企业有一万多家，每年倒闭或被并购的企业也是一万多家，还有大量的连续创业者，无论过去创业成功还是失败，又出来开展新的创业，在硅谷每3年—4年就会产生一家影响全球产业发展格局的高科技公司。现在国际产业界以及投资界比较通行的企业划分方法，是把企业划分为创新创业企业和成长性企业，这种划分方法更加看重企业未来的发展前景，偏重于动态和成长路径的概念，符合创新创业企业的成长规律以及需求，侧重于支持创新创业企业做强做大，对制订支持创新创业企业以及成长型企业发展的政策具有更加现实的意义。

二是有利于增强创新创业企业技术创业者的创业能力。创新创业企业的创业者背景往往是技术人员出身，但是一个创新创业企业的成功很显然不仅仅是技术创新问题，还包括管理、市场、资本运作等各个方面，这些技术创业人员往往缺乏这方面的经验和知识。创业板市场的推出有助于在企业发展的早期引入创业投资者，帮助企业的技术创业者转变为创业企业家，提高他们创业的能力。此外，资本市场的监管制度安排将促进创新创业企业进行制度创新，完善公司法人治理结构，提高公司治理水平，提升公司品牌价值，引导资金、人才、技术等各种要素的聚集，增强企业的核心竞争力，提升企业持续创新能力。

三是为企业做强做大提供资本运作的平台。创业板市场的推出为创新创业企业的价值发现提供了很好的平台。伟大的创业企业的产生，需要持续的技术创新和商业模式创新的有效结合，除此之外，有很多是利用上市公司这个资本运作的载体开展兼并收购，进行产业链的整合，在更广的范围内，甚至在全球范围内配置资源，迅速做强做大。

三、抓住推出创业板契机，为中关村企业在创业板上市做好服务

3月13日，国务院批复建设中关村国家自主创新示范区，要把中关村建设成为具有全球影响力的科技创新中心，要求中关村在股权激励、科技金融等8个方面开展先行先试的探索。由科技部牵头成立了以国家21个部委和部门组成的建设中关村国家自主创新示范区部际领导小组。北京市委市政府提出，要举全市之力建设中关村国家自主创新示范区，专门成立了由市政府主要领导同志任组长的中关村国家自主创新示范区领导小组，统筹研究解决重大问题，协调国家有关部门落实各项专项改革工作。

中关村在新的历史时期的战略目标：一是要持续培育和发展国家战略性新兴产业；二是要不断产生新兴产业领域具有全球影响力的领军性企业。创业板市场的推出为实现中关村国家自主创新示范区的战略目标了提供重要的机遇。我们将着重做好5个方面的工作：一是积极发掘培育上市企业资源；二是有针对性地组织券商为企业做好改制上市的辅导，避免企业发行上市过程中走弯路；三是培育壮大天使投资、创业投资和股权私募基金等各种类型的股权投资队伍；四是给予券商和创业板上市企业一定的资金支持；五是协调政府相关部门为企业在创业板市场上市做好服务。

我们将加强和深交所、券商及相关单位的合作，积极对中关村企业进行宣传、培育和引导，推动更多企业到创业板上市，争取在创业板中形成“中关村板块”，培育出伟大的创业企业。

（摘自2009年10月17日在2009创业板与中小企业投融资论坛上的发言）

实现科学发展　完善设施　提升服务水平　促进开发区装备制造业产业发展

北京经济技术开发区管委会主任　张伯旭

装备制造业是我国工业化、现代化的主动力，是经济拉动能力最强的产业之一。目前我国装备制造业在中国制造业中的比重不到30%，低于美国的41.9%，日本的43.6%，德国的46.4%。

北京经济技术开发区
管委会主任　张伯旭

2月4日通过了国家装备制造业调整规划，通过及时调整宏观经济政策导向出台了一系列具有较强针对性和操作性的政策措施，确保装备制造业平稳发展。

一、以强化基础设施建设，不断优化产业发展的硬环境

北京经济技术开发区始终按照产业链和产业集群的发展模式，打造区域发展优势，拓展优势产业发展空间。以统筹规划和超前规划的理念建设区内各种设施，不断提高园区对经济和产业发展的综合承载能力。截至2008年底，开发区2700余家累计完成产值2800亿元，上交税收660亿元，完成固定资产投资120亿元。环境建设方面完善基础设施，全面提升开发区交通管理和服务水平，推动商务带科技走廊配套功能区建设，使开发区区域城市形象与功能实现根本改变。

吸引学校和本市重点中小学、名校、分校进入开发区，兴办义务教育。建设同仁医院二期，改善开发区医疗服务环境，建设开放型区域图书馆，加强建设信息化与工业化融合示范区工作。改善生态环境，以凉水河为中心加快区域环境建设工作，加快国家生态工业示范园区建设，形成城市景观带，美化人居环境，在全国开发区中也是领先的。

二、出台促进政策，提升产业发展软环境

2009年开发区不断强化政府服务职能，出台了一批扶持政策，对新引进的外商投资企业合同外资1500万美元以上，内资企业注册资本金1亿人民币以上的，在区内投产并形成税收后，可申请一次性资金扶持，最高可达1000万元人民币。对新引进的世界500强或国内百强企业，行业内排名前十位或者享有国家名牌产品企业在开发区内租用厂房，可以申请扶持，扶持期限三年。新引进的购地建厂企业注册之日起可参照企业缴纳所得税额20%申请资金扶持。资产管理公司、风险投资公司及其他高附加值生产性服务业企业自注册之日起五年内可以申请缴纳所得税40%的资金扶持。

开发区认真落实建设创新方针，企业创新活力和市场转化能力逐渐增强。对符合条件并且获得国家优势，或中关村科技园区重点科技计划资金支持的技术研发项目，原则上按1∶1进行配比，给予最高达到500万元的资金支持。对符合条件并通过专家评审的技术研发项目给予最高达到300万元的支持。对符合条件并通过专家评审的自行研发项目给予最高500万元的支持。对于获得授权并在开发区实现年销售收入300万元以上的国家专利，给予当年专利应交维持费的100%支持。对年实现出口额100万美元的专利给予60%的支持。用核心技术填补国内外空白的项目，可视情况给予特例支持和奖励。

海外高层次人才的扶持政策。在北京和国家的项目可以填补国内空白，能在开发区进行产业化的给予一定的资金支持。对投资海外高层次创业的企业和机构，可以风险投资引导资金方式进行入股，入股比例为10%到30%，单笔最高1000万元。投资比例不超过投资总额的10%，单笔投资最高1000万元。海外投资企业在经过认定的孵化区域租赁办公场所和生产场地可享受生产补贴，补贴额度从起租日起一年实际支付租金的50%。单个企业补贴时间两年，总额度超过200万元，海外高层次人员创办的企业可贴薪支持补贴一半，每年最高不超过200万元，可以达到三年。海外高层次人才来开发区创业工作，还可在专利费用、创办企业、博士后研究、住房、出国出境探亲等方面获得开发区的支持。开发区为了不断完善工作技术的建设，为企业提供专业化的服务，积极建设开发区投资平台，现在已经有了一个亦庄投资发展公司，两三年内要把资本力量提升到300亿。为企业发展提供金融服务支持。我们还将引进风险投资公司、创业投资公司、担保公司和小额贷款公司。将构建人才引进和服务平台，促进海外高层次人才在开发区创业发展，构建科技创新服务平台，支持企业自主创新，在生物医药方面建设了一期、二期，政府投资2亿元，社会投资5亿元，一共7亿元建设完整的生物医药行业，包括检验检测，符合生物制药流程的生产线。

三、大力吸引优质企业入区，引导高端产业集群发展

开发区坚持吸引龙头企业，促进主导产业集群形成模式化，初步形成了以电子信息产业、装备制造业、生物医药产业以及汽车产业为四大主导产业的经济发展格局。我们认为，过去的企业参与市场竞争是企业对企业，今天是产业链对产业链的竞争，更重要的是产业集群。在分散企业，对重复浪费的部分进行整合。做产品是企业的事情，做产业是政府的事情，政府应该在产业链形成园区环境方面下功夫，这个环境是政策和资金，更重要的是产品的规划、设计、制造。园区内一体通管，通过电子软件实现结算，这样减少了包装的时间和运输的时间，减少了手续、提高了效率。

区内已经形成了以诺基亚为龙头的通信产业链，由于这种模式的成功，使诺基亚进入开发区的八年，从移动通讯第四名跃居第一名，去年在全球手机市场的份额占39%。还形成了以GE为龙头的医疗设备产业集群，以拜耳为代表的生物医药产业集群，以奔驰为代表的汽车产业集群，以中芯国际为龙头的集成电路生产链。园区的税收从2005年到2008年4年增加了5.5倍，高于其他开发区。以装备制造业为例，已经有80家涉及18个子产业的装备制造业企业入驻，集中了一批世界顶级的装备制造业企业，比如ABB公司、施耐德公司、利乐、SMC、博世力士乐、霍尼维尔公司。但是真正属于中国自己的产业还比较薄弱，开发区有最好的环境和平台，我们希望内外并重，吸引国内的优质企业到开发区，不分类别，不管是国营还是民营，只要有创新能力我们都提供最好的条件。

要进一步明确产业的方向，振兴装备制造业。目前我国处于扩大内需、加快基础建设和产业转型的时期，对装备有很大的需求，金融危机的调整为我国提供了机遇，因此，必须结合开发区的实际，规划发展方向，抓住机遇，推动装备制造业优化升级，形成强大的自主品牌和生产能力，提升国际竞争力。目前国际并购的合同资金额60亿美元，将来3年～5年之内会有一批国际一流水平的企业在开发区发展。虽然现在开发区发展很快，去年总收入水平达到2900多亿元，但是还比较脆弱，只有诺基亚为首的移动通讯是千亿级的产业集群，其他的还是百亿级的，我们想用3年～5年的时间再造千亿级的产业集群，专注于几个领域实实在在地做好。

除了给予很好的环境和政策之外，购买技术，更重要的是用较小的代价收购国外的团队。因为引进一个人才很难成气候，要引进就是一个专利包加上一个团队，这是最有价值的，只要人和技术来了，有头脑和专利再造一个巨型企业是指日可待的。园区政策调整的重点是从过去支持企业，转向支持团队、支持人才。开发区计划每年拿出30亿元扶持产业，一半用在人身上。

下一步做的是继续打造北京新能源装备制造业基地，利用区内已有的企业优势，借助国家大力发展装备制造业的契机整合空间资源，以新能源装备制造业子行业为核心，打造集研发、生产、物流、服务于一体的装备制造产业园区。

一是大力推进太阳能光伏发电装备制造业的发展，以经运通硅材料设备产业园为龙头，以硅材料、硅片、太阳能电池与组建、集成系统与设备制造为重点，打造从硅料、太阳能电池到系统集成、电厂工程总承包的完整产业链。二是大力推进风力发电机其配套产业的发展，以金风科技风电项目为龙头，打造风电设备研发，关键零部件制造核心产业链，建立风电服务、风电投资等延伸产业，在开发区打造较为完整的风电产业集聚区。

整合资源，打造北京数字电视产业园，依托中芯国际、京东方、SMC、大族激光等开发区已有企业的先进技术，以集成电路生产设备、平板显示器件生产设备为发展重点，加大投资力度，改造开发区电子装备产业电子化，形成国家级电子信息产业基地的地位。积极整合各种资源，以建设京东方第8代TFT－LCD液晶显示器项目为契机，吸引上下游产业链相关配套企业入区，打造北京数字电视产业园。8代线项目总投资预计280亿元人民币，将带动配套投资200亿元到300亿元，实现产值1000亿元到1500亿元。北京市明确指出有70%的装备希望国产化，清洗机、传送设备都是可以国产化的，坚决反对全盘引进。大项目上网是一个很好的机遇，是拉动装备制造业的关键点，如果不瞄准大项目，装备制造业就很难发展起来。

没有一流的装备制造业就不可能有最先进的工业制作，也不可能超越发达国家。工业制作是由装备制造引领的，过去我们对这方面比较忽视，引进是不可能带来先进技术的，外国企业不可能把最好的技术给你，因为技术是沉淀在装备之中的，我们的技术要通过装备提炼。

我们要完善政策，大力支持装备制造业持续发展，一是支持企业投资集聚，开发区以现有的龙头企业为依托，引导重大能源产业项目，数字产业项目投资发展，按照相关政策给予奖励和产业扶植政策。二是规划引导行业发展，以开发区产业发展顾问为核心智囊团，进一步加强研究，制定开发区各产业发展规划。三是加大资金投入力度，对光伏材料、光伏发电、风机制造等重大新能源装备制造项目的技术改造、自主研发进行适当补助。安排重大项目的贷款贴息，支持企业发展。发展现代制造服务业，进一步精细专业化分工，开发区将围绕产业升级，支持实力雄厚的骨干企业开展工程承包、系统集成，鼓励有条件的企业延伸拓展研发设计信息化服务等业务，鼓励服务外包，吸引生产线服务业等商务配套的聚集和繁荣，形成具有共享服务业的发展。未来一段时间北京开发区将立足既解决当前问题，又着眼长远发展的原则，努力在危机过后形成科技进步新的成长点和技术优势，推动开发区的经济实现快速发展。

（摘自2009年9月10日在第二届中国制造业高峰论坛上的讲话）

工业行业协会推进企业履行社会责任所做的主要工作及存在问题

北京工业经济联合会常务副会长　端木玉林

北京工业经济联合会
常务副会长　端木玉林

近年来，社会责任问题越来越受到社会的广泛关注。《公司法》第五条明确要求“公司从事经营活动，必须遵守法律、行政法规，遵守社会公德、商业道德，诚实守信，接受政府和社会公众的监督，履行社会责任”。党的十六届六中全会提出“广泛开展和谐创建活动，形成人人促进和谐的局面。着眼于增强公民、企业、各种组织的社会责任”。胡锦涛总书记在2006年底中央经济工作会议上要求：“既要继续健全企业激励机制，也要注重强化企业外部约束，引导企业树立现代经营理念，切实承担起社会责任。”

2008年4月2日，由中国工业经济联合会联合11家全国性工业协会发布的《中国工业企业及工业协会社会责任指南》中指出：“工业企业和工业协会都是承担社会责任的主体，应当责无旁贷地履行社会责任，为构建社会主义和谐社会作出贡献。”

行业协会推动企业履行社会责任，是行业协会的职能，也是行业协会自身履行社会责任的一种表现形式。近些年来，本市工业领域的行业协会在这方面广泛开展了探索性实践。

一、行业协会推动企业履行社会责任所做的主要工作

（一）注重诚信建设，加强行业自律

伴随着社会主义市场经济的发展，工业领域行业协会把开展诚信建设，加强行业自律，维护

企业和消费者合法权益摆在越来越重要的位置，并积极创造条件开展这方面工作。北京建材等18个行业协会制定了行业自律和职业道德准则等文件；五金门窗、电镀等16个行业协会制订了38个行业市场准入标准、规范和细则。受市工商行政管理局的委托，2003年—2005年，北京工经联连续三年组织37个行业协会在所联系的近万个会员企业中开展了“守信企业”创建和评价活动，有1910家企业荣获“北京市守信企业”称号。建材、家具、室内装饰等9家协会联合发起在全市开展了建材行业的“诚信评价”工作，组织500多家企业开展诚信自检和抽查，授予59家企业为行业的“诚信企业”称号，并且每年都开展“3.15诚信宣言”签名活动，通过了107家企业致全国建材行业诚信倡议书。医药行业、食品行业也都开展“用北京药放心”、“吃北京食品安全”的郑重承诺，各行业都有上百家企业老总郑重签字。这些举措有力地促进了市场秩序的规范，维护了消费者的合法权益，以实际行动履行了社会责任。

积极反映诉求，维护企业合法权益是企业迫切的需要，也是协会履行社会责任的重要内容。北京汽车行业协会在北京市组建中外合资的轿车生产项目过程中，积极向市政府反映本市许多零部件企业要求配套零部件制造“本土化”的意愿；医药行业协会会同一些地方行业协会及时向国务院反映药企对药品降价存在的问题和意见；矿业协会向市政府反映整顿和规范矿产资源的建议等，很多企业的诉求引起政府部门的重视，不少意见和建议被政府采纳。食品和冷饮协会针对少数媒体发表的“桂花梅汁‘甜蜜素’超标”、“传统胆式饮水机有毒”和“桶装水一半是假水”等不实报道，积极向国家有关部门反映并通过媒体现场考察，正面报道，帮助企业解脱负面困扰，维护了行业形象和企业的合法权益。

（二）开展技能培训，提高员工素质

企业员工的权益很重要的是通过劳动技能的不断提升来体现。据不完全统计，从2005年以来68个行业协会先后举办了各类培训班600多期，10多万人次参加了培训。培训的内容针对性强、务实性强，直接涉及员工上岗和资格认证。培训的形式生动活泼，从请专家课堂授课到请专业人员现场授课，从请进来到走出去，有的还把培训班办到企业。培训的层次则根据工作需要而定，相当一批企业的一线生产骨干、部长、经理、总经理、董事长都参加过培训学习。为了激励更多的一线员工学技术，提高技能，培养更多的高技能人才，还通过技能大赛等形式把培训引向深入。2006年受北京市工促局等政府部门的委托，北京工经联和北京工业国际智力交流协会联合18个行业协会和部分控股公司，组织了719家企业、31400人参加了“北京市第十二届职工技能大赛”，在145个工种比赛中有365名选手获奖，被市有关部门分别授予各种技能称号。医药协会专门举办了“药剂师技能比赛”，电力协会专门举办了“输电和继电保护技能大赛”。2008年，又组织了第十三届全市职工技能大赛。在原有18个行业协会参加的基础上，又有工美、印刷、服装、食品、多媒体、计算机等行业协会加盟，共组织了327家企业、35所技校总计37826名职工参加134个工种的比赛，同时还选拔了9名选手作为北京职工代表队参加了在大连市举行的第三届全国数控技能大赛决赛，取得了很好成绩。技能大赛激发了全市工业系统广大职工学习和提高技能的热潮。

（三）大力推进节能减排，节约资源，保护环境

北京工经联联合相关行业协会把节能减排作为履行社会责任长期战略任务来抓。受北京市工促局委托，北京工经联从2006年—2008年，分两批，每批组织20多个行业协会，在全市工业188个中类行业中，选择了能耗、水耗较大的91个中类行业中的130个小类行业，深入调研，制订出了这些行业的能耗水耗指导指标，经市政府研究批准，在全市发布实施。这些能耗、水耗的重点行业工业总产值、综合能耗消费总量、取水总量分别占2006年全市工业统计数据的93.24%、96.39%和93.75%。按所制订的降耗指标测算，到“十一五”末，这些行业的万元产值能耗、水耗将分别比“十五”末下降31.6%和31.87%。为了推进指导指标的贯彻落实，电力、汽车等20多个行业协会还组织了对企业贯彻能耗水耗指导指标实际情况的跟踪调查。一些行业协

会还积极推动节能新技术的推广应用，积极宣传并配合市政府相关部门做好“三高”（高污染、高耗能、高耗水）企业的“退出”工作，仅化工、水泥、铸造、电镀4个行业，两年来，就有79家“三高企业”退出。

（四）积极参与社会安全和公益事业

2003年春，“非典”给全社会正常的工作和生活带来威胁。北京工经联和许多行业协会以强烈的社会责任感，迅速行动，配合政府，帮助企业，积极开展抗击“非典”的工作。企业后勤协会组织企业认真做好厂区、食堂、饮用水等消毒防疫；汽车行业协会组织企业紧急调派特殊装备救护车、厢式密封运输车抢运患者和急需医疗物资；服装纺织协会和针织协会发动企业赶制口罩和隔离服；医药行业协会组织企业调配、生产抗“非典”用药和医疗用品；包装协会组织企业赶制消毒液包装瓶，保证市场急需。

2008年5月，汶川大地震发生后，许多行业协会立即行动起来，采取多种形式，利用多种渠道，组织企业全力以赴抗震救灾。医药、汽车、建材、保健品、软件等二十几个行业协会迅速向会员企业发出紧急倡议，引导企业在抗震救灾中发挥作用。仅仅几天，行业协会就和会员企业捐款捐物达4.53亿元，其中工经联、建材、电力、服装、医药、工美等行业协会工作人员和部分会员企业以特殊党费、团费形式捐款51万多元。同时，一些行业协会协助企业，争分夺秒组织紧缺物资的生产，使北京企业生产的食品、药品、帐篷、器材等源源不断地运往灾区。

在服务奥运、确保奥运平安，构建良好奥运服务环境过程中，工业协会组织企业做了大量工作。受北京市奥组委委托，电力行业协会起草了“线下安全电力隐患整治标准和方案”，组织专家到31个奥运场馆进行电力隐患排查，安排来自全国各地3000多名电力工作者昼夜24小时对高压线路的巡视，确保两个奥运会用电万无一失；照明电器行业协会组织骨干企业北京星光集团，乡镇企业协会组织骨干企业星光科技股份公司，在奥运场馆照明、开幕式灯光及3000台电脑灯、音响吊挂系统等重大项目中大显身手，使两个奥运会的开幕式大放异彩；汽车行业协会协助政府为治理35万辆黄标车提出了8方面的建议措施，北汽福田等企业为奥运会提供了专用大客车、电动清洁和公安防爆专用车；食品协会和包装协会大力支持企业开发出“京八件”食品和富有皇城特色的精美包装；玩具协会和工美协会协助企业加班加点生产出多批奥运福娃吉祥物等产品，并把空竹抖进了奥运会，玩具协会还组织企业出色完成了设计搭建奥运火炬塔总装车间的任务；医药行业协会组织全市窗口企业双语培训、药店规范建设、医药员工技能大赛等系列活动，医药股份公司配送药械2.64万余批次、1.5万余件，做到零误差、零投诉；服装纺织、电子电器、针织等行业协会也以举办时尚北京之夜、古代木雕精品展等系列活动，受到奥组委的很好评价。

（五）积极组织企业应对金融危机

面对金融危机给企业生产经营带来的极大影响，北京工业协会看到自己肩负的社会责任，采取多种形式帮助企业分忧解难，变危机为发展的机遇。工经联把组织行业协会与企业携手共同应对金融危机作为首要任务，在政策宣传、总结经验、调查研究、谏言献策方面做了许多工作。一些行业协会组织召开形势报告会、工作座谈会和现场交流会，帮助企业了解形势、增强信心，从行业的实际出发，指导企业把帮扶工作政策措施落到实处。不少行业协会深入企业，了解企业在生产经营中遇到的困难和问题，或给予具体帮助，或改进协会工作，或向政府相关方面反映诉求。汽车行业协会针对汽车海外市场严重受挫的形势，与市商委共同召开出口工作座谈会，研究对出口企业的支持政策。为了推进北京专用汽车发展方式的转变，协会深入企业调研，多次组织召开研讨会、论证会，向市政府提出了北京专用车必须坚持集群化发展的方向和建设专用汽车生产基地的建议方案，得到政府的认同，基地建设取得实质性进展。服装纺织协会面对金融危机迅速蔓延的形势，从2008年下半年开始，坚持以品牌战略应对危机，以扩内需，保增长，借助于品牌活动、品牌会展、服装产业上下游对接、工商联手和信息服务五大平台，为企业提供及时和有针对性的服务，取得了很好的成效。针织行业协会针对部分企业出口产品订单锐减的问题，采取扩大内需措施。2009年3月份，连续在清河毛纺城举办了两次大型展销会，有100多家企业参展。同时，加强组织企业间的信息交流，积极做好企业间的加工任务和设备调剂，帮助企业提高管理水平及中小企业融资方面的困难。家具行业协会为了提高企业营销人员在招投标、竞争性谈判中的应对能力，专门举办了营销人员资质专业培训班，还派专家到企业进行帮助和指导。针对企业在产品设计、生产工艺、原辅材料和设备选型等方面存在的问题，组织会员考察学习，开展技术交流，给企业以实实在在的帮助。

二、存在的主要问题

行业协会在推进企业履行社会责任方面做了大量工作，但距离时代发展的要求、履行社会责任的标准以及社会和民众对企业履行社会责任的期待，还存在很多不容忽视的问题，主要表现：

一是不平衡。全市工业领域70个行业协会，能够较强地履行社会责任的意识并积极主动、持之以恒地推进企业履行社会责任的协会还不是大多数。在众多企业中，能够把履行社会责任摆在现代企业重要标准的位置，处理好企业经济利益与履行社会责任关系的也还不是多数。企业履行社会责任和行业协会推进企业履行社会责任，还有大量工作要做，任重道远。

二是不全面。从近几年在行业协会推动下企业履行社会责任所涉及的内容看，多是围绕中心任务开展活动，比如节能减排、诚信建设、抗震救灾、服务奥运等。按照《社会责任指南》中企业社会责任八个方面的内容和对协会履行社会责任的要求，工业协会和企业履行社会责任所做的工作还不够全面。

三是不规范。工业协会在推动企业履行社会责任活动中，协会自身尚缺乏规范的标准体系和对企业履行社会责任的管理体系，企业也缺乏规范的履行社会责任标准、目标、行动计划、发展规划以及有效的社会监督和评价体系，行业协会和企业履行社会责任既缺乏法律的规范和导向，也缺乏制度的保证，在一定程度上处于自发的状态。

出现这些问题的主要原因：

一是舆论宣传不到位。尽管社会各界对企业履行社会责任越来越重视，但新闻媒体和舆论界对此关心还是不够，尤其缺乏经常性的关注和日常活动的宣传报道，新闻媒体应有的舆论导向作用没有很好的发挥出来，一些履行社会责任好的典型企业也没有及时宣传推广，在一些企业没有形成履行社会责任的“荣耻观”。

二是思想认识不到位。相当一部分工业协会和企业没能从践行科学发展观、构建和谐社会和可持续发展的战略高度来认识履行社会责任的重要性。有的把履行社会责任还停留在概念上；有的认为履行社会责任就是“一方有难，八方支援”，捐钱捐物；还有的认为，履行社会责任是政府的事，与协会和企业无关。因此在履行社会责任上缺乏积极性和主动性，没有把履行社会责任作为义不容辞的责任和历史使命。

三是工作机制不到位。工业协会推动企业履行社会责任尚缺乏规范的企业履行社会责任的管理体系和工作制度；缺乏来自政府方面对行业协会和企业履行社会责任予以激励和鞭策的政策措施；缺乏时限和内容都十分明确的社会责任报告及发布办法；缺乏公正、透明的评价和“政府、协会、企业、社会”四位一体共同促进企业履行社会责任的长效机制。

企业履行社会责任是当今的时代潮流，在我国目前还处在起步阶段。要广泛深入地把这项具有重要社会意义的工作推动起来，行业协会要承担起自己的社会责任，要从践行科学发展观、构建和谐社会的战略高度来认识推进企业履行社会责任的重要性，建立较为科学、完善的推进企业履行社会责任的指导服务体系，推动企业履行社会责任向可持续性方向发展。

（摘自《中国工业经济联合会通讯》第七期）

深入落实科学发展观　推进产业结构优化升级

首钢总公司董事长　朱继民

首钢总公司董事长　朱继民

中国钢铁工业经过改革开放30年的发展，取得了巨大成就，钢产量已连续十几年居世界第一位，但总体上还处于“由大转强”的发展阶段，与发达国家钢铁工业相比，产业集中度较低，资源消耗较高，环境压力加大，自主创新能力还不够强。2008年下半年以来，受国际金融危机的影响，市场需求和钢材价格大幅度下降，使钢铁行业面临前所未有的严峻挑战。必须从战略的高度，深化结构调整，转变发展方式，促进产业结构优化升级。首钢作为国家批准率先进行整体搬迁的大型钢铁企业，把搬迁调整的过程作为全面落实科学发展观的过程，进行积极的探索和实践。

一、实施搬迁调整战略，促进中国钢铁布局调整和产业结构优化升级

由于历史原因，全国75家重点钢铁企业有18家建在直辖市和省会城市，有34家建在百万人口以上的大城市。随着经济社会发展，大城市的环保压力越来越大，再加上城市土地资源紧张、内陆运输物流成本相对较高等，大城市钢厂都面临调整空间布局、改善环境的任务。

首钢是国家第一个批准从大城市整体搬迁到沿海港口的大型钢铁企业。2005年2月，国家批复了首钢搬迁调整方案。一是逐步压缩北京石景山厂区钢产量，2007年底压缩400万吨，到2010年底全部停产；二是结合唐山地区钢铁工业结构调整，体现循环经济要求，联合唐钢，在河北曹妃甸建设21世纪国际先进水平的钢铁精品生产基地（首钢京唐钢铁厂）；三是在北京发展首钢总部经济，建设顺义冷轧项目，同时发展优势非钢产业、环保产业、研发体系等。这是党中央、国务院的一项重大决策，有利于落实北京城市总体规划，解决环境保护问题；有利于促进华北和环渤海地区钢铁布局调整，为中国中心城市钢铁企业搬迁调整探索经验；有利于提高中国钢铁工业国际竞争力，为发展循环经济、提高自主创新能力提供示范；有利于首钢通过新的载体实现可持续发展。

党和国家对首钢搬迁调整高度重视。2006年7月29日，胡锦涛总书记到曹妃甸和首钢京唐钢铁厂视察时指出，一定要高起点、高质量、高水平地把曹妃甸工业园区规划好、建设好、使用好，使之成为科学发展的示范区。2008年1月5日，在首钢召开北京地区压产发布会时，胡锦涛总书记转达两点指示，一是对首钢前期搬迁调整所做的各项工作表示满意；二是希望首钢继续贯彻十七大精神，深入贯彻落实科学发展观，团结奋进，扎实工作，完成好搬迁调整各项任务，为中国经济社会发展作出更大贡献。温家宝总理2006年、2007年连续两年“五一”劳动节到首钢视察并指出，要把首钢京唐钢铁厂建设成为产品一流、管理一流、环境一流、效益一流的现代化大型企业，成为具有国际先进水平的精品板材生产基地和自主创新的示范工厂，成为节能减排和发展循环经济的标志性工厂。

首钢按照国家要求，建设“四个一流”的新钢厂。首钢京唐钢铁厂第一步工程已于2009年5月建成投产，5500立方米高炉以及炉顶设备、新型热风炉、全干法除尘，全三脱洁净钢冶炼工艺，一罐到底工艺，260吨干熄焦，海水淡化等新技术装备相继顺利运行，日产水平和技术指标已基本达到设计要求；第二步工程进入设备安装阶段，主体设备将于2010年内陆续竣工投产，形成970万吨钢生产能力，充分体现自主创新、技术先进，装备大型、产品高端，流

程紧凑、管理高效，循环经济，环境清洁的先进性特点。北京顺义冷轧厂于2008年5月全面建成投产，整体技术和装备水平居当今世界前列。体现循环经济要求，采用一系列新技术，成为高效、低耗、环境友好的示范工厂。

首钢在钢铁业搬迁的同时，按照北京市建设国际化大都市、发展高端产业的定位，在北京发展高端金属材料、高端装备制造、汽车零部件、生产性服务业、文化创意产业，已形成了初步方案。按照《首钢工业区改造规划》，通过钢铁业搬迁后的土地开发，促进新型产业的发展，用3年—5年时间在北京形成1000亿元的销售收入，为北京市经济和社会发展作出新贡献。

通过首钢搬迁调整，为中国都市大型钢铁企业布局调整、推进产业结构优化升级探索新经验。目前钢铁企业已形成向沿海发展的新趋势。首钢搬迁与一些企业保留原有城市钢厂为基地，向外地发展有所不同，是原有城市钢厂全部搬迁。各企业之间可以相互学习、借鉴经验，以科学发展观为指导，把企业搬迁、淘汰落后、环境治理、原厂址的产业转型、布局调整、产业升级、管理创新、安置职工、构建和谐等紧密结合起来，促进中国钢铁工业和地方经济实现发展方式的转变。

二、实施自主创新战略，建设创新型企业

提高自主创新能力、建设创新型国家，是国家发展战略的核心，是提高综合国力的关键。目前中国大型钢铁企业的许多硬件设备已达到国际一流水平，但从行业总体情况看，在核心技术、自有知识产权方面，与国际先进企业还有很大差距。首钢通过搬迁调整为建设创新型企业探索经验。

首钢把提高自主创新能力作为搬迁调整的中心环节，不断加强技术创新体系建设，解决新钢厂先进技术来源。建立了技术研究院、子公司研究分院、厂矿研究所三个层次，“一级研发、多地分布”的产销研结合的技术创新体系；广泛利用国内外科技资源，与欧洲、日本、美国许多钢铁和设备制造企业、科研机构开展战略合作；深化与德国蒂森—克虏伯钢铁公司的技术交流，制定实施了首钢板材管理体系建设方案；与中国钢铁研究总院、北京科技大学、东北大学等联合成立了多种研发平台，不断取得新的研究成果；承担的国家科技支撑重大项目“新一代可循环钢铁流程工艺技术”研究已在首钢京唐钢铁公司投入运行。2009年首钢技术研究院在全国569家企业技术中心评比中排名第四位，比2007年上升三位，被评为“国家优秀企业技术中心”。

首钢京唐钢铁厂建设按照“先进可靠、节省高效、系统优化、集成创新”的原则，采用了目前中国最大、世界上为数不多的一系列大型装备，采用国内外先进技术220项，自主创新和集成创新占2/3以上，设备国产化率约占价值的70%、占重量的90%。首次在5500立方米大型高炉采用一系列自主创新技术，包括首钢自主研发的无料钟炉顶技术，自行设计的全干法除尘技术，联合设计的顶燃式热风炉技术，大型高炉—转炉界面采用首钢自主集成的“一罐到底”技术。其炼钢厂是目前国内第一个按“全三脱”冶炼模式设计的炼钢厂，是世界上单体生产能力最大的炼钢厂。整个首钢京唐钢铁厂构成了高效率、低成本的生产运行系统。

首钢建设创新型企业还包括，在“硬件”建设的同时更加注重“软件”建设。加强学习型企业建设，每年培训职工达20万人次左右，促进职工增长才干；广泛开展群众性经济技术创新活动，营造“人人是创新主体、处处有创新课题”的浓厚氛围。适应产品结构调整，建立板材管理模式和管理标准；推进管理信息化建设，促进企业管理的根本性变革。加强3支人才队伍建设，对经营管理者、专业技术人员和操作岗位工人，分别建立了职务晋升的“绿色通道”，激发全体职工学习进步的积极性。每年设立2000万元的人才开发培训基金，用于人才培养、引进和表彰奖励。实施高级技工工程，2009年高级工占技工人数的比例达到36.9%，首钢前几年已荣获“国家技能人才培育突出贡献奖”。

三、大力节能减排，建设资源节约型、环境友好型企业

随着世界经济发展，应对全球气候变化、减少温室气体排放、发展低碳经济，已成为世界各国高度关注的重大问题，是转变经济发展方式的客观要求。

首钢把节能减排、加强环境保护、发展循环经济作为履行社会责任、落实科学发展观的重大战略任务，长期以来一直走在钢铁行业的前列。为了适应北京市建设国际化大都市的要求，促进“绿色北京”建设，首钢服从大局，通过搬迁调整，压缩北京钢产量，早在2000年开始就陆续停止了特钢公司和铁合金厂的电炉、一炼钢厂、初轧厂、冷轧带钢厂、五号高炉、二号焦炉的生产。特别是在北京举办奥运会的2008年又压缩400万吨钢产量，其中三季度月产量压缩到仅相当于原产量的27%，污染物排放量同比下降70%以上，全年同比下降50%以上。从2001年—2009年，首钢在北京累计投入环保资金12.36亿元，完成治理项目171项，粉尘、烟尘、二氧化硫排放量分别下降了73%、74%、78.6%，到2010年底北京钢铁主流程将全部停产，不断为北京市提高环境质量做出重要贡献。

首钢大力发展循环经济，包括建设钢渣和高炉水渣超细磨生产线，利用焦化工艺大规模处理废塑料，充分利用尾矿生产精矿粉；开发世界前沿的清洁生产技术，与国外企业共同投资熔融还原项目，进行了工业性试验；与新日铁合作共同开发干熄焦项目，已在国内多家钢厂应用；结合搬迁调整，在河北迁安建设循环经济产业园，包括11个资源利用项目。特别是首钢京唐钢铁厂，正在按照国家要求，建设节能减排和发展循环经济的标志性工厂。对余热、余压、余气、废水、含铁物质和固体废弃物充分循环利用，基本实现废水、固体废弃物零排放。设计吨钢可比能耗要达到649千克标煤，吨钢耗新水3.84立方米，水循环率97.5%，吨钢粉尘排放量0.3千克，吨钢二氧化硫排放量0.5千克，达到同类工厂国际先进水平。实施海水淡化，每年节约淡水2000万吨，为社会提供浓盐水1800万吨。电站采用海水直流冷却，年节水1070万吨。通过自发电每年节约社会供电55.1亿度。高炉水渣、转炉钢渣和电厂粉煤灰用于生产水泥和其他建筑材料，每年减少石灰石开采250万立方米，节约山石开采约35万立方米，还可向社会提供200万平方米～300万平方米居民住户采暖热源等。通过以上措施，努力成为资源节约、环境友好的示范企业。

四、充分利用社会资源，以开放的思维建设开放式企业

转变经济发展方式的一项重要内容，是由过去主要依靠自我积累、自我滚动发展，向充分利用社会资源，扩大开放合作转变。随着经济全球化和市场经济的发展，企业之间呈现在竞争中合作，在合作中竞争，互动双赢的局面。

首钢以开放的思维，创建开放式企业，广泛利用国内外资源，与150多家上下游企业、制造企业和研究机构建立了战略合作关系。坚持高起点、高水平，与国际一流企业开展战略合作。在钢铁业方面，与德国蒂森钢铁公司、日本新日铁、比利时CMI公司等开展技术合作；在设备制造方面，与意大利达涅利、德国德马克·西马克公司、西门子、韩国现代重工等企业合作，并与日本电装公司、安川电机、黑崎播磨株式会社等建立合资企业；在矿产资源方面，与国内外各大矿产企业加强战略合作，包括在国内外直接投资、控股或参股一系列矿产企业，建立稳定的资源供应渠道。通过与世界一流企业合作，学习先进技术和管理经验，更加注重技术研发和销售管理，延伸上下游产业链。更加注重产业资本与金融资本的结合，与各大金融机构开展战略合作，并通过首钢在香港的上市公司、通过市场直接融资、投资金融机构等多种方式，加强资本运营，不仅为搬迁调整提供更多的资金支持，而且拓展产业发展空间、提高发展质量。

落实国家《钢铁产业调整和振兴规划》，首钢在集中精力抓好搬迁调整的同时，抓住机遇，参与跨地区钢铁企业的联合重组，在北京市、当地政府和企业职工的大力支持下，近两年与贵州水城钢铁公司、山西长治钢铁公司、贵阳钢铁公司、新疆伊犁钢铁公司实现了联合重组；首钢控股的贵州盘县“煤钢电”一体化项目、贵钢搬迁项目开工建设；香港首控公司收购澳大利亚吉布森铁矿和香港福山能源公司的股权，成为这两家企业的第一大股东。这标志着首钢优化区域布局、优化产品结构、实施资源战略取得了重要进展，正在为中国钢铁产业结构调整、转变发展方式作出新贡献。

（摘自2009年9月在中国钢铁协会上的发言）

推动传统产业“绿化”　打造绿色石化基地

北京燕山石油化工有限公司董事长　王永健

北京燕山石油化工有限公司
董事长　王永健

燕山石化始建于1967年，是我国建厂最早、规模最大的石油化工联合企业之一，有职工16000人。2008年的销售收入660亿元，原油综合加工能力1100万吨/年，乙烯生产能力80万吨/年，是中国第一家欧Ⅳ成品油生产基地，合成橡胶、苯酚丙酮产量居国内第一，合成树脂的市场占有率居国内市场前列。

国际绿色产业联合会对“绿色产业”赋予了这样的定义：“如果产业在生产过程中，基于环保考虑，借助科技，以绿色生产机制力求在资源使用上节约以及污染减少（节能减排）的产业，我们即可称其为绿色产业。”按照这样的定义，我们认为，传统产业不断“绿化”的过程就是绿色产业发展壮大的过程。传统产业积极采用清洁生产技术，采用无害或低害的新工艺、新技术，少投入、高产出、低污染，尽可能把对环境污染物的排放消除在生产过程之中，就是绿色产业的范畴。

燕山石化作为具有一定影响的大型能源化工企业，近年来积极贯彻“绿色产业”的理念，以向社会提供“绿色产品”为目标，以清洁生产为基础，以节能减排为主线，以区域生态建设为保障，致力于建设环境友好型、资源节约型企业，努力打造新型绿色石化基地。近几年的实践使我们不断加深了对“绿色产业”的理解，更加坚定了对传统能源化工企业进行“绿化”的信心。

我们贯彻“绿色产品”理念，在全国率先实现成品油质量的升级换代，成为我国第一家千万吨级欧Ⅳ成品油生产基地，是奥运会期间北京地区唯一正常运转的大型工业企业，向世界展现了中国石化工业的实力和形象，兑现了中国政府向国际奥委会作出的“提供欧Ⅳ油品”的郑重承诺，被评为“奥运能源运行保障突出贡献单位”，获“奥运环境质量保障特别贡献奖”。

2008年与2004年相比，燕山石化原油加工量增加32%，乙烯产量增加16%，而万元产值（2005年不变价）能耗下降38%，工业用新鲜水总量下降52%，外排污水总量、外排污水化学耗氧量、二氧化硫、烟尘排放总量分别下降66%、77%、50%、73%。燕山石化荣获“中国绿色能源企业50佳”。

实践启示我们，要实现传统能源化工产业的“绿化”：

第一，必须不断追求产品的“绿化”。在全球化的大趋势下，在经济发展的同时，人类也面临着由于环境污染和资源耗损造成的生存危机，有识之士大力倡导“绿色消费”，国际贸易和国际技术转移的“绿色浪潮”改变着各国的产业结构，促使各国产业向“绿色”方向发展。这种新的“绿色消费”的需求结构引导了“绿化”的生产和产业结构，从而推动了绿色产业的发展。

燕山石化致力于“绿色产品”的生产，从2004年生产欧Ⅱ标准汽柴油、2005年欧Ⅲ到2008年欧Ⅳ，我们用5年时间达到了世界油品质量的先进水平，成为我国“绿色油品”的先行者。为筹办北京奥运会、改善首都空气质量，我们自2004年开始实施了1000万吨/年炼油系统改造，依托老炼油基地进行优化升级，实现“高起点、低投入，高产出、低排放”，我们大胆采用第二代汽油吸附脱硫技术，经过消化吸收再创新，建成国内第一套具有世界先进水平的工业化装置，生产硫含量低于10ppm的超低硫清洁汽油，完全可以达到欧Ⅴ标准。2007年6月工程投产，保障了奥运会期间首都市场供应，实现了“生产清洁油品，服务绿色奥运”的目标。与2004年北京实施欧Ⅱ标准比，欧Ⅳ标准汽柴油的硫含量由500 ppm降到50ppm，北京市每年减少二氧化硫排放4900吨。燕山石化欧Ⅳ标准汽柴油生产能力的提高，对降低机动车尾气排放、改善首都空气质量发挥着特殊作用。

第二，必须不断推进生产过程的“绿化”。推行清洁生产，既是资源环境约束下的必然选择，更是从企业员工切身利益出发的自觉追求。以人为本首先要以人的生命健康为本，保护环境首先要保护员工自己，创造清洁生产的环境。我们提出，要让员工安全体面的工作、健康舒适的生活，在员工中倡导“我要环保，环保保我健康”的理念。从资源供给的角度看，石油作为一种战略资源，供需矛盾日益突出，高油价成为一种长期的趋势，不断提高资源的利用率是增强石化企业核心竞争力的根本出路。石化企业既是能源生产大户，又是能源消耗大户，要实现可持续发展，必须把节能与减排有机统一起来，以减排促节能，是能源企业的优势，以节能减排推动生产力发展，是石化企业的发展方向。

正是基于上述认识，燕山石化把自主创新与合作创新相结合，大力开发和应用推广清洁生产新技术。开发完成了有机化学品清洁生产成套技术、回收乙烯资源成套技术、节水减排成套技术、锅炉烟气除尘脱硫脱硝技术等一系列先进环保技术。其中5项技术获国家发明专利，4项成果获国家和省部级科技进步奖。大力推进清洁生产的技术改造，实施石油气回收利用工程，选用先进油气压缩技术和点火控制技术，实现了石化装置正常生产时火炬气“零排放”，每年回收利用石油气20万吨。推动实施机泵机械密封改造，改造后有机烃污染物泄漏量仅为原来的1/248。新建700万吨/年成品油外输管道，实现轻质油品输送管道化。组织实施储运密闭化改造，实现了液体石化产品装卸的密闭化。加快锅炉烟气清洁化改造进度，锅炉烟气排放稳定优于北京地方标准。全方位、全过程的清洁生产运行机制有效保护了职工健康，改善了地区环境质量，燕山地区空气质量二级和好于二级的天数2007年为251天、2008年为279天，连续两年均比北京城区多五天，这是一个历史性的变化，它用事实改变着人们对石化企业高排放、向环境输出污染的传统印象。燕山石化荣获“国家职业卫生示范企业”、“中国石油和化学工业节能减排先进单位”等称号，燕山区成为首批“全国卫生区”。

第三，必须不断完善水资源的“绿化”。水是生命的源泉，也是工业生产的重要资源，对于北方缺水地区的工业企业来讲，水资源的约束性更为显著。绿色产业必须要做好做足水的文章。如何“以有限的水资源实现无限的水循环”，实现从污水达标排放向水资源循环利用的转变，这是我们面临的重大课题。这几年，燕山石化从地处首都的区位特点出发，从企业能否在北京立足的高度，把节水放在极为突出的位置，努力做成“亮点”，破除石化企业高耗水的传统观念，大胆提出“零消耗新鲜水”的设想，按照“用水多元化、污水资源化”的工业用水新思路，实施水资源综合利用工程，取得了显著成效。工业用新鲜水由最高年份的6800万吨/年下降到目前的2300万吨/年。

一是加强源头治理，实施生产系统节水减排工程。研究不同装置的用水特征，推行不同水质的梯级利用。推行“清污分流、污污分治”，建设污水回用工程，将污水处理与再生水回用相结合，建成设计能力1200立方米/时污水处理装置，在国内首次采用双膜技术进行化工废水深度处理，实现用脱盐污水作为锅炉补水在实践上的突破。有效利用区内外环境资源，在北京房山牛口峪水库（最大库容为1000万立方米）建起三级污水处理系统，将过去的污水蓄积库变成工业用水和附近农业用水的重要水源地。二是贯彻生态治河理念，实施区域水系恢复工程。新建2个人工湖，利用1万米旧河道，连通2座区外废弃水库，建成集排涝防洪、雨水收集、污水回用、生态景观和突发事故防控于一体的区域水源循环系统，正常年份可收集存储雨水500万立方米。三是拓宽用水途径，推进城市中水工业化利用。完善输水管网，将附近居民生活污水加以收集处理，规划引用城市污水处理厂的中水替代工业用新鲜水。2008 年城市中水利用量 1000 万吨，规划到 2012 年，中水利用量 2000 万吨/年。力求创造一个工业生产不使用新鲜水的先例。

第四，必须不断实现区域生态环境的“绿化”。在环境污染的日趋严重的今天，中国传统文化中的“天人合一”观念越来越被人们所理解、所接受。建设生态文明已经作为国家意志被郑重提出。树立和落实科学发展观，实现企业与社会和谐发展、人与自然的和谐相处、生产活动与自然生态的和谐相融，已经成为全社会的共同追求。作为工业企业的经营管理者，我们有责任、有义务探索一条工业生产过程中的生态保护之路。实现工业文明和生态文明协调发展，这是一个比一般意义上的环境保护更具挑战性的课题。

燕山石化是个地处山区的老石化基地，由于历史的原因，造成布局不合理、居民区与装置区混杂、环境建设落后，区域生态遭到破坏。近年来，我们把逐步恢复工业区及周边山区的生态环境作为企业的一项重大任务，努力创造人与自然和谐相处的境界。我们从建立功能化的分区着手，规划实施了区域布局调整，形成了生产作业区、生活服务区和生态涵养区层次分明、相互支持的新格局。生产作业区，以石油化工生产为主要功能，实施清洁生产，为员工创造健康的工作环境；生活服务区，以居住休闲为主要功能，为居民创造宜居舒适的生活环境，让员工安全体面的工作、健康舒适的生活；生态涵养区，以涵养自然生态为主要功能，法乎自然，为工业基地建设创造和谐共生的生态屏障。

当前，“低碳经济”理念正在为全社会所接受，“碳通量”、“碳中和”、“碳补偿”的概念正在为越来越多的人所关注。科学研究表明，林木每生长 1 立方米，平均吸收 1.83 吨二氧化碳，放出 1.62 吨氧气。人们把绿色植物称为“氧气制造厂”。燕山石化有 36 平方公里的土地资源，周围有几百平方公里的山丘，又有富余的劳动力资源，我们正在规划利用这些资源，进行区域生态建设，植树造林，涵养生态，把燕山石化打造成工业生产与自然环境相协调的绿色生态基地。

实现传统产业的“绿化”是一件打基础、谋长远的事业，是企业可持续发展的根本之举。做好这项事业，关键是思想观念的转变，要变过去被动“达标”向以节能减排来培育新的经济增长点转变，将资源和环境的压力转化为企业发展进步的动力。通过精细管理创造精尖产品，通过清洁生产降低能耗物耗，燕山石化这些年所付出的努力，在金融危机来临之时获得了回报，今年头两个月，在市场形势极为严峻的情况下，实现利润 6.7 亿元。这样的经营业绩，即使在经济形势好的情况下也非常难得。这一成绩的取得，更坚定了燕山石化发展绿色产业的信心。我们愿意向大家学习合作，与企业界的同行携手共进，为中国绿色产业的发展而不懈努力。

（摘自 2009 年 3 月 28 日在首届中国绿色产业经济论坛上的发言）

立足电控产业发展实际
提高贯彻执行科学发展观的坚定性和自觉性

北京电子控股有限责任公司董事长　卜世成

党的十七大报告对科学发展观的科学内涵、精神实质和重大意义进行了全面的阐述。科学发展观是对党的三代中央领导集体关于发展的重要思想的继承和发展，是马克思主义关于发展的世界观和方法论的集中体现，是同马克思列宁主义、毛泽东思想、邓小平理论和“三个代表”重要思想既一脉相承又与时俱进的科学理论，是我国经济社会发展的重要指导方针，是发展中国特色

北京电子控股有限责任公司
董事长　卜世成

社会主义必须坚持和贯彻的重大战略思想。按照党的十七大和十七届四中全会的精神，认真学习、深入贯彻科学发展观，就要用科学理论做指导，解决把理论变成思路、思路变成战略、战略变成规划、规划变成计划、计划变成行动的问题。

胡锦涛同志在全党深入学习实践科学发展观活动动员大会的重要讲话中强调："着力推动广大党员、干部深刻理解和全面把握科学发展观的科学内涵、精神实质、根本要求，增强贯彻落实科学发展观的自觉性和坚定性。"结合电控公司的实际，学习贯彻科学发展观，必须立足当前国际国内及北京市形势的发展变化要求，立足电控产业发展的实际，进一步增强学习实践科学发展观的自觉性和坚定性。

一、用科学发展观正确认识和把握产业发展的新形势

目前，电控系统面临着全面参与经济全球化的新机遇、新挑战，面临着工业化、信息化、城镇化、市场化、国际化深入发展的新形势新任务的挑战。按照北京市提出的"人文北京、科技北京、绿色北京"的"三个北京"首都工作的基本方向，按照现代企业制度的要求，建立拥有自主知识产权、高科技、高回报、高节能环保、高质量的高科技公司是电控产业发展的方向和必然要求。按照这样一个要求，把握电控产业发展的新形势，电控目前正处在"三个攻坚任务"的叠加阶段。

一是产业发展处在攻坚阶段。重中之重的一号工程 8.5 代线，这是新中国成立以来北京工业最大的单体项目，目前正在按照时间进度建设。除显示产业之外，我们另外的电子装备、广电设备、特种电子器件、系统集成、仪器仪表等电子信息高科技产业五个事业群，面对的竞争对手是跨国公司，要应对产业产品的竞争、资金的竞争、打造价值链的竞争，背后还有体制机制和人才的竞争。

二是改革调整处在攻坚阶段。要针对电控系统目前的 200 多家从 2 级到 5 级的公司状况，加快调整步伐，力争在 3 年—5 年内彻底改变面貌。一方面通过加大力度推进企业结构调整，最终在 3 年—5 年形成十几个三级公司。另一方面大刀阔斧地退出一批已经没有发展前景的企业。同时要使被支持的重点企业实现市场化、专业化、国际化、证券化。

三是稳定也处在攻坚阶段。一方面要通过债务重组解决镇江、飞达、大华、瑞普等单位的官司问题，解决系统内一些集体企业的资不抵债问题；另一方面要落实系统内 68000 名离退休及岗下职工每年要有近 4 个亿的维稳资金。我们要真心对职工负责，就必须彻底解决这些问题。总之，在这样的形势下实现"一二二一"战略，我们必须按照科学发展观的要求全力推进。

二、用科学发展观深化"一二二一"战略

针对电控产业发展面临的新形势，我们要按照科学发展观的要求，继续深化"一二二一"战略。即以调整重组为中心环节。大力发展电子信息高科技产业，园区地产业包括商业地产和工业地产两个产业。强化自主创新体系和人力资源开发的两个体系。形成稳定发展、稳健发展、科学发展、和谐发展的局面。要通过深入实施"一二二一"战略，确立电控新产业的发展格局，初步改变命系京东方的态势；要打开市场化融资通道，增强电控的整合力；要通过变现资金建立社保基金，彻底解决维护稳定的物质基础，建立维稳基金公司；要建立起面向"十二五"和"十三五"的自主创新体系和人力资源体系，全力推进"百千万"工程。要按照电控"一二二一"战略的要求，培育新型产业链，使一批具有核心竞争力、市场化、国际化的重点企业茁壮成长。全力推进一批重点项目的建设，加快重点企业的发展。全力推进园区地产重大项目的建设，形成各具特色的产业园区，为首都经济发展作出新的贡献。

三、用科学发展观提高领导干部的能力

学习贯彻落实科学发展观，推动电控"一二二一"战略，实现产业又好又快发展，关键在班子。电控系统的党员干部特别是领导干部，一定要牢固树立科学发展的理念，不断提高科学发展的能力。应该重点提高五种能力：

一是创新发展的能力。领导班子领导科学发展的能力首先是创新发展的能力。这里面有很多因素，比如必须勤奋学习、刻苦钻研、深入思考。必须执著地去求索，甚至是偏执地求索，置生死与不顾。像屈原一样，“路漫漫其修远兮，吾将上下而求索”。求索真理和规律才能大胆创新。处理很多事没有现成的路子，都是从实际出发去求、去索、去闯，才能走出一条路来。

二是谋划发展的能力。目前，国有企业面临的无论是国际、国内的大环境，还是企业自身的小环境，均发生了深刻的变化，领导干部要抓大事、谋发展、定战略，必须提高谋划发展的能力。要从实际出发，还要审时度势，把握机遇和风险，把风险降到最低点。制定战略，谋划发展，这是非常重要的。实事求是制定战略谋划发展的精髓，也是必须的过程，就是要有定力，去做看透了的事情。

三是推动发展的能力。科学发展观的第一要义是发展。企业只有发展，才能保稳定；只有发展，才能提高职工的收入；只有发展，才谈得上为社会作贡献。因此，领导干部必须提高发展的能力，包括整合资源、制度管控、内外资源的整合。用曾国藩的提法，要圆润通达地处理问题。干成一件事是非常不容易的。打一次交道就要成为朋友，而不是招得大家都烦，这也是非常强的能力。赖斯说的软实力第一个就是同情力，让别人同情你也是一种能力。

四是协调发展的能力。企业领导干部要提高协调发展的能力，即承受和科学处理改革发展稳定复杂局面的协调发展能力。要善于运用科学发展观去认识和处理问题。既要统筹兼顾，协调各方，又要突出重点，突破难点。这是因为我们面对的一方面是复杂局面，一方面是压力。在同一个时点压着你，必须死扛着，有时还不能解释，不能找人诉苦，只能打掉牙和血吞。一句话也不能说，就得死扛，硬着头皮扛。不然你没法过得去。因此，还是毛主席讲的，越是困难越要坚韧。

五是以人为本的和谐发展能力。科学发展观的核心是以人为本。企业发展的第一资源是人，因此，企业领导干部要不断提高以人为本、知人善任的能力。要善于发现人才、正确识别人才、科学评价人才，合理使用人才，把各方面的人才汇集到搞好国有企业，实现科学发展中来，这是企业强盛的根本。以人为本，还要宽厚、博大、团结、自律，也包括培养人，领导最大的德行是培养人。把德才兼备的人培养起来，我们当垫脚石都行，这是最大的德行。

总之，要通过切实加强理论学习，不断提高对科学发展观的深入理解。理解越深刻，把握越准确，贯彻落实科学发展观的行动就越自觉、越坚定。我们进一步加强学习，提高思想认识水平，真正从政治高度、全局高度、战略高度，全面、准确、系统地理解和掌握科学发展观的丰富思想内涵和精神实质。提高领导科学发展的素质和能力，不断提高学习实践科学发展观的自觉性和坚定性。

（摘自2009年度北京市国资系统领导干部优秀理论文章）

北京汽车集团的科学发展

北京汽车工业控股有限责任公司董事长　徐和谊

今年以来，北京汽车集团深入学习实践科学发展观，并在前期扎实工作的基础上取得了良好的业绩。1月—10月，北京汽车工业集团累计销售汽车101.8万辆，同比增长51.6%，增速超过

北京汽车工业控股有限责任公司
董事长 徐和谊

国内行业平均增长速度，产销增长位居同行业大企业集团前列，正稳步向产销汽车120万辆、实现销售收入1100亿的全年经营指标迈进。

作为北京经济的重要支柱产业，北京汽车需要承担起更大的责任，为北京工业经济增长发挥更加重要的支撑作用。北京汽车已经设立了高水平、有特色，成为国内一流的目标，为此，北京汽车的科学发展需要我们始终保持冷静的头脑、清晰的思维，制定科学的发展规划，实现北京汽车产业的跨越式发展，为北京经济的持续稳定快速发展，为建设“人文北京、绿色北京、科技北京”，作出更大的贡献。

一、进一步解放思想，实事求是，把握汽车产业发展规律

解放思想，就必须跳出传统工业化的发展理念，坚持高质量、有效益的增长，在推进发展模式的转型升级上下功夫，深刻理解国家和北京市关于振兴汽车产业的精神和要求，坚持高标准，抢占制高点，坚持依靠产业调整和技术创新来提升资源的效率和效益，实现从商品经营向资本经营的拓展，使我们的企业能够在可持续发展的轨道上长久运行。

解放思想，就必须克服本位意识和小农意识的影响，要改变只要大不要强、只要数量不要效益、不按规律不讲科学等思想和做法，用全球化的视野和思维推进企业的发展，坚持跳出北京汽车来观察、谋划、发展北京汽车，推进北京汽车向全球化公司迈进，进入世界五百强。

解放思想，需要我们科学把握汽车产业发展规律。在未来几年里，中国汽车市场仍将持续快速增长。一是中国经济持续保持8%以上高速增长的态势不会变；二是中国主要城市人均GDP超过6000美元、汽车继续快速进入家庭的行业发展规律不会变；三是中国汽车消费的支撑力不会变；四是中国汽车市场的基本面不会变。由此我们深信，中国汽车市场，毫无疑问将成为全球汽车产业的重心。

回顾全球汽车产业发展的历史，我们可以看到，在每一次全球汽车产业转移过程中，都伴随有新技术的发明、革命性产品的出现、生产模式的创新、或者商业模式的变革。在欧洲人发明汽车后，美国凭借福特的流水线生产与通用的兼并重组，确立了霸权地位；欧洲人以大众甲壳虫的畅销为标志，多个厂家全面竞争迎来了产业复兴；日本以丰田精益生产方式和进军美国市场为契机，迅速崛起；韩国企业以全面成本领先战略，快速发展。那么，当全球汽车产业的重心转移到中国市场时，创新与变革同样也将必然发生。

所以，北京汽车的科学发展就是在全球汽车产业重心的转移过程中，在完善产业链，强化竞争力的同时，围绕着新技术、新产品、新的商业模式展开的一系列规划和举措。这个过程，对于北京汽车而言，即是机遇又是挑战。说是机遇，是因为它为我们提供了巨大的生存和发展空间，为我们提供了高速发展的机会。说是挑战，是因为巨大的市场潜力会吸引国际汽车巨头加大对中国市场的参与，从而加剧了竞争的激烈程度。

二、牢固树立责任意识，充分把握发展中的机遇

从区域经济来看，一个特大型城市必须有规模相适应的工业经济作为经济基础。目前虽然北京市土地和人工成本相对较高，但在发展高新技术产业、先进制造业以及高附加值的现代都市工业等方面，仍具有明显的比较优势和竞争优势。北京汽车集团作为国有企业，作为北京现代制造业的龙头企业，不仅要实现资产的保值增值，还要承担就业、稳定等等社会责任和多方面任务。作为一个经济个体，追求资源的最大回报、效益和效率的有效平衡是企业发展的内在的要求，同时，社会责任又要求企业必须把握好经济效益和社会效益的平衡。因此，我们制定符合汽车产业政策的发展战略，发挥北京经济的支柱作用，就是在科学发展观的要求下，在企业与外部环境的关系上统筹兼顾，实现全面协调可持续。

国家和地方积极的财政政策出台，为北京汽车产业发展带来了机遇。根据国家振兴规划，三年内中央将安排100亿元用作技术研发、改造专项资金。北京在加大政府投入力度，积极建设汽车研发、检测基地的同时，也通过财政补贴方式，加速淘汰黄标车、大规模采购新能源汽车。从中央到地方出台的积极的财政政策，为北京汽车产业增加投人，启动一批有利于支持产业结构调整和优化升级、增强发展后劲的项目创造了有利条件。

跨国公司经营策略的调整，为北京汽车产业寻求合作、引进人才、提升技术提供了机遇。金融危机导致欧美汽车产业环境恶化，发展放缓，使其从营销、服务的市场层面，到研发、制造的产业层面加速向发展中国家转移。北京作为中国最大汽车消费市场和总部经济效益最显著地区，可以充分利用跨国公司自救契机，寻求合作机会，实现技术和竞争力的快速升级。

中国汽车产业的调整，为北京汽车产业反思问题、持续发展提供了时间机遇。全球汽车产业形势的变化加速了中国汽车产业从粗放式增长向集约型发展的战略转型。中国汽车产业进入了从分散到集中、从盲目扩张到适度压缩、从依赖国外到自主创新的关键时期。新经济环境下国家汽车产业的收缩和调整，为北京汽车产业审时度势、反思问题、调整结构、走内涵式发展道路提供了时间，为后期可持续发展明确了方向，积蓄了力量。

三、重点把握三个关键环节

北京汽车要科学发展必须利用好全球汽车格局变化的机会，把握好三个关键环节。一是从完善上下游产业链角度，把欠缺的内容填平补齐；二是从新技术、新产品角度考虑，大力发展新能源车，这是我们实现跨越式发展的战略突破点；三是从商业模式角度考虑，以自主品牌建设和自主研发为龙头，积极进行产业调整和产品调整，带动北京汽车产业的全面发展。

（一）主攻核心零部件，积极完善产业链

经过十几年的飞速发展，我国汽车行业已经具有一定的资本积累，但是，由于我国汽车产业起步较晚，技术上仍然处于落后阶段，产业链仍需进一步完善。

金融危机后，世界汽车制造中心、运营中心和研发中心将会重新布局，将为我国汽车产业的发展提供了有利的国际环境。在中国产业链的上游，汽车研发仍然薄弱，零部件行业总体上技术含量低，缺乏核心零部件及更多的高技术含量零部件的支撑，行业集中度不高；在产业链的下游，服务贸易也未能形成规模效应，二手车市场并不活跃，汽车金融也进展缓慢，汽车租赁、拍卖、都未进入正轨。

国外汽车巨头拥有先进的人才、制造技术和管理经验，金融危机后的欧美市场整体呈现低迷状态，汽车业三巨头、华尔街金融企业均处于裁员变革的“瘦身阶段”，大大降低了国内引入高科技人才和先进核心技术的资源成本。国际市场的不景气与中国汽车市场的逆向繁荣，必然会使国际汽车巨头将战略重心向中国转移，把更多的资本、人才和更先进的技术、管理带入中国。这种国内资金与国外技术的有效结合，会大大促进我国汽车产业的技术升级和产业结构升级。与此同时，广阔的市场空间和先进的制造体系、人才储备体系的建立，也会使中国汽车企业的自主创新能力得到质的提升。

除了技术合作之外，国内汽车和零部件企业还可以利用这次金融危机的时机，实现对国外先进制造技术的购买。国家的宏观政策也充分支持国内一些有实力的汽车企业“走出去”发展，重组合并、整合资源。我国汽车或零部件企业，在金融危机后，更容易获得需要的技术和工艺，并在此基础上进行消化、吸收、再创新，提高自主开发实力。

汽车发动机、变速箱等核心零部件制造技术落后，一直是制约我国汽车工业发展的瓶颈。可以说，如果我们不能制造出世界上最先进的发动机和变速箱，我们就不能被称为世界汽车强国。充其量是一个世界汽车大国，汽车消费大国，我们就不可能摘掉世界汽车工厂的帽子。

对关键零部件的开发，一是要加大政府资金对企业零部件研发骨干企业等的支持力度，推动整车自主研发平台及零部件关键技术研发平台的建设；二是要加强零部件企业对整车企业的支持力度。

去年，北京汽车产业规模以上企业288家，在以海纳川汽车零部件公司作为企业集团化发展的零部件平台同时，涌现出了一批如现代摩比斯、江森、李尔、德尔福万源等规模型零部件企业。这些零部件企业对于北汽集团整车企业的发展，提供了必要的支持。

（二）开发新能源汽车，实施战略突破

在全球气候变暖、石油资源日渐枯竭、城市环境日益恶化的背景下，发展新能源汽车已经成为全球汽车行业的共识。目前，新能源、新技术成为全球汽车产业的竞争焦点。美、欧、日、韩汽车集团已经开始调整战略规划，加大对提高汽车产品的安全、环保、节能等综合性能投入，采用新能源、新材料和新工艺开发研制新车型，占据未来市场。如2008年9月美国国会批准250亿美元节能研发贷款；日本汽车企业联合向政府申请新能源产品的研发支持；戴姆勒奔驰公司压缩开支用于首要保证研发和中国业务等。

新能源是未来汽车产业发展的方向。我国汽车产业在传统汽车制造领域起步较晚，与发达国家相比处于劣势，但在新能源汽车领域，世界各国基本都处于研发的起步阶段，我国汽车企业通过努力，完全有可能占领技术的制高点，从而为我国在未来的汽车市场竞争中赢得主动权。从这个角度看，可以说我国新能源汽车的发展处于千载难逢的机遇期。机不可失，时不再来。我们要抓住有利时机，实现我国新能源汽车技术的新突破，为在未来的国际竞争格局中占据有利地位奠定基础。

在新能源汽车建设方面，北汽集团已经走在行业的前列。北汽福田2008年推出的以氢气为燃料的欧Ⅴ城市客车，最高车速可达到80公里，可持续行程240公里以上，尾气排放为零，无污染，主要性能参数达到国际同步、国内领先的水平，是一款真正的绿色环保城市客车。2010年，北京现代将推出1万辆混合动力出租车，为北京市的环境保护作出自己的贡献。已经揭牌成立的新能源汽车公司，是北汽集团的重要组成部分。在北汽集团的三年发展规划中，要求加大新能源车推进力度，力争在三年内，新能源车实现产业化，产量达到5万～8万辆，销售收入占总销售收入的10%以上。

（三）加快自主品牌建设及自主创新

未来五年将是我国自主品牌成长的最佳阶段。首先从国内来看，未来五年将是我国汽车市场规模快速扩张时期，庞大的市场规模为自主品牌的发展提供了良好的基础条件。代表自主创新能力的自主品牌在规模如此庞大的汽车市场中必将会日臻成熟，竞争力会不断提高，从而为顺利走向国际市场提供了物质保障。

从国际上来看，金融危机下，全球汽车市场需求萎缩，可能会对中国汽车出口产生一定影响。但是中国汽车企业应该努力保持海外市场份额，一旦市场回暖，中国企业有可能成为领先者。在未来的五年，国内的汽车制造厂商应该大力发展自主品牌，努力提高自主品牌的技术含量和国际上的知名度。在保证质量的前提下，通过价格低廉的优势在国际市场上占领一席之地，为中国的汽车品牌走向世界奠定基础。

对于北京汽车的自主品牌建设，我们的设想是：

一是在商用车领域，把自主品牌做成国际品牌。从产量上讲，北汽福田已成为国内最大的商用车供应商，其中高技术含量和高附加值的欧曼产品，又使北汽在全国的商用制造厂家中处于领先地位。尤其是新的商用车发动机制造项目的落地，更加强了北汽在商用车生产中的核心竞争力。我们计划在北汽福田继续保持国内领先的同时，大力进军国际市场，打造国际化品牌。

为了达到这一战略目的，我们不断与康明斯、戴姆勒奔驰等国际知名公司开展合作。特别值得说明的是，北汽福田与戴姆勒的中重卡合资公司，将作为双方全球合作业务的运营中心，使用福田欧曼这个自主商用车品牌，在全球范围内实施北汽福田产品的营销和产业化。这为北汽福田这个自主品牌走向国际化，提供了良好的契机。

二是在自主品牌越野车上，做到有特色、高水平。北京越野车产品在品牌、技术等方面有一定的历史优势，“北京·勇士”轻型越野指挥车继“北京212”之后，再次正式列装部队。我们计划依托北京汽车制造厂有限公司，发挥借助其作为军用越野车定点生产厂的市场基础，加强自主开发，通过引进技术、产品或开展合资、合作等多种方式，进行连续不断地技术改造和产品升级，明确主导产品，提高产品竞争力。在做强越野车的基础上，加强SUV车型的研发，拓宽产品线。另外，我们计划通过加快新能源越野车产品的产业化，走上节能、环保的新型发展道路，从而做到有特色、高水平。我们计划力争5年内，北京汽车制造厂有限公司能够进入国内越野车、SUV市场的前三名，成为国内一流的越野车制造基地。

三是在自主品牌轿车上，实现高低结合，两翼齐飞。尽管在高端自主品牌轿车的运作上难度更大，但是北汽还是选择了以高端轿车为切入点，发展自主品牌轿车。在目前的汽车产业形势下，充分利用国际资源发展自主品牌高端轿车是相对比较可行的路径，在这方面上海汽车、一汽轿车也为我们做出了示范。为此，北汽今年以来持续寻求国际合作，先后和克莱斯勒、欧宝、萨博等国际品牌进行业务探讨，以便在高起点的基础上发展自主品牌中高级轿车。

出于环保、节能的需要，国家政策积极鼓励发展高水平的小型车和微型车，这也符合广大中小城市和农村市场的需求。北汽尽管产品系列比较丰富，但仍然欠缺小型车和微型车方面的产品，因此我们计划快速推进小型车项目，在湖南株洲建立乘用车基地，以发展自主品牌小型车。

从长远来看，发展自主品牌是国内汽车企业进一步发展的必然途径，是保证企业竞争力的内在条件。中国的汽车企业，只有凭借自主品牌，才有可能走向国际市场，成为真正意义上的汽车跨国企业。

四、加强人才队伍建设，特别是领导队伍建设

北京汽车产业的发展，离不开一大批人才队伍。对于汽车人才队伍的建设，我想有以下几个要求：

一是专业水平。从事汽车行业工作需要很强的专业知识和技能，作为领导者，就是要成为专家和行家。专家要求有很强的专业知识，行家要具有很丰富的实践经验。必须要既是专家又是行家。

二看领导水平。就是谋大局、想大事。能不能在北汽控股系统集团化建设深入之年，善于决策、创新思维、干成大事、搞出业绩。

1989年，邓小平在同中央负责同志谈话时明确指出：“考虑任何问题都要着眼于长远，着眼于大局。许多小局必须服从大局，关键是这个问题。”邓小平还经常教育各级领导者：“要提倡顾全大局，有些事从局部看可行，从大局看不可行；有些事从局部看不可行，从大局看可行。归根到底要顾全大局。”

三是思想作风。就是要思想强作风硬，发扬我们的汽车精神“奋力拼搏，团结协作，知难而进，志在必得”。在思想上高度统一，在带队伍上能打硬仗。

四是人品人格。就是要有党性和胸怀。新时期共产党的执政方针是“立党为公，执政为民”。我要特别说说这个“公”字。集团化工作纷繁复杂，各位又有不同的工作经历和工作方式，难免在工作中会有不同的想法和做法。但是，我们以什么为判断对错的标准，我想就是这个“公”字。这个“公”就是集团化的大局。我们的所思所想、所作所为，是否有利于这个大局。

在学习实践科学发展观的过程中，只有抓住机遇，把学习与实践有机结合，只要北汽全体党员群众众志成城，发扬“团结协作、奋力拼搏、知难而上、志在必得”的北京汽车精神，坚持“不动摇，不懈怠，不折腾”，就一定能够实现北京汽车又好又快发展，实现“绿色北汽、科技北汽、人文北汽”，把北京汽车工业发展成为首都经济高端产业和现代制造业的重要支柱产业。

（摘自2009年度北京市国资委领导干部调研文集）

把握规律性　体现时代性
加快建设一个新型产业集团

北京化学工业集团有限责任公司董事长　项大北

北京化学工业集团有限责任公司
董事长　项大北

北京化工集团（简称北化集团）的前身是市化学工业局。建国60年来特别是改革开放30年来，北京的化学工业伴随着国家和首都发展的脉搏，渗透着几代化工人的心血，走过了一个不断发展壮大、改革调整的过程。进入新世纪新阶段，北化集团的干部职工深入学习实践科学发展观，坚持“有所为有所不为”，按照“调整、转移、精干、创新、发展”的基本思路，努力转变发展方式，加快推动产业转型，积极破解发展难题，实现了平稳较快发展。

一、顺应时代要求，作出国企贡献

北化集团曾经是北京市的利税大户，也是全市支柱产业集团之一。自1958年组建化工局以来，北化集团为北京市贡献利税150亿元，为社会贡献化工产品9600万吨。仅从“七五”到“九五”期间的15年间，北化集团上缴利税所占全市同期财政收入的比例，每年都稳定在1/11～1/14左右。

最近10年来，按照全市经济结构调整的统一部署，北化集团适应首都经济发展要求，加快企业搬迁调整，积极推进产业转型。按可比口径计算，近10年北化集团共减少工业废水排放4.7亿吨、COD 7万吨、工业烟尘6.1万吨、SO_2 10万吨、工业废渣186万吨，为成功举办北京奥运会又作出了新的历史性贡献。

最近10年来，北化集团经受住了复杂局面严峻考验，实施积极主动的改革调整，不断打造出了创新发展的新平台。相继完成了北京乙烯6厂和焦化厂的重大企业划转，实施了12家企业的破产退出、10家企业的政策性兼并重组和4校1站的划转移交，对9个大中型企业进行了集中式大规模的搬迁改造。除乙烯和焦化厂划转在职职工1.8万人外，通过调整、搬迁等又分流安置了职工2万余人，以较低成本妥善解决了46亿元的企业历史遗留不良银行债务和担保责任，妥善处理了5000名左右的乙烯企业三产富余职工的安置、1360户职工租住农民房、退出企业保稳定、1600名科研院所退休职工待遇差异等一系列历史遗留问题，保持了职工队伍的大局稳定，为构建社会主义和谐社会、建设首善之区作出了新贡献。

二、将北化集团建设成为一个新型产业集团的基本内涵和要求

在2002年8月召开的北化集团党代会上，我们曾提出“要不断建设一个适应首都经济发展要求、符合集团发展实际，产权清晰、主业突出、管理规范、运行高效、效益良好的新型产业集团”。经过改革发展的实践，我们对北化集团的发展目标更为清晰和明确了。我们认为，将北化集团加快建设成为一个新型产业集团的基本内涵可以表现在以下三个方面：

（一）外在形象上，要体现“四个新”

一是发展理念新。要坚定不移地高举“资源节约、环境友好、节能减排、绿色环保”的新型产业化大旗，从内心里认可，在行动上落实。既强调“顺势而为”、自力更生，更注重“借势而起”、对外开放；既对内整合资产、盘活资源，又对外嫁接、战略合作；既能够从银行等金融机构间接融资，又敢于、善于资产“包装上市”，实现社会直接融资；既拓展发展视野，又丰富发展手段。总之，要以创新的理念、更宽的视角、长远的眼光、更多的途径、多元的手段推动发展。

二是产业特色新。摈弃传统大化工产业，围绕北京产业发展需求和社会发展需要，以推动现有产业的优化升级为基础，以新建项目为依托，以新材料、新能源、循环经济、环保产业为“新亮点”，逐步“拉伸、加厚、加宽”特色产业链，培育新的产业增长极，增强优势产业的辐射力和带动力，加快形成适合首都特色的化工产业。

三是管控模式新。做实做强集团公司总部，增强战略规划能力、产业促进能力和一体化管控能力，加快建立一个以资本为纽带、运行监控有效、对所投资企业实施简洁而有效的集团管控模式。集团公司总部以“大董事会”为基本定位，以“战略规划、全面预算、投资发展与产业促进、资产监管、运行监控与风险管理、绩效考核”为核心业务职能。

四是社会形象新。立足北京这一特大城市，围绕经济社会发展需求，对特色化工进行科学布局，有效延伸战略产业触角，继续深耕“百姓衣食住行、化工情系其中”的文化理念，积极赢得社会理解与支持。既承担起国有企业的经济责任、效益责任、保值增值责任，又责无旁贷地承担起国有企业的政治责任、社会责任，保一方平安，促社会和谐。

（二）内在品质上，要体现“四个特点”

一是资产优良。牢固树立“以优取胜、保值增值”的评判标准，时刻关注资产运行质量，不断提升资产盈利能力，提高“企业成长性、总资产报酬率、净资产收益率”三个核心指标。

二是规模适度。自觉适应首都的功能定位和资源条件，围绕首都产业发展要求和社会发展需求，有所进退、有所取舍，现阶段，不把刻意追求“大”作为第一目标，不贪大求全，使得整体发展规模与资产总量、资产质量相适应、相协调、相平衡。

三是竞争力强。要真正把特色产品做出大市场，增强行业话语权和竞争力。全力推动相关产品进入行业“第一方阵”，虽然不刻意求“大”，但一定要求“优”、求“精”、求“强”，真正把“做实主业、做精产品”落到实处。

四是可持续发展。要在一个较短的时间内尽快打好现有产业发展基础，增强企业抗风险能力，增强产业适应性、柔韧性和可塑造性。要捕捉新的市场机遇，拓展产业成长空间，增强核心竞争力，提升企业可持续生存与可持续发展能力。

（三）促进“五个产业板块”的整体协调发展

当前，首都经济发展面临新形势、新任务，我们要坚定不移地贯彻落实科学发展观“发展是第一要务”的核心思想，站在建设世界城市的高度，围绕“人文北京、科技北京、绿色北京”的战略任务，落实市委市政府提出的“优化一产、做强二产、做大三产”新要求，把握发展机遇，深化改革创新，转变发展方式，产业优化升级，为促进首都经济社会又好又快发展作出积极贡献。

北化集团功能定位是：服务首都城市运行，发展高端产业，融入北京先进制造业产业集群，做优做强“绿色环保、节能减排、环境友好型”的都市特色化工产业。我们的五个产业板块是：

1. 城市运行服务板块。主要是服务于首都作为一个2000万人以上的特大城市的运行而设定的，主要包括：医用及民用氧气、水处理（包括自来水与城市污水）及家用消毒剂、汽车尾气处理添加剂等环保产业，全市危险化学品物流体系以及废旧轮胎、溶剂试剂回收等循环经济产业等，这是城市日常运行所离不开的，是刚性的。

2. 首都支柱产业配套板块。积极融入北京先进制造业产业集群，为首都的支柱产业配套，包括为电子、汽车、医药等支柱产业配套的电子化学品、高纯化学试剂和工业气体，食品工业包装用新型黏合剂，高等级电子纯净乳胶手套，以丙烯酸乳液为代表的石化产品精加工等，都普遍具有“高、精、专、新”等特点。这也是北化集团近年来实施产业转型、优化升级的一个重点方向。

3. 新能源新材料板块。属于战略新兴产业领域，集团公司拥有自主知识产权和优秀研发管理团队，已经开始重点打造，积蓄发展能量，将抓住有利时机，进入这个高端产业。我们将主要围绕新型动力电池，包括锂离子电池电解液（已建成1000吨/年的规模，即将扩产到4000吨/年）、锂电池金属阳极材料、三基色节能灯粉（已建成年产800吨/年的生产线）展开。同时，已有计划地进入有机发光材料（OLED）（已开展了3年的战略合作）领域，把握新一代显示和照明材料的发展方向。

4. 高端化工制品板块。是我们的一个传统优势产业领域，经过产业优化升级，已具备做优做强的基础。目前北化集团所拥有的大型搪玻璃设备（国内第一方阵）、靛蓝（全球产能第二）、高等级橡塑制品（国内同行业第一）、PCCP/PE新型管业等，都在国内同行业占据第一方阵的位置，比较优势明显。另外，围绕高速铁路的发展，我们的几个企业在高铁专用高档密封黏合剂、密封制品、新型混凝土添加剂等方面显示出优势。

5. 置业及管理板块。是北化集团赖以生存的重要支撑板块，对于制造业主导产业的培育将发挥宝贵的资金“蓄水池”和融资支持作用，在北化集团“十二五”期间的发展中仍然需要发挥关键作用。同时，做好这一板块的工作，将为母体企业的可持续生存提供强有力的“反哺”作用，有利于保持企业稳定大局。

三、以科学发展观为指导，把握发展规律，创新发展理念，顺应时代变化，转变发展方式，将北化集团加快建设成为一个新型产业集团

科学发展观是指导北化集团改革发展、建设一个新型产业集团的根本指针。深入学习实践科学发展观，就是要用科学的精神分析实情，用求实的态度把握规律，用发展的思路破解难题，把握规律性、增强科学性、体现时代性、富于创造性。

把握规律性，才能掌握主动性。为此，我们必须要着力把握不同层次的规律性，增强建设一个新型产业集团，推动北化集团发展的系统性、前瞻性、主动性和有效性。同时，还要进一步加快产业转型，创新发展理念，转变发展方式，全力推动北化集团的科学发展，加快建设一个新型产业集团。

（一）要把握科学发展规律

北化集团贯彻落实科学发展观，就必须要紧紧抓住发展第一要务，增强发展的协调性，努力实现又好又快发展。必须要自觉适应首都城市功能定位和自然禀赋条件，努力将企业发展方式由主要依靠增加资源投入、扩张生产规模转变到主要依靠技术进步、提升产品价值链、优化调整结构和提高职工素质上来，要创新发展理念，拓宽发展视野，提高自主创新能力，做到发展与条件相匹配、速度与结构相协调、质量与效益相统一。

作为一家地处北京的老传统工业产业集团，我们要勇于承担国有企业的政治责任，妥善处理历史问题促进四个板块的协调互动，确保稳定大局，实现化工集团的科学发展、和谐发展。客观决定认识，现实不容回避，这是科学发展的基础，是内在规律性要求，不能逾越。

（二）要把握企业发展的一般规律

企业发展的实质是企业生命活动机能的提高。不论什么企业，都要遵循企业发展的一般规律。什么时候违背了发展规律，就会陷入困境甚至破产倒闭；什么时候遵循了企业发展规律，企业就会发展壮大、充满活力。企业可持续发展的基础是体制和机制，好机制可以让企业有不竭动力去自我完善。

搞好企业必须按规律办事。要从资产链条出发，实现出资人代表逐级到位，明确出资人职责，强化资产纽带关系，落实产权代表责任，确保国有资产保值增值目标。必须坚持层层落实责任，形成责任落实和压力传递的工作机制；必须不断建立和完善公司法人治理结构，形成科学决策和有效管理的体制；必须坚持市场化的改革方向，加大改革力度，形成活力局面，创造良好氛围；必须强化企业市场主体地位、法人主体地位，增强市场化运作的能力，形成适应市场经济发展要求的内在经营机制。

（三）要把握企业所在行业的发展规律

企业的发展离不开特定的行业背景。不同行业的市场化、国际化、信息化程度对企业的发展有着至关重要的影响。行业的现状、演进趋势以及行业的技术经济等特征的变化，对企业的成长环境与发展模式提出相应的不同要求，这是企业选择发展模式的重要基础因素。企业要想实现持续发展，就必须根据行业变化的趋势和特点，及时对自身发展模式做出适应性调整。

当前，我们现有的主要制造业领域，包括城市运行服务、新能源、新材料、精细化工、新型橡塑制品、电子化学品、化工装备、工业及民用气体、高纯试剂、丙烯酸乳液、循环经济和环保产业等，也包括正在建设的一些项目，分处不同的行业，虽然行业不大，但目前尚具备一定的比较优势，这就要求我们必须要密切关注宏观经济变化，跟踪市场变化和波动，深入研究行业运行的周期和特点，科学把握行业发展趋势，了解行业竞争特点，分析行业变化对企业发展的影响，掌控行业技术发展的趋势，趋利避害，扬长避短，提高预测预警预案水平，有效防范和化解行业风险。

（四）要把握企业自身发展规律

企业是市场主体，也是生命体。企业从初创、成长到消亡，也有其自身发展规律。有的能成“百年老店”，有的却是“昙花一现”，这关键在于企业把握自身发展规律的能力有不同。

企业的竞争优势取决于企业的核心竞争力，遵循企业自身发展规律是打造企业核心竞争力的关键。没有核心竞争力，企业就没有生存发展的基础。企业员工的素质、管理团队、关键技术、管理精细化程度等，都对企业核心竞争力有着重要影响。

把握自身发展规律，更要注重实现差异化发展战略，探索独具特色的竞争力结构、组织结构、改革路径和管理方式，依靠高素质的员工，依靠优秀管理团队、知名品牌、良好信誉、稳定的客户群、强大的销售和服务网络、雄厚的研发力量及严格有效的企业管理，不断增强各个企业参与市场竞争的实力和发展优势，增强适应自身发展规律的能力，增强企业发展中自我调整、自我矫正的能力。

因此，北化集团除了遵循“科学发展规律、企业发展的一般规律、所在行业的发展规律”这三个规律之外，还要结合自身实际，准确把握自身定位，探索和把握自身发展规律。经过近10年的结构调整和企业搬迁，目前北化集团已走出了最困难的阶段，具备了生存发展的“硬件”条件，并在这样的基础上接受着市场竞争的检验。

能不能干好？能不能突破？能不能实现螺旋式上升？能不能经受住“优胜劣汰”的考验？很重要的一个方面，就取决于我们对自身发展规律的把握能力。在把握企业发展规律的基础上，审视我们是否具备了独具特色的竞争力结构、组织结构、改革路径和管理方式？是否具备了高素质的员工、优秀管理团队、知名品牌、良好信誉、稳定的客户群、强大的销售和服务网络、雄厚的研发力量、严格有效的企业管理。

（摘自2009年度北京市国资委领导干部调研文集）

以“强大京煤理念”引领“强大京煤战略”落实全面开创科学稳健和谐发展新局面

北京京煤集团有限责任公司董事长　付合年

北京京煤集团有限责任公司
董事长　付合年

“强大京煤理念”是科学发展观在京煤集团公司的具体化，体现了国有企业的性质、宗旨、价值和目标。通过解放思想大讨论，集团上下对“强大、活力、和谐”的认识更加深入，对“思想方法、企业宗旨、商业模式、战略定位、工作主题、基本任务、企业风格、关键环节、根本动力”的把握更加准确，有效地统一了京煤员工的思想和行动。

我们坚持用科学发展观统一思想，坚定不移地走强大京煤之路。坚持用企业健康优先的观点、企业质量优先的观点、企业竞争实力优先的观点来认识自身的现状，提出了“先强后大，边强边大，又强又大”的京煤理念，先强后大是好字为先，夯实基础，健康发展；边强边大，是抓住机遇，不等不靠，稳步发展；又强又大是又好又快，强大兼备，扩张发展。健康发展、稳步发展、扩张发展“三大发展”是强大关系的基本要义。反之，将会面临“内部出血、不和谐稳定、组织变革落后、市场挑战严峻”这四重压力，放不开手脚，迈不开步伐。“强大京煤理念”的提出和落实，使四重压力，逐渐减少到市场挑战这一种压力，我们就能在科学发展、强大京煤的道路上阔步前进。

“强大京煤理念”事关集团发展的全局和未来，事关企业核心竞争力和持久竞争优势的充分发挥，事关企业又强又大战略目标的实现。我们必须坚持一切从集团实际出发，把“强大京煤理念”转化为“强大京煤战略”，通过战略分析、战略制定和战略执行，把理念变为现实。

面临国际金融危机引发的新一轮贸易保护主义给企业经营发展带来的更多困难和挑战；面临国内外大企业包括煤炭行业重组并购，超大规模，资产量和竞争力急剧增大增强，企业生存发展压力不断加大的挑战；面临新能源发展迅猛，低碳经济对传统煤炭经济加大冲击的挑战；面临内部调整力度加大，对外扩张速度加快，资金压力巨大的挑战；面临集团体制机制、人才状况还不够适应市场竞争和企业的快速成长的挑战。

面临挑战，也伴随着机遇。当前，中央经济工作会议和市委市政府工作务虚会已经召开，明确了明年经济工作的政策和主要任务，为经济发展提供了宽松的政策环境。我们面临经济形势回升向好的机遇；面临集团骨干企业即将上市，重大项目取得突破性进展的机遇；面临新能源发展迅猛，我们集团积极研究、迅速跟进的机遇；面临国家支持房地产业的发展，集团地产板块已经形成的机遇；面临北京建设“世界城市”，城市服务业大发展，金泰集团体制、运营已经启动的机遇；面临集团上下贯彻落实“强大京煤理念”，兴企富民的积极性空前高涨的大好机遇；面临民爆化工、机械等各板块市场竞争力不断增强，市场占有率和经济效益不断提高的有利条件，集团在大项目开发建设中积累了成功的经验，锻炼了人才队伍，为进一步加快扩张增强了信心，奠定了基础。

京煤集团要紧紧围绕北京“国家首都”、“世界城市”的功能定位和建设“人文北京、科技北京、绿色北京”的首要任务，牢牢把握北京市“十二五”规划的具体要求，准确分析煤炭、房地产、城市服务、民爆化工、机械制造等与集团产业相关的行业发展趋势，来研究、确定京煤集团的产业定位、市场定位、产品定位及发展定位等，以准确的战略定位来指导集团发展战略的制定和完善。

要突出重点，综合协调，整体推进。坚持以煤炭、煤电和新能源为主导，以房地产和城市服务业为支撑，民爆化工、机械制造等相关产业多元发展的新格局。努力形成煤炭、电力、新能源、房地产、城市服务、物流、民爆化工、机械制造等专业体系，形成国内和国际两个市场，北京和外埠多个区域全面协调、良性互动、可持续发展的新局面。

煤炭能源主业必须是我们的战略重点。由于首都的特殊地位，必须确保安全，是我们的战略前提。煤炭能源要坚持“内强外扩”战略，在稳定京西规模效益的基础上，大踏步向外埠煤炭的主产区转移，以上市为契机，把煤炭能源主业做强做大。

我们必须坚持重点论，煤炭煤电、房地产业、城市服务业“三个板块”率先发展。煤炭能源发挥优势，积极扩张；房地产业冷静面对市场，稳健扩张；全力打造金泰城市服务业集团，做现代城市服务业卓越的运营商，坚持快速扩张。

我们的长远目标就是实现优秀，追求卓越，建设强大的京煤集团，在同行业处于先进水平。我们的近期目标，是要在全面预算的基础上，把3年—5年的阶段性指标进行量化，认真落实，扎实推进，为实现长远目标奠定坚实的基础。

围绕战略目标，集团未来一个时期的发展，大体可分为专业整合、专业提升、专业扩张三个阶段。第一阶段，调整结构，专业整合，完成骨干企业上市，形成结构清晰，分工明确，专业经营的新局面；第二个阶段，提高素质，专业提升，专精发展，赶超先进，专业能力和整体素质明显提升；第三个阶段，专业扩张，内部创业，兼并收购，扩大规模，实现规模效益。这三个阶段要从实际出发，可依次进行，也可同时或交叉实施战略展开和推进。

要结合国家“十二五”计划，北京城市功能定位，金融危机的影响，面临的挑战和机遇，从实际出发，组织力量对企业发展战略进行深入研究，在科学发展观的指导下，对原有的发展战略进行调整完善，指导企业的长远发展，适应首都发展和后金融危机时代新形势、新任务的要求。

在战略制定中要突出职能战略和业务战略。所谓职能战略是集团和各单位职能部门的分战略；所谓业务战略是指各个业务单元的战略安排。集团和各单位的职能部门，都要围绕企业战略全局，制定职能战略；各个法人单位、业务单元都要根据集团战略全局的要求，制定业务战略，遵照落实。

要精心制定战略保证措施，强化风险管理，把各种问题、风险化解在萌芽状态。要强化融资、投资、运营、安全、业绩保证，使企业形成健康有效的价值链；要强化全面预算、产权、资源、人才、现金流和制度保证，确保投资回报；要大力提高项目管理水平，煤矿、电厂、铁路、地产、民爆化工、机械、城市服务等重大项目都要符合市场要求和投资预期，每个环节都要扎实运作。集团每个单位在实际工作中都要制定可靠的战略保证措施，并狠抓落实，责任到位，严格考核。

在战略执行中，公司法人治理结构各个层次以及各个职能部门和各权属单位，都要积极、大胆而又稳健地执行集团的战略部署，要计划到位，组织力量到位，责任到位，业绩考核到位。并结合各自的实际，创造性地执行集团决策，以实现我们的战略预期。

巩固基础、提升品质、创新发展是我们的基本战略思考。特别是在世界金融危机影响下，转变发展方式，跟上科技和产业创新的步伐更是十分紧迫。我们必须大力推进战略创新，要按照中央经济工作会的要求，高度重视自主创新，在技术创新、产品创新、管理创新、新兴产业创新、建设绿色企业、发展低碳经济方面进行大胆探索，努力培育新的可靠的经济增长点。有一个总趋势大家要看到，全国各煤炭企业正在努力转型，向高新、高质、高端产业迈进。我们的邻居冀中能源兼并了名企华北制药集团，开滦集团非煤产业比重已接近70%，民爆化工、现代物流蓬勃兴起。这是个强烈的信号。集团的战略创新，要下力气进行超前研究，大胆设计，务实操作。

（摘自2009年12月24日在京煤集团党委扩大会议上的讲话）

调整优化产业结构 加快转变经济发展方式

北京一轻控股有限责任公司董事长 张金钢

北京一轻控股有限责任公司
董事长 张金钢

加快经济发展方式转变，是我国经济领域的一场深刻变革，是深入贯彻落实科学发展观的一项重大战略举措。国际金融危机对我国经济的冲击表面上是对经济增长速度的冲击，实质上是对经济发展方式的冲击，客观上为我国加快经济增长方式转变提供了难得的机遇。国有企业作为国民经济的主力军，必须见事早、行动快、积极应对，把调整经济结构作为转变经济发展方式的战略重点，在“加快”上下功夫、见实效，为我国经济平稳较快发展增添新动力。

面对国际金融危机冲击，北京一轻贯彻落实国家轻工业调整振兴规划，按照建设“人文北京、科技北京、绿色北京”的战略要求，以提高发展质量效益为主线，围绕转变经济发展方式、做强做大国有企业两大中心任务，加快产业结构调整，大力开展自主创新，积极推进产业高端化、企业规模化、发展方式优质化，努力做好“保增长、保民生、保稳定”各项工作，确保了一轻经济逆势增长。2009年，北京一轻实现营业收入108.8亿元，实现利润18.3亿元，在岗职工年人均收入5.01万元。

一、把握自身特点，发挥比较优势

北京一轻的行业特点，一是产业多、关联度低。实施主业板块的整合，促进集团产业化，优化产业结构，延伸产业链条的任务较为紧迫。二是企业发展不平衡。管理链条偏长、管理层级偏多的问题仍较为突出，企业组织结构不够合理，劣势企业退出步伐需要加快。三是科技资源丰富但较为分散。缺乏统一规划，中长期研发的引领作用发挥不够，存在科研与生产脱节的问题，科技资源的整体作用有待进一步发挥。四是品牌多，但具有较强影响力的品牌还不多。从全局角度和战略层面，加大对自主知识产权、自主品牌的支持力度，加强品牌策划和品牌运作，树立品牌营销新理念，扩大品牌的知名度和影响力任重而道远。五是资产量大，但管理分散，整体效益不明显，需要通过统筹管理和有序开发，释放这部分资产的价值空间。

北京一轻行业的这些特点决定了我们必须围绕品牌，突出几大产业增长极，打造几个具有核心竞争力的产业集团，打造成“专、特、精、新”的小巨人企业。发挥自身优势，延伸产业链条，积极推进资产整合和企业重组，向自主品牌、重点企业优先配置资源，推进关键技术创新和产业化，为都市工业发展提供强有力的产业支点。

二、整合内外部资源，实施“7＋1＋3”集团化发展战略

在学习实践科学发展观活动中，我们经过不断完善和提炼，确立了一轻“7＋1＋3”集团化发展战略思路，即打造“七大产业集团、一院、三中心”。

打造“七大产业集团”旨在推进企业集团产业化，使现有的二级公司向集生产经营、品牌管理、市场开发为一体的实体性集团公司转变。基本内容如下：

一是以实施发展新能源、新材料为主，加快玻璃集团实体化。通过打造玻璃四大平台，加强对高端技术的控制权，以产权为纽带，建立适合现代企业制度要求的管控模式，提高资产运营效率。

二是以循环经济再生纸、信息纸为主，加快京纸集团实体化，扩大“三一”品牌的市场影响力，在抓好大项目建设的同时，探索进行OEM再生纸开发的运营模式，拓展凸版资讯高端业务，推进集团母体与实体企业的整合。

三是以品牌和研发优势为核心，组建大豪集团，进一步巩固发展电脑绣花机在国际国内的领先地位，同时向平缝领域进军。

四是以文化教育延伸产业链条，打造星海钢琴集团，进一步改进营销机制，引进战略投资者，调整优化结构，提高企业盈利和持续发展能力。

五是以红星、龙徽、丰收品牌为核心，组建首都酒业集团。按照国资委的战略部署，整合北京地区其他酒业资产，按步骤实施股权评估、引入战略投资者以及增资扩股，与原料基地建立战略联盟，力争“十二五”初期实现上市目标。

六是以做强义利、北冰洋品牌为核心，打造食品集团。以义利面包扩产项目为驱动，以北冰洋品牌回归为契机，积极寻求战略合作，提升义利面包、义利无糖巧克力，糖果的市场地位，制定并实施北冰洋饮料恢复发展方案。

七是以做强金鱼、奥琪、宝贝品牌为核心，打造日化集团。抓紧研究日化企业整合的可行性，做好企业资源调查分析，行业发展状况、发展趋势、市场竞争分析等前期准备，在条件成熟时进行整合。

“一院”即组建“北京一轻研究院”，围绕一轻“十大自主品牌”的发展，立足于中长期应用性研发，与国内外科研机构、企业技术中心相对接，发挥科研孵化器作用，打造一轻的研发中心、科技情报中心。

“三中心”一是组建“北京一轻产品质量检测中心”，为一轻的可持续发展提供产品质量检测与技术服务保证，积极为政府市场监督服务。二是组建“一轻资产管理中心”，围绕文化创意产业和生产性服务业进行定位，对非二产经营性资产实行集中管理、集约利用与合理开发，形成一轻新的经济增长点。三是组建“一轻资本管理中心”。树立新的理财观念，利用一轻信息化平台，通过网银系统，加强资金统筹使用力度，解决“存贷双高”的问题，提高资金使用效率。

2009年，北京一轻“7＋1＋3”集团化发展战略开始启动并实现局部突破，我们对6个科研院所和6个产品检测中心实施了整合，成立了“北京一轻研究院”和“北京一轻产品质量检测中心”。“一院一中心”已正式揭牌。七大产业集团、资产管理中心和资本管理中心组建方案正在抓紧研究制订。

三、大力开展自主创新，提高企业核心竞争力

技术创新是产业结构优化升级的核心和关键。近几年，北京一轻坚持以科技力量推动经济发展方式的转变，在强化原始创新的同时，重视集成创新和引进深化吸收再创新，争创国际国内竞争新优势。坚持向自主品牌、自主知识产权、优势企业优先配置资源，引进了一批具有世界先进水平的技术和设备，在北京市率先实行了“首席技师”、“首席专家”工作制，打造了一批强势企业和行业排头兵。加强技术创新体系建设，广泛开展产学研合作，大力推进重点科研项目的实施，突破了一批制约企业发展的技术瓶颈。加大研发投入，每年有近200种新产品投产上市。目前，北京一轻已形成“四个中国名牌”（大豪缝绣电控、星海钢琴、清华阳光太阳能热水器、欧珀莱系列化妆品），“四个中国驰名商标”（星海、红星、大豪、金鱼），“十个北京名牌”（红星、大豪、星海、龙徽、欧珀莱、义利、金鱼、博美、五星、清华阳光），“三个中华老字号”（红星、龙徽、义利），一个国家非物质文化遗产（红星二锅头酿制技艺）的名牌发展新格局。目前北京一轻全球市场占有率第一的产品1个，国内占有率第一的产品6个，国内排名第二的产品3个，区域排名第一的产品有3个。为都市工业的发展奠定了良好的技术基础、物质基础和人才基础。

四、积极发展新兴产业，打造新的经济增长极

战略性新兴产业是新兴科技和新兴产业的深度融合，代表着科技创新的方向，也代表产业发展的方向。北京一轻按照建设世界城市的要求，在加快以高新技术改造传统产业的同时，积极发展新兴产业项目、循环经济项目、生产性服务业项目以及文化创意产业项目，以大项目为依托，促进一轻产业创新和结构优化。

（一）积极探索推进光伏产业项目。发展低碳经济的重要途径之一是发展可再生能源，太阳能光伏产业具有广阔的发展前景。国家有关部委正在研究光伏发电的推动政策，北京市也在完善新能源产业实施方案。北京一轻玻璃集团是具有30多年单晶硅生产历史的国有企业，20世纪70年代初生产出我国第一根单晶硅棒填补了国内空白，2002年与日本松宫公司组建的合资企业生产技术水平一流。我们要发挥单晶硅、石英玻璃管生产技术优势，与京能集团等上下游企业深度合作，开展好“京能延庆31兆瓦太阳能综合示范工程”项目，共同打造光伏产业链，形成新的经济增长点。

（二）抓好循环经济再生纸项目。贯彻落实市委书记刘淇围绕“推进首都现代化建设，振兴都市工业”主题来一轻专题调研时的指示精神，加大纸品回收、再生纸研发和销售力度，以做强做大“三一”品牌为主线，以促进产业发展为目标，发挥国有企业公信度高的优势、资源和技术优势，打造集纸加工、纸品分销、废纸回收、保密纸销毁、再生纸销售于一体的产业链，条件成熟时，积极申报北京市循环经济试点单位。

（三）抓紧筹建北京红酒交易所有限责任公司。以北京大力发展要素市场为契机，抓住北京首家红酒交易中心这一‘唯一性’资源，打造红酒交易电子商务平台，完善和规范葡萄酒交易市场行为，建立具有中国特色的葡萄酒品评交易规则，推动整个葡萄酒业产业的升级，引导红酒向健康方向发展。

（四）积极发展文化创意项目及工业旅游项目。文化创意是开发创造力、提升竞争力、增强软实力的有效手段。认真总结龙徽博物馆开业四年的成功经验，积极推进红星二锅头酒博物馆、星海钢琴工业旅游项目、义利食品博物馆、眼镜城二期等项目实施。以文化创意提升品牌价值，助推一轻产业发展。

五、加强信息化建设，提高集团管控能力

北京一轻从2008年开始实施“以财务、资产管理为核心”的信息化平台建设，一期工程已经完成，实施了集团领导决策、集团财务管理、集团资产管理和集团网络集成四大分系统，统一财务核算体系和报表，106家企业已上线运行。二期工程正在实施。通过互联网，不同层级的管理者可以通过系统对下属公司进行实时的财务信息监控、账面资金状况监控、固定资产监控以及其他重大事项监控。

通过信息化平台，利用网银系统，抓紧筹建一轻资本管理中心，实行对国有控股企业资金的合理归集，有偿使用，统一管理，合理调配，提高资金使用效率，降低企业财务费用，实现资金收益最大化。

六、加强品牌建设，提高市场运作能力

加强品牌研究和运作，提升品牌的文化内涵，强化品牌延伸意识，推动现有品牌优化升级。加强品牌策划与宣传，提升品牌内在价值。积极谋划主副品牌战略组合，形成主副品牌相互促进的二元结构。支持优势品牌企业跨地区兼并重组，提升品牌的知名度和影响力。对优势自主品牌、自主知识产权进一步加大扶植力度，通过控股和绝对控股增强控制力，以我为主，做强做大。

在金融危机形势下，要下大力气精耕细作国内市场，同时关注国际市场变化趋势。加强市场调研和市场细分，注重市场营销策划，运用好品牌战略、成本领先战略以及差异化战略，积极追逐市场，贴近市场，贴近用户。根据金融危机引发的消费习惯和消费方式的变化，积极调整产品结构，增加适销对路产品和高附加值产品的比例。认真研究新产品市场定位，准确把握目标市场，采取有效措施巩固扩大“根据地市场”，努力攻占“关键市场”，辐射渗透区域市场，积极开拓国际新兴市场。高度关注国家产业振兴政策释放带动经济企稳回升的态势，关注全球经济止滑复苏带动国际市场回暖的迹象，提早谋划，抓住机遇，打有准备之仗。

“十二五”期间，北京一轻将适应市场国际化、产业高端化、资本证券化、党建科学化的形势和要求，以结构调整促经济发展方式转变，全面推进“7＋1＋3”集团化发展战略，借助资本市场、要素市场，实现跨越式发展，为轻工行业和都市工业的发展作出新贡献。

（摘自2009年度北京市国资委领导干部理论学习体会）

加快转变经济发展方式
努力推进隆达公司科学发展再上新水平

北京隆达轻工控股有限责任公司董事长　高书平

北京隆达轻工控股有限责任公司

董事长　高书平

一、以科学发展观为指导，认真分析过去的工作

隆达公司成立以来大体经历了三个阶段。第一阶段是以围绕落实市政府重大调整决策，发展综合性控股公司为主要标志。2000年和2002年市政府把原二轻总公司、原印刷集团总公司、原有色工业总公司三个不同产业的总公司重组建成隆达控股公司。既肩负着要把互无关联的产业、企业特别是优势产业、企业的品牌、市场保持和发展起来，又要妥善处理好三个总公司在资产、人员、市场、文化的大融合。隆达控股公司突出抓好两个方面的工作：一是紧紧围绕提高经济运行质量，加快结构调整，推动产业升级。针对系统内产业较散、规模较小、盈利能力较弱、资源较分散等现状，整合资源，有进有退，发展符合首都功能定位的现代制造业、现代都市工业、现代服务业，使产业结构得到了优化升级，为隆达公司更好更快发展奠定了良好的基础。二是围绕充分调动各方面积极性，整合人力资源和文化资源。在注重资产、市场、技术融合中，高度重视人力资源的开发和利用，充分发挥三个总公司各类人才的重要作用，合理地安排使用各类人才，发挥了各类人才的积极性和创造性。同时，注重文化资源的整合和重塑，为保持企业重组后的平稳发展提供了重要保证。从2000年到2003年，隆达公司经济效益连续呈两位数的增长，经济运行质量不断提高。

第二阶段是落实国资委要求，打造核心产业、重点发展产业，优化国有资产布局，提高国有企业核心竞争力。2003年10月，市国资委成立，对所出资企业特别是一般竞争性的国有企业的基本要求就是要以突出主业为核心，提高主业的核心竞争力，切实搞活国有企业，发挥国有资产的效率。隆达公司提出全力打造印刷包装核心产业，重点发展塑料新材料、有色金属新材料产业，战略持有家电产业的发展战略。突出抓了四个方面的工作：一是加快“进、转、退”步伐，推进资源整合。把国有资产和生产要素向核心产业、重点发展产业和战略持有产业“进”，加快了不适应首都功能定位要求的产业向现代服务产业等适应首都功能定位要求的产业“转”，推进了国有资产从劣势产业、非核心产业“退”。二是加大技术改造、技术创新力度。近5年来，投入技术改造、技术创新资金达6亿元。三是打造和培育优质品牌。打造了华盾牌农膜、星月泡沫、有色稀有金属焊料等一批全国名牌和技术领先产品。四是培育具有隆达公司自身发展要求的企业文化。提炼了以“发展隆达、贡献社会、造福员工”共赢共享型核心价值观为核心的隆达公司企业文化体系，为隆达公司改革发展提供了精神动力和文化支持。

第三阶段是以制定和落实“十一五”规划为标志，确立走集团化发展的道路，探索集团化管理的模式。一是加强了产业发展研究，为提高战略管理水平和一体化管理的科学决策提供了支持和依据。二是以实施“十一五”规划为导向，进一步加强对核心产业、重点产业实施动态的一体化管理。三是加大结构调整力度，横向集中资源、纵向减少链条，加快产业升级。四是大力实施营销改进工程，对目标市场、目标客户专题进行科学分析，以市场为导向带动产品结构升级，推动企业向产业高端上水平。五是加强人力资源的管理，在强化对资产集中管理的过程中，强化对干部的集中管理。通过集团化管理模式的探索和推进，促进了隆达公司自身优势的发挥和科学管理的水平与经济运行质量的提升。

经过几年的改革调整，隆达公司经济运行质量实现了根本性好转，2008 年产业经营创历史最高水平，实现主营业务收入（统计口径）72 亿元，比 2003 年提高 112%，实现利润 2.8 亿元，是 2003 年的 8.4 倍。其中国有及国有控股企业实现主营业务收入 36 亿元，比 2003 年翻了一番，实现利润 8560 万元，比 2003 年提高 1.25 倍，营业利润实现 4445 万元，结束了隆达公司成立初期全系统每年亏损 2 亿多元的严重亏损局面，实现了历史性的转变。产业发展的基础和实力明显增强。企业总数从隆达公司成立初期的 200 多家，减少到 54 家，形成了一批具有自主知识产权的名牌产品，华盾农膜获全国名牌产品称号，获得政府特别奖励。稀有金属焊接材料填补了国家空白，为神六、神七上天和军工发展作出了贡献。EM 系列超高效节能冰箱压缩机节能、降耗、减排降低了 30%，居国际先进水平。员工收入连续多年实现了 2 位数增长，实现了隆达公司整体经济规模与效益与员工收入的同步提高。

回顾总结我们这几年取得的成绩的同时，要清醒地认识到隆达公司在发展的过程中，也存在和积累了大量的矛盾和问题。一是产业结构需要进一步优化。高新产业、高科技含量产品、高附加值产品或项目的比重仍然较少。二是以市场为导向、以效益为中心需要进一步明确，资产运营质量有待提高。三是自主创新能力不足。四是体制、机制障碍有待破解，科学管理不到位。五是在投资决策上，科学论证相对薄弱，投资项目储备不足。六是人才的吸引聚拢能力不足。这些问题的存在表明，我们贯彻落实科学发展观、转变经济增长方式的任务还十分艰巨。

二、以科学发展观为指导，深刻认识隆达公司科学发展面临的新形势和新要求

要推动隆达公司科学发展再上新水平，必须深刻认识隆达公司发展面临的环境和要求，提出科学发展举措，实现科学发展的目标。

一是深刻认识建设“人文北京、科技北京、绿色北京”对隆达公司发展提出的新要求。市委提出要以“人文北京、科技北京、绿色北京”三大理念，建世界城市。对于我们科学决策、改革调整、生产经营都提出了新的要求。这是隆达公司贯彻落实科学发展观的基本任务和今后一个时期改革发展的基本方向。

二是深刻认识金融危机对隆达公司的发展既是严峻的挑战，更是难得的发展机遇。要加速实施向高端产业和产业高端迈进，加快产业转型升级。要加大内部资源整合，加快推进集团化发展。要充分利用加大扶植高端、高效、节能、环保产业发展的政策机遇，推进产业转型，发展高端产业。

三是深刻认识和把握隆达公司自身发展的阶段性特征。作为一般竞争性国有企业，既有一般国有企业的普遍性，也有由多产业重组形成的特殊性，正确认识和把握隆达公司自身的阶段性特征，才能更有前瞻性、预见性、针对性，实现科学发展。

经过几年的改革调整，隆达公司具备了又好又快发展的条件和基础，这是隆达公司最显著的阶段性特征。我们已经形成了比较清晰的发展思路，整体效益水平已迈上一个新台阶，培育了一批市场竞争能力较强的骨干企业，已经锤炼了一支能干事创业的干部员工队伍。同时，也要看到，隆达公司产业结构分布广、产权结构跨度大、产品结构分布散、文化结构差异大的基本特征以及由于国有企业性质决定，承担着重要的政治责任的基本特征。这种特殊性和角色的多元化决定了国有企业在经营工作中不能仅仅简单的纯粹以市场为导向，完全以市场的要求取舍企业的行为，还要按照政府导向，去落实政府布置的任务和要求。

因此，必须深刻认识新形势和新要求，把握自身发展的阶段性特征，遵循企业运营规律、企业发展规律、市场运行规律及经济全球化规律，全面协调、统筹兼顾，才能实现企业的科学发展。

三、以科学发展观为指导，转变经济增长方式

坚持以科学发展观为指导，转变经济发展方式，就要努力在以下十个方面实现新突破。

一是要在加快产业结构调整上实现新突破。要加快推进“进、转、退”的调整发展战略，促进国有资产加快向适应首都功能定位要求的产业集中。要认真研究并实施加快印刷包装核心产业、塑料新材料、有色金属新材料重点发展产业发展的有效措施，全力打造在产业中的龙头地位。

二是要在提高企业自主创新能力上实现新的突破。积极探索提高企业自主创新能力的方法和途径，把产业高端作为提高企业核心竞争力的关键环节。加大技术创新和新产品开发的投入，保持研究开发费用高于同产业平均水平，使核心主业在工艺技术上始终紧跟和保持产业领先水平。

三是要在加快合资合作步伐上实现新的突破。积极推进与同业国际、国内行业领先企业的合资合作，引入先进的技术和管理，促进国有企业技术水平、管理水平的全面提升。

四是要在加快走集团化发展道路上实现新的突破。要全面加强对产业经营、企业经营和物业经营的管理，加快对隆达公司总部的现有的管理体制和模式进行彻底的改革，突出在战略决策、资本经营、产业经营、人力资源的一体化管理。打造资金统筹平台、业务合作平台、信息共享平台、隆达品牌发展的平台。

五是要在建立完善的公司管理体制上实现新的突破。加快建立企业党组织、董事会、监事会、经理班子以及工会、职代会等在推进法人治理结构建设中的责任体系，使企业的重大决策、生产经营、内部管理和党组织的保障监督、职代会的有序参与等都纳入同一轨道上来，保障企业改革发展各项工作任务目标推进的畅通，不断增强企业的活力。

六是要在加强企业内部管理上实现新的突破。要按照市场经济和现代管理制度的要求，建立和完善科学管理的体制、机制，要牢固树立为客户创造价值的观念，要强化企业风险管理和各项基础管理，使隆达公司经营管理上升到一个新水平。

七是要在领导班子和经营者队伍、人才队伍建设上实现新的突破。深入开展“四好”、“六型”班子创建活动，要牢固树立正确的选人用人导向，进一步完善经营者综合考核评价办法，激发各类人才的创造活力和工作热情，开创人才辈出、人尽其才的局面。

八是要在加强企业文化建设上实现新的突破。以“发展隆达、贡献社会、造福员工”共赢共享型核心价值观统一思想、凝聚员工，增强企业的凝聚力，引领员工共同为企业发展而努力。

九是要在努力构建和谐企业上实现新的突破。坚持以人为本，充分调动广大员工的积极性、创造性。要大力推进企业的民主管理，要加强员工的技术业务培训，切实维护好员工合法权益，构建和谐的内部环境使企业在和谐中实现更好更快的发展。

十是要在全面加强党的建设上实现新的突破。各级党组织要牢牢把握发展第一要务，充分发挥基层党组织推动发展、服务群众、凝聚人心、促进和谐的作用，切实解决党员干部党性党风党纪方面群众反映强烈的问题，以优良的党风为促进企业科学发展提供重要的保证。

（摘自2009年5月《隆达控股》报）

当前应当正确认识和处理的几个关系

北京纺织控股有限责任公司董事长　杨文华

北京纺织控股有限责任公司
董事长　杨文华

学习实践科学发展观，构建适合首都经济特点纺织发展格局，应当正确认识和处理以下八个关系：

一、学习科学理论与解决实际问题的关系

学习实践科学发展观的关键是要运用科学发展观的立场、观点、方法提高解决实际问题的能力，就是要用科学发展观武装头脑、指导实践，用科学发展观审视工作、破解难题，用科学发展观谋划未来、推动发展。问题是理论与实践的连接点，要把实践过程作为解决问题的过程，使理论在联系实际问题中深化，实践在解决实际问题中推进。

在学习实践活动中，控股公司党委查找的六个问题是，企业转型过程较长，生产企业竞争力弱，节能减排形势严峻，技术创新能力不强，人才队伍支撑不足，经营机制仍不适应。这些问题不解决，就不能推动科学发展，就不能构建适合首都经济特点纺织发展格局。这些问题是改革发展中显现的深层次矛盾和问题，不下大力量解决不行，不从深层次上解决不行。这些问题又是互相联系、互为因果的，不能就事论事，要统筹考虑，总体推进，抓住关键，重在突破。

二、应对金融危机与促进转型升级的关系

应对金融危机是贯彻落实科学发展观的一次重要检验。这就要求我们在应对危机中践行科学发展观，上下一致，共克时艰，以奋发有为的精神状态和求真务实的工作作风，保增长、保稳定、调结构、上水平，不但要在应对危机中保持一定增长，而且要在战胜危机中实现转型升级。

保增长、保稳定任务十分艰巨。北京国有纺织企业面临形势严峻，指标之间、企业之间、产业之间很不平衡。按照控股公司提出的“十一五”规划目标不退不让、三年任期目标确保完成、2009年主要经济效益指标力争好于上年或三年平均的要求，任务十分艰巨。必须坚定信心，发扬艰苦奋斗、坚忍不拔、敢于战胜一切困难的作风，千方百计确保完成今年各项任务和目标。

调结构、上水平，促进企业转型升级势在必行。只有转型升级才能战胜危机，只有转型升级才能持续发展。要按照“人文北京、科技北京、绿色北京”发展方向，进一步明确发展定位，转变发展方式，构建适合首都经济特点纺织发展格局，努力做到体制机制新、人才资源足、研发设计强、品牌营销广、科技含量高、经济效益好、资源消耗低、环境污染少。

三、扩大市场营销与拉动经济增长的关系

企业经营规模不是由生产规模决定的，而是由营销规模决定的。扩大市场、争夺市场、占领市场是市场经济的基本特征。目前就多数企业而言，突出矛盾是发展后劲不足，发展后劲不足的关键是市场营销规模不大。拉动经济增长，必须扩大市场营销。扩大市场营销，必须坚持内外并重，在稳定出口的同时，积极扩大内销。

首先要稳定出口，发展出口贸易。目前，进出口公司主营业务收入比重已占35%，生产企业产品出口比重超过50%。增加出口贸易仍是扩大市场营销的主渠道，仍是拉动经济增长的主动力。在外需持续萎缩的情况下，必须迎难而上，坚持“订单为王”，充分利用国家采取的鼓励出口政策，千方百计争取订单，坚定不移扩大出口。

同时要扩大内销，降低外贸依存度。这不仅是应对金融危机的重大举措，也是转变发展方式的战略选择。必须逐步改变主要依靠增加出口贸易特别加工贸易拉动增长的模式，坚持内外并重，更加注重开拓国内市场。提高国内市场占有率，关键在产品，核心在营销，要抓住扩大内需的重大政策调整机遇，积极扩大市场营销。

四、推进技术创新与推动结构优化的关系

当前，影响企业发展的主要矛盾仍然是结构性矛盾。当务之急，要解决产品结构与市场需求结构不适应、与首都发展战略不适应问题。我们多数企业，主导产品为中低端产品，有市场，但盈利空间很小；名牌产品，有盈利空间，但国内市场占有率很低，很难发展自主品牌出口；高端产品，难以成为主导产品，进入高端市场。因此，也就难以形成具有竞争力的高端化、品牌化、国际化龙头企业。

促进产品结构优化升级，必须推进技术创新。要建立健全以企业为主体、市场为导向、产学研结合的创新体系，切实把首都的科技、人才、市场、文化等独特优势转化为竞争优势。要符合首都发展战略，坚持创意和创新为本，提高产品科技含量和文化品位，提高产品的附加值和生命力。要按照国家产业导向，重点推进高新技术纤维应用，推进产业用纺织品开发和产业化，推进品牌服装和精品面料创新。要与营销创新结合，研发、生产的新产品、高端产品要适应新的、高端消费需求，要有高附加值，要进入新的、高端市场，创造新的、更高的效益。

五、实施节能减排与实现持续发展的关系

节能减排是我国一项基本国策，是建设“绿色北京”的重大举措，是转变发展方式的重要抓手，是实现可持续发展的必由之路。

北京纺织工业企业经历多年结构优化和技术创新，万元产值综合能耗、水耗大幅度降低，一些企业万元产值综合能耗、水耗达到全国同行业平均先进水平。但是，按照“绿色北京”要求，有些生产制造企业万元产值综合能耗、水耗与《北京工业能耗水耗指导指标》差距很大。节能减排，不仅关系企业发展，而且关系企业生存。

必须把节能减排放在更加突出位置，在努力实现可持续发展上下功夫。依靠结构优化节能减排，强化研发设计和品牌营销，逐步实行生产外包、品牌经营，减少加工贸易比重，增加一般贸易比重。淘汰高能耗、高水耗、高污染、低附加值产品，发展低能耗、低水耗、低污染、高附加值产品。依靠加强管理节能减排，严格计量管理、统计管理、考核管理，把节能减排作为对企业经营者业绩考核的重要内容，督促企业把节能减排落实到位。依靠技术创新节能减排，积极推广应用新技术、新工艺、新设备，提高能源、水资源利用效率。

六、改善人才环境与建设人才队伍的关系

人才资源是第一资源。创新型人才是推动科学发展的关键因素，是构建适合首都经济特点纺织发展格局的重要支撑。日前，高级经营管理人才年龄老化，高级专业技术人才出现断层，高级技能人才严重不足。加强人才队伍建设是当前和今后一个时期的一项战略任务。

建设人才队伍，关键在改善人才环境。要建立市场化的引进人才、培养人才、使用人才、激励人才的机制。要拓宽人才引进渠道，坚持市场配置，突出产业导向，建立产业人才需求预测制度，优先引进研发和营销人才，重点引进成熟人才、高端人才。要构筑人才培养工程，重点实施高级经营管理人才、高级专业技术人才、高级技能人才“三高”人才培养计划，不断提高企业经营管理人才驾驭力、专业技术人才创新力、技能人才创造力。要为年轻后备人才搭建干事业的平台、展才华的舞台、比贡献的擂台，让他们在实践中增长才干，在成就中焕发激情。要创新人才激励机制，坚持改革，重点突破，对关键岗位人才实行分配倾斜，对作出突出贡献的人才实行特别奖励，对发挥不可替代作用的人才实行特殊政策，努力做到用当其时，各得其所，才尽其用。

七、深化体制改革与加快机制创新的关系

改革开放30年，国有企业改革取得巨大成绩，市场竞争主体地位已经确立，现代企业制度基本建立，国有企业历史遗留问题逐步解决。但是，国有企业体制性、机制性弱点依然存在，市场应变能力不强，自主创新能力不足，企业经营机制不活，现代管理水平不高，与市场经济不适应、不协调的体制弊端和机制弱点还十分明显。必须继续解放思想，深化体制改革，推进机制创新，使企业向充分竞争性和完全市场化方向迈进。

深化体制改革任务艰巨。现代企业制度基本建立后，进一步优化股权结构、规范法人治理结构、加强国有产权管理更加重要。要积极利用外资和民间资本，引进战略投资者，优化股权结构，推进企业制度创新。要规范法人治理结构，加强国有全资和控股公司董事会、经理层、监事会建设，不断提高决策力、执行力、监督力。要加强国有产权管理，加强国有产权代表管理，提高国有资产影响力、控制力，实现国有资产保值增值。

推进机制创新更加紧迫。国有企业改革的目的，就是建立与市场经济相适应的、符合科学发展观要求的、充满活力、富有效率的经营机制。机制创新的方向，就是使企业各项经营活动体现充分竞争性和完全市场化。机制创新的重点就是建立与市场经济相适应的研发机制、营销机制、生产快速反应机制，关键是人才激励机制，核心是市场化运作机制。

八、建设和谐企业与惠及职工群众的关系

企业要和谐，首先要发展。只有科学发展，才能形成广大职工群众各尽所能、各得其所而又和谐相处的局面。

发展要以人为本。坚持发展为了职工群众，发展依靠职工群众，发展成果惠及职工群众。推动科学发展，促进企业和谐，努力做到无拖欠职工工资、保险等情况，无零就业职工家庭、居住危房职工家庭、因病因伤返困职工家庭，无重大人身伤害事故，争取职工工资收入逐年增长。

建设和谐企业，关键在党组织。进一步加强能力建设、作风建设、反腐倡廉建设，进一步发挥推动发展、服务群众、凝聚人心、促进和谐的作用。深入基层、深入实际，了解和关心职工群众的生产和生活。解决职工群众最关心、最直接、最现实的利益问题。建立职工群众利益协调、诉求表达、矛盾调处、权益保障机制，妥善处理农租房、危房改造、搬迁腾退、劳动合同以及企业破产、搬迁、改制等遗留问题，努力做到生产安全、交通安全、消防安全、治安安全，确保平安纺织、平安北京。

（摘自市国资委2009年度企业领导人员理论学习体会）

（本栏目编审：孙　明）

工业大事记

1月

1月1日 曾在燕山石化工作过的原国务院副总理吴仪，北京市政协主席阳安江以及田成平、韩伯平、刘海燕和许海峰等，回到燕山石化和职工共度新年。中国石化集团公司党组书记、总经理苏树林陪同。

1月6日 北京京仪集团有限责任公司网站（www.biichg.com）全线开通并正式对外发布。网站包括集团概况、新闻中心、业务纵览、自主创新、京仪文化、招聘培训6大板块，涵盖产业新闻、解决方案、创新成果、文化活动、员工园地等24个栏目和21个子栏目。

1月12日 燕山石化与首钢总公司领导就曹妃甸工业园区建设项目合作问题进行研讨和接洽。中国石化集团公司决定在曹妃甸开工建设一座千万吨级的炼油厂，委托燕山石化负责工程前期建设，炼油厂选址与首钢总公司整体搬迁改造工程新址毗邻。

1月23日 国家发改委副主任、国务院首钢搬迁调整工作协调小组办公室主任刘铁男主持召开首钢搬迁调整工作进展情况汇报会。听取了首钢总公司关于首钢搬迁调整工作和首钢京唐钢铁厂建设进展情况的汇报。北京市副市长苟仲文在会上发言。国家发改委、财政部、国土资源部、环境保护部、国资委、证监会和北京市工业促进局、发改委等有关部门领导参加会议。

1月25日 北京市副市长苟仲文到首钢总公司慰问，看望节日期间坚持工作的职工。

1月29日 北汽福田公司与戴姆勒公司在德国柏林正式签订《商用车合作协议》。北汽福田公司与戴姆勒公司将以50：50的股比，投资63.5亿元组建合资公司，引进奔驰技术，生产福田欧曼品牌中重卡产品和满足欧Ⅴ排放标准的奔驰重卡发动机，借助福田品牌在国内、奔驰品牌在全球的营销体系开拓国内外市场，共同打造集管理决策、研发、生产、供应链管理、营销管理等功能于一体的双方全球合作运营中心。中国总理温家宝和德国总理默克尔出席签约仪式，北京市副市长苟仲文出席签字仪式，北汽控股公司、北汽福田公司、戴姆勒公司等企业参加签约。

2月

2月6日 北京市委书记刘淇、市长郭金龙到北京奔驰公司调研，听取了北京奔驰公司关于企业经营、工厂建设和新车型引进等情况的汇报，参观了奔驰C级、E级展示车和发动机车间、总装车间、质量检测车间。市领导李士祥、赵凤桐、苟仲文和市工业促进局局长李平陪同调研。

2月10日　中国航空工业集团公司总经理林左鸣、中航运输机有限公司总裁胡晓峰、中航航空发动机有限公司总裁马福安、中航机载系统有限公司总裁卢广山等一行赴顺义区调研，听取了顺义区经济社会发展及产业发展情况的汇报，参观了中国国际展览中心（新馆）、空港经济区A区、北京国门商务区、北京汽车生产基地、林河经济开发区（北京数控机床产业基地）、顺义奥林匹克水上公园等。

2月12日　北汽福田公司与中国石油化工股份有限公司、中国铁建股份有限公司分别签订战略合作协议，实现与两大央企在用车采购、市场开拓等领域的合作。北京市副市长苟仲文出席签约仪式并致辞。

2月14日　北京市委书记刘淇和市长郭金龙到燕山石化视察了生产布局和燕山地区市政建设。市委副书记王安顺，市委常委李士祥、赵凤桐，副市长苟仲文，中国石化股份公司总裁王天普陪同视察。

2月17日　全国政协主席贾庆林和全国政协副主席兼秘书长钱运录到北汽福田公司欧曼重卡工厂考察。听取了北汽控股公司、北汽福田公司的汇报，参观了北汽福田公司混合动力客车等产品样车和欧曼重卡总装车间，北京市委书记刘淇、市长郭金龙、市政协主席阳安江、副市长苟仲文及市工业促进局局长李平陪同考察。

2月18日　北京市工业促进局与平谷区合作共建北京绿能产业基地暨基地与福建钧石能源公司150兆瓦非晶硅薄膜太阳电池项目签约仪式在首都大酒店举行。福建钧石能源有限公司在产业基地投资9.5亿元建设年产150兆瓦非晶硅薄膜太阳能电池及其组件生产项目。北京市副市长苟仲文出席仪式并讲话。

2月19日　北京汽车产业研发基地、国家汽车质量监督检验中心建设项目在北京汽车生产基地奠基。北京汽车产业研发基地、国家汽车质量监督检验中心建设项目分别投资16.8亿元和6.5亿元，预计2011年底竣工。北京市副市长苟仲文主持奠基仪式，国家工业和信息化部副部长苗圩、科技部副部长杜占元、国家质量监督检验检疫总局副局长刘平军、北京市常务副市长吉林出席仪式并讲话。

同日　国家人力资源和社会保障部、中国机械工业联合会在人民大会堂举行“全国机械工业先进集体、劳动模范和先进工作者”表彰大会，表彰全国机械工业99个先进集体代表、530名劳动模范和先进工作者。北京市北重汽轮电机、北京现代、北汽福田和北京瑞利分析仪器公司红外光谱事业部4家企业获得“全国机械工业先进集体”称号，马童立等19人获得“全国机械工业劳动模范和先进工作者”称号。

2月22日　“富思特制漆有限公司购并北京红狮漆业有限公司新闻发布会”在人民大会堂举行。富思特公司出资近亿元整体并购红狮漆业，“红狮”品牌将完全保留。北京市副市长苟仲文、中国石油化工协会会长李勇武出席发布会并致辞。

2月27日　原机械部部长何光远、国务院发展研究中心原副主任陈清泰、中国汽车工业公司原总经理陈祖涛等一批汽车行业老领导、老专家到北汽控股公司调研、考察，为北京汽车工业发展建言献策。

3月

3月2日　北京市委、市政府决定成立燕房合作协调小组，市政协主席阳安江担任组长，副市长苟仲文、市政协副主席熊大新任副组长，市政府、市政协和房山、燕化有关领导作为成员。协调小组下设办公室，办公室设在市工业促进局，市工业促进局局长李平任办公室主任。

3月4日　联想集团在京举办以“携手惠农、圆梦成真”为主题的新闻发布会，正式启动“电脑下乡”计划，推出包括产品、渠道、服务、培训在内的一揽子举措，展示了为农村用户量身定制的三大系列15款产品，其中台式机占到9款，笔记本电脑有6款。价格分布在2500元～3500元之间。

3月5日 北京市副市长苟仲文在市政府会见戴姆勒奔驰公司董事顾儒伯博士一行，双方就北京奔驰公司的发展交换了意见。

3月6日－8日 北京市副市长苟仲文到首钢京唐钢铁联合有限责任公司、秦皇岛首秦金属材料有限公司和河北省首钢迁安钢铁有限责任公司调研首钢搬迁调整、生产经营和新项目建设情况，听取了首钢京唐钢铁公司、首秦公司的汇报，考察了生产线及成品码头。

3月10日 北京化工集团与无锡华毅公司合资组建的辽宁华腾华毅管业有限公司中标辽宁省大伙房水库输水应急入连工程。工程长度50公里，管材直径2.8米，总价3.27亿元。

3月13日 “北京高端制造业投融资服务平台”首期5000万元担保代偿资金托管签约仪式在市工业促进局电视电话会议室举行，北京市工业促进局局长李平与首创担保公司签署了托管协议。

同日 中国首家新能源汽车产业联盟在北汽福田汽车股份有限公司成立，有美国伊顿公司、中信国安盟固利公司、清华大学、复旦大学、同济大学等88家成员单位组成。联盟以新能源汽车设计制造产业工程基地为中心，整合新能源汽车产业链的研发、设计、制造、零部件供应和终端用户等资源，加强产学研用衔接，在技术合作、信息共享、科研攻关、政策争取等方面为联盟企业创造机会，拉近中国在新能源汽车领域与国际顶尖水平的距离，合作创新共赢的产业发展目标。

3月16日 修正药业集团北京医药科技产业基地建设项目在昌平区宏福工业园开工奠基。占地130亩，总投资6亿元。修正药业集团是集科研、生产、营销于一体的大型现代化制药企业，下设47个全资、控股子公司，资产总额45亿元。

3月18日 北京市委副书记王安顺到市工业促进局调研。

同日 北京慧点科技开发有限公司（简称慧点科技）、IBM和华软投资在京宣布结成战略合作伙伴关系。IBM和华软投资分别收购了慧点科技9%和10.45%的股份，成为慧点科技的战略投资人。三方将共同推动GRC的发展，拓展高端管理软件应用市场，提升中国软件产业。

同日 北京市开发区协会召开第二届理事（会员）代表大会，市工业促进局副局长（巡视员）李树藩再次当选第二届会长。

3月19日 国务院副总理张德江，国务院国资委主任李荣融，国务院副秘书长肖亚庆视察南车二七车辆有限公司。

3月19日－20日 北京市工业促进局巡视员李树藩带领中小企业协会会长、北京工业设计研究院综合三所所长及北京工业发展投资公司、申安集团、养加加果汁饮料集团、金海春光科技公司、长城企业战略研究所等企业和咨询机构代表一行15人赴什邡调研。按照市政府“援建三年任务两年完成”的指示精神，将对口支援什邡产业援助相关工作进行梳理，一是明确北京产业园区规划、土地、建设等相关手续的审批完成时间；二是明确什邡对北京投资项目的具体政策，包括土地、税收、用工、政府采购等；三是确定项目初步选定建设地块的安排情况（地块四至、水、电、路等建设所需基础设施建设情况）；四是探讨四川京什投资建设有限公司下一步工作思路。

3月20日 北京市委、市政府召开建设中关村国家自主创新示范区动员大会。市委书记刘淇、国务委员刘延东、科技部部长万钢出席大会并讲话。

3月21日 北京市市长郭金龙，常务副市长吉林，副市长苟仲文，市政府秘书长、办公厅主任黎晓宏等到首钢总公司调研，听取了首钢工业区及古城南路起步区开发规划方案及有关情况的汇报。

3月23日 北京市政府副秘书长鲁勇在市政府主持召开了帮扶企业应对国际金融危机第一次市级调度会，听取了市工业促进局和市科委关于落实《北京市帮扶企业应对国际金融危机的若干措施》（以下简称《措施》）有关情况的汇报、市政府相关部门和区县政府关于落实《措施》及摸底调查企业困难等情况的介绍，就本市开展帮扶企业应对国际金融危机工作做了部署和安排。市委副书记王安顺、副市长苟仲文出席会议并讲话。

3月24日 北京市市长郭金龙在市政府接见美国康宁公司董事长兼首席执行官魏文德一行，双方就北京电子信息产业的发展交换了意见。

同日 北京服装纺织行业协会在嘉里中心举办“2009时尚北京·雪莲之夜”活动，同时举行了“2009时尚北京·雪莲之夜”新闻发布会。全国政协副主席、台盟中央主席林文漪，北京市人大原副主任、北京工业经济联合会会长金生官，市政府相关委办局领导及服装专家学者、知名人士、工商企业、新闻媒体700余人出席了晚会。

3月26日 由中国服装协会主办的“装点中国——2007－2008中国服装品牌年度大奖”颁奖晚会在世纪剧院举行。北京品牌诺丁山获营销大奖，李宁获推动大奖，爱慕、派克兰帝获提名奖。

3月30日 推进燕房合作协调小组第二次会议在房山会议中心召开，北京市政协主席阳安江主持会议。布置了4个方面重点工作，明确了协调小组办公室成员单位的责任和义务，对工作进度作了总体安排。市政协副主席熊大新、房山区委书记刘伟、区长祁红、燕山石化董事长王永健出席了协调会。

同日 首钢总公司与房山区国有资产经营有限责任公司、宝安投资发展有限公司共同出资组建北京京西重工有限公司，注册资本金8亿元人民币。其中，首钢总公司出资4.08亿元，占总股本51%；房山区资产经营公司出资2亿元，占总股本25%；宝安投资发展有限公司出资1.92亿元，占总股本24%。京西重工有限公司拟引进美国德尔福悬架及制动系统核心技术，在窦店镇建立高端汽车零部件产业基地。

同日 北京市经济和信息化委员会（简称市经济信息化委）在凯富大厦办公区举行揭牌仪式，市政府副秘书长鲁勇出席仪式。

4月

4月1日 京煤集团北京莱勒克食品有限公司因所在地进行城市改造关闭。该公司原为北京矿务局与日本国莱勒克株式会社及大信实业公司合资企业，1994年正式投产，设计年生产能力巧克力300吨。

4月2日 北汽控股公司“以黄换绿”工程启动仪式暨现代首选二手车经营有限公司开业仪式在中华世纪坛举行。

4月11日 北京市副市长苟仲文在市政府主持召开帮扶企业应对国际金融危机第三次市级调度会，就开展帮扶企业工作做部署和安排。

4月13日 北汽控股公司召开“坚定信心保增长、科学发展上水平”动员大会。北京市委副书记王安顺、副市长苟仲文出席大会并讲话。

4月15日 北京大气环境综合整治项目暨北京电子城热电联产工程竣工典礼。工程总投资8亿元人民币，其中利用日本政府贷款约合6亿元人民币，新建一座以天然气为燃料的发电、供热厂。

4月16日 中电通信公司VEVA饰品手机全球首发式在万达索菲特大酒店举行。会上展示了自VEVA品牌创立以来的全系产品，发布了全球同步上市的VEVA·S90以及多款3G新品。北京市副市长苟仲文出席了首发式并致辞。

4月17日 北京市委书记刘淇在市委主持召开北京汽车产业专题座谈会。市经济信息化委主任朱炎、北京汽车研究总院副院长林逸、长城华冠汽车设计公司总裁陆群、北汽控股公司董事长徐和谊就北京汽车产业发展发言。市委、市政府领导郭金龙、王安顺、吉林、李士祥、赵凤桐、苟仲文，市政府秘书长黎晓宏，市经济信息化委、市发改委、科委、国资委、规划委等部门负责人及北京汽车产业部分专家参加座谈。

4月18日 北京神雾热能技术有限公司节能减排科研基地奠基仪式在昌平区马池口镇举行。占地面积约6.67公顷，总投资1.2亿元，主要建设6个具有国际先进水平的实验室以及配套的专家公寓、实验工厂等，计划2010年10月竣工并投入使用。

4月20日—30日 北京市委组织部、宣传部，市经济信息化委、市台办和市贸促会及北京工美行业协会共同组织的海峡两岸文化创意产业展暨工艺美术高级人才培训班在台湾举行。有26家企业和28位国家级及市级工艺美术大师参加。其中，中国工艺美术大师7位，北京工艺美术大师11位，北京民间工艺大师10位。北京工艺美术行业展出近30大类400多件产品，4天展览中，北京展区售出作品价值150多万元人民币，每天参观台湾民众均在5000人以上，有多家台商与北京市企业签订了合作协议。

4月21日 国内首个TFT－LCD工艺技术国家工程实验室暨京东方研发大楼项目奠基仪式在亦庄举行。实验室建在京东方北京五代液晶线厂区内，将以京东方液晶技术作为主导研发尖端显示技术，与清华大学、华南理工大学、北京微电子公司等院校联合开发最新技术和产品。北京市副市长苟仲文和国家发改委高新司、工信部电子信息司、市经济信息化委领导出席了奠基仪式。

同日 京煤集团昊煜工贸公司煤矸石热电厂停产。该厂前身为北京矿务局煤矸石热电厂，1985年筹建，1993年并网发电，装机容量2.4万千瓦。至2009年4月停产时，累计发电18亿千瓦时。

4月22日 北京市副市长苟仲文在市政府主持召开帮扶企业应对国际金融危机第四次市级调度会。市经济信息化委主任朱炎以及市有关部门、单位和各区县政府的有关负责人参加了会议。

4月23日 第61届全国药品交易会在郑州国际会展中心举行，近2000家参展企业10万多人次参会。北京市连续第五次组织优秀企业联合参展，展团规模为历届最大，52家企业分别在特装、普装以及商业洽谈区设立展台。

4月27日 北京市副市长苟仲文在北京会议中心会见台湾“清华大学”企业家协会代表团。代表团由原台积电资深副总裁、新竹清华大学科技管理学院副院长金联舫博士带队，包括友达光电、联泳电子、台达电、奕力科技的董事长和力旺电子总裁等新竹清华大学校友企业家20多人。市经济信息化委主任朱炎向客人介绍了北京电子信息制造、软件和信息化等方面的工作职能及近期工作计划。

同日 “2009年北京金隅股份有限公司公司债券”（简称09金隅债）正式对外公开发行，这是北京金隅股份有限公司作为发行主体首次公开发行企业债券。09金隅债期限为7年，总额为19亿元，最终发行票面利率为4.32%。

5月

5月5日 北京市副市长苟仲文在市政府主持召开帮扶企业应对国际金融危机第五次市级调度会。听取了市帮扶企业应对国际金融危机协调办公室（简称市帮扶办）关于第四次调度会以来有关工作进展情况汇报，区县检查组关于部分区县帮扶企业督导情况汇报，市商务委关于帮助企业扩大出口市场份额情况汇报，海淀区政府、昌平区政府关于帮扶企业工作情况汇报，就下一步开展帮扶企业工作做了部署和安排。市有关部门、单位和各区县政府的有关负责人参加了会议。

5月8日 北京市委书记刘淇组织召开“提高创新能力，促进生物医药产业发展”专题调研座谈会。市经济信息化委主任朱炎、军事医学科学院原院长赵达生、北京大学医学部主任柯杨、中国中医科学院副院长黄璐琦、中国医药企业管理协会会长于明德、北京友谊医院院长刘健、中生北控生物科技股份公司董事长吴乐滨、京卫医药科技集团总经理宋耕福先后发言。市长郭金龙，市委副书记王安顺、市领导赵凤桐及丁向阳参加座谈并发言。市发改委、科委、财政局、卫生局、中关村管委会、北京经济技术开发区管委会及各区县主要领导出席了会议。

同日 北京南口轨道交通机械公司举行高速重载铁路道岔项目奠基仪式。项目总投资3.9997亿元，设计年生产能力客运专线道岔200组、提速道岔和普通道岔2500组、重载道岔100组。

同日 中国医药卫生事业发展基金会、北京市崇文区人民政府、西部矿业集团将北汽福田公司制造的两台“健康中国流动医院”专用医疗车送给青海省政府。至此，北汽福田公司累计为内蒙古自治区、新疆维吾尔自治区和青海省制造并捐赠“健康中国流动医院”专用医疗车20多辆。

5月9日 北京市常务副市长吉林带领北京代表团前往什邡市检查对口支援工作并慰问援建人员，代表团察看了建设中的广青公路二期、洛水镇农村住房、城东小学、人民医院等建设工地，参加了福利中心二期工程落成启动仪式。在前线指挥部召开了援建工作座谈会。

5月12日 北京市委书记刘淇到延庆县八达岭开发区专题调研新能源产业基地建设情况。新能源产业基地规划面积2.5平方公里。产业发展规划、孵化中心设计方案、项目实施方案已基本完成。

5月15日 市经济信息化委和北京服装纺织行业协会在北京威克多制衣中心召开“北京服装纺织行业贯彻落实产业振兴规划现场交流座谈会”，30多家品牌服装纺织企业负责人出席了会议，威可多、依文、白领、李宁、派克兰帝等品牌企业负责人介绍了企业发展思路、应对危机对策和创新策略。

同日 北京奥得赛化学有限公司电子化学品建设项目落户房山工业园举行签约仪式。项目总投资2亿元，占地约8.00公顷，建设年产电子封装剂3000吨、电致光材料1000吨生产线。

5月19日 北京市委书记刘淇、市委副书记王安顺、市委秘书长李士祥及市政府副秘书长侯玉兰等到首钢机电公司重机分公司的“国家动漫产业综合示范园区”考察。

同日 北控宏创昌平园产业基地举行奠基仪式。基地由北控集团建设，是以生物医药、节能环保及新能源为主的高科技企业孵化基地。总投资近2亿元，规划面积约8万平方米，一期建设3万平方米研发中心，其余5万平方米在2011年6月30日前完成。

5月21日 首钢京唐钢铁项目1号5500立方米高炉平均日产量1.2万吨以上，开炉仪式在河北曹妃甸举行。

5月22日 北京市副市长苟仲文在市政府主持召开帮扶企业应对国际金融危机第六次市级调度会。市政府副秘书长鲁勇以及市政府有关部门、单位和各区县政府的有关负责人参加了会议。

同日 市经济信息化委、发改委、科委、财政局、卫生局、中关村管委会在中关村生命科学园举办“中关村医疗器械及诊断试剂自主创新产品推介会”。展示了29家列入自主创新目录的中关村医疗器械及诊断试剂企业的最新技术成果和产品。市委常委赵凤桐出席并参观了企业展区，北京市及区县所属二级及以上医疗机构和中关村科技园区30余家医药企业500余人参加了推介会。

同日 北京化工集团所属北京市工业技师学院与世界著名数控切削设备制造商德国“DMG公司”联合设立的“DMG北京市工业技师学院培训学院”举行启动仪式。培训学院将引进DMG先进的管理理念、培训课程和教学经验，发挥技师学院在数控专业教学和社会培训方面的优势，向使用DMG公司产品客户提供技术业务培训服务。

5月23日 由北京远东仪表有限公司主办，中国仪器仪表行业协会、北京京仪集团有限公司协办的“一体化火焰检测器通过省部级鉴定新闻发布会”召开。

5月25日 推进燕房合作协调小组第三次会议在市政府召开。会议由市政府副秘书长、协调小组成员鲁勇主持，听取了市经济信息化委党组书记李平关于协调小组办公室近期工作情况的汇报，以及市规划委、市投资促进局、房山区关于燕房合作有关问题的汇报，并就燕房合作的有关问题进行了座谈。副市长、协调小组副组长苟仲文出席会议并讲话。市政协办公厅、发改委、国土局、环保局、规划委、交通委、投促局以及房山区、燕山石化的有关领导出席协调会并作相关发言。

同日 “北京市第十八次市长接待台商日暨北京市帮扶台资企业应对国际金融危机政策大集”活动在北京国际饭店举行，北京市副市长苟仲文出席会议并讲话。

同日 市经济信息化委会同市金融工作局在北京国际饭店举办第一场应对国际金融危机银企对接会。市经济信息化委主任朱炎主持会议，市有关委办局和各区县帮扶机构负责人，北京经济技术开发区的26家企业和16家金融机构代表以及媒体代表100余人出席了对接会。北京经济技术开发区26家企业与银行签订33份总计60.93亿元人民币和3.52亿美元的贷款协议。副市长苟仲文出席对接会并讲话。

5月26日 中石化三菱化学聚碳酸酯（北京）有限公司企业法人营业执照交接仪式在燕山石化公司举行。聚碳酸酯公司是中国石油化工股份有限公司与日本聚碳酸酯投资株式会社合资项目，双方共同出资将建设15万吨/年双酚A装置和6万吨/年聚碳酸酯装置。

5月29日 国务院副总理李克强到中国医学科学院和北京科兴生物制品有限公司考察甲型H1N1流感防控工作，听取了联防联控机制有关单位负责人工作汇报，对联防联控工作作了部署。国务委员兼国务院秘书长马凯，北京市市长郭金龙等参加了考察。

6月

6月9日 北京福田康明斯发动机有限公司举行40万台发动机投产仪式。福田汽车与美国康明斯公司签署了《欧Ⅴ产品技术许可合同》，并就欧Ⅴ以上排放标准的产品开发签署了合作备忘录，北京市人大副主任吴世雄，北京市副市长苟仲文，原机械工业部部长、中国汽车工业协会名誉理事长何光远，原机械工业部部长包叙定出席投产仪式并为第一台3.8L发动机揭幕。

6月10日 北京市八达岭经济开发区新能源产业基地揭牌仪式在五洲大酒店举行，基地占地面积约为2.5平方公里，重点定位发展风能、太阳能等新能源产业。副市长苟仲文出席揭牌仪式并讲话。

6月11日 轨道交通亦庄线国产CBTC示范工程信号系统采购合同签约仪式在北京饭店举行。市轨道建管公司分别与示范工程信号系统总承单位卡斯柯信号公司、第三方安全评估承担方劳氏公司签订合同，卡斯柯信号公司与示范工程信号核心技术和装备承担单位北京交通大学签订了合同。市委常委赵凤桐出席签字仪式。

6月12日 北京市副市长苟仲文在市政府召开帮扶企业应对国际金融危机第七次市级调度会。市政府副秘书长鲁勇主持会议。

6月22日 京煤集团昊华能源公司木城涧煤矿大倾角急倾斜工作面综合机械化采煤开机。该工作面位于千军台坑820水平，为全国首次在坚硬顶板工作面实施大倾角急倾斜综采。

6月26日 北京市市长郭金龙、副市长苟仲文、市政府秘书长黎晓宏到北汽控股公司调研。听取了北汽控股公司整体工作情况汇报，参观了北汽控股公司自主品牌和新能源汽车展示。

6月28日 北京市汽车摩托车下乡举行启动仪式，副市长夏占义出席启动仪式并讲话，市经济信息化委等有关部门负责人和北汽控股公司、北汽福田公司、北汽有限公司等企业和经销商代表、农民代表共300余人参加仪式。

6月30日 北京第一机床厂在顺义林河数控机床基地举行建厂60周年庆典。北京第一机床厂成立于1949年，是中国第一个制造数控铣床的企业、全国最大的铣床生产厂家，也是中国第一批生产加工中心的企业之一。主要产品包括重型机床、数控龙门铣床/加工中心、数控铣床、数控车床、加工中心、车铣复合机床、普通铣床等近40个品种，用户领域涵盖汽车、军工、航天、船舶、发电、轨道交通、模具、机械等行业。北京市副市长苟仲文出席庆典仪式并致词。国家有关部委、市政府有关部门和顺义区领导、业内专家、机床企业、相关客户以及工厂老领导等200余人参加了庆典仪式。

7月

7月1日 北京市“企业呼声平台”正式开通。北京市政府副秘书长鲁勇主持开通仪式，副市长苟仲文点击开通“企业呼声平台”并致辞。北京市“企业呼声平台”是在北京市帮扶企业应对国际金融危机协调小组领导下，在首都之窗上建设开通的24小时在线服务的政企互动平台。主要作用是发布帮扶政策，倾听企业呼声，解决企业困难。

7月2日 北京市副市长苟仲文在市政府主持召开了帮扶企业应对国际金融危机第八次市级调度会。听取了市发改委、市经济信息化委、中关村管委会、北京经济技术开发区管委会关于帮扶措施中50亿元资金使用情况汇报，通州区、房山区、顺义区、昌平区政府和北京经济技术开发区管委会关于上半年经济运行情况和帮扶工作情况的汇报，就下一步开展帮扶企业工作做了部署和安排。市有关委办局和各区县政府的负责人参加了会议。

7月7日 北京市市长郭金龙在市政府主持召开专题会，听取市经济信息化委党组书记李平关于上半年开展帮扶企业应对国际金融危机工作的总体情况汇报。市长郭金龙、常务副市长吉林、副市长苟仲文出席并讲话，市政府有关委办局和各区县政府负责人参加了会议。

7月9日 工业和信息化部在青岛发布2009年（第23届）电子信息百强企业名单。北京企业入围百强的有联想控股有限公司等12家，较上年新增1家，为中国软件与技术服务股份有限公司。北京入围百强12家企业营业收入合计2082.5亿元，占全部百强企业营业收入的18.6%。

7月13日 经专家评审及北京市企业技术中心认定指导小组审定，同意北京铁路信号工厂等54家企业的技术中心通过北京市第十二批认定。

7月15日 北京市委书记刘淇主持召开市委常委会，听取市经济信息化委党组书记李平、副主任梁胜关于京东方8代线的项目概况、项目进展、资金筹措方案和下一步工作计划的汇报。

同日 新医药北京市技术转移中心召开“2009北京创新药物研发策略暨新药项目发布会”。有军事医学科学院、北京大学医学部、北京中医药大学、首都医科大学、中国医学科学院药物研究所、中国医药研究中心等研究机构的200个项目发布，参加会议企业近100家。

7月16日 北京市人民政府与中国石油化工集团公司（简称中国石化）正式签署战略合作框架协议，共同打造北京石化新材料科技产业基地。签约仪式由市政府秘书长黎晓宏主持。市长郭金龙致辞，副市长苟仲文，中国石化党组成员、中国石油化工股份有限公司总裁王天普代表双方签署了协议。市领导刘淇、李士祥，中国石化领导章建华、李春光出席签约仪式。

7月20日 宝钢印铁（北京）分公司正式落户怀柔雁栖开发区。宝钢印铁公司是宝钢集团投资的马口铁薄板深加工企业，是国内规模最大、技术最先进的专业印铁公司。此次北京公司引进了德国KBA公司6色UV印刷线一条，柯达公司全数字式印前系统一套，可形成年产3.2万吨的彩印马口铁薄板的加工能力，总投资1亿元。

7月24日 市经济信息化委在京西宾馆召开北京市工业和信息化系统半年工作会。市政府副秘书长鲁勇主持会议并传达了市委市政府半年经济形势分析会精神。市经济信息化委主任朱炎做了工作报告，副市长苟仲文出席并讲话。

7月27日 北京市副市长苟仲文带领京东方8代线项目协调小组成员，分别向北京市人大常委会主任杜德印和部分人大代表及市政协主席阳安江及部分政协委员汇报了北京数字电视产业园及京东方8代线项目的有关情况。

7月28日 北京市副市长苟仲文会见中国联通董事长常小兵，双方就联通在北京建设产业园的相关事宜进行商谈。

7月29日 市政府召开专题会议，研究并原则通过了《关于加快北京石化新材料科技产业基地建设的若干意见》。市长郭金龙主持会议。

同日 北京金隅股份有限公司股票代码02009HK在香港联交所主板正式挂牌上市。上市当日收盘价9.97港元，较发行价格6.38港元涨幅超过56%。

同日 北京航空产业园在顺义区举行开园建设暨航空发动机产业基地奠基仪式。北京航空产业园规划建设用地约200.00公顷，建筑面积160万平方米。一期项目建设投资超过100亿元。航空发动机产业基地占地面积约66.67公顷，基地将集航空发动机研发、试验、部件制造、维修和国际交流于一体。北京市市长郭金龙，中国航空工业集团公司总经理林左鸣，空军装备部部长魏钢，北京市副市长苟仲文等出席仪式并致辞。

7月31日 北京康辰药业有限公司举行国家一类新药“苏灵”下线仪式，北京市副市长苟仲文为苏灵下线揭幕。苏灵通用名“尖吻蝮蛇血凝酶”，主要用于手术止血，填补了国内在蛇毒血凝酶方面的空白。

8月

8月1日 北京清大天达光电科技有限公司入驻平谷马坊工业园区的北京绿色能源产业基地签约。北京市副市长苟仲文出席签约仪式。项目总投资1.5亿元，建设高标准厂房1.5万平方米，将建立国内TFT－LCD高世代线和薄膜太阳能设备领域集先进制造技术和集成技术的研发、制造平台。

8月5日 “北京市绿色能源产业基地”在首都大酒店举行揭牌仪式。

同日 “北京医药首届科技创新大会”在北京会议中心召开。北京医药行业协会介绍了国家及北京市对高新技术企业的15项支持政策，并就中央在京科研机构、市科研院所和部分企业研究所的250余项科研成果转化项目进行了推介。国家食品药品监督管理局药品注册司司长张伟在会上做“药品管理法规最新进展”的专题报告，赛科药业等4家企业做了科技创新经验介绍。北京医药行业协会300余名会员单位负责人出席了大会。

8月10日 北京市汽车以旧换新工作启动。实施时间为2009年6月1日－2010年5月31日。对提前报废中、轻、微型货车和中、轻、微型载客车及黄标车并换购新车的车主，财政部门将根据报废车型和提前报废年限的不同，给予3000元～6000元的财政资金补贴。

8月13日 “非晶产业创新示范基地暨重大科技计划项目启动仪式”在北京国际饭店举行。非晶带材生产企业和非晶带材应用单位签署了一系列战略合作协议。北京市科委与有关单位就“非晶带材应用技术开发与产业化”重大科技计划项目签署了科技计划项目委托书。市委常委赵凤桐、副市长苟仲文出席仪式并讲话，市委办公厅、市发改委、市经济信息化委、市科委、中关村管委会等有关单位领导参加了仪式。

8月19日 北京市委书记刘淇主持市委常委会，听取市帮扶办应对国际金融危机工作汇报。

8月24日 北京市第二次区县合作发展联系会议在密云召开，并举行了产业共建基地授牌仪式。市经济信息化委主任朱炎汇报了《北京市生态涵养发展区产业共建基地认定办法》的编制情况和首批产业共建基地的认定申请工作。延庆与朝阳、密云与海淀、门头沟与西城三个产业共建基地授牌。

同日 蓝星东丽膜科技（北京）有限公司反渗透膜及膜元件生产基地建设项目在顺义空港开发区正式开工建设。项目由中国蓝星（集团）股份有限公司和日本东丽公司联合开发，总投资约6亿元人民币，项目一期将于2010年10月建成投产，年生产能力反渗透膜618万平方米、反渗透膜元件13万支，是中国规模最大的反渗透膜项目。

8月26日 北京市副市长苟仲文主持召开了帮扶企业应对国际金融危机第九次市级调度会。

8月28日 市经济信息化委在中环办公楼召开机构改革动员部署大会，会上宣读了《北京市经济和信息化委员会主要职责内设机构和人员编制规定》。

同日 中国石化三菱化学聚碳酸酯（北京）有限公司揭牌仪式在钓鱼台国宾馆举行。中石化三菱化学聚碳酸酯（北京）有限公司是中国石化和日本三菱化学合资建设的化工企业，落户燕山石化厂区内，将建设年产15万吨双酚A和6万吨聚碳酸酯装置，计划2010年建成投产，主要生产用于汽车零部件及电器等领域的化工产品。北京市副市长苟仲文，中国石化股份公司总裁王天普，中国石化集团公司高级顾问曹湘洪，市经济和信息化委员会主任朱炎，日本驻中国大使馆经济部参赞岩永正嗣，日本三菱化学控股集团社长小林喜光，三菱化学控股集团常务执行役员石塚博昭等中日双方政企人士出席揭牌仪式。

同日 北京汽车集团与博世在北京饭店签订无级变速器CVT项目战略合作协议。

8月31日 北京数字电视产业园暨京东方第8代TFT－LCD生产线奠基仪式在北京经济技术开发区举行。京东方第8代TFT－LCD生产线是中国电子工业史上单体投资额最大的项目，总投资达280亿元，注册资金170亿元，主要生产660.4毫米～1397毫米电视用高清宽视角液晶显示屏。全国政协主席贾庆林，北京市委书记刘淇，市长郭金龙，市政协主席阳安江出席了奠基仪式。

9月

9月1日 2009北京十大时装品牌专家评审会召开。共有195个时装品牌参加，确定符合企业总部注册在北京、年销售额在3000万元以上等条件的40个自主服装品牌参加专家评审和公众投票。35名评委评出2009北京时装品牌金奖：李宁、爱慕、雪莲、绅士、铜牛、依文、白领、顺美、派克兰帝、威可多、庄子；北京十大时装品牌：纤丝鸟、水孩儿、五木、赛斯特、天坛、恺王、玫而美、杰奥、雷蒙、朗姿；北京十大最具潜力时装品牌：蓝地、小护士、雪伦、亿都川、诺丁山、木真了、思诺芙德、红都、圣媛、绿典及时装之都建设贡献奖。

同日 95岁高龄的北京市原市长焦若愚在燕山石化老领导、北京市原副市长刘海燕陪同下到燕山石化视察指导工作，参观了化工一厂裂解装置和炼油一厂新建1000万吨炼油装置。

9月2日 首钢总公司举行建厂90周年暨劳动模范表彰大会。宣读了贾庆林、李克强、张德江、曾培炎、袁宝华等党和国家领导同志给首钢建厂90周年的贺信、贺词，首钢总公司党委书记兼董事长朱继民、首钢老干部代表徐永起、首钢劳动模范代表张国新和中国钢铁工业协会党委书记、副会长刘振江在会上发言。会议向首钢历年全国劳动模范和全国“五一”劳动奖章获得者代表颁发了金质奖章。北京市委书记刘淇、市长郭金龙、市政协主席阳安江、市委副书记王安顺、市委秘书长李士祥、副市长苟仲文、市政府秘书长黎晓宏及首钢职工代表共计5000多人参加了庆祝大会。

9月4日 北京市副市长苟仲文会见了美国飞思卡尔（Freescale）半导体公司汽车电子业务总裁格里奥特一行。就北京发展新能源汽车进行了交谈。

同日 "第十三届北京市工业职业技能竞赛"总结表彰会在红塔礼堂召开。宣读了《关于表彰"第十三届北京市工业职业技能竞赛"优秀个人及优秀集体的决定》，向梅良玉等431名获奖选手颁发了证书，向首钢总公司等19个单位及100名优秀工作人员和教练员颁发了奖牌和证书。281人被授予"北京市工业高级技术能手"称号，150人被授予"北京市工业（行业）技术能手"称号，36人被授予"北京市工业行业工种最佳操作能手"称号。

9月7日 北京市推进燕房合作协调小组召开第四次会议。会议听取了市经济信息化委主任朱炎代表协调小组办公室所做的工作汇报以及房山区、燕山石化关于燕房合作有关问题的汇报。市政协主席、协调小组组长阳安江，副市长、协调小组副组长苟仲文出席会议并讲话。

9月9日 市经济信息化委在华侨饭店举行"北京市信息化基础设施提升计划——电信产业和应用推介会"。会议发布了《组建3G产业联盟倡议书》，举行了北京呼叫中心产业基地有限公司与北京电信公司签约仪式和北软教育与联想IT就业岗位签约仪式、基础设施提升计划专题论坛、北京呼叫中心产业基地专题论坛等活动。重点推介了朝阳区建设"移动谷"的战略思路和密云县建设北京呼叫中心产业基地的构想及相关扶持政策。

9月13日 什邡－北京产业园企业孵化器项目和富亚博大公司环保涂料项目在什邡－北京产业园举行开工奠基仪式。北京市副市长苟仲文，市经济信息化委主任朱炎及北京市产业援助办公室成员单位、部分区县经济信息化委、赴什邡投资企业的领导出席了奠基仪式，并到北京对口支援地震灾区前线分指挥部慰问了援建人员。

同日 北京市副市长苟仲文率领北京市产业援助办公室成员单位、部分区县经济信息化委及23家有意向什邡投资的企业和与什邡结对帮扶单位领导同赴什邡市，考察对口支援产业援助工作情况，召开了"北京对口支援什邡产业援助工作座谈会"，举行了"结对帮扶项目暨企业投资项目签约仪式"。北京工业技术开发中心、北京雁栖经济开发区、汇龙森国际企业孵化有限公司分别与什邡工业经济局、什邡经济开发区和四川京什建设投资有限公司签署了"一对一"结对帮扶协议。北京申安集团与什邡市政府签署了"LED户外照明"项目投资落地协议。北京红螺食品集团有限公司、北京中农劲腾生物技术有限公司等13家企业与什邡市达成了投资意向。

9月15日 北京华德液压工业集团公司在北京经济技术开发区举行成立30周年庆典活动，北京华德液压公司已发展成为国内最具技术水平与生产规模的液压基础件专业生产企业。市政协主席阳安江，市人大原副主任金生官，工业和信息化部和北京市有关部门领导、用户代表等300余名嘉宾出席庆典活动。

9月16日 香港晶门科技公司与京东方科技集团、亦庄国际投资公司签署战略合作协议，香港晶门科技公司将与亦庄国际共同出资在京成立研发生产液晶驱动IC产品的企业，专门开发满足大屏幕TFT－LCD面板需要的驱动电路产品，京东方将为产品的开发提供必要的支持。

9月17日 北京市副市长苟仲文在市政府会见美国健赞公司高级代表团一行，并与公司总裁亨利·特米尔先生座谈。

同日 柏瑞安电子产业基地在北京经济技术开发区举行开工仪式。柏瑞安电子产业基地是北京数字电视产业园暨京东方8代线奠基后第一个启动建设的配套项目。占地3.3万平方米，建筑面积5万平方米，总投资2.8亿元。建设拥有24条贴片机生产线，年销售收入达7亿元的电路板产品生产基地，产品主要为数字电视整机、京东方5代线和8代线液晶显示屏配套。北京市副市长苟仲文出席仪式。

同日 健赞北京研发及实验室生产基地项目在中关村生命科学园奠基。北京市委常委赵凤桐、副市长程红出席奠基仪式并讲话，市政府相关委办局、昌平区政府、中华慈善总会及医药界专家共200余人参加了奠基仪式。

9月19日 《辉煌六十年——中华人民共和国成立60周年成就展》在北京展览馆开幕。市经济信息化委组织22家企业的产品及视频、图片、文字等材料参展。

9月23日 北京市召开帮扶企业应对国际金融危机第十次市级调度会。市经济信息化委主任朱炎主持会议，副主任姜贵平代表市帮扶办做了工作安排，副市长苟仲文对开展帮扶企业工作提出要求。

9月24日 宝德阳触控产品生产基地在顺义临空国际开发区开工，项目一期投资1亿元人民币，建设4幢生产厂房，建筑面积3万平方米，主要生产手机配套零部件。宝德阳公司在北京临空国际产业基地建设项目总投资达2亿美元，占地约20.00公顷，主要从事手机、数码及IT等相关触控高新产品的研发和生产。

9月29日 市经济信息化委在大兴区安定镇举行第二批全国农产品加工（食品加工）创业基地授牌仪式。北京市安定镇农产品加工创业基地、北京市沙河镇农产品加工创业基地、北京市巨隆农产品加工创业基地、北京市大孙各庄镇农产品加工创业基地、北京市回龙观镇农产品加工创业基地、北京市密云农产品加工创业基地、北京市玉雪农产品加工创业基地、北京市琉璃河镇农产品加工创业基地、北京市雁栖镇农产品加工创业基地、北京市滨河农产品加工创业基地被正式命名为全国农产品加工创业基地。

10月

10月1日 北京汽车集团为庆祝中华人民共和国成立60周年国庆庆典提供汽车127辆。其中，阅兵车20辆，礼炮牵引车65辆，彩车底盘42辆，全部是北汽有限公司和北汽福田公司的自主品牌产品。

10月8日 北京工艺美术行业协会和北京金漆镶嵌有限公司合作建立的北京天宝楼经纪有限公司成立并举行首批签约工艺美术大师作品展开幕仪式。第一批与天宝楼签订经纪协议的共有50多名大师，包括张同禄、钱美华、杨连根等13名中国工艺美术大师。有国家级和市级大师百余件（套）作品参展。中国轻工业联合会名誉会长陈士能，中国工艺美术协会、中国工业美术学会、市经济信息化委、市工商局、首都文明办等有关部门负责人以及工艺美术大师和企业代表、新闻媒体等100余人出席了开幕仪式。

10月14日 文化部、北京市政府在首钢机电公司重型机器分公司举行中国动漫游戏城项目建设启动信息发布会。项目建成后，将成为集动漫游戏创作、生产、交易于一体，产业链完整的国家一流文化产业园区。文化部党组副书记、副部长欧阳坚，北京市委常委、副市长蔡赴朝出席并讲话。

同日 北京市副市长苟仲文到海淀区清华同方科技广场调研，听取了同方股份有限公司、北京海尔集成电路设计有限公司、北京数码视讯科技股份有限公司、北京华旗资讯数码科技有限公司4家企业汇报并进行了座谈。

10月20日 北京市副市长苟仲文在市政府会见了美国国家工程院院士周郁先生。双方就在北京建立纳米技术研究中心等事宜交换了意见。

10月27日—28日 市经济信息化委主办的“2009北京微电子国际研讨会”在京仪大酒店召开，围绕“全球性金融危机下集成电路产业发展的新趋势”主题，来自两岸三地以及美国、欧洲等地的知名企业与国际组织负责人就数字电视、移动通信、汽车电子及全球的产业发展态势与参会代表展开了研讨。北京市政府副秘书长戴卫代表副市长苟仲文作会议致辞，微电子专家和企业界代表共400余人参加了会议。

10月28日 市经济信息化委在北京市琉璃河水泥厂召开2009年北京市工业企业绿色节电技术推广会。重点推荐宣传了电机领域的高压变频技术、高效电机节电技术、空压机节电技术及企业“一站式”能源管理系统和余热发电技术等。北京市14个区县经济信息化委、65家工业重点用能企业、行业协会、节能中介机构的负责人和新闻媒体共计100余人参加了会议。

同日 北京新北水水泥有限责任公司举行处置污水处理厂污泥工程项目竣工投产仪式。项目达产后日处置生活污泥700吨，每年为北京市处置污水处理厂污泥22万吨，占北京市生活污泥产生总量的1/4。中国建材联合会会长张人为，国家发展和改革委员会环境和资源综合利用司、国家环境保护部污染防控司、住房和城乡建设部城建司、北京市水务局、北京市环保局、金隅集团的负责人出席仪式。

10月30日 北化集团的北京精细化工基地一期工程项目竣工验收。项目地处大兴区安定镇，规划总面积120公顷，一期工程占地约66.67公顷，投资5.24亿元。

11月

11月2日 （美国东部时间）京西重工收购美国德尔福公司悬架和制动业务在美国底特律举行签字交割仪式。新公司将接过德尔福在美国、波兰、法国、英国、墨西哥和中国等地世界一流的汽车底盘零部件生产加工基地和技术中心，继续服务宝马、奥迪、法拉利和通用汽车等全球顶级的汽车生产厂家。

同日 北京卷烟厂搬迁工作完成。北京卷烟厂搬迁是国家烟草专卖局“十五”技改规划项目。新厂址在通州区大稿村，2006年12月29日开工，占地面积约34.20公顷（其中建设用地约24.67公顷，代征地约9.53公顷），建筑面积18.6万平方米。总投资预计12.48亿元，生产设计规模50万箱。

11月3日 北京工程机械产业基地在昌平区九华山庄举行揭牌仪式，北京市副市长苟仲文出席揭牌仪式。

同日 凸版利丰雅高（北京）印刷产业基地落成典礼在通州区光机电一体化产业基地举行，总投资10亿元，占地3.6万平方米，是日本凸版印刷株式会社在中国最大投资项目。

11月5日 北京市委书记刘淇，国家工商总局领导王东峰、石见元，市委常委李士祥、赵凤桐，副市长程红，市政府秘书长黎晓宏到中关村国家自主创新示范区调研；到市工商局了解电子商务监控平台和广告监控平台运行情况；到北京水晶石数字科技有限公司了解科技研发和市场开拓情况。

同日 北京石化新材料科技产业基地揭牌仪式在燕山举行。市政府副秘书长鲁勇主持仪式。房山区委副书记、区长祁红介绍了石化基地筹建的有关情况，市经济信息化委委员樊健对市政府《关于加快北京石化新材料科技产业基地建设的若干意见》进行了解读。仪式现场，房山区政府分别与中石化三菱化学聚碳酸酯（北京）有限公司、中国石化润滑油有限公司、中石化催化剂北京奥达分公司、北京华美聚合物有限公司、北京燕山凯美特气体有限公司等首批入驻企业签署了协议。市政协主席、推进燕房合作协调小组组长阳安江，副市长、协调小组副组长苟仲文，中石化党组成员、总裁王天普，中石化高级顾问、中国工程院院士曹湘洪，市财政、国土、规划等17个委办局，中石化集团办公厅、发展计划部等15个部门，房山区、燕山石化等单位领导及中央电视台、北京电视台、北京日报等26家新闻媒体记者出席了揭牌仪式。

11月10日 北京市委书记刘淇、北京市市长郭金龙接见北京170名工艺大师并合影留念。其中，中国工艺美术大师29名，北京工艺美术大师113名，北京民间工艺大师28名。市委常委、市委秘书长李士祥，市委常委、组织部长吕锡文，副市长苟仲文陪同接见。

同日 北京地铁车辆装备有限公司揭牌成立。北京地铁车辆装备公司前身为北京地铁运营公司车辆厂，2008 年实现产值 10 亿元。北京市副市长陈刚，国家发改委产业协调司司长陈建国和市发改委、经济信息化委、交通委、国资委、财政局等部门负责人出席揭牌仪式。

11 月 14 日 北京汽车新能源汽车有限公司、北京新能源汽车科技产业园、北京普莱德新能源电池科技有限公司在大兴区采育经济开发区揭牌成立。北京市委书记刘淇，科技部部长万钢，北京市市长郭金龙出席成立大会并为“一园两公司”揭牌。

11 月 16 日 北京二七轨道交通设备公司国内首列钢轨打磨列车下线。钢轨打磨列车是引进瑞士 Speno 公司技术、自主设计制造的具有国内领先、国际一流水平的轨道养路机械装备。至此，北京二七轨道交通公司基本形成内燃机车、电力机车、动车组为主，道路养路机械为辅的多点支撑的产品结构。

11 月 17 日 北京市副市长苟仲文在市政府会见法国佛吉亚公司董事长 YannDelabrière 一行，就排气系统、前舱模块、坐椅、门板等领域与北京的合作进行了探讨和交流。

11 月 20 日 市经济信息化委、市发改委、市政府新闻办在市政府新闻发布厅召开“北京市五大产业振兴方案”新闻发布会，市经济信息化委介绍了《北京市调整和振兴汽车产业实施方案》、《北京市调整和振兴都市型工业实施方案》和《北京市调整振兴生物和医药产业实施方案》并回答了媒体提问。市发改委介绍了装备产业和新能源振兴方案。市科委、财政局、中关村管委会和经济技术开发区有关领导和中外 40 多家媒体参加了新闻发布会。

11 月 23 日 北京市政协举办“在金融危机形势下，扶持中小企业发展”问题的提案办理座谈会。市经济信息化委主任朱炎向政协委员通报了提案的办理情况，市政协主席阳安江出席座谈会并讲话，

11 月 25 日 全国人大常委会委员、财经委副主任委员牟新生，全国人大常委会委员、财经委委员、中国社科院副院长陈佳贵和全国人大财经委经济室主任李命志等一行 5 人的调研组在京调研了北京市中小企业发展情况，就北京市中小企业发展情况进行了座谈。市经济信息化委、市财政局、市人力资源、市社会保障局、市工商局、市金融工作局、北京银行负责人汇报了北京市中小企业发展现状、落实《中小企业促进法》工作进展情况、中小企业发展过程中的主要问题和建议。

11 月 26 日 北京市委书记刘淇，市长郭金龙，市委常委牛有成、赵凤桐，副市长苟仲文到北京普罗吉生物科技发展有限公司调研，该公司首席科学家、清华大学教授罗永章就公司依托中关村政策优势、坚持自主创新、促进科研成果产业化落地等情况做了汇报。

同日 北京市开发区工作会暨第二批市级生态工业园试点园区建设启动会在正通时代创意中心召开。副市长苟仲文、工信部规划司副司长顾强、市经济信息化委主任朱炎出席并讲话。市政府有关委办局、各区县政府及工业和信息化主管部门领导，市开发区协会以及各开发区（产业基地）代表约 100 余人出席了会议。

同日 中国北京国际文化创意产业博览会工业分展场开幕式在正通时代创意中心举行，北京市副市长苟仲文出席开幕式并为工业分展场揭幕。展览内容包括高仿印刷艺术品展、工业摄影成就展及工业旅游活动。

同日 京仪集团京仪世纪公司自主研发的 MCZ－6000K 硅单晶炉在涿鹿京仪基地试验现场，利用 22 寸热场，投料 100 公斤，经过近 50 个小时拉制出长 2000 毫米、直径 165 毫米的高品质单晶硅棒。

11 月 28 日 京煤集团北京金泰集团有限公司成立，其前身是由北京市煤炭总公司改制而成的北京金泰恒业有限责任公司，主要从事旅游饭店、房产经营、燃料经销、汽贸服务、仓储物流等业务。年底，北京金泰集团有限公司有员工 5080 人，资产总额 53.46 亿元。全年营业收入 36 亿元。

11 月 30 日 福田汽车公司推出首辆纯电动车，采用最大输出功率 80kW 与最大扭力 28.6kgm 的电机。高效能锂离子电池组总电容量可达 24kWh，可以在普通家用插座充电，8 个小时即可充满，每充电一次可行驶 150 公里至 200 公里。

12 月

12 月 1 日 市经济信息化委和市水务局主办、市节能环保中心承办的“2009 年北京市工业绿色节水技术推广与经验交流会”在京民大厦召开。碧水源科技有限公司等 5 个技术研发单位和双鹤药业等 4 家应用节水新技术的企业，分别在会上介绍了节水新技术研发情况和开展节水工作的做法与体会。

同日 杰华生物（北京）有限公司研制开发的重组人干扰素样蛋白药物“乐复能”产品正式获得美国专利商标局的授权。

12 月 2 日 市经济信息化委、北京经济技术开发区管委会在开发区举行北京亦庄移动硅谷暨入园企业签约仪式。亦庄移动硅谷总规划面积约 100 公顷。京芯世纪（北京）半导体科技有限公司、德信无线通信科技有限公司等 20 家企业与开发区签署了入区协议，意向注册资金约 40 亿元人民币。副市长苟仲文出席签约仪式。

12 月 8 日 北京市副市长苟仲文出席北京生物医药跨国企业座谈会，与拜耳、强生、罗氏、辉瑞等生物医药跨国企业代表进行交流。

12 月 10 日 航天煤气化装备产业基地项目奠基仪式在北京经济技术开发区举行。项目由北京航天万源煤化工工程技术有限公司投资建设，占地面积约 5.20 公顷，建筑面积 69520 平方米，总投资 4.22 亿元。

12 月 15 日 市经济信息化委召开北京工艺美术人才队伍建设会议，副市长苟仲文，市经济信息化委、市委组织部、市教委、财政局、法制办等有关领导出席会议。会上公布 13 位新晋升工艺大师、37 位晋级大师的名单，对新评的 4 件市级珍品给予奖励。至此，北京市共有工艺美术大师 194 人。

12 月 17 日 先正达生物技术北京研究中心在中关村生命科学园举行奠基仪式，先正达生物技术北京研究中心项目建设投资 1.9 亿元，是首家落户中国的外资农业生物技术研究机构。北京市委常委赵凤桐出席仪式并讲话。

同日 格兰富（中国）控股有限公司入驻海淀区中关村国家自主创新示范区核心区签约仪式在皇苑大酒店举行。格兰富（中国）控股有限公司是格兰富公司在华新设立的投资性公司，注册资金 3000 万美元。北京市副市长苟仲文，丹麦驻华大使叶普先生，海淀区政府、市经济信息化委，市投促局、中关村管委会等有关单位领导及格兰富公司代表出席签约仪式。

12 月 17 日—18 日 市经济信息化委召开 2009 年《北京工业年鉴》工作总结会，各区县、各工业控股（集团）公司、开发区和协会的有关人员 50 余人参加了会议。

同日 依托于中国软件与技术服务股份有限公司建立的中国电子软件研究院在京举行揭牌仪式。该院定位于中国电子软件板块科技创新龙头、自主产品的孵化中心，下设专家咨询委员会、标准化委员会、产业发展研究中心、博士后流动工作站、9 个专项实验室和联合实验室等相关机构。

12 月 19 日 北京塑料工业协会第五届会员大会在京举行，燕山石化副总经理华炜当选为理事会理事长。北京塑料工业协会是北京地区塑料工业的行业组织，成立于 1987 年。成员由中石化燕山分公司、北京市塑料研究所、国家化学建筑材料测试中心、中国科学院化学所、清华大学、《塑料》杂志、中塑协改性塑料专委会等行业内的企事业单位、企业集团、科研院所和高等院校等 90 家单位组成。

12 月 22 日 延庆县政府与京仪集团、英利集团、京能集团、中科院热物理所、中国国电龙源集团、国电华北公司签订投资合作协议；京仪集团、英利集团、京能集团、中国节能投资公司、一轻控股与北京八达岭经济开发区签订了北京京能八达岭太阳能综合试点项目合作协议。签约的 6 个新能源项目总投资 40 多亿元。副市长苟仲文出席签约仪式并讲话。

12 月 23 日 北汽福田公司多功能车技术改造项目奠基仪式在密云开发区举行。项目占地约 87.20 公顷，总投资 36 亿元。新建四大工艺和配套设施，综合年生产能力蒙派克、迷迪、欧马可产品 18 万辆。副市长苟仲文出席仪式并讲话。

12 月 28 日 冠捷投资有限公司与北京经济技术开发区管委会签订项目入区协议，冠捷液晶电视生产基地项目正式进驻北京数字电视产业园。北京市市长郭金龙、市委副书记王安顺、副市长苟仲文出席项目入区签约仪式。

12 月 30 日 北京京仪集团、京能集团和英利集团新能源项目合作签约仪式在京仪大酒店举行。三集团将在延庆北京新能源产业基地组建 3 个合资公司，打造一条从多晶硅铸锭、切片、电池及组件生产、并网逆变器生产、光伏系统集成，到电厂并网运营完整的产业链完整的光伏产业链。北京市副市长苟仲文出席仪式并讲话。

12 月 31 日 北京医药股份有限公司（简称北医股份）在北郊物流中心举行输液库落成仪式。该库建筑面积 2000 平方米，采用钢架结构，以新型建筑材料作保温夹层，可储存 50000 件大输液，设有计算机网络设施和防火报警系统。

（本栏目编审：潘会楼）

工作概况

【综述】 2009年，全市规模以上工业生产呈现一季度探底、二季度复苏、三季度回升、四季度上扬的运行态势。全年工业完成增加值2303.1亿元，同比增长8.8%，工业增加值占全市GDP的比重为19%。

全年共组织62家“高污染、高耗能、高耗水”企业退出，每年节约能源5.4万吨标准煤，节约新鲜水321万立方米。工业万元增加值水耗为22.6吨，工业万元增加值能耗降至0.87吨标准煤，同比下降12.8%。中小企业约25万家，占全市企业总数的99%以上，主营业务收入占全市企业总量的56%以上，从业人员占全市企业就业人口的70%以上，应税总额占全市企业总量的60%以上。全年重点项目建设共获得中央财政支持13.5亿元，市经济信息化委重点推进产业项目共201项，总投资1941亿元，项目建成后预计新增销售收入5407亿元。开发区累计招商项目2780个，项目总投资747亿元，同比增长72.6%。

推进产业调整振兴。出台电子信息、汽车、装备制造、生物医药、新能源和都市型产业等产业调整振兴实施方案，推进产业加速发展。重点推进以京东方8代线为核心的数字电视产业园建设，发展LED产业；启动并推进福田中重卡技改以及现代三工厂建设等一批重大项目，推动新能源汽车的研发和产业基地建设；支持三一重工北京制造中心、金风风电设备产业园等项目建设，推动数控机床、工程机械等产业基地的建设；完善生物医药产业基地建设，承担肿瘤、疫苗、医疗器械等国家重大科研项目，推动苏灵等国家一类新药上市；启动建设石化新材料科技产业基地，双酚A、聚碳酸酯等一批项目相继落户；支持都市型企业开拓市场，开展2009年北京“时装之都”活动，创新发展工艺美术事业；以中航发动机项目为依托，启动建设航空航天产业园，努力把握通用航空产业的发展前沿。

优化产业布局。指导工业开发区建设，明确功能定位。首钢工业区启动区规划改造工作全面展开；延庆新能源和平谷绿能产业基地先后落成，雁栖、天竺空港等开发区成为第二批市级生态试点园；电子信息、石化新材料和汽车产业基地成为国家新型工业化产业示范基地。

推进自主创新。以中关村国家自主创新示范区建设为契机，推进01—04国家科技重大专项工作，02专项的装备制造和工艺项目取得重要突破，修订企业技术中心认定办法，认定54家企业技术中心，支持资金5400万元。

推进节能减排。实施耗能企业退出、资源再利用项目、生态工业园试点建设等措施；出台“高污染、高耗能、高耗水”小水泥企业有序退出的实施意见；做好污染扰民企业搬迁工作；组织重点行业开展能效对标工作，完善重点用能企业在线监测平台建设；召开绿色节电、节水技术推广会。提前两年实现“十一五”确定的单位能耗、水耗分别下降30%的目标。

（运行处）

【工业运行监测】 年内，市经济信息化委加强对全市工业经济运行的分析、预测和监控工作，建立领导干部分工联系、确保工业增长的工作机制。领导班子成员与各处室分别负责重点联系不同的区县（开发区）、控股（集团）

公司，加强调查研究，研究制订采取措施，明确任务要求，掌握进展情况，做好有关问题的协调服务。

加大对工业经济运行监测预测、分析调研工作力度。继续对各个区县的生产总量指标进行综合测算平衡，以指导性指标的形式，分解下达，逐月、逐季跟踪监测工业经济运行的态势。定期召开工业经济运行分析会，与各区县、各工业控股（集团）公司沟通情况，协调解决工业运行中存在的问题。加强对全市工业基础数据的监测、分析研究以及对每月的工业生产、效益的完成情况及工业经济总体情况的分析，按时编发《综合经济分析》。组织编印《2008北京工业发展手册》，收录当年工业经济主要指标。

建立产业经济运行情况协调制度。每月初由主管副主任主持召开工业6大产业处以及航空航天处、软件和信息服务业处、镇村处、节能环保处等处室负责人参加的产业经济运行协调会。各处就本产业截至上月经济运行基本数据、特点、存在的问题及原因、对未来的预测，特别是重点企业和重点项目运行情况进行汇报，经济运行处汇总各产业处“月度产业经济运行报告”书面材料后，结合全市宏观经济形势，将全市工业、软件和信息服务业经济运行情况5日前上报委领导。

是年，北京工业运行平稳发展。规模以上企业全年完成产值11039.1亿元，同比增长6.0%。实现主营业务收入12173.1亿元，同比增长8.0%；实现利润742.9亿元，同比增长33.4%。电子信息、汽车、机电、生物医药等现代制造业重点产业均实现平稳增长，继续保持良好发展势头。

（运行处）

【汽车与交通设备产业】　2009年，北京汽车及交通运输设备制造业完成工业总产值1652.0亿元，同比增长43.4%；工业增加值同比增长33.9%。汽车工业实现产值1511.0亿元，同比增长46.3%；工业增加值同比增长39.1%，高于全市工业增加值9.1%的平均增速。其中整车实现产值1010.0亿元，同比增长52.0%；工业增加值同比增长43.7%。零部件工业实现产值467.2亿元，同比增长46.1%；工业增加值同比增长38.9%。专用车实现产值18.1亿元，同比下降44.4%；工业增加值同比下降52.0%。

是年，汽车工业生产汽车127.1万辆，同比增长64.7%；销售汽车124.3万辆，同比增长61.1%。同期，全国累计产销汽车分别为1379.1万辆和1364.5万辆，同比分别增长48.3%和46.2%。北京汽车累计产销同比增幅分别高出全国平均水平16.4和14.9个百分点。

其中北汽控股公司汽车销量为124.3万辆，同比增长61.1%，市场占有率由2008年底的8.2%升至9.1%，居全国第五位。北京现代公司共销售汽车57.0万辆，同比增长93.7%，增速在国内乘用车厂商中居第二位，高于全国乘用车市场7.3%的平均增速。北京现代公司市场占有率由2008年的4.4%升至5.5%，在乘用车企业销量排名中的位置较2008年第九位升至第五位。其中伊兰特和悦动共销售41.1万辆，占该公司销量的72.1%。北汽福田公司销售汽车60.2万辆，同比增长47.0%，高于商用车市场28.4%的同比增幅，总销量居全国第一。其中中重卡产品全年累计销售8.5万辆，同比增长41.8%，福田重卡市场占有率较2008年的8.4%略有提高，为9.5%，排名居全国第四。北京奔驰公司E级车正在进行技术改造，2009年全年累计销售汽车2.0万辆，同比下降13.1%，其中2008年上市的奔驰C级车累计销售1.4辆，较去年同期增长近1倍。北汽有限公司销售汽车5.1万辆，同比增长13.6%。

年内，北京汽车生产基地共完成工业产值483.2亿元，同比增长75.4%，占顺义区工业总产值（1508亿元）的32.6%，是2003年全年（107亿元）的4倍多；完成收入503亿元，同比增长78.2%；上缴税金51.6亿元，同比增长99.5%；实现顺义区全区地方财政收入7亿元，同比增长54%。2月19日，北京汽车产业研发基地项目在北京汽车生产基地奠基。国家工业和信息化部副部长苗圩出席奠基仪式。北京市委常委、常务副市长吉林出席仪式并讲话，副市长苟仲文主持仪式。11月20日，市经济信息化委联合市发展改革委发布《北京市调整和振兴汽车产业实施方案》。北京汽车产业2009年—2011年的发展思路是，以科学发展观为统领，以落实国家汽车产业调整和振兴规划为契机，统一思想，抓住机遇，举全市之力，推动新能源汽车研发和产业化；支持骨干企业调整结构、加快发展；促进产业做强做大；力争通过三年的努力，为建成国内一流的汽车研发制造城市奠定基础。

（汽车与交通设备产业处）

【电子信息产业】 2009年，北京电子信息制造业工业增加值同比增长0.1%；实现固定资产投资17.8亿元，同比下降47.5%；实际利用外资2787万美元；主营业务达到2358亿元，同比下降7.9 %；利润总额达到34.09亿元，同比下降40.97 %；出口交货值达到1089.69亿元，同比下降12.07 %。主要经济指标降幅缩小，产业复苏迹象明显。

以出口为主的行业降幅较大，以国内市场为主的行业保持增长。电子信息产业的两大主要行业，移动通信行业产品以出口为主，由于受到国际市场需求萎靡及产品单价下降的双重影响，行业销售收入下降15%左右。计算机行业产品以内销为主，受“家电下乡”等国内市场内需的拉动，产业整体发展形势较好，成为保证本市电子信息制造业经济指标回升的重要支撑。京东方8代TFT－LCD生产线、冠捷年产800万台液晶电视生产基地、京芯世纪半导体等一批重大项目相继启动，总投资规模约400亿元，为本市电子信息产业的发展注入新的活力。

推进两大重点产业园区建设。以京东方8代TFT－LCD生产线为核心的北京数字电视产业园和以京芯半导体为核心的“移动硅谷”是本市当前重点建设的两大产业园区。年内，组织京东方8代线及北京数字电视产业园奠基仪式。发起成立以常务副市长吉林为组长的项目推进协调小组，履行协调小组办公室主任的职责，全面协调京东方8代线的环保审批、资金筹措、园区规划、工程建设及配套保障等任务，指导京东方、亦庄开发区及项目施工建设单位建立工程指挥体系，做好项目进度、施工质量和安全保障工作。推动德信无线、亦庄国际联合出资收购飞思卡尔及摩托罗拉公司在第三代移动通信核心芯片及底层软件方面的知识产权工作，研究建设以京芯世纪半导体为核心的移动硅谷产业园。组织举办京芯半导体与飞思卡尔、摩托罗拉技术转让签字仪式及首批计划入驻移动硅谷企业集体签约仪式，有20多家企业与亦庄开发区签订入区协议，意向投资金额约40亿元。组织实施3个国家科技重大专项；组织实施16个国家科技重大专项中的01、02、03专项，履行02专项实施管理办公室主任的职责。

促成4个重大外商投资项目落地。按照又好又快建设北京数字电视产业园，发展高端、高效、高辐射型产业，促成冠捷液晶电视生产基地、UT斯达康IPTV、恩智浦汽车电子、英飞凌智能卡及移动通信4个重大项目落户北京。其中冠捷年产800万台液晶电视生产基地项目将结束本市没有液晶电视整机生产企业的历史，项目总投资达2.4亿美元，建成后年产值可达120亿元。UT斯达康项目是在黄石资本及亦庄国际的共同出资下，投资5000万美元对该公司进行重组，重组后UT斯达康主营业务将由原来的电信业务转变为IPTV业务开发及生产，并将总部由美国迁至北京，各方已就重组问题达成协议。恩智浦汽车电子项目将依托恩智浦在汽车电子方面的雄厚实力，在京设立从事汽车模拟混合信号产品开发的公司。英飞凌智能卡及移动通信项目计划投资9000万美元，在京设立新能源汽车、大功率工业电子器件、移动通信、智能卡等先进技术研发中心及销售中心。

开展一批重大招商引资项目的谈判。围绕建设“绿色北京、科技北京、人文北京”的工作要求，与康宁玻璃、亿光LED、天安数码、粤海物流、相变存储器、香港晶门科技、美国亚索尔光刻机、宽带资本云计算基地、维信诺OLED等一些技术水平高、产业辐射性强的项目开展接洽。围绕北京数字电视产业园上下游配套的项目共24个，总投资达370亿元。

为“保增长、扩内需、调结构”的工作目

标，力保全市工业实现既定的增长目标，先后21次组织联想、方正、同方、诺基亚、京东方、索爱、中芯国际等一批重点企业，协调部署“家电下乡”工作，争取重点企业调整集中产能、鼓励加大市场开发、协助企业获取流动资金贷款贴息等。

（电子信息产业处）

【装备产业】 2009年，按照全市经济工作“保增长、调结构、上水平”总体要求，利用国家拉动投资、扩大内需和加快装备制造业调整振兴的历史机遇，装备产业发展呈现稳步回升态势，基本完成全年目标任务。规模以上企业实现工业总产值1787.4亿元，同比增长8.1%；实现工业增加值435.3亿元，同比增长4.6%，落后全市工业增速4.5个百分点；完成固定资产投资54.5亿元，同比增长65%。

制定并落实装备产业调整和振兴方案。上半年按照国家《装备制造业调整和振兴规划》和市领导指示精神，市经济信息化委与市发展改革委组织专家论证，经过反复研究和修改，形成《北京市装备制造业调整和振兴实施方案》和《北京市振兴发展新能源产业实施方案》，并通过市政府专题会议和市委常委会审议。11月20日，召开新闻发布会，正式发布《北京市调整和振兴装备制造业实施方案》、《北京市振兴发展新能源产业实施方案》。为加快落实装备制造业振兴方案，推动首台（套）重大技术装备示范应用，市发展改革委、市经济信息化委、中关村管委、市科委联合发布《中关村首台（套）重大技术装备示范应用管理办法》，北京和利时公司地铁车辆列编控制系统、地铁B型车辆等25项装备产品列入第一批首台（套）重大技术装备示范应用。落实国家调整重大技术装备进口税收政策，市经济信息化委、市财政局等5部门联合转发有关调整进口税收政策的通知。同时，制定享受税收政策申报流程、申报文本格式等文件，加强与北京海关、财政部驻北京专员办沟通协调，指导并受理北一数控、中材风电叶片等11家高端装备制造企业报送有关申报材料，11家企业共涉及进口关键零部件及原材料总价约10.9亿元，申请免税额2.6亿元。12月27日，市政府正式批转了市发展改革委、市经济信息化委等五部门制定的《北京市加快太阳能开发利用促进产业发展指导意见》。

年内，组织30余家装备企业申报市级企业技术中心，经过严格评审，金风科创、中材叶片、碧水源、科锐配电等17家技术创新能力强、行业实力突出的企业技术中心通过市级认定。经推荐，同方威视企业技术中心被认定为国家级企业技术中心分中心。截至年底，北京装备产业拥有国家级11家、市级企业技术中心73家。一批自主创新项目取得新进展。电力设备总厂自主研发的18台±800千伏干式空心平波电抗器成功中标国内首条±660千伏超高压直流输电线路；广利核成功取得山东石岛湾安全级仪控系统项目，成为国内唯一一家承担高温气冷堆核电站安全级仪控系统的公司；航天万源煤化工自主研发具有国际领先水平的HT－L型航天粉煤加压气化技术对我国洁净煤气化技术及后加工产品产业化发展具有重大带动作用；蓝星化机与北工大产学研合作，研发成功的膜极距离子膜电解槽的吨碱直流电耗比目前最先进的有极距自然循环电解槽节能3%～5%；京仪集团100kW光伏并网逆变器顺利通过国家“金太阳”认证测试，成为国内具有完全知识产权的大功率光伏逆变器研发、生产厂家；四方电气国家智能电网示范项目——全数字化变电站唐山郭家屯变电站顺利投入运行；威视股份液体安全检查系统获得信息产业重大技术发明奖；北人BEIREN75A型报业用高速卷筒纸胶印机获第18届全国发明展金奖。装备制造企业自主创新产业化项目获得国家补助。毕捷电机公司节能超高效电机产业技术创新项目、金风科创公司2.5MW风力发电机组直驱式变流器自主研发项目列入国家工信部自主创新产业化项目，分别获得1000万元创新补助支持。04重大专项37项课题立项。11月2日，工业和信息化部下发通知，“高档数控机床与基础制造装备”重大专项（04专项）2009年立项课题经费通过财政部预算评审，北京地区立项课题37项，占全国立项的19%、总经费7.8亿元，占全国的11%，其中中央财政支持2.58亿元，占全国的16%。本市重点数控机床企业均有相关的高档数控机床产品研制、产业化项目列入此次立项课题名单。北京第一机床厂创2008年单台合同价格之最的“数控重型桥式龙门五轴联动车铣复合机床”（04专项研制的十大代表性设备之一）列入此次国家“优先启动”项目。

年内，重点推进55个重大项目建设，项目计划总投资210亿元（其中固定资产投资171亿元，固定资产贷款75.2亿元），项目达产后预计新增销售收入528亿元。截至年底，已累计完成投资59亿元，完成固定资产投资23.9亿元，新增销售收入46亿元。中冶新融变频装置研发及产业基地、中锦阳150MW非晶硅薄膜太阳电池生产基地、煤科院生产基地项目、高威科瑞工业自动化控制项目、航天万源煤气化装备研发及产业化基地等项目开工建设；工研精机精密超精密加工国家工程研究中心项目、京运通晶体硅及材料产业化项目、三一重机连续墙抓斗钻机产业化建设项目、中丽制机生产基地建设项目、巴威600MW超临界W火焰锅炉产业化项目、京城重工起重机械专用底盘技术提升及产业化项目、和利时控制与自动化系统产业基地建设项目（一期主体厂房）、中锦阳一期50MW非晶硅薄膜太阳能电池生产项目、精雕高速电主轴产业基地建设工程项目等一批重大项目建成投产。

加快特色装备产业基地建设。6月10日，延庆北京新能源产业基地举行揭牌仪式。产业基地位于延庆县八达岭经济开发区，占地面积约为2.5平方公里，重点定位于发展风能、太阳能等新能源产业，将产业发展与示范应用相结合，通过制定新能源产业基地发展规划、推进实施方案和首期约6.67公顷土地的孵化器设计方案，2011年基地将实现销售收入30亿元以上，2015年实现销售收入80亿元以上。12月22日，延庆县政府分别与京仪集团、英利集团、京能集团、中科院热物理所、中国国电龙源集团、国电华北公司签订项目投资合作协议，入驻延庆新能源产业基地的6个新能源项目，总投资达40多亿元，达产后预计年销售收入24亿多元，年实现利税1.9亿元。8月5日，举行“北京市绿色能源产业基地”揭牌仪式，产业基地位于平谷区马坊工业园区，一期规划面积133公顷，未来发展备用地200公顷。定位以太阳能光伏和LED产业为主导产业，发展绿色能源和环保产业，在5年内，吸引30家从事绿色能源产业研发、制造龙头企业进驻，力争2015年产值达到200亿元。截至年底，基地土地开发、基础设施和项目引进工作已全面展开，太阳能光伏产业链雏形初显。投资9.5亿元的中锦阳150兆瓦薄膜太阳能电池生产基地项目、投资1.5亿元的清大天达薄膜太阳能装备制造项目已正式入驻。10月份，北京工程机械产业基地在昌平区南口镇挂牌设立，产业基地将以三一北京制造中心项目建设为契机，按照《北京工程机械产业基地建设方案》部署，通过构建工程机械关键零部件高端配套产业链，加快建设桩工机械、履带吊、盾构机、石油钻机等工程机械研发中心、整机及关键零部件制造基地，带动设计、物流、租赁等生产性服务业发展，规划到“十二五”末期，北京工程机械产业基地将形成拥有450亿元产业规模和最具国际水平的工程机械产业集群。

推动产业高端化、成套化发展。在风电设备领域、电子装备等领域引导企业开展技术共享、产品配套，通过优势互补、资源共享，进一步提升区域自主创新能力和关键装备成套化生产能力。通过对北京风电装备产业进行梳理，引导企业积极进行交流与合作，促进金风科创、三一电气、北重电机等风电整机制造企业与中材叶片、清能华福、京冶轴承、和利时、科诺伟业等关键零部件制造企业之间技术合作和产业配套，加快形成北京地区风电设备配套产业链。12月30日，京仪集团、京能集团和英利集团举行新能源项目合作签约，三方将发挥各自优势，深入开展合作，互相持股组建三个合资公司，打造一条从多晶硅铸锭、切片、电池及组件生产、并网逆变器生产、光伏系统集成，到电厂并网运营的完整光伏产业链。同时，为充分发挥北京数控机床产业优势和北一法康生产线公司的技术实力，围绕做强做大汽车产业，拟在汽车零部件生产线和关键工艺线领域开展合作示范，开拓汽车装备市场；同时结合北京航空产业园建设，积极推进机电院航空发动机叶片加工中心的示范应用。

帮扶企业度难关促发展。针对2008年下半年金融危机以来的严峻发展形势，帮扶企业应对危机，开拓市场、促生产运输、争取资金支持发展。积极协调，北京南口轨道交通机械有限责任公司已同意在价格优惠的基础上采购5台北一数控龙门铣床，设备额价值近1亿元。金融危机对SMC公司出口影响巨大，积极帮扶SMC公司开拓国内市场，该公司正在与京东方、北汽福田就气动元件采购和服务事项进行洽谈。市经济信息化委与市商务委组织10家企业参加10月份美国加州太阳能展览会，帮扶企业开拓国际市场。由于风电设备尺寸宽大，在北京地区的货物运输受到一定限制，会同市委办公厅、市发展改革委、经济技术开发区、市路政局、市交管局、首发集团等多家单位，制定了方便、快捷、简易的运输通行办理流程，证件办理时间由原先10个工作日缩短到2个工作日，降低了运输成本，提高了企业生产效率。通过与国家发改委、工信部有关司局协调联系，一机床超重型机床扩建项目、和利时控制与自动化产业项目、神雾热能节能减排科研基地等项目取得中央新增投资支持，四方公司、合纵科技、北分瑞利有关项目已纳入国家中小企业支持资金项目。

加强重点企业经济运行和产业项目监测体系建设。针对北京装备产业企业多，经济运行和项目建设监测难的现状。根据重点发展领域、重大项目建设，有选择地加强了对50余家重点企业（约占装备产业规模41%）经济运行和约100个产业项目建设的月度监控，以便整体上掌握产业运行、重点行业领域运行波动和重大项目建设进展情况。从监测情况看，1月—12月份54户企业报送数据显示，完成销售收入648亿元，同比增长5.8%，全年实现收入新增35亿元。

（装备产业处）

【生物与医药产业】 2009年，按照全市经济工作“保增长、调结构、上水平”的总体要求，抓住机遇提升自主创新能力，推进产业结构调整。全年生物和医药完成现价工业总产值397.9亿元，同比增长16.4%；工业增加值168.1亿元，同比增长16.3%；利润67.7亿元，同比增长48.1%。完成固定资产投资12.4亿元，同比增长31.9%，顺利完成年初确定的发展指标。总体上看，全产业继续保持了平稳较快的增速，对全市工业增加值的贡献率超过9.6%。

年内，按照全市统一部署，市经济信息化委联合市发展改革委共同编制完成《北京市生物和医药产业调整和振兴实施方案》，并于11月16日正式发布。方案在认真领会国务院《促进生物产业加快发展的若干政策》基础上，对全市生物和医药产业的发展进行总体思考，突破《“十一五”北京市生物医药产业发展规划》的范围，增加对生物农业、工业生物技术以及生产性服务业和医药物流业。方案注重发挥北京资源禀赋优势，在发展数量和发展质量上做出了明确要求；通过引导技术创新、成果转化实现产业提升；利用首都在研发、临床和市场方面的优势，提升产业的自主创新能力和国际化水平，实现生物医药产业中高端制造业和现代服务业的协调快速发展。

招商引资不断深化。年内，全球生物制药领域排名第二的美国健赞生物制药公司（简称美国健赞公司）投资1亿美元落户中关村生命科学园，全球最大的植保企业瑞士先正达农作物保护有限公司（简称瑞士先正达公司）在中关村生命科学园投资1.9亿元建设国际领先的农业生物科技研究中心。在国际化经营与交流合作方面，进一步深化与澳大利亚、英国、丹麦等国家贸易促进机构的合作与交流，协助组织多项交流活动。加强与德国拜耳保健公司、美国健赞公司、北卡罗莱那三角洲生物技术园区、法国图卢兹肿瘤园、瑞士诺华制药公司、瑞士先正达公司等国际知名企业和机构的交流与沟通，为澳大利亚最大的生物制药公司CSL介绍了国内的合作伙伴，并就北京四环生物制药有限公司新型制剂技术的引进和开发项目，前往墨尔本与当地生物技术企业剑桥生命科学公司进行商谈，促成两家企业的正式合作，新一代口服白介素产品已经开发成功，临床效果良好。6月，受洛桑生命园和西班牙生物技术企业协会邀请，市经济信息化委前往瑞士、西班牙两国开展专业化的招商引资活动，出席洛桑生命园的开园仪式，组织中瑞生物医药论坛，参观访问多家生物制药企业和科技园区，与当地行业协会进行座谈。

重大项目稳步实施。年内推进美国健赞公司北京研发及实验室生产基地、中美奥达生物技术（北京）有限公司CMO基地建设、北京经济技术开发区生物医药产业园、北京双鹤药业股份有限公司cGMP新片剂车间、北京天坛生物制品股份有限公司亦庄新生产基地、舒泰神（北京）药业有限公司二期产业基地、先正达生物科技（中国）有限公司北京研究中心等一批重点项目的开工，保障了杰华生物技术（北京）有限公司乐复能生产基地、吉林修正药业北京工业园、吉恩兴业科技（北京）有限公司骨关节材料生产基地、北京微谷生物医药有限公司新型疫苗国家工程研究中心、北京科兴生物制品有限公司（简称北京科兴）甲型H1N1流感病毒疫苗的研制及产业化一期工程等一批项目的建设，以及康辰医药股份有限公司国家一类新药“苏灵”产业化、北京赛科药业有限责任公司（简称赛科药业）制剂国际化、林克骨科（中国）有限公司生产基地、北京民海生物科技有限公司（简称民海生物）疫苗研发生产基地、北京悦康药业集团三期生产基地等一批重大项目的竣工投产。

产业升级不断优化。年内组织赛科药业、北京科兴等4家企业通过市级企业技术中心的认定。发挥北京新医药技术转移中心和中科院技术转化平台的技术引领作用，联合新医药技术转移中心组织召开“2009北京创新药物研发策略暨新药项目发布会”，会上共有军事医学科学院、北京大学医学部、北京中医药大学、首都医科大学、中国医学科学院药物研究所、中国医药研究中心等研究机构近200个项目的发布，到会企业近100家。与市医药行业协会共同组织召开“北京医药首届科技创新大会”，以“推进科技进步和科技创新，坚定不移走科技兴企发展之路”为主题，引导医药企业在经济危机和“新医改”的背景下，依靠科技创新，加快企业发展，为保增长、保民生作出贡献。加快促进品牌建设，继续联合北京市药监局组织我市优秀企业集体参加第61、62届药交会。通过整体布展、统一宣传的方式，持续打造“京牌制药”的高端形象，不断深化“用北京药放心”的消费理念，齐心协力的将北京品牌战略向深度、广度上延伸。

产业基地集群发展。重点促进中关村科技园区大兴生物医药产业基地发展，协助基地做好三期的规划工作，打造一个覆盖医药、保健品及生命科学的大生物概念，集研发服务、成果转化、现代制造、物流服务的完整产业园，提升园区整体形象，加速产业集群。是年，大兴生物医药基地实现总收入440786万元，同比增长35.7%；工业总产值348805万元，同比增长10.1%；工业利润29433万元，同比增长23.4%；应缴税金及附加总额25911万元，同比增长13.1%。年内与中国保健品协会及中国医疗器械协会合作，在园区规划反复论证的基础上，联合市发展改革委、市科委为基地内“北京国际保健产业园”授牌，同时协助引入临床试验、蛋白质药物开发等平台项目，以及与北京普罗吉生物公司的合作项目。支持大兴生物医药基地组织区域内的优秀企业参加全国医疗器械展、美国生物大会以及德国Medica等境内外有影响力的展会，并举办宣传和招商活动，进一步扩大园区影响力。同时做好入区企业的扶持与服务工作，其中民海生物国内首创的无细胞百白破b型流感嗜血杆菌联合疫苗获得成功，该项目是“863”疫苗与抗体重大专项中第一个获得新药证书并产业化的产品，北京以岭药业有限公司（简称北京以岭）生产的莲花清瘟胶囊被列为《甲型H1N1型流感诊疗方案（2009第三版）》热毒袭肺证治疗首位中成药。

在基础设施方面，年内大兴生物医药基地完成一期用地范围内景观提升方案设计及基地范围管网综合规划设计，完成二期道路各专项的市政设计工作及审批工作，完成基地 6.76 平方公里的控制性详细规划深化方案编制以及城市设计、综合能源规划设计工作，并对大兴新城 0504 和 0506 街区相应指标及用地性质进行了调整，同时启动了能源规划方案编制工作。取得北臧村镇住宅及配套土地一级开发项目、3.55 平方公里范围内打捆项目、中检所、和顺大街等 17 个项目，共计约 429.36 公顷土地的征地批复。全年实际支付征地补偿费、防洪费等征地费用共计 5.58 亿元，取得了 2007、2008 年通过审批的 14 个地块的征地批复。完成了 I、J、C 三地块土地一级开发项目（约 132.03 公顷）征地前期相关手续。完成规划范围内及罗奇营北 79 户的拆迁，拆迁面积 2.8 万平方米；完成规划外 24 户拆迁，拆迁面积 1.15 万平方米。完成住宅拆迁 40%余款发放工作。全年累计完成拆迁建筑面积 35 万平方米，完成规划内 4 个村涉及村属公产的协议签订工作，非住宅清登工作基本结束，清登非住宅 116 处，涉及土地面积约 98.93 公顷，编制了《大兴生物医药产业基地非住宅拆迁方案》。完成罗奇营一级开发项目征地约 31.20 公顷，取得建设用地批准书，完成了罗奇营二期一级开发成本审计、施工技术方面前期准备、项目整体策划、12 万平方米施工图纸设计及图纸强审，项目可研报告已编制完成。基础设施建设稳步推进，一、二期景观绿化提升 9 月份开始实施，针对天河西路、天贵大街、天富大街、天荣大街、永大路、祥瑞大街等道路或路段，实施绿化整治、苗木补种、喷灌设施安装、人行步道养护等工作，已经初见成效，园区形象得到良好提升。二期市政正在有序建设，民海生物、北京以岭等重点企业所需热力、电力、路灯等工程已建设完成，春林大街污水工程和电力工程已完成各 700 余米。是年，大兴生物医药基地已签约、待摘地项目共 14 项，合计用地约 41.40 公顷，累计投资 23.5 亿元，预计达产后可实现产值 35 亿元。

抗击“甲流”任务圆满完成。甲型 H1N1 流感爆发后，北京科兴成为国家药监局批准的第一家，也是全球首家生产出 H1N1 疫苗的企业。按照国家工业和信息化部对甲流疫苗产销实施统一调配管理的要求，北京科兴、天坛生物迅速组织力量满负荷生产，将全部产品交由国家统一调配使用。北京金豪生物制药有限公司生产的甲型 H1N1 流感病毒核酸检测试剂盒首批获得国家批准文号，以其敏感度高、使用方便、监测全面、价格便宜、供应及时五大特性赢得市场信赖，从 9 月初获批上市至年底，每月向社会提供产品 10 万～20 万人份，为全国各地做好甲流防控提供支持。在抗击甲型流感的战斗中，一批优秀中药产品脱颖而出，本市主导研发的金花清感颗粒在临床使用中取得良好效果，有望成为甲型 H1N1 流感治疗体系中“安全、有效的中国方法”。

（生物与医药产业处）

【都市工业】 2009 年，北京都市工业围绕城市功能定位和建设现代国际化大都市的发展战略，在满足城市衣、食、住、用、文化消费需求，扩大就业，服务“三农”中，形成以食品饮料、服装纺织、印刷包装、工艺美术、洗涤化妆、家具家装、塑料制品、文体用品、家电照明九大行业为主体的北京都市型工业。坚持做大做强与培育中小相结合，强化创新与融合发展相结合，提升品牌与产业升级相结合，带动就业与人才开发相结合，把职能转变和工作重点着重落实在行业促进与为企业服务上，不断提升人员素质和工作水平。

进一步健全 30 户重点企业、重点项目和顺义区、平谷区，一轻、隆达、纺织等控股公司运行情况定期跟踪、监测、联络机制，及时汇总分析情况，帮助企业解决困难和问题，促进企业增产增效。都市工业全年实现增加值 305.8 亿元，同比增长 4.6%；固定资产投资 46.1 亿元，同比增长 1.2%，利用外资 1.87 亿美元，同比增长 85.7%。

全年都市产业列入全市工业重点项目的新开工和在建项目共 15 个，总投资 44.4 亿元。其中新开工重点项目 3 个，包括顺鑫调理肉、世纪百强等项目，总投资 6.5 亿元。全年在建重点项目 12 个，总投资 37.9 亿元。其中年底前竣工重点项目 9 个，包括奥瑞金新厂建设、燕京啤酒冰爽纯生技术改造等项目，总投资 27.1 亿元，全年新增销售收入 14.9 亿元，达产后新增销售收入37.2亿元。

研究制定《北京市调整和振兴都市型工业实施方案》上报市委市政府。在食品安全与产品质量保障工程推进上，加快制定《北京食品产业中期发展战略》。配合质监、卫生及区县工业主管部门等做好《食品安全法》、《食品安全法实施条例》、《乳制品工业产业政策》、“打击违法添加非食用物质和滥用食品添加剂专项整治工作”等政策的宣传贯彻和检查工作，配合有关部门完成抗击甲流消毒液等物资的保障工作。

帮助企业克服金融危机影响，扩大内需，拓展市场，提升营销战略，组织一批“请进来”、“走出去”活动。包括：组织食品企业参加宁波食品展，配合组织新加坡食品企业招商引资活动；推进服装纺织行业北京“时装之都”建设，配合组织中国国际时装周，组织企业参加“首届中国西部（银川）服装服饰艺术节”、哈尔滨冬装节，组织时尚沙龙、2009北京国际时装品牌推广周，并对国庆群众服装设计制作单位进行表彰等活动；组织第四届工美展并开展与台湾地区及国外企业招商引资、人才交流活动；组织召开工美人才表彰会和领导与大师座谈会。市领导刘淇、郭金龙等接见工美大师并合影。

（都市产业处）

【基础产业】 2009年，全市基础产业规模以上工业企业完成增加值893亿元，同比增长20.3%；完成主营业务收入4618.8亿元，同比增长8.9%；实现利润271.8亿元，同比增长24.7%；工业固定资产投资完成229.5亿元，同比增长11.2%。主要产品产量有增有减。全年基础产业主要行业中，石油加工、炼焦及核燃料加工业完成增加值172.5亿元，同比增长268.6%；完成主营业务收入704.5亿元，同比减少8.8%；利润47.3亿元。化学原料及化学制品制造业完成增加值57.1亿元，同比减少5.6%；完成主营业务收入272.4亿元，同比减少15%；实现利润2.8亿元，同比增长86.7%。黑色金属冶炼及压延加工业完成增加值71.9亿元，同比减少35.2 %；完成主营业务收入621.6亿元，同比增长9.6%；实现利润2.8亿元，同比减少65.9%。非金属矿物制品业完成增加值85.8亿元，同比增长55.4%；完成主营业务收入352.2亿元，同比增长14.4%；实现利润24.1亿元，同比增长86.8%。乙烯产量84.1万吨，同比减少1.5%；钢材产量766.7万吨，同比减少0.38%；水泥产量1231.5万吨，同比增长14.3%。

招商引资取得明显进展。年内，签署北京市人民政府与中石化集团战略合作框架协议书，推进北京石化新材料产业基地建设，吸引中石化集团等重大项目落地。燕化公司与日本三菱化学合资的15万吨/年双酚A和6万吨/年聚碳酸酯项目、北京蓝星与日本东丽公司合资建设的620万平方米/年水处理膜项目顺利开工建设。

重大项目建设稳步推进。东方石化有机搬迁扩产项目、燕山石化间二甲苯、PIA、一聚丙烯等石化新材料项目、安泰科技高性能难熔材料项目、北京建研总院研发基地和节能环保干粉材料项目等项目竣工投产。华美公司6万吨/年EVA项目、北新建材整体搬迁项目、昆仑润滑油厂配套工程项目按计划有序推进或开工建设。

石化新材料产业基地建设取得重大进展。3月2日，市委市政府决定成立以市政协主席阳安江为组长，副市长苟仲文、市政协副主席熊大新为副组长的推进燕房合作协调小组。7月16日，市政府与中石化集团签署《战略合作框架协议书》，中央政治局委员、市委书记刘淇，市委副书记、市长郭金龙出席签约仪式。9月13日，市政府办公厅印发《北京市人民政府关于加快北京石化新材料科技产业基地建设的若干意见》。10月20日，市经济信息化委、市发展改革委、市科委联合发函，正式批准同意成立北京石化新材料科技产业基地。11月5日，市政协主席阳安江、市政府副市长苟仲文为北京石化新材料科技产业基地揭牌。年内，石化新材料产业基地共完成产业投资总额23亿元，实现工业总产值650亿元、税金100亿元。

（基础与新材料产业处）

【企业帮扶】 3月，为贯彻落实市政府下发的《北京市帮扶企业应对国际金融危机的若干措施》，本市成立了“北京市帮扶企业应对国际金融危机协调小组”，成员单位包括市经济信息化委等26个市政府委办局、18个区县政府及北京经济技术开发区管委会，副市长苟仲文担任组长。经市编办批准，成立“北京市帮扶企业应对国际金融危机协调办公室”，设在市经济信息化委。全年苟仲文副市长主持召开11次市级帮扶调度会，40多次帮扶专题会，研究、部署、指导和协调帮扶工作。

重视实体经济的发展。“做优一产、做强二产、做大三产”是市委市政府在总结应对国际金融危机经验教训后得出的重要判断。通过帮扶工作的全面贯彻落实，全市上下取得共识，符合首都功能定位的现代制造业是首都国民经济尤其是生产性服务业的坚实基础，年内我市连续出台了电子信息、生物医药、装备制造等七大产业振兴规划，进一步明确了走“高端、高效、高辐射、高标准”的现代制造业振兴之路。

工业经济止跌回升企稳向好。受金融危机的影响，本市规模以上工业增加值增速一季度为-3.4%，上半年为-1.2%，在一系列帮扶政策效应的逐步释放下，该指标从7月份开始转正，并逐月增长，全年规模以上工业实现增加值同比增长9.1%，实现工业保八的增长目标。

有力保障生产和就业。在帮扶政策作用下，本市工业企业景气指数逐季攀升，四季度的工业企业景气指数为130.3，分别比三季度、二季度和一季度提高约10个、22个和36个点；劳动力需求景气指数达到100.8，比上年同季提高25.8个点，连续两个季度保持在景气区间。据社会保障部门测算，仅援企稳岗帮扶政策的实施，有效调控我市失业率降低1.2个百分点，全市城镇登记失业率控制在1.44%左右，同比回落0.38个百分点。

加快重点产业的发展。金融、科技和信息服务业等生产性服务业全年增长超过14%，对全市经济增长起到积极的拉动作用。借助国家政策和我市帮扶政策的支持，现代制造业中的交通运输和医药等重点产业实现快速发展，全年交通运输和医药产业规模以上工业增加值分别同比增长33.9%和17.4%，进一步优化了现代制造业的产业结构。

改善中小企业的发展条件。截至年底，全市中小企业约25万家，占据全市企业数的99%以上，占据全市企业56%的收入，70%的人员就业，60%的纳税规模。长期困扰中小企业发展的融资难问题得到一定程度的缓解，全年全市金融机构本外币贷款余额3.1万亿元，比年初增加7883亿元。在帮扶政策的实施下，引导一批中小企业实现技术创新、产品结构升级、管理水平提升和企业转型。

支持一批重大项目的建设。在出台7大产业振兴规划，推出首都信息基础设施提升计划同时，重点扶持北汽福田新能源汽车、京东方八代线为核心的数字电视产业园、三一重工北京制造中心、中航产业园、天坛生物国家疫苗基地等一批产业项目。市经济信息化委制定201个重点项目计划，总投资1941亿元，项目建成后新增销售收入5400多亿元。年末51个项目竣工，涉及投资137亿元。

激发全社会投资和生产热情。在帮扶企业应对金融危机中，促进投资成为保增长的重要手段，为经济增长作出了巨大贡献。建立绿色审批通道，有效把握投资规律和节奏，全年完成固定资产投资4858亿元，同比增长26.2%。迅速出台一系列扶持政策，增强了企业信心。企业家信心指数从2008年四季度的85.5、2009年一季度的91.5、二季度的104.4、三季度的121.7攀升到了四季度的125.2，呈现逐季攀升的格局。

全力解决企业提出的实际困难。通过市政府12345热线安排专人收集企业反映问题，首都之窗开通“企业呼声平台”全天候在线接受企业咨询，各委办局和区县政府向社会公布的帮扶咨询电话等途径，迅速建立我市企业反映帮扶问题的联系渠道。全年各委办局、各区县共走访企业2.8万余次，市帮扶办收到企业反映的困难和问题3546项，其中涉及资金问题1291项、财政税收问题616项、土地问题263项、高新技术企业认定问题196项。目前，已解决1594项，正在办理中的1952项。各区县收集规模以下企业反映的问题3509项，已解决2577项，932项正在解决之中。

主要采取8个方面的帮扶措施：一是政策帮扶。市政府在一季度出台66条帮扶政策，“帮扶协调小组”成员单位——有关委办局出台32项帮扶政策措施，18个区县出台65项帮扶政策措施。市级财政统筹安排的50亿元和各区县政府筹措的50多亿元帮扶资金全部落实，支持一批企业及其重点项目在宏观经济不景气的情况下推进。二是市场帮扶。本市在全国率先推进政府采购自主创新产品试点政策，先后帮扶6批1500多家企事业单位的3557个产品进入《北京市自主创新产品目录》，完成大约33亿元的试点采购。开展家电下乡、汽车退黄建绿、工业品下乡、外贸大赶集、医疗产品推介等工作，组织钢材等项目对接会、医疗器械及诊断试剂自主创新产品推介会、借助央企市场销售渠道对接会等一系列推介活动。全年本市家电下乡产品销售数量16.79万件，以旧换新42.1（台）万件，补贴资金超过2.08亿元。实现社会消费品零售总额5309亿元，同比增长15.7%。市商务委等部门组织1200多家企业进行出口扶持政策宣讲和培训，年内已超过200家企业参加17个境外展销会，对550多家企业2800多个国际市场开拓项目给予资金支持。三是融资帮扶。根据企业反映的帮扶问题，拓宽企业融资渠道，创建政府投融资平台。北京国有资本经营管理中心发行350亿元中期票据和企业债，为企业节省利息支出约41.2亿元。北京高端制造投融资平台成功贷款58项，使企业获得13.59亿元融资支持。启动朝阳、海淀、顺义3个区的投资平台改革试点，设立21家小额贷款公司，其中13家已正式开业，累计发放贷款金额4.92亿元。建立中小企业再担保资金，并与9家担保公司正式签订261.4亿元的再担保合同，放大担保能力。支持创新中小企业融资工具，开展中小企业信用贷款、知识产权质押贷款和信用保险及贸易融资等试点工作。搭建政企银合作平台，举办亦庄、海淀、顺义等多场银企对接会。抓住创业板开设的契机，帮扶中小企业创业板上市。年内，本市共有40家企业接到证监会创业板IPO受理函，其中12家已经通过发审会，6家成功上市。四是扩能帮扶。市经济信息化委和市财政局创新工业发展资金使用方式，对有市场、符合产业发展的企业实现流动资金贷款部分贴息政策，鼓励企业扩大生产，满足市场需求，共有247家企业获得1.82亿元的流动资金贴息，拉动直接用于生产的投资112.69亿元。为保障重点企业正常生产经营活动，全年市经济信息化委会同市交通委等部门办理重点企业货运通行证6400多张，把黄标车限行、国庆期间交通管制等各类管控措施对工业生产的不利影响降到最低限度。五是难点帮扶。高新技术企业认证、土地历史遗留等问题具有一定的复杂性，各单位各部门迎难而上，协同配合，切实解决企业呼声较高的复杂问题。市科委、市国税、市地税等部门组织60多场政策培训会，对一万余家企业进行政策培训，并对行业龙头骨干企业、外资及港澳资企业、高端产业功能区内企业进行重点辅导，认定13批5226家企业为高新技术企业，数量位居全国首位，占全国的22%。市国土局处理未批先用工业用地45个项目总面积239.1公顷获得实质性进展，其中已取得土地使用权证或签订土地出让合同完成供地的项目34个，总面积163公顷；符合供地要求准备签订土地出让合同的3个，总面积11公顷；正在办理立项、规划延期手续的项目16个，总面积80公顷；补办征地手续16个，总面积55.6公顷。六是减负帮扶。实施一揽子稳定就业、提高社保、减轻企业负担的措施。降低失业保险、工伤保险、农民工大病医疗保险费费率、调整医疗保险缴费周期，年内共减少企业和个人负担97.3亿元，为453家企业发放就业和社保补贴5.53亿元，稳定7.3万名职工就业。市经济信息化委组织11家重点企业向国家提出重大技术装备关键零部件及原材料进口免税申请，共减免税金2.6亿元。市工商局免收企业全年年检费用超过2400万元。七是创新帮扶。市商务委、北京海关、出入境检验检疫局等部门研究出口退税政策、简化并加快相关手续办理、完善各类担保措施，降低企业资金占压成本。市工商局和市知识产权局等部门创新政策，开展专利、商标等质押融资试点；市规划委、市建委、市工商局等部门主动简化审批程序，压缩审批时限，提高办事效率。八是信息帮扶。市宣传部门组织各种媒体，对帮扶典型事迹、经验进行全方位宣传。企业呼声平台作为一条政府帮扶企业的绿色通道，全天24小时在线受理、解决企业在应对国际金融危机中遇到的困难和问题。市帮扶办共编制70多期帮扶简报和10期帮扶会议纪要，组织有关方面编辑印发《帮扶企业应对国际金融危机政策汇编》和《北京工业企业应对国际金融危机经验选编》两本书籍，提供给各单位、各部门和有关企业。

（帮扶办）

【首钢搬迁】 2009年，首钢搬迁工作总体进展顺利，取得阶段性成果。首钢京唐钢铁项目按计划实施。5月21日，首钢京唐钢铁公司1号高炉开炉点火，标志着首钢京唐钢铁项目一期一步工程投入试运行，并形成年产485万吨钢的生产能力。

首钢工业区启动区开展城市规划设计方案国际招标征集工作。为做好首钢工业区改造工作，市规划委会同市经济信息化委、石景山区政府、首钢总公司，在首钢工业区东部古城南路地区划出125公顷用地作为原厂区及周边区域全面改造的启动区，先期开展规划设计和改造开发，为首钢原厂区大规模开发建设探索经验。4月27日，市规划委等单位启动首钢工业区启动区规划设计方案国际招标征集工作，评选出两个优胜方案，并进行综合优化。

中国动漫游戏城项目建设取得进展。4月16日，市长郭金龙与文化部部长蔡武共同签署“推动首都文化建设战略合作框架协议”，明确提出在首钢二通厂区共同规划建设“中国动漫游戏城”项目。为加快推进中国动漫游戏城项目落地，协调解决项目建设过程中的具体问题，成立由副市长蔡赴朝和文化部副部长欧阳坚任组长，文化部有关部门和单位，北京市委、市政府有关部门和相关区县政府以及首钢总公司共同组成的“文化部、北京市文化产业项目推进协调小组”。年内，中国动漫游戏城项目建设正式启动；园区用地规划经市政府专题会议审议通过；北京市支持中国动漫游戏城发展的实施办法正式发布；项目核心区先期启动约35万平方米工业特色旧厂房改造、基础设施建设等工作。

首钢富余人员安置工作有序推进。2005年以来通过新项目安置、退休、内退、面向社会分流等多种渠道，截至年底，累计安置富余人员3.45万人，其中年内安置4660人。

争取国家和北京市给予首钢搬迁政策及资金支持工作基本落实。国家给予首钢国债贴息19亿元的政策已经落实，年底已到位资金共10亿元；按照国家对于首钢北京地区18户涉钢企业2006年—2009年上缴的增值税和所得税全部先征后返的政策，截至年底，共返还给首钢总公司55.43亿元。市政府决定给予首钢总公司财政资金支持，年内按期到位。

（市首钢搬迁办）

【区域合作】 2009年，为全面落实北京市和青海省关于进一步加强对口支援工作的要求，加强两地工业和信息化领域的交流与合作，12月23日，市经济信息化委与青海省经委合作签约仪式在市经济信息化委电视电话会议室举行。此次协议确定四个方面的主要工作，一是市经济信息化委支持青海省开展产业结构调整、产业升级、节能降耗、两化融合工作。二是青海省鼓励和支持北京工业和信息化企业、科研院所、行业协会到青海拓展业务、寻求发展。三是双方加强人才、专家和信息合作。四是双方建立落实合作协议的日常协调机制。

（规划处）

【对口支援什邡产业援助】 是年，根据北京市与什邡市签署的《灾后恢复重建对口支援（2008－2010年）产业合作协议》，市经济信息化委派3名干部赴什邡挂职，组织首都各方力量，围绕“对接什邡现有企业、产业合作投资项目、北京产业园区建设”三个方面积极开展工作。园区建设与产业发展规划等17项智力支援成果已完成并与什邡进行全面对接。对接现有企业根据需求促成中国恩菲集团与什邡川恒集团、北京石油化工学院与科新机电公司形成技术合作，北汽福田和鋆山精密钢管公司、金路高新材料公司形成产品采购合作，可为4家企业带来约2亿元的年新增销售收入。什邡北京产业园基础设施建设。11月，在北京市3亿元产业援助资金到位后，根据什邡市政府要求，北京产业园建设模式由“北京出资，什邡建设”调整为“北京出资，北京建设”。现已完成北京产业园起步区3.17平方公里的设计并开工建设；6000平方米的单层标厂一期已完成招标，46800平方米的单层标厂二期工程及15000平方米的多层标厂已完成前期工作；5900平方米的投资服务中心，已完成施工图设计。燃气、给水、弱电（广电、电信、移动、联通）、电力和污水处理厂等配套设施建设也同步进行。什邡北京产业园招商引资，先后组织专题招商推介活动8场，400家北京企业与什邡方面对接，有投资意向的74家企业赴什邡进行投资考察并洽谈投资协议，共有34家企业与什邡签订意向投资协议，协议投资额49.22亿元。在正式签订投资协议的5家企业中，北京格林雷斯环保科技有限公司、振兴源彩钢房屋有限公司两家企业已建成投产，富亚博大（北京）科技有限公司、北京中安投资集团有限公司、什邡市明日宇航工业股份有限公司三家企业的投资项目正在建设中。

（布局处）

【工业资源再利用】 年内，对现有工业用地、厂房进行效能管理。对已入住开发区或在其他适宜长期工业生产的用地上建成投产项目，由于各种原因停产或长期效益低下，实施调整，腾出空间资源配置给新项目；利用城区或规划调整区域内搬迁企业工业生产转移后的厂区资源，打造创意产业集聚区；推进制造业向两端延伸，大力发展设计、研发、品牌经营、工业旅游等生产性服务业。

市工业促进局会同市规划委和市文物局共同制定并发布《北京市工业遗产保护与再利用工作导则》（京工促发〔2009〕32号）。

工业旅游各项工作进展顺利，根据《北京市关于推进工业旅游发展的指导意见》和《北京市工业旅游区（点）服务质量要求标准（征求意见稿）》，指导企业完善各项设施建设方案，使企业达到工业旅游标准。截至年底，已有60余家企业开展工业旅游活动，14家企业获得“全国工业旅游示范点”称号，累计参观游客达数百万人次。

组织申报并初审文化创意产业专项资金支持项目。年内，由市经济信息化委负责工业领域内市属企业文化创意产业项目的征集申报工作经过形式审查，共申报项目16个，其中北京茶叶总公司、北京铜牛集团有限公司、北京开元合通文化创意有限公司、北京龙顺成中式家具厂、北京六必居食品有限公司等5家企业通过终审，共获得专项资金支持825万元。

组织专家对全市申请文化创意产业专项资金的工业资源类、IC设计类、工艺美术类、服装设计类和工业旅游类项目进行评审，列入初审项目的共计52个，按专业由11位专家组成专家委员会进行评审。按照本次初审工作标准，符合标准的贷款贴息和奖励类项目原则上保留，此类项目共计6个；补贴类项目按照筛选50%的原则，共选出23个。合计初审合格项目29个，未通过项目23个。10月29日，由市经济信息化委和香港贸易发展局主办的第13届京港洽谈会“京港文化创意产业交流合作洽谈会”在金融街威斯汀酒店召开。此次洽谈会京港双方政府机构、设计师代表、企业代表和媒体等130余人参加会议。以“文化创意产业与经济振兴”为主题，从工业设计和利用工业资源打造创意产业聚集区两个方面，组织两地著名企业和专家进行交流研讨。11月25日—29日第四届中国北京国际文化创意产业博览会工业分展场——“北京工业成就摄影展、印刷高仿书画艺术品展和北京工业旅游活动”与大会同期在正通时代创意中心举办。工业分会场活动内容分三个部分。第一部分为北京工业成就摄影展，摄影比赛共征集作品近800幅，经业内人士和专家评审后，筛选出80幅在展会现场展出。第二部分为高仿书画艺术品展，展品展示了北京印刷业文化创意产业的丰硕成果。利用高仿真印刷技术，将传统工艺与高新技术手段结合，制作出与原作相媲美的高仿真艺术品，使名画、古画走进寻常百姓家成为现实。高仿印刷艺术品展共有11家企业参展，展区面积2000平方米。第三部分为工业旅游活动，主题是“工业旅游——创意生活新体验”。活动内容包括展览和观光游览两部分。

（布局处）

【央企服务】 年内，市经济信息化委研究制定《北京市经济信息化委员会央企服务工作制度》，确立机关内部央企服务处与各专业处室分工协作的工作机制以及服务央企的相关联络、信息沟通，问题收集、项目跟踪、政策调研、交流考察、项目推介等职责；搜集整理中央在京单位的企业名单、主导产品等基本情况，根据汇总分析，按照央企所属行业，将工业和信息服务业的74户国务院国资委直属在京企业、32户中央在京科研院所和389户在京统计的工业央企分工确定由11个处室负责经常性的联系服务，初步建立起了联络渠道；组织两次本市企业与中央在京企业的出口需求对接活动。中国电子进出口公司与京东方合作正在进行中，该公司为京东方提供其6代线和8代线的招标服务工作，其劳务输出部门与北京市华诺恒网络科技公司进行了交流，了解意向，探讨合作项目。引进重大项目，做好协调服务。航空航天领域中，中国航空公司与顺义区合作，签约建立航空产业园，该园区占地约200.00公顷，总投资165亿元。截至年底，此项目已进入前期开发阶段。中核集团公司与北京市政府、房山区政府签署战略合作框架协议，建设中国核工业科技园区项目，计划总投资30亿元，占地面积约106.67公顷。生物医药产业方面，年内重点关注和协调了中国生物集团北京天坛生物制品股份有限公司亦庄产业基地建设项目、北京微谷生物医药公司新型疫苗国家工程研究中心建设项目等，协助办理各项手续，推进项目进展。做好中央单位和驻京部队服务窗口工作，开展科技成果转化和资金服务工作。市经济信息化委在市政府专门设立的对外服务窗口派驻专人负责值班服务，并在北京市服务中央单位和驻京部队综合服务平台基础上建立科技成果转化分平台，资金服务方面主要是通过对有关工业和信息化领域企业的资金需求进行收集。

（运行处）

【中小企业】 2009年，北京市贯彻落实《中华人民共和国中小企业促进法》及国务院《关于进一步促进中小企业发展的若干意见》［国发（2009）36号］精神，坚持以科学发展观统领全局，转变服务观念，强化服务意识，突出统筹规划，创新扶持方式，扎实推进工作，切实解决制约中小企业发展的问题，进一步优化中小企业发展环境，开拓工作新局面。

年内，全市中小企业共25.2万户，企业数量占全市企业总数99.7%，营业收入占56.6%，营业利润占68.2%；上缴税收占62.3%；从业人员占全市企业就业人口的72.6%。

完善政策法律体系，优化中小企业发展环境。市经济信息化委贯彻落实国务院《关于进一步促进中小企业发展的若干意见》精神，成立由29个委、办、局组成的《北京市促进中小企业发展工作小组》。各部门联动推进《中小企业促进法》地方立法调研工作，搜集了解各省、市、自治区地方立法情况及相关地方法规；召开人大代表、政协委员、专家、企业家代表等参加的座谈会，探讨地方立法的名称、立法要解决的问题、立法的必要性、可行性等问题；会同法规处制定地方立法工作计划，确定立法工作小组、机构、内容、时间安排。完成地方立法的立项报告（初稿）及《北京市促进中小企业发展条例（草案）》为中小企业发展营造良好法制环境。

构建融资服务体系，缓解融资难问题。针对初创期中小企业，建立中小企业创业投资引导基金，解决其股权融资难题。引导基金规模为8亿元。可引导社会投资20亿元，形成投资规模30亿元，影响和带动中小企业资本规模近百亿元。引导基金已确定两批共9家合作机构，引导基金出资3亿元，实现放大3倍多。第三批合作创投机构名单已经公示完毕。在国内率先设立了省市级中小企业再担保公司，推动信用担保体系建设。再担保公司资金规模15亿元，已到位10亿元。针对成长期中小企业，搭建间接融资服务平台，重点解决其信贷融资难题。已有北京银行、北京农村商业银行等12家银行和首创、中关村等10家担保机构加入平台，推动中小企业与银行、担保机构的对接，提高中小企业贷款成功率。其中高端制造业投融资服务平台受理165家企业申报，融资企业50家，融资金额12.54亿元。一期担保代偿资金5000万元划拨，完成放大任务，成功为32家企业担保，担保额度5.7亿元；二期担保代偿资金1亿元已到位。针对成熟期中小企业搭建上市融资服务平台，解决其上市融资难题。建立政府部门推动企业改制上市工作协调机制，围绕创业板的推出，开展改制上市系列培训。本市在深交所中小企业板上市企业12家，募集资金46.14亿元，创业板企业8家，募集资金55.78亿元，还有20多家企业正处在创业板发行审核阶段。

抓好基础工作，建立健全统计监测体系。为及时了解中小企业生产经营情况，进一步增强工作的主动性、预见性，应对中小企业发展的困难和问题，本市不断整合社会资源，逐步形成以骨干企业、园区和产业集聚区、中介机构、行业协会、相关部门等信息采集渠道，建立以重点骨干企业和重点区域的统计监测体系。以北京市第二次全国经济普查数据为基础，收集整理大量关于中小企业的全面、客观的数据，分析北京市中小企业的发展状况及特点，完成北京中小企业经济普查数据分析报告，编制完成《2008年北京市中小企业发展报告》。

调整产业结构，促进企业优化升级。支持中小企业转型升级，鼓励调整产品结构、进行技术改造和产品创新。安排北京市中小企业发展专项资金支持项目89项，支持金额1.3689亿元；安排6750万元的专项补助资金，用于企业技术中心的创新能力建设，支持企业改造实验室、购置研发设备、技术开发等；安排支持“三高”企业退出，补助资金1050万元。流动资金贷款补贴170家，补贴金额1.31亿元。申报国家中小企业技术改造及改善中小企业发展环境项目70项，申请金额1.2222亿元。

提升服务能力，完善社会化服务体系。提出“以市和区县中小企业服务中心为骨干，行业协会和中介机构为支撑，社会中介组织广泛参与”的社会化服务体系建设思路。开展“创业、融资、管理”系列公益培训工程，着力提升中小企业素质和竞争能力，累计有9000多家企业、6万多人次接受培训；支持和引导14个区县建立中小企业服务中心，加强市区两级服务中心建设，提升服务能力。聘请140多名专家组建顾问团队，为中小企业提供公益性管理咨询服务，助推中小企业发展。

坚持“走出去”方针，促进国内外合作交流。组织本市41家优秀企业参加第六届中国中小企业国际博览会（简称中博会），租用展位60个，签订合作意向、洽谈协议项目20个。在历届中博会和APEC中小企业技展会期间，本市中小企业累计签订合作意向、协议超百个，涉及金额超过亿元，多次获得国家颁发的优秀组织奖及优秀设计奖等奖项。

（中小企业处）

【企业技术创新体系】 2009年，北京市新认定第12批企业技术中心54家。截至年底，北京市共有认定企业技术中心271家，其中国家级43家（国家认定企业技术中心分中心7家），市级228家。是年，北京企业技术中心仍然呈现覆盖行业范围广、重大行业比重大的分布格局。其中机电行业70家，占总数的26%；电子信息行业64家，占总数的24%；轻工行业28家，占总数的10%；生物医药行业17家，占总数的6%。

截至年底，具有代表性的253家企业技术中心，完成销售收入46572亿元，产品销售利润3083亿元。全市企业技术中心科技活动经费筹集总额729亿元。科技活动经费支出总额705亿元，其中研发经费支出43亿元。新产品销售收入达10398亿元；专利申请数12087件；科技活动人员数289843人，其中研究与试验发展人数160775人，拥有博士学位的

4125人。享受研究开发费用加计扣除的减免税额6.5亿元。

（科技处）

【培训与引智】 2009年，共有49个工业企业申报引进外国专家项目59个，聘请国外专家463人次，其中技术开发类占43个，技术改造类13个，其余为管理类项目。派出培训团组8批次，107人赴国（境）外培训。出国培训的内容涉及循环经济管理、工业节能减排、外向型企业管理以及多项专业技术培训。

召开“第十三届北京市工业职业技能竞赛”总结表彰大会。本市26家工业控股（集团）公司、行业协会及参赛选手代表等约900余人参加会议。与会领导向梅良玉等467名获奖选手颁发证书，向首钢总公司等19个单位及100名优秀工作人员和教练员颁发奖牌和证书。为提高本市工业技能水平，市经济信息化委与北京理工大学和北京信息职业技术学院合作，分别举办北京工业和信息化系统“数控技能培训班”和“网络管理和信息安全培训班”，共有83名获奖选手参加培训。

（人事教育处）

【节能与环保】 2009年，工业能耗继续保持下降趋势，工业万元增加值能耗同比下降9.55%；工业能源消耗总量为2392.6万吨，同比下降1.58%。

是年，加大产业结构调整力度，搬迁淘汰与首都功能定位不符的行业、企业。由12个区县和控股公司上报的有退出意向的“三高”工业企业合计93家。市经济信息化委“三高”退出工作组组织对“三高”企业实地调研44家次，对正式提出验收申请的87家企业的材料进行审查和反馈。市经济信息化委联合市发展改革委等7个委办局组织召开6次“三高”企业退出联合验收工作会，对其中达到验收标准的70家企业进行验收。经初步核查，这70家企业退出后，每年可节约能源5.26万吨标准煤，节约新鲜水301.85万立方米，减少排放废水198.55万立方米，减少排放废气2.49亿立方米，减少排放固体废弃物6.58万吨。经市经济信息化委会同市财政局，对其中符合《关于鼓励退出“高污染、高耗能、高耗水”企业奖励资金管理暂行办法》（京财经一〔2008〕44号）文件规定的16家企业和2008年核实退出转由2009年给予奖励的7家企业，共计23家企业给予奖励，奖励总额2400万元。年内，市经济信息化委继续落实200号文件，批复包括一机床（三机床分厂）、北化集团大郊亭厂区在内的24家污染扰民企业享受搬迁优惠政策。

加强政策标准制定，合理引导工业节能深入开展。3月，市经济信息化委、市发展改革委、市财政局等7部门发布《关于北京市“高污染、高耗能、高耗水”小水泥企业有序退出的实施意见》（京工促发〔2009〕76号）文件，对优化水泥行业结构调整、促进工业节能减排产生重要影响。按照实施意见，截至年底，全市持有水泥生产许可证的企业由2008年底的25家减少到10家～12家，做到北京城区没有水泥生产企业，年产水泥控制在1000万吨左右。通过整合重组和关停并转，在妥善分流安置企业职工的前提下，实现“三高”小水泥企业有序退出，提高北京市水泥生产的集中度，优化资源配置，节能降耗，减少污染物的排放，发展循环经济，促进北京市水泥行业的持续稳定发展。

组织重点用能企业能源利用状况报告培训。为进一步加强重点用能单位节能管理，建立健全重点用能单位能源利用状况报告制度，按照《节能法》和工信部有关要求，成立有关的工作组和专家审查组，组织工业行业重点用能企业填报能源利用状况报告，建立健全工业重点用能单位能源利用状况报告报送和审查制度，委托北京节能环保中心开展全市年耗能量为5000吨标准煤以上227家工业重点用能企业报送能源利用状况报告有关的培训、报送以及审查等工作。完成166家企业能源利用状况报告培训，并在网上开通北京市工业重点用能企业能源利用状况报告网，实现网上直报工作。

组织重点行业能效对标工作。为贯彻国家有关规定，充分挖掘本市重点耗能企业节能潜力，组织工业重点行业开展重点耗能企业能效水效水平对标活动。2月19日，市经济信息化委召开12家水泥企业的能效水效对标活动启动会，率先在建材行业中选定有水泥生产许可证，且水泥年产量达到20万吨以上的水泥企业开展首批北京市能效水效对标的试点工作。组织编制《北京市能效水效对标管理指南(水泥行业)》，指导企业开展能效能效水平对标活动，同时把在此次对标活动中开展较好的企业经验与措施进行总结，与水泥企业能源主管人员进行交流，使企业明白自身的差距，帮助其加快节能技术改造，强化节能管理，降低能源消耗。

推进重点用能企业在线监测试点建设。12月25日，市经济信息化委召开北京市工业重点用能企业（第二批）用电在线监测项目验收会。此次验收会的对象是年综合能耗在1万吨～2万吨标煤间的38家重点用能企业用电在线监测项目以及正东电子动力集团有限公司全能源在线监测试点建设项目。截至年底，本市已实现对16个区县、12个行业、年综合能耗1万吨以上的88家工业重点用能企业用电在线监测。

节电技术推广。10月28日，在北京市琉璃河水泥厂召开了“2009年北京市工业企业绿色节电技术推广会”。重点宣传推广琉璃河、毕捷电机等5家企业的节能新技术和节能先进管理经验。

（节能与环保处）

【禁止化学武器履约工作】 年内，按照《行政许可法》和《监控化学品管理条例》的有关要求，开展了北京地区监控化学品行政许可和日常监管工作，全年累计完成6家企业11个批次、27.24吨第二类监控化学品使用许可；完成5家企业30个批次、28425.89吨第三类监控化学品的进口审核工作；围绕国庆60周年安全保障工作，进一步加强对北京地区监控化学品相关企业的日常监管工作；组织完成2009年度北京地区11个监控化学品企业年度数据宣布和3个监控化学品企业预计数据宣布工作；组织北京市公安局等9个相关政府部门全面落实接待国际核查的各项准备工作，北京茂华聚氨酯建材有限公司顺利通过国际禁化武组织自公约生效后对北京市的首次国际核查；组织开展北京市禁化武履约专题培训工作；继续开展北京市禁止化学武器履约网的信息发布工作。

（基础与新材料产业处）

【政府信息公开】 年内，按照市政府信息公开工作的统一部署，市经济信息化委组织各处室开展信息公开工作，制定信息公开指南、信息公开工作实施办法等相关制度文件。根据机构改革后实际情况，重新制定政府信息公开工作制度、办法和工作流程，设计公开目录，明确各部门的工作职责，建立组织领导体系和考核监督体系，设立信息申请受理点，开辟公共查阅点，草拟并公开机构信息、依申请公开流程、监督机构信息等文稿，设专人负责政府信息公开工作。对原市工业促进局、市信息化工作办公室、市乡镇企业局三家单位的信息进行整合、转移，公开政府信息目录，保证了政府信息公开工作的连续性。

10月30日，市经济信息化委政府信息公开所有信息在首都之窗正式上线运行，做到了与市经济信息化委网站内容同一天面向社会公布，受到市公开办的表扬。年内，主动公开政府信息1292条，其中全文电子化率达89.32%。在主动公开的信息中，机构职能类信息45条，包括机构职责、机构设置、联系方法及领导介绍等，占总体3.48%；法规文件类信息105条，包括本单位的行政事务性文件、规范性文件和相关法律法规等，占总体8.13%；规划计划类信息11条，包括本部门的发展规划和年度工作计划等，占总体0.85%；行政职责类信息18条，包括本部门工作职责所涉及的农药产品生产审核、农药生产企业设立审核等方面的信息，占总体1.39%；业务动态类信息1113条，包括统计信息和部门工作动态等内容，占总体86.15%。

（办公室）

【折子工程】 2009年，市经济信息化委承担各项折子总计15类158项，其中主办81项，协办77项。年初，研究制订2009年重点任务分解。9月初，市经济信息化委机构改革调整到位，按照委领导分工和各处室职能，对承担的重点任务、各项折子按新处室职能重新进行梳理和分解，明确各处室的工作目标和任务要求，保证各项折子工程的顺利完成。

（办公室）

【“两会”建议、提案办理】 是年，市经济信息化委共承办各类人大建议、政协提案60件，其中人大建议24件，政协提案36件。截至年底，人大建议、政协提案已全部办理完毕。

（办公室）

【宣传工作】 是年，办公室进一步加大“两办”信息报送和新闻宣传的工作力度。加强与市委、市政府信息部门以及有关区县、新闻媒体的联系和沟通，进一步完善信息和宣传工作渠道；强化信息和宣传工作意识，突出抓好信息报送和宣传的组织工作；按照工业发展的总体要求，针对重点领域、重点工作和重大活动，组织开展信息和宣传工作。据统计，2009年向“两办”报送信息200多条，其中市政府办公厅信息处采用报送信息65条，市委办公厅信息处采用报送信息40条，与2008年50条相比，采用信息的数量有较大增长（2008年全年“两办”采用信息50条）。在北京日报、北京晚报、京华时报、新京报、北京晨报、北京青年报、科技日报、北京商报、法制晚报等平面媒体上，共刊载由市经济信息化委直接组织的重大活动、重点项目的宣传报道300多篇。新华社、中央电视台、北京电视台、北京广播电台等媒体也作了相应报道。组织召开六大产业振兴方案、信息化基础设施提升计划、信息北京、企业帮扶等4次新闻发布会，两次重大项目集体签约仪式；编制24期工作周报，报送副市长苟仲文及其他市领导。

（办公室）

工业数据

2009 年北京市工业

项目	企业单位个数（个）	#亏损企业	工业总产值（当年价格）	#新产品产值	工业增加值	工业销售产值（当年价格）
合计	6891	1412	110391291	28658986	22821908	109043693
在合计中：						
中央企业	363	72	32403854	5323135	7380179	32251134
地方企业	6528	1340	77987437	23335851	15441729	76792559
在合计中：						
内资企业	5494	1028	64278406	14365742	14363636	63313532
国有企业	261	73	11079492	343407	2536757	11109933
集体企业	287	57	656000	14153	181563	649466
股份合作企业	267	45	602573	80644	123308	592262
联营企业	13	4	14254	285	4727	15801
有限责任公司	2095	422	27673862	4879897	5871954	27354459
股份有限公司	216	37	17479249	7676474	4092821	16994975
私营企业	2354	389	6772233	1370882	1551966	6596086
其他企业	1	1	743	0	540	550
港澳台商投资企业	378	118	10108962	4269902	1611950	9849996
港澳台合资经营	206	59	2428206	231580	594433	2427626
港澳台合作经营	13	4	51797	9517	13262	53320
港澳台商独资企业	151	54	5789595	2390137	735516	5672288
港澳台商投资股份有限公司	8	1	1839364	1638668	268739	1696762
外商投资企业	1019	266	36003923	10023342	6846322	35880165
中外合资经营	465	114	24787345	9189129	4051751	24790452
中外合作经营	20	5	178098	12338	44747	193353
外资（独资）企业	515	142	10459986	663034	2589709	10319496
外商投资股份有限公司	19	5	578494	158841	160114	576864
在合计中：						
农村企业	431	87	1272479	19638	280928	1259289
在合计中：						
国家控股	1059	260	54706983	9918990	12054450	54253000
集体控股	547	109	2537202	945403	595482	2513172
私人控股	3858	659	13693529	3420446	3239603	13312809
港澳台控股	302	104	7405600	2625117	1067539	7298914
外商控股	883	231	28490775	9313112	5233633	28303691
在合计中：						
轻工业	2516	607	17667076	2060203	5294342	17207886
重工业	4375	805	92724215	26598783	17527565	91835807
在合计中：						
大型企业	56	15	51835638	16119043	9590809	51421356
中型企业	578	111	31657124	6921240	7697120	31086939
小型企业	6257	1286	26898529	5618703	5533979	26535398

企业主要经济指标

单位:万元

#出口交货值	从业人员平均人数(人)	资产负债					
		资产总计	流动资产合计	流动资产平均余额	长期投资合计	固定资产合计	固定资产原价
15209089	1204138	195407033	72933455	68860792	45762194	49898274	70836396
2695128	211068	95469336	17141837	18589768	32771859	23673627	33306459
12513961	993070	99937697	55791618	50271024	12990335	26224647	37529937
2068214	842639	156503644	47209368	46229314	43701483	40115488	54635691
86139	80508	69096076	8090071	10092290	26015167	14456864	18177303
14054	29694	788085	523853	510362	45335	200102	319280
45632	22811	685114	470999	434627	17290	175981	247725
2366	1235	34584	15505	15178	1398	16361	26265
999412	393332	59578137	23572984	21804821	12959061	20026138	26727054
564975	138213	18533557	9149520	8472410	4242382	3654908	7147563
355636	176828	7787235	5386050	4899393	420850	1584665	1990032
0	18	856	386	233	0	469	469
2198459	105755	10183678	7505126	6370839	428985	1940069	3551839
242113	46640	2720668	1450554	1334125	118487	1023898	2048305
630	1290	68553	52320	50562	1421	11511	20836
1939529	49407	4981609	4025933	3477894	131433	703225	1091955
16187	8418	2412848	1976319	1508258	177644	201435	390743
10942416	255744	28719711	18218961	16260639	1631726	7842717	12648866
9199207	128516	15911080	11551954	10361813	187286	3711822	6259353
53546	5915	344249	218435	189121	160	113897	177133
1648709	112483	10958162	5981443	5269111	744808	3757480	5745442
40954	8830	1506220	467129	440594	699472	259518	466938
113727	53620	1416525	939610	885530	34357	387007	589186
1528467	476189	142683657	36336066	35871127	42809053	38893691	53727623
200071	68080	3151113	2194158	2042343	206338	653305	930604
728032	329227	17496524	11775105	10729991	1466746	3280702	4258964
2062368	83483	6790730	5073280	4424772	249631	1237539	1957395
10573970	215070	21550209	14530680	13250328	874108	5415209	9134055
1653662	415395	22615594	13107176	11969037	1866814	6247100	9752858
13555427	788743	172791439	59826279	56891755	43895380	43651174	61083538
10438036	306740	66561556	24664167	21873522	13404376	25417154	35733658
3193578	387040	94955240	25925251	26251505	29822138	16964231	24567367
1577475	510358	33890237	22344037	20735765	2535680	7516889	10535371

2009年北京市工业企

项　　目	资产负债			所有者权益合计	#实收资本
	负债总计	#流动负债合计	#长期负债合计		
合　计	98746128	60142156	36589119	96660905	56823083
在合计中：					
中央企业	44049444	16833849	25677499	51419891	31446999
地方企业	54696684	43308307	10911620	45241014	25376084
在合计中：					
内资企业	76537916	40029945	34612609	79965728	45594006
国有企业	31852962	6689848	23645320	37243114	21158927
集体企业	456625	400829	50298	331460	121965
股份合作企业	462500	407111	52084	222614	143504
联营企业	19289	15283	3841	15296	12129
有限责任公司	30777937	21089396	9454801	28800199	19028767
股份有限公司	8123370	6931502	1154515	10410187	3365514
私营企业	4844696	4495463	251726	2942539	1763048
其他企业	537	513	24	319	152
港澳台商投资企业	6333725	5831282	433624	3849953	2204029
港澳台合资经营	1416413	1235297	175235	1304255	1119976
港澳台合作经营	24042	22738	1303	44511	28612
港澳台商独资企业	3219385	3051614	145473	1762224	789731
港澳台商投资股份有限公司	1673885	1521633	111613	738963	265710
外商投资企业	15874487	14280929	1542886	12845224	9025048
中外合资经营	9692290	9002223	661237	6218790	4263969
中外合作经营	248373	225815	22558	95876	158791
外资(独资)企业	5487009	4740898	733062	5471153	3965239
外商投资股份有限公司	446815	311993	126029	1059405	637049
在合计中：					
农村企业	873364	782761	78834	543161	332581
在合计中：					
国家控股	67781400	31657901	34449275	74902257	43690084
集体控股	1911054	1661281	238773	1240060	581744
私人控股	10270892	9377455	717708	7225632	3913077
港澳台控股	4166850	3884094	216629	2623880	1537808
外商控股	12137437	11196554	895016	9412772	6312899
在合计中：					
轻工业	11715924	10234568	1291586	10899669	6932474
重工业	87030204	49907588	35297533	85761236	49890609
在合计中：					
大型企业	35034999	24866127	8674425	31526557	15515799
中型企业	44230076	17925817	26106724	50725163	31375627
小型企业	19481053	17350212	1807970	14409185	9931657

业主要经济指标(续表)

单位:万元

利润及分配						应交增值税
主营业务收入	主营业务成本	营业费用	主营业务税金及附加	营业利润	利润总额	
121730618	104063569	4592643	1657780	6865977	7429216	3464650
37612771	33275254	281685	1103362	2604356	2567753	916603
84117847	70788315	4310958	554418	4261621	4861463	2548047
72331878	62774098	1878741	1351716	3676664	4154893	2091776
11415841	10033273	138201	254086	1550088	1603492	271629
656422	557368	20488	3874	26192	33553	31626
627851	541596	28306	2162	9457	14080	21847
15553	10983	435	100	1397	1385	975
34656588	31409174	702945	175286	634837	897864	875042
18095158	14565829	621454	887397	1188027	1273574	695246
6863915	5655414	366898	28811	266669	330948	195393
550	461	14	0	-3	-3	18
12142039	10334837	712445	16943	668303	694034	276692
2639345	2169679	137570	12679	175991	196989	103653
60754	44501	4825	6	6815	7285	3504
7593173	6557056	533540	1314	238040	234726	130402
1848767	1563601	36510	2944	247457	255034	39133
37256701	30954634	2001457	289121	2521010	2580289	1096182
25374664	21774528	897984	278683	1653121	1714656	612477
292226	243503	26101	809	6005	7856	8011
10964262	8468524	1022892	8824	816951	816179	442302
625549	468079	54480	805	44933	41598	33392
1303051	1138673	42129	4326	41825	54720	43457
62469924	54798564	1227335	1548131	3325666	3684102	1854242
2591703	2127068	125712	16144	133811	164089	95946
14167539	11543296	800974	59627	679163	813480	438054
9354153	7978066	653637	10233	357241	370867	195840
29389756	24519130	1635040	15867	2014985	2037484	788370
18730735	13474750	2222708	269386	1311351	1443896	915892
102999883	90588819	2369935	1388394	5554626	5985320	2548758
59647940	53643328	1474509	1189284	1769299	1795342	1465874
33327556	26432509	1873178	381135	3699428	3997927	1102234
28755122	23987732	1244956	87361	1397250	1635947	896542

2009年北京市工业企业

项目	企业单位个数(个)	#亏损企业	工业总产值(当年价格)	#新产品产值	工业增加值	工业销售产值(当年价格)
合计	6891	1412	110391291	28658986	22821908	109043693
煤炭开采和洗选业	25	1	3739111	800629	463762	3737878
石油和天然气开采业	6	0	1561003	101	683370	1561003
黑色金属矿采选业	7	0	177968	0	93758	164434
有色金属矿采选业	0	0				
非金属矿采选业	17	3	31905	0	7277	31789
其他采矿业	0	0				
农副食品加工业	220	55	2415224	198589	186356	2415003
食品制造业	213	74	1669588	85940	423390	1623388
饮料制造业	66	17	1569972	38050	519048	1576332
烟草制造业						
纺织业	152	43	620799	141711	160217	624264
纺织服装、鞋、帽制造业	285	83	921334	57046	288982	900261
皮革、毛皮、羽毛(绒)及其制品业	33	9	76017	0	18513	77533
木材加工及竹、藤、棕、草制品业	55	13	140885	2245	20656	136973
家具制造业	143	36	492648	6524	110952	485029
造纸及纸制品业	123	26	639781	20272	199391	636731
印刷业和记录媒介的复制	341	72	1216998	45394	462481	1202019
文教体育用品制造业	42	17	145863	2377	37596	140338
石油加工、炼焦及核燃料加工业	47	5	6820902	2639464	1724800	6795707
化学原料及化学制品制造业	411	80	2559021	525336	570979	2543184
医药制造业	225	46	3130795	768412	1358172	2904331
化学纤维制造业	12	2	28005	3472	12184	25482
橡胶制品业	45	5	227260	35995	52645	224669
塑料制品业	272	40	798806	64953	182395	793968
非金属矿物制品业	440	86	3444410	829458	857895	3374709
黑色金属冶炼及压延加工业	40	15	4715284	345690	718894	4624584
有色金属冶炼及压延加工业	91	20	528474	218592	66349	516671
金属制品业	472	65	1846053	181227	381877	1832644
通用设备制造业	569	103	3779423	668922	973552	3748442
专用设备制造业	574	101	4230976	1488718	1123452	4258584
交通运输设备制造业	413	70	16638209	2804247	3106354	16351882
电气机械及器材制造业	481	94	5963671	3040067	1264309	5835317
通信设备、计算机及其他电子设备制造业	439	88	20954633	12630230	2011870	20725269
仪器仪表及文化、办公用机械制造业	366	58	2053869	858345	610259	2053075
工艺品及其他制造业	97	20	962508	140873	222270	843063
废弃资源和废旧材料回收加工业	16	5	54936	776	14096	54286
电力、热力的生产和供应业	106	49	14356347	7888	3272592	14354282
燃气生产和供应业	20	4	1265750	0	252572	1265750
水的生产和供应业	26	7	286605	6962	132470	278855

主要经济指标(按行业分)

单位:万元

	从业人员平均人数(人)	资产负债					
#出口交货值		资产总计	流动资产合计	流动资产平均余额	长期投资合计	固定资产合计	固定资产原价
15209089	1204138	195407033	72933455	68860792	45762194	49898274	70836396
110627	20952	1067288	633669	663793	317377	86531	184315
269880	33584	3879302	1662769	1384671	535623	1194927	1607507
0	4117	254005	163335	155857	5252	69389	84981
	0	0	0	0	0	0	0
0	1488	62518	35298	35859	1625	16300	35180
	0	0	0	0	0	0	0
85588	37117	1292551	761875	715157	116092	353762	514571
93141	39519	1987232	1031873	964366	191839	631727	984870
13793	27605	2707384	1223619	1202954	757821	591388	1057154
219982	24590	863005	552614	554973	72890	190534	305619
255606	65343	921567	660548	629536	26438	207289	271709
14657	3037	71781	55236	49815	1488	14277	15553
11012	4513	244264	127562	117926	3176	88445	124818
71878	18391	688931	470383	412647	16687	162170	189931
41162	10851	731186	426856	433929	36327	221934	332845
14524	46545	2019723	972271	913009	55367	902739	1532134
67585	7978	214917	143711	133764	3004	54530	73334
9395	17432	2854763	1240330	1255299	81050	1304074	2916606
133435	41869	4220693	2276101	2055415	440486	1246226	2151724
67122	49664	4000279	2477260	2216561	295517	851340	1262257
6697	1131	59290	33089	27544	1470	20106	29985
50721	8464	220057	112298	104029	2197	82628	128369
84256	21136	934989	597771	552444	25548	274408	440947
129252	68490	5360720	3227001	3021227	427580	1440410	2101217
82937	38822	18172222	6304036	5532089	5479869	5752592	6647026
85070	7677	502802	324966	313877	28855	97994	156043
116691	42329	2340908	1636888	1487641	116225	482105	715691
376863	68238	6752695	4279462	4024916	1101792	1096753	1547608
508485	81575	7955035	5619161	5101438	774164	1169733	1617990
383918	113156	12100844	7695864	6391356	368003	3484199	4649503
431135	59284	6354699	5179727	4433174	266999	690997	1070095
11190640	126141	17572630	11581196	10967030	2584883	2816189	5701668
215067	34885	2894032	2182244	2042132	249150	322278	502292
56173	12582	1069217	796344	601651	48209	196780	289294
127	1018	120217	62941	56394	1611	50615	65060
0	48058	78952682	7045643	9098233	30542200	20513535	27640247
0	8611	2200248	574691	483742	497069	1057810	1082165
0	7100	3463018	612039	568820	282569	2025138	2673147

2009年北京市工业企业主

项　　目	资产负债			所有者权益	#实收资本
	负债总计	#流动负债合计	#长期负债合计		
合　计	98746128	60142156	36589119	96660905	56823083
煤炭开采和洗选业	485866	452634	32933	581422	314432
石油和天然气开采业	1793971	1341272	438813	2085331	1762938
黑色金属矿采选业	121706	109242	10708	132299	34251
有色金属矿采选业	0	0	0	0	0
非金属矿采选业	46984	44140	999	15534	10265
其他采矿业	0	0	0	0	0
农副食品加工业	758904	707471	47433	533647	384110
食品制造业	1212326	1062203	125142	774906	896234
饮料制造业	1333794	1268279	62431	1373589	687132
烟草制造业					
纺织业	479049	443261	11788	383956	361798
纺织服装、鞋、帽制造业	605713	527059	73482	315854	211226
皮革、毛皮、羽毛(绒)及其制品	43195	40780	1416	28586	16359
木材加工及竹、藤、棕、草制品业	153187	107706	31938	91077	101693
家具制造业	459476	385838	50276	229455	173233
造纸及纸制品业	403171	379065	18545	328016	209723
印刷业和记录媒介的复制	969167	811942	150091	1050556	766959
文教体育用品制造业	146472	135654	10805	68445	49227
石油加工、炼焦及核燃料加工业	1364442	1255864	108224	1490321	132579
化学原料及化学制品制造业	2240607	1982351	235250	1980087	1344336
医药制造业	1824113	1690296	112431	2176165	1051081
化学纤维制造业	22323	16477	5846	36967	25329
橡胶制品业	148262	141495	2895	71795	53004
塑料制品业	499104	475617	22545	435885	319726
非金属矿物制品业	3037153	2720240	212459	2323567	1440619
黑色金属冶炼及压延加工业	9694480	4346729	5346750	8477742	3265310
有色金属冶炼及压延加工业	284913	268742	14342	217889	156960
金属制品业	1392170	1299495	81315	948739	606692
通用设备制造业	3639474	3270002	350005	3113221	1914942
专用设备制造业	4510810	4025005	459269	3444226	1597812
交通运输设备制造业	7689055	6691848	981753	4411790	2724181
电气机械及器材制造业	4060646	3758548	228714	2294054	1300351
通信设备、计算机及其他电子设备制造业	9548524	8615490	907507	8024106	4878693
仪器仪表及文化、办公用机械制造业	1505227	1385824	100085	1388805	614122
工艺品及其他制造业	581566	537299	44081	487651	183763
废弃资源和废旧材料回收加工业	68606	68515	0	51612	27385
电力、热力的生产和供应业	35143859	8556912	25067711	43808823	26989164
燃气生产和供应业	816494	534173	272072	1383754	346027
水的生产和供应业	1573633	617107	948958	1889385	1778450

要经济指标(按行业分)(续表)

单位:万元

利润及分配						应交增值税
主营业务收入	主营业务成本	营业费用	主营业务税金及附加	营业利润	利润总额	
121730618	104063569	4592643	1657780	6865977	7429216	3464650
3763886	3447064	44058	20348	200513	200311	99585
1451579	1323791	139	14477	29530	49460	70129
164562	111630	2657	3918	23900	23686	16331
0	0	0	0	0	0	0
35312	29689	2280	269	-590	1415	1771
0	0	0	0	0	0	0
2646769	2419363	108255	1546	32904	55528	20957
2075668	1420884	427351	2460	49846	96116	124390
1759452	1168555	310565	88988	118310	107909	123467
673536	531313	64917	2241	12179	20436	25144
968439	760168	96503	2464	24970	26727	36797
88139	72758	3297	95	6519	7152	3302
145199	132653	7335	249	-9526	-5143	3875
524334	430042	39415	1205	16895	17547	18430
661948	523846	24573	455	78027	79778	33451
1285286	1008837	35792	4740	93184	102151	61409
155676	131806	11180	403	-1667	-674	3786
7045159	5407564	64986	826073	471458	472603	267688
2724468	2116937	240770	9814	75924	28338	113240
3075990	1506306	747576	12218	475939	483429	255350
27175	21553	733	91	789	1293	961
230472	202119	7680	421	3877	4808	6835
837454	696168	25602	1336	50893	56088	25501
3522115	2961382	147703	15933	152613	240841	105372
6216239	5951451	34042	16271	36056	27840	177069
686914	639104	9295	1764	9325	12164	6975
2047043	1713247	88570	6052	101120	106993	61961
3960016	3209967	183398	9212	301667	320164	143989
4702376	3587252	222172	21134	422204	477187	184778
16975059	14428878	499459	303283	1001090	1034412	494663
6123621	4895040	233750	12740	723678	751317	188760
23388525	21487897	683322	21672	487725	575006	188136
2305205	1738546	143928	8456	250670	271495	105905
910747	749169	29436	2947	68698	79573	21469
55469	40015	8903	235	-1176	626	4368
18653677	17709711	11818	98504	1436087	1537568	376085
1234586	1083895	18494	5800	147916	179497	49473
286954	295543	2515	1396	-66821	-57013	13642

2009年北京市国有及国有控

项　　目	企业单位个数(个)	#亏损企业	工业总产值(当年价格)	#新产品产值	工业增加值	工业销售产值(当年价格)
合　计	1059	260	54706983	9918990	12054450	54253000
在合计中:						
中央企业	326	67	29382807	5061526	7004320	29260328
地方企业	733	193	25324176	4857464	5050130	24992672
在合计中:						
轻工业	324	83	5488454	912901	1775962	5292501
重工业	735	177	49218529	9006089	10278489	48960499
在合计中:						
大型企业	36	12	33155665	5539376	7551701	32971445
中型企业	233	49	13732032	2504109	3394589	13608088
小型企业	790	199	7819286	1875505	1108161	7673467

2009年北京市国有及国有控

项　　目	资产负债			所有者权益	#实收资本
	负债总计	#流动负债合计	#长期负债合计		
合计	67781400	31657901	34449275	74902257	43690084
在合计中:					
中央企业	43085406	16020321	25556638	50790102	31133221
地方企业	24695994	15637580	8892637	24112155	12556863
在合计中:					
轻工业	3932707	3123947	752049	5535209	2730811
重工业	63848693	28533954	33697226	69367048	40959273
在合计中:					
大型企业	27993831	18276215	8225674	27161551	14193200
中型企业	33957300	8553268	25325336	43526270	26246400
小型企业	5830269	4828418	898265	4214436	3250484

股工业企业主要经济指标

单位：万元

#出口交货值	从业人员年平均人数（人）	资产负债					
		资产总计	流动资产合计	流动资产平均余额	长期投资合计	固定资产合计	固定资产原价
1528467	476189	142683657	36336066	35871127	42809053	38893691	53727623
548221	188462	93875508	16083952	17546319	32666645	23275567	32749312
980246	287727	48808149	20252114	18324808	10142408	15618124	20978311
222978	110545	9467916	4785951	4314641	1348029	2855367	4629977
1305489	365644	133215741	31550115	31556486	41461024	36038324	49097646
958510	219995	55155382	16947702	15057693	12371258	23207620	32582616
381881	165754	77483570	13582130	15373400	29118450	13148532	17614841
188076	90440	10044705	5806234	5440034	1319345	2537539	3530166

股企业主要经济指标(续表)

单位：万元

利润及分配						应交增值税
主营业务收入	主营业务成本	营业费用	主营业务税金及附加	营业利润	利润总额	
62469924	54798564	1227335	1548131	3325666	3684102	1854242
34496097	30396009	266058	1099426	2479903	2432936	890148
27973827	24402555	961277	448705	845763	1251166	964094
5862468	4364789	405808	237394	414066	492545	280020
56607456	50433775	821527	1310737	2911600	3191557	1574222
39076510	35052639	537059	1170331	1023230	1040389	1236925
14802667	12125486	454293	345886	2059033	2302768	410789
8590747	7620439	235983	31914	243403	340945	206528

2009年北京市国有及国有控

项　目	企业单位个数	#亏损企业	工业总产值（当年价格）	#新产品产值	工业增加值	工业销售产值（当年价格）
合　计	1059	260	54706983	9918990	12054450	54253000
煤炭开采和洗选业	5	0	3661511	800629	427855	3661345
石油和天然气开采业	4	0	1554950	0	678280	1554950
黑色金属矿采选业	3	0	130616	0	74540	117875
有色金属矿采选业						
非金属矿采选业	2	1	2358	0	591	2358
其他采矿业						
农副食品加工业	24	5	875686	18084	37290	888517
食品制造业	21	7	297229	5585	44122	289133
饮料制造业	10	4	708033	37648	306768	699364
烟草制造业						
纺织业	25	10	129765	35828	33142	134839
纺织服装、鞋、帽制造业	12	3	50174	20008	11443	50436
皮革、毛皮、羽毛(绒)及其制品业	2	0	9857	0	1305	10165
木材加工及竹、藤、棕、草制品业	3	0	11241	1126	1215	11131
家具制造业	6	0	28523	4414	9817	27402
造纸及纸制品业	12	4	84634	6199	12375	85439
印刷业和记录媒介的复制	70	23	504008	2971	213991	492304
文教体育用品制造业	6	4	44500	601	12259	44114
石油加工、炼焦及核燃料加工业	7	1	6417176	2516626	1669016	6394948
化学原料及化学制品制造业	51	15	854246	307992	84128	858943
医药制造业	51	7	1045484	527714	473703	990092
化学纤维制造业	2	0	16678	2017	10120	13444
橡胶制品业	6	1	100574	0	17074	96781
塑料制品业	16	3	77834	9517	10459	76715
非金属矿物制品业	75	12	1077983	220292	241023	1051070
黑色金属冶炼及压延加工业	10	5	4266446	236244	655209	4204200
有色金属冶炼及压延加工业	16	5	271200	179646	31337	256732
金属制品业	34	9	279382	77371	63953	283238
通用设备制造业	67	18	1003411	281668	289520	978494
专用设备制造业	98	17	1985853	699631	419220	2040500
交通运输设备制造业	87	19	11153143	2516767	1975294	10947482
电气机械及器材制造业	42	17	600173	235088	110797	635385
通信设备、计算机及其他电子设备制造业	105	20	1293278	845998	220908	1305989
仪器仪表及文化、办公用机械制造业	67	13	425462	209511	123874	421346
工艺品及其他制造业	21	0	706945	111700	151423	597954
废弃资源和废旧材料回收加工业	4	0	26014	0	13014	25961
电力、热力的生产和供应业	67	31	14245414	7627	3273634	14244211
燃气生产和供应业	6	1	181961	0	4753	181961
水的生产和供应业	21	5	258981	8	114833	252222

股工业企业主要经济指标(按行业分)

单位:万元

#出口交货值	从业人员平均人数(人)	资产负债					
		资产总计	流动资产合计	流动资产平均余额	长期投资合计	固定资产合计	固定资产原价
1528467	476189	142683657	36336066	35871127	42809053	38893691	53727623
97694	16765	1001084	591561	618006	316114	67087	157438
269836	33508	3874222	1659247	1380910	535623	1193478	1605121
0	2885	194572	117027	110212	4310	57587	66945
0	465	13071	7756	9577	0	5314	13931
6800	8773	353320	203331	186561	39531	102184	143998
5210	7346	438452	162647	154873	161759	96339	167371
4952	13618	1462527	601098	594280	603116	242039	485962
42477	7903	344396	172913	167171	52521	95937	145919
35800	3920	43690	25201	23549	1144	15510	22604
7401	277	8243	8060	8306	0	313	334
74	496	31054	15529	15062	88	8866	13473
3146	1644	100864	70657	60970	720	26153	34209
0	1734	101234	67959	67239	0	29235	44735
6300	19856	944114	435718	416247	25906	430215	805030
9703	2456	82943	40678	37914	2639	34269	45578
9395	14867	2658940	1125387	1151227	53231	1255660	2860164
40094	15069	2352065	1027055	922597	366487	794532	1422649
24089	19156	1959403	1194411	1134959	263061	402913	604636
6320	574	22957	13210	10507	0	5842	10766
41669	4573	95222	35265	32607	690	43412	61799
2548	2709	163458	88906	83409	7567	60293	88149
27781	21937	2036942	1069734	1054499	189673	629362	892637
70754	36082	17873441	6062982	5314437	5475545	5701249	6561483
42859	2408	231025	150996	147547	9695	36854	60022
48236	6775	468906	305797	287743	17654	115855	149788
55984	20239	3169455	1801192	1740676	851358	369461	534988
120868	40422	4830799	3149163	2895874	703880	716379	1034324
215266	62606	7760987	4598676	3770663	231477	2481547	3109741
54686	10783	764354	577583	550120	21849	128433	198018
254592	24434	5091334	1966850	2129190	1937298	915445	1567322
9895	9745	766412	532258	528961	74661	111117	167607
2371	6081	754949	580675	394147	28426	137015	218208
0	344	51474	33889	28629	699	14686	27111
0	45702	78704318	6973034	9033429	30541589	20344451	27493343
0	2665	222202	131221	106405	2453	86444	138315
0	6526	3410991	585615	545101	282545	2001790	2640964

2009年北京市国有及国有控股

项目	资产负债			所有者权益合计	#实收资本
	负债总计	#流动负债合计	#长期负债合计		
合计	67781400	31657901	34449275	74902257	43690084
煤炭开采和洗选业	459125	426612	32513	541959	304525
石油和天然气开采业	1790757	1338058	438813	2083466	1761742
黑色金属矿采选业	94499	84636	8108	100073	27186
有色金属矿采选业	0	0	0	0	0
非金属矿采选业	8294	8294	0	4776	6815
其他采矿业	0	0	0	0	0
农副食品加工业	195975	186108	9596	157345	89416
食品制造业	175974	140575	20076	262478	166223
饮料制造业	520223	508811	11207	942304	118245
烟草制造业					
纺织业	170214	144679	2825	174182	211315
纺织服装、鞋、帽制造业	30368	30343	5	13322	12960
皮革、毛皮、羽毛(绒)及其制品业	4669	4669	0	3574	1100
木材加工及竹、藤、棕、草制品业	20239	20174	65	10815	6531
家具制造业	81326	45599	35727	19538	11895
造纸及纸制品业	52669	47826	12	48564	30084
印刷业和记录媒介的复制	381162	310204	69367	562953	440784
文教体育用品制造业	50279	42734	7546	32664	25816
石油加工、炼焦及核燃料加工业	1281390	1180755	100528	1377550	90716
化学原料及化学制品制造业	1341443	1172587	168353	1010621	792144
医药制造业	579560	523884	51404	1379843	481256
化学纤维制造业	4446	1300	3146	18511	9200
橡胶制品业	76432	72746	0	18790	20333
塑料制品业	102410	95914	6496	61048	61192
非金属矿物制品业	1108897	1002936	60740	928045	610834
黑色金属冶炼及压延加工业	9485403	4146739	5338349	8388038	3226853
有色金属冶炼及压延加工业	105424	98333	7091	126501	86319
金属制品业	305561	269061	36327	163345	108366
通用设备制造业	1830703	1500918	321513	1338752	755773
专用设备制造业	2733899	2353660	385333	2096900	963501
交通运输设备制造业	5172972	4335176	827076	2588015	1775021
电气机械及器材制造业	486671	455619	27065	277684	245934
通信设备、计算机及其他电子设备制造业	1555973	1084501	465122	3535362	2048887
仪器仪表及文化、办公用机械制造业	437179	398992	37253	329233	158547
工艺品及其他制造业	396968	370845	25940	357981	116404
废弃资源和废旧材料回收加工业	24302	24302	0	27172	8266
电力、热力的生产和供应业	34974431	8478133	24980117	43729887	26945294
燃气生产和供应业	98676	85928	2500	123525	121678
水的生产和供应业	1555196	598670	948958	1855795	1755950

工业企业主要经济指标(按行业分)(续表)

单位:万元

利润及分配						应交增值税
主营业务收入	主营业务成本	营业费用	主营业务税金及附加	营业利润	利润总额	
62469924	54798564	1227335	1548131	3325666	3684102	1854242
3687709	3392901	40631	19475	186863	186499	94277
1445526	1319427	79	14384	28937	48868	70013
118003	74059	1926	3045	19757	19365	12362
0	0	0	0	0	0	0
2358	2456	33	12	-1286	455	157
0	0	0	0	0	0	0
1045725	985390	28778	416	10102	14928	7292
345858	256769	64294	600	-289	36027	15732
759294	525842	81781	79879	61268	64086	56138
150834	133028	4884	794	-13610	-6526	4349
60848	54085	1489	198	965	1357	1442
10165	8597	295	4	904	904	583
16741	15120	966	37	355	2545	464
59135	48258	3486	258	1890	2657	2565
100863	94880	1700	74	-2987	-1850	1954
560599	431371	10441	2711	33592	38852	29939
56369	49286	3780	212	-1387	-1437	1641
6631175	5060580	36667	820715	438365	438332	254789
942609	846353	27328	3101	-74611	-123773	20987
1046504	548931	141894	8501	245319	246839	83579
13296	8039	271	61	3056	3411	514
96807	92402	1389	86	-2055	-1838	751
96084	85500	3412	352	-413	2800	1935
1130462	947531	54627	7022	33925	76183	40288
5782249	5553693	27243	15758	23423	14433	169239
421960	394329	4159	1416	10629	12487	2608
405395	353952	13735	1595	7975	9864	10150
1046596	875031	32940	5063	61490	68559	39694
2349793	1924412	81915	10775	154851	188386	79920
11287418	9567226	402858	295525	545203	563601	326501
685615	581765	26912	2717	24878	27430	22624
1649131	1458951	58496	8351	30497	117763	44315
503978	407994	23910	3306	44259	55170	20624
654648	544496	14689	2068	52855	53809	13219
27143	11317	8040	182	4058	5513	2727
18547112	17588696	10025	98340	1459728	1536422	373434
149369	166945	157	1236	-31729	1816	6367
260982	279528	1930	1294	-72364	-62421	11466

2009年北京市股份制工业

项　目	企业单位个数(个)	#亏损企业	工业总产值(当年价格)	#新产品产值	工业增加值	工业销售产值(当年价格)
合　计	2311	459	45153111	12556371	9964775	44349434
在合计中：						
中央企业	192	41	19278077	4802297	4537974	19123664
地方企业	2119	418	25875034	7754074	5426801	25225770
在合计中：						
轻工业	765	168	6096396	1374172	1739353	5858245
重工业	1546	291	39056715	11182199	8225422	38491189
在合计中：						
大型企业	29	10	23364311	5574027	5466795	23000043
中型企业	253	50	9401459	3337937	2336429	9204944
小型企业	2029	399	12387341	3644407	2161551	12144447

2009年北京市股份制工业

项　目	资产负债			所有者权益	#实收资本
	负债总计	#流动负债合计	#长期负债合计		
合　计	38901307	28020898	10609316	39210386	22394281
在合计中：					
中央企业	12342884	10199491	2082477	14470008	9773836
地方企业	26558423	17821407	8526839	24740378	12620445
在合计中：					
轻工业	4526458	3703604	739793	4728510	3012533
重工业	34374849	24317294	9869523	34481876	19381748
在合计中：					
大型企业	21207809	13725911	7473615	23000055	12329414
中型企业	9025892	6629826	2271279	9675414	5563536
小型企业	8667606	7665161	864422	6534917	4501331

企业主要经济指标

单位：万元

		资产负债					
#出口交货值	从业人员年平均人数（人）	资产总计	流动资产合计	流动资产平均余额	长期投资合计	固定资产合计	固定资产原价
1564387	531545	78111693	32722504	30277231	17201443	23681046	33874617
427846	135301	26812892	9186368	8588554	7120768	9110102	14525692
1136541	396244	51298801	23536136	21688677	10080675	14570944	19348925
308133	142356	9254968	5087809	4642166	728339	2763196	4221366
1256254	389189	68856725	27634695	25635065	16473104	20917850	29653251
686121	182705	44207864	14033297	12618748	12148124	15496861	22522260
508311	172947	18701306	8895382	8568410	3443257	5123308	7150551
369955	175893	15202523	9793825	9090073	1610062	3060877	4201806

企业主要经济指标（续表）

单位：万元

利润及分配						
主营业务收入	主营业务成本	营业费用	主营业务税金及附加	营业利润	利润总额	应交增值税
52751745	45975003	1324399	1062683	1822863	2171438	1570288
24213574	21380087	202288	880538	902351	871449	635796
28538171	24594916	1122111	182145	920512	1299989	934492
6447272	4969958	506548	72976	365540	451488	273066
46304473	41005045	817851	989707	1457323	1719950	1297222
29154168	26274667	277200	860433	712028	690221	827777
10235221	8255652	556625	150800	489799	729116	378978
13362356	11444684	490574	51450	621036	752101	363533

2009年北京市股份制工业企

项　　目	企业单位个数(个)	#亏损企业	工业总产值(当年价格)	#新产品产值	工业增加值	工业销售产值(当年价格)
合　计	2311	459	45153111	12556371	9964775	44349434
煤炭开采和洗选业	8	0	3681978	800629	431934	3681986
石油和天然气开采业	4	0	1554950	0	678280	1554950
黑色金属矿采选业	4	0	149479	0	82467	136928
有色金属矿采选业	0	0				
非金属矿采选业	6	1	13834	0	2890	13688
其他采矿业	0	0				
农副食品加工业	87	21	1284545	150760	90996	1287479
食品制造业	70	22	364246	60367	89056	362504
饮料制造业	17	3	324085	37648	171289	312942
烟草制造业						
纺织业	48	14	264991	117698	96119	256981
纺织服装、鞋、帽制造业	58	10	209623	24158	56148	208346
皮革、毛皮、羽毛(绒)及其制品业	9	2	25482	0	4762	25976
木材加工及竹、藤、棕、草制品业	17	2	30537	1991	5873	29409
家具制造业	32	6	130000	5779	35057	129493
造纸及纸制品业	34	8	116651	596	19814	114921
印刷业和记录媒介的复制	90	17	433318	18540	163704	426322
文教体育用品制造业	6	3	42342	1651	13739	40159
石油加工、炼焦及核燃料加工业	11	1	6379689	2516626	1668067	6357452
化学原料及化学制品制造业	134	31	1073566	405787	147451	1076493
医药制造业	103	21	1220611	546803	562815	1151857
化学纤维制造业	4	1	18578	2017	10725	15211
橡胶制品业	12	2	97409	2022	17548	93753
塑料制品业	70	8	206074	12784	33023	203180
非金属矿物制品业	179	29	1873668	471504	385311	1816808
黑色金属冶炼及压延加工业	22	7	4327834	342195	685343	4264266
有色金属冶炼及压延加工业	34	10	288402	119699	34610	278778
金属制品业	129	20	515914	68355	93601	494781
通用设备制造业	174	36	1028876	360390	288833	994880
专用设备制造业	204	32	1987569	947445	541607	1976079
交通运输设备制造业	144	30	6122720	2513804	830402	5857745
电气机械及器材制造业	185	40	2150847	1195016	387725	2123825
通信设备、计算机及其他电子设备制造业	170	29	1993276	1334762	454316	1947432
仪器仪表及文化、办公用机械制造业	133	25	608480	358404	193280	603961
工艺品及其他制造业	38	6	533810	124360	110251	422432
废弃资源和废旧材料回收加工业	5	1	15766	0	1859	12033
电力、热力的生产和供应业	45	14	5668433	7627	1432290	5667912
燃气生产和供应业	7	2	161571	0	31305	161571
水的生产和供应业	18	5	253957	6954	112288	246901

业主要经济指标(按行业分)

单位:万元

#出口交货值	从业人员平均人数(人)	资产负债					
		资产总计	流动资产合计	流动资产平均余额	长期投资合计	固定资产合计	固定资产原价
1564387	531545	78111693	32722504	30277231	17201443	23681046	33874617
110627	17240	1013842	601263	627168	316114	69889	161130
269836	33508	3874222	1659247	1380910	535623	1193478	1605121
0	3065	214605	133171	127956	5004	60412	71125
	0	0	0	0	0	0	0
0	893	39453	18263	20036	1625	10318	25973
	0	0	0	0	0	0	0
1543	14238	710710	402303	384538	111605	172582	225196
37269	13818	613520	367703	342008	33625	146944	187654
4935	5396	418616	267659	260708	48371	84877	123963
45924	10431	523700	314393	324669	65213	110276	165644
71959	14425	187904	129634	131717	9880	43351	57539
10300	961	17875	16374	16019	0	1610	2166
131	1254	66647	38638	36040	221	14303	20918
9595	5529	214484	138031	120104	8022	58840	74794
0	2878	95281	58317	59259	16	32861	48336
2031	14136	692898	269414	263043	16843	344825	565910
5911	2726	84241	40709	37700	2642	34468	45164
9395	15071	2662403	1124346	1147017	55221	1258096	2864897
54800	19053	2396214	1115443	1006582	348578	744193	1314704
23811	25649	2399486	1422318	1311709	290091	528027	769523
6320	667	28916	16221	13549	520	8090	15669
31666	4208	110603	44169	42493	1842	47691	67492
4931	6167	266340	161079	149332	8357	87695	126971
32298	35093	3345368	1910062	1821889	333113	921906	1248976
71785	37320	17845285	6128746	5383456	5459727	5622339	6449423
26167	3671	312578	184021	183175	27186	56160	100021
35737	13167	849570	633426	525057	23180	155686	183849
56558	24685	2875901	1704484	1611171	649863	416285	576574
143243	42058	4257898	2861214	2646246	474797	679982	930316
226014	51026	3754954	2419387	2051998	218894	813780	1167577
71186	24956	2302077	1806815	1635859	116209	267986	398000
172092	33661	6227228	2974204	3176350	2443830	460255	931567
20695	14279	1221414	868263	824531	132561	141206	225845
7628	5664	614609	485781	312298	20557	92959	141914
0	341	58808	23585	21152	912	31722	34631
0	26946	14353016	1752109	1698755	5153360	6977069	10324826
0	1399	128074	77012	63316	6763	34092	36495
0	5966	3332953	554700	519421	281078	1956793	2584714

2009年北京市股份制工业企业

项目	资产负债			所有者权益	
	负债总计	#流动负债合计	#长期负债合计		#实收资本
合计	38901307	28020898	10609316	39210386	22394281
煤炭开采和洗选业	464816	432080	32736	549026	307101
石油和天然气开采业	1790757	1338058	438813	2083466	1761742
黑色金属矿采选业	103535	92804	8975	111070	28641
有色金属矿采选业	0	0	0	0	0
非金属矿采选业	31016	29081	91	8437	8712
其他采矿业	0	0	0	0	0
农副食品加工业	398441	374510	22623	312269	197024
食品制造业	397017	284064	97996	216504	163938
饮料制造业	200958	197507	3451	217658	104405
烟草制造业					
纺织业	269367	243964	5033	254333	243454
纺织服装、鞋、帽制造业	115482	115247	215	72422	49643
皮革、毛皮、羽毛(绒)及其制品业	10034	9984	50	7840	5222
木材加工及竹、藤、棕、草制品业	50748	45553	5195	15899	12941
家具制造业	155946	104314	46232	58537	49400
造纸及纸制品业	68285	64957	3069	26996	36325
印刷业和记录媒介的复制	316704	262646	52214	376195	329242
文教体育用品制造业	51725	44199	7526	32516	24995
石油加工、炼焦及核燃料加工业	1281894	1181011	100776	1380509	93720
化学原料及化学制品制造业	1374153	1270344	85873	1022061	869715
医药制造业	844812	755244	78446	1554674	638540
化学纤维制造业	7323	4177	3146	21593	12800
橡胶制品业	82861	76779	2393	27742	25455
塑料制品业	169167	158083	10884	97174	91153
非金属矿物制品业	1895508	1672793	147761	1449861	853512
黑色金属冶炼及压延加工业	9419646	4099073	5320255	8425633	3179073
有色金属冶炼及压延加工业	167520	158907	8565	145058	115829
金属制品业	568200	522283	45316	281370	177047
通用设备制造业	1642819	1406259	227225	1233082	796690
专用设备制造业	2441395	2141581	268946	1816503	928604
交通运输设备制造业	2700290	2370138	318893	1054664	550750
电气机械及器材制造业	1405567	1304581	81209	896510	608171
通信设备、计算机及其他电子设备制造业	2009591	1781753	219400	4217638	1984523
仪器仪表及文化、办公用机械制造业	642055	577481	60318	579359	271425
工艺品及其他制造业	328301	308982	19135	286309	126258
废弃资源和废旧材料回收加工业	31751	31711	0	27057	16967
电力、热力的生产和供应业	5846928	3892657	1945522	8506088	5981353
燃气生产和供应业	93135	85135	8000	34939	21027
水的生产和供应业	1523560	582958	933034	1809394	1728884

主要经济指标(按行业分)(续表)

单位:万元

利润及分配						应交增值税
主营业务收入	主营业务成本	营业费用	主营业务税金及附加	营业利润	利润总额	
52751745	45975003	1324399	1062683	1822863	2171438	1570288
3708350	3409765	43332	19654	187157	186985	96728
1445526	1319427	79	14384	28937	48868	70013
137056	87417	2506	3452	22851	22456	13693
0	0	0	0	0	0	0
17188	15623	33	138	-841	882	1043
0	0	0	0	0	0	0
1473143	1363369	51067	960	18927	33349	9753
400028	303965	56134	1653	-3197	38720	19714
346733	222162	41375	46083	12456	14175	27153
277644	209421	31370	1818	1031	8411	14888
228364	193082	13052	708	4611	5235	8458
25975	22981	933	34	1007	1000	1040
33496	30310	1575	67	-227	1978	783
159119	126804	13820	658	6003	6682	6760
125451	116156	2456	232	-1294	-979	2761
476595	376142	7675	2206	31768	33845	22520
51993	45846	3281	243	-917	-864	1605
6598901	5033888	33509	820828	437331	437521	255283
1182685	1023184	50552	4153	-50746	-104255	29207
1221688	613482	195201	10401	260457	262346	97423
15067	9631	306	69	2878	3233	625
99503	93498	1644	150	-1961	-1415	1248
225215	201923	7087	647	1758	5296	4656
1988087	1694210	80065	9454	76370	137406	56052
5841607	5584543	31605	16172	46535	38526	172848
447308	419303	4608	1486	5976	7870	3581
556151	482185	18629	3138	12243	14509	12087
1076971	879243	47318	5457	48298	56638	40565
2119111	1645307	88938	12863	156642	190644	73033
5945929	5335280	171017	27007	132716	154642	108488
2271870	1864969	106603	8430	152603	165912	71098
2659482	2145712	148515	16706	150321	197973	82889
717412	541879	42933	4252	70990	84664	35121
493400	398870	18838	2564	43232	43675	15028
11920	10392	969	62	-2713	-2667	820
9963962	9738104	1305	23922	37924	133944	194656
157041	145778	4244	1420	3587	4445	7433
251774	271152	1825	1212	-69850	-60212	11235

2009年北京市港澳台及外商

项　　目	企业单位个数(个)	#亏损企业	工业总产值(当年价格)	#新产品产　值	工业增加值	工　业销售产值(当年价格)
合　计	1397	384	46112885	14293244	8458272	45730161
在合计中：						
中央企业	38	7	3387994	210675	495053	3380484
地方企业	1359	377	42724891	14082569	7963219	42349677
在合计中：						
轻工业	545	183	7366368	452565	2410221	7216545
重工业	852	201	38746517	13840679	6048051	38513616
在合计中：						
大型企业	22	4	23620569	10219770	2955414	23534952
中型企业	213	41	15115925	3106931	3584459	14829227
小型企业	1162	339	7376391	966543	1918399	7365982

2009年北京市港澳台及外商

项　　目	资产负债			所有者权　益	#实　收资　本
	负债总计	#流动负债合　　计	#长期负债合　　计		
合　计	22208212	20112211	1976510	16695177	11229077
在合计中：					
中央企业	1369147	1038933	327617	1560403	967097
地方企业	20839065	19073278	1648893	15134774	10261980
在合计中：					
轻工业	4139072	3873808	190146	3569644	2904347
重工业	18069140	16238403	1786364	13125533	8324730
在合计中：					
大型企业	8915710	8111226	801978	5439948	2843753
中型企业	8124805	7394954	682862	6809867	5105274
小型企业	5167697	4606031	491670	4445362	3280050

投资工业企业主要经济指标

单位:万元

	从业人员	资产负债					
#出口交货值	年平均人数(人)	资产总计	流动资产合计	流动资产平均余额	长期投资合计	固定资产合计	固定资产原价
13140875	361499	38903389	25724087	22631478	2060711	9782786	16200705
2188143	26214	2929550	1293569	1324734	648726	878186	1898658
10952732	335285	35973839	24430518	21306744	1411985	8904600	14302047
1150609	146067	7708717	4831135	4365875	378317	1981443	3389178
11990266	215432	31194672	20892952	18265603	1682394	7801343	12811527
9673674	97408	14355658	9493166	8022318	615295	3750287	5539742
2543507	145319	14934672	9791669	8629582	983067	3678154	7131315
923694	118772	9613059	6439252	5979578	462349	2354345	3529648

投资工业企业主要经济指标(续表)

单位:万元

利润及分配						应交增值税
主营业务收入	主营业务成本	营业费用	主营业务税金及附加	营业利润	利润总额	
49398740	41289471	2713902	306064	3189313	3274323	1372874
3564660	3293022	18798	3654	131842	147194	57806
45834080	37996449	2695104	302410	3057471	3127129	1315068
8002812	5128175	1463451	14444	767700	776220	482326
41395928	36161296	1250451	291620	2421613	2498103	890548
25628162	22760564	1132648	281413	1041287	1083413	451264
15782755	12254436	1169138	18176	1541492	1557234	608526
7987823	6274471	412116	6475	606534	633676	313084

2009年北京市港澳台及外商投资

项目	企业单位个数(个)	#亏损企业	工业总产值(当年价格)	#新产品产值	工业增加值	工业销售产值(当年价格)
合计	1397	384	46112885	14293244	8458272	45730161
煤炭开采和洗选业	0	0				
石油和天然气开采业	1	0	5202	0	4447	5202
黑色金属矿采选业	1	0	2334	0	1657	2334
有色金属矿采选业	0	0				
非金属矿采选业	0	0				
其他采矿业	0	0				
农副食品加工业	39	10	491710	7909	48225	487481
食品制造业	55	21	1137810	14715	303814	1095701
饮料制造业	32	9	826965	403	204464	844098
烟草制造业						
纺织业	41	17	232028	4646	35233	246494
纺织服装、鞋、帽制造业	55	25	258251	1594	96513	261428
皮革、毛皮、羽毛(绒)及其制品业	8	2	24338	0	7051	25408
木材加工及竹、藤、棕、草制品业	9	5	34866	0	3525	38263
家具制造业	33	19	169297	394	38666	166613
造纸及纸制品业	21	8	405991	19598	161435	406718
印刷业和记录媒介的复制	39	10	300948	21517	141186	294699
文教体育用品制造业	18	8	78439	6	19013	74220
石油加工、炼焦及核燃料加工业	4	0	344317	121773	45456	341962
化学原料及化学制品制造业	82	25	816305	62893	302051	821356
医药制造业	43	9	1522441	187151	690512	1392386
化学纤维制造业	2	0	3210	0	1722	3121
橡胶制品业	10	1	71597	18495	20515	71487
塑料制品业	46	12	324786	49575	104511	323649
非金属矿物制品业	61	17	465986	27576	165037	464887
黑色金属冶炼及压延加工业	4	3	327229	0	22461	300604
有色金属冶炼及压延加工业	9	3	94874	66610	15009	93256
金属制品业	76	12	755537	78449	185421	774480
通用设备制造业	134	33	2013773	151557	494692	2045672
专用设备制造业	139	38	1222098	299277	333985	1222205
交通运输设备制造业	121	15	9811434	120243	2058650	9818289
电气机械及器材制造业	63	16	3238646	1723088	753598	3147116
通信设备、计算机及其他电子设备制造业	130	41	18454588	11041024	1418108	18280477
仪器仪表及文化、办公用机械制造业	77	15	992680	266306	292953	1000318
工艺品及其他制造业	26	6	124656	8184	39073	120115
废弃资源和废旧材料回收加工业	2	0	8823	0	4431	8749
电力、热力的生产和供应业	6	2	510436	261	197354	510083
燃气生产和供应业	8	2	1027091	0	237877	1027091
水的生产和供应业	2	0	14199	0	9627	14199

工业企业主要经济指标(按行业分)

单位:万元

#出口交货值	从业人员平均人数(人)	资产负债					
		资产总计	流动资产合计	流动资产平均余额	长期投资合计	固定资产合计	固定资产原价
13140875	361499	38903389	25724087	22631478	2060711	9782786	16200705
	0	0	0	0	0	0	0
0	53	3914	2851	3326	0	1063	1928
0	232	5822	5450	5378	0	360	478
	0	0	0	0	0	0	0
	0	0	0	0	0	0	0
	0	0	0	0	0	0	0
81138	13730	305035	178987	174359	1653	100535	188505
49087	19521	1198356	545259	510495	156486	435482	742978
7658	12643	1140755	576096	565713	149014	321577	558064
156541	8581	217563	145934	142748	649	63703	111585
110360	22431	247250	191727	184310	2988	45900	88942
2625	807	26763	18616	14500	1368	6028	7970
5991	910	92695	34745	36950	0	47935	79139
46690	6542	238526	181476	166302	4162	33995	55714
40251	3982	433626	260312	270494	1303	142891	219674
8082	6998	450679	258484	243339	17948	162983	282851
56727	4062	79861	62653	62434	330	12860	18577
0	1520	137260	73383	64007	25829	35262	36881
52858	10197	896993	606423	523667	6109	259022	465155
34696	15818	1118327	726778	621561	3154	210080	352725
43	125	9015	6668	4466	0	2283	3393
19045	2576	53145	30457	28645	0	22553	44887
65399	7216	424979	260098	233560	11344	133054	231625
51697	11008	679309	380845	358804	4853	257472	453023
0	404	234363	128513	97244	0	105127	141675
53551	1255	83513	62571	61992	0	17497	28540
63776	10469	834567	551053	531384	46109	200871	350557
267079	23062	2714644	1917120	1741502	181680	546496	788368
272018	18026	2183057	1693555	1432847	151046	259117	387452
151032	40570	6826959	4382278	3492120	74627	2188364	2957703
329103	19570	3283503	2802500	2279960	111600	297903	513144
11003320	77921	10507332	8048970	7277903	76636	2179520	4528168
175424	9452	977041	863210	788840	17137	77491	146639
36684	2662	117104	85001	81297	3006	21426	32118
0	125	13328	7443	7983	0	5784	10203
0	3030	1419722	190236	244378	522284	634484	1439179
0	5564	1920503	432257	367835	489396	939972	912684
0	437	27880	12138	11135	0	13696	20181

2009年北京市港澳台及外商投资

项　　目	资产负债			所有者权益	#实收资本
	负债总计	#流动负债合计	#长期负债合计		
合　计	22208212	20112211	1976510	16695177	11229077
煤炭开采和洗选业	0	0	0	0	0
石油和天然气开采业	2487	2487	0	1427	996
黑色金属矿采选业	538	538	0	5285	5000
有色金属矿采选业	0	0	0	0	0
非金属矿采选业	0	0	0	0	0
其他采矿业	0	0	0	0	0
农副食品加工业	180886	170414	9457	124148	132152
食品制造业	681743	649406	24590	516613	704478
饮料制造业	781999	734338	45672	358756	545020
烟草制造业					
纺织业	125534	117827	4076	92029	94713
纺织服装、鞋、帽制造业	136627	129678	6809	110623	72972
皮革、毛皮、羽毛(绒)及其制品业	12282	10916	1366	14482	5666
木材加工及竹、藤、棕、草制品业	31603	31366	238	61092	69906
家具制造业	163083	145700	1925	75443	49239
造纸及纸制品业	208190	199624	8567	225435	126880
印刷业和记录媒介的复制	134377	108547	25831	316301	205036
文教体育用品制造业	54739	54419	320	25122	18043
石油加工、炼焦及核燃料加工业	42845	38345	4500	94416	30044
化学原料及化学制品制造业	386556	347066	39490	510437	323605
医药制造业	666794	643655	19292	451533	313517
化学纤维制造业	1136	1136	0	7879	8211
橡胶制品业	29076	29076	0	24069	14943
塑料制品业	177036	171028	5379	247943	170800
非金属矿物制品业	325480	287131	33274	353829	300258
黑色金属冶炼及压延加工业	220047	208814	11233	14316	66722
有色金属冶炼及压延加工业	34973	33192	0	48541	23414
金属制品业	417537	392213	21500	417030	262752
通用设备制造业	1348331	1327418	12216	1366313	915696
专用设备制造业	1168171	1067611	99433	1014886	427506
交通运输设备制造业	3896882	3534328	360280	2930077	1990900
电气机械及器材制造业	2204398	2028966	134086	1079106	481841
通信设备、计算机及其他电子设备制造业	7114031	6493808	613268	3393299	2725071
仪器仪表及文化、办公用机械制造业	466868	447227	5683	510173	203317
工艺品及其他制造业	60493	60387	105	56611	23147
废弃资源和废旧材料回收加工业	5145	5145	0	8183	5901
电力、热力的生产和供应业	443153	216805	226348	976569	675829
燃气生产和供应业	683307	421735	261572	1237196	214862
水的生产和供应业	1865	1865	0	26015	20640

工业企业主要经济指标(按行业分)(续表)

单位:万元

利润及分配						应交增值税
主营业务收入	主营业务成本	营业费用	主营业务税金及附加	营业利润	利润总额	
49398740	41289471	2713902	306064	3189313	3274323	1372874
0	0	0	0	0	0	0
5202	3896	59	55	527	526	109
2334	1802	0	0	182	187	271
0	0	0	0	0	0	0
0	0	0	0	0	0	0
0	0	0	0	0	0	0
527238	461981	32243	0	7080	10580	6376
1502204	972243	357092	203	51973	55324	99190
961384	614365	224074	10421	54018	40869	66360
271646	219452	23756	16	7895	8204	5369
278431	205009	33265	34	11833	12076	9888
34286	26000	652	0	5357	5760	1539
39577	38596	3375	4	-7738	-6817	1571
171480	140559	12841	14	4583	4361	6910
411087	289878	19761	0	81282	80415	27491
312912	218079	14743	114	58460	60310	18415
77306	65572	3405	62	416	664	1140
350476	291705	24805	5121	31426	32412	11426
838754	491051	160343	3125	112283	109384	63848
1492541	636156	521564	208	183498	189084	140217
3075	2314	40	0	464	466	80
71433	60461	2720	0	2127	2179	2913
341276	247952	12313	19	45161	46223	15433
465326	362970	23889	215	31452	40637	28729
312346	309367	1051	0	-7581	-7323	3047
92636	81734	2134	33	2832	3429	556
907670	719475	51925	381	76440	78057	36335
2147197	1713815	114798	450	202527	208845	79669
1473470	1066688	76603	2105	180865	194266	65082
10142959	8375582	305200	273563	828748	834786	363244
3233960	2515800	104010	2147	543251	553611	99348
20159271	18909795	498463	1765	308101	336408	86048
1087484	826696	68564	729	139124	139664	48906
120686	90321	6378	132	14483	15152	3807
8749	5771	303	0	2295	2341	813
509417	445889	0	862	36025	45705	35934
1030531	869050	13533	4286	176231	173904	41400
14396	9447	0	0	2793	2634	1410

2009年北京市大中型工

项　　目	企业单位个数（个）	#亏损企业	工业总产值（当年价格）	#新产品产值	工业增加值	工业销售产值（当年价格）
合　计	634	126	83492762	23040283	17287928	82508295
在合计中：						
中央企业	101	18	28226494	4041364	6918374	28171443
地方企业	533	108	55266268	18998919	10369554	54336852
在总计中：						
内资企业	399	81	44756268	9713582	10748056	44144116
国有企业	55	12	10311970	271265	2404960	10344316
集体企业	6	0	90140	0	39316	89650
股份合作企业	5	3	84991	26470	19343	83534
联营企业	0	0				
有限责任公司	208	45	16285250	1688238	3985271	16180935
股份有限公司	74	15	16480521	7223725	3817953	16024052
私营企业	51	6	1503396	503884	481212	1421629
港澳台商投资企业	62	12	8447482	4075332	1152839	8176843
港澳台合资经营	30	3	1511438	169958	355780	1510501
港澳台合作经营	0	0				
港澳台商独资企业	27	8	5136268	2297164	537020	5009167
港澳台商投资股份有限公司	5	1	1799776	1608210	260039	1657175
外商投资企业	173	33	30289012	9251369	5387034	30187336
中外合资经营	86	15	22176066	8651864	3360640	22188219
中外合作经营	4	2	123513	3900	27253	140207
外资（独资）企业	76	16	7492579	470079	1859784	7366263
外商投资股份有限公司	7	0	496854	125526	139357	492647
在合计中：						
农村企业	23	7	357542	3494	82111	348327
在合计中：						
轻工业	262	55	10689052	1217631	3546613	10458016
重工业	372	71	72803710	21822652	13741315	72050279
在合计中：						
大型企业	56	15	51835638	16119043	9590809	51421356
中型企业	578	111	31657124	6921240	7697120	31086939

业企业主要经济指标

单位:万元

#出口交货值	从业人员平均人数(人)	资产负债					
		资产总计	流动资产合计	流动资产平均余额	长期投资合计	固定资产合计	固定资产原价
13631614	693780	161516796	50589418	48125027	43226514	42381385	60301025
2645447	183167	91103851	14420982	16006724	31807129	23101464	32255105
10986167	510613	70412945	36168436	32118303	11419385	19279921	28045920
1414434	451053	132226466	31304583	31473127	41628152	34952944	47629968
80513	57635	67582485	7184915	9231192	25909127	13982596	17485046
11038	3427	100903	74417	69563	6363	19814	47763
24152	4060	110665	62366	58784	3194	44136	47277
	0	0	0	0	0	0	0
689710	232517	46461323	15202678	14014369	11686071	17188429	22822036
504723	123135	16447847	7726001	7172788	3905310	3431740	6850775
104298	30279	1523243	1054206	926431	118087	286229	377071
2030460	72524	7450079	5642365	4603265	256657	1358130	2580130
167092	26245	1414034	650253	607341	83383	615237	1358075
	0	0	0	0	0	0	0
1847181	38112	3719702	3085013	2549696	15645	544613	837920
16187	8167	2316343	1907099	1446228	157629	198280	384135
10186720	170203	21840251	13642470	12048635	1341705	6070311	10090927
8954528	87403	12618927	9260675	8207918	111597	2905477	5076734
48602	4747	238840	178161	150336	0	56057	101554
1152620	70394	7586834	3823291	3346494	532405	2867682	4473381
30970	7659	1395650	380043	343887	697703	241095	439258
81763	14963	376980	260637	247372	14485	93381	159151
1028094	209188	13363545	7265134	6664839	1449035	3823209	6305280
12603520	484592	148153251	43324284	41460188	41777479	38558176	53995745
10438036	306740	66561556	24664167	21873522	13404376	25417154	35733658
3193578	387040	94955240	25925251	26251505	29822138	16964231	24567367

2009年北京市大中型工业企

项目	资产负债			所有者权益	
	负债总计	#流动负债合计	#长期负债合计		#实收资本
合计	79265075	42791944	34781149	82251720	46891426
在合计中：					
中央企业	41510292	14642035	25354227	49593559	30180334
地方企业	37754783	28149909	9426922	32658161	16711092
在总计中：					
内资企业	62224560	27285763	33296310	70001905	38942399
国有企业	30948670	5988575	23465933	36633814	20812158
集体企业	44222	42358	1864	56681	15967
股份合作企业	89249	54165	35084	21416	9867
联营企业	0	0	0	0	0
有限责任公司	22971536	14227479	8644850	23489787	15186439
股份有限公司	7262166	6128258	1100044	9185681	2706512
私营企业	908717	844928	48535	614526	211456
港澳台商投资企业	4888721	4591620	252879	2561358	1327391
港澳台合资经营	719159	617057	100522	694876	604340
港澳台合作经营	0	0	0	0	0
港澳台商独资企业	2541680	2498933	40744	1178021	485565
港澳台商投资股份有限公司	1627882	1475630	111613	688461	237486
外商投资企业	12151794	10914561	1231960	9688457	6621636
中外合资经营	7947419	7444872	501440	4671507	3115920
中外合作经营	177738	165918	11820	61103	126194
外资(独资)企业	3676349	3077732	596565	3910485	2786488
外商投资股份有限公司	350288	226039	122135	1045362	593034
在合计中：					
农村企业	251814	231760	20055	125165	66970
在合计中：					
轻工业	6420031	5468252	862515	6943514	3897064
重工业	72845044	37323692	33918634	75308206	42994362
在合计中：					
大型企业	35034999	24866127	8674425	31526557	15515799
中型企业	44230076	17925817	26106724	50725163	31375627

业主要经济指标(续表)

单位:万元

利润及分配							应交增值税
主营业务收入	主营业务成本	营业费用	主营业务税金及附加	营业利润	利润总额	
92975496	80075837	3347687	1570419	5468727	5793269	2568108
33189936	29293582	185006	1090160	2442684	2393407	829696
59785560	50782255	3162681	480259	3026043	3399862	1738412
51564579	45060838	1045901	1270830	2885948	3152623	1508319
10580052	9295103	105219	249528	1566719	1597582	248433
87874	67230	1622	1217	12115	12270	7559
90067	72641	9002	302	-722	989	3793
0	0	0	0	0	0	0
22489801	20875309	296138	132623	133310	280147	564642
16899588	13655010	537687	878610	1068517	1139191	642113
1417197	1095545	96233	8550	106009	122444	41779
10278166	8892397	603731	14863	506274	517812	201755
1661412	1385258	83599	11259	117695	126688	61672
0	0	0	0	0	0	0
6807574	5969958	487675	766	145296	140148	101169
1809180	1537181	32457	2838	243283	250976	38914
31132751	26122602	1698055	284726	2076505	2122834	858034
22603021	19583156	757901	277040	1434286	1490513	492061
238368	203548	24284	0	2128	4792	5163
7751504	5933993	869327	6926	571974	562914	330862
539858	401905	46543	760	68117	64615	29948
349630	302210	11524	907	15633	21131	9162
11387969	7581842	1769447	246061	955989	1031381	664612
81587527	72493995	1578240	1324358	4512738	4761888	1903496
59647940	53643328	1474509	1189284	1769299	1795342	1465874
33327556	26432509	1873178	381135	3699428	3997927	1102234

2009年北京市大中型工业企

项　　目	企业单位个数(个)	#亏损企业	工　业总产值(当年价格)	#新产品产　值	工业增加值	工　业销售产值(当年价格)
合　计	634	126	83492762	23040283	17287928	82508295
煤炭开采和洗选业	3	0	298399	0	250795	298234
石油和天然气开采业	3	0	1551819	0	676292	1551819
黑色金属矿采选业	5	0	156771	0	84174	143048
有色金属矿采选业	0	0				
非金属矿采选业	1	0	5807	0	1579	5807
其他采矿业	0	0				
农副食品加工业	31	5	1415662	45837	111672	1432576
食品制造业	32	11	1106404	16215	277930	1067207
饮料制造业	17	4	1423701	37648	473968	1432219
烟草制造业						
纺织业	15	6	277932	79348	78286	286371
纺织服装、鞋、帽制造业	35	6	406994	46859	150016	388111
皮革、毛皮、羽毛(绒)及其制品业	2	0	26563	0	6952	26834
木材加工及竹、藤、棕、草制品业	2	1	14527	687	1473	13853
家具制造业	10	3	207121	4808	60298	207611
造纸及纸制品业	6	2	327420	6121	140123	329907
印刷业和记录媒介的复制	30	5	547374	15372	220198	545671
文教体育用品制造业	6	3	87664	595	24108	82146
石油加工、炼焦及核燃料加工业	5	1	6687886	2626921	1707790	6664887
化学原料及化学制品制造业	17	5	1045831	257108	229810	1037824
医药制造业	32	4	2377397	625197	1059280	2196841
化学纤维制造业	1	0	13805	0	8548	10788
橡胶制品业	4	1	122480	26045	25452	117701
塑料制品业	9	0	218179	30529	57016	211705
非金属矿物制品业	44	6	1851077	721243	554635	1813239
黑色金属冶炼及压延加工业	8	4	4231219	263347	670534	4171150
有色金属冶炼及压延加工业	5	2	102000	58885	13313	100046
金属制品业	17	3	449849	123241	96129	444212
通用设备制造业	44	8	2196155	321875	603924	2160736
专用设备制造业	39	7	2270557	903969	577739	2292963
交通运输设备制造业	54	8	14482729	2570826	2583764	14213667
电气机械及器材制造业	37	7	3890138	2160299	855767	3814595
通信设备、计算机及其他电子设备制造业	67	12	19184162	11750670	1530658	18943423
仪器仪表及文化、办公用机械制造业	19	2	631079	249981	209295	621150
工艺品及其他制造业	8	1	366160	96173	131785	365764
废弃资源和废旧材料回收加工业	0	0				
电力、热力的生产和供应业	18	7	13837147	0	3255097	13835735
燃气生产和供应业	3	0	1146491	0	233147	1146491
水的生产和供应业	4	2	208004	0	90213	208004

业主要经济指标(按行业分)

单位:万元

#出口交货值	全部从业人员年平均人数(人)	资产负债					
		资产总计	流动资产合计	流动资产平均余额	长期投资	固定资产合计	固定资产原价
13631614	693780	161516796	50589418	48125027	43226514	42381385	60301025
97694	17275	337814	203975	199304	54833	55158	139856
269836	33277	3789685	1627877	1359778	534032	1151472	1599891
0	3705	228150	141741	132735	4558	66204	80323
	0	0	0	0	0	0	0
0	320	20000	6436	6853	1625	3788	9908
	0	0	0	0	0	0	0
67659	23855	750932	409566	384901	101388	202690	303766
45866	24665	1176072	567773	519439	166000	397000	685525
9958	22168	2175048	929372	921849	698775	457695	860837
128349	10058	388242	250283	236360	26701	92462	134705
139568	28316	448215	322803	318830	14316	98465	143785
0	648	27566	19731	14848	1368	5775	6968
717	1004	40797	18192	17018	88	15788	20938
25506	7694	293975	210322	187189	11913	60075	80159
4764	2253	334723	192746	209609	0	114768	168310
7251	18673	926976	409231	385792	23509	437533	784197
38913	4596	129230	76286	73777	2789	42204	56854
7891	16089	2705236	1158131	1179712	53231	1266803	2876904
57472	19188	2550882	1167100	1024895	360453	852456	1560226
46572	29244	2716880	1733503	1573783	238760	497003	787530
6320	494	20660	11510	8764	0	5278	9739
31635	4713	120279	44128	40168	1040	58838	94725
37431	4920	273194	157159	140332	13908	89748	124380
79455	32057	2851974	1539149	1419424	329181	781170	1139505
82506	36604	17792791	6048378	5308458	5476946	5633735	6486262
37932	2004	104021	51947	47881	3249	20134	48736
69972	10166	695991	460560	412294	66728	137431	184464
214379	30058	3370626	2147126	2032176	348466	704107	1000151
346142	42770	4904507	3226004	2882691	696997	731931	1064729
311886	79374	9631153	6075475	5010522	253176	2842410	3828683
367588	28585	3812635	3231972	2669279	109323	365001	633891
10950416	91492	14602448	9457581	8836614	2282727	2419171	5111428
133797	9493	835661	625123	579001	42155	101849	169919
2473	5095	470210	327527	260677	7386	127610	199408
	0	0	0	0	0	0	0
0	39549	77538406	6567069	8666145	30524503	19629643	26382494
0	7731	2035852	533655	448554	490459	954458	969735
0	4801	3116625	487204	457853	280187	1825112	2419153

2009年北京市大中型工业企业主

项　目	资产负债			所有者权益	
	负债总计	#流动负债合计	#长期负债合计		#实收资本
合计	79265075	42791944	34781149	82251720	46891426
煤炭开采和洗选业	165760	138024	27736	172053	35930
石油和天然气开采业	1761727	1322914	438813	2027958	1712740
黑色金属矿采选业	112133	100536	9841	116017	27796
有色金属矿采选业	0	0	0	0	0
非金属矿采选业	16938	16938	0	3063	1200
其他采矿业	0	0	0	0	0
农副食品加工业	411327	391152	19973	339605	227283
食品制造业	686939	618317	52642	489133	585487
饮料制造业	1099258	1052883	44668	1075791	468913
烟草制造业					
纺织业	203599	177981	5249	184643	160347
纺织服装、鞋、帽制造业	277573	232244	45179	170642	89971
皮革、毛皮、羽毛(绒)及其制品业	12997	11631	1366	14569	4939
木材加工及竹、藤、棕、草制品业	34974	19884	1590	5823	6456
家具制造业	198610	150393	42818	95365	45073
造纸及纸制品业	167404	162243	5161	167319	71845
印刷业和记录媒介的复制	379745	316826	62919	547231	396021
文教体育用品制造业	87810	80810	7000	41420	31796
石油加工、炼焦及核燃料加工业	1291545	1191017	100528	1413691	96939
化学原料及化学制品制造业	1368440	1183260	185180	1182443	810167
医药制造业	1113390	1051052	57914	1603491	609713
化学纤维制造业	4239	1093	3146	16421	8000
橡胶制品业	85858	81993	0	34421	30316
塑料制品业	131254	121105	9972	141940	69583
非金属矿物制品业	1492751	1322544	131557	1359223	667922
黑色金属冶炼及压延加工业	9372703	4038536	5333851	8420088	3179953
有色金属冶炼及压延加工业	49588	44540	5048	54433	48799
金属制品业	425173	384487	40618	270818	140762
通用设备制造业	1645865	1443115	201896	1724761	966495
专用设备制造业	2746261	2375542	356394	2158246	841181
交通运输设备制造业	6255917	5430006	814580	3375236	2043444
电气机械及器材制造业	2594148	2433579	113950	1218487	639188
通信设备、计算机及其他电子设备制造业	8028736	7319744	701432	6573713	3907080
仪器仪表及文化、办公用机械制造业	503013	432236	70777	332648	131498
工艺品及其他制造业	190305	157647	32659	279905	91567
废弃资源和废旧材料回收加工业	0	0	0	0	0
电力、热力的生产和供应业	34114501	7946630	24673394	43423905	26711353
燃气生产和供应业	741443	469623	261572	1294409	282150
水的生产和供应业	1405462	503841	901622	1711162	1656545

要经济指标(按行业分)(续表)

单位:万元

利润及分配						应交增值税
主营业务收入	主营业务成本	营业费用	主营业务税金及附加	营业利润	利润总额	
92975496	80075837	3347687	1570419	5468727	5793269	2568108
304024	186001	12202	13160	65391	65922	40070
1443038	1317347	0	14352	29262	47303	69750
143176	96470	2077	3510	20624	20408	14729
0	0	0	0	0	0	0
9307	7887	0	103	401	384	806
0	0	0	0	0	0	0
1528707	1400643	55661	973	28740	38163	14704
1482941	949461	385525	1111	34322	74637	100107
1536464	995382	288223	83670	113350	102545	113266
310317	224796	45741	1192	11756	16204	11026
426111	307636	57495	977	20103	20686	19592
35002	26226	1206	30	5310	5932	1637
19463	18428	949	38	-2137	-121	535
237336	186922	19421	680	16146	16772	12165
331692	229031	16732	33	73624	73431	25575
574657	438411	9990	2669	44733	48691	30855
96036	83469	5256	291	-157	136	2132
6901105	5290069	55793	825444	461989	462812	265568
1102105	801894	154761	6408	-14674	-64823	56393
2338605	1065658	659101	8496	377835	385842	207687
10585	6502	220	33	2455	2810	242
117735	108392	2962	135	-1036	-865	3175
215559	163806	5079	95	25923	28110	7429
1934151	1579532	70173	12018	140011	195139	64637
5741286	5501320	28131	15774	35976	27383	169839
100907	90550	1827	72	3522	3650	433
544616	439680	29657	1363	25282	27180	17586
2267129	1835237	101853	4178	205845	217164	83860
2535298	1988127	103880	11655	229402	266573	93208
14608485	12487085	436581	299464	819123	844680	412174
3909927	3066297	145932	5794	571617	590999	121192
21362680	19900465	575857	12305	371240	442168	115614
691487	534889	43160	1981	85304	95274	27640
358995	279850	3336	1191	41832	42558	10498
0	0	0	0	0	0	0
18110289	17141196	7996	96370	1511252	1543553	367913
1113524	981827	10693	5321	140365	171498	45910
211185	235925	41	962	-67257	-62354	10554

2009年北京市工业企

项　　目	工业经济效益综合指数	企业亏损面	总资产贡献率	资产保值增值率	资产负债率
合计	210.87	20.49	7.56	110.88	50.53
在合计中：					
中央企业	310.30	19.83	5.93	108.53	46.14
地方企业	191.15	20.53	9.11	113.68	54.73
在合计中：					
内资企业	192.44	18.71	5.88	110.47	48.90
国有企业	304.40	27.97	4.06	107.60	46.10
集体企业	124.33	19.86	8.76	96.38	57.94
股份合作企业	108.05	16.85	6.25	104.92	67.51
联营企业	103.28	30.77	2.69	16.08	55.77
有限责任公司	163.45	20.14	4.06	107.73	51.66
股份有限公司	306.90	17.13	17.92	135.27	43.83
私营企业	141.22	16.53	8.06	109.63	62.21
其他企业	228.52	100.00	1.07	4.43	62.72
港澳台商投资企业	198.34	31.22	11.68	128.23	62.19
港澳台合资经营	196.17	28.64	13.26	143.54	52.06
港澳台合作经营	198.93	30.77	17.29	129.04	35.07
港澳台商独资企业	181.03	35.76	8.52	113.75	64.63
港澳台商投资股份有限公司	341.45	12.50	17.14	144.89	69.37
外商投资企业	281.67	26.10	15.39	108.97	55.27
中外合资经营	317.18	24.52	18.34	108.64	60.92
中外合作经营	116.36	25.00	3.75	65.57	72.15
外资(独资)企业	254.16	27.57	13.05	108.04	50.07
外商投资股份有限公司	204.15	26.32	6.05	124.14	29.66
在合计中：					
农村企业	116.10	20.19	7.83	99.00	61.66
在合计中：					
国家控股	245.51	24.55	6.05	111.06	47.50
集体控股	147.47	19.93	9.28	104.27	60.65
私人控股	152.29	17.08	8.69	116.76	58.70
港澳台控股	174.26	34.44	9.73	124.84	61.36
外商控股	264.43	26.16	14.63	107.51	56.32
在合计中：					
轻工业	188.68	24.13	12.97	113.34	51.80
重工业	228.48	18.40	6.84	110.58	50.37
在合计中：					
大型企业	282.89	26.79	7.85	108.79	52.64
中型企业	234.72	19.20	6.89	110.75	46.58
小型企业	159.28	20.55	8.87	116.27	57.48

业主要经济分析指标

单位:%

流动资产周转率(次)	成本费用利润率	全员劳动生产率(元/人)	产品销售率	增加值率	人均销售收入(元)	流动比率(倍)	速动比率(倍)
1.77	6.43	189529	98.78	20.67	1010936	1.21	0.94
2.02	7.26	349659	99.53	22.78	1782021	1.02	0.81
1.67	6.06	155495	98.47	19.80	847049	1.29	0.99
1.56	6.00	170460	98.50	22.35	858397	1.18	0.92
1.13	14.51	315094	100.27	22.90	1417976	1.21	1.07
1.29	5.28	61145	99.00	27.68	221063	1.31	0.90
1.44	2.27	54056	98.29	20.46	275240	1.16	0.71
1.02	9.48	38272	110.85	33.16	125931	1.01	0.65
1.59	2.63	149287	98.85	21.22	881103	1.12	0.91
2.14	7.86	296124	97.23	23.42	1309223	1.32	0.90
1.40	5.01	87767	97.40	22.92	388169	1.20	0.81
2.36	-0.49	300123	74.02	72.75	305333	0.75	0.38
1.91	5.99	152423	97.44	15.95	1148129	1.29	0.99
1.98	7.94	127451	99.98	24.48	565897	1.17	0.86
1.20	13.07	102804	102.94	25.60	470960	2.30	1.68
2.18	3.17	148869	97.97	12.70	1536862	1.32	1.14
1.23	15.41	319243	92.25	14.61	2196207	1.30	0.80
2.29	7.43	267702	99.66	19.02	1456797	1.28	0.99
2.45	7.27	315272	100.01	16.35	1974436	1.28	1.01
1.55	2.75	75651	108.57	25.13	494042	0.97	0.76
2.08	7.93	230231	98.66	24.76	974748	1.26	0.95
1.42	7.13	181330	99.72	27.68	708436	1.50	1.21
1.47	4.31	52392	98.96	22.07	243016	1.20	0.79
1.74	6.19	253144	99.17	22.03	1311872	1.15	0.93
1.27	6.66	87468	99.05	23.47	380685	1.32	0.90
1.32	6.00	98400	97.22	23.66	430327	1.26	0.89
2.11	4.09	127875	98.56	14.42	1120486	1.31	1.08
2.22	7.40	243346	99.34	18.37	1366520	1.30	1.01
1.56	8.33	127453	97.40	29.97	450914	1.28	0.90
1.81	6.09	222222	99.04	18.90	1305874	1.20	0.95
2.73	3.14	312669	99.20	18.50	1944577	0.99	0.81
1.27	12.91	198871	98.20	24.31	861088	1.45	1.13
1.39	5.94	108433	98.65	20.57	563430	1.29	0.95

2009年北京市规模以下工业企业主要指标

项　　目	企业个数(个)	从业人员(人)	工业总产值(当年价格,万元)
合　计	25287	247231	2633604
法人工业企业	17397	199176	2449551
个体经营工业单位	7890	48055	184053

2009年北京现代制造业情况

单位:万元

项　　目	工业增加值(当年价格)
合　计	8869353
电子信息业产业	1888046
机电产业	2244640
交通运输设备制造业	2988327
医药产业	1482582
其他产业	265758

2009年北京高技术产业情况

单位:亿元

项　　目	工业总产值(现价)
合　计	2764.6
按登记注册类型分	
国有	41.0
集体	2.7
外资及港澳台	2169.6
股份制及其他	551.3
按高新技术领域分	
核燃料加工	
信息化学品制造	7.4
医药制造业	313.1
航天航空器制造	68.5
电子及通信设备制造业	1771.3
电子计算机及办公设备制造业	350.5
医疗设备及仪器仪表制造业	253.8

2009年北京市主要工业产品生产总量

单位:吨

主要工业产品名称	本年生产量
原　煤(万吨)	641.3
发电量(万千瓦小时)	2424838.9
精制食用植物油(吨)	10925.0
白　酒(折65度,商品量)(千升)	180316.2
啤　酒(千升)	1613602.2
卷　烟(万支)	1932209.0
纱(万吨)	5610.1
布(万米)	964.9
家　具(万件)	719.4
汽　油(万吨)	272.6
柴　油(万吨)	364.2
焦　炭(万吨)	10.6
氢氧化钠(烧碱)(折100%)(万吨)	6.7
农用氮、磷、钾化学肥料(折纯)(吨)	2170.0
乙　烯(万吨)	84.1
初级形态的塑料(塑料树脂及共聚物)(万吨)	120.8
合成橡胶(万吨)	27.7
合成洗涤剂(万吨)	8.5
化学纤维(万吨)	2978.5
硫　酸(万吨)	15.3
交流电动机(万千瓦)	159.0
机制纸及纸版(万吨)	14.1
化学药品原药(化学原料药)(万吨)	756.2
橡胶轮胎外胎(条)	392.4
水　泥(万吨)	1077.4
平板玻璃(重量箱)	
生　铁(万吨)	442.7
粗　钢(万吨)	464.9
钢　材	769.6
金属切削机床(台)	6462.0
汽　车(万辆)	127.1
#载货汽车(辆)	63.0
#轿车(辆)	53.8
家用电冰箱(万台)	128.7
房间空气调节器(台)	
程控交换机(线)	1508.8
移动通信手持机(手机)(万台)	21355.3
微型电子计算机(万台)	842.7
集成电路(万块)	182882.6
家用摄录像机(台)	
照相机(万台)	27.1

2008 年全国规模以上

地区名称	企业单位数(个)	亏损企业	工业总产值(当年价格)	工业销售产值(当年价格)	出口交货值	资产总计
全国	426113	65393	507284.89	494733.65	82498.38	431305.55
北京	7205	1782	10413.09	10304.16	1788.34	16802.42
天津	7950	2084	12503.25	12302.63	2458.67	10351.21
河北	12447	2124	23030.73	22408.10	1135.17	17261.75
山西	4415	1219	10023.87	9790.22	412.23	13452.67
内蒙古	3993	759	8576.81	8351.82	227.62	10089.30
辽宁	21876	3311	24769.09	24105.81	2844.92	22040.91
吉林	5257	761	8406.85	8220.00	224.23	7525.18
黑龙江	4392	851	7624.54	7494.84	191.72	7826.92
上海	18792	4579	25120.92	24800.47	8008.98	22750.35
江苏	65495	7449	67798.68	66537.70	15942.44	48321.94
浙江	58816	8918	40832.10	39717.51	9826.62	35550.76
安徽	11392	2054	11162.16	10875.85	705.63	10122.18
福建	17212	2481	15212.81	14838.96	3940.27	11694.91
江西	7367	572	8499.58	8376.92	715.81	6420.95
山东	42629	3134	62958.53	60731.24	6267.04	39224.51
河南	18700	1094	26028.41	25595.50	685.63	17316.86
湖北	12067	1729	13454.94	13146.93	674.02	15431.43
湖南	12391	965	11553.31	11402.12	577.13	8856.19
广东	52574	10856	65424.61	63547.23	23896.31	45750.15
广西	5427	1468	6071.98	5759.32	340.31	5981.12
海南	548	154	1103.07	1089.60	62.15	1207.77
重庆	6119	803	5755.90	5637.71	330.36	5551.03
四川	13725	1738	14761.86	14421.90	545.61	15589.47
贵州	2676	913	3111.13	2969.30	88.19	4566.10
云南	3320	1056	5144.58	4896.85	116.03	7185.11
西藏	88	20	48.19	44.26	0.04	223.87
陕西	4025	1023	7480.79	7254.63	280.90	9905.91
甘肃	1940	460	3667.52	3576.13	79.86	4497.49
青海	515	163	1103.10	1049.30	4.39	2092.67
宁夏	901	308	1366.46	1306.63	56.36	2061.86
新疆	1859	565	4276.05	4180.02	71.38	5652.57

工业企业主要经济指标(按地区分)

单位:亿元

流动资产合计	应收账款净额	存货	产成品	流动资产年平均余额	固定资产合计	固定资产原价
195681.75	43933.82	54108.56	19518.95	187534.47	179191.72	245352.80
6481.20	1473.16	1521.93	502.21	5928.22	4890.78	6574.59
5179.23	1099.89	1488.89	468.28	5065.78	3939.05	5357.97
7228.64	1210.55	2208.49	868.99	6915.54	7844.79	10324.13
5486.99	846.90	1426.85	584.21	4947.42	6062.56	7668.65
3327.49	559.62	843.16	308.66	3053.07	5194.07	6514.17
9757.30	2001.49	2701.72	924.80	9649.77	9705.40	13719.77
2877.80	575.50	849.35	363.46	2699.38	3551.92	5092.02
3282.31	659.75	971.60	328.85	3185.67	3909.25	6591.84
11682.84	3351.09	3418.20	1016.92	11623.67	8109.47	13123.73
25266.93	7239.07	6647.28	2484.95	24370.19	19144.21	26672.88
19668.12	4677.61	4749.11	1990.03	19092.60	11887.99	15478.27
4031.98	887.48	1151.30	397.00	3910.67	4785.98	6180.77
5700.78	1419.39	1556.84	578.01	5539.85	4488.86	5994.98
2477.93	446.02	746.69	273.27	2419.40	3390.15	4957.62
17199.42	2779.55	4897.05	1964.78	16579.10	16953.17	23700.95
6910.07	1228.58	1811.97	630.02	6616.93	8213.51	10325.21
5515.44	968.14	1600.26	566.54	5223.28	7886.75	9916.98
3396.94	686.54	1055.61	362.42	3258.74	4096.42	5194.97
24753.29	7466.22	6961.07	2289.21	23719.59	16002.09	24529.17
2349.86	419.17	782.51	344.65	2250.94	2907.16	3651.87
471.43	79.18	125.16	38.76	473.48	585.58	731.24
2480.78	503.29	691.09	269.11	2362.88	2404.27	3025.44
6458.42	1234.96	1867.05	612.79	5949.63	6251.91	8042.60
1642.82	287.05	486.37	168.44	1485.62	2299.26	2624.32
2907.12	389.53	940.69	259.64	2778.93	2757.89	3676.02
59.54	8.67	8.90	2.75	58.88	131.00	150.45
4087.89	740.95	1038.77	389.69	3706.22	4626.96	5999.40
1769.89	231.90	661.76	199.05	1695.01	2117.66	2935.45
618.57	77.02	156.57	40.07	536.84	1260.26	1315.94
755.40	125.48	245.40	115.61	685.45	1065.61	1170.32
1855.34	260.07	496.91	175.80	1751.73	2727.70	4111.08

2008 年全国规模以上工业企业

地区名称	资产总计			负债合计		
	累计折旧	固定资产净值	固定资产净值年平均余额		流动负债合计	应付账款
全　国	87059.54	158293.26	151665.15	248899.38	190115.98	51067.05
北　京	2425.03	4149.56	3926.11	8085.01	5554.29	1730.05
天　津	2025.24	3332.73	3161.22	6290.53	5251.56	1554.46
河　北	3355.77	6968.35	6534.16	10525.99	8084.03	2005.67
山　西	2489.65	5179.00	5209.04	9023.63	6420.17	1623.92
内蒙古	1836.89	4677.28	4496.47	6306.51	3595.73	877.25
辽　宁	5084.22	8635.54	7943.58	12878.51	9772.18	3050.01
吉　林	1820.56	3271.46	3086.67	4090.51	2881.94	911.86
黑龙江	2972.06	3619.78	3244.82	4363.89	3455.51	980.89
上　海	6087.38	7036.35	7142.16	12078.65	10069.84	3536.88
江　苏	9358.98	17313.90	16463.95	28447.89	24462.68	6539.45
浙　江	4869.92	10608.35	10438.59	22014.49	18996.57	3603.45
安　徽	1896.02	4284.75	4004.41	6337.25	4321.57	1070.44
福　建	1951.17	4043.82	3952.27	6282.32	4843.81	1268.80
江　西	1801.57	3156.05	3044.82	3506.62	2477.22	574.43
山　东	8328.30	15372.65	14925.40	21576.63	16657.49	3599.21
河　南	2923.92	7401.29	6943.99	9777.98	7242.92	1611.00
湖　北	3458.72	6458.27	6006.07	8059.50	5755.28	1279.68
湖　南	1701.73	3493.24	3490.69	5145.44	3305.84	747.60
广　东	10227.23	14301.94	14527.73	26278.20	21787.00	8284.86
广　西	990.76	2661.11	2491.81	3832.24	2629.55	668.09
海　南	202.89	528.34	523.87	694.33	489.85	89.69
重　庆	942.54	2082.90	1992.76	3332.96	2470.52	596.11
四　川	2753.96	5288.63	5015.59	9241.79	6228.80	1384.49
贵　州	841.70	1782.62	1645.22	3001.74	1775.62	414.86
云　南	1230.97	2445.05	2315.63	4168.36	2755.31	552.13
西　藏	38.65	111.80	99.82	52.83	34.85	6.94
陕　西	2071.92	3927.48	3743.14	5445.13	3807.72	1068.47
甘　肃	1120.04	1815.41	1745.52	2499.16	1653.17	399.60
青　海	389.82	926.13	878.85	1289.08	698.77	175.61
宁　夏	354.20	816.11	768.20	1337.08	855.92	245.46
新　疆	1507.72	2603.36	1902.57	2935.13	1780.27	615.67

主要经济指标(按地区分)(续表1)

单位:亿元

长期负债合计	所有者权益合计	实收资本	国家资本	集体资本	法人资本	个人资本
51729.26	182353.38	104086.06	22859.27	1890.72	33851.08	18574.12
2195.67	8717.41	5391.38	2467.32	34.60	1814.77	279.84
843.00	4060.68	3102.41	903.19	42.45	858.80	290.00
2253.45	6730.11	3456.92	866.58	95.18	1183.03	832.72
2426.47	4429.04	2433.45	948.93	93.78	800.18	459.67
2311.90	3782.79	2039.82	629.31	34.80	885.46	355.45
2464.66	9162.40	5313.82	1853.02	73.99	1669.03	899.11
915.78	3421.41	2247.47	1013.09	27.71	673.64	334.82
736.71	3455.59	2061.26	653.84	34.14	955.48	240.24
1753.86	10671.52	6296.30	431.21	88.85	2036.12	515.77
3874.15	19874.05	12186.86	842.80	164.88	2618.39	2562.06
2778.34	13524.09	7520.54	462.77	85.57	2206.90	2562.02
1892.02	3784.93	2134.25	558.81	34.83	695.04	537.23
1326.38	5412.59	3459.88	397.97	30.28	724.73	671.41
669.28	2905.93	1564.63	311.03	11.90	557.90	401.62
4102.14	17647.01	7620.73	888.21	340.12	2981.71	2009.13
2212.81	7536.85	4322.45	1058.57	173.84	1507.15	1345.64
2011.44	7371.94	4059.00	1807.49	48.91	1206.59	586.03
1525.43	3710.75	1931.19	379.41	36.73	822.21	516.28
4004.67	19471.95	12177.98	1310.05	140.51	3353.73	1043.08
1114.07	2148.87	1205.39	214.18	24.98	577.01	205.76
194.13	513.43	335.74	22.41	3.18	237.78	18.39
791.17	2218.07	1165.62	171.63	17.90	589.88	238.86
2471.86	6347.68	3218.82	1000.97	56.46	1178.03	739.98
1170.02	1564.36	855.34	333.59	14.35	313.68	142.44
1333.02	3016.76	1347.15	283.32	41.67	731.28	201.45
10.11	171.04	80.99	26.90	19.48	28.12	4.59
1536.81	4460.78	2382.65	1159.20	57.72	794.35	262.84
747.53	1998.33	1363.45	871.93	48.85	334.43	83.45
520.88	803.59	346.57	113.64	2.72	205.32	20.84
474.28	721.98	417.16	153.32	2.51	161.64	79.25
1067.25	2717.44	2046.87	724.57	7.83	1148.7	134.18

2008 年全国规模以上工业企业

地区名称			主营业务收入			其他业务收入
	港澳台资本	外商资本		主营业务成本	主营业务税金及附加	
全国	9619.30	17278.27	500020.07	423295.75	6277.28	9932.75
北京	131.22	663.63	11275.82	9866.68	84.29	289.88
天津	191.06	816.92	12914.20	11218.80	100.90	393.44
河北	161.49	317.91	22474.08	19490.50	173.43	715.49
山西	41.98	88.91	10130.61	8069.28	123.65	202.33
内蒙古	45.63	89.17	8470.30	6617.43	123.64	143.99
辽宁	151.94	666.74	24372.24	21329.86	264.81	590.86
吉林	52.39	145.83	8119.17	6727.46	163.78	251.88
黑龙江	37.84	139.71	8212.36	5732.17	136.91	470.92
上海	722.10	2502.25	26058.02	22833.10	257.80	444.90
江苏	1677.08	4321.65	66481.84	57465.89	426.41	1345.48
浙江	930.38	1272.89	39630.60	34893.58	286.99	768.79
安徽	112.90	195.44	10980.44	9184.24	173.43	255.95
福建	798.91	836.57	14816.17	12727.46	151.51	149.97
江西	137.82	144.37	8526.41	7301.09	121.81	96.10
山东	290.17	1111.38	62034.19	52900.34	739.19	991.44
河南	97.54	139.71	25389.80	21309.71	358.05	358.62
湖北	88.68	321.30	13081.90	10732.57	301.75	364.27
湖南	71.39	105.16	11285.44	8987.03	388.88	151.62
广东	3555.14	2775.47	63371.65	54036.01	669.56	781.25
广西	83.97	99.48	5668.99	4858.75	78.93	116.65
海南	22.45	31.54	1077.81	894.66	23.70	15.81
重庆	47.67	99.69	5667.61	4711.41	81.10	149.50
四川	84.49	158.89	14286.43	11748.93	215.29	248.88
贵州	8.75	42.52	2922.35	2271.65	108.71	61.60
云南	24.15	51.97	4961.12	3739.17	389.51	211.64
西藏	0.00	1.90	45.20	33.33	0.68	2.27
陕西	30.35	78.20	7194.60	5351.48	141.67	142.88
甘肃	8.92	15.87	3752.44	3179.20	64.09	72.08
青海	0.04	4.01	1044.94	769.72	14.01	11.29
宁夏	0.75	19.69	1334.19	1130.73	11.33	30.04
新疆	12.10	19.49	4439.14	3183.48	101.45	102.92

主要经济指标(按地区分)(续表2)

单位:亿元

其他业务利润	营业费用	管理费用	财务费用		营业利润	投资收益
				利息支出		
1805.19	12893.31	20199.81	6021.81	5664.16	32892.75	1175.27
69.90	435.74	531.90	105.20	104.71	490.75	206.23
42.99	303.39	418.99	104.38	103.14	707.05	35.52
128.81	402.98	687.54	276.83	257.84	1542.67	45.15
29.67	376.08	652.79	245.92	227.12	682.33	35.40
63.58	248.57	288.85	165.84	152.88	1104.62	3.45
33.64	466.31	1040.68	242.32	230.30	925.78	4.080
55.67	246.03	407.47	101.89	84.01	517.41	69.16
14.26	176.88	401.36	65.95	62.00	1633.68	10.13
125.25	912.57	1321.83	146.80	167.95	818.58	151.80
300.46	1441.63	2343.09	662.41	687.22	4443.80	-25.82
127.23	898.24	1566.73	707.65	661.08	1468.29	90.49
41.69	295.99	501.29	169.41	155.93	788.32	9.03
52.01	423.91	575.46	183.61	166.78	948.51	28.50
19.90	166.53	269.83	98.90	88.80	543.47	3.33
173.18	1301.01	2146.44	732.70	642.59	4070.18	85.34
70.82	618.90	712.13	314.81	261.74	2317.41	57.41
42.58	396.04	565.84	191.56	189.73	985.37	129.49
58.09	328.71	488.80	168.52	146.45	909.18	22.63
192.85	1967.90	2625.13	423.67	416.41	3837.23	25.67
17.33	159.45	241.16	124.64	116.89	222.11	35.33
-0.47	29.80	37.06	22.05	21.98	78.04	7.51
24.10	190.58	304.69	80.63	78.23	318.68	15.90
52.32	454.09	720.06	237.69	197.80	956.53	36.73
10.52	102.25	177.93	76.34	73.52	180.85	15.39
5.22	133.66	275.17	102.31	98.33	297.79	20.72
0.44	2.71	4.09	0.34	0.32	3.65	-0.01
25.89	196.78	401.41	90.76	99.20	1025.79	15.68
8.88	70.61	199.46	57.42	55.43	125.66	11.66
1.16	24.43	44.48	31.49	29.22	161.98	8.63
3.36	33.12	76.44	41.27	39.54	34.92	9.08
13.85	88.39	171.69	48.48	47.02	752.12	11.65

2008年全国规模以上工业企业

地区名称	补贴收入	利润总额	亏损企业亏损总额	本年应交增值税
全　国	1170.98	30562.37	5295.59	17690.72
北　京	69.67	557.00	187.29	298.57
天　津	26.20	752.79	208.73	290.11
河　北	48.77	1369.84	228.85	751.96
山　西	18.05	634.25	149.66	670.35
内蒙古	15.84	771.44	94.30	442.00
辽　宁	62.07	781.58	571.72	664.76
吉　林	29.91	396.23	212.27	227.33
黑龙江	21.45	1581.69	119.47	503.49
上　海	84.66	967.24	423.40	607.94
江　苏	78.72	3972.93	397.91	2175.35
浙　江	146.23	1634.20	305.71	1080.41
安　徽	34.96	606.73	81.64	451.94
福　建	27.09	896.11	112.86	409.36
江　西	13.35	507.96	70.51	357.06
山　东	64.80	3923.56	342.63	1942.87
河　南	42.64	2287.78	192.54	958.30
湖　北	84.23	909.03	110.53	550.69
湖　南	31.32	663.56	91.32	588.82
广　东	88.39	3272.60	496.39	2194.53
广　西	27.03	231.14	77.65	224.50
海　南	2.21	80.74	11.51	35.74
重　庆	21.57	308.68	26.67	211.93
四　川	35.03	844.56	175.98	642.49
贵　州	10.23	181.83	77.72	162.99
云　南	19.75	310.14	99.67	305.87
西　藏	1.12	4.50	4.04	4.48
陕　西	23.42	1008.99	104.26	427.65
甘　肃	16.57	109.46	154.04	140.09
青　海	4.15	177.17	6.65	60.90
宁　夏	6.14	39.13	31.00	56.51
新　疆	15.42	779.52	128.68	251.72

主要经济指标(按地区分)(续表 3)

单位:亿元

全部从业人员年平均人数(万人)	总资产贡献率(%)	资产负债率(%)	流动资产周转率(次/年)	成本费用利润率(%)	产品销售率(%)
8837.63	13.96	57.71	2.67	6.61	97.53
123.38	6.22	48.12	1.90	5.09	98.95
133.12	12.05	60.77	2.55	6.25	98.40
316.85	14.79	60.98	3.25	6.57	97.30
214.93	12.31	67.08	2.05	6.79	97.67
104.57	14.77	62.51	2.77	10.54	97.38
366.23	8.81	58.43	2.53	3.39	97.32
126.99	11.58	54.36	3.01	5.30	97.78
155.99	29.18	55.75	2.58	24.81	98.30
304.01	8.80	53.09	2.24	3.84	98.72
1104.06	15.03	58.87	2.73	6.42	98.14
814.55	10.30	61.92	2.08	4.29	97.27
210.80	13.71	62.61	2.81	5.98	97.44
380.06	13.88	53.72	2.67	6.44	97.54
178.56	16.75	54.61	3.52	6.48	98.56
912.70	18.48	55.01	3.74	6.87	96.46
417.36	22.32	56.47	3.84	9.97	98.34
235.90	12.64	52.23	2.50	7.65	97.71
225.55	20.19	58.10	3.46	6.65	98.69
1493.38	14.32	57.44	2.67	5.54	97.13
114.60	10.89	64.07	2.52	4.29	94.85
12.61	13.43	57.49	2.28	8.21	98.78
132.13	12.25	60.04	2.40	5.84	97.95
297.54	12.19	59.28	2.40	6.42	97.70
73.53	11.54	65.74	1.97	6.92	95.44
84.34	15.36	58.01	1.79	7.30	95.18
1.79	4.46	23.60	0.77	11.12	91.86
131.83	16.93	54.97	1.94	16.70	96.98
69.13	8.21	55.57	2.21	3.12	97.51
17.42	13.44	61.60	1.95	20.36	95.12
25.89	7.11	64.85	1.95	3.05	95.62
57.84	20.87	51.93	2.53	22.32	97.75

2008年全国规模以上工业企业

行业名称	企业单位数(个)	亏损企业	工业总产值(当年价格)	工业销售产值(当年价格)	出口交货值	资产总计
总　计	426113	65393	507284.89	494733.65	82498.38	431305.55
煤炭开采和洗选业	9212	1045	14625.92	14372.34	160.99	19457.74
石油和天然气开采业	299	38	10615.96	9486.11	240.79	12806.58
黑色金属矿采选业	3984	517	3760.65	3600.22	4.36	3179.97
有色金属矿采选业	2539	439	2727.84	2634.33	12.85	2290.30
非金属矿采选业	3953	288	1869.49	1818.51	37.00	1330.02
其他采矿业	26	3	10.35	10.23	0.07	4.07
农副食品加工业	22800	2318	23917.37	23373.92	1693.81	10977.17
食品制造业	8108	1178	7716.54	7461.37	653.95	5244.05
饮料制造业	5411	720	6250.46	6068.51	184.11	5946.24
烟草制品业	156	7	4488.87	4440.62	21.23	4428.50
纺织业	33133	5079	21393.12	20908.03	4055.90	15336.57
纺织服装、鞋、帽制造业	18237	3320	9435.76	9161.78	3293.85	5655.88
皮革、毛皮、羽毛(绒)及其制品业	8622	1174	5871.43	5757.81	2130.66	3025.09
木材加工及木、竹、藤、棕、草制品业	10314	1054	4803.60	4662.56	596.56	2744.61
家具制造业	5386	982	3072.80	3003.72	1109.88	1941.24
造纸及纸制品业	10011	1642	7873.87	7651.68	536.24	7448.77
印刷业和记录媒介的复制	6481	1035	2685.01	2627.34	261.60	2643.08
文教体育用品制造业	4797	994	2498.39	2429.68	1377.90	1595.33
石油加工、炼焦及核燃料加工业	2416	519	22628.68	22292.05	372.01	11698.91
化学原料及化学制品制造业	28224	3977	33955.07	33054.85	2843.88	27567.51
医药制造业	6524	1185	7874.98	7481.92	746.74	7881.96
化学纤维制造业	2029	415	3970.16	3876.63	330.43	3366.01
橡胶制品业	4649	675	4228.61	4144.00	961.83	3303.23
塑料制品业	19484	3069	9897.17	9671.19	1977.78	7019.58
非金属矿物制品业	30524	4207	20943.45	20376.74	1442.70	17927.36
黑色金属冶炼及压延加工业	8012	1772	44727.96	43925.06	3004.37	35197.00
有色金属冶炼及压延加工业	8200	1759	20948.74	20345.16	1155.09	14130.88
金属制品业	24547	3421	15029.61	14653.98	3092.37	9590.38
通用设备制造业	36919	4243	24687.56	23998.78	3450.11	19461.37
专用设备制造业	18685	2720	14521.30	14002.60	1891.33	13538.50
交通运输设备制造业	18808	2985	33395.28	32867.03	5088.70	31145.44
电气机械及器材制造业	25727	3863	30428.84	29643.84	6855.66	20747.85
通信设备、计算机及其他电子设备制造业	14347	3377	43902.82	42928.17	29179.46	27012.93
仪器仪表及文化、办公用机械制造业	5620	903	4984.49	4824.93	2082.09	3812.59
工艺品及其他制造业	7692	1215	4088.63	3956.91	1546.35	2466.17
废弃资源和废旧材料回收加工业	1087	305	1137.79	1096.91	4.99	548.95
电力、热力的生产和供应业	6242	2059	29897.14	29749.94	55.81	62237.94
燃气生产和供应业	856	151	1506.55	1490.03	17.61	2201.69
水的生产和供应业	2052	740	912.62	884.19	27.36	4394.16

主要经济指标(按行业分)

单位:亿元

流动资产				流动资产年平均余额	固定资产合计	固定资产原价
合计	应收账款净额	存货	产成品			
195681.75	43933.82	54108.56	19518.95	187534.47	179191.72	245352.80
7983.66	1137.08	1019.79	433.66	6846.74	8014.97	9798.86
2419.72	501.18	469.39	98.11	2435.71	8158.84	14390.27
1469.97	339.43	251.67	134.88	1332.13	1025.36	1216.28
980.42	145.15	223.95	93.44	951.05	883.24	1049.50
526.56	122.88	105.58	63.19	493.22	575.08	772.67
1.59	0.44	0.34	0.20	1.84	2.29	2.94
5593.26	891.03	1935.60	912.48	5422.06	4170.27	5393.07
2566.62	567.46	746.97	337.86	2381.80	2067.87	2759.64
2879.17	366.24	1014.28	359.55	2737.17	2321.85	3101.35
2941.58	137.69	1418.17	177.15	2866.17	867.34	1507.21
7915.72	1653.83	2507.19	1122.28	7700.47	5978.33	8287.58
3343.19	800.87	995.70	453.37	3145.74	1697.74	2321.00
1833.24	490.45	588.89	189.10	1738.90	854.91	1160.86
1314.19	250.97	496.47	211.98	1251.99	1132.71	1473.00
1115.53	241.27	395.13	134.20	1051.31	638.59	836.00
3117.59	792.16	827.29	367.45	3012.11	3389.41	4473.60
1312.24	385.29	317.22	109.65	1253.86	1075.46	1662.09
944.46	242.18	341.19	102.33	894.30	494.18	720.70
5028.68	572.64	1607.75	575.06	4929.26	4996.76	7518.53
12249.10	2403.54	3306.90	1468.39	11939.42	11811.87	16012.17
3992.19	931.95	1026.25	468.24	3804.66	2783.37	3732.35
1523.31	191.90	396.39	181.53	1540.08	1421.86	2045.68
1607.54	452.87	498.96	254.59	1574.80	1398.44	1839.65
3907.97	1178.84	1000.53	411.40	3763.50	2409.45	3511.53
7845.11	1945.34	2171.69	984.42	7335.53	7968.89	10541.60
15026.18	1419.37	5499.02	1650.20	14801.05	14973.82	19980.04
6766.23	1030.75	2255.81	679.96	6503.80	5635.37	6964.37
5729.35	1650.70	1708.57	623.09	5490.08	2988.62	4136.93
12130.30	3446.15	3994.27	1342.45	11429.26	5436.94	7453.95
8463.30	2314.82	2731.51	931.59	7861.41	3695.06	4921.08
17970.14	3484.76	4753.87	1481.68	17196.87	9200.18	11846.88
13386.58	4367.83	3380.74	1355.09	12712.08	4980.13	6976.95
16675.09	6471.77	3864.65	1293.54	16614.75	7903.03	12295.97
2511.51	779.03	639.80	197.72	2366.85	917.05	1306.04
1475.97	378.78	475.58	197.90	1407.69	759.71	999.15
355.27	74.10	124.32	68.94	331.56	156.93	213.84
9027.23	1555.09	908.37	38.58	8764.08	42641.14	57357.24
745.41	82.32	70.44	10.56	690.45	1040.12	1229.49
1006.59	135.66	38.32	3.10	960.72	2724.55	3542.71

2008 年全国规模以上工业企业

行业名称	资产总计			负债合计	流动负债合计
	累计折旧	固定资产净值	固定资产净值年平均余额		
总　计	87059.54	158293.26	151665.15	248899.38	190115.98
煤炭开采和洗选业	3112.68	6686.18	6477.02	11483.10	7794.86
石油和天然气开采业	6505.53	7884.74	6867.23	5013.00	2877.16
黑色金属矿采选业	368.53	847.76	819.91	1526.91	1266.23
有色金属矿采选业	291.25	758.25	689.75	1048.75	829.82
非金属矿采选业	253.22	519.45	500.63	651.66	481.65
其他采矿业	0.70	2.23	2.19	1.83	1.63
农副食品加工业	1617.42	3775.65	3663.14	6001.79	5049.71
食品制造业	890.82	1868.82	1855.48	2778.24	2346.89
饮料制造业	1139.26	1962.09	1897.42	3019.69	2609.66
烟草制品业	799.14	708.07	696.58	1042.05	1006.76
纺织业	2841.92	5445.66	5403.91	8935.33	7727.03
纺织服装、鞋、帽制造业	785.96	1535.05	1505.90	3068.35	2752.44
皮革、毛皮、羽毛(绒)及其制品业	394.42	766.44	775.01	1622.73	1493.44
木材加工及木、竹、藤、棕、草制品业	435.21	1037.79	1021.79	1345.63	1103.64
家具制造业	260.26	575.74	557.86	1075.22	969.37
造纸及纸制品业	1372.39	3101.22	3040.97	4299.34	3259.94
印刷业和记录媒介的复制	683.40	978.69	952.03	1307.67	1136.22
文教体育用品制造业	264.48	456.22	448.11	849.08	772.22
石油加工、炼焦及核燃料加工业	3392.21	4126.32	3926.03	7243.24	5816.92
化学原料及化学制品制造业	5818.73	10193.45	9892.96	15172.37	11453.87
医药制造业	1331.67	2400.68	2315.12	3786.31	3229.92
化学纤维制造业	740.26	1305.43	1314.82	2008.85	1711.08
橡胶制品业	621.62	1218.03	1199.79	1951.42	1593.45
塑料制品业	1291.65	2219.88	2202.43	3858.05	3364.97
非金属矿物制品业	3320.57	7221.03	7055.58	10056.25	7891.73
黑色金属冶炼及压延加工业	7052.71	12927.33	12196.05	22305.56	17614.54
有色金属冶炼及压延加工业	2102.72	4861.64	4543.24	8166.38	6504.02
金属制品业	1441.58	2695.35	2568.23	5468.64	4961.36
通用设备制造业	2585.65	4868.30	4585.13	11626.95	10341.51
专用设备制造业	1713.43	3207.65	3015.12	8087.24	7073.94
交通运输设备制造业	4188.55	7658.33	7014.84	19395.87	17110.91
电气机械及器材制造业	2618.18	4358.77	4178.11	11993.53	10926.94
通信设备、计算机及其他电子设备制造业	5069.61	7226.36	7059.11	15760.85	13995.19
仪器仪表及文化、办公用机械制造业	483.29	822.74	792.44	1917.73	1740.91
工艺品及其他制造业	327.43	671.73	683.83	1334.64	1139.81
废弃资源和废旧材料回收加工业	59.43	154.41	128.02	370.43	337.60
电力、热力的生产和供应业	19279.30	38077.94	36745.57	39817.33	17878.70
燃气生产和供应业	342.32	887.18	859.61	1227.79	791.43
水的生产和供应业	1262.05	2280.66	2214.18	2279.61	1158.49

主要经济指标(按行业分)(续表1)

单位:亿元

应付账款	长期负债合计	所有者权益合计	实收资本	国家资本	集体资本	法人资本	个人资本
51067.05	51729.26	182353.38	104086.06	22859.27	1890.72	33851.08	18574.12
1648.08	3251.25	7974.63	3548.93	1683.61	124.08	1144.30	558.67
1627.83	1864.14	7793.58	5416.37	3074.87	16.65	2262.68	17.68
258.91	203.77	1653.06	664.12	187.70	13.87	249.85	197.37
140.43	194.59	1241.55	513.55	102.83	52.04	203.49	134.54
85.57	122.11	678.36	340.73	40.85	16.27	127.10	129.34
0.42	0.19	2.24	1.94	0.01	0.05	0.88	0.99
1003.39	698.57	4975.38	2630.44	116.92	75.44	865.22	984.22
618.77	341.93	2465.81	1494.69	61.65	36.34	415.25	380.47
498.85	329.77	2926.55	1514.70	123.22	32.54	448.93	343.52
322.15	33.50	3386.45	760.24	177.16	1.40	578.45	1.97
1486.06	1032.81	6401.24	3782.70	119.38	79.17	926.15	1329.87
808.07	179.76	2587.34	1478.66	19.14	27.05	334.00	389.88
503.13	90.28	1402.36	833.05	3.29	10.19	149.62	216.05
238.29	189.91	1398.98	773.98	23.31	14.27	232.51	340.81
307.74	78.80	866.06	562.96	8.45	5.84	120.79	161.29
764.95	865.92	3141.99	2005.72	138.39	63.87	549.48	401.25
327.28	132.03	1335.41	812.86	98.65	28.84	255.05	198.94
303.76	53.47	746.25	518.03	11.46	5.39	71.76	83.51
1216.15	1256.41	4455.67	3649.44	1599.67	17.52	1448.18	352.01
2683.45	3358.97	12382.33	7509.82	1302.49	130.87	2565.29	1423.66
665.49	452.85	4094.23	2073.90	179.00	68.23	775.75	550.73
237.51	273.28	1357.15	927.03	97.70	7.92	329.54	209.38
400.04	315.72	1351.81	815.08	42.29	14.02	167.80	172.51
964.49	380.74	3161.53	2059.69	37.50	46.28	456.04	553.59
1988.50	1849.32	7870.81	4811.77	383.12	162.19	1644.12	1518.87
4219.60	4057.15	12890.18	5469.21	1734.60	116.06	1962.31	1005.12
1166.60	1347.88	5964.50	2795.87	669.71	70.91	1034.08	571.23
1301.54	368.14	4121.74	2447.78	92.74	63.64	630.47	782.63
2995.17	961.47	7834.42	4261.38	325.08	87.02	1192.25	1326.03
2245.74	766.56	5451.26	3007.17	316.83	48.48	967.04	719.45
4897.92	1747.96	11742.95	6483.76	845.72	79.68	2654.71	851.55
3606.04	849.18	8754.32	4685.12	188.54	127.98	1300.57	1265.21
6643.15	1494.91	11238.83	7491.25	338.24	37.90	1568.04	527.08
670.13	136.23	1894.65	1031.65	71.79	13.28	281.04	218.54
316.45	149.17	1131.52	644.04	21.30	13.76	140.57	182.83
99.61	27.26	178.52	114.87	11.25	4.91	41.61	25.22
3549.03	20807.49	22411.28	14214.15	7616.99	139.00	5223.17	392.11
124.44	398.05	973.90	639.73	195.36	10.92	261.98	23.92
132.32	1067.72	2114.55	1299.68	798.47	26.77	271.05	32.07

2008 年全国规模以上工业企业

地区名称	港澳台资本	外商资本	主营业务收入	主营业务成本	主营业务税金及附加
总计	9619.30	17278.27	500020.07	423295.75	6277.28
煤炭开采和洗选业	9.90	28.37	15315.15	10284.61	278.33
石油和天然气开采业	44.14	0.34	11052.97	4964.99	569.42
黑色金属矿采选业	10.47	4.86	3635.66	2534.50	60.18
有色金属矿采选业	4.00	16.65	2705.99	2021.01	29.12
非金属矿采选业	11.36	15.80	1822.50	1371.08	45.12
其他采矿业	0.00	0.01	9.74	7.66	0.13
农副食品加工业	182.44	406.20	23565.80	20698.30	156.31
食品制造业	180.33	420.65	7463.72	5872.90	49.00
饮料制造业	165.31	401.17	6137.61	4416.54	238.48
烟草制品业	1.00	0.26	4259.65	1316.73	1840.35
纺织业	794.67	533.47	20726.37	18318.83	108.66
纺织服装、鞋、帽制造业	399.03	309.56	9074.13	7695.13	50.14
皮革、毛皮、羽毛(绒)及其制品业	239.96	213.95	5692.84	4899.20	35.32
木材加工及木、竹、藤、棕、草制品业	67.96	95.10	4650.54	3957.98	46.52
家具制造业	129.48	137.12	3001.28	2549.19	19.30
造纸及纸制品业	317.34	535.39	7501.23	6488.90	41.77
印刷业和记录媒介的复制	156.79	74.59	2593.35	2139.58	15.70
文教体育用品制造业	198.03	147.90	2414.04	2110.87	21.00
石油加工、炼焦及核燃料加工业	74.80	157.26	22636.22	22202.68	433.18
化学原料及化学制品制造业	512.44	1561.77	33308.53	28149.13	241.87
医药制造业	130.10	370.10	7402.33	5061.98	51.20
化学纤维制造业	149.01	133.48	3883.84	3586.43	8.73
橡胶制品业	110.09	308.38	4149.86	3585.88	23.67
塑料制品业	435.33	530.96	9623.96	8323.26	53.05
非金属矿物制品业	447.23	656.24	20345.47	16894.43	184.48
黑色金属冶炼及压延加工业	233.41	417.72	45658.70	41378.28	265.26
有色金属冶炼及压延加工业	182.98	266.95	20666.94	18543.11	132.38
金属制品业	378.83	499.46	14547.59	12635.42	95.05
通用设备制造业	302.93	1028.07	23837.78	19934.73	141.22
专用设备制造业	324.73	630.63	14116.48	11709.10	76.76
交通运输设备制造业	359.75	1692.36	32913.38	27878.95	511.59
电气机械及器材制造业	602.15	1200.66	29374.91	24845.17	128.10
通信设备、计算机及其他电子设备制造业	1673.11	3346.88	43177.95	38545.74	81.93
仪器仪表及文化、办公用机械制造业	148.18	298.82	4850.64	4058.87	21.58
工艺品及其他制造业	166.53	119.04	4026.50	3455.01	28.57
废弃资源和废旧材料回收加工业	13.89	17.99	1158.33	1028.29	9.58
电力、热力的生产和供应业	345.31	497.50	30245.26	27818.00	167.79
燃气生产和供应业	61.78	85.77	1592.09	1365.62	7.85
水的生产和供应业	54.51	116.82	880.76	647.70	8.59

主要经济指标(按行业分)(续表 2)

单位:亿元

其他业务收入	其他业务利润	营业费用	管理费用	财务费用	利息支出	营业利润	投资收益
9932.75	1805.19	12893.31	20199.81	6021.81	5664.16	32892.75	1175.27
796.97	91.99	507.54	1554.34	231.12	211.48	2536.47	84.44
447.83	4.71	41.20	491.76	31.26	45.99	4634.66	3.86
41.34	7.35	72.61	181.09	39.00	31.14	747.60	5.66
36.95	18.19	43.78	154.56	21.70	20.14	445.07	9.55
21.19	6.91	89.50	99.13	22.13	15.69	198.77	-1.94
0.15	0.15	0.36	0.40	0.08	0.06	0.70	0.01
175.61	42.35	520.72	526.35	216.31	194.41	1485.24	20.53
174.07	24.68	589.52	291.91	75.48	67.91	569.52	5.51
130.48	30.07	577.55	300.35	58.55	58.02	592.35	30.10
255.34	-19.79	96.79	307.68	-3.01	-1.92	695.73	40.29
275.25	43.30	321.99	629.25	304.58	275.97	1022.48	2.79
71.81	20.57	301.25	419.70	76.95	57.79	529.53	6.60
21.95	9.81	130.92	224.43	43.94	38.36	359.32	7.73
28.63	10.45	125.82	145.88	52.87	41.95	333.61	1.03
27.25	7.23	107.52	134.43	28.03	23.20	156.75	0.04
190.75	30.30	193.07	246.74	121.37	130.93	457.68	7.30
43.98	15.86	62.69	166.60	26.68	23.66	196.94	5.16
16.85	6.63	57.28	122.81	19.64	15.09	90.49	2.25
511.51	34.85	249.78	650.53	201.02	195.79	-1115.94	3.73
644.73	110.76	1134.42	1415.89	398.73	390.11	2155.52	40.19
110.46	52.66	876.46	533.22	119.11	99.99	844.62	29.56
140.33	11.27	34.35	104.02	74.13	75.23	78.61	2.34
74.05	13.73	112.59	165.26	60.81	56.85	200.46	-1.17
118.82	27.76	220.60	382.69	101.93	89.80	544.07	8.10
183.10	43.27	648.61	791.71	288.19	252.86	1517.10	37.42
1457.12	234.65	462.20	1109.08	575.46	570.61	2063.64	70.68
363.20	52.18	215.38	525.61	243.91	226.96	1092.01	30.87
234.23	67.11	323.71	545.16	141.40	122.91	850.41	2.23
457.47	98.60	653.99	1179.77	211.97	171.27	1690.07	21.59
262.25	68.02	441.88	823.64	135.45	120.08	1023.44	33.10
1000.34	215.57	955.51	1659.09	174.36	211.68	2091.78	282.53
457.07	91.37	1085.02	1241.59	292.88	235.48	1906.65	66.74
444.46	149.93	1182.22	1663.89	185.48	179.36	1657.25	46.93
62.08	22.93	157.41	295.54	26.85	24.47	316.20	14.80
28.28	9.80	102.58	164.39	36.44	29.56	232.99	1.00
7.57	2.47	20.64	29.00	8.05	8.21	68.97	-3.18
483.04	93.99	75.68	712.34	1302.59	1277.94	511.59	229.34
74.49	26.78	49.82	78.60	19.14	20.37	110.93	16.62
61.74	26.74	50.40	131.39	57.20	54.77	-0.55	10.94

2008 年全国规模以上工业企业

行业名称	补贴收入	利润总额	亏损企业亏损总额	本年应交增值税
总　计	1170.98	30562.37	5295.59	17690.72
煤炭开采和洗选业	26.22	2348.45	46.37	1156.79
石油和天然气开采业	0.19	4601.23	68.63	1037.54
黑色金属矿采选业	1.77	700.37	11.40	228.14
有色金属矿采选业	3.09	407.31	12.74	109.60
非金属矿采选业	2.22	168.92	5.03	85.10
其他采矿业	0.01	0.57	0.06	0.37
农副食品加工业	39.56	1213.88	72.73	490.19
食品制造业	20.38	489.60	59.47	293.91
饮料制造业	18.35	558.85	54.06	309.16
烟草制品业	2.15	712.99	1.19	527.04
纺织业	21.36	927.42	115.04	606.07
纺织服装、鞋、帽制造业	7.99	487.34	44.85	288.85
皮革、毛皮、羽毛(绒)及其制品业	4.15	333.12	18.21	178.85
木材加工及木、竹、藤、棕、草制品业	14.18	294.64	18.32	152.57
家具制造业	1.65	139.88	19.49	87.78
造纸及纸制品业	10.70	434.80	49.97	263.68
印刷业和记录媒介的复制	5.55	200.67	16.53	110.78
文教体育用品制造业	1.50	78.20	21.53	62.20
石油加工、炼焦及核燃料加工业	274.04	-1003.14	1552.30	626.32
化学原料及化学制品制造业	80.71	1919.12	454.89	1127.70
医药制造业	13.89	792.90	42.65	398.24
化学纤维制造业	4.14	81.83	74.96	78.37
橡胶制品业	3.60	180.48	30.20	128.20
塑料制品业	7.94	511.76	58.24	266.77
非金属矿物制品业	85.32	1480.55	122.27	888.35
黑色金属冶炼及压延加工业	34.71	1573.29	302.95	1481.90
有色金属冶炼及压延加工业	41.57	848.21	204.44	623.09
金属制品业	12.47	749.79	58.27	428.50
通用设备制造业	38.63	1587.84	93.95	753.61
专用设备制造业	28.79	1010.35	81.76	406.53
交通运输设备制造业	75.58	2127.41	147.68	957.76
电气机械及器材制造业	30.87	1809.33	105.55	846.00
通信设备、计算机及其他电子设备制造业	42.60	1542.67	301.57	618.95
仪器仪表及文化、办公用机械制造业	11.04	326.09	23.79	119.55
工艺品及其他制造业	4.87	224.22	17.57	113.31
废弃资源和废旧材料回收加工业	1.20	40.31	12.14	32.01
电力、热力的生产和供应业	157.81	508.69	907.61	1704.09
燃气生产和供应业	18.59	125.37	19.44	63.37
水的生产和供应业	21.61	27.07	47.73	39.52

主要经济指标(按行业分)(续表3)

单位:亿元

全部从业人员年平均人数(万人)	总资产贡献率(%)	资产负债率(%)	流动资产周转率(次/年)	成本费用利润率(%)	产品销售率(%)
8837.63	13.96	57.71	2.67	6.61	97.53
502.38	20.53	59.02	2.24	18.67	98.27
112.76	48.84	39.14	4.54	83.22	89.36
61.52	32.07	48.02	2.73	24.77	95.73
53.53	24.72	45.79	2.85	18.18	96.57
54.23	23.67	49.00	3.70	10.68	97.27
0.28	27.70	44.97	5.30	6.67	98.77
315.07	18.72	54.68	4.35	5.53	97.73
154.57	17.17	52.98	3.13	7.17	96.69
113.04	19.58	50.78	2.24	10.44	97.09
19.77	69.51	23.53	1.49	41.50	98.93
652.06	12.51	58.26	2.69	4.74	97.73
458.70	15.63	54.25	2.88	5.74	97.10
273.30	19.36	53.64	3.27	6.29	98.06
131.30	19.52	49.03	3.71	6.88	97.06
104.41	13.92	55.39	2.85	4.96	97.75
151.92	11.70	57.72	2.49	6.17	97.18
82.03	13.27	49.48	2.07	8.38	97.85
132.72	11.06	53.22	2.70	3.38	97.25
86.02	2.16	61.91	4.59	-4.30	98.51
429.64	13.34	55.04	2.79	6.17	97.35
150.75	17.03	48.04	1.95	12.03	95.01
45.06	7.25	59.68	2.52	2.15	97.64
97.29	11.78	59.08	2.64	4.60	98.00
255.42	13.13	54.96	2.56	5.67	97.72
408.73	15.65	56.09	2.77	7.95	97.29
313.50	11.06	63.37	3.08	3.61	98.20
185.18	12.96	57.79	3.18	4.34	97.12
327.17	14.56	57.02	2.65	5.49	97.50
493.21	13.64	59.74	2.09	7.22	97.21
308.43	11.92	59.74	1.80	7.71	96.43
473.14	12.23	62.28	1.91	6.94	98.42
527.79	14.55	57.81	2.31	6.59	97.42
677.31	8.97	58.35	2.60	3.71	97.78
116.48	12.90	50.30	2.05	7.18	96.80
143.35	16.04	54.12	2.86	5.97	96.78
14.20	16.41	67.48	3.49	3.71	96.41
259.41	5.88	63.98	3.45	1.70	99.51
18.17	9.85	55.77	2.31	8.28	98.90
43.78	2.96	51.88	0.92	3.05	96.88

工业分述

东城区工业

【综述】 2009年，东城区规模以上工业企业实现总产值35.65亿元，同比下降7.2%。其中，三资企业实现工业总产值19.56亿元，同比下降9.1%。全区共有出口企业11家，实现工业出口交货值3亿元，同比下降25.5%。

（东城区）

【课题研究】 年内，撰写《东城区都市型工业的现状与发展对策》调研报告，分析了东城区都市型工业的现状及发展特征，结合东城区的功能定位，提出了区域都市型工业发展定位及相关政策建议。结合区内实际情况及统计局、产促局、科委、教委、园林局、房地中心等单位提供的数据资料，完成《关于东城区发展太阳能产业和利用太阳能的初步设想》。

（东城区）

【举办节能宣传周】 6月14日，东城区发改委、区环保局、区节水办和东四街道办事处在东四奥林匹克公园共同举办了2009年节能宣传周主会场宣传活动，共计发放节能、节水、环保宣传材料上千份，展出节能减排宣传展板10块，组织高效照明产品供货商为居民开展节能灯以旧换新服务，组织节电企业现场展示节电产品，讲解产品节能效果。

（东城区）

【扶持中小企业发展】 是年，东城区制定发布《北京市东城区中小企业发展专项扶持资金管理暂行办法》，设立1000万元专项资金，采取贷款贴息补助方式支持区域中小企业发展。有11家企业申请贴息并通过审核，获财政贴息金额145.97万元，涉及银行贷款5740万元。召开东城区中小企业论坛，主题为“国际金融危机下的中小企业生存和发展机遇”，工业和信息化部、市经济信息化委领导及东城区区长杨艺文分别介绍了国家、北京市和东城区的中小企业发展政策措施。通过网站、现场政策解读等多种方式宣传中小企业发展扶持政策，共发放东城区扶持企业政策汇编400册。组织国家中小企业专项资金申报及验收，为北京高和华泰节能环保科技公司申报国家中小企业发展专项资金支持，为北京稻香村食品有限公司申请国家工业企业技术改造专项资金支持。对北京雄财新能源科技发展有限公司使用中小企业专项资金情况进行跟踪调研。区政府有关部门与非公有制企业坚持联系制度，每月1次或根据情况召开联系会，沟通情况和了解信息，发现和解决中小企业发展中遇到的困难和问题。

（东城区）

【中小企业融资】 修订《北京市东城区中小企业担保贷款内部管理办法》，精简初审小组职责，前期只需税务部门对企业做纳税登记及纳税诚信审查。开通小额贷款担保绿色通道，对300万元以下的贷款，首创担保公司与东方信达在企业申报材料齐全情况下，15个工作日内完成担保贷款审核。组织5次中小企业资金供需对接会，44家企业参加，北京龙泰鸿科技有限公司、北京瑞特佳科技有限公司等9家企业获得2700万元贷款担保。在区政府协调下，北京银行、广东发展银行明确承诺对区域中小企业贷款按基准利率执行。推进小额贷款公司筹建工作。为中担担保公司、北京市农业投资有限公司等6家企业提供小额贷款公司试点咨询，召开有意设立小额贷款公司股东协调会。9月29日，市金融局正式批复，同意筹建北京农投东方小额贷款有限公司，11月12日，公司正式营业。该公司注册资本为5000万元，是区内第一家小额贷款公司。

（东城区）

【煤炭管理】 完成煤炭企业经营许可证年检工作，金泰汇通公司取得经营许可证。对金泰汇通公司干面胡同、北剪子巷等煤炭经营门市部进行安全检查。

（东城区）

西城区工业

【综述】 2009年，西城区工业法人单位有334家，资产总计为6841.9亿元，年末在岗职工人数30592人，工业地区生产总值133.5亿元，工业能源消耗总量32.3万吨标准煤，工业万元增加值能源消耗量0.242吨标准煤。工业企业排放达标率100%。西城区规模以上工业企业96家，分布在22个行业。

工业生产和销售呈平稳增长态势，完成现价工业总产值951.3亿元，完成产品销售收入956.7亿元，完成利税161.1亿元，完成利润152.4亿元，产销率为99.8%。能源供应业是西城区工业的支柱行业。电力热力的生产和供应业、燃气生产和供应业、水的生产和供应业三大行业的7家企业占区域规模以上工业企业产值总量的95.3%，销售收入占总量的94.8%，利税总额占总量的97.4%，利润总额占总量的97.5%，产销率为100%。在96家规模以上工业企业中，国有及控股企业49家，占总数的51%，其工业总产值和销售收入分别占规模以上工业企业总量的87.1%和87.2%，利税总额和利润总额分别占规模以上工业企业总量的86.9%和86.6%（上述相关数据含国家电网数据）。

是年，高新技术企业继续注重技术创新，节能减排取得成果，技术交易平稳增长，重点高新技术企业稳步发展。德胜科技园区建设强化，2009年各项政策兑现资金共计1691.32万元，同比增长34.7%。

（潘亚会）

【行业发展】 是年，区域工业22个行业企业出现较大变动，与上年相比，8个行业企业有所增减。其中，企业减少的行业有3个，通信设备计算机及其他电子设备制造业减少3家，印刷业和记录媒介的复制减少1家，塑料制品业减少1家。企业增加的行业有5个，交通运输设备制造业增加4家、专用设备制造业增加2家，电气机械及器材制造业增加2家，仪器仪表及文化办公用机械制造业增加1家、工艺品及其他制造业增加1家。完成现价工业总产值在亿元以上的行业有12个。现价工业总产值在10亿元以上的行业有3个，为电力热力的生产和供应业、燃气生产和供应业、水的生产和供应业，占区域行业个数的13.6%；现价工业总产值在百亿元以上的行业有1个，为电力、热力的生产和供应业，占区域行业个数的4.5%，其产值为787.1亿元（此数据含国家电网数据），占区域规模以上工业企业现价工业总产值总量的82.7%。

是年，16个行业盈利，占行业个数的72.7%，为食品制造业、纺织服装鞋帽制造业、造纸及纸制品业、印刷和记录媒介的复制业、橡胶制品业、塑料制品业、有色金属冶炼及压延加工业、金属制品业、通用设备制造业、专用设备制造业、交通运输设备制造业、电气机械及器材制造业、通信设备计算机及其他电子设备制造业、仪器仪表及文化办公用机械制造业、电力热力的生产和供应业、燃气生产和供应业。其中，年盈利数额最大的是电力热力的生产和供应业，利润为138亿元。6个行业亏损，占行业个数的27.3%，为纺织业、文教体育用品制造业、化学原料及化学制品制造业、非金属矿物制品业、工艺品及其他制造业、水的生产和供应业。其中，行业年亏损数额最大的是水的生产和供应业，亏损达 6.5 亿元。

（潘亚会）

【都市产业】 是年，都市型工业企业 30 家，占规模以上企业的 31.3%。涉及 8 个行业，为食品制造业、纺织业、纺织服装鞋帽制造业、造纸及纸制品业、印刷和记录媒介的复制业、文教体育用品制造业、塑料制品业、工艺品及其他制造业。从业企业数量最多的是印刷和记录媒介的复制业，有 15 家。30 家规模以上都市型工业企业完成现价工业总产值 10.6 亿元，占总量 1.1%；完成产品销售收入 13.4 亿元，占总量 1.4%；都市型工业有 5 个行业盈利，占都市工业行业个数的 62.5%，为食品制造业、纺织服装鞋帽制造业、造纸及纸制品业、印刷和记录媒介的复制、塑料制品业。其中，年盈利数额最大的是食品制造业，利润为 610.7 万元。3 个行业亏损，占行业个数的 37.5%，为纺织业、文教体育用品制造业、工艺品及其他制造业。其中，年亏损数额最大的是文教体育用品制造业，亏损额为 411.2 万元。

（潘亚会）

【高新技术企业认定】 是年，西城区依据国家新出台的高新技术企业认定办法进行了重新认定，截至年底，西城区共有高新技术企业 186 家。其中依据原认定办法认定的高新技术企业为 56 家（德胜科技园高新技术企业 46 家，园区外高新技术企业 10 家）。

（潘亚会）

【科技人才与技术创新】 是年，西城区推荐申报北京市优秀人才资助项目 3 人，获得批准 1 人；推荐申报西城区优秀人才资助项目 9 人，获得批准 6 人；经推荐 1 人获得国务院特殊津贴。评选出区科技进步奖 25 项，其中一等奖 5 项、二等奖 7 项、三等奖 13 项。全年区内 31 项科研项目获得 300 万元资金支持，其中生物工程和新医药技术 10 项，电子与信息技术 10 项，新能源与高效节能技术 2 项，环境保护新技术 4 项，先进制造技术 3 项，新材料及应用技术 2 项。

（潘亚会）

【建设企业信用平台】 是年，西城区加强企业信用平台建设，拓宽企业融资渠道，中关村科技担保公司共为 15 家科技企业提供约 1.4 亿元贷款，西城信用工作平台会员企业达到 70 家。

（潘亚会）

【技术交易】 年内，全区共输出技术 3479 项，同比下降 18.9%，输出技术成交额 33.2 亿元，同比增长 58.1%。全区共吸纳技术 3597 项，同比增长 10%，吸纳技术成交总金额 49.5 亿元，同比下降 18.5%。

（潘亚会）

【企业专利申请】 是年，西城区积极开展企业专利试点工作，帮助企业建立和完善知识产权管理制度，共推荐 40 家企业参加北京市试点工作。在普天德胜孵化器设立知识产权举报投诉服务工作站和企业专利托管点。西城区申请专利 2858 件，其中发明专利 1877 件，实用新型专利 793 件。授权专利 1316 件，其中发明专利 560 件，实用新型专利 667 件。

（潘亚会）

【技术成果转化】 是年，西城区围绕节能减排进行技术创新，注重科技成果应用，企业科技投入的重点放在以市场为导向的技术研发上，一批研究成果迅速推广应用。有研稀土新材料股份有限公司研发的“非皂化萃取剂萃取分离稀土新工艺”从源头消除氨氮废水污染，并大幅度降低化工材料消耗，该系列技术申报国家发明专利 8 项，其中国际发明专利 1 项。有研稀土与 8 家稀土冶炼分离企业签订技术转让合同，其中 5 家稀土分离企业完成技术改造，实现规模生产。该公司承担国家科技攻关计划项目“半导体照明产业化技术开发”下设课题“LED 用高效低光衰荧光粉及其产业化技术研究”，列入国家“863”计划获得 9 项发明专利，得到广泛应用并产生良好效果。北京凝汽动力技术有限公司“工业蒸汽系统的闭式凝结水回收器研发”是对蒸汽系统的乏汽和凝结水进行闭式回收的设备，将蒸汽系统凝结水回收率由现有的 30%提高到 90%以上，北京万桥兴业机械有限公司完成“900 吨运架梁一体式架桥机的研究与开发”，克服了分离式提运架设备带来的施工量大、劳动强度高、对山体和植被的破坏大、能源消耗大的缺点，在高速铁路建设中广泛应用。北京硕人海泰能源科技有限公司的“能源统计与分析系统”是国家发展和改革委员会、世界银行和全球环境基金共同组织实施的大型国际合作项目，北京木联能软件技术有限公司承担完成“风电场测风数据验证与评估软件”，建立了三维风场诊断模式（WINDIAM）数学模型。

（潘亚会）

【德胜科技园发展】 年内，西城区各项政策资金共4691.32万元，同比增长34.69%。园区完成投资额7.0亿元，同比增长8.6%。园区启动编制政策区控制性详细规划修编工作，完成规划初稿。园区凯旋大厦地块、中国印刷总公司新华印刷厂与中国出版集团新华书店总地块、北京市城建设计研究院与北京市政工程研究院3个地块纳入中关村国家自主创新示范区空间范围，共18公顷。对园区总收入1000万元以上企业进行培训辅导，聘请相关领域专家、政府部门领导举办多场专业培训会，指导企业申报国家高新技术企业资格，对园区重点企业进行“一对一”跟踪辅导。对园区总收入在5000万元以上的重点企业进行季度专项调查，了解金融危机对企业的影响，协调解决实际困难。对企业进行摸底、筛选，重新梳理高新技术企业范围，对企业资格进行审核、颁发证书。成功引进中国林业产权交易所、北京国家出版创意产业园项目，协调中国建筑设计研究院认定高新技术企业资格。

（潘亚会）

【梅泰诺公司上市】 12月24日，德胜科技园内的北京梅泰诺通信技术股份有限公司首次公开发行股票。该公司集设计、生产、施工和基础建设于一体，为客户提供一站式全方位服务。主要产品包括各类通信塔，聚氨酯基站机房和工业空调等，所设计的产品是中国3G时代网络基础建设领域的领航者。其中新型三管通信塔为国内首创，具有重量轻、造价低、便于安装维护等特点。公司还为客户提供各种综合基础建设解决方案，其产品和方案已被中国移动、联通、卫通、电信等通信运营商采用。

（潘亚会）

崇文区工业

【综述】 2009年，崇文区规模以上工业企业实现总产值24.57亿元，同比下降11.0%；完成销售产值23.51亿元，同比下降9.4%；实现主营业务收入27.05亿元，同比下降7.2%，实现利润总额3.36亿元，同比下降1.5%。按行业类别分，总产值最高的3个行业分别是医药制造业、仪器仪表及文化办公用机械制造业和纺织服装、鞋、帽制造业，共实现产值19.44亿元，同比增长2.7%。工艺品及其他制造业实现产值0.79亿元，同比下降78.2%。

（陈丽帆）

【电力安全】 年内，开展国庆电力安全专项行动，编制《企业用电安全》教材。排查并消除重点用电单位电力隐患41项。举办“崇文区2009年电力安全培训会”，25家重点用电单位计50人参加培训。区电力办荣获北京市“新中国成立60周年电力设施保护工作先进单位”称号。

（张金生）

【节能减排】 年内，制定《崇文区2009年节能减排工作任务分解》及《重点用能单位节能考核标准和考核工作方案》。修订《崇文区关于加强节能改造项目管理的暂行办法》，对建筑节能改造、能源审计、绿色照明等出台扶持促进政策。共投入节能专项资金1394.98万元，其中，政府固定资产投资节能改造项目安排150万元，包括政府节能示范工程计划投入资金9万元，重点用能单位改造补贴资金134万元，为民办实事6.9万元。专项投入建筑节能资金1244.98万元，用于普仁医院、第一人民医院、房管中心建筑节能改造工程。在学校、机关、企业及社区开展“节能进万家”系列宣传活动，制作发放节能宣传袋1.8万个，节能宣传铅笔及笔筒各1万个，宣传册1.07

万册。落实区政府关于《崇文区 2010 年在直接关系群众生活方面拟办的重要实事》工作要求，为全区 1100 辆残疾人摩托车免费安装节油器。举办“2009 年节能工作培训会”，区节能减排领导小组 21 家成员单位和 50 家重点用能单位 130 人参加。

（张金生）

【木雕工艺】 北京市工艺木刻厂有限责任公司工艺美术师张启生的“水虫”红木天然座在第四届北京市工艺美术展上获得“工美杯”铜奖。“北京木雕小器作”被列为北京市第三批非物质文化遗产保护项目名录。

（詹文静）

【玉器工艺】 北京市工艺木刻厂有限责任公司工艺美术大师宋建国设计和高级技师魏振华制作的玉器翡翠《观音》确定为 2009 年度北京传统工艺美术珍品，并获得政府 4 万元奖励。

（詹文静）

【景泰蓝工艺】 是年，北京市珐琅厂的新产品室内用景泰蓝多功能喷水池荣获第十届中国工艺美术大师作品暨工艺美术精品博览会金奖，景泰蓝系列作品《如影随形》荣获银奖。为新中国成立 60 周年献礼而设计制作的高 2.009 米的《和平尊》以及由 4 位国家级大师共同设计打造的《华韵四季尊》分别荣获北京“工美杯”金奖。

（夏焕贞）

【青鸟软件获奖】 年内，青鸟软件股份有限公司荣获全国和北京市“信用 AAA 级企业”称号。在“2009 中国（南海）软件和服务外包高峰论坛暨中国软件行业协会成立 25 周年庆典”上，公司荣获“中国软件产业脊梁企业”奖，董事长李锋被评为“中国软件产业杰出企业家”。

（朱　楠）

【无铅釉料研制成功】 是年，北京市珐琅厂研制出 63 种绿色环保景泰蓝釉色，改写了珐琅釉含铅伤害人体健康并且污染环境的历史。经在景泰蓝产品中多次试验，使用性能及颜色效果均可与含铅釉媲美。填补了国内外这一领域的空白。

（夏焕贞）

宣武区工业

【综述】 2009 年，宣武区工业规模以上工业企业 60 家，同比增加 8 家。企业经济类型涉及国有经济、集体经济、联营经济、股份制经济、三资经济和私营经济，涉及 16 个行业。其中 3 个行业年工业总产值亿元以上，占区域行业个数的 18.8%。印刷业和记录媒介的复制、电力热力的生产和供应业、农副食品加工业等行业企业为工业支柱，工业增加值占全区生产总值的 5.3%，同比增长 0.4 个百分点。工业产值能源消耗 0.0554 吨标煤/万元，同比下降 16.7%。规模以上工业企业完成工业总产值 48.61 亿元，同比增长 13.1%。完成主营业务收入 49.7 亿元，同比增长 8.2%；实现利润 3.5 亿元，同比增长 12.0%；亏损企业亏损额 0.48 亿元，比上年亏损 0.16 亿元，同比增长 50%。

（宣武区）

【国有企业】 是年，宣武区国有及国有控股经济成分居主导地位。共有规模以上国有及国有控股工业企业 17 家，同比增加 2 家。国有及国有控股企业完成工业总产值 38.7 亿元，同比增长 12.5%，占规模以上工业企业的 79.7%；国有及国有控股企业资产总计 61.5 亿元，同比下降 3.6%，占全区规模以上工业企业资产的 83.5%；完成产品销售收入 39.61 亿元，同比增长 6.7%，占规模以上工业总量的 79.6%；完成利润 2.5 亿元，同比增长 7.8%，占总额 71.7%。行业分类涉及 3 个行业。其中，属于印刷业和记录媒介复制业的 4 家企业完成工业总产值 21.1 亿元，占规模以上国有及国有控股企业总量的 54.5%。

（宣武区）

【行业发展】 是年，宣武区规模以上工业企业产品涉及 16 个行业。年产值在亿元以上的行业有3个，占行业个数的18.8%，分别为印刷业和记录媒介复制业、电力热力的生产和供应业、农副食品加工业。年产值超过10亿元的行业有2个。其中，印刷业工业总产值26.1亿元，同比增长0.8%，占区域规模以上工业总量的53.6%。

（宣武区）

【技术改造】 是年，宣武区办理企业技术改造项目3项，总投资1.9亿元，同比增加0.3亿元。其中，办理印刷行业企业技术改造项目1项，办理电信行业项目2项，为中国移动通信集团公司新一代通信技术应用国家工程实验室项目和中金金融认证中心有限公司面向中小金融机构的公共网上银行安全服务平台项目。

（宣武区）

【节能降耗】 是年，宣武区通过2008年北京市节能目标完成情况考核。工业企业生产综合能源消耗27.8万吨标准煤，同比增加2.6%。万元工业产值综合能耗0.0554吨标准煤，同比下降0.011吨标准煤。能源消耗量2000吨以上标准煤的工业企业4家，分别在电力、热力的生产和供应业、印刷业和记录媒介复制业行业内，占全区综合能源消耗的96.6%。发布实施《宣武区2009年节能降耗工作思路》和《宣武区2009年节能降耗任务分解》（宣发改〔2009〕34号），明确相关部门任务和责任。组织召开区节能降耗领导小组联席会议。督促签订《节能目标责任书》的全区22家重点用能单位制定节能规划，开展能源审计。北京市印钞有限公司、北京王致和食品集团有限公司等5家企业通过第一批评审考核。以“推广使用节能产品，促进扩大消费需求”为主题，在宣武艺园举办节能宣传周启动仪式，深入企业、幼儿园、社区等场所，宣传《中华人民共和国循环经济促进法》、《废弃电器电子产品回收处理管理条例》、《公共机构节能条例》等法律法规，分发节能规划宣传册、节能科普光盘、宣传画、节能纳米手帕等宣传品，组织节能专题培训，讲授北京市节能降耗政策法规、服务业清洁生产审核等内容，60家用能单位近100人参加。

（宣武区）

【中小企业发展】 是年，宣武区贯彻落实《关于鼓励和促进中小企业发展的若干措施》和《宣武区支持中小企业发展专项资金管理办法（试行）》，开展2009年中小企业发展专项资金项目申报工作。有7个工业项目得到支持，包括高新技术类和循环经济类的网络通信终端机、生殖毒性试验技术服务平台、水源热泵能源站等项目，共获得专项资金309万元。

（宣武区）

【电力保障】 是年，宣武区完善国庆期间电力保障预案体系。编制完成《宣武区迎60周年国庆暨迎峰度夏电力突发事件应急预案》、《宣武区电力供需平衡调控方案》等3部应急事件处置预案方案，组织“广外地区停电事故综合演练”等应急演练。整治电网安全隐患，开工实施牛街等4座老旧小区电力设施改造工程，消除南热高压架空线路电力隐患。加强敏感用户电力设施安全隐患排查，对重要电力设施进行安全检查。协调城区供电公司，对供电设施采取技术监测预警，对重载设备开展测温侧负荷，完成部分重载变电站、开闭站临时负荷倒出工程。加强电力设施保护，多次召开电力安全协调会议，针对重点地区电力安全事故特点部署工作。安排组织国庆庆典期间电力应急值守，没有出现电力供应线路故障应急事故。荣获北京市“新中国成立60周年电力设施保护工作先进单位”称号。

（宣武区）

【电网建设】 是年，宣武区强化电网建设，核准16项电网改造工程，共投资5.4亿元，是2008年的9.3倍。项目包含宣武区“煤改电”工程5片地区线路改造项目，珠市口和西河沿2座开闭站建设、电能计量消隐工程等项目。

（宣武区）

【华电关停燃油发电机组】 8月5日，华电（北京）热电有限公司将4台共20万千瓦燃油发电机组正式关停，这是北京市在火电机组“上大压小、节能减排”进程中的标志性事件。关停的4座燃油机组是20世纪70年代由周恩来总理亲自选址并指示建造，4台机组的主厂房作为北京市重要工业遗产加以保护。

（宣武区）

【科通厂再获专利】 曾为“神舟五号”、“神舟六号”、“神舟七号”成功配套电子继电器产品的北京市科通电子继电器总厂紧跟国家重点项目，通过科技创新获得8项专利，其中6项实用新型专利、2项发明专利，“陶瓷密封光－MOS固体继电器系列产品”达到国家军标最高等级Y级，部分产品达到亚宇航级标准。

（宣武区）

【世纪金工新品获奖】 是年，世纪金工集团研制出科通厂军用光伏继电器、三纺机正时皮带轮、无仪美达大功率智能图示仪、塑十三厂新型口罩等一批新产品。5项自主创新产品分获宣武区科技进步一、二、三等奖，获得区政策支持资金165万元，其中公司贷款贴息项目和北京第三纺织机械有限公司产业化项目分别获得宣武区中小企业发展资金69万元和80万元，两项科技立项资金12万元，两项人才项目资金4万元。

（宣武区）

朝阳区工业

【综述】 2009年，朝阳区实现地区生产总值2380.4亿元，同比增长12.5％。其中，第一产业、第二产业和第三产业实现增加值分别为1.4亿元、265.6亿元和2113.4亿元，三次产业比重为0.1∶11.7∶88.2。

工业带动第二产业保持快速增长，第二产业全年实现增加值269.2亿元，同比增长13.5％，高于全区地区生产总值增速3.3个百分点。工业在新增大型工业企业带动下较快增长，全年实现增加值197.9亿元，同比增长17.0％，高于第二产业增速3.5个百分点，对第二产业增加值增长的贡献率达90.2％。

全区实现总产值804.6亿元，同比下降0.5％。主营业务收入858.7亿元，同比增长0.8％，实现利润总额18.5亿元，同比下降29.4％。

（陈　珊）

【产业发展】 是年，朝阳区工业共涉及33个行业，排名前3位的行业是煤炭开采和洗选业，石油和天然气开采业以及通信设备、计算机及其他电子设备制造业，共实现产值366.47亿元，同比增长12.69％，占工业总产值的44.37％。通信设备、计算机及其他电子设备制造业，由于受国际金融危机冲击影响，产品订单减少，出厂价格下调，由第一位降为第三位，全年累计实现工业总产值98.08亿元，同比减少36.22亿元，下降27％。煤炭开采和洗选业成为区域工业的第一大行业，全年累计实现工业总产值159.0亿元，同比增加20.8亿元，增长15.1％。

（陈　珊）

【园区建设】 年内，电子城功能区提出“百个项目保增长、六项措施保增收”，园区管委会通过规划引导、环境促进、项目推进、平台建设、政策保障、服务协调6项措施，实现园区全年总收入1010亿元，实现利润总额100亿元，实缴税费总额50亿元，认定登记技术合同成交总金额50.6亿元，区级财政收入19.16亿元，为区域经济发展作出突出贡献。园区各项建设加快发展，北扩一期202公顷控规获得批复，ABB三期等项目竣工，中国电信、施耐德电气、恒基伟业等22家企业签约入驻园区。IT产业园市政工程改造完工，北电网络三期、爱立信二期市政工程建设加快推进。相继启动驼房营路、康乐路等9条全长10.5公里的道路建设，全面推动道路畅通工程。建立高新认定“部门、中介、企业”三方联动机制，全年组织申报并通过认定国家高新技术企业、认定中关村高新技术企业、换证核发企业1233家。搭建银企合作、院企交流、人才服务、成果转化等专业服务平台，提供就业岗位1780个。对重点企业实行“一企一策”，深入企业送政策、问需求、解难题，使政策方向与企业需求实现“无缝对接”。

（陈　珊）

【产业结构调整】 是年，朝阳区大力发展高新技术产业、现代服务业、文化创意产业和金融业，四大产业成为带动全区经济增长的主要动力。三次产业结构由上年的0.1∶13.6∶86.3变化为0.06∶11.16∶88.78。第一产业全部退出商品粮生产，向观光休闲农业、精品农业、绿色产业方向发展；第二产业增加值保持稳定，电子信息、生物医药等高新技术产业稳步提升；第三产业首次突破2000亿元，对经济增长的贡献率达到84.5%。年内，该区重点加大科技成果转化促进力度，制定《加快高新技术产业发展的实施意见》，提出大力发展新移动通信、新生物医药、新能源产业，优化提升实体经济核心竞争力的总体思路。与中国移动、中科院生物物理研究所、中材国际等建立战略合作关系，推进“中国移动谷”等重大项目建设，带动电子城园区产业结构优化升级。电子城北扩区域先期202公顷控规已获批复。大望京土地储备完成后，利用其与中关村园区相呼应，同时连接CBD功能区和电子城功能区的地理优势，提出打造国际科技商务中心的规划思路，形成与中关村科技研发、电子城科技制造相互联动的首都三大科技板块。

（陈　珊）

【帮扶企业应对国际金融危机】 是年，朝阳区应对国际金融危机，成立帮扶企业协调领导小组、经济运行调度小组，围绕市政府帮扶企业的29条措施，制定了企业帮扶政策和措施。建立区领导、各部门、各街乡与重点企业的定期联系制度和帮扶工作台账，每周调度、每月分析、组织召开专题会，把握企业经营状况，解决企业发展难题1400余个，为企业争取市级帮扶资金16.6亿元。建立重大投资项目绿色审批通道机制，简化审批程序，推进网上审批，提高政府办事效率，取消审批事项83项。

（陈　珊）

【促进中小企业发展】 是年，朝阳区中小企业发展工作取得积极进展。根据非公中小企业发展专项资金使用办法，从项目组织、项目审核、项目管理等3个方面规范专项资金的使用程序，提高专项资金的使用效益、效率和效能。分两批安排非公中小企业发展专项资金1985万元，用于支持46家中小企业的项目建设，缓解中小企业资金压力。继续推进中小企业融资担保贷款服务工作，为北京东方盛泽建筑装饰工程有限公司等47家中小企业提供贷款担保服务，累计担保额为5.58亿元，托管基金放大倍数由最初的1.41倍扩大至8.84倍。对13家获得国家、市级财政支持的企业予以252万元的配套资金支持。

（陈　珊）

【企业技术改造】 年内，朝阳区共核准、备案工业企业投资、技改项目54个，项目以电子信息、生物医药、通信设备等高技术产业及都市工业投资、技术改造为主，总投资额33.5亿元。

（陈　珊）

【电力安全】 是年，朝阳区共有市级挂账电力隐患19处，占全市隐患总数的10%，区级配网电力安全隐患10处。成立电力安全隐患整治领导小组，制定隐患整治工作实施方案，召开全区大会，分阶段进行宣传、整改和验收。成立由区发展和改革委员会、区安监、消防、绿化和市区电力等部门组成的联合执法检查小组，检查落实。建立整改机制、综合整治、隐患反弹长效机制等措施，完成隐患整治任务。

（余合喜）

【节能减排】 是年，朝阳区围绕“十一五”节能指标，强化各项节能措施的互相促进作用，对占全区能耗60%以上的重点用能单位，签署指标分解责任书，加大监管力度。引导用能单位进行节能诊断和清洁生产审核。利用节能发展专项资金，引导促进重点用能单位节能改造，落实节能指标任务。调整节能专项资金管理办法内部管理程序，规范项目的申报、初选、立项、验收、后期评价等工作程序，确保专项资金使用安全。

（薛　蕾）

【高新技术企业认定】 年内，朝阳区开展高新技术企业认定工作，218家高新技术企业通过市科委评审。其中，电子城科技园区企业126家，园区外企业92家。按技术领域划分，电子信息技术企业96家、生物与新医药技术企业16家，新能源及节能技术企业13家，高技术改造传统产业企业34家，高技术服务业企业29家、资源与环境技术企业14家，新材料技术企业15家，航空航天技术企业1家。

（陈　珊）

【打造中国“移动谷”】 7月24日，中国“移动谷”新移动通信产业战略合作签约仪式在望京科技创业园举行。会上，发布了中国“移动谷”建设战略构想，朝阳区分别与中国移动通信集团北京有限公司和TD产业联盟签署战略合作协议，就打造中国“移动谷”，推进TD技术在电子政务和社会信息化方面的应用、加强TD产业链企业互动等方面开展深度合作。中国“移动谷”建设项目计划以3G产业为突破口，在电子城科技园汇聚无线通信产业的企业总部、研发中心、新技术服务中心等高科技产业群，打造中国“移动谷”无线通信产业核心区域。

（陈　珊）

【国庆电网安全保障】 是年，为保障新中国成立60周年庆典期间电网的安全运行，按照“警企联合、警民联合、专群结合”的工作原则，在电力企业自身专业维护、技术防范基础上，组织各街乡、公安部门，发挥基层组织力量，发动沿线群众，成立了500多人的群众护线队伍，统一培训，统一标志，规范上岗，实现群防群治，共同保护输电线路安全。国庆期间，对全区192公里输电线路、785个塔基进行巡查值守，将电力设施保护工作细化到村（社区），责任落实到人，与华北电网公司、北京电力公司配合，共同保护输电线路安全，确保了国庆供电万无一失。被北京市电力突发事故应急委员会办公室授予“新中国成立60周年电力设施保护工作先进单位”。

（余合喜）

【7项目列入国家重点新产品计划】 是年，北京华大信安科技有限公司的“椭圆曲线密码算法芯片ISECMM1256B”、北京国中伟业科技有限公司“TD－SCDMA特色业务平台”、北京绿茵天地体育产业股份有限公司“复合橡胶跑道”、北京华东电气股份有限公司“LW50－252/Y3150－50型SF6罐式断路器”、北京超图地理信息技术有限公司“超图企业级服务式地理信息开发平台系统V2.0”、北京合众思壮科技股份有限公司“资源环境信息采集设备G510”、北京兆维科技股份有限公司“地铁自动售票机”等7个项目被列入国家重点新产品计划。

（陈　珊）

海淀区工业

【综述】 2009年，海淀区实现地区生产总值2446.9亿元，同比增长6.5%。区级财政收入164.8亿元，同比增长21%；社会消费品零售额首次突破1000亿元，同比增长16%；全社会固定资产投资489.5亿元，同比增长27%；城市居民人均可支配收入和农民人均纯收入分别增长8%和11.8%。

工业经济逐步恢复。全年实现工业总产值完成1188.5亿元，同比增长8%。占全区工业比重66.1%的前10大行业，年内实现工业总产值785.7亿元。

特色行业总产值增速回升。电机制造业、航空航天器制造业工业总产值实现快速增长，分别达到153.5亿元和26.8亿元，跃居海淀区工业行业总产值前十名排序的第二名和第九名；电子计算机整机制造实现总产值274.7亿元，同比下降3.9%。精炼石油产品的制造领域实现工业总产值79.9亿元，同比增长47.8%；电子器件制造业实现总产值49.6亿元，同比下降13.2%；通信设备制造业实现总产值41.5亿元，同比下降51.7%；输配电及控制设备制造业实现总产值44.7亿元，同比增长3.2%。

海淀园企业实现总收入5852.07亿元，同比增长20.8%。其中，技术收入1379.57亿元，同比增长14.6%，占园区总收入的23.6%；实现利润总额509.66亿元，同比增长56.9%；实缴税费283.77亿元，同比增长21.7%；园区实现工业总产值1043.34亿元，同比增长8.9%。企业创新投入呈现企稳回升态势，园区科技活动经费内部支出增速稳步回升；创新产出保持稳定增长，园区发明专利授

北京同仁堂

2009年4月8日，同仁堂创建340周年劳模颁奖典礼暨“百草香，中华情”大型文艺晚会在北京保利剧院举行

2009年12月20日–21日，北京同仁堂2009年基础管理暨人才工程大会在顺义宾馆召开

2009年6月22日，同仁堂集团公司在首都大酒店召开北京同仁堂中医药大师命名暨师带徒拜师会

马坡聚源产业基地

基地内宽阔的道路

基地一期、二期规划图

洛娃日化科技创业园

马坡镇聚源产业基地建于1994年2月，作为顺义新城马坡组团的二三产业基地，2008年被规划为北京市顺义新城第9街区。聚源产业基地整体规划269.57公顷，主导功能定位为工业，以加工、制造业为主。聚源产业基地一期已利用工业用地116公顷，已达到“七通一平”。二期计划再开发70公顷工业用地，现已完成市政设计，计划投资1.5亿元，于2010年完成基础设施建设，使基地达到“九通一平”，以满足产业基地发展与投资者的需求。

该基地内现入驻企业30家，建成投产20家。年产值超过1亿元规模的企业5家。马坡镇聚源产业基地管委会设有办公室、招商部、规划建设部及工程部等，以完善的管理和优质服务保障投资者利益。在“诚信、热情、耐心、高效”服务理念指导下，建设全方位一站式办公体系，为客户提供高效便捷的服务，使投资者在政策上落实，在服务上满意。

法定代表人：姜蒙
地　　址：顺义区马坡镇
邮　　编：101300
电　　话：69408786
电子邮箱：Mapo juyuan@yahoo.com.cn

爱慕内衣公司鸟瞰

北小营镇宏大二三产业基地

文化创意产业基地项目签约仪式

北京汇源食品饮料有限公司

北小营镇宏大二三产业基地，总占地面积约166.65公顷，现有入驻企业中国出版集团公司、北京汇源集团、北京和田宽食品有限公司、北京東兰国际服装有限责任公司、北京万集科技有限责任公司等27家国内外实投项目，总投资达60余亿元。形成了以食品饮料、汽车零部件制造、服装制作，文化创意为主的产业格局。目前，北小营镇宏大二三产业基地已达到“七通一平”的完备基础设施条件。优美的投资环境，便利的交通网络，优质周到的服务体系，完善的机制体制，优惠的入驻政策，使企业来的放心，干的舒心，发展顺心！

法定代表人：杜金胜
地　　址：顺义区北小营镇
邮　　编：101305
电　　话：60483621 60483628
电子邮箱：beixiaoying_shy@126.com

北京世钟汽车配件有限公司

北京运通泰制衣有限公司

昌平区经济和

北京工程机械产业基地揭牌仪式

昌平区政府与中石油天然气公司合作签约仪式

康明斯发动机投产仪式

信息化委员会

2009年，按照机构改革的要求，昌平区组建了经济和信息化委员会，负责全区工业和信息产业发展。区域内共有工业企业2954家，其中规模以上工业企业647家，完成工业产值767.5亿元，同比增长8.8%，能源科技、生物医药和现代装备制造三大主导产业呈加速形成态势，经济总量进一步扩大，经济实力不断增加，产业结构得到优化，自主创新能力不断增强，区域工业经济继续保持了较快增长的良好势头。

地　　址：昌平区西环路15号
邮　　编：102200
电　　话：69742365
网　　址：www.cpgy.gov.cn

帮扶企业工作会

中国移动信息港项目签约仪式

北京青年创业示范园开园仪式

燕 山

燕山石化化工一厂

燕山石化办公区及金燕湖

燕山石化隶属于中国石化集团，是中国建厂最早、规模最大的现代石油化工联合企业之一。拥有63套生产装置、68套辅助生产装置，原油加工能力超过1000万吨/年，乙烯生产能力超过80万吨/年，可生产94个品种、431个牌号的石油化工产品。

董事长、总经理：王永健
地　　址：北京市房山区燕山
邮　　编：102500
电　　话：010－69342295
传　　真：010－69342736
网　　址：http://www.yanshanpcgc.com.cn

燕山石化办公大楼

石化

800万吨／年常减压蒸馏装置

牛口峪水库掠影

燕化星城生活区

北京南口轨道交通机械有限责任公司

铁路道岔项目奠基仪式

EMD曲轴齿轮

350公里动车组牵引拉杆

250公里动车组齿轮箱

20立方
螺杆泵主机

法定代表人：宋治贵
厂　　址：北京昌平南口镇道北
邮政编码：102202
联系电话：010—51013361
传　　真：010—69771809
网　　址：www.nkgc.com.cn

公司正门

权数为1566个，占专利授权量的40.5%；实现技术合同成交总额501.95亿元，同比增长2.68%。

（汪江龙）

【构建“1+20”政策体系】 是年，海淀区制定落实《关于进一步促进高新技术产业发展的决定》，研究出台20项配套政策，形成“1+20”政策体系。安排总规模不少于10亿元的高新技术产业专项资金，用于促进技术和产品创新、产业升级、融资环境改善、产学研平台搭建、相关中介服务组织建设，系统推动高新技术产业快速健康发展。

（汪江龙）

【帮扶企业应对国际金融危机】 是年，海淀区制定《海淀区帮扶企业应对国际金融危机工作分解方案》，成立帮扶领导小组，协调服务，加强重点企业的跟踪和帮扶，开展“一对一”企业大走访活动，走访工业企业收入前20名单位及水晶石、汉王科技等快速成长型企业，协调解决重点企业面临困难，提振企业应对危机信心，帮扶企业度难关。

（汪江龙）

【入围中央投资计划重点项目】 是年，在市发改委向国家发展改革委申报16个技改和研发重点项目中，海淀区有6家企业项目入围。联想控股有限公司、安泰科技股份有限公司、北京软通动力信息技术有限公司、二十一世纪空间技术股份有限公司、用友软件股份有限公司和北京生物技术和新医药产业促进中心的6个项目总投资5.45亿元，其中固定资产投资3.30亿元，申请国家资金支持5700万元。

（汪江龙）

【入选第三届创新产品和技术】 2月12日，由中国半导体行业协会、中国电子材料行业协会、中国电子专用设备工业协会、中国电子报共同举办的“第三届（2008年度）中国半导体创新产品和技术”评选结果揭晓，海淀区4家企业产品入选，约占全部项目数的13%，分别是北京君正集成电路有限公司、北京天碁科技有限公司、北京中天联科微电子技术有限公司、北京中星微电子有限公司。入选本届的创新产品和技术涵盖了整个半导体产业链，包括集成电路产品和技术、集成电路制造技术、分立器件、封装与测试技术、半导体设备和仪器以及半导体专用材料等。

（汪江龙）

【26个项目荣获部优通信奖】 2月12日，工业和信息化部发布了“2008年度部级优秀通信电子工程设计奖和优质通信工程奖”评审结果，共有128个项目获奖，其中海淀区企业有26个项目获奖，获奖企业分别是北京中网华通设计咨询有限公司、北京电信规划设计院有限公司、世源科技工程有限公司、北京时空筑诚建筑设计有限公司、中国电子工程设计院、太极计算机股份有限公司、北京电信规划设计院有限公司。

（汪江龙）

【水晶石公司赞助伦敦奥运会】 3月24日，数字视觉技术公司——海淀园高新技术企业水晶石公司成为首家赞助伦敦奥运会的中国企业，成为2012年伦敦奥运会及残奥会官方数字图像服务供应商。主要为伦敦奥运会提供一系列的数字图像服务，包括奥运会全部36个场馆以及许多非竞技场馆的3D可视化服务，开发奥运会各项仪式上对数字动画有需求的视听素材，为奥运会和残奥会的各个体育项目制作数字动画。

（汪江龙）

【爱尼特研发多维空间能发生器】 是年，园区企业爱尼特智能科技（北京）有限公司研发出重大科研成果“多维空间能发生器”。多维空间能发生器为一次性投入的永续发电电源，是发电成本近乎零、无污染、零排放的清洁能源。该成果已制造数台实验室实验样机，并向国家知识产权局及美国专利局申请专利。

（汪江龙）

【企业家获科学中国人年度奖】 6月20日，海淀创业园企业北京凯悦宁科技有限公司总经理吴洪流博士荣获中国科技与经济论坛暨科学中国人2008年度人物称号。袁隆平、张瑞敏、杨振宁、钱学森、闵恩泽、师昌绪、邓中翰等近200位为我国科技事业发展作出突出贡献的科技工作者、科教管理者、科技型企业家均获得过此项年度人物奖。

（汪江龙）

【入围第23届电子信息百强】 7月9日，工业和信息化部发布2009年（第23届）电子信息百强企业名单。海淀区入围企业10家，比上届增加2个，其中联想控股和北大方正进入前10名，分列百强榜的第三和第八，中国软件与技术服务股份有限公司首次进入百强行列。

（汪江龙）

【科兴获得甲流疫苗生产批号】 北京科兴生物制品有限公司作为唯一具备大流行流感疫苗生产资质的企业，现有大流感疫苗生产线的设计年生产能力为2000万支～3000万支。1月，科兴分包装中心通过GMP认证，在技术和质量保证体系方面均达迅速启动应急生产的需求。9月3日，科兴生产的甲型H1N1流感病毒裂解疫苗“盼尔来福.1”获得由国家食品药品监管局颁发的药品批准文号，这是全球首支获得生产批号的甲型H1N1流感疫苗。

（汪江龙）

【4家企业荣获中国手机设计奖】 11月13日，海淀区有4家企业获得“2009中国手机创新设计金品奖”之手机方案企业金品奖十佳、手机芯片企业金品奖十佳、手机软件企业金品奖十佳等相关奖项，分别是北京登合科技有限公司、北京创毅视讯科技有限公司、北京华胜天成科技股份有限公司、汉王科技股份有限公司。

（汪江龙）

【联想回购移动业务】 11月27日，联想集团向弘毅投资为首的投资者收购联想移动通信技术有限公司的所有权益，收购总额约为2亿美元。其中，1.54亿美元以现金代价支付，余下4600万美元将按每股4.407港元发行8089万股代价股份支付。联想集团2008年3月以1亿美元的价格出售了联想移动。截至6月30日，联想移动的未经审核除税前纯利为人民币3998.99万元，未经审核资产净值及营运资金净额分别为3.08亿元和1.50亿元。

（汪江龙）

【航天信息公司荣登百强榜】 是年，美国知名财经杂志《商业周刊》发布“2009年度全球IT企业百强榜”，中国有5家企业上榜，分别是腾讯（第九位）、中国移动（第二十三位）、比亚迪（第三十三位）、中兴通讯（第三十九位）和航天信息股份有限公司。其中海淀企业航天信息股份有限公司排名第七十三位。

（汪江龙）

【2家企业技术中心获成就奖】 年内，国家发展改革委、科技部、财政部、海关总署、税务总局决定对2007年、2009年两次评价平均得分前50名的国家认定企业技术中心进行表彰，授予“国家认定企业技术中心成就奖”。北大方正集团有限公司技术中心、同方股份有限公司技术中心2家海淀区国家认定企业技术中心荣获“国家认定企业技术中心成就奖”。

（汪江龙）

【18家实验室获国家级命名授牌】 是年，国家发展改革委对51家国家级相关技术工程实验室命名授牌。海淀区有18家国家工程实验室，占北京市64%，占全国总数的1/5，分别是高速铁路系统试验国家工程实验室（中国铁道科学研究院）、电力系统仿真国家工程实验室（中国电力科学研究院）、抗肿瘤蛋白质药物国家工程实验室（清华大学）、先进金属材料涂镀国家工程实验室（新冶高科技集团有限公司）、林木育种国家工程实验室（北京林业大学）、畜禽育种国家工程实验室（中国农业大学）、灾备技术国家工程实验室（中国邮电大学）、下一代互联网核心网国家工程实验室（清华大学）、下一代互联网互联设备国家工程实验室（北京交通大学）、数字视频编解码技术国家工程实验室（北京大学）、作物分子育种国家工程实验室（中国农业科学院作物科学研究所）、作物细胞育种国家工程实验室（中国农科院蔬菜花卉研究所）、濒危药材繁育国家工程实验室（中国医学科学院药用植物研究所）、信息内容安全技术国家工程实验室（中科院计算技术研究所）、湿法冶金清洁生产技术国家工程实验室（中科院过程工程研究所）、电动车车辆国家工程实验室（北京理工大学）、结构性碳纤维复合材料国家工程实验室（北京航空材料研究院）、油气钻井技术国家工程实验室（中石油钻井工程技术研究院）。

（汪江龙）

丰台区工业

【综述】 2009年，丰台区工业企业共计2869家，其中规模以上工业企业476家，大中型企业37家，园区高新技术企业347家。丰台区工业企业实现增加值83.5亿元，同比下降12.9%；规模以上企业实现工业总产值368.8亿元，同比增长4.3%；其中新产品产值111.1亿元，同比增长5.5%，占全区工业总产值的比重为30.1%。；实现出口交货值13.4亿元，同比下降10.8%。

工业经济运行中大中型企业支柱作用显著。产值排名前十位的工业企业共完成工业总产值151亿元，同比增长12.6%，占全区总产值比重为41.7%；产值排名前三位的行业，即交通运输设备制造业、专用设备制造业、工艺品及其他制造业，占全区工业总产值比重为47.6%，三大行业支撑全区工业生产；轨道交通等装备制造业发展较快。3家轨道交通企业共完成工业总产值24.4亿元，同比增长133.9%。

（贯月云）

【利用外资稳步增长】 是年，新引进外商投资企业38家（含迁入企业），同比增长8.57%，共吸引外商投资总额累计7.06亿美元，同比增长173.45%；合同外资累计3.09亿美元，同比增长85.97%；实际利用外资累计1.06亿美元，连续3年突破1亿美元。

（张会利）

【对外贸易和经济合作】 是年，丰台区完成进出口贸易总额70.4亿美元，同比增长25.53%。其中进口总额为58.5亿美元，同比增长33.87%，出口总额为11.9亿美元，同比下降3.8%。批准7家企业在9个国家或地区设立了14家境外公司或办事机构，同比增长275%；投资总额近4200万美元，同比增长15%；注册资本近2000万美元，同比降低20%。主要集中在美国、中国香港、加拿大及非洲的国家与地区，以资源勘探开发、加工销售为主。

（张会利）

【中小企业发展】 是年，丰台区召开担保机构、银行、企业三方洽谈会，了解企业融资需求，为企业贷款提供服务。设立初期规模200万元的风险补偿基金，用于弥补担保代偿损失。增加区属诚信佳担保公司资本金到5000万元，加强其担保贷款能力建设，放大单笔放贷规模。7月，开通运行丰台区中小企业网，设置9个板块。全年，丰台区生产力促进中心和诚信佳担保公司共接洽贷款担保企业咨询128家，正式受理担保项目52个，金额1.65亿元；批准担保项目41个，金额1.20亿元。截至年底在保项目38个，金额11750万元。

（姜新华 毕 博）

【帮扶企业降压减负】 是年，丰台区经济信息化委召开企业减负座谈会听取意见，并开展减负拉查工作。落实降低社会保险费率制度，合计金额达2500多万元。对减产不裁员企业进行政府补助，共有12家企业符合条件，涉及岗位1305人，补助资金1271万元。落实新企业所得税法及延期缴纳税款政策措施，区国税局对企业实施退税3.4亿元；区地税局对部分企业税款落实缓缴政策。

（姜新华 毕 博）

【建立联系服务企业长效机制】 是年，丰台区制定《关于建立联系服务企业工作长效机制的意见》，明确7项长效帮扶措施：一是区经济信息化委为联系服务企业工作的牵头责任部门，组织协调联系服务企业的日常工作，明确相关委办局、街乡镇的联系服务企业职责，实现联系服务企业工作常态化。二是依据部门职责对企业帮扶需求进行分类处理，建立企业帮扶需求信息归集和分解落实的畅通机制。三是主动征求企业帮扶需求信息、服务意见建议，跟踪反馈问题解决进展情况，建立帮扶企业工作互动反馈机制。四是区政府督查室将联系服务企业工作列入督查事项，区监察局对联系服务企业工作进行效能监察，建立联系服务企业工作督查、监察机制。五是加强区级领导和重点企业的沟通联系，每年每位区级领导联系

2家～5家企业，建立区级领导联系服务企业的长效机制。六是建立委办局、街乡镇联系服务企业制度，形成全区上下合力帮扶、服务企业的工作格局和浓厚氛围。七是着重研究企业发展的深层次矛盾，积极探索利用私募基金、创投基金，知识产权交易、碳汇交易，商标权质押、专利权质押等现代融资手段，解决企业在资金、技术、市场等方面的瓶颈问题。

（张志会　毕　博）

【军民融合项目】　是年，丰台区与国防科工集团下属航天二院、航天三院协商推进军民融合产业项目落地。区政府成立了以主管区长为组长的丰台区军民融合产业促进工作小组，成员包括区发展改革委、科委、经济信息化委、住房城乡建设委、商委、国土分局、规划分局、丰台科技园管委以及两个镇政府。工作小组办公室设在区经济信息化委，负责日常协调工作。7月，区政府与航天三院签署征地合作协议书。11月，军民融合产业促进工作小组与航天二院、三院就产业项目落地涉及的具体问题进行了协商沟通，形成了初步一致的可行性方案，并于12月7日就航天三院产业项目涉及的土地利用规划和城市建设规划调整问题正式行文市政府。

（吴智青　毕　博）

【启动产业经济发展战略研究】　12月，启动丰台区产业经济发展战略课题研究，成立了由区经济信息化委牵头，研究室、发改委、统计局等单位组成的课题工作小组，并通过《北京日报》、“首都之窗”、区政府网站公开征选课题合作机构。明确要站在北京建设世界城市的高度，提出丰台未来产业经济的发展战略及其实现路径。

（张志兰　毕　博）

石景山区工业

【综述】　2009年，受全球性经济危机和首钢产量、价格降低等多重影响，石景山区工业经济运行经历了由急剧下行到逐步企稳回升的过程，工业经济先抑后扬。全区150家规模以上工业企业实现总产值540.2亿元，同比下降21.9%；实现出口交货值20.34亿元，同比下降56.0%；实现销售收入709.1亿元，同比增长5.0%；应交税金29.8亿元，同比上升0.7%；工业产销率99.8%，比上年下降1.3个百分点；实现利润12.5亿元，同比上升160.4%。其中，首钢总公司完成现价工业总产值398.0亿元，占全区比重73.7%，同比下降28.5%；首钢钢材产量598.4万吨，同比增长5.3%。

全区完成工业固定资产投资9亿元，同比下降34.6%。重点行业对区域工业影响较大，黑色金属冶炼及压延加工业、电力热力的生产和供应业、电气机械及器材制造业完成现价工业总产值457.2亿元，同比下降24.7%，占全区比重84.6%。

中关村石景山园经济发展迅速，创意创新优势初显。全年新引进企业725家，同比增长45%。园区企业总数达1200余家，实现收入和税收分别突破280亿元和8亿元，同比增长30%以上，固定资产投资突破20亿元，科技项目获得市级以上资金支持突破2亿元。全年中关村高新技术企业认定1160家，高新技术产业收入、科技活动人员、科技活动经费支出和研发经费支出增长均超过50%，增速居中关村一区十园前列。

（李　崴）

【中小企业帮扶工作】　年内，石景山区实施中小企业帮扶工程。成立领导小组，定期召开例会，建立帮扶台账，解决中小企业困难问题288个；制定帮扶企业、产业发展、招商引资、中小企业政策13项。年初安排扶持企业发展资金1.2亿元，首次设立中小企业发展专项资金2000万元。中关村首特科技孵化器作为石景山中小企业创业服务中心，帮助6家企业成为国家高新技术企业，如北京迈方达科技发展有限公司、北京实德隆科技发展有限公司；为3家企业成功申报双软认证企业；为企业提供劳动法、人力资源管理、咨询解答等相关培训 42 场次，受益企业 342 家。作为中关村信用促进会工作平台，为 10 余家高新技术企业入会办理服务，帮助企业获得各项中介购买服务补贴近 5 万元；为 30 余家入驻领秀创业服务楼的中小科技型企业办理不动产商会房屋租金补贴手续，补贴费用达 40 余万元。

（李　崴）

【建设首钢二通动漫产业园区】 是年，市政府工作会议审议并原则通过《首钢二通动漫产业园区规划方案》，将二通厂区用地定位为集动漫创作、生产、交易于一体的动漫产业园区，分为主题公园、流通贸易、产学研孵化、公共商务服务、数字化办公和酒店、住宅及配套服务等 6 个功能区。规划总用地约 83 公顷，总建筑规模控制在 120 万平方米左右。

（李　崴）

【庄笛浩禾公司获 2 个生产文号】 2 月 13 日，中关村科技园石景山园区企业北京庄笛浩禾生物医学科技有限公司收到国家药监局颁发的《鼠疫菌 F1 抗体检测试剂盒（胶体金法）》和《鼠疫菌 F1 抗原检测试剂盒（胶体金法）》两种产品生产文号，成为全球唯一同时生产两种烈性传染病快速检测试剂盒（胶体金法）的企业，结束了国家法定甲类传染病无快速检测试剂盒（胶体金法）的历史。

（李　崴）

【开通节能综合服务平台】 4 月 23 日，全市第一家政府出资设立集节能技术、节能工具、节能服务于一体的节能综合服务平台在石景山区正式开通。该服务平台由节能服务站、节能服务网、节能服务热线和节能产业联盟构成，按照“政策性导向、市场化运作、公司化管理”的模式进行规范化运作。该服务平台作为石景山区中小企业社会化服务体系的组成部分，将通过整合政府和行业资源等方式，促进节能改造需求与产品技术和产业资本的有效对接，催生节能和资源综合利用新机制，并在降低行业发展成本、培育新兴产业、促进产业集聚等方面发挥作用。

（李　崴）

【国家动画产业基地落户石景山】 6 月 27 日，“国家动画产业基地”落户石景山区。截至年底，全区文化创意企业突破 2500 家，实现收入 120 亿元，同比均增长 20%，税收 5 亿元，同比增长 50%。形成以搜狐畅游、蓝港在线、华娱无线为代表的网络游戏，以华录文化、银河长兴、神笔动画为代表的影视动漫，以暴风网际、千橡互动为代表的数字媒体 3 大文化创意产业格局。

（李　崴）

【世界首台超临界电站锅炉运行】 7 月 4 日，北京巴威公司设计制造的世界首台 600MW “W”火焰超临界电站锅炉试运行成功，为该炉型实现产业化提供了可靠数据。该锅炉由北京巴威公司为大唐华银金竹山发电厂二期扩建工程设计制造，具有技术世界领先、高效、节能、环保等优点。600MW 超临界锅炉机组运行热效率达到 42%～44%，热效率比 600MW 亚临界机组提高 2 个～3 个百分点，提高约 7.7%，每千瓦小时的标准煤耗降低了 20 克～30 克，降低约 8%。

（李　崴）

【10 个项目获市火炬计划立项】 中关村科技园石景山园区阿尔西、东方信联等 10 家企业的“节能型一体化自然冷却基站空调”、“一种承载驻地用户全部 3G 业务信息的接入网络实现方法和系统”等 10 个项目获 2008 年度北京市火炬计划立项，其中北京金石威视科技发展有限公司“全国地面无线广播电视监测系统监测前端设备项目”获国家火炬计划立项。此次列入市火炬计划的项目中，电子与信息类 4 项，新能源与高效节能类 3 项，光机电一体化类 3 项，均为石景山区重点发展的高新技术产业领域。

（李　崴）

【知识产权托管工程试点基地】 9 月 18 日，石景山区知识产权托管工程试点基地正式启动，石景山区知识产权局与北京高博隆华律师事务所和北京国帆知识产权代理事务所签署了知识产权托管协议。中关村科技园区石景山园作为首批“北京市知识产权托管工程试点基地”，通过创新知识产权托管模式，加强和改进中介机构服务与管理，为初创期、成长期、成熟期不同阶段的企业提供针对性的知识产权培训、知识产权规划制定、知识产权预警等服务，完善知识产权服务体系，入托企业将优先

享受市知局、中关村管委会、石景山区知识产权优惠政策。（李　崴）

门头沟区工业

【综述】 2009 年，全区工业规模以上企业共计 103 家，实现销售收入、总产值、增加值分别为 65.8 亿元、65 亿元、33 亿元，分别同比减少 10.6%、5.9%、9%。其中，中央、市属规模企业实现收入、产值、增加值分别为 35.5 亿元、35 亿元、24.5 亿元，分别同比减少 14.7%、13.5%、10.5%；区内规模工业企业实现收入、产值、增加值分别为 30.3 亿元 30 亿元、8.5 亿元，分别同比增长 4.2%、3.6%、5%。年内，资源型工业、现代制造业、高新技术产业、都市工业规模企业分别实现产值 36.9 亿元、13.4 亿元、8.1 亿元和 5.7 亿元，分别同比增长-12%、11.3%、8.7%和-2.6%，占全区规模工业企业总产值的比重分别为 56.8%、20.6%、12.5%、8.8%。

（王　亮）

【亿元规模企业】 年内，规模以上工业企业中，工业总产值超过亿元的企业共计 10 家，同比增加 1 家，累计完成工业总产值 45 亿元，同比减少 7.6%；实现销售收入 45.4 亿元，同比减少 13.5%，分别占全区规模工业企业总产值和销售总收入的 69.9%和 69.4%。产值超亿元企业分别是：北京昊华能源股份有限公司 28.5 亿元，北京精雕科技有限公司 5.1 亿元，北京万辉双鹤药业有限责任公司 2.1 亿元，北京天马轴承有限公司 1.6 亿元，北京无极液压工程有限公司 1.5 亿元，北京大源非织造有限公司 1.4 亿元，北京新港水泥制造有限公司 1.4 亿元，北京鑫华源机械制造有限责任公司 1.2 亿元，北京宝宜耐火材料有限公司 1.2 亿元，北京富根智能电表有限公司 1 亿元。

（王　亮）

【食品工业】 门头沟区食品工业企业近年来快速发展，年内食品工业实现销售收入近 9000 万元，同比增长 12%。涌现出天瑞祥、郑顺斋、本乡面粉等一批特色企业。编制完成《门头沟区食品工业发展战略研究》。（王　亮）

【机构改革】 根据中共北京市委批准的《北京市门头沟区人民政府机构改革方案》，撤销原区工业局、区政府信息化办，设立北京市门头沟区经济和信息化委员会（简称区经济信息化委），9 月 29 日正式履职。负责本区工业、软件和信息服务业发展、推进信息化工作。将原工业局、区信息化工作办公室的职责及区发展改革委承担的研究全区工业行业发展重大问题、协调制定工业发展规划的职责划入区经济信息化委，并增加软件行业管理职责。

（王　亮）

【帮扶企业】 是年，门头沟区成立帮扶企业领导小组，办公室设在区经济信息化委。对精雕科技等 17 家企业的 24 个项目从贷款贴息、市场开拓、贡献奖励等方面给予扶持，区级帮扶资金共计 217.9 万元。建立区内 28 家重点工业企业（占区内规模工业经济总量的 57%）周报制度，每周上报经营情况以及存在困难等。与帮扶领导小组成员单位、乡镇、街道建立帮扶企业信息搜集和沟通协调机制，搜集整理 28 家重点企业涉及资金短缺、市场开拓等方面的 73 项困难问题。向金融机构推荐有市场、有前景但资金紧张的企业 19 家，促成了灵山矿泉与民生银行 200 万元担保贷款事宜。连续召开 5 次座谈会宣传各项政策精神，组织 60 余家企业，举办了“门头沟区 2009 年企业经理人培训”，拓宽企业发展思路。引导精雕科技、城子金刚石等企业开展基地建设、生产线改造等项目。促进石龙经济技术开发区孵化器项目加快建设，组织各类扶持资金项目 14 项，其中 7 个项目累计获得国家、北京市级各类政策资金支持 1159 万元。

（王　亮）

【促进乡镇企业发展】 完成《门头沟区乡镇企业发展现状调查报告》，制定《门头沟区促进和扶持乡镇企业发展办法》。对北京荣福盛业食品有限责任公司等14家发展前景好、增加农民就业和收入作用强的乡镇企业进行扶持，扶持资金共计200万元。

（王　亮）

【企业上市】 年内，开展创业板后备企业调查，协调帮扶企业上市融资。向市金融局推荐北京立思辰科技股份有限公司上市，9月17日通过创业板发行审核委员会的审查，成为国内首批通过创业板审查的七家企业之一，10月30日正式在深交所挂牌上市融资，成为国内第一批28家创业板上市融资企业之一，发行股票募集资金4.46亿元。

（王　亮）

【信息化建设】 年内，推进政务信息资源共享交换体系建设。梳理形成法人单位、自然人口、宏观经济等13类数据容量达1.5G的政务信息资源。完成一期13个委办局的资源共享需求调研，形成资源共享需求、共享资源采集指标体系，完成政务信息资源平台的功能开发建设和验收工作。全区177个行政村通过光纤接入电子政务专网，光纤已覆盖全区的所有街道和社区节点。编制政府信息化评价指标体系，对使用信息系统的应用情况进行综合评价。梳理汇总全区5个乡镇3个街道办事处，共计32个村24个社区的基层单位信息化情况，逐步规范基层信息化管理工作。建设完成面向门头沟区行政机关和事业单位的公务员门户系统，搭建面向政务工作的“一站式”办公平台，整合区内OA系统、邮件系统等一系列系统，实现了统一用户管理和单点登录，提供了政务信息、电子期刊等内容。开展无线电频率台站清理整顿工作，分批次办理了50家单位340部对讲机的执照。

（王　亮）

【国庆期间信息安全保障任务】 为完成国庆60周年期间网络与信息安全保障任务，发放宣传册、宣传海报共计7000余份。对全区8家800M手台使用单位、700多台终端设备、50家单位340部对讲机加强管理。严格遵守国庆期间应急值守规定，保证网络及信息安全事件的应急响应处理。

（王　亮）

【聘请信息化专家】 11月23日，门头沟区经济和信息化委员会正式聘请李也白教授、毛国君教授、胡长平教授、尹长川教授（博导）、范春晓教授（博导）5位专家为区经济信息化工作的顾问，为区经济信息化委承载全区信息化工作方面提供智力支撑。

（王　亮）

【电力迎峰度夏】 年内，制定门头沟区电力迎峰度夏工作方案，7月—9月全区平均最大电力负荷13.6万千瓦，同比增长19.3%。最大电力负荷16.24万千瓦出现在8月14日18：00时，同比增长27.12%，迎峰度夏期间电网运行总体平稳，安全无事故。

（王　亮）

【国庆60周年电力安全保障】 年内，制订《国庆60周年电力安全保障工作方案》、《新中国成立60周年庆祝活动门头沟区电力安全保障工作方案》、《国庆电力检查方案》，组织区电力应急指挥部成员会议，加大电力应急检查力度，保障信息通畅。对于电力安全隐患进行督促整改。加强对重要用户的培训和设备检修，及时配备自备电源，作好应对突发事件的准备。组织500余人的群众护线队伍，9月27日—10月6日对路经门头沟的高压输电线路进行看护。区发改委被评为国庆60周年电力安全保障工作市级先进单位。

（王　亮）

【清除高压线下隐患】 门头沟区被列入年度市级高压线下隐患3处（220KV石上4—5＃；220KV石上13—14＃；110KV下村营支3—4＃），均在永定镇地区。经协调，提前半年完成3处高压线下隐患清除工作。7月15日，区电力管理办公室与北京市电力输电公司签订了《北京电网线下隐患消除认定书》，上报市发改委，是全市最早完成该项工作的区县。

（王　亮）

【建设农村电气化村镇】 年内，根据《首都新农村电气化镇建设标准》和新农村电气化镇建设验收办法及相关要求、标准，对新农村电气化建设的军庄镇和20个电气化村（香峪村、孟悟村、拢驾庄、担礼村、丁家滩村、东马各庄、西马各庄、南港村、太子墓村、付家台村、新兴村、青龙涧村、马栏村、高铺村、西胡林村、龙门口村、向阳口村、梁家台上村、梁家铺村、江水河村）进行了验收，全部达标。

（王　亮）

【煤惠民工程】　年内，在清水镇洪水峪村建成一座清洁型煤加工厂，由社会投资2678万元左右。该厂建成后兴建，年产10万吨，向7个镇的农民提供低于市场价的平价型煤。

（王　亮）

房山区工业

【综述】　2009年，全年实现工业总产值779.8亿元，同比下降6.9%。实现税收105.4亿元，同比增长3倍，对全区税收的贡献率89.2%。其中中央市属企业完成工业总产值629.8亿元，区属工业实现产值149.9亿元，同比增长15.1%。规模以上企业实现产值752.6亿元。按行业划分，规模以上石化企业60家，安置就业15600人，全年实现产值567.1亿元，占规模企业经济总量的75.4%。建材业发展到57家，安置就业8505人，实现产值45.3亿元，占规模工业企业经济总量的6%，其中新型建材业企业23家，安置就业2296人，实现产值10.6亿元。三大产业基地和六个农民就业产业基地总规划面积49.09平方公里，累计完成基础设施投资12.4亿元。截至年底，累计入驻企业1755家，完成技工贸产值217.9亿元，实现税收10.3亿元。其中入驻生产型企业185家，实现产值52亿元。

（房山区）

【北京石化新材料科技产业基地】　建设北京石化新材料科技产业基地，以深化燕房合作为契机，依托燕化公司，延伸产业链，拓展发展空间，前期基础工作取得阶段性成果。北京市政府与中石化集团公司签订战略合作框架协议，市政府出台《北京市人民政府关于加快北京石化新材料科技产业基地建设的若干意见》，基地通过了纳入中关村国家自主创新示范区的初审，创建国家新型工业化示范产业基地正式揭牌。核心发展区7个“厂中村”的搬迁评估工作基本结束，启动安置房建设。基地《产业发展规划纲要》形成初稿，编制完成总体规划研究及核心发展区的控规编制，完成起步区5.86平方公里控规。基地基础设施建设项目确定，年内引进双酚A、华美聚合物等项目11项，资金25亿元。

（房山区）

【招商引资】　围绕高端产业、劳动密集型产业、龙头企业的供应链和增值链以及高层次、复合型人才的引进，创新招商方式，拓宽招商渠道，吸引一批重大项目和优秀人才入住。年内，全区新建、续建工业项目93个，协议总投资71.48亿元，实际到位资金22.33亿元，同比增长11%。其中5000万元以上项目35个，实际到位资金16亿元。

（房山区）

【中小企业信用担保工作】　是年，发挥房山区中小企业贷款担保中心的作用，加强银政、银企合作，扶持一批成长型、税源型、就业型企业发展壮大。共完成贷款担保项目177项，到位担保金额6.02亿元，同比分别增长30%和50%。累计办理担保项目460项，到位金额达到14.2亿元。担保实力不断增强，规模已扩大到7.5亿元，按在保额度计算，担保资金放大12.6倍，比本市担保机构平均放大3倍的水平高9倍，独立注册成立北京燕鸿投资担保有限责任公司，注册资本金1.1亿元，通过行业A+级信用等级评定。

（房山区）

【电子商务惠及企业工程】　为帮扶企业应对国际金融危机，6月4日，房山区政府与中国中小企业协会、中国连线合作，共同启动“电子商务惠及企业工程”，协调引导企业加入中国中小企业信息网的商务平台。为房山区加快“三化两区”建设，加速工业化与信息化融合，转变工业发展方式打下基础。中国中小企业协会会长李子彬、工业和信息化部中小企业司司长王黎明、北京市经济和信息化委员会副主任闫冠和、区长祁红出席启动仪式。全区300多家企业加入该信息平台。

（房山区）

通州区工业

【综述】 2009年，通州区完成工业总产值460.6亿元，同比增长9.6%；销售收入480.5亿元，同比增长10.4%；实现利润18.9亿元，同比增长22.4%；上缴税金28.5亿元，同比增长17.9%。其中，乡镇工业完成产值421.7亿元，同比增长11.3%。

起草了《通州区人民政府关于帮扶企业应对国际金融危机实施办法》，排摸企业当临的问题和困难252项。通过对资金、市场、科技、土地、项目推进等进行了分类、汇总，划分出应由乡镇政府、区委办局、市协调调度会分层解决的问题，明确出责任人和办理时限，并对落实情况进行跟踪、监督。

规模企业和总部型企业数量不断增加。规模以上企业达890家，比2005年增长87.4%。入驻各园区的企业总部和大项目显现出强大的支撑和带动效应，二、三产业融合发展成效显著。其中，北京卷烟厂、北京烟草公司、李宁公司、蒙牛集团等一批投资规模大、产业链条长的大项目投产见效，对区域经济发展拉动作用明显。引进亿元以上投资项目11个，均为总部型，协议投资总额100亿元，分别是经井公司、中国动向集团、交通银行北京分行数据中心、吉林森工总部、利星行奔驰、中鼎泰克、ITO靶材、广州珠江钢琴集团、沈飞集团铝业幕墙总部、金城瑞佳家具和“亦茂中心”项目。

支柱产业支撑带动作用明显。规模以上企业占区域工业产值的90.5%，主导地位突出。其中，光机电、都市、汽车零部件三大产业共有规模企业630余家，完成产值占区域规模工业产值的67.3%。

产业新业态正在形成。高端商务、现代物流、生物医药等为代表的生产型服务业和文化创意产业项目引进比重明显提高。大项目的聚集促进了产业特色的形成。现代物流业特色突出，烟草、食盐、图书配送等十几类产品配送在北京地区市场上占有明显优势，电器、家具、建材、农副产品在北京市场上占有较大份额，物流产业链条向高端高效环节延伸。高端商务和文化产业发展潜力巨大。

以乡镇为主体、园区为重点的区域经济板块初具规模。台湖镇成为首个总收入100亿元、税收10亿元以上的乡镇，园区发展活力明显增强，经济贡献持续增加，光机电成为首个总收入100亿元、税收10亿元以上的园区。被列入区重点产业项目库的65个项目中，入驻园区项目47个，占项目总数72%；项目总投资额322.6亿元，占总投资额73%。其中签约项目中的中国国际电子商务中心和张家湾数字园项目，将使产业园区的经济效益日益显现。

（张　健）

【机构改革】 根据《北京市通州区人民政府机构改革方案》和《北京市通州区人民政府关于机构设置的通知》，设立北京市通州区经济和信息化委员会（简称区经济信息化委）。职责包括原区工业局（乡镇企业局）除煤炭、电力职责外的其他职责；区信息化工作办公室的全部职责和区委保密办承担的无线电管理工作职责；区发展和改革委员会的工业行业管理和信息化有关职责，含研究提出本区工业发展战略，按照规定权限，核准、备案本区规划内和年度计划规模内工业和信息化领域固定资产投资项目，工业生产许可工作中的产业政策确认，高技术产业中涉及生物医药、新材料等的规划、措施的拟订及组织实施，组织编制重大技术装备规划，工业的节能、资源综合利用、清洁生产促进和落后产能退出工作。增加本区软件行业管理的职责。转变的职责：加快推进信息化和工业化融合、高新技术与传统工业改造结合，促进现代化制造业等高端产业发展，加快推进本区信息化建设；加强对驻通中市属企业的服务职责；加强指导本区工业、软件和信息服务业安全生产工作的职责，组织拟定有关行业安全生产方面的规定和办法，加强对流通企业安全工作的监督管理。

（张　健）

【创造发展环境】 解决中小企业发展中存在的问题，提供政策服务，强化全区重点企业技术改造和创新体系建设。李宁（中国）体育用品、中轻太阳能、加增食品、好利来、创导陶瓷、全聚德三元金星食品、联东模板等多家企业分批得到市工业促进局和市乡镇企业局1.68亿元的资金支持。研究制定《园区产业发展规划》、《关于建立园区引进项目评审制度的若干意见》、《对各园区的督察考核意见》、《通州区促进产业发展暂行办法》、《通州区人民政府关于帮扶企业应对国际金融危机实施办法》等产业发展政策。全年，全区亿元以上开工项目16个，投资总额22.61亿元，占地1145.1亩，建筑面积44.3万平方米。北京卷烟厂、利丰雅高等7个项目实现试生产。

（张　健）

【推广标准厂房建设】 通州区产业基地标准厂房建设项目在全市推广。截至年底，通州区园区、产业基地累计建设标准厂房96.1万平方米，总投资34.45亿元，已出租面积69.1万平方米，出租率73.5%；入驻企业175家，已投产企业151家；解决本地劳动力1755人。

（张　健）

【盘活闲置土地】 年内，采取重组引进、转换企业经营机制等措施，盘活闲置的乡镇企业工业用地和闲置的行政事业用地共67处；盘活闲置厂房面积19.2万平方米；盘活闲置资产总额17.6亿元。

（张　健）

【电力设施建设】 完成永顺、烟厂、马驹桥、于家务、永乐店、徐辛庄、漷县、黄木厂、玉甫、纪庄等18个变电站的建设。8个电站取得市发改委共9000余万元资金支持。实施“0811”工程和新农村电气化工程，改善通州区电网运行方式，大幅提高电网可靠性。集中整治电力设施安全隐患，完成市级260处线下重点隐患整治任务，共清理违章建筑1万余平方米，清理、移栽、削尖树木3万余棵。新中国成立60周年等重大活动期间，采取“专群结合”防护区域重点线路，在11个乡镇选拔、培训线路守护员475人，24小时不间断巡查值守，保证区域1418个塔基设施安全运行。

（张　健）

顺义区工业

【综述】 2009年，全区640家规模以上工业企业完成工业总产值1507.6亿元，同比增长25.1%；完成销售产值1495.3亿元，同比增长25.6%。完成属地财税收入88.7亿元，同比增长63%；完成地方财政收入11.1亿元，同比增长59%。总产值1亿元以上企业94家，完成总产值1385.9亿元；产值10亿元以上企业16家，总产值1176.3亿元；产值百亿元以上企业3家，总产值843.5亿元，分别是北京现代474.9亿元，索尼爱立信224.8亿元，现代摩比斯零部件143.8亿元。汽车产业对区域工业的拉动作用极为突出，全区汽车及零部件企业完成产值771亿元，同比增长67.7%，拉动全区经济指标增长26.8个百分点。完成销售收入776亿元，同比增长73.7%；贡献税收61.9亿元，同比增长92.2%；吸纳就业17366人，职工本地化率48%。全区整车产销分别为62.2万辆和62.1万辆，同比分别增长80%和83%。

（顺义区）

【重点项目建设】 是年，全区各级工业园区和农村二、三产业基地新建工业项目85项，计划总投资216.8亿元，其中固定资产投资145.9亿元，占地约306.70公顷。投资1亿元以上项目32个，其中投资5亿元以上项目11个，投资10亿元以上项目6个。当年完工投产项目30项，累计完成投资11亿元，占地约39.86公顷，每年可新增产值40.2亿元，利润4亿元，税金2.4亿元。

（顺义区）

【重点功能区建设】 是年，全区14家重点经济功能区完成属地财税收入100.8亿元，同比增长26%；实现地方财政收入20.6亿元，同比增长13%。完成主营业务收入1330亿元，同比增长10%；其中完成工业总产值850亿元，同比增长50%，企业实现利润60亿元，同比增长12.5%。扩区拆迁工作加快推进，汽车生产基地完成吴家营村和梅沟营村拆迁，新增建设用地约242.31公顷；林河开发区拆迁工作基本完成；新城管委会完成4个村庄的拆迁工作。中关村示范区体系申报工作取得突破，空港C区、板桥创意天承、临空国际等区级功能区被纳入中关村示范区体系，拟纳入面积10.74平方公里。

（顺义区）

【帮扶企业应对金融危机】 是年，顺义区出台6个方面24条配套帮扶企业措施，统筹解决企业运行中的突出问题，落实各级扶持资金1.94亿元。组建总部企业高管人员服务中心，出台跨国公司设立总部奖励办法。严格落实出口退税政策，区内进出口贸易企业海关业务实现本地办理。新认定高新技术企业37家，新发展国家级企业技术中心2家，市级企业技术中心1家，市级研发机构3家，11家企业21项产品纳入市级自主创新产业目录。拓展企业融资渠道。年内，顺义区中小企业集合票据正式发行，为区内7家重点企业融资2.65亿元。

（顺义区）

【招商引资】 是年，全区新引进项目协议投资420亿元，新引进10亿元以上重大项目6个，实际利用外资3.96亿美元。中航工业北京航空产业园、中国出版集团公司文化创意产业基地、北京汽车产业研发基地和国家汽车质检中心等高端产业奠基建设。中核二三建设公司、首都机场资产管理公司等一批总部项目迅速入驻。绿色通道项目进展顺利，总投资894亿元的151个绿色通道项目全面推进，完成投资183.6亿元。新兴产业培育积极进展，数码视讯数字电视产业园、宝德阳触控产品生产研发基地、金蝶软件园等高端信息软件产业项目相继开工，清华同方LED、中兆培基非晶变压器等节能产业项目加速推进。

（顺义区）

【百强企业引领经济发展】 是年，获得“顺义区域经济百强企业”称号的企业109家，其中工业企业31家，航空物流业企业21家，金融商业及服务业企业28家，房地产及建筑类企业29家。当年，百强企业上缴属地财税收入129亿元，同比增长21.2%，占全区总量的59.2%；上缴一般预算性收入28.1亿元，同比增长15.7%，占全区总量的58.5%。完成主营业务收入9836亿元，同比增长24.2%；完成工业总产值1221.7亿元，同比增长27.8%；实现企业利润973.2亿元，同比增长17.8%；企业用工212389人（含外埠用工人数）。

（顺义区）

【品牌培育】 是年，嘉寓、美驰商标被评为中国驰名商标，承天倍达被评为北京市著名商标，全区拥有5个中国名牌产品，10件中国驰名商标，15个北京市名牌产品，34件北京市著名商标，位居北京市各区县前列。当年，全区品牌企业完成工业总产值228.4亿元，完成销售收入223.4亿元，分别占全区内资企业总量的65.3%和61.5%，其中北京地区产销规模10亿元以上的企业集团分别是燕京啤酒（37.8亿元）、牛栏山酒厂（16.3亿元）、鹏程食品（28.0亿元）3家国有控股企业。

（顺义区）

【镇村二、三产业】 是年，全区镇村二、三产业企业总数2.56万家（含个体），从业人员22.6万人，其中本地工14.5万人。当年实现总收入881.9亿元，利润52.2亿元，税收59.5亿元，同比分别增长28.5%、24.9%和12%。镇村二、三产业发展更加规模化。年末，镇村规模企业达到432家，其中收入500万元～1000万元（不含1000万元）的企业76家；1000万元～5000万元（不含5000万元）的企业213家；5000万元～1亿元（不含1亿元）的企业56家；亿元以上企业87家。二、三产业基地平台效应凸显。当年完成基础设施投入5.4亿元，同比增长了13.9%，新增入区企业45家。至年末累计入区企业482家，完成收入327亿元，同比增长29.8%，占镇村二、三产业总数的37.1%。（顺义区）

【产业结构调整】　年内，顺义区北京高地皮革有限公司、北京利来多福利塑料厂等14家“高污染、高耗能、高耗水”企业完成退出工作，14家企业净资产总值2.24亿元，年总产值1.95亿元。关闭这14家“三高”企业，全区每年减少耗能1.47万吨标准煤，减少耗水121.41万吨，减少污水排放108.52万吨，减少废气排放2.40万标立方米，减少固体废气物排放1.21万吨。

（顺义区）

大兴区工业

【综述】　2009年，全区实现工业总产值427亿元，同比增长11%；完成税收19.1亿元，同比增长11.7%；实现销售收入427.26亿元，实现利润20.76亿元，规模以上工业指标稳步提高。全区规模以上工业企业940家，实现工业总产值370.9亿元，同比增长7.3%。实现出口总额20.3亿元。实现工业销售收入373.75亿元，同比增长5.8%，实现利润20.53亿元，同比增长95.1%。其中现代制造业实现产值73亿元，同比增长12.5%；都市工业实现产值152.7亿元，同比增长8%；高技术产业实现产值18.2亿元，同比增长12.6%；民营科技工业实现产值173亿元，同比增长9.4%；外商投资工业实现产值121.9亿元，同比增长9.6%。

（大兴区）

【帮扶企业】　年内，建立三级企业联系制度，即区四套班子领导联系25个重点项目制度，区政府领导联系帮扶16个重点企业制度和工业局联系940家规模以上企业制度。采取深入企业、召开座谈会、协调会等方式解决项目手续办理、融资、生产经营等问题。发挥部门联动作用，推进“未批先建”项目完善土地手续工作。加大对中小企业的扶持力度，制定了《大兴区今年工业发展专项资金使用办法》，政府出资2000万元，从信用担保体系建设、固定资产、流动资金、企业逆势增长和特困维稳等方面，对76个项目给予贴息和补助。强化“大兴区中小企业投融资服务平台”建设，与7家银行和6家投融资机构合作，形成金融机构、镇政府和企业相结合的投融资服务网络。采取融资服务小组包镇负责制，为中小企业投融资提供咨询和融资服务。通过企业座谈、融资培训、产品推介、上门服务等方式共为22家中小企业进行了贷款融资服务，实现新增贷款2.01亿元，新增立项15个，立项保额1.54亿元。利用国家、市级政策资金，为全区工业企业争取“国家中小企业专项资金”、“北京市工业发展资金”、“市级企业技术中心发展专项资金”计2500万元。

（大兴区）

【节能减排】　是年，出台实施《大兴区关于鼓励退出高污染、高耗能、高耗水工业企业奖励资金管理暂行办法》，加快产业结构调整，加强“三高”企业摸底、现场走访、政策宣讲等，共有15家“三高”企业退出。

（大兴区）

【产业基地建设】　是年，优化产业结构，调整产业布局，确立采育汽车零部件和新能源汽车产业基地、长子营专用车产业基地、青云店新能源新材料产业基地和榆垡节能环保特色产业基地。

（大兴区）

【盘活闲置资产】　对全区工业闲置资产进行跟踪调查，统一制作《大兴区闲置资产招商手册》，全方位进行推介。盘活工业项目10个，总投资2.6亿元，盘活闲置土地约14.33公顷，新增产值3.5亿元，安置劳动力约700人。

（大兴区）

【园区项目】　年内，投资5000万元以上在建项目21个，投资总额30.5亿元，占地约147.12公顷；投资5000万元以上签约项目42个，占地面积约334.17公顷，投资总额144.5亿元。大项目引进取得突破性进展，投资30亿元的金晶科技、投资17亿元的新能源汽车等项目将相继落户。投入2.2亿元，建设生物医药产业基地、新媒体产业基地、采育汽车零部件基地和部分镇工业园区基础设施，用于完善道路、电力、市政管线、污水处理厂等。

（大兴区）

【企业技术中心】 是年，推选6家技术创新能力较强、创新业绩成效显著的企业申报“北京市企业技术中心”。铁路信号、威可多、阀门总厂、凤凰工业炉4家企业获得市级企业技术中心的认定。

（大兴区）

【驰名商标】 是年，英豪阳光太阳能工业有限公司、北京雨昕阳光太阳能有限公司获得中国驰名商标认定，星牌建材、图腾宝佳、资源亚太、日上工贸、皇家京都酒业、派克兰帝、威克多、东南开关8家企业获得北京市著名商标认定。

（大兴区）

【宣传推介企业】 是年，制作《大兴区名优产品画册》，推荐知名产品进入政府采购名录，推荐名优企业产品纳入家电下乡采购目录。食品工业协会搭建食品质量体系、人力资源培训等平台；服装纺织协会举办了“服装名牌产品展销”、“品牌服装展示”活动；印刷包装协会制定印刷包装产业规划。各产业间加强合作，推进了协会内企业间的资源共享。

（大兴区）

【信息化建设】 大兴信息网围绕政务公开、在线服务、公众参与三大主线建设发展，获得全市、全国网站评比第一名。信息网共有1108个栏目，发布信息3.4万余条，总点击率700万次。农业信息平台全年发布农产品供求信息3.5万余条，成交额达3745万元。建设区电子政务平台，实现政府办公自动化、网上审批服务、立体可视化资源台账等系统的整合共享。通过区办公自动化系统传输政府文件8000余份。全程办公众服务网包括区内56家单位的1432个事项，共受理网上申报事项10万余件。受理审批服务项目305件，提供表格下载18万余次。建设财政、税收、重点项目快报系统、节能减排综合办公平台、新城地下综合管线管理信息系统。完成区信息网络、有线电视及广播“村村通”和农村有线电视“户户通”工程收尾工作。全区526个行政村接入政务网络，多个业务应用系统实现村级延伸，8.3万户农民免费安装了有线电视，10.6万户农民享受到优惠收视政策，农村有线电视普及率95%以上。共协调解决基站选址、光纤入楼等相关问题61个。建成“数字家园”、“爱农驿站”、农村党员远程教育网等信息化基础设施。执行安全等级保护制度，采用人工监管与技术手段相结合方式开展安全防范工作，保证了新中国成立60周年大庆期间及日常网络与信息系统安全稳定运行。

（大兴区）

昌平区工业

【综述】 2009年，昌平工业沉着应对国际金融危机影响，坚持“调结构、上水平、保增长”，落实帮扶企业措施，建立“三重点、四联系、六属地”服务机制和项目审批“绿色通道”，加强对重点企业、重点工程、重点项目的协调服务，未来科技城成功落户，神华低碳研究所率先启动建设。福田康明斯发动机建成投产；中国石油科技创新基地、三一北京制造中心、神雾热能节能减排科研基地、修正药业北京中心、高速铁路道岔生产线等一批项目全面开工。

全年完成工业产值767.5亿元，同比增长8.8%；主营业务收入完成764.6亿元，同比增长4.2%；利润总额44.8亿元，同比增长6.5%；利税总额70.4亿元，同比增长12.8%；规模以上工业企业647家，资产总额698.9亿元，同比增长24.8%。能源科技、生物医药和现代装备制造三大主导产业形成。总产值在100亿元以上的有1家，为北汽福田汽车股份有限公司；50亿元～100亿元的有2家，为北京神华（昌运、恒运）有限公司和国电燃料有限公司；10亿元～50亿元的有5家，为北京诺华制药有限公司、北京三一重机有限公司、北京神雾热能技术有限公司、中油测井技术服务有限公司和北京市第五肉类联合加工厂；5亿元～10亿元的有4家；1亿元～5亿元的有56家。

汽车、能源、医药、电子信息、光机电一体化和新材料等重点行业，完成总产值651亿元，占总量的84.6%；汽车行业完成工业总产值280亿元，占总量的36.5%，北汽福田汽车股份有限公司完成工业总产值241.7亿元，同比增长58%；能源行业完成工业总产值198亿元，占总量的25.8%，北京神华公司完成工业总产值98.5亿元，同比增长17.1%；生物医药行业完成工业总产值58亿元，占总量的7.6%，北京诺华制药有限公司完成工业总产值26.4亿元，同比增长31.4%；电子信息行业完成工业总产值27亿元，占总量的3.5%，北京北科麦思科自动化工程技术有限公司完成工业总产值2.9亿元，同比增长4.4%；光机电一体化行业完成工业总产值60亿元，占总量的7.8%，北京市三一重机有限公司完成工业总产值17亿元，同比增长59.5%；新材料行业完成工业总产值26亿元，占总量的3.4%，有研亿金新材料股份有限公司完成工业总产值3.2亿元，同比下降9.9%；都市和基础等产业的企业300多家，完成工业总产值116亿元，占总量的15.4%。

抓项目，促投资，保增长。确定的26个重点工业项目，14个项目落地开工建设，3个项目竣工投产，9个项目完成主体工程，实现投资30亿元。总投资27亿元的北京福田康明斯发动机项目建成投产。一期投资14亿元的三一北京制造中心项目，4万平方米的桩机生产车间和8万平方米的风电生产车间土建工程全面竣工。总投资6亿元的修正药业项目，北区主体工程建成封顶。总投资1.6亿元的神雾热能节能减排科研基地，项目基建工程基本完成。投资3.3亿元的南口工厂高速重载铁路道岔生产项目完成基础工程。

企业技术进步取得新成果。实施投资百万元以上技术改造项目71项，望尔康泰生物公司的食品中药物残留快速检测试剂产业化等59个项目竣工投产，累计完成投资15.5亿元。高德软件公司等5家企业技术中心，被认定为市级企业技术中心。实施品牌战略，组织上百家规模企业，开展创建品牌活动，新增驰名、著名商标5个。

以节能减排为主的循环经济较快发展。完成5家“高污染、高耗能、高耗水”企业退出工作，共减少能耗6651吨标准煤，减少水耗量21万吨，减少废气排放量7507万标立方米，减少废水排放16.8万吨。重点培育出利德华福、华丽联合、昌日新能源等10家循环经济试点企业，推广22个节能、节水、减排项目。

开展帮扶企业工作。成立帮扶企业工作领导小组，走访企业620多家，收集企业遇到的困难和具体问题275个。召开12次调度会、18次项目专题会、23次现场办公会，共协调解决企业存在的问题217个，解决问题率为78.9%。

（庞剑光）

【国有企业改革】 年内，采取无偿划转方式，将北标公司、商贸总公司、北京首冶新元科技有限公司（原冶金机械厂）65%国有股权、冶金机械厂及水产公司改制剥离资产及原昌鑫公司5.38亿元打包金融债权进行整合，组建了北京宏达兴资产经营公司，其主要职能是协调利用监管企业整合后资源进行资本运营，完成公司注册和资产划转工作。采取委托管理方式，将万千物业管理服务公司（原三建公司）重组至钢圈总厂。北京首钢红冶钢厂在完成原有各子公司组织机构设置和定岗定编工作后，设立北京红冶嘉信钢铁贸易有限公司和北京红冶嘉鹏轻钢有限公司。完成北京华都酿酒食品有限责任公司、北京华都酒业营销有限公司、北京红冶嘉润科技发展有限公司等3个子公司由红冶钢厂划转到集团母公司的股权变更和工商划转手续。12月8日，北京红冶汇新集团正式建立。加快“三高”企业转型，鹿牌公司将一条生产线迁往山东临沂，该生产线已投产。红冶钢厂从钢铁行业退出，两条生产线中一条挂牌转让，经营重点转向华都公司。两企业的转型减少年耗能约3万吨标煤。

（树秀雨）

【科技创新】 是年，昌平区召开科技创新大会，出台“1+5”政策文件，昌平园39家企业被评为中关村百家创新型试点企业；125家企业纳入北京市“专利试点企业”名单；拥有国家级研发中心3家，市级研发中心21家；昌平园企业先后参与30余项国家标准的制定；有20余家企业的产品用于奥运场馆建设及奥运设施，有88家企业的264项产品进入了“北京市自主创新产品目录”。“电动汽车用锂离子动力电池”、“光伏并网逆变器”和“激光共聚焦扫描仪”被认定为首批“国家自主创新产品”。技术市场快速发展，技术合同成交总金额34.1亿元，同比增长8.2%。企业改制上市工作进展顺利，乐普（北京）医疗器械股份有限公司和北京北陆药业股份有限公司成功登陆创业板。昌平园上市企业已达到9家；5家企业进入中关村科技园区代办转让系统进行股份报价转让；10余家上市资源企业积极运作上市工作。博奥联创科技孵化器有限公司被正式认定为国家级孵化器，先后为36家中小企业开展服务42次。“欧Ⅲ标准汽油机电控单元(ECU)”项目、“SR220C旋挖钻机动力头”项目、“GD4型隔膜式压缩机”和“CZL－07型太阳能灯具”项目成为北京市高新技术成果转化项目，北京天惠人控制设备技术有限公司、北京首科凯奇电气技术有限公司、北京海林太阳能设备有限公司等13家企业获技术创新资金立项，资助金额共465万元。

（王红彬）

【小汤山工业园区】 是年，编制小汤山工业园产业用地控制性详细规划方案，园区产业用地总面积由122.3公顷调整为257公顷，增加教育科研用地、多功能用地、居住用地等。经中关村管委会批准，已纳入“中关村国家自主创新示范区”，享受中关村园区在投融资、产业政策、引进人才及其他方面的多种优惠政策。完善基础设施建设，委托北京城市规划设计院编制了“产业用地道路规划方案、市政基础设施专项规划及市政工程规划综合方案”，制定工业用地开发建设分期实施计划，确定用地规模、范围和开发进程，引进天然气管线，市政基础设施达到“八通一平”，35千伏变电站完工并网发电，投资5000万元的东侧路及投资2亿元的北侧路白马路西延工程于10月开工。园区现有入区企业42家，有投产企业29家，职工2460人。实现总产值21亿元，利润1.2亿元，税收6680万元。工业产业基本形成以新材料产业、机械制造为主的产业结构类型。重点企业有北京利尔高温材料股份有限公司、北京港源建筑装饰工程有限公司、北京华丽联合高科技有限公司、北京环宇电梯工程有限公司、北京新兴制冷设备厂等，收入亿元以上的企业3家，税收1000万元以上的企业2家，高新技术企业8家。北京利尔耐火材料有限公司被首钢、荣程钢铁、宝山钢铁等评为“战略伙伴”，“重合同、守信用”单位和“双优供应商”，销售产值达到4.5亿元，同比增长136%。北京港源建筑装饰工程有限公司开展了“中国装饰百强企业”、“中国企业新记录”和“港源”著名商标的申报工作，机电工程安装、金属门窗安装的二级资质分别晋升为一级资质，参加中国建筑装饰协会的全国装饰百强企业评比升至第八名，港源品牌被评为北京市著名企业商标。

（张 新 郑 山）

【中关村科技园区昌平园】 2009年，中关村科技园区昌平园（简称昌平园）入驻企业1300余家，实现总收入600亿元，同比略有下降；上缴税金35.1亿元，同比增长23.5%。国家高新技术企业330家，其经济总量占昌平园整体的85%以上。能源科技企业328家，总收入、工业产值占昌平园总量的六成，上缴税金占昌平园总量的近50%，主要分布在新能源、节能环保和为传统能源提供技术服务的产业。生物医药企业222家，实现总收入78亿元，同比增长37%；上缴税金7.9亿元，同比增长34%。主要涵盖生物医药技术及产品、医疗器械和健康产业等领域。形成了北控、中关村兴业、博奥联创、信创宇轩、中关村生命园生物医药等孵化器群，在孵企业数百家。乐普（北京）医疗器械股份有限公司等6家企业入围“2009中国潜力企业榜”。北京神雾热能技术有限公司的新型蓄热式燃气锅炉系统的产业化项目、北京东华原医疗设备有限责任公司的符合中医传统煎药理论的新型中药煎药设备项目等13项高新技术项目列入市火炬计划。北京亚都室内环保科技股份有限公司的KJF4901

型空气净化器项目、北京康得新复合材料股份有限公司的印后预涂特种覆膜工艺与产品项目列入国家级产业化项目。中信国安盟固利动力科技有限公司 100Ah 锂离子动力电池—SPIM24300260 项目、北京科美东雅生物技术有限公司人类免疫缺陷病毒抗体诊断试剂盒（化学发光法）项目、北京利尔高温材料股份有限公司无碳刚玉尖晶石砖项目、北京中印周晋科技有限公司数字化直接制版机畅享 800 M/A、1100S M/A 项目列入国家重点新产品计划。中国首家新能源汽车产业联盟在北汽福田汽车股份有限公司成立，一期投资 1.6 亿元的北京神雾热能技术有限公司节能减排科研基地、投资 2 亿元的北控宏创昌平园产业基地开工奠基，神华集团与清华大学投资 15 亿元共建北京低碳清洁能源研究所。总投资预计 1 亿美元的健赞公司北京研发及实验室生产项目基地、一期投资 7.5 亿元的泰康人寿郊区总部及健康研究中心、预计总投资 1 亿美元的先正达生物科技（中国）有限公司暨先正达全球生物技术研究中心先后在中关村生命科学园开工奠基。中国移动国际信息港在中关村国家工程技术创新基地奠基。中石油东南亚管道有限公司入驻昌平园，注册资本 75 亿元。北京福田环保动力股份有限公司、北京安泰钢研超硬材料制品有限责任公司、北京海林节能设备股份有限公司、北京万泰生物药业股份有限公司和北京大森长空包装机械有限公司被评为北京市制造业信息化示范企业。昌平园在国际金融危机影响下，没有大规模裁员，员工人数和收入保持相对稳定。

（王红彬）

平谷区工业

【综述】　是年，全区工业经济运行良好，总量实现较快增长，企业经济效益成倍增加，超额完成年计划发展目标。完成工业总产值 156.4 亿元，同比增长 12.1%，完成年计划的 105.3%，增幅比年计划提高 4.1 个百分点；实现营业收入 168.7 万元，同比增长 11.4%；实现利润总额 10.8 亿元，同比增长 179.8%。

规模以上工业企业有 190 家，完成工业总产值 148.4 亿元，同比增长 15.7%，占总量 94.9%，比上年降低 0.1 个百分点，完成年计划的 104.7%，比年计划提高 2 个百分点；实现营业收入 160.8 亿元，同比增长 13.9%，占总量 95.3%，比上年提高 2 个百分点；实现利润总额 10.9 亿元，同比增长 142.2%；实现工业增加值 31.4 亿元，同比增长 52.4%。

工业三大支柱产业有规模以上企业 99 家，食品饮料及保健品业完成总产值 23.9 亿元，同比下降 14.9%，占比重 16.1%，同比降低 5.8 个百分点；服装纺织业完成总产值 8.8 亿元，同比下降 16.8%，占比重 6%，同比降低 2.3 个百分点；以汽车配件为主的现代制造业完成总产值 82.5 亿元，同比增长 47.7%，占比重 55.6%，同比提高 12.1 个百分点。

（平谷区）

【固定资产投资】　是年，完成工业固定资产投资 11 亿元，同比增长 168.3%，共落实工业固定资产建设项目 46 个（含 2008 年结转项目 11 个），其中新增项目 21 个，技改扩规项目 25 个。固定资产建设项目中，工业大项目多，6 个项目投资额超亿元，七星集团特种电子元件产业化基地、北京中锦阳电子科技有限公司一期工程、北京飞行博达电子有限公司投资额均在 3 亿元以上，龙基电力生物发电工程项目、北京星宇车科技有限公司第二工厂投资额超过 1 亿元。项目建设速度快，七星集团特种电子元件产业化基地、思创厚德集团总部基地、星宇车第二工厂、老才臣三期等已开工建设，投资 3.5 亿元的北京中锦阳电子科技有限公司一期工程和北京铭剑创业装饰材料有限公司、益康健食品加工等竣工投产。高科技项目较多，七星集团特种电子元件产业化基地、北京中锦阳电子科技有限公司一期工程、北京飞行博达电子有限公司、龙基电力生物发电工程等项目科技含量高、产品附加值高。

（平谷区）

【品牌建设】 年内，30家企业注册商标30件，并首次获得中国驰名商标，北京天利海香精香料有限公司的“京萃”商标被认定为中国驰名商标。金鹰羊绒集团的“博依格”等4件商标被认定为北京市著名商标，北京京东绿谷蔬菜产销合作社被认定为国家集体商标。全区北京市著名商标总数达到14件，再创历史新高。

（平谷区）

【优化结构】 年内，加快引进优势产业投资项目，绿能产业基地引进总投资9.5亿元的北京中锦阳电子科技有限公司和投资1.5亿元的清大公司，电子产业引进投资6.25亿元的七星集团特种电子元件产业基地，食品产业促成老才臣三期开工建设，千喜鹤引进希望“美好”火腿肠项目，韩国最大专业食品企业普木文落户兴谷。落后产能淘汰工作有效推进，天擎、派恩停产，关闭“五小”企业18家。

（平谷区）

【企业帮扶】 年内，宣传贯彻市、区两级政府帮扶企业政策措施，汇编印制市政府和区政府帮扶政策措施400余份，下发到乡镇、相关部门及企业，组织人员到乡镇、开发区对企业进行宣讲。印制发放300余份平谷重点企业通讯录，增强区内企业间的横向联合、产需互动。有北京中锦阳电子科技有限公司等8个重大项目列入市政府绿色通道。千喜鹤、旺旺、电控等17个重点项目列入区政府绿色通道。18家企业用地问题获得市经济信息化委审批，2家企业7000平方米土地手续进入办理程序。协调组织41家企业申报市政府政策资金支持，争取市政府政策资金支持4200万元。落实区内帮扶政策，北京市平谷区平信投资担保中心得到2000万元财政资金，用于近100家企业增资扩张贷款贴息和稳定生产企业社会统筹费用补贴。

（平谷区）

【企业融资】 年内，组织企业与中担、首创、工商行、北京银行、市融资平台等金融机构接洽，圣林等2家企业从市级金融机构融资3000万元。协调区内金融机构与企业沟通，帮助42家企业申请贷款1.3亿元。发挥区内担保公司作用，帮助北京乾坤禄维园林工程有限公司等13家企业得到担保贷款3600万元。

（平谷区）

【信息化建设】 是年，农村信息化基础设施建设稳步推进，新增农村无线网发射塔273个，连接120套设备，农村电脑普及率达到31%。加强农村信息化队伍建设，培训农村信息员340余人。有效推进电子政务建设，不断完善政务公开、网上服务等，向社会公示行政许可办理事项7.1万条，发布社会公众关心信息1100条。开发完成公众农村信息服务系统9个模块和9个信息功能模块，完成农业资源信息服务、文化信息服务、培训与就业信息服务、市场信息服务等9个信息功能模块的编码测试及文档编制。老才臣自主研发的企业管理信息化系统投入使用，华通恒盛、金鹰羊绒等投资研发自己的管理信息化系统，鼎瑞医疗利用网络实现在线管理。金鹰羊绒集团计算机集成装备在生产领域运用，新上电脑编织机40台。

（平谷区）

怀柔区工业

【综述】 2009年，怀柔区积极应对金融危机冲击，工业经济逆势上扬，各项指标增幅创历史新高。完成工业总产值423.5亿元，销售收入439亿元，利润25.2亿元，增加值74.3亿元，同比分别增长29.3%、28.1%、60%和36.2%。规模以上工业企业236家，其中10亿元以上企业4家，1亿元至10亿元企业40家，5000万元至1亿元企业27家。规模以上工业企业全年完成产值406.2亿元，同比增长29.9%，占全区工业比重为95.9%；销售收入423.2亿元，同比增长28.5%，占全区工业比重为96.4%；利润总额23.7亿元，同比增长58.34%，占全区工业比重为94%；工业增加值71亿元，同比增长36.9%，占全区工业比重为95.4%。

以汽车及零配件、食品饮料、包装印刷三大主导行业为主体的都市型工业和现代制造业全年完成工业产值359.8亿元，同比增长35.3%，占全区工业比重为85%；销售收入375.3亿元，同比增长32.8%，占全区工业比重为85.5%；工业利润21.4亿元，同比增长81.8%，占全区工业比重为85.1%；工业增加值61亿元，同比增长47.9%，占全区工业比重为82%。

（姜国芳）

【重点项目】 是年，怀柔区工业实施投资千万元以上工业项目92项，其中投资5000万元以上项目23项（亿元以上项目14项）；新建40项，技改27项，结转项目25项；已完成投资18.6亿元，同比增加1.8亿元，固定资产投入同比有所回升。已开工建设77项，其中已竣工投产50项，开工率为84%，竣工率为65%，全部项目竣工达产后年可新增生产能力120亿元。其中总投资70亿元的福田欧曼与德国戴姆勒生产457重型发动机合资项目进展顺利，评估报告、国产化方案等各项前期工作均已完成，已上报国家发改委审批。总投资额26亿元的福田汽车欧曼GTL新型节能重卡项目（即欧曼二工厂）于12月在怀柔区奠基，该项目占地约52.13公顷，设计生产能力年产10万辆。项目达产后，可实现年销售收入240亿元，利税26亿元，解决就业3100人，此项目将使怀柔成为世界一流的单一重卡生产基地。总投资6.65亿的北汽福田重型载货汽车重要零部件提升水平项目开工建设，年内完成投资2亿元，计划建设期2年。中科院8个科研项目落户雁栖经济开发区，总投资4.5亿元，开工建设。

（姜国芳）

【开发区建设】 是年，雁栖经济开发区完成工业产值131亿元，同比增长8.1%，占全区工业比重为30.9%；工业销售收入147亿元，同比增长8.2%，占全区工业比重为33.5%；工业利润12.4亿元，同比增长34%，占全区工业比重为49.2%；上缴税金11.2亿元，同比增长17.2%，占全区工业比重为46.3%。投资6.46亿元完善基础设施建设，建成雨水和污水管线9万米，给水管线4.2万米、道路142万平方米；建设总电容量12.6万千伏安的110KV电站2座，日供气能力3.2万立方米压缩燃气站2座，日供水能力5万吨水厂1座，每小时总供气能力340蒸吨的热力中心3座。中科院10个项目和有色金属研究院10个项目总投资24亿元，相继落户雁栖经济开发区。6月12日，中国科学院北京怀柔科教产业园正式揭牌。11月26日，北京雁栖经济开发区被北京市人民政府批准为“市级生态工业园试点园区”。入区企业ISO14000认证通过率达到30%，清洁生产审核企业达到20%。

（姜国芳）

【汽车产业】 是年，怀柔区汽车产业全面发展，汽车整车生产企业3家，零部件及其他配套服务企业47家，从业人员9744人。年产量达到14.6万辆，同比增加51436辆，比2002年建厂初期增长37.7倍。实现产值239.2亿元，销售收入237.4亿元，同比分别增长54.7%和49.3%，占全区工业比重分别达到55.8%和53.5%。欧曼重卡汽车厂开展“春风行动”和“退黄还绿”工程，建成拥有300多家经销商、1000多家服务站、30个配件中心库、2000余家配件专卖店的产业链，配件储备5亿元，建立亚洲最现代化商用车呼叫中心。产品升级换代，市场份额从年初的第五上升到第三。

（姜国芳）

【技改项目竣工投产】 是年，24个新增千万元以上技改项目竣工投产，新增销售收入23.9亿元，经济增长贡献率达到23.5%。红牛饮料投资1.2亿元增加生产线，新增生产能力4亿元；可口可乐公司投资1.2亿元新增冷灌装生产线技改项目，新增生产能力7000万元；奥瑞金制罐公司投资7422万元技改扩规项目，新增生产能力1亿元；有研粉末投资5000万元技改项目，新增生产能力6000万元；爱芬食品连续技改项目竣工投产，新增生产能力2.5亿元。

（姜国芳）

【科技创新】 是年，怀柔区工业企业新增市级技术中心1家，累计达到4家。新增北京市著名商标2件，累计达到14件。获批高新技术企业7家，累计达18家。倍增计划企业中有研发机构企业累计达33家，研发人员906人，当年投入研发经费2.26亿元；当年引进专业技术人员355名，其中中级以上职称243名，硕士以上89名，外国专家23名；欧曼、红星、玛氏等29家企业开发新产品162项；欧马可、中冀福庆、红螺食品等7家企业25项产品获得专利；东明、四维、奥瑞金制罐等11家企业25项产品填补了国内空白；红星酒厂、红螺食品、御食园3家企业的9种产品获得国家级绿色食品认证；碧水源“MBR”技术获国家科学技术进步奖。在年度“双优”评选活动中，怀柔区红螺食品董事长李效华、奥瑞金新美制罐有限公司董事长周云杰、欧马可轻型汽车厂厂长蔡保荣被评为市级优秀创业企业家。

（姜国芳）

【节能减排】 是年，怀柔区工业企业实施节能降耗项目41项，全年节能降耗项目投入8075.86万元，当年节省煤、电、焦炭等能源折合标煤1078.1吨，节水14.1万立方米。红螺食品公司投资200万元新建2个500立方污水处理调节池，日处理污水200吨，达到市二级排放标准。红牛饮料公司将生产过程中产生的废水经过处理后转化为中水，用于树木、草坪的浇灌及厂区清洁，年节水成本200万元。雁栖经济开发区实施51立方米管道直饮水示范工程、百万吨雨洪收集利用工程、20万吨冷凝水回用系统。

（姜国芳）

【帮扶企业解困】 是年，成立以区长为组长的帮扶解困领导小组，下设3个专项（土地、金融、科技）工作小组，制定出台《怀柔区发展总部经济实施品牌战略技术创新战略开拓资本市场战略扶持政策》、《怀柔区促进工业企业健康发展扶持政策》和《促进中小企业融资办法》等政策，全年落实市、区两级扶持项目115项，扶持资金2.3亿元。组织企业与金融机构对接会，参加企业120家。为23家企业解决投融资贷款4.5亿元。为13家企业落实流资贷款增量贴息支持。

（姜国芳）

【信息化建设】 年底，怀柔区政务网络出口带宽170兆。网络传输实现骨干网络光纤千兆连接，到部委办局和镇乡各节点光纤百兆连接，终端用户百兆到桌面。461家单位接入政务网络，网上认证用户达6000多个。全区284个行政村和22个社区居委会全部实现宽带网络连接。已建成41个农村“数字家园”和25个低成本无线网络覆盖村。建设完成怀柔区政务信息资源共享交换平台、怀柔区政务地理空间信息资源共享服务平台和怀柔区图像信息共享平台等11个应用系统。

（姜国芳）

密云县工业

【综述】 2009年，密云工业完成销售收入169.3亿元，同比增长19.2%；工业总产值153.7亿元，同比增长13.7%；完成工业固定资产投入16.58亿元，同比增长18.3%；规模以上企业251家，完成产值132.75亿元，同比增长5%，占全部工业总产值的86.4%。其中交通运输设备制造、食品饮料、黑色金属矿采选、纺织服装鞋帽制造业完成产值位居各行业前 4 位。交通运输设备制造业完成产值 40.47 亿元，同比增长 49.6%；食品饮料业完成产值 20.61 亿元，同比增长 14.9%；黑色金属矿采选业完成产值 17.76 亿元，同比下降 40.1%；纺织服装鞋帽制造业完成产值 15.07 亿元，同比下降 4.3%。

（密云县）

【企业改革】 北京市密云县城市建设工程公司于 12 月 7 日由北京市密云县房地产开发总公司划归北京密云供销合作社管理，涉及资产 6110 万元，负债 4943 万元，在职职工 14 人，退休职工 208 人。北京密云外贸公司划转到北京市密云县粮油总公司管理，涉及资产 3630 万元，负债 1575 万元，在职职工 28 人，退休职工 66 人。北京首云矿业股份有限公司于 6 月 30 日挂牌成立，62 个股东，注册资本 3 亿元，国有股权占 66%。北京中自云虹有限公司国有股权退出于 11 月办理完毕，涉及国有股金 32 万元。北京密云县房地产开发总公司所属北京市密云县华远农工商总公司完成清算和清偿工作，12 月终结破产程序，涉及资产 91 万元，负债 1350 万元。

（密云县）

【国资监管】 是年，6 家监管企业国有资产 43.50 亿元，同比增长 15.5%；负债 24.12 亿元，同比增长 48.3%；所有者权益 19.38 亿元，同比下降 9.4%；资产负债率为 55%，同比增长了 12 个百分点。实现销售收入 22.66 亿元，同比下降 26.7%；利润 2.20 亿元，同比下降 82.7%；上缴税金 3.25 亿元，同比下降 55.6%。制定出台了《密云县国有及国有控股企业内部审计管理暂行办法》。

（密云县）

【产权管理】 是年，完成 2008 年度产权登记年检工作。制发了《关于进一步规范企业国有资产评估工作程序的通知》。截至 2008 年底，经委所属占有使用国有资产并纳入产权登记范围的企业 41 户（不含三环公司及城镇集体企业），年检资产总额 44.28 亿元，负债总额 20.44 亿元，所有者权益 23.84 亿元，国有资本及权益总额 18.04 亿元，占所有者权益总额的 75.67%，同比增加 6.18 亿元，增长 52.10%；实收资本 5.84 亿元，其中国有资本金 4.95 亿元，占实收资本 84.69%，同比增加 1058 万元，增长 2.18%。办理占有产权登记 1 户，为北京市密云县粮油总公司出资设立北京燕宇恒远工贸有限公司。办理变动产权登记 3 户，分别为北京首云铁矿企业性质、名称、出资人及股权结构变更；矿山公司所属北京莱迪投资有限公司出资人及股权结构变更，北京市密云县化工轻工公司国有法人资本的变更。办理注销产权登记 2 户，分别为外贸公司所属北京藤精食品有限公司及北京藤精新生食品有限公司。完成资产转让项目 5 项，转让资产总额 3956 万元。其中房地资产 3913 万元，机器设备 43 万元。受理资产损失核销项目 3 项，核销资产损失 734 万元。其中固定资产损失 283 万元，流动资产损失 451 万元。全年共受理资产评估备案项目 6 项，评估净资产 4.70 亿元。

（密云县）

【生态工业建设】 是年，25 家工业企业通过 ISO14000 国际环境管理体系认证，认证企业总数达 115 家。10 家生态工业企业建设完成投入 3000 万元。金湖、巨隆、滨河 3 个生态型农民就业产业基地入驻企业 110 家，实现收入 19 亿元，利税 7356 万元，安置本地农民就业 11807 人。

（密云县）

【开发区建设】 是年，开发区全面推进绿色工业园、现代信息服务业园、总部研发商务配套园及文化创意产业园建设。完成科工贸总收入 130 亿元，同比增长 14%。其中，本地注册工业企业完成收入 65 亿元，同比增长 13%。呼叫中心产业基地完成 3 平方公里的总体规划和约 33.33 公顷起步区的控制性详细规划，3.98 万平方米呼叫综合大厦工程主体于 10 月份竣工。中国网通（集团）有限公司与密云县人民政府签订共建基地合作协议，签约坐席 6300 个。

（密云县）

【节能减排】 是年，北京首云铁矿等 4 家企业主动退出高污染、高能耗、高水耗生产环节，通过市相关部门联合验收。其中，首云铁矿球团车间退出后，年节能 1.12 万吨标煤，节水13万立方米，减排废水11万立方米、废气2000标立方米和固体废弃物4180吨。废弃车间厂房将以矿业旅游为主题，建设集观光、娱乐体验、休闲拓展、团队培训以及青少年教育基地于一体的特色旅游区。伊利集团北京乳品厂等10家节能减排试点企业年节水27000吨，节电163万度，节煤1300吨。北京建华铸钢厂投资160万元新增中频熔炼炉取代电弧炉，更新热处理及烘干窑除尘设备，年节电100万度，烟尘排放浓度达到北京市排放标准。

（密云县）

【产业基地建设】 是年，7个乡镇农民就业产业基地完成基础设施投入4.9亿元，入驻企业217家，已累计投入28.8亿元。安置本市就业18713人，实现销售收入31亿元。新开发的十里堡镇王各庄村、西田各庄镇畜牧场、东邵渠镇水果加工基地和蔡家洼休闲工业观光园4个农民自主创业产业平台，开发利用土地约56.00公顷，完成基础设施投入4亿元，签约入驻企业31家，投产企业13家，安置本市就业1032人，实现销售收入2.1亿元。其中蔡家洼工业观光园建设项目完成投资2亿元，完成标准化厂房建设6.5万平方米。

（密云县）

【引进盘活】 是年，工业引进签约项目42个，协议投资额15.79亿元。其中，2000万元以上项目22个。10个资产盘活项目陆续投产，完成投资1.1亿元，盘活土地约14.00公顷。

（密云县）

【技改创新】 是年，工业企业技术改造项目28个，完成投入3亿元。其中北京航云机械制造有限公司完成投资600万元，年新增收入1000万元。通过彩虹工程与高校签订合作协议10项。其中北京绿润食品有限公司与总参研究院开发军工速食品进入批量生产并投入抗震救灾中。

（密云县）

【三次产业融合】 是年，一批三次产业融合发展项目竣工投产。北京张裕爱斐堡国际酒庄累计投入2.3亿元；北京华园太师屯家纺服装服饰有限公司完成建筑面积85400平方米，累计投入7000万元；北京汇源九龙沟绿色生态农业有限责任公司完成投资2.3亿元，实现收入1.4亿元，解决当地农民就业292人。北京密云东线工业旅游全面启动，接待游客3000人次，实现综合收入410万元。

（密云县）

【农民自主创业】 是年，重点扶持农民自主创业，发展家庭手工业25家，带动农民参与加工制作680人，年增加农民收入700万元。北京红山民族服装制衣厂制作民族服装疙瘩绺儿，带动本地农民就业200人。

（密云县）

【服务平台建设】 是年，完善融资担保、科技创新、校企合作、企业信息化、出口服务和职工培训6个服务系统。出台《关于鼓励和促进中小企业发展的意见》。开发区与国家开发银行、北京银行、农村商业银行檀州支行探索解决开发区内中小企业融资困难问题，全年为企业累计协调贷款7.73亿元，举办出口型企业培训5次。

（密云县）

【非公经济】 是年，全县私营企业发展到8707家，同比增长4.5%；私营企业总数占密云企业总数87.1%；个体工商户有17081户，同比下降11.3%。私企个体从业人员已达97050人，占全县企业就业人数的89.7%。

（密云县）

延庆县工业

【综述】 2009年，延庆县以培育主导产业、帮扶企业发展为主线，围绕“调结构、上水平、保增长、保民生、保稳定”，化解国际金融危机对实体工业企业带来的不利影响，工业经济平稳较快增长。

全县完成工业总产值45.5亿元，同比增长13.2％；完成利润总额2.2亿元，同比增长180％；上缴税金3.1亿元，同比增长78％。其中75家规模以上工业企业完成工业总产值40.96亿元，同比增长14.1％，占全县工业总产值的90％，比重同比提高2.3个百分点。乡镇企业完成总收入77.6亿元，同比增长16.5％；完成利润总额3.1亿元，同比增长19.2％；完成出口交货值4.7亿元，同比减少13％；完成工业产值22.9亿元，同比减少4.2％。

出台《延庆县帮扶企业发展应对国际金融危机若干措施》及实施细则，建立150家企业数据库，摸清142家企业用地情况，定期编报《帮扶企业解困周情》及《企业运行情况》。对一批重点推进的在建、新建投资项目减免城市基础设施建设费2000万元。为新能源产业孵化中心项目和中材科技、金果园老农等企业争取国家和市级扶持资金到位5500万元。推进41个县级帮扶项目的申报和初审工作。为雪莲时尚、尚联信业、马氏庄园等企业争取到固定资金贷款3.2亿元、流动资金贷款1亿元。对生产经营困难的企业拨付岗位、社保和培训补贴资金1500万元。

重点行业支撑工业发展。规模以上企业中服装纺织、食品加工、机械制造、建材装饰、新能源5个行业实现产值37.3亿元，同比增长52％，占全县工业总产值的82％，占规模以上工业总产值的91％。其中新能源产业完成产值14.8亿元，同比增长1.2倍；建材装饰业完成产值8亿元，同比增长48％；食品加工业完成产值3.6亿元，同比增长21％。

努力科技创新。雪莲时尚荣获北京科技创新进步奖，其“斯诺芙德”品牌获得北京著名商标。中材科技、双鹤高科等重点企业认定市级企业技术中心。中材科技凭借自主知识产权，风机叶片模具制造技术达到国际领先水平。

加快基地建设，培育新能源产业。八达岭经济开发区被确定为北京市首个新能源产业基地后，“延庆—朝阳八达岭新能源产业共建基地”也正式挂牌，成为全市首批3个区县合作产业共建基地之一。积极推动产业基地投融资平台建设、新能源孵化中心建设项目和新能源产业基地二期征地工作。加大新能源环保等优势产业项目招商引资力度，签订英利300兆瓦太阳能光伏电池、京仪100兆瓦太阳能组件生产、京能八达岭太阳能示范、国电龙源100兆瓦风光综合示范电站、国电华北10兆瓦光伏电站和国家级风电叶片研发检测中心等总投资40亿元的新能源项目。

重点项目建设稳步推进。中材科技二期年产500套叶片生产线建成投产，年实现产值9.7亿元；官厅风电场二期85.5兆瓦及加密工程全部建成；中科院太阳能光热示范电站项目完成约1.33公顷的集热镜片安装工作；德青源沼气发电厂建成并网发电，每年输送绿电1400万度，被联合国列为“全球大型沼气发电技术示范工程”；马氏庄园（北京）国际食品有限公司投资3000万元的技术改造项目完成。

（李圆圆）

【机构改革】 10月14日，经十二届县委第137次常委会研究，决定组建延庆县经济和信息化委员会，不再保留延庆县经济委员会（延庆县乡镇企业局）、延庆县信息化工作办公室。

（李圆圆）

【安全生产】 是年，全县共举办特种作业人员培训班64期，培训学员2436人。共检查生产经营单位1601家次。其中危险化学品生产经营单位285家次，固体矿山企业43家次，烟花爆竹单位71家次，建筑施工单位125家次，工业企业283家次，人员密集场所288家次，其他行业506家次。共下发行政执法文书992份，其中责令改正指令书660份，强制措施决定书15份，现场检查通知书39份，整改复查意见书213份，其他立案文书65份。查出事故隐患2491条，完成隐患整改2447条，整改率为99％。办理行政处罚9起，经济处罚47.38万元。

（李圆圆）

【21家企业通过认证】 是年，北京建雄恒宇

门窗有限公司、北京士兴钢结构有限公司、北京尚联信业防腐材料技术开发有限公司等7家企业通过ISO14001：2004标准环境体系认证。北京都宇设备制造有限公司、马氏庄园（北京）国际食品有限公司、中材科技风电叶片有限公司等14家企业通过ISO9001：2000标准质量体系认证。

（李圆圆）

【亿元企业】 是年，规模以上工业企业主营业务收入超过亿元的8家企业累计完成工业总产值26亿元，同比增长65%；实现营业收入27亿元，同比增长66%。分别占全县工业总产值和销售收入的54%和48.1%。

（李圆圆）

【节能降耗】 是年，延庆县关停“三高”企业6家，全部退出后每年综合能耗减少4281.7吨标煤，水耗减少22.7万吨。废水排放减少15.8万吨，废气排放减少1201.8万立方米，固体废弃物减少1.4万吨。年底6家企业奖励资金320万元已全额拨付企业。

（李圆圆）

镇村工业

【综述】 2009年，京郊镇村企业15.9万家，同比增加681家。职工140.1万人，同比增加1031人。按类型划分：内资企业159462家，同比增加664家，港、澳、台商投资企业136家，同比增加16家；外商投资企业277家，同比增长1家；内资企业中集体企业2197家，占内资企业的1.4%；股份合作企业652家，占0.4%；联营企业37家，占0.02%；有限责任公司7791家，占4.9%；股份有限公司236家，占0.1%；私营企业11270家，占7.1%；个体工商户137279家，占86.08%；私营以上企业中，农业企业329家，占1.5%；工业企业13702家，占60.6%；建筑业958家，占4.2%；交通运输仓储业1217家，占5.4%；批发零售业2894家，占12.8%；住宿及餐饮业909家，占4%；居民服务、其他服务和娱乐业2290家，占10.2%；其他企业297家，占1.3%。按产业划分：一产329家，占1.5%；二产14660家，占64.8%，三产7607家，占33.7%。职工人数：一产11474人，占1.3%；二产621539人，占72.1%；三产229009人，占26.6%。京郊镇村企业全年总收入3692.7亿元，同比增长13.7%；增加值671亿元，同比增长11.6%；利润总额207.6亿元，同比增长18.4%；工业增加值379.8亿元，同比增长18%；出口产品交货值128.4亿元，同比下降16.5%；职工人均劳动报酬14909元，同比增长7.3%。

（尤　靖）

【镇村规模企业】 是年，京郊乡镇规模企业4152家，同比增加217家。营业收入2567.5亿元，同比增长13.6%；利润总额121.8亿元，同比增长34.4%；增加值426.2亿元，同比增长17.3%；分别占全部镇村企业的比重69.6%、57.8%和63.5%。增长速度高于全市镇村企业平均水平，除营业收入比重与去年持平外，利润、增加值比重分别提高7和3.1个百分点。规模企业中，农业企业48家，占1.2%，增加值2亿元，同比增长2.3%；工业企业2917家，占70.4%，增加值286.2亿元，同比增长19.7%；建筑业331家，占7.8%，增加值39.2亿元，同比增长，21.3%；交通运输业63家，占1.5%；增加值11.3亿元，同比增长20.7%；批发零售业440家，占10.6%，增加值48.8亿元，同比增长15%；住宿餐饮业111家，占2.7%，增加值6.3亿元，同比增加17.6%；服务业182家，占4.4%；增加值21.7亿元，同比减少5.6%；其他企业60家，占1.4%，增加值10.6亿元，同比增长7.6%。

（尤　靖）

【镇村规模以上工业企业】 是年，京郊乡镇规模以上工业企业2917家，同比增加169家，营业收入1537.8亿元，同比增加22.2%；利润总额83.8亿元，同比增长44.5%；增加值

286.2亿元，同比增加19.7%；营业收入超过5亿元（含）的乡镇数135个，同比增加5个，占全市的71.4%。超过10亿元（含）的98个，同比增加7个，占全市的51.9%。超过50亿元（含）的19个，同比增加3个，占全市的10.1%。

（尤　靖）

【镇村企业职工收入】 是年，京郊乡镇私营以上企业拥有资产总额3576亿元，同比增长8.2%。支付职工劳动报酬194.5亿元，同比增长7.3%。人均劳动者报酬14909元，同比增长7.3%，比全市农民人均纯收入高2923元。上交国家税金141亿元，同比增长5.2%。

（尤　靖）

【镇村产业基地建设】 是年，京郊镇村产业基地建设采取多种发展模式，54个镇村产业基地（原农民产业基地）累计完成基础设施投资83.2亿元；累计入区企业1874个；总投资591.4亿元；基地内职工16.4万人，销售收入491亿元，利润30.9亿元，税金21.9亿元，同比分别增长3.8%、17.4%、5.3%。

（尤　靖）

国防科技工业

【综述】 2009年，北京地区国防科技工业战线完成军工科研生产条件保障、军工核心能力建设与监管、军民融合推进地方经济建设、国庆60周年活动有关保障任务。履行“保军”使命，确保“绿色通道”畅通，围绕重点型号、重大设施，提高重点工程保障能力，协调保障新一代运载火箭研制、载人航天等重大任务；协调保障探月工程二期、新一代卫星导航等重大科技专项在京项目的实施；协调解决军品科研生产能源和材料供应、交通运输、协作配套以及能力建设所涉及的土地征购、环境保护等问题。

促进军民良性互动协调发展，建立地方部门之间、地方部门与军工集团公司之间的协调机制，会同有关部门全面落实市政府与军工九大集团公司签署的战略合作框架协议，推动军民结合产业基地建设，一批重大项目在京落地实施。明确职能定位，正确履行政府职责，军品市场准入与监管等政府监管职责得到有效发挥。持续加大属地安全生产监管工作力度，稳步完善民爆、民船行业结构调整工作。加快北京核应急体系建设，为国防科技工业实现平稳较快发展，为首都稳定和国庆60周年活动安全提供坚强保障。

（市国防科工办）

【军工科研生产运行协调保障】 是年，完成北京地区军品协作配套单位武器装备支前保障动员演练，形成以市政府对外联络服务办公室为平台，各相关委、办、局配合的沟通协调机制，解决了某军工单位动力用汽供给问题。了解掌握国庆60周年活动期间在京军工单位军品科研生产进展情况，协调保障运输条件，确保国庆期间重点军工科研生产任务运输工作不间断、无差错。

（市国防科工办）

【军品市场准入与市场监管】 是年，受理20余户单位的武器装备科研生产许可（二类）申请，完成10余户单位的现场审查工作，累计完成80余户。全年正式受理近百户单位的军工保密资格审查认证申请，完成30余户单位的现场审查工作，累计完成300余户。军品市场监管工作巩固提高。贯彻实施《武器装备科研生产许可管理条例》，健全完善行政许可日常监管手段，完成70余户北京地区武器装备科研生产许可证（二类）持证单位2008年度督检查工作，注销2家不合格单位的许可证。配合国防科工局对北京环境特性研究所等4家持证单位的武器装备科研生产许可情况进行监督抽查。组织北京地区近百户尚未取得武器装备科研生产许可证的民口单位开展科研生产能力及技术情况调查，调查事项包括单位基本信息、组织机构、经营及财务状况以及企业自主研发可用于军工科研生产的先进成熟技术情况。

（市国防科工办）

【军工安全保密工作】 是年，与北京市保密局、北京市国家安全局、北京市公安局内保局等部门建立工作沟通渠道和定期沟通机制，确定各自职责范围、监管对象，明确本市军品协作配套单位安全保密监管体系工作目标和具体工作措施。做好重大节假日及国庆60周年活动期间安全稳定工作，采取措施确保在京军工单位和军品协作配套单位运行平稳，没有出现问题。组织完成北京地区近200户军品协作配套单位安全保密工作现状调查，完成北京地区军工单位涉密人员重新签订《保密承诺书》，规范涉密人员的管理。

（市国防科工办）

【固定资产投资管理】 是年，对列入国家拉动内需的4个工程项目资金到位及启动情况进行跟踪检查。会同军工有关集团完成军工固定资产投资项目的竣工验收共74项；组织完成民口配套单位军工固定资产投资项目竣工验收4项；上报地方民口配套单位军工固定资产投资项目7项。

（市国防科工办）

【军工计量管理】 年内，北京地区新建计量标准4项，完成国防计量认可17家。组织计量技术机构军工计量检定员培训4次，计190人次，完成检定员的复查考核工作。对军工单位的质量、工艺、检验、生产、测试和计量人员228人次进行集中培训。对重点检查内容进行布置、统一检查标准，规范检查程序。

（市国防科工办）

【军工质量监管】 年内，依据国家军用标准GJB9001A－2001，对北京有色金属研究总院等8个重点军品协作配套单位进行军品质量抽查，提出整改意见。

（市国防科工办）

【军民融合新体系建设】 是年，国防科工办会同有关部门落实市政府与军工九大集团公司签署的战略合作框架协议，推动军民结合产业基地建设，一批重大项目在京落地实施。航天火箭股份落户亦庄；中航工业集团顺义航空产业园已开工建设，项目规划建设用地约200公顷，一期项目建设投资超过100亿元；永丰航空产业基地占地共约8.67公顷，建设总投资将超过10亿元。其中一期工程——百慕航材高科技公司先进钛合金精密成型件产业化项目总投资2.6亿元，建设已经竣工；航天二院军民结合产业基地总占地约126.67公顷，规划重点发展安防系统、数控装备和医疗器械等民用产品；航天三院军民结合产业园规划占地约126.67公顷，计划投资50.5亿元，重点发展大飞机关键配套产品及电力装备制造、石油石化装备制造和信息产业等民用产业。航天科技集团中关村航天创新园进入总体规划阶段，亦庄煤气化装备产业基地奠基；核工业集团房山核能创新创业综合基地洽商进展顺利；核建设集团高温气冷堆工程化研究中心落户中关村软件园；兵器工业集团丰台军民融合创新园进入总体规划阶段；兵器装备集团昌平海外高层次人才创新创业基地洽商进展顺利；船舶重工集团船舶研发及产业化项目等四个重点项目落户昌平。同时，核建设集团“一体化壳式核供热堆汽水联供耦合工艺及关键设备技术研究”、航天科技集团“气动脱硫塔优化设计开发”、航空一集团“异型、薄壁钛合金精密铸造技术工程化开发”等项目实施进展顺利。

（市国防科工办）

【军品配套科研项目】 年内，组织北京地区军品协作配套单位参加“十一五”第四批军品配套科研项目申报工作，北京北冶功能材料有限公司获得国家航空材料研制与应用研究项目资金280万元；北京化学试剂研究所等4家军品协作配套单位的8个项目，获得军用材料及配套整机研制资金支持290万元；北京华力创通科技股份有限公司获得国防基础科研项目资金120万元。

（市国防科工办）

【核应急管理】 是年，不断健全核应急各项规章制度，推进应急平台体系建设。在《国家突发公共事件总体预案》和《北京市核应急预案》的基础上，围绕制约反恐工作长远发展的体制、机制问题，反恐工作日常工作中不放心、不把牢的环节和细节问题开展调研，制定对策办法，加强核应急预案体系的研究与建设。初步建立专家联席会议、联络员会议和核应急协调组成员会议等制度，制定核应急演练、培训规定等规范性文件。依托现有资源网络，整合专业系统资源，加强协作联动机制，实现互联互通和信息共享。明确职责任务与工作接口，加强成员单位之间的协作联动。密切与上级政府应急管理机构的联系，加强与社会应急救援力量的沟通协调。协调筹备核应急指挥中心的建设。5月7日—13日期间，原子能院组织开展了碱金属事故应急演练，历时40分钟。5月12日，在清华核研院开展灭火疏散演练，提高广大师生员工的安全意识和应对突发公共事件的避险自救、互救能力。按照《北京市核应急预案》和执行程序，组织专家参与制定核设施场外应急处置桌面推演脚本，设计可能出现的应急情景，力争符合实战需要。

（市国防科工办）

【军工及民爆行业安全管理】 是年，与各军工集团及20户在京重点军工单位建立定期沟通联络渠道，共同推进安全生产健康发展；完善安全生产信息报送机制，建立信息报送工作制度。举办安全生产培训班，45家在京军工企事业单位的安全管理人员参加培训。组织安全经验现场交流和“我为军工安全献一策”征文活动，航天科技集团211厂等单位介绍推广重大危险源管理、安全生产标准化建设等方面的经验做法。开展“安全生产三项行动”、“安全生产月”重大活动和节假日期间安全生产大检查，对中核集团261厂等29家重点军工企业和11家民爆生产、经营企业进行检查及隐患排查，整改128处，整改率为98.7%。在北京京煤化工有限公司组织安全生产事故应急预案演练。借鉴奥运安保反恐工作的经验成果，强化民爆行业特殊安保措施的落实。国庆期间在京各民爆企业一律停止生产、销售民用爆炸物品，并进行清库；依托现行反恐指挥体系和运行机制，各成员单位及时互通情况；做好国庆60周年期间城市公共安全风险评估与控制工作，增强应急管理工作的预见性、针对性和主动性；在原子能院和清华核研院开展风险评估与风险源（点）排查工作，制定风险控制工作方案；继续完善安全生产管理，确保国庆期间在京军工单位和军品协作配套单位运行平稳。

（市国防科工办）

首钢集团

【综述】 首钢是以钢铁业为主，兼营矿业、电子、机械、建筑、服务业和海外贸易的大型企业集团。首钢集团以首钢总公司作为母公司，下属北京首钢新钢有限责任公司、北京首钢股份有限公司、首钢迁安钢铁有限责任公司、秦皇岛首秦金属材料有限公司、北京首钢特殊钢有限公司、首钢矿业公司、中国首钢国际贸易工程公司、北京首钢房地产开发有限公司、北京首钢机电有限公司、北京首钢自动化信息技术有限公司、北京首钢实业有限公司、北京首钢国际工程技术公司、北京首钢建设集团有限公司等13家子公司及其他独立经营单位；国内联合重组企业4家，分别是山西长治钢铁公司、贵州水城钢铁公司、贵阳钢铁公司、新疆伊犁钢铁公司；在香港有4家上市公司，分别是首长国际企业有限公司、首长四方集团有限公司、首长科技集团有限公司、首长宝佳集团有限公司；在南美洲有首钢秘鲁铁矿股份公司等海外企业。

2009年，首钢集团实现销售收入1302亿元，比上年减少18亿元，同比降低1.4%；实现利润13.98亿元；资产保值增值率104.8%；全年钢铁业成本降低额43.26亿元。全年生铁产量1954.99万吨，粗钢产量1947.81万吨，钢材产量1843.03万吨，产品出口64.41万吨；全年高附加值、高技术含量的产品产量831万吨。首钢京唐钢铁公司第一步工程于5月21日投产，第二步工程进入设备安装阶段。首钢迁钢公司配套项目主体工程基本完成。首秦公司3号连铸机与粗轧机副线进行安装调试，钢板深加工项目一期于4月建成预处理生产线。迁安循环经济产业园新开工建设尘泥资源化利用、高炉矿渣微粉、利用焦化工艺处理废塑料等项目。完善迁钢公司、首秦公司、顺义冷轧信息化、MES系统，完成汽车板信息化项目立项工作。首钢承担的国家科技支撑重大项目“新一代可循环钢铁流程工艺技术”研究在首钢京唐钢铁公司投入运行。全年完成科技成果54项，其中获得国家科技进步二等奖1项，获得冶金科技进步二等奖2项；完成专利申报229项，同比增长45.9%；获得国家专利授权80项，同比增长105%；新增冶金产品实物质量金杯奖7项，累计获得金杯奖29项。首钢技术研究院在全国569家企业技术中心评比中排名第4位，被评为“国家优秀企业技术中心”。

年内，首钢落实国家《钢铁产业调整和振兴规划》，实施企业联合重组。与山西长治钢铁公司、贵阳钢铁公司、新疆的伊犁钢铁公司实现联合重组。首钢控股的贵州盘县“煤钢电”一体化项目、贵钢公司搬迁项目相继开工建设。香港首控公司收购澳大利亚吉布森铁矿和香港福山能源公司的股权，成为这两家企业的第一大股东。首钢与山西焦煤集团联合在香港成立东方资源有限公司，与比利时贝卡尔特集团合作在山东滕州建设钢帘线一期项目竣工投产，与中国海运集团合资组建航运公司，与中信集团、中船集团、北汽福田、中石油渤海装备钢管公司、太重集团、农业银行、日本双日株式会社签署战略合作协议，由首钢、钢铁研究总院、北京科技大学等7家单位组建“首都钢铁服务联盟”。

首钢非钢产业全年销售收入504.93亿元，同比降低23.64亿元，降低4.47%。机电制造业推进河北廊坊大厂新基地和“三地”检修基地建设，研发首秦公司宽厚板坯连铸机、海水淡化、武钢CSP拉矫辊等一批新产品。承揽合同9.2亿元，其中社会合同2.7亿元。全年盈利5500万元。自主开发的烧结、高炉和转炉专家系统成功应用于京唐钢铁公司、迁钢公司项目，承担的京唐钢铁公司能源中心项目、信息化和首钢信息化二期项目投入运行。完成首钢京唐钢铁公司和迁钢公司配套改造任务。清理建筑行业不良项目，开发政府工程和检修项目，完成国庆60周年联欢晚会焰火网幕工程任务；承揽阜石路高架桥、金泉广场钢结构、安哥拉水场等项目，建筑行业全年新签合同量62亿元，销售收入52亿元，利润9877万元。完成首钢京唐钢铁公司、迁钢公司、首秦公司、贵钢等重点项目的设计任务。签订宣钢球团和烧结、巴西VSB球团等一批总承包工程，合同额24.9亿元。房地产全年实现利润3亿元。秦皇岛项目、南戴河项目销售良好，金顶阳光两限房项目销售回款20亿元。首钢强化海外网点建设，组织钢材出口；调剂低价进口矿资源，满足首钢总公司生产需求；为首钢重点工程30个项目办理到货减免税，海外工程在手合同额4.8亿美元，创历史最好水平。矿产资源业全年生产熟料1280万吨，自产精矿粉485万吨；完成非矿产值15.9亿元。首钢控股公司加强资源整合和开发利用，山西翼城120万吨现代化采矿井建成投产，宜昌高磷铁矿60万吨一期工程完成建设，临河一策克全长768公里的铁路全线通车，收购新疆的伊犁钢铁公司股权并整合下属铁矿、焦煤、焦化等资源项目。完成储量超过3.6亿吨的新疆西沟煤矿的收购，通过改扩建，煤炭年产量达到1000万吨。首钢控股的京西重工有限公司，收购美国德尔福公司汽车制动和悬架系统业务于11月2日完成交割。按照《首钢工业区改造规划》制订规划，先期启动首钢机电公司重型机器分公司“中国动漫游戏城”项目于10月开工建设。古城南路项目完成方案国际征集。特钢新能源、新材料研发基地建设北京节能环保产业总部项目进行前期工作。

首钢通过新项目安置、退休、内退、面向社会分流等多种渠道，已累计安置3.45万人。年内，首钢对2010年底北京钢铁主流程全部停产后职工分流安置工作，进行分流意向调查和分析测算，截至年底已提出初步方案。累计获得安置富余人员财政支持资金12.46亿元。其中全年获得1.81亿元资金支持，获得稳定就业岗位补贴和社会保险补贴1.01亿元。北京市授予首钢“和谐劳动关系先进单位”称号。截至年底，首钢北京地区在册职工7.22万人。在岗职工人均年收入5.47万元，同比增长5.6%。近6.4万名离退休人员养老金人均月增资204.6元。继续执行内退职工收入增长机制，4299名内退职工人均月增资208元。

北京三期集资建房于10月份动工，迁钢小区二期工程已验收1栋，开工5栋；南戴河住宅一期10栋小高层于年底交工入住。

（李淑萍）

【钢铁生产】 全年生铁产量1954.99万吨，粗钢产量1947.81万吨，钢材产量1843.03万吨。其中高附加值、高技术含量的名优拳头产品产量831万吨。迁钢公司生铁483.5万吨、转炉钢485.4万吨、热轧板卷341.5万吨，板带比70.4%。其中热轧拳头产品272.2万吨，占钢材比例79.8%；汽车板、家电板等冷轧基料158.5万吨，占钢材比例46.4%；管线钢完成71万吨，全年汽车板产量11.8万吨。型材厂于6月建成国内首条大规格棒材连续热处理生产线，开发PSB930和PSB1080精轧螺纹钢筋，月产量1000吨以上。

（李淑萍）

【产品销售】 是年，首钢全年钢材产品销售收入432.12亿元，钢材销售量1284万吨，其中拳头产品销售量783万吨；品种钢材直供比例68.58%；热轧管线钢销售量71.08万吨，成为中石油的第一大供应商。开发N80等高强石油套管用钢和抗HIC管线钢，实现批量供货。截至年底，首钢外销热轧品种28个品种110个牌号。全年汽车板、家电板、专用板等品种销售量35.8万吨，其中IF钢和高强钢等连退品种钢销售5.9万吨。镀锌品种钢销售量0.43万吨，实现零的突破。中厚板专用板销售比例达到55%。中厚板全年直供比例由53.58%上升至65.13%。实现了与整船合同接单，全年向中船重工等企业整船供货量10.8万吨。向哈尔滨松浦大桥供货5.5万吨。中标“马来西亚沐若水电站”60千克级水电高强钢板1.6万吨，“西气东输二线上海支干线、湘潭联络线”管线钢10.7万吨。开发高端新品种，首次销售Q550D以上级别高强钢，月合同量稳定在5000吨水平。截至年底，首钢中厚板已形成管线钢、船板、锅炉容器板、工程结构板、建筑结构板、桥梁板等10大类别的205个牌号。长材产品的绞线钢、焊线、冷镦钢、齿轮钢、轴承钢、抽油杆钢、锚杆钢、精轧螺纹等高效益品种占有率逐步提升，全年长材拳头产品销售量272万吨。开发并推广大规格高强度绞线、高速铁路轨枕用预应力钢丝、高钛合金焊线、汽车曲轴用钢等较高附加值产品。年内，首钢与北汽福田、北汽有限、保定长安等多家汽车企业签订了年度直供协议，启动并阶段性通过了一汽轿车、上海大众、吉利汽车、长城汽车等8家汽车企业的产品认证，实现了北汽福田商用车的整车供货，全年累计完成汽车板销售量11.26万吨。家电板、专用板全年销售量24.5万吨，与海尔集团月订货量突破5000吨。汽车、家电和专用板的品种比例由年初的6.2%上升至年底的44%，直供比例由年初的12%提升至年底的49%。汽车大梁钢、车轮钢、高强钢等产品全年产品销售量43万吨。全年实现钢铁产品发运量1655万吨。处理质量异议306件，结案率95.42%。12月，中标中石化“南宁一百色成品油管道工程”项目。上海分公司向中国船舶工业总公司下属的龙穴船厂、沪东船厂、外高桥船厂、江南船厂供应钢材量9.6万吨。广州分公司选定办公新址、购置办公设备，完成了公司注册，全部达到公司运营条件，以“客户代表”形式开展服务。实现迁钢公司、顺义冷轧公司与京唐钢铁公司品种、流向、价格的统一管理。

（李淑萍）

【科技创新】 全年首钢开发新产品66项，包括管线钢、石油套管用钢、汽车大梁钢、车轮钢、高强工程机械用钢、集装箱用耐候钢等钢种。首钢累计金杯奖产品达到29个，迁钢公司和首秦公司首次拥有金杯奖产品。全年首钢金杯奖产量425.02万吨，占钢材总产量的37.35%，中国名牌产品产量116.01万吨，占总产量的10.19%，名优产品产量463.81万吨，占总产量的40.76%。完成国家专利申报229项，同比增长45.9%；获国家专利授权80项，专利授权量同比增长105%；其中首钢研发的小方坯连铸低碳低硅含铝钢的生产方法获得首届“北京市发明专利奖”三等奖。完成科技成果54项，科技成果在生产中应用取得经济效益9.24亿元，其中低成本、高品质管线用钢热轧卷板的减量化技术研究取得经济效益1.4亿元、首秦2号铸机中间包数值RTD技术开发和应用年总经济效益2513万元。迁钢优质板坯连铸技术开发项目的应用取得经济效益达到2918万元。型材厂高强度精轧螺纹钢筋热处理项目投产后，产出精轧螺纹钢筋，创造效益408万元。二炼钢厂方坯连铸机中间罐钢水连续测温装置投入使用后，降低成本111万元。转炉流程生产优质特殊钢工艺技术的开发与创新成果获得国家科学技术进步二等奖、北京市科学技术一等奖；首钢西气东输二线用厚规格X80热轧卷板的研制、开发获得冶金科技二等奖；首钢大规格高强度钢绞线用钢的研制获得冶金科技三等奖；新型顶燃式热风炉燃烧技术研究获得北京市科学技术三等奖。全年高附加值、高技术含量的名优拳头产品产量831万吨，同比增加72万吨，拳头产品占全年钢材产量的73%。截至年底，首钢已形成冷、热板卷、中板、线材、棒材多品种结构体系；热卷产品形成了以管线钢等7类中高端产品为主的产品结构。汽车板实现批量生产并向北汽福田、吉利集团整车批量供货；宽厚板实现车轮钢330CL和380CL稳定批量供货和440CL、490CL等的小批量试制。中厚板实现整桥供货5.5万吨、整船供货10.8万吨；X80管线钢、水电用钢、油罐钢、合金容器、E/F级船板具备了批量供应的能力。与国内钢铁企业和研究院所共同承担的国家“十一五”科技支撑计划项目“新一代可循环钢铁流程工艺技术”，完成课题阶段考核指标。首钢承担的北京市“首钢高品质板材开发及其产业化”项目通过北京市绩效考评工作组对项目执行情况和绩效的综合分析和评价，绩效级别评定为“优秀”。在国家发改委对国家认定的569家国家级企业技术中心评价中，首钢总公司技术中心名列第四位，在冶金行业中排名第三位，并获得国家认定企业技术中心成就奖。

（李淑萍）

【环境保护】 全年首钢完成减排目标。烟尘排放总量4533吨，同比降低27.87%；粉尘排放总量3526吨，同比降低3.19%；二氧化硫排放总量9239吨，同比降低8.17%。完成黄标车淘汰工作。共淘汰黄标车616辆。起草《加强首钢“一业多地”环保管理工作实施方案》、《首钢清洁生产管理办法》，修订《首钢总公司防止大气污染管理办法》、《首钢总公司防止水污染管理办法》、《首钢总公司放射性同位素与射线装置安全和防护管理规定》。完成首钢古城南路先期启动区域环境评价工作、首钢迁钢所有尘泥资源化利用项目环境评价工作、北京首钢机电有限公司重机分公司场地环境评价工作、首钢资源综合利用科技开发公司渣一站渣场恢复使用建设项目环评工。投资8500万元，开展矿业公司360平方米烧结烟气脱硫改造项目。投资115万元，组织实施电力厂220吨燃煤锅炉安装在线自动监测设备项目，4月完成并投入使用。年内，首钢循环经济产业园已建成投产的迁钢钢渣处理项目、初选渣钢提纯项目、尾渣制砖项目等循环经济项目保持了稳定生产。建设迁钢尘泥资源化利用项目、迁钢高炉矿渣微粉项目、利用焦化工艺处理废塑料技术工程化示范项目、京唐钢铁公司高炉矿渣微粉项目等4个循环经济项目。承担4项国家“十一五”科技支撑项目、1项发改委重大专项。其中改善焦炭质量研究、废塑料与煤共焦化研究已完成。开发含铁尘泥综合利用技术和迁钢初选渣钢提纯技术，形成用后耐材回收利用研究、冷轧铁红提纯、改善物理性能研究等3项技术专利。自主开发立式强力混合机、废塑料撕碎和破碎专用设备、煤粉调湿机、钢渣显热回收关键设备等一系列专有装备，并应用于产业化项目。

（李淑萍）

【对外合作】 1月8日，首钢总公司与中国海运（集团）总公司在上海签署《合资组建航运公司协议》。2月17日，首钢总公司与中信集团签署战略合作框架协议。3月24日，首钢总公司与双日株式会社签订战略合作协议。4月21日，首钢总公司与北汽福田举行战略合作协议签字仪式。双方签署了钢材采购协议和欧V客车采购协议。8月8日首钢总公司与太重集团签署战略合作仪式在太原举行。12月21日，首钢总公司与因赛轧辊公司签订轧辊长期供应战略合作协议，年内，首钢与中国动漫集团签署合作建设中国动漫游戏城框架协议。

（李淑萍）

【4个环保项目开工建设】 5月18日，首钢京唐水渣磨细粉项目开工建设，该项目是首钢

京唐钢铁公司与冀东水泥公司合资建设，建成后可处理首钢京唐钢铁公司2号高炉产生的全部水渣。建设规模120万吨/年，截至年底已完成90%工程量。8月8日，迁钢含铁尘泥综合利用工程开工建设，建设规模89万吨/年。8月8日，首钢迁钢水渣磨细粉项目开工建设，该项目与香港嘉华公司合资建设，建设规模为90万吨/年。9月28日，利用焦化工艺处理废塑料示范工程项目开工建设，建设规模8万吨/年。9月28日，利用焦化工艺处理废塑料示范工程项目开工建设，建设规模8万吨/年。

（李淑萍）

【矿产资源业生产】 全年矿熟料产量1293万吨，自产精矿粉485万吨，矿业销售收入121.53亿元，利润3.3亿元。在60项行业可比指标中，41项进入前三名，其中27项排名第一。全年实施矿业管理创新项目42项，组织迁钢公司3号高炉供料皮带系统、烧结老厂扩能改造、360平方米烧结烟气脱硫、白灰窑扩建以及铁路复线改造等10项工程。加快杏山地采工程的建设，井巷工程完成总量的85%，地面工程完成主井塔楼建设，采矿主体设备完成国际招标。水厂铁矿完成了东排破碎站下移工程，掌握了大型破碎站整体移动技术。共回收矿石资源206万吨，开展球团控制系统优化研究，完善烧结专家控制系统，实施新建白灰窑自动化控制项目。研制高效节能磁力干选设备，将技术转化为产品。丹东硼铁矿项目开工建设，采、选系统和铀水冶生产线基本完成基建工程，全部转入设备安装阶段。“360平方米烧结机设计技术集成及工艺优化”、“选矿过程监测技术与自动控制系统和生产信息技术研究及应用”通过科技成果鉴定。10项成果申请国家专利。

（李淑萍）

【特钢产业】 全年特钢部销售收入26.02亿元，成品钢材产量69.6万吨。生产拳头产品56.56万吨；其中Q460E生产1.47万吨，SAE8620H铁路用钢生产0.41万吨；外购钢坯开发9个新钢种、1.6万吨，综合检验合格率99.39%，同比提高2.24%。投资190万元对特钢轧钢2号加热炉使用天然气改用焦炉煤气进行改造，全年增加效益996万元。轧钢厂大圆钢成材率96.56%，同比提高0.04%；天然气消耗39.44标准立方米，比上年降低2.32标准立方米；小圆线成材率95.55%，同比提高0.2%；天然气消耗37.19标准立方米，同比降低4.3标准立方米；吨钢水耗0.22立方米；吨钢电耗49.11千瓦小时。锻钢厂成材率82.6%，同比提高0.06%；天然气消耗79.17标准立方米，同比降低0.89标准立方米；吨钢水耗1.75立方米；吨钢电耗126.68千瓦小时。20CrA～40CrA合金钢获得国家冶金产品实物质量“金杯奖”，20CrMnTiH保证淬透性结构钢“金杯奖”通过复评，取得压力管道元件制造生产许可证。

（李淑萍）

【对标挖潜增收节支降成本】 是年，首钢实施“降低成本、产品研发、市场开发”3个目标倒推机制，建立从生产到产品开发、市场销售联动的经营机制，组建长材、中厚板、热轧卷板、冷轧卷板、管线钢、高强机械用钢项目部、用户技术研究部、板带中心计划部和汽车板项目部，成立铁前、炼钢、轧钢、采购、成本费用、设备检修等降成本攻关组，全年首钢钢铁业成本降低额43.26亿元，钢铁业“三地”平均入炉焦比312千克/吨，同比降低15.6千克/吨；喷煤比155千克/吨，同比提高14.6千克/吨；钢铁料消耗1087千克/吨，同比降低0.9千克/吨；吨钢综合能耗625千克，同比降低3千克；吨钢耗新水3.6吨，同比降低0.4吨；综合成材率95.4%。

（李淑萍）

【首钢京唐2号热镀锌线产品下线】 11月3日，首钢京唐钢铁公司1700毫米冷轧2号连续热镀锌生产线热负荷试车一次成功，生产出第一卷冷轧镀锌商品卷。2号连续热镀锌生产线设计年产能40万吨，生产GI和GL锌层建材板和家电板为主，选用美钢联法连续热镀锌工艺，产品厚度0.25毫米～2.5毫米，宽度750毫米～1580毫米，钢种包括CQ、DQ、DDQ、HSS等，产品最高强度级别达590MPa。该生产线于2007年9月13日开工建设，2008年6月安装设备，2009年3月单体设备调试，9月7日开始进行退火炉的烘炉，9月22日，进入生产线冷负荷连锁试车。

（李淑萍）

【发行50亿元短期融资债券】 11月18日，

首钢发行第一期短期融资债券，发行总额50亿元，债券期限365天，票面年利率2.95%。年内，首钢一期债券60亿元以3.85%的最低利率成功发行。截至年底，首钢累计发行债券额度290亿元。其中短期融资券100亿元、中期票据100亿元、企业债券90亿元。

（李淑萍）

【首钢与长钢重组】 8月8日，首钢总公司与长治钢铁有限公司联合重组签约仪式在太原举行。首钢总公司总经理王青海与长治市市长张保签署《战略合作协议》；王青海与长治市国资公司董事长蔡庆华签订《股权转让协议》。首钢以5亿元获得长钢90%的股权，长治市国资公司持有长钢10%股权。双方股东均为国有性质，新企业更名为首钢长治钢铁（集团）有限公司。以建筑用钢为主。长钢创建于1947年，位于山西省长治市。长钢已形成集采矿、炼焦、炼铁、炼钢、轧材、水泥制造、工程建设、锻压机械制造、房地产开发于一体，钢铁生产能力360万吨的大型国有企业。12月18日，首钢长治钢铁公司挂牌运行。

（李淑萍）

【首钢伊犁钢铁有限公司成立】 8月18日，新疆伊犁哈萨克自治州人民政府，首钢控股公司与天津前钢集团钢铁产业项目签约仪式暨首钢伊犁钢铁有限公司揭牌、轧钢项目投产仪式在新疆伊犁哈萨克自治州新源县举行。新疆维吾尔自治区副主席库热西·买合苏提，伊犁哈萨克自治州党委书记李湘林，州长毛肯，常务副州长万水等领导，首钢总公司常务副总经理、首钢控股公司董事徐凝，首钢控股公司总经理李志强，天津前钢集团董事长马西波等参加活动。库热西·买合苏提与徐凝为首钢伊犁钢铁有限公司揭牌。万水与李志强分别代表伊犁哈萨克州政府与首钢控股公司签订合作协议；李志强、马西波分别代表首钢控股公司与天津前钢集团签署《关于伊犁兴源实业有限公司股权转让协议》，将天津前钢集团持有的伊犁兴源实业有限公司控股股权转让给首钢控股公司，首钢控股公司对伊犁兴源实业有限公司绝对控股。公司更名为首钢伊犁钢铁有限公司。

（李淑萍）

【首钢钢铁项目建设】 5月21日，首钢京唐钢铁公司第一步工程投入试生产，第一座5500立方米高炉利用系数达到2.35，焦比295千克，燃料比484千克。截至年底，高炉日产水平稳定在1.3万吨以上，炼钢连铸稳定在1.28万吨以上，2250毫米热轧稳定在1.28万吨以上，最高日产1.66万吨。11月3日，1700毫米冷轧2号连续热镀锌生产线热负荷试车一次成功，生产出第一卷冷轧镀锌商品卷。首钢京唐钢铁公司第二步工程进入设备安装阶段，2号7.5万立方米/小时制氧机组、2号300兆瓦发电机组、3号脱碳炉、2号脱磷炉、3号连铸机等项目年内相继投产或完成建设。首钢迁钢公司配套项目主体工程基本完成，4000立方米高炉于12月2日点火烘炉，4号转炉于11月30日烘炉，5号转炉进行调试，3号板坯铸机完成连锁试车，4号板坯铸机进行自动化调试，1580毫米热轧于11月25日全线模试成功。首秦公司配套完善项目，球团工程于6月6日投产，3号连铸机厂房进入基础施工阶段，粗轧机副线土建施工6月开工。迁钢配套完善项目也按计划进度全面推进。

（李淑萍）

【1700冷轧生产线试车成功】 3月28日，首钢京唐钢铁公司1700冷轧酸轧联合机组一次试车成功。该工程于2006年11月施工，建筑面积20.27万平方米，年产商品卷150万吨，有酸洗轧机联合机组、连续退火机组、连续热镀锌机组、彩涂机组、重卷检查机组、钢卷包装机组等10条主要生产机组，产品为高级家电板、高级建筑板及部分汽车用冷轧板带产品。

（李淑萍）

【安置富余人员】 首钢集团北京地区期末在册职工人数7.22万人，与上年末相比，净减2500人。年内，制定并组织实施《2009—2010年人力资源平衡方案》，压缩岗位定员1600人，开发“分流安置人员信息管理”系统。通过新项目转岗、退休、内退、解合等渠道分流安置4660人。为迁钢公司配置2772人，为京唐钢铁公司项目抽调配备423人。

（李淑萍）

【首钢钢铁业信息化建设与应用】 年内，对迁钢公司高炉、炼钢、1580热轧及辅助工艺生产线进行信息化系统、MES系统和IT基础平台建设，信息化系统于12月1日实现上线运行。梳理首秦公司产销研业务流程，优化首秦公司MES系统。完成顺义冷轧信息化系统建设，在汽车板信息化建设项目中形成“在线质量判定信息系统”、“综合查询信息系统”实施方案，制定“质量体系建设”方案。加强信息系统运行维护管理。首钢销售公司对迁钢公司、首秦公司信息化系统进行改造，开通首秦公司中板管理信息系统与上海分公司管理系统专线，实现冷轧原料卷信息由迁钢公司三、四级系统与顺义冷轧公司三、四级系统的贯通，优化信息化系统的仓储管理，拓展了系统功能。首钢总公司被认定为“北京市制造业信息化——经营管理集成应用（甩账表）优秀示范企业”。首钢总公司入选中国企业信息化500强，列第53位。信息化支撑“一业三地”集中整体分层能级管控体系，获得冶金管理现代化创新成果二等奖。

（李淑萍）

【首房公司销售收入40.19亿元】 是年，北京首钢房地产开发有限公司销售收入40.19亿元，实现利润3亿元，劳动生产率3525万元/人年；筹措资金33.49亿元；新开工面积31.5万平方米。截至年底，二通中国动漫游戏城项目获得一级开发主体和土地证的批准，完成了市政各专业专项规划、综合规划、场地环境评价、一级开发实施方案，先期启动铸钢清理车间改造的单体设计，并于10月份开工建设。铸造村三期集资建房项目已动工建设；迁钢二期住房项目开工，总建筑面积17万平方米、1340套住房，已交工验收1栋360户；金顶街阳光“两限房”交工入住，获得北京市整体结构和单体结构“长城杯”工程。苹果园四区、迁钢生活小区荣获北京市及唐山市“物业管理示范小区”称号。5月，完成重庆分公司收购股权工作。首房公司持有重庆分公司72%的股份。重庆“首钢·美利山”项目北美风格建筑的一期全部售罄并交工入住，实现销售收入2.4亿元。法式建筑风格的一期共计37栋开工建设。南戴河项目累计销售539户，销售回款累计1.71亿元。河北大厂首钢装备制造基地项目征地约173.33公顷，已完成控规、一级开发方案编制、报批及合同的签订，组建大厂回族自治县工业园区建设投资开发有限公司，以招商引资为主业，重点引入中国500强企业入驻园区，实现签约项目3个。河北大厂项目一级土地开发，首房公司在中基太业持有的分配权由57.14%提高至62%。

（李淑萍）

【进口铁矿1630万吨】 是年，中国首钢国际贸易公司（简称中首公司）全年实现利润7.18亿元，销售收入327.1亿元，出口创汇4.63亿美元。进口铁矿1630万吨。钢铁产品出口量64.41万吨。钢材出口从纯贸易方式向钢材深加工延伸，成立“首钢国际（奥地利）有限公司”。先后参与印度、土耳其、伊朗、印尼等国家和地区的32个工程项目及成套设备出口项目的招投标。制定并实施《海工部工程项目管理规范》等制度。完成设备新签约项目79个，金额7059万美元。进口到货258批，到货金额3.49亿美元。共实现减免税3.34亿元人民币。完善境外网点分布，完成韩国釜山、迪拜办事处、印尼办事处等新网点的建设，暂停了新西兰公司的运营等。秘铁公司进行老区改造，完成尾矿浓缩机安装、2号破碎机更新、成品堆场及转运系统改造等，完成了装船机及码头改造项目。全年矿产品产量684.4万吨。年内，中首公司运作了首长国际企业有限公司（简称首长国际）收购5.5亿股福山能源股份及香港首控持有的4.5亿股福山能源股份，首长国际持有福山能源股权21.97%，成为第一大股东，同时香港首控持有首长国际股权比例上升到42.15%。完成首长国际对澳大利亚吉布森公司的配股及包销部分交易，首长国际持有吉布森公司14.34%的股份。

（李淑萍）

【出口钢材64.41万吨】 首钢全年完成出口钢材64.41万吨。首钢京唐公司全年签约9万吨。首钢顺义大冷轧项目开发冷轧镀锌产品市场并形成规模，累计签约量1.8万吨。开发加硼合金中厚板、线材及螺纹钢累计出口量2.71万吨。探索新的出口方式，开展欧洲存销业务并取得成果，中板及热轧卷板累计签约7.21万吨。

（李淑萍）

【苟仲文到首钢考察】 1月25日，北京市副市长苟仲文到首钢慰问干部职工。3月6日—8日，苟仲文到首钢京唐钢铁公司、首秦公司和迁钢公司考察调研，陪同考察人员的有市工业促进局局长李平等。

（李淑萍）

【张德江考察首钢京唐钢铁公司】 2月8日，中共中央政治局委员、国务院副总理张德江到首钢京唐钢铁公司考察。首钢领导朱继民向张德江介绍首钢京唐钢铁公司的建设历程和特点，受到张德江的肯定。他问候了在1号5500立方米高炉工作的干部职工。陪同考察的有国务院国资委、发展改革委、工业和信息化部等领导。

（李淑萍）

【贵州焦化项目开工】 1月16日，贵州首黔资源开发有限公司（简称首黔公司）注册成立。2月27日，200万吨焦化项目在贵州省盘县开工，建设期为两年。首黔公司由北京首钢股份有限公司全资子公司——贵州首钢产业投资有限公司与贵州盘江精煤股份有限公司、贵州黔桂发电有限责任公司、水城钢铁（集团）有限责任公司共同发起设立，公司注册资本20亿元。其中贵州首钢投资持股51%、盘江煤电持股25%、黔桂发电持股15%、水钢持股9%。

（李淑萍）

【郭金龙到首钢调研】 3月21日，北京市市长郭金龙到首钢调研。首钢总公司董事长朱继民汇报了首钢经营生产和搬迁调整进展情况。陪同考察人员有常务副市长吉林，副市长苟仲文，市政府秘书长黎晓宏等。

（李淑萍）

【低温多效蒸馏海水淡化项目】 首钢京唐钢铁公司海水淡化项目一期采用“低温多效蒸馏海水淡化”技术，第一套设备于3月22日满负荷产出合格成品水，单套生产规模1.25万吨/日。年内，召开低温多效蒸馏海水淡化项目科技成果验收评估会，专家审查了该项目全部验收文件资料并进行现场考察，认为该项目各项指标达到设计要求，整体技术达到国际先进水平。验收评估委员会委员一致同意该项目通过验收，并建议将该技术在沿海工业配套海水淡化项目中推广应用。 （李淑萍）

【李克强到首钢京唐公司考察】 6月1日，中共中央政治局常委、国务院副总理李克强到首钢京唐钢铁公司炼铁高炉和2250毫米热轧生产线考察。在首钢京唐钢铁公司1号5500立方米高炉主控室，首钢京唐钢铁公司董事长朱继民向李克强汇报首钢京唐钢铁项目的建设历程和主要特点。李克强询问钢铁厂的设计以及大型化高炉的优势等。他参观了建设中的2号高炉和2250毫米热轧生产线，并询问生产线的投资、产品等情况。他要求首钢京唐钢铁公司公司下一步必须加快开发高端产品，产品要站在制高点；在管理上要学习借鉴国外先进管理经验，达到国内外先进水平，要尽快使京唐钢铁公司成为“全国示范，世界一流”。陪同人员有国务院有关部委、北京市、河北省和唐山市领导。

（李淑萍）

【首都钢铁服务产业联盟成立】 6月18日，首都钢铁服务产业联盟成立，相关成员单位同时签署2项重大科技合作项目，合同总额超过12亿元人民币。首都钢铁服务产业联盟由市科委组织发起，中冶京诚工程公司、钢铁研究总院、首钢总公司、北京科技大学和北京新材料中心等9家钢铁服务与生产单位共同成立。联盟成员单位于6月17日签署的《熔融还原炼铁项目》、《艾娜克铜矿工程开发项目》两个技术服务合同，合同总额超过12亿元。针对项目实施中的关键技术难题，市科委同时启动“钢铁设计仿真”、“有色金属清洁生产”两个重大科技计划项目。首都钢铁服务产业联盟成员单位在2009年的技术服务总收入超过220亿元人民币。

（李淑萍）

【建厂90周年活动】 9月2日，首钢召开“纪念建厂90周年暨劳动模范表彰大会”。贾庆林、李克强、张德江等党和国家领导人发来贺信或题词，刘淇、郭金龙等北京市领导和各行业领导、嘉宾出席，肯定了首钢为国家、为奥运、为发展首都经济作出的贡献与奉献。15位首钢全国劳动模范和全国“五一”劳动奖章获得者代表被授予荣誉勋章。截至9月4日，共有新华社、《人民日报》、《经济日报》、《中国证券报》、《大公报》、北京电视台、《北京日报》、《北京商报》、《京华时报》、中国网、网易等29家媒体采访报道了首钢90周年厂庆的相关消息，人民网、凤凰网、新浪网等十余家网站转载。首钢开展“纪念新中国成立60周年、首钢建厂90周年知识竞赛活动”；开展建厂90周年的文化活动，包括诗歌、散文、报告文学、厂史资料书籍、电视片等。在劳动人民文化宫举办“展当代工人阶级风采、铸新世纪新首钢辉煌”展览，组织“百姓宣讲团”进首钢专场报告，学习宣传劳动模范、先进人物以及走访慰问送温暖等活动。年内，9集电视系列片《情系首钢》在首钢电视台播出，《首钢》画册出版。

（李淑萍）

【中国动漫游戏城建设项目启动】 10月14日，在中国动漫游戏城项目建设启动信息发布会上，首钢总公司与中国动漫集团有限公司就合作建设中国动漫游戏城签署框架协议。中国动漫游戏城选址在首钢机电公司重型机器分公司，该公司于1997年停产，位于丰台区卢沟桥乡小瓦窑村域范围内，核心区规划面积83公顷。年内，该项目成立工程指挥部，完成初步设计方案的编制及审批，办理立项，启动工程招标等工作。

（李淑萍）

【中国绿能港园区开发】 年内，中国绿能港项目确定了石景山园南区两区域“双核心”的规划思路，提出“国际创e园”的石景山园南区品牌定位。石景山园南区内新增80万平方米建筑规模指标全部分配给特钢区域，使厂区建筑规模达到178万平方米。招商引资工作取得新进展。开展对外宣传，完善中国绿能港网站及项目宣传材料，制作园区优惠政策宣传片。3月21日，北京市领导到首钢考察，北京市规划委员会两次专题听取中国绿能港项目汇报，并到特钢进行实地考察。

（李淑萍）

燕山石化

【综述】 燕山石化是隶属于中国石化集团公司的特大型石油化工联合企业，前身为1970年成立的北京石油化工总厂，曾更名为燕山石油化学总公司、中国石油化工总公司北京燕山石油化工公司、北京燕山石油化工集团有限公司。2009年燕山石化包括中国石油化工股份公司北京燕山分公司（简称燕山分公司），中国石化集团北京燕山石油化工有限公司（简称燕化有限公司）和北京东方石油化工有限公司（简称东方石化公司）。燕山石化位于北京市房山区燕山岗南路1号，占地面积40平方千米。

2009年，燕山石化共有职工1.59万人，其中经营管理人员1100人，专业技术人员3800人，技能操作人员1万多人。有石化生产装置63套，辅助装置68套，可生产120个品种、494个牌号的石油化工产品，主要有石油产品、有机合成材料、有机化工原料、化纤产品、塑料制品和其他产品。原油进厂能力1050万吨/年，加工能力1000万吨/年以上，是国内生产欧四清洁油品的千万吨炼油基地。乙烯生产能力71万吨/年；合成树脂生产能力101万吨/年，其中聚乙烯生产能力56万吨/年，聚丙烯生产能力40万吨/年；合成橡胶生产能力24万吨/年；苯酚丙酮生产能力24万吨/年，是国内合成橡胶、苯酚丙酮和高品质成品油生产基地。东方石化公司有生产装置30余套，生产37个品种、145个牌号的产品，主要有丙烯酸及酯、醋酸乙烯、高密度聚乙烯等。是年，燕山石化全年加工原油1079.06万吨，同比增长1.3%；生产各种轻油911.85万吨，同比增长3.8%；生产乙烯84.1万吨，增长7.2%。全年实现销售收入589亿元，利润42.53亿元；上缴税金102亿元，增长537.5%。炼油综合能耗比上年降低4.06个单位。乙烯燃动能耗比上年降低39.18个单位。合成树脂专用料比例达到82%，比上年提高0.81个百分点，柴汽比降至1.3∶1。完成低压聚乙烯装置浆液外循环和粉料外送、三催化烟气脱硫除尘、东方搬迁改造等重点技术改造工程。与日本三菱化学合资的15万吨/年双酚A和6万吨/年聚碳酸酯项目开始土建施工。11月5日，举行北京石化新材料科技产业基地揭牌仪式。东方石化公司进行搬迁改造，完成人员安置工作。

自1969年建厂投产至2009年底，燕山石化本部已累计加工原油2.5亿吨，生产乙烯1443万吨，生产石化产品2.4亿吨。累计实现销售收入6600亿元，实现利税717亿元。

（孙 明）

【炼油系统生产】 全年燕山石化加工原油1079.06万吨，其中大庆原油489.22万吨，海洋原油16.06万吨，进口原油573.78万吨。生产汽油242.12万吨，柴油314.79万吨，其中生产京标Ⅳ汽油197.94万吨，柴油61.7万吨；生产航空煤油111.61万吨；裂解料230.42万吨；润滑油基础油15.67万吨。轻油收率和综合商品率分别为80.26%和94.68%，高附加值产品收率87.93%，综合能耗63.78千克标油/吨，炼油综合损失率0.67%，加工损失率0.52%。炼油一厂新建常减压装置8月下旬日加工量达到2.28万吨。为增产优质航空煤油，加强馏出口的质量监控，提高全年装置馏出口合格率。通过改变污油回炼方式，降低污油对航煤产品质量的影响。炼油二厂优化工艺运行和实施技术改造以及技术措施，提高二、三催化年加工量。炼油三厂二蒸馏装置在检修前保持高负荷运行。

（孙 明）

【化工原料生产】 是年，燕山石化主要化工产品产量创历史年产最高水平的有乙烯、丙烯、纯苯、环氧乙烷等。化工一厂单套乙烯装置年产量84.13万吨，同比增长7.2%。主要技术经济指标中，乙烯收率31.85%，双烯收率46.94%，比上年分别提高0.96和1.19个百分点。乙烯燃动能耗577.25千克标油/吨，同比降低39.18个单位。燕山石化集中有限资源做大乙烯总量，提高加氢尾油的产量和质量，提高炼油干气提浓制乙烯装置开工率，保证乙烯装置3台气体炉长周期运行所需资源。乙烯裂解装置生产最大负荷保持在2400吨/天，对GB－201、GB－551、C－110、EA－511B等重点设备进行特殊监控，确保装置处于“安、稳、长、满、优”状态。化工系统下游各生产厂提高乙烯消化能力，减少下游装置非计划停工次数，高压装置非计划停工同比降低。通过加强产销结合，减少聚合装置牌号切换，各聚合装置全年牌号切换次数同比下降15%以上，装置运行平稳率稳步提升。

（孙 明）

【合成树脂生产】 是年，燕山石化合成树脂总量、二高压聚乙烯、低压聚乙烯、聚苯乙烯、聚丙烯总量、二聚丙烯、三聚丙烯等产品产量创历史新高。合成树脂生产116.17万吨，其中燕化化工板块生产113.95万吨，东方石化生产2.22万吨。燕化化工板块合成树脂中专用料生产88.88万吨，专用料比例82.02%。燕山石化发挥3套聚乙烯装置、3套聚丙烯装置能生产上百个牌号的专用料的优势，在产品结构上坚持差异化竞争策略，避开与中东地区新建石化企业低成本正面竞争和与国内新建装置同类产品的低水平竞争，延伸产业链、增加产品附加值。化工二厂聚丙烯产量同比增长3.26%，综合损失率降至0.4%。

（孙 明）

【专用树脂生产】 年内，燕山石化有LDPELD400粉末涂层料、高性能汽车保险杠用高抗冲聚丙烯料K9026、高密度管材料HDPE7600M等高附加值新产品批量生产。化工六厂完成1C7A－1、1I60A、LD200BW、LD608等产品的推广应用；进行了高流动聚乙烯LD450、1I2A－2及新型瓶盖专用料3300J和8100XM、6800CP、1800J、1508J等新产品的试生产及应用试验。其中1C7A－1经过近3年的开发与市场推广，实现工业化生产，并与瑞士康美包公司签订1万吨/年供销协议。低压装置完成浆液外循环和粉料外送两个项目的技术改造，生产粉料共计1万吨，装置月度产量接连创历史新高。LDPELD400是自主研发的用于粉末涂料的专用料产品，已生产2万吨，通过欧盟RoHS检测，出口日本、欧洲等国家。高压装置三线6万吨/年EVA改造生产出过渡产品。高密度管材料HDPE7600M月产量由300吨提高到3000吨以上。化工二厂高流动医用透明聚丙烯K4930、高白度洗衣机专用料K7726H生产出稳定产品；输液瓶专用料、氢调法汽车用聚丙烯专用料K9720、K9726处于市场开发阶段。高白度洗衣机专用料在原有K7726基础上改善了色泽，海尔集团采购600吨。汽车用聚丙烯专用料K9720累计生产1000吨。高性能汽车保险杠用高抗冲聚丙烯K9016、K9026新品具有高流动性、超高抗冲强度、适宜的弯曲模量、优良的耐热和抗老化性能，是汽车工业通过填充、共混改性方式生产汽车保险杠的优良基础树脂。

（孙　明）

【合成橡胶生产】 年内，燕山石化合成橡胶总产量、综合损失率等16项技术经济指标刷新历史纪录。合成橡胶生产27.49万吨，同比增加6902吨。其中顺丁橡胶生产14.36万吨、SBS生产9.09万吨、丁基橡胶生产4.03万吨；综合损失率0.54%，同比下降0.06个百分点；7套装置全部实现达标生产。丁苯装置用一条生产线进行新产品工业试生产，历时一个多月完成低顺式聚丁二烯橡胶LCBR3503、嵌段溶聚丁苯LBS3102、集成橡胶2305、2335、军品胶TSR－01、TSR－03共4个胶种6个牌号新品种橡胶的工业试生产。12月21日，上海高桥石化公司用LCBR3503橡胶代替进口产品用于ABS8391产品生产，其性能与进口原料生产的产品相当。3万吨溴化丁基橡胶装置建设外形构架已初具规模。橡胶厂与研究院和北京石油化工学院等单位合作确立了溴化丁基橡胶生产工艺过程。燕山石化自行研发钕系稀土顺丁橡胶的研发从2007年起到2009年末，共进行5次中试聚合试验和一次凝聚及干燥试验，开发了催化陈化工艺及聚合连续工艺，获得国家发明专利授权。2月，在中试技术基础上自主开发的3万吨/年稀土顺丁橡胶工艺包，通过中石化科技部组织的专家组审查。年末，经中国橡胶工业协会材料检测中心分析评价，研发的稀土顺丁橡胶中试产品已和国外同类产品质量相当。

（孙　明）

【苯酚丙酮生产】 燕山石化全年苯酚丙酮产量30.41万吨。在生产中，化工三厂结合检修需消耗的有效生产时间和产量指标，采用倒推法计算装置每月生产的目标值，优化工艺操作条件，提高装置平稳率。全年苯酚丙酮产量连续第四年突破30万吨，居国内苯酚丙酮实际产量首位。为降低能耗物耗指标，该厂优化催化剂再生方案，减少蒸汽用量；优化空气管网压力及温水系统运行条件，降低电耗等。两套苯酚丙酮装置累计苯单耗900.79千克/吨，同比减少6.12千克/吨，累计丙烯单耗487.59千克/吨，同比减少4.08千克/吨，累计能耗降低36.89千克标油/吨，综合损失率降低0.18%，在国内同类产品中生产能耗最低。该厂严格控制外排河道的酚含量；优化工艺参数，控制氧化尾气的燃烧排放；更换密排管线，增加装置内的监测点，完善密排系统等。全年未发生一起污染扰民事故，外排污水综合合格率98.34%，高于装置达标90%的标准，固体废物处理处置率100%，两酚装置氧化尾气处理设施运行稳定，实现全部达标排放。

（孙　明）

【信息化建设】 是年，燕山石化深化ERP（企业资源计划）系统应用，建成综合展示平台和信息共享平台，实现ERP、TBM（全面预算管理及生产经营监控系统）、MES（生产执行系统）数据的集成应用。MES项目作为中国石化信息系统管理部的信息化建设试点推广项目，于2008年11月24日试运行，2009年3月15日正式上线单轨运行，运行稳定可靠。通过实施SMES3.0系统，建立了以生产物流为主线，以核心数据库为支撑，集装置、罐区、进出厂、仓储、生产平衡、统计平衡、电子日志、能源管理、综合展示等信息管理为一体的炼化企业MES系统，形成集成、协同、共享的企业生产管理平台。通过生产管理应用系统分析工具长期开展分析监控，提高计量及管理水平，降低加工损失，物料平衡由原来的“旬平衡”提升到“日平衡”，通过统计分析，杜绝人工随意处理或平衡。

（孙　明）

【东方石化销售收入23.16亿元】 年内，东方石化公司人员安置工作妥善完成，职工队伍稳定。全年实现销售收入23.16亿元，亏损11.6亿元。有机化工厂搬迁改造有序进行，将位于北京市朝阳区大郊亭的原有6套装置搬迁至燕山石化厂区内。搬迁改造装置包括9万吨/年醋酸乙烯（VAC）装置搬迁并扩建到18万吨/年；5万吨/年醋酸乙烯－乙烯共聚乳液（VAE）装置搬迁并扩建到10万吨/年；2.7万吨/年聚乙烯醇（PVA）装置搬迁；4万吨/年醋酸乙烯－乙烯共聚树脂（EVA）装置搬迁。10月15日，VAE装置正式投料开车生产。

（孙　明）

【制氢尾气提纯二氧化碳装置建成】 年内，燕山石化炼油系统废气回收再利用项目一期工程——制氢尾气回收、提纯二氧化碳分离装置一次投料试车成功，其设计能力20万吨/年。装置采用变压吸附分离提纯氢气及压缩分离技术，分离、提纯尾气中的二氧化碳等气体，生产作为食品添加剂液体的二氧化碳，生产汽水和可乐。燕山石化与专业气体公司合作，建成多套二氧化碳回收利用装置，生产二氧化碳产品。2002年建成的一套压缩净化装置，将乙二醇装置排放的二氧化碳制成液体二氧化碳和干冰；同时将丁辛醇装置和环氧乙烷乙二醇装置尾气中二氧化碳回收，生产食品级二氧化碳。每年燕山石化可减少碳排放28万吨。

（孙　明）

【专业化管理】 是年，燕山石化进一步推行专业化管理。2月17日，公布统计调查中心、质量检验中心、生活社区服务中心、厂区服务管理中心、档案信息管理中心等专业化重组方案。将计量检定站、炼油厂、化工一厂、橡胶事业部、聚丙烯事业部、化学品事业部、聚酯事业部、塑料分公司、动力事业部、水务中心、气体事业部及炼油化工系统新组建单位的统计、计量部门及人员进行整合，成立统计调查中心。将各生产厂的质量检查组人员及分析化验人员进行整合，成立质量检验中心。将民用能源热力分公司和物业管理分公司的业务进行整合，成立生活社区服务中心。将各生产厂区内为职工服务的机构以及单身公寓等进行整合，成立厂区服务管理中心。将公司范围内所有档案、网络信息、科技情报、图书及专利管理等部门进行整合，成立档案信息管理中心。6月8日，撤销动力事业部，分别成立热电厂和电网管理中心。组建土地房产管理中心、社会保险管理中心、治安保卫服务管理中心等单位，完成专业化重组工作。各单位发挥专业化管理优势，系统优化资源，取得较好效果。主要技术经济指标提升，89%的装置能耗和68%的装置物耗创历史最好水平。

（孙　明）

【节能减排】 是年，燕山石化实施技术改造措施，实现了环境治理、节能减排，促进地区和谐发展。全年加大火炬排放奖惩力度，消灭了燃烧多年的火炬长明灯，共回收火炬气10万吨。在炼油系统新建了催化烟气治理环保设施，成为行业内首家实施催化烟气治理工业化运行的石化企业，每年减排二氧化硫340吨。5月，按照《北京市重点企业环境监督员制度试点工作方案》规定，在全市企业中推行环境监督员制度，成为首批推行企业环境管理总负责人和企业环境监督员试点工作的企业。全年共对锅炉、加热炉烟囱、火炬排烟点进行现场检测、监察512次，对各河道排放口污水排放点累计检查516次，监控和督促各生产厂严格控制排放指标，未发生一起环境污染扰民事件。建立应对环保突发事故应急预案。在新中国60周年国庆盛典期间，参与环保减排行动，荣获“国家环境友好企业”荣誉称号。全年污水排放量、COD总量、二氧化硫、烟尘排放量分别降低48%、51.5%、14.6%和20.9%。燕山地区二级和好于二级的天气数达到295天，连续三年超过北京城区。

（孙　明）

【聚乙烯燃气管材专用料通过鉴定】 由燕山石化、扬子石化、北京化工研究院等4家单位共同承担的中国石化集团公司“十条龙”科技攻关项目——聚乙烯燃气管材专用料技术开发通过中国石化技术鉴定，其中由燕山石化负责研发的高密度聚乙烯7600M、7600MBL管材专用料新产品被鉴定为PE100级管材燃气管专用料。研发中，科研人员对7600M进行长周期生产试验，先后攻克了聚乙烯管材料长期安全使用、稳定的工业化长周期生产、生产制备工艺技术开发等难关，获得在瑞典BODY-COTE国际实验室认证的7600M、7600MBL的PE100定级证书。7600M已经在东营胜邦、沧州明珠、浙江中财、武汉金牛、山东洁林等知名企业使用。燕山石化HDPE装置于2005年

5月8日首次试生产7600M，截至2009年9月，生产21批合格产品，共计3.3万吨。7600MBL燃气管混配料的各项性能均高于国家现行标准，满足国际最新标准及PE100＋的要求。8月，7600MBL成功应用于临沂市城市管网燃气工程。

（孙　明）

【化工节水减排技术通过鉴定】　年内，由燕山石化、齐鲁石化、天津石化、茂名石化、北京化工研究院、石油化工科学研究院6家单位共同承担的中国石化集团“十条龙”科技攻关项目——化工装置节水减排成套技术开发通过了中国石化的技术鉴定。其中燕山石化共形成10项先进的节水减排技术，获得5项国家发明专利和1项实用新型专利。2006年初，燕山石化在炼油系统节水减排成套技术开发成功的基础上，启动化工系统节水减排成套技术的开发和实施工作，完成“新型加酸循环水处理工艺开发”、“循环水不停车清洗技术开发”等10项课题攻关工作。至2008年，该成套节水减排技术的具体项目陆续在化工系统投用，同时还完善了再生水回用于循环冷却水技术。化工系统节水减排成套技术投用后，每年可节约新鲜水393万吨，减少排污257万吨，年创经济效益1500万元。

（孙　明）

【刘淇到燕山石化视察指导工作】　2月14日，中共中央政治局委员、北京市委书记刘淇，市长郭金龙，市委副书记王安顺，市委常委赵凤桐，副市长苟仲文等到燕山石化考察指导工作。中国石化股份公司总裁王天普等陪同考察。刘淇等首先来到东方石化搬迁改造工地。燕山石化董事长、总经理王永健汇报了搬迁工程项目进展情况。刘淇指出要抓住搬迁改造的契机，促进原有装置的生产技术和产品质量的提升，还特别强调施工现场的安全管理，确保工程按期完成。刘淇一行查看了燕山石化所属厂区的整体布局和公司产品研发、生产和销售情况。查看了燕山石化雨水收集工程效果图以及雨水收集工程“两湖一河”的实地分布。刘淇指出，燕山石化2009年的工作开局很好，希望努力保持当前强劲的增长和盈利势头，在北京市应对金融危机保增长的战役中当先锋、打头阵，为北京地区GDP实现9%的增长目标作出新的贡献。刘淇要求北京市各级政府要转变职能，为大企业重大项目在京发展做好服务，并依托在京大企业的发展，积极延伸产业链，推动首都经济增长。

（孙　明）

【金燕雨水收集及环境治理工程】　5月1日，金燕雨水收集及环境治理工程竣工投用。该工程自2月5日启动，由燕山玉龙石化工程公司设计，天钲建筑公司等施工。整个工程利用1000米旧河道进行改造修建如意河，作为雨水收集河道，进行地上建筑物和地下管线的拆除改线和树木移栽工作。形成金凤湖、金燕湖两个人工湖、水体面积3万平方米的1条水系以及3座桥，其中金凤湖1.3万平方米，金燕湖1.2万平方米，如意河5000平方米。新建1条全长1077米的公路，完成了配套照明、湖周围景观等的建设。

（孙　明）

【市第一家院士专家工作站成立】　5月21日，由北京市科协主办，燕山石化、燕山办事处承办的北京科技周燕山分会场活动在燕山文化广场启动。启动仪式上，市科协副主席周立军向燕山石化副总经理华炜授予“首都企业院士专家工作站”牌匾。燕山石化董事长、总经理王永健致辞，并向中国工程院院士李大东、毛柄权、杨启业等受聘专家颁发聘书，李大东作为专家代表发言。代表们参观了牛口峪污水净化生态水库和威利雅水务公司东区净化车间。

（孙　明）

【获得中华环境友好企业称号】　7月30日，“中华环境友好企业”授牌仪式暨成果发布会在北京人民大会堂举行，燕山石化与中石化镇海炼化分公司等10家企业获得“中华环境友好企业”称号。燕山石化副总经理罗强领取了“中华环境友好企业”奖牌，并在获奖感言中介绍了燕山石化的环保理念和节能减排工作。该项活动是中华环保联合会中华环境友好评估中心根据环境保护部的有关工作要求而开展的，旨在树立一批企业典范，促进清洁生产、循环经济、节能减排等工作。

（孙　明）

【聚碳酸酯（北京）有限公司成立】 8月28日，中石化三菱化学聚碳酸酯（北京）有限公司揭牌仪式在钓鱼台国宾馆隆重举行。中石化三菱化学聚碳酸酯（北京）有限公司是由中国石化和日本三菱化学合资建设的化工企业，落户燕山石化厂区内，将建设年产15万吨双酚A和6万吨聚碳酸酯装置，主要生产用于汽车零部件及电器等领域的化工产品。北京市副市长苟仲文，中国石化股份公司总裁王天普，中国石化集团公司高级顾问曹湘洪，北京市经济和信息化委员会主任朱炎，日本驻中国大使馆经济部参赞岩永正嗣，日本三菱化学控股集团社长小林喜光，三菱化学控股集团常务执行役员石冢博昭等中日双方政企各界领导出席揭牌仪式。

（孙　明）

【首届职工冠名成果展览】 9月23日，燕山石化首届职工创新成果展在厂史展厅开幕。19项职工创新冠名成果和54项职工创新创效成果分别以实物或图片的形式向广大职工展出。中华全国总工会能源化学工会副主席张萌萌，燕山石化董事长、总经理王永健等出席开幕式，为展览揭幕剪彩，并向化工一厂王文海的火炬系统节能降耗优化改进法和刘恩岭的列管专用清扫工具改进法，炼油二厂窦万存的催化裂化装置开工进料期间气压机优化开机法，化工二厂李卫华的20万吨/年聚丙烯装置第一反应器高负荷控制操作法，化工六厂陈钶的HDPE管材料长周期生产操作法，化工七厂冯美春的减压蒸馏法回收尾气中的芳烃工作法，质验中心毕文新的红外快速法测定丁基橡胶挥发分方法的改进以及运行中心赵俊德SBS膨胀干燥机切刀系统改造与应用等8项获得燕山石化2008年度创新成果冠名一、二、三等奖的职工授牌并颁发了奖金。张萌萌对燕山石化弘扬创新精神，营造“尊重知识、尊重人才、尊重劳动、尊重创造”的企业文化给予高度评价。燕山石化自2003年开展职工创新成果冠名和招标揭榜活动，2006年开展职工创新创效活动，先后有19项职工创新成果被冠名，434项职工创新创效成果和90项招标揭榜优秀项目获得表彰奖励。

（孙　明）

【吴仪参加炼油投产40周年座谈会】 10月16日，燕山石化的老领导、原中共中央政治局委员、国务院副总理吴仪到燕山石化参加炼油系统投产40周年座谈会。吴仪在座谈中表示：燕山石化的变化是非常显著的，无论是生产能力、技术水平、管理水平、经营水平，还是利润、税收贡献都是大幅度提高的，做到了青出于蓝而胜于蓝。吴仪指出，燕山石化今天的发展离不开老同志们当年打下的基础，她叮嘱要关心和照顾好老同志们的工作和生活。她衷心希望燕山石化取得更大的成绩，在中国的工业领域占领更加重要的地位。

（孙　明）

【获得“影响百姓生活的企业”大奖】 10月31日，在北展剧场举行的“北京影响力”颁奖典礼上，燕山石化与北大方正集团有限公司、首都钢铁总公司、北京市地铁运营有限公司等企业获得“影响百姓生活的十大企业”大奖。“北京影响力”是由北京电视台、北京日报、北京晚报、新浪网等13家媒体共同主办的经济类评选活动，已经连续举办3届。此次获奖是燕山石化继2005年后第二次获“影响百姓生活的十大企业”大奖。

（孙　明）

【北京石化新材料科技产业基地揭牌】 11月5日，北京石化新材料科技产业基地揭牌仪式在燕山举行。市政协主席阳安江，北京市副市长苟仲文，中国石化股份公司总裁王天普为北京石化新材料科技产业基地揭牌。中石化三菱化学聚碳酸酯（北京）有限公司、北京华美聚合物有限公司、北京燕山凯美特气体有限公司、中国石化润滑油有限公司、中石化催化剂北京奥达分公司等成为首批入驻企业。与会代表们参观了东方化工厂搬迁改造投产现场，还参加了燕山厂中村拆迁安置房燕和园小区开工仪式。该小区占地面积6.6万平方米，建设拆迁安置用房972套。北京市政府副秘书长鲁勇主持揭牌仪式。

（孙　明）

【6万吨/年EVA改造项目正式中交】 11月25日，北京石化新材料科技产业基地首批入住项目——燕山石化与杜邦公司合资实施的6万吨/年EVA改造项目正式中交，转入生产试

运行阶段。EVA全称乙烯－醋酸乙烯共聚物，具有较好的柔韧性和热密封性，主要用于制造薄膜、热熔胶和发泡制品等。6万吨/年EVA改造项目由燕山石化与美国杜邦公司联合组建的北京华美聚合物有限公司以及化工六厂共同经营管理。采用美国杜邦公司技术，重点对一高压聚乙烯装置3号生产线部分生产设备进行技术改造，转产EVA产品。项目于2007年2月批准立项，2008年10月16日土建部分开始施工，2009年7月20日进入改造施工阶段。在边生产、边施工的改造过程中，共计完成38.62万个安全工时，实现项目零事故的HSE管理目标，完成土建和改造施工。

（孙　明）

【富燕新村1464套住宅建成】　燕山石化集资建设的富燕新村第一批1464套住宅如期建成，位于厂区附近的向阳生活区搬迁工作开始进行。11月21日，580家拆迁户通过摇号确定了在富燕新村的选房顺序。22日，具有购房资格的向阳生活区拆迁户开始选购富燕新村项目的首批新房。摇号工作由北京嘉衡公证处的公证人员进行现场公证。选房工作从22日开始至26日，11月26日开始发放钥匙。在富燕新村综合服务楼内，生活社区服务中心、土地房产管理中心、营销中心、会计中心、传媒中心、街道派出所和居委会等有关单位联合办公，为办理业务的居民提供方便快捷的“一站式”服务。

（孙　明）

【S－Zorb项目通过竣工验收】　12月9日，燕山石化召开120万吨/年催化汽油吸附脱硫项目（S－Zorb）通过由中石化股份公司副总裁张克华任主任的竣工验收委员会的竣工验收。120万吨/年催化汽油吸附脱硫装置采用美国康菲公司开发的催化汽油吸附脱硫专利技术，生产硫含量低于10ppm的低硫清洁汽油产品，符合欧Ⅲ、欧Ⅳ排放标准。该项目在建设中，投资、进度、质量、HSE等方面均得到了有效控制。环境保护和安全生产设施建设以及职业卫生工作做到了与主体工程“三同时”。

（孙　明）

北京电子控股有限责任公司

【综述】　北京电子控股有限责任公司（简称北京电控）是北京市国资委授权的从事电子信息产业的资产经营型控股公司，是高科技特大型国有控股公司。拥有2家上市公司，25家二级子公司，90家三级子公司，14家科研、教育、检测机构。涉及显示器件及终端、电子装备、广电设备、特种电子器件、系统集成、仪器仪表等产业领域。

是年，北京电控推进TFT－LCD 8.5代线等一批新兴重大项目落地，推进园区地产类项目建设，推进重点企业上市融资，着力人力资源开发，着力自主创新，着力强化管理，取得突破性进展，较好完成年度事业计划。全年完成营业收入119.37亿元；利润9.57亿元，同比扭亏增盈14.38亿元；电控享有权益部分净利润4.65亿元，比上年增加3.63亿元；净资产收益率7.62%，比上年增加3.76个百分点。利润总额在1000万元以上的有电子城、京东方、七星、丽水嘉园、北广、器件集团和北无等7家企业。京东方重大项目建设取得突破性进展，全年实现扭亏为盈。非TFT产业主营业务实现收入56.88亿元，利润10.39亿元。园区地产业务平稳运营，全年园区物业收入9.53亿元。

（杨静惠）

【重点项目推进取得突破】　年内，京东方北京5代线完成柔性化改造；成都4.5代线实现量产，综合良品率95%；合肥6代线项目主体工程封顶；北京8.5代线完成桩基和部分垫层施工，资金筹措方案基本确定；延伸产业链的整机事业发展迅速，月销量10万台。吉乐集团完成LED二期封装扩产，月产能力30KK只，背光源灯条产品提交京东方认证。七星华电稳妥推进光伏产业的海外并购计划；特种电子元器件产业稳步发展。北方微电子加速向光伏和LED设备领域拓展，完成晶硅太阳能平板式PECVD设备工艺试验及商业定型。实现203.2毫米刻蚀机产业化收入2200万元。北广科技产业整合成果显现，中标埃塞俄比亚三期项目和国内500千瓦发射机及短波天线项目，拓展广电终端类产品领域，获得52.3万台直播星机顶盒产品订单。燕东在股权回购的基础上，完成与北京市半导体器件五厂的整合；启动超小型塑封器件生产线三期扩产项目。飞宇、宇翔、器件五厂微电子、瑞普北光等企业推进军工产业技术改造与产业升级。兆维制定重组后的主营产业布局和组织结构调整方案。北无完善系统集成业务的布局结构及运营体制，在资质获取和市场开拓方面取得突破。易亨推进“产业、物业和稳定”3个集中，自助终端业务整合有效推进。牡丹争办数字电视系统国家工程实验室落户取得突破。大华确定科技产业改制方案。瑞普明确产业发展思路。瑞普三元搬迁、生产两不误，产品结构持续优化，销售收入稳步增长。方略科技新媒体业务大幅度增长。同时，北京电控推进战略性新兴产业链及产业集群的打造，重点聚焦数字电视、电子装备、LED、光伏、广电设备等领域。事业单位调整重组和业务推进工作取得进展。信息学院完成主干专业的生产性实训基地建设，实现北信数字传媒中心启动运行，继续推行ISO9000质量管理体系，提升综合管理水平。高级技校妥善解决通州校区一期工程遗留问题，通过国家重点技校复评。电子党校强化系统内干部培训职能。检测中心完成电磁兼容实验室一期工程建设。

（杨静惠）

【园区建设稳步实施】 年内，电子城公司国际电子总部市政基础建设全面展开，首个项目“1.7万平方米电信数据中心”签约落户，IT产业园开竣工面积11.7万平方米，五环路连接工程取得市规划院设计方案。北京电控（马坊）科技产业园一期征地完成。丽水嘉园完成7号、8号、9号楼的工程验收。七星马坊特种电子元器件基地一期工程和空港集成电路装备装配基地完成主体结构封顶。崔各庄集成电路装备研发及产业化基地建设稳步推进。798艺术区举办双年展及艺术节，增强品牌影响力。北方微电子亦庄新厂房建设开工，正东热电联产项目平稳运行，恒东热电改造项目进入工程招标阶段，时尚设计广场设计师大楼完成地平以下工程。兆维工业园品牌价值和综合服务能力进一步提高，整体价格水平稳中有升。京东方恒通商务园总体规划调整已报批，在建项目建设稳步推进。成都、合肥、亦庄等新科技园区建设进展顺利。北广集团收购空港JVC土地房产资源；马甸西区整体规划调整方案已报批；双桥西区存量地产开发的前期审批手续取得突破；易亨完成计算机三厂精品商务庭院改造，启动易通广场二期工程建设。吉乐完成酒仙桥5号院总体规划方案设计，彩偏楼青年公寓改造项目进展顺利。牡丹产业园二期工程进行前期工作。大华调整园区合作建设方案为自主改造经营。金龙大厦引进“首旅建国”委托管理，服务质量不断提升，营业收入平稳增长。

（杨静惠）

【科技成果】 年内，北京电控制定《北京电控技术创新工程实施意见》，经董事会审议通过并发布实施。京东方第5代TFT－LCD关键技术研究荣获北京市科学技术进步二等奖；TFT－LCD国家工程实验室建设进展顺利；5代线开发15项新产品，产品组合逐步从显示器过渡到笔记本电脑和移动应用类产品；整机事业完成多款显示器和电视产品的研发；成都4.5代线成为国内首条实现彩膜内配的生产线；基于6代、8.5代生产线的电视产品也在进行开发。七星电子304.8毫米立式氧化炉β机完成组装；质量流量计完成样机工艺测试；304.8毫米65纳米超精细清洗设备完成图纸设计。北方微电子100纳米高密度等离子刻蚀机项目荣获国家科学技术进步二等奖，304.8毫米90纳米刻蚀机上线验证，65纳米刻蚀机完成工艺测试，304.8毫米65/45纳米PVD设备完成总体方案设计。北广集团500千瓦大功率短波发射机通过国家验收，转动天线项目开发启动。燕东基于152.4毫米生产线工艺开发出的多款IC产品推向市场。兆维硬币循环模块和纸币识别模块已成功商用，野战视讯传送系统进入样机定型阶段。全年申请专利709

件（含发明专利512件，海外专利92件），其中京东方457件，北方微电子115件；授权专利276件（含发明专利161件，海外专利13件），其中京东方146件，北方微电子84件。

（杨静惠）

【百千万人才开发工程】 5月27日，北京电控启动"百千万人才开发工程"。年内，对系统内多家单位的领导班子进行调整，全年任免企事业单位高管人员199人次，完成北京电控和所属企事业单位两级后备领导人员集中调整工作。完成"百"、"千"人才的推荐选拔和企业优秀年轻干部推荐工作，选派部分优秀年轻干部赴国外接受培训。全年累计招收应届毕业生2323人，其中博士20人，硕士348人，同时引进海外人才4人。技能人才开发取得成绩，召开技能人才大会，启动技能人才实训基地和技师工作站的建设，全年培训4500人次，职业评估取证1023人，其中，高级技师14人、技师29人、高级工163人。

（杨静惠）

【筹融资能力增强】 年内，北京电控地产平台与兆维科技重组完成资产交割，明确公司战略与管理架构。七星电子IPO获得证监会发审委有条件通过。北广集团科技进入上市辅导期后，妥善解决股权结构和商标问题。北京电控总部推进以现金流为核心的全面预算管理，推进建立投资预算及稳定预算；争取到北京银行10亿元综合授信；调配系统内资金近3亿元。京东方完成A股定向增发120亿元后，公司净资产和抗风险能力大幅度增加。兆维偿还银行贷款5400万元，利用重组对价收益归还兄弟企业欠款约1.1亿元。易亨用1.6亿元资金，全部清偿5.38亿元不良债务。

（杨静惠）

【企业发展有进有退】 年内，北京电控摸清系统内企业底数，突出重点发展企业，解决管理层级多、投资链条长、产业关联度低、盈利能力弱的企业退出问题。全年完成退出企业28家。截至年底，有合并报表2级企业26家；3级及以下企业216家，其中确定支持类企业74家、维持类企业48家、暂挂类企业9家、退出类企业85家；同时还有非合并报表类企业79家。牡丹北显厂已破产退出，推进牡丹投贸、牡丹物业的政策性破产工作，启动兆维工装破产退出工作。强化久益公司在企业调整重组过程中的稳定平台功能和对系统社保稳定的指导协调功能，平稳接收原北广管理的4家单位。开展矛盾纠纷排查，稳妥应对不稳定因素，化解松下彩管内部构造改革、JVC清盘、飞达诉讼案、789号文执行过程中的矛盾纠纷，确保国庆60周年和国际金融危机下企业的和谐稳定。

（杨静惠）

【调整机构完善法人治理结构】 年内，北京电控对总部业务部门进行重新调整，形成以市场为导向的事业群管理模式。调整后的6个业务部门是：显示事业部、地产与创意部、装备与器件部、系统与仪器部、媒体与公益部、稳定保障部。北京电控制定整改方案，完善经营决策机制。推进基于全面风险管理的制度体系建设，着重完善重大投资项目风险预警、过程控制和后评价，重大资产交易的尽职调查和过程监控，重点园区项目综合论证及法律评估，重大贷款担保项目的科学决策和全过程监控等制度。推进完成北广科技、燕东的制度体系试点工作。加强企业文化建设，形成符合产业发展特点和规律的现代企业文化理念。全年北京电控全系统内企业未发生重大安全与质量事故。完成基层企业能耗水耗污染排放专题调研。

（杨静惠）

【重点项目建设】 年内，京东方第8.5代TFT－LCD生产线项目在北京经济技术开发区破土动工，总投资280亿元人民币，建筑面积约71万平方米，设计产能每月9万片玻璃基板，基板尺寸2200毫米×2500毫米，主要产品为中大尺寸液晶电视用显示屏，项目建设期约24个月。京东方在成都市高新西区的4.5代TFT－LCD工厂成功量产，该条生产线总投资31亿元人民币，产能3万片玻璃基板，主要生产12.1英寸以下笔记本电脑、平板电脑、数码相框、车载显示、移动显示、手机等用中小尺寸显示面板。与10家国内外客户签订供货协议。京东方第6代TFT－LCD生产线在合肥市新站试验开发区开工，由京东方自主建设，总投资175亿人民币，设计产能为每月9万片，玻璃基板尺寸1500毫米×1850毫米，包括阵列、彩膜、成盒和模组等4部分全生产工序，产品以939.8毫米以下电视和电脑显示器用TFT－LCD显示屏为主。七星电子薄膜太阳能电池项目获得国家重点项目资金支持，在现有晶硅太阳能电池装备业务的基础上，研发薄膜太阳能关键设备和工艺，总投资4.5亿元，建设期3年。北京北广科技股份有限公司在国家广播电影电视总局“村村通”直播卫星电视广播地面接收设备采购项目招标中成功中标（即52.3万台套直播卫星接收设备）。正东集团的电子城热电联产项目建成投产，总投资约8亿元人民币。

（杨静惠）

【品牌建设】 1月18日，在第42届国际消费电子展会上，“2008－2009中国消费电子领先品牌TOP10”揭晓，京东方再次当选中国消费电子领先品牌TOP10并获得“最具创新科技企业”称号。“2008－2009中国消费电子领先品牌TOP10”奖项是由IDG国际数据集团、RBI锐德商业资讯集团主办，以企业品牌的全球化实力为主要评选条件，历时4个月，经过广大消费者与渠道商的300万网民投票，通过IDC等权威第三方数据的严格甄选，历时20天50名专家评审团的专业评选，最终评选出10大领先品牌。由腾讯网、中华品牌及中华品牌战略研究院评选的第3届中华电子品牌价值评议中，益泰品牌荣获“中华电子品牌最有潜力品牌奖”和“中华电子北京奥运会特别贡献奖”。

（杨静惠）

【京东方实验室举行奠基仪式】 4月21日，“京东方TFT－LCD工艺技术国家工程实验室”在京东方技术中心大楼举行奠基仪式。国家发改委、国家工业与信息化部有关领导，北京市副市长苟仲文，北京市经济和信息化委员会副主任梁胜，北京电控董事长、党委书记卜世成，副董事长王东升以及国内行业专家和合作院校等方面人员出席仪式。实验室面向显示技术未来发展需要，整合京东方、研究院、工信部支持的京东方共性研发平台、前沿技术实验室所形成的企业创新资源和共建单位清华大学、华南理工大学，合作单位北京交通大学、北京科技大学、电子科技大学、凝滞理工大学、中科院理论物理研究所、彩虹集团、乐凯集团、七星华创、清大天达、石家庄永生华清、北方微电子等单位的相关资源，构建中国液晶显示器件研究开发和技术创新、上下游技术融合与验证、标准研究、人才培养4大平台。

（杨静惠）

【国庆专项工程】 年内，北京797音响股份有限公司完成天安门广场音响扩声系统工程，为国庆60周年活动提供高水平的传声与扩声。工程包括：9个数字化机房改造、400公里线缆地下敷设、157条特大型声柱的加工及吊装、遍布北京城区39个群众集结疏散点的扩声任务。由北广集团自主研制生产的1千瓦数字电视发射机作为中央电视庆期间天安门地区高清数字电视信号覆盖实战设备，相继安装在广电总局大楼机房内，与大塔的数字电视发射机组成音频网，播出高清数字电视。兆维研制的JSQ－31数字程控交换机进“驻”位于京郊的两个阅兵村，为在“十一”举行的新中国成立60周年国庆大阅兵训练提供设备保障。北电科林完成“国庆60周年群众指挥部彩车部技防设施项目”、“朝阳区图像信息管理系统扩容项目”、“奥林匹克公园园区及出入口监控”等项目。信息学院荣获“首都国庆60周年群众游行优秀组织单位”称号。

（杨静惠）

【北京电子城成立15周年】 2009年是北京电子城老工业基地改造15周年。1994年北京市委、市政府把振兴电子城列为振兴国家老工业基地的试点工程，同年10月28日北京市政府正式批准成立北京电子城有限责任公司，1999年北京电子城被批准享受国家级新技术产业开发区政策，成为北京中关村科技园区的一部分。15年来，北京电子城由初期的19家企业增至1000家，经济规模由1994年的32亿元增长到2008年的520亿元，年平均增长20%；世界500强企业中，有30家在电子城设立了研发总部与高端制造基地，北京电子城已由单一的传统制造业向现代服务业、高端制造业、创意产业全面发展的国际化、综合性产业基地转变。

（杨静惠）

【优质地产资源借壳上市】 9月25日，经过中国证监会上市公司并购重组审核委员会审核，北京电控主导的“兆维科技重大资产置换及发行股份购买资产暨关联交易”获得在条件通过。这项工作4月启动，6月公布重组方案，以和智达公司24.23亿净资产借壳兆维科技上市，重组前兆维科技总股本1.67亿股，北京电控系统持有20.36%，重组后，兆维科技总股本增至5.8亿股，北京电控系统共计持有4.42亿股，占总股本的76.2%。

（杨静惠）

【七星电子首次发行股票获批准】 12月9日，北京七星华创电子股份有限责任公司首次发行股票并上市申请获得中国证监会发行审核委员会有条件审核通过。该公司主要产品为大规模集成电路制造设备、混合集成电路及电子元件，是国内集成电路设备制造商，具有203.2毫米立式扩散炉和清洗设备生产能力的公司。该公司计划在深交所发行股票1656万股，发行后总股本为6500万股。 （杨静惠）

【多个集体和个人受市级表彰】 年内，七星集团的贾桂荣、京东方韩国建、燕东公司刘恒智荣获“2009年首都劳动奖章”，京东方光电公司制造A班、益泰集团智能建筑事业部荣获“2009年北京市工人先锋号”，京东方光电苏宁，七星华创郭训容，北方微电子孙岩，正东集团李丽丽、王建莉，京东方现代显示公司周大成，信息技术职业学院万冬，兆维实业杜萌萌，兆维科技靳家贵荣获2008年度“北京青年岗位能手”称号。 （杨静惠）

北京京城机电控股有限责任公司

【综述】 2009年，北京京城机电控股有限责任公司（简称京城控股），实现“十一五”战略的年度目标，实现国资委下达的营业收入增长9%的要求，完成市政府下达的国庆重点任务。完成主营业务收入147.6亿元，同比增长9.04%；利润6.30亿元，同比增长1.46%。

实施“强管理、练内功”效果显著。各企业进行降成本、调结构、改流程、清库存、催欠款、增效率的管理改进工作，主要运营企业期间费用实际发生额比预算降低13%，财务费用实际发生额比预算降低50%，管理费用比预算降低11.7%，销售费用比预算降低1.6%。加强现金管理，控制现金及相关费用，主要运营企业经营活动现金流入量2.1亿元，成功发行10亿元短期融资券。

体制创新工作取得进展。启动北人股份的资产重组项目。完成北京第一机床厂和北一数控的股权调整及资产整合，完成气瓶板块股权调整及资产整合，具备集团化运营条件。推进资金集中管理，完成试点企业的系统上线工作。完成3家非经营性企业的合并，成立京城控股非经营性资产管理中心，签订非经营性资产的移交接管协议，形成非经营性企业集中管理格局。

技术创新体系稳步推进。京城控股加大研发投入，共给予6家企业7个项目3150万元的研发资金支持，同比增长近1倍。机床产业的高精度重型数控立车、数控车桥磨床，发电设备产业的60万千瓦“W”火焰锅炉、35万千瓦超临界汽轮发电机，气瓶产业的低温储罐，工程机械产业的55吨全地面汽车起重机、75吨汽车起重机底盘，环保产业的生活垃圾处置、污泥处置等环保设备，开关电器产业的126千伏断路器、252千伏GIS全封闭组合电器，电机产业的超高效节能电机等自主开发、具有自主品牌的新产品，获得市场订单。开展研发管理培训，制定《技术创新奖励办法》。

国际化建设。北京天海公司完成对拟收购目标公司的境外法律和财务尽职调查，方案获得公司董事会批准。推进国际化研发平台建设，通过委托设计，合作开发，技术合作等形式，机床产品的国际化研发平台建立并发挥作用。以“协同增效、协同增收”为目标的“生产资料共享服务平台”初步建立。

推进人才体系建设。完成机电院股份、二机床、京城环保股权激励试点单位的申报，完成京城控股后备干部的集中调整工作，开展系统内企业后备人才的集中调整工作。

践行社会责任、确保平安国庆。京城控股承担国庆60周年4辆彩车制作和33辆彩车监理以及联欢晚会的任务，完成并取得稳定就业资金额度近4300万元，有效地保证员工队伍稳定。对公司历史遗留上访事件进行重点化解，排除隐患，保国庆平安。

（刘　军）

【企业改革与重组】　年内，京城控股机床板块、工业气瓶板块的内部调整和重组全部完成。北京第一机床厂与主业经营有关的资产、产权调整到北京北一数控机床有限责任公司，为组建数控机床专业化集团做准备。京城控股系统所涉及的工业气瓶主业的股权、经营性优质资产和相应资源纳入北京天海工业有限公司，完善管控结构，理顺投资关系，为成立以天海公司为龙头的京城工业气瓶集团做准备。《北开股份两年运营脱困方案》执行顺利。

（杨　岚）

【产业结构调整】　年内，京城控股的机床企业研发高精度重型数控立车、数控车桥磨床等高端产品。北京第一机床厂的重型制造部扩建项目、扩建高碑店铸造项目和北一良乡中高端数控机床生产基地项目提高了公司在重型机床、中高档数控机床的加工、装配能力。启动了京城重工机械有限公司的大型汽车起重机和全地面起重机等高端产品的一期工程。

（甘晖容）

【自主创新】　是年，京城控股新产品销售收入比重达到37%以上。北京巴威公司的60万千瓦“W”火焰超临界锅炉、60万千瓦超超临界锅炉、100万千瓦超超临界锅炉等新产品，共收入18.27亿元，占主营收入比重的65%。北京第一机床厂的BVTM5500立式龙门车铣复合机床和XKA2850×280数控桥式动梁龙门镗铣床等新产品，共收入6.2亿元，占主营收入的52%。北京机电院高技术股份公司的立式加工中心VMC50－60、大型危废焚烧系统等新产品，共收入1.96亿元，占主营收入的42%。北京毕捷电机股份有限公司的风力发电机偏航变桨电机等新产品，共收入1.6亿元，占主营收入的69%。京城环保GD5系列隔膜压缩机等新产品，共收入1.1亿元，占主营收入的94%。

（李海涛）

【重点项目建设】　年内，机床重型厂房扩建项目及高碑店重型铸造项目投入运行。推进总投资3.97亿元的京城重工汽车起重机项目和总投资7236万元的北京天海车用铝内胆全缠绕复合气瓶生产项目实施。

（刘　军）

【节约能源和环境保护】　8月25日，北京北开电气股份有限公司取消电镀工艺，产品所需电镀工件通过外协解决，不再排放含有氰化物和重金属离子的电镀工业废水，每年减少排放电镀工业废水2万吨、氰离子1.33千克、铜离子2.05千克、锌离子0.4千克、六价铬0.03千克。11月9日，由北京机电院高技术股份公司等共同开发的呼和浩特市生活垃圾生化处理厂搬迁、升级改造项目奠基。12月25日，由北京机电院高技术股份公司投资的浙江京城再生资源有限公司注册成立，承接“台州固体废弃物（金属）再生利用产业转型升级示范项目”。北人集团公司污染扰民搬迁技术改造项目正式通过竣工验收，总投资7.57亿元，先后完成异地建厂、新产品开发、设备改造、精简组织机构等工作。

（王鸿志　甘晖容）

【投资合作】　年内，京城控股投资新建项目2个，现有股权收购项目1个，企业增资项目1个。2月6日，呼和浩特市京城固体废物处置有限公司注册成立。由北京机电院高技术股份有限公司与呼和浩特市城发投资经营有限责任公司、北京环卫集团共同投资，注册资本3000万元人民币，北京机电院高技术股份有限公司占51%，呼和浩特城发公司占25%，北京环卫集团占24%。公司将承建并运营呼和浩特市生活垃圾生化处理厂搬迁、升级改造项目。5月25日，北京开关厂向北京北开电气股份有限公司增资1.6亿元人民币项目完成。12月22日，北京第一机床厂完成收购北京良工房地产公司持有的北京北一良工数控有限公司33%股权项目。同月25日，浙江京城再生资源有限公司注册成立。由北京机电院高技术股份有限公司与台州中海进出口有限公司、台州金地环保设备有限公司共同投资，注册资本8000万元人民币，北京机电院高技术股份有限公司占87.5%，台州中海进出口有限公司占6.5%，台州金地环保设备有限公司占6%。公司将承接台州固体废弃物（金属）再生利用产业转型升级示范项目。

（杨　岚）

【人力资源工作】 3月31日，京城控股召开稳定就业专题会，传达市政府和市劳动保障局关于稳定就业的政策，部署工作计划，开展培训和申报工作。实施企业年金计划。4月16日，召开"企业年金基金法人受托机构招标评审会"。6月24日，京城控股与中国人寿等7家保险和金融机构举行"企业机构年金签约仪式"。制定系统企业后备人才培养方案。制定《产权代表薪酬管理制度》，落实产权代表薪酬激励。9月17日—18日，京城控股对新入职应届大中专毕业生进行培训，272人参加。京城控股携一机床、北重汽轮、天海公司等10家企业于11月11日赴哈尔滨，在哈尔滨理工大学举办面向2010届毕业生的大型招聘会，近1500人参加。组织《建设"人文北京、科技北京、绿色北京"》的继续教育工作，有1519人参加学习。举办2期英语口语培训班。组织100名员工赴西柏坡开展团队建设活动。11月17日—19日，京城控股技术研究院在怀柔区大雁楼宾馆举办研发管理培训班。50人参加。培训内容有集成产品开发（IPD）流程中关于市场与需求管理、研发财经与成本管理等。

（董志学　李海涛）

【信息化建设】 年内，京城控股完成IT资产调研，相关标准及要求制定，企业IT评价体系及管控内容的制定工作。在公司办公业务网（OA）上开发项目管理模块，对公司级项目统一管理。实现项目阶段划分与审批、项目执行与监控、项目完成审批等功能。

（张　航　昂登华）

【效能监察与廉政建设】 年内，京城控股开展效能监察工作，制定、完善规章制度44项，提出改进管理建议117条。在北京第一机床厂、北京北重汽轮电机有限责任公司、北京京城重工机械有限公司和北京京城工业物流有限公司"三类四家企业"开展廉政风险防范管理的试点工作。4家试点企业共计查找风险点752条，制定防控措施1041条，完善业务流程127项，建立有关廉政风险防范管理工作规章制度94项。公司的试点工作得到国资委的肯定，在预防职务犯罪网络专题会和全市国有企业廉政风险防范管理工作推进会上介绍了经验。

（高虎男）

【企业文化元素发布】 年内，京城控股发布《企业使命》、《核心价值观》、《员工职业行为规范》和《管理人员职业道德准则》。《员工职业行为规范》由4句话、19项内容、39项具体规则组成，《管理人员职业道德准则》由9章31条组成。全体管理人员依照《管理人员职业道德行为准则》签署声明，承诺在任职期间和离职后均不从事和支持损害公司利益的行为，若有违反将承担相应的责任。（高虎男）

北京京仪集团有限责任公司

【综述】 北京京仪集团有限责任公司（简称京仪集团），是北京市人民政府出资并按照《公司法》设立的国有独资公司，集科研、设计、生产制造、销售服务、工程设计和系统工程成套为一体的集团公司。注册资金10亿人民币，拥有控股子公司17家、科研院所4家、科技孵化平台1家、高级技工学校1家。与ABB、艾默生、奥林巴斯等国际公司建立长期合资合作关系。

京仪集团重点发展自动化系统及仪表（C）、科学仪器（I）、电力电子和新能源（E）三大产业板块，并以此为基础向节能、环保、安全等新领域拓展。C产业具有完整的自动化仪表产业链，具备为客户提供自动化领域全方位解决方案和“交钥匙”的工程能力。I产业主要包括分析仪器、测绘仪器和真空仪器等，产品具有智能化、专用化、小型化和联用化的特征，同时提供环保监测、生命安全等领域的解决方案。E产业形成了具有自主知识产权的较完整的光伏产业链，同时为用户提供电力电子元件和电源装置。是年，京仪集团完成市国资委下达的各项经济考核指标，全部资产相关企业主营业务收入80.97亿元，同比增长1.1%；利润13亿元，同比增长16.0%；独立核算工业企业工业经济效益综合指数343.5，比上年提高49.4个百分点。年内，京仪集团坚持体制创新，建立和完善现代企业制度，形成以产权为纽带的母子公司管理体系，构建战略控股型产业集团。坚持技术创新和结构调整，以京仪研究总院为核心、以企业技术中心为基础、以京仪科技孵化基地为依托，形成集团层次清晰、分工合理的技术创新体系。坚持管理创新，学习借鉴国内外先进管理经验，推行发展战略、全面预算、运营监控3项管理，获得中国机械工业现代化管理企业称号。建立博士后科研工作站和6个企业分站，在北京市率先建立首席技师制度，荣获国家技能人才培育突出贡献奖，被评为全国机械工业高技能人才队伍建设先进集体。年内，京仪集团6家企业技术中心通过市级企业技术中心年度复审，11家二级企业和12家三级企业通过高新技术企业认证，43项自主创新产品通过市级认定。京仪孵化器完成16个仪器仪表专业项目入孵，与10个专业服务机构和10所大学院系签订合作协议。完成新产品研发项目60项。获得授权专利25项，其中发明专利9项；申请专利33项，其中发明专利5项。

（张煜先）

【战略控股型产业集团建设】 年内，京仪集团编制长期股权投资管理办法及工作流程，建立投资跟踪分析模型，并对新投资企业进行跟踪分析评估，从制度和流程上加强投资管理。围绕产权登记、资产评估、产权转让、国有股权管理、企业对外投资等进行培训，规范国有资产产权管理。京仪集团成立C、I、E产业发展小组，加强专业管理。以板块为主开展发展战略研究，相继制定C、I、E三个板块的产业布局框架意见，并以业务板块为单位整合板块内部的市场资源，开展市场运作。京仪集团本部引进法律事务、产业规划、股份制改革等方面的专业人才。制订并实施《本部员工绩效考核管理办法》，实现本部员工收入与京仪集团经营业绩、部门工作成果和个人工作绩效挂钩。举办“集团公司高、中级管理者领导力、执行力”培训班，并对新员工开展入职培训。

（张煜先）

【企业改革与管理】 年内，京仪集团完成北分瑞利集团主辅分立改革、京仪世纪公司股份制改革及对布莱迪工程技术有限公司的收购，研究制订京仪敬业主辅分立改革方案，整合3个院所资源，根据京仪集团制定的劣势企业退出计划清理退出29家三、四级子公司。京仪集团提出整体股份制改革的思路，得到市国资委的肯定，得到市国有资产管理中心的支持，成立了股改办公室，开展股份制改革的相关工作。京仪集团制定并印发《京仪集团内部控制指导意见》和《实施方案》，在远东有限和京仪世纪2家企业开展内部控制试点工作。修订并实施《集团公司全面预算管理暂行办法》。建立并执行季度总经理汇报制度、月度监控分析制度。发布并实施《会计核算办法（试行）》，完成新旧会计制度的对接。各企业调整完善各项内部控制政策、程序及措施，确保了新准则的有效执行。

（张煜先）

【产业发展】 是年，京仪集团制定C板块、I板块的分析仪器、E板块的光伏产业3个产业布局框架意见。C板块通过对现有产业基础的培育、整合和提升，创建统一的京仪自动化品牌，构建相对完整的自动化产品链，实现具有竞争力的行业解决方案供应商。I板块分析仪器通过整合市场和技术资源、加强自主创新与应用研究，建设成为具有国际竞争力的国内实验室分析仪器主导产品供应商和环境安全、食品药品安全及公共安全等行业解决方案供应商。E板块光伏产业通过持续培育关键光伏装备制造能力，保持技术领先和成本优势；持续提升光伏集成应用能力，保持设计方案的现场适应性和技术先进性；构建相对完整的光伏产业链，建设装备制造基地、装备试验示范应用基地和系统集成基地。

（张煜先）

【自主创新与科研】 是年，京仪集团成立研究总院专家委员会。企业技术中心能力不断加强，京仪世纪、北分瑞利、京仪椿整、布莱迪等企业技术中心已成为企业技术创新的主要力量。6家企业技术中心通过市级企业技术中心年度复审，11家二级企业和12家三级企业通过高新技术企业认证，43项自主创新产品通过市级认定。完成16个仪器仪表专业项目人孵，与10个专业服务机构和10所大学院系签订合作协议。京仪椿整、京仪世纪、远东有限、博飞公司、研究总院等企业开展产学研合作，并取得成果。监控系统范围内企业完成科技投入8580万元，实现新产品销售收入6.28亿元。完成新产品研发项目60项。获得授权专利25项，其中发明专利9项；申请专利33项，其中发明专利5项。制定并实施了《京仪集团科技成果奖评审办法》。

（张煜先）

【重点项目】 是年，京仪集团会同相关企业编制《光伏产业基地建设》、《锅炉燃烧控制解决方案产业化》、《工业污染源监测系统产业化》等5个可行性研究报告，获得市国管中心2.5亿元委托贷款资金支持。投资设立京仪集团涿鹿光伏材料有限责任公司和京仪绿能电力系统工程有限公司。实施锅炉燃烧控制解决方案产业化项目和工业污染源监测系统产业化项目。氢锌还原多晶制备工艺设备研究取得阶段性成果，多晶铸锭炉完成设计定型、开始批量生产，完成100千瓦光伏并网逆变器的开发并获得认证，非晶硅太阳能电池生产工艺得到提升，直接数字化医用X射线诊断系统取得医疗器械生产许可认证，增压换热机组完成示范应用。发挥北京金点800兆专网优势，完成国庆60周年群众游行集结疏散辅助指挥系统建设与运营保障工作。

（张煜先）

【京仪集团科技成果奖】 年内，京仪集团制定《京仪集团科技成果奖评审奖励办法》。对在自动化系统和仪表、科学仪器、电力电子和新能源等产业的自主创新、产学研联合创新并实施应用的科技成果进行评审和奖励。科技成果奖设一、二、三等奖，其中一等奖奖金20万元，二等奖10万元，三等奖3万元。12月8日，由工程院院士、教授、研究员等7位专家组成的评审小组对申报项目进行了答辩评审，对初审结果在京仪集团网站进行公示，有17个项目获奖，北京京仪世纪电子股份有限公司的“MCZ－6000系列太阳能硅单晶炉”项目获得一等奖。

（张煜先）

【建立光伏产业战略联盟】 年内，京仪集团、京能集团、英利能源3家企业，共同投资设立北京京仪绿能电力系统工程有限公司、北京京能光伏发电科技有限公司。3家企业结成产业战略联盟，形成从光伏电站建设到光伏材料制备全产业链的战略协同。

（张煜先）

【与承德市签署战略合作协议】 年内，京仪集团与承德市信息产业局签署战略合作协议。京仪集团所属企业与承德市相关企业开展合作项目。京仪集团所属远东有限公司、远东长城金点公司与承德市相关企业签署战略合作子协议。

（张煜先）

【人力资源工作】 年内，京仪集团召开人才工作会议，制定了《京仪集团人才建设实施方案》，明确2010年—2012年集团人才建设的目标，根据各企业现状及发展需要将目标分解，与各企业签订了《人才建设目标责任书》。全年引进人才537人，硕士以上学历的占25％。集团全年统一组织培训1995人次。

（张煜先）

【京仪世纪完成股改】 5月8日，北京京仪世纪电子股份有限公司创立大会暨第一次股东大会在京仪大酒店举行。京仪世纪的主导产品属于京仪集团重点发展的产业领域。京仪集团从“十五”期间开始培育并发展光伏产业，截至年底，京仪集团已经具有多晶硅提纯、制备，多晶铸锭，非晶设备等制造能力。

（张煜先）

【为国庆阅兵保驾护航】 由京仪集团下属企业长城金点公司承接的“群众游行集结疏散指挥辅助决策系统项目”，通过定位跟踪平台、视频跟踪平台、方阵实时状态显示平台和电视转播平台系统，对长安街上501米长的检阅区域和1340万平方米的游行核心区域进行实时监控。在国庆游行队伍的集结和疏散过程中提供了有力保障。

（张煜先）

【签订信息化建设战略合作协议】 12月3日，京仪集团与朝阳区信息化管理中心共同签署“服务朝阳区信息化建设”战略合作协议，以“打造平安城市、建设智慧朝阳”和构建和谐社会为主要目标，利用科技手段，围绕物联网应用领域的建设，为朝阳区的信息传输、公共安全、应急反应等方面的综合管理系统平台提供技术支持。

（张煜先）

北京汽车工业控股有限责任公司

【综述】 北京汽车工业控股有限责任公司（简称北汽控股公司），以“实施四项重点工程，抓住三个关键环节，建设两个运行中心，实现一个核心目标”为主线，深化集团发展战略，扩大企业产销规模，推进法人治理、自主研发等工作。成功收购萨博相关知识产权，提前实现“汽车产量突破百万，营业收入超过千亿”的年度目标。北汽控股公司全年营业收入1166亿元，同比增长51.9%，实现营业收入千亿元企业集团的目标。实现利润61.3亿元，同比增长234.7%。全年生产汽车127.1万辆，同比增长64.7%。销售汽车124.3万辆，同比增长61.1%，汽车产销首次突破百万辆。北汽控股公司全年“退黄建绿”置换售车4.36万辆，置换比例66%，细分车型置换比例88.3%。完成国庆60周年阅兵和群众游行的20辆阅兵指挥车、65辆礼炮牵引车、41辆彩车底盘供应任务。北汽福田汽车股份公司在“汽车下乡”及“退黄建绿”等项目中取得良好的成绩，北汽福田全年生产汽车63.4万辆，同比增长57.9%；销售汽车60.2万辆，同比增长47%；北京奔驰汽车有限公司在奔驰E级车产品因换型改造停产的不利局面下，开展C级车国产化并取得成功，开拓C级车市场，争取到2000辆C级车进口CBU的资源并实现由北京奔驰销售，奔驰C级车实现同比增长114.1%，细分市场占有率和增长率均创历史新高，企业实现盈利。兴东方并入北汽控股公司之后，继续发挥农业农机板块竞争优势，融入北京汽车相关发展领域，经济效益增长速度较过去3年平均增速翻了一番。节日期间，先后为5家企业向北京市国资委、市财政局借支生活费529万元，解决企业和职工的暂时困难。向北京市人社局申请，为7家企业审核申请到“企业稳定就业补贴”1061.51万元。

（张　力）

【集团化建设】 年内，北汽控股公司制定《分公司管理办法》、《生产经营计划管理办法》、《会计报表管理办法》、《集团会计核算办法》等。组建动力总成公司、新能源汽车公司、新能源汽车电池公司；组建乘用车事业部、北京汽车经济管理研究所、国际合作部、信息技术部、公关传播部、工程管理部等。

（张　力）

【自主品牌研发建设】 年内，北汽控股公司推进A0级乘用车BC301、微型交叉型乘用车BC306以及越野车B40/B61以及BC700、800系列乘用车、10项新能源汽车项目的产品研发工作。研发基地建设工程完成土方和地基处理工程，地下主体结构工程基本完成。引进海外高层次人才29人。北京汽车和德国博世公司联合开发具有自主知识产权的CVT变速箱。收购萨博知识产权，12月13日，知识产权文件抵达北京，开始技术转化工作。在国家知识产权局、科技部和中国汽车工程学会共同举办的“2009创新盛典中国创新设计评选暨中国设计专利大赛”上，“北京·勇士”获得“最佳功能设计奖”和“2009中国汽车造型设计大赛——汽车创新设计竞赛”的“金圆点”特别荣誉奖。

（张　力）

【重点项目建设】 年内，北汽控股公司推进产能建设，整车、新能源汽车及关键零部件发展取得突破。完成北汽福田康明斯发动机一期建设；启动北汽福田多功能车建设项目、北汽福田中重型卡车第二工厂建设项目、北京现代二工厂产能扩建项目、北京奔驰 V212 技术改造项目，进行北京现代第三工厂、北京牌自主品牌中高端乘用车制造基地建设项目可行性研究工作；启动自主品牌动力总成研发和制造基地项目；推进新能源汽车和关键技术产品的制造项目建设；实施南方（株洲）基地项目建设；海纳川公司大兴采育零部件基地建设完成一期项目并正式投产，该公司在密云和株洲分别获取新的发展用地；北内集团零部件三期线γ生产线改造完毕，四期凸轮轴增设和连杆技改项目获得批复。

（张　力）

【企业改革与重组】 年内，北汽控股福建奔驰项目增加 VAN 系列产品；北汽福田与戴姆勒公司中重卡合资项目有了新的进展；完成北京汽车制造厂有限公司重组工作的补充协议；完成兴东方公司重组工作，对京华大客车资源重组整合形成初步方案，并完成北京农机研究所对北京富民生态研究所的收购工作；海纳川公司组建天纳克排气系统有限公司，并完成众力车桥等 4 个合作项目立项；增持江森和光华杰通的股权。鹏龙公司与平安创新资本、绍兴平安共同发起设立鹏龙汽车股份公司，通过《公司章程》和《发起人协议》。组建首钢鹏龙公司，完成星徽旗舰中心资产划入鹏龙公司和调整燕盛隆股权结构等工作；北汽投资所属大林股权调整工作进入资产评估阶段。完成北京福达公司的股权收购及债务处置方案，签署《股权转让收购及债务处置协议》。资产公司解决前期 82 万平方米非经营性资产移交后的土地分割、房产过户、锅炉供暖等遗留问题，对北汽控股公司没有纳入非经营性资产移交试点范围的约 40 万平方米非经营性资产进行基础资料整理工作。启动其中兴东方公司 13 万平方米非经营性资产移交工作，与北京房地集团签订非经营性资产移交框架协议，并完成部分现场交接工作。12 月 15 日，北京市人力资源和社会保障局组织北内集团召开退休人员移交社会化管理工作大会，9668 名退休人员完成移交社会化管理工作。

（张　力）

北京二七轨道交通装备有限责任公司

【综述】 北京二七轨道交通装备有限责任公司（简称二七装备公司），隶属中国北车股份公司。许可经营项目为开发、设计、制造、修理、销售铁路及城市轨道交通运输设备、电子设备、机械电器设备等。主要产品有 HXD3 型 7200KW 电力机车、DF7 系列内燃机车、GK1E 和 GK31E 型内燃机车、铁路大型养路机械等。有机械动力设备 3000 台（套），占地面积 43 万平方米，厂房建筑面积 15.2 万平方米。拥有固定资产原值 7.11 亿元。员工 3580 人，其中具有高级专业技术职称 141 人，中级职称 239 人。二七装备公司下设 13 部 3 室 2 中心、12 个生产分厂（分公司），有 7 个党群职能部室。

（胡跃平）

【生产发展与市场营销】 年内，二七装备公司实现销售收入 18.7 亿元。新造 HXD3 型电力机车 92 台，新造 GMC96 型钢轨打磨车 1 列；新造内燃机车 78 台，包括 DF7C 型 5 台、DF7G 型 7 台、GK1E 型 13 台和出口内燃机车 53 台，其中出口越南 2 台，出口古巴 51 台，有 DF7G－C 型 26 台和 DF7K－C 型 25 台。完成生产并交付国内工矿机车销售合同订单 25 台，其中 DF7G 型 7 台、DF7C 型 5 台、GK1E 型 13 台。完成全年新签订路内大修机车合同订单 49 台，为铁道部 DF7 型大修机车总量的 61.25%。实际大修内燃机车 64 台，其中包括路内 2008 年订单 9 台、路外订单 6 台。国内机车配件销售首次突破 4000 万元，完成 47 根韩国曲轴加工订单。完成美国卡迈隆公司需要的柴油机机体、机座、曲轴等关键部件试制。开展售后服务，处理电报2份、电话传真30份，电话记录338件。售后服务出差人员460人次；常驻古巴、安哥拉、刚果售后服务人员有6人。驻国内4个机务段9人。售后服务组其他人员，平均每月外出业务2次～3次。乘务人员对机车的满意率为98%。

（胡跃平）

【改革改制】 年内，二七装备公司撤销物资供应部，组建物流中心。完成广厦公司改制后新公司的工商注册、挂牌。启动所属医院的改制工作，进行资产评估，改制方案进入逐级审批过程。扶持已完成改制分流单位的发展，规范已改制单位的各种关系，同时按照股份公司的要求，做好在3年内撤出小股权和规范集体企业体制的调研工作。

（胡跃平）

【企业管理】 年内，按照北车股份公司《中长期发展战略规划纲要》的要求，二七装备公司制定《中长期发展规划》。获得市科学技术委员会、市财政局、市国家税务局、市地方税务局联合下发的《高新技术企业证书》。开展节能减排工作，在第四届中日节能环保综合论坛上，与日方公司签订综合节能减排项目的合作意向书。在油漆烘干、电镀磷化等生产用蒸汽替代方面开展前期工作。废弃物继续实现达标排放。修订完善《生产法则》。推行“双检实名制”等质量管控制度。制定《古巴内燃机车关键质量控制点及重要工序控制汇总表》、《大型养路机械产品钢结构质量控制办法》等文件，严格执行技术标准和工艺纪律，落实专人专岗负责制。组织人员进行《铁路机车验收技术规定》培训，对验收室提出的改进意见整改落实。对部件国产化质量控制进行专题研究，制定执行供应商管理办法和考评实施细则。完善分配办法，对除销售系统之外的各部室试行同一线生产单位进行联挂的月度工资分配办法。在各生产单位试行电力机车、新造内燃机车全额计件工资分配办法，将月度工资收入直接与完成的产品数量（定额工时）挂钩，适应产品结构的变化。加强中层管理岗位效绩目标责任制考核，对工作成效进行评价。引进人才，外聘专家5人，招聘大学生146人、中专技校生166人。全年共举办各类培训班583期，培训人员1.27万人次；开展外培工作，有3人通过培训，取得“国际焊接工程师”证书，有75人取得其他各类相关证书。公司高级工以上高技能人才比例达到52%，比上年提高3个百分点。

（胡跃平）

【新产品新技术自主开发】 年内，二七装备公司完成首列钢轨打磨列车。通过作业性能和线路运行动力学等试验，通过铁道部组织的出厂评审。首列车路基处理车基本完成总组装，开始静态调试。边坡清筛机、接触网综合作业车和16头钢轨打磨车等项目进行前期技术和组织准备工作。

（胡跃平）

【技术引进和国产化工作】 年内，二七装备公司完成钢轨打磨列车第二阶段50%国产化率图纸、资料的接收；开展司机室、电器/气动柜、液压动力包、打磨小车防尘罩等国产化工作；继续与VOLTH公司进行L520传动箱合作项目，在齿轮样件试制方面取得进展。进行路基处理车的转向架、破碎机等大部件国产化工作。

（胡跃平）

【基本建设与技术改造】 年内，二七装备公司完成组装调试、钢结构、管线中心、仓储物流、转向架、传动分厂、研发中心等主要建设，完成厂房改造3.01万平方米，采购主要工艺装备483台（套），累计完成投资8051万元，具备了组装调试、钢结构自制和有关配套作业能力。实施信息化建设和综技楼改造项目。

（胡跃平）

【全国科技周启动仪式在厂区举行】 5月16日，全国科技周启动仪式在二七装备公司厂区举行，中共中央政治局委员、国务委员刘延东及中国科学技术部部长万钢、中国科学技术协会常务副主席邓楠等出席，国务院各部委、北京市领导和产业工人、青少年等各界代表参加启动仪式。铁道部副部长陆东福参加全国科技周启动仪式后，在铁道部副总工程师兼运输局局长张曙光、中国北车股份公司董事长崔殿国等陪同下视察二七装备公司大型养路机械96

头钢轨打磨车、路基处理车生产。

（胡跃平）

【刘淇等市领导到公司调研】 6月20日，中共中央政治局委员、北京市委书记刘淇、市委副书记王安顺等领导到二七装备公司进行专题调研。

（胡跃平）

【首列GMC96钢轨打磨列车下线】 11月16日，二七装备公司独立引进制造的首列GMC96型钢轨打磨列车成功下线，国家发改委、铁道部有关司局领导，北京市、丰台区有关部委领导，中国北车、铁路局领导和有关技术支持方、供应商及员工代表600人参加下线仪式。

（胡跃平）

南车二七车辆有限公司

【综述】 南车二七车辆有限公司（简称二七车辆），前身是建于1897年清朝邮传部“卢保铁路卢沟桥机厂”，1948年12月改称“铁道部长辛店铁路工厂”，此后6易厂名，1966年9月改称“北京二七机车车辆工厂”，1980年1月1日铁道部将其机车制修与货车制修分离分立，成立铁道部北京二七机车工厂和铁道部北京二七车辆工厂，1994年2月后者改名为北京二七车辆厂。2003年3月更名为中国南车集团北京二七车辆厂，隶属于中国南方机车车辆工业集团公司。后因中国南方机车车辆工业集团公司重组改制，自2008年1月1日起启用“南车二七车辆有限公司”名称。

二七车辆隶属于中国南车股份有限公司（简称中国南车），为国内铁路货运平车、平车——集装箱两用车和特种平车的制造基地。具备年新造铁路货车3500辆、修理铁路货车4500辆的综合能力，同时拥有年产MT－2型缓冲器4万套、MT－3型缓冲器2万套、交叉支撑装置6万份、轴承保持器44万件的配件生产能力。截至年底，在册人数3938人，其中具有教授级高级工程师8人，高级专业技术职称88人，中级专业技术职称218人；设置行政部室22个，党群部门5个，生产车间9个，控股合资企业2个，全资子公司1个；固定资产原值4亿元，生产用地64万平方米，房屋建筑19.6万平方米；有各类机械动力设备2314台，其中主要生产设备1410台。

2009年，二七车辆实现销售收入15.58亿元，净利润-1797万元。从业人员劳动生产率33.28万元/人，在岗员工年平均工资3.63万元/人，万元产值综合能耗0.137吨标准煤；质量、环境/职业健康安全管理体系、测量管理体系通过复评认证，继续保持“国家一级安全质量标准化企业”称号，成功申报北京市高新技术企业，荣获“北京市职业卫生示范企业”、“全国安全生产月活动优秀组织奖”、“首都文明单位”称号。

（宣传部 企业文化部）

【生产经营与服务】 是年，二七车辆全年新造货车2309辆，同比下降27%；修理货车2765辆，同比下降18%；生产供外配件7.20万件（套），其中，交叉支撑组成产量同比下降41%，组合式制动梁同比下降30%。年内完成各项国铁招标采购项目及路外产品订单签订。配件销售引入区域竞争机制，零散配件销售货款到位率95%以上，解决了对路局系统销售及回款问题。拓展海外业务，完成泰铁项目技术投标及厂修车备忘录编制签署等工作。开展风电法兰和UST传感器项目调研工作。全年签订合同58份，合同总金额2145万元。提升售后服务水平，成立售后服务部，完善售后服务机制，走访用户，建立良好业务关系，及时妥善处理公司造修车辆运用故障。

（宣传部 企业文化部）

【新产品开发】 年内，二七车辆新研制的NX70A型共用车完成设计试验并实现批产和转让。开展载重70吨集装箱专用平车、三联关节式双层集装箱车、30吨轴重双层集装箱车、载重80吨共用车、焊轨用平车以及30吨轴重转向架、3E轴焊接转向架等产品的研制工作。4项整车产品参加铁道部组织的“大轴重货车新产品观摩展”，完成5种车型增载或提速改造。根据用户需求，对SQ6型双层运输汽车专用车进行优化。TJ165型架桥机组用平车取得型号合格证和生产许可证，参与完成9项铁道行业标准编订工作，健全知识产权规范化管理体系。截至年底，二七车辆拥有92项实用新型专利，完成36项专利项目申报工作。实现PLM系统上线试运行，逐步实现产品设计和工艺设计的并行。成功申报北京市高新技术企业。

（宣传部　企业文化部）

【技术改造】 二七车辆加快推进“三大技术平台”建设。在贯彻中国南车17项工艺标准的基础上，加快实现工艺一级设计、二级管理的模式，梳理工艺文件，提升工艺制造水平，确保产品制造质量，降低制造成本。设计建造完成平车生产线，其中H型钢中梁生产线技术水平在国内处于领先地位。实施检修车车体生产技术改造方案，完成HM－1型缓冲器胶泥芯体生产工艺方案设计、试制及试验。脱轨自动制动装置通过中铁铁路产品认证中心（CRCC）生产质量认证，欧洲（EN15085）焊接体系标准认证工作有序进行。

（宣传部　企业文化部）

【体制改革】 年内，二七车辆完成管理和服务人员竞聘工作，解除劳动合同享受经济补偿93人。制定《员工绩效考核管理办法》，实施岗位绩效工资制、营销工资制、项目工资制。举办各类培训班110期，共培训4075人次。尝试参股、控股公司独立采购，降低采购成本。实施油漆涂装业务外包、热力系统有限承包。

（宣传部　企业文化部）

【企业管理】 是年，为克服金融危机影响，二七车辆按照全面预算要求，以业务预算为基础，实现财务滚动预算。合理配置资源，压缩管理费用，控制成本支出，全年各项费用同比降低13%。利用国家各项优惠政策，获得北京市政府贴息贷款，减少财务费用100万元。全年板材出材率85.8%，节约板材价值100万元。继续发挥审计在加强管理、健全内控等方面的职能作用，实施风险管理，确认风险事件90项。完成工程建设项目专项治理工作。全年未发生重伤事故，发生一般安全生产责任事故1起，工伤死亡1人，轻伤事故发生7起。节能减排工作取得实效，各项环保指标同比下降。成立精益生产推进办公室，开展精益生产培训12期2080人次。信息化建设成效逐步显现，完成MES系统收尾工作，实施物流配送及条码交接系统开发工作。在ERP上线运行的基础上对部分业务进行优化，提高信息化管理水平。修订完成349个制度文件，建立由10个系统、328个业务流程构成的管理流程体系。

（宣传部　企业文化部）

【质量管理】 二七车辆以春季整车质量抽查发现的28项产品质量问题为切入点，以铁道部工艺技术检查标准等为依据，从思想认识和行为规范、技术管理和制度执行等方面，三对三查，边查边改。全年开展7次质量检查整改活动。公司领导分片包保，选择重点工序作为剖析重点，围绕技术标准、工艺文件及作业指导书、装备和检具状态、人员素质、过程控制、实物质量、以往故障分析等7个方面进行剖析检查。与江岸车辆段联合开展新造、检修货车整车质量对规检查活动。强化整车落成管理，实施完整交车，落成工序基本取消电焊、气割作业，新造车、检修车总返回率呈逐月下降趋势。通过综合管理体系、测量管理体系复评认证工作。加强信息收集和分析工作，建立典型质量故障库。

（宣传部　企业文化部）

【和谐企业建设】 年内，二七车辆做好申请困难企业岗位补贴和社会保险补贴工作。在企业遭受经营困难、部分车间停产息工的情况下，把保证员工收入作为第一要务，在销售收入同比降低21%的情况下，全员年收入同比降低13%，其中中层领导收入同比降低20%。举办庆祝新中国成立60周年系列活动，继续加大环保投入、噪声治理及绿化养护工作。

（宣传部　企业文化部）

北京南口轨道交通机械有限责任公司

【综述】 北京南口轨道交通机械有限责任公司（简称南机公司），员工总数1314人。其中高级专业技术职称41人，中级技术职称67人。固定资产原值3.70亿元，净值2.33亿元。占地面积96万平方米，其中生产经营面积15.5万平方米。各类设备886台（套），其中大型精密设备71台，进口设备55台。南机公司下设行政部室13个、党群部门5个，主产品生产车间（分厂）9个，控股公司1个。产品涵盖轨道交通机械和石油、风电机械等市场领域。

2009年，南机公司克服国际金融危机影响，主营业务实现销售收入同比增长21.8%，完成中国北车股份公司下达的各项经营指标。为中国北车成功上市作出贡献，被中国北车授予"突出进步奖"。

（陈宗河）

【生产经营】 年内，南机公司完成主要配件品种158项、产量12.51万件套。完成各种型号空压机287台、主机油泵382台，和谐2型技术引进机车主动齿轮305个、从动齿轮88个、轴箱铸件156个、抱轴箱铸件92个、上齿轮箱铸件92个、下齿轮箱铸件92个，和谐3型技术引进机车从动齿轮1205个，长客齿轮箱51个，东风4型机车主动齿轮2636个、从动齿轮866个，东风7G型机车主动齿轮134个、从动齿轮152个，株洲电力机车有限责任公司轮毂492个，EMD齿轮132个，其他电力机车主动齿轮981个、从动齿轮2904个，二七伞齿轮82对，出口古巴机车主动齿轮317个、从动齿轮295个，各型喷油泵上体装配1570套、下体装配2960套，各种型号喷油器2140套，喷油器偶件2.62万付，柱塞偶件8070付。

（陈宗河）

【市场销售】 年内，南机公司在轨道交通市场取得株电公司供应商资质，首次获得50台7200KW机车轮毂订单。长客200公里动车组、300公里动车组配套产品开始供货。首次获得宝石公司50DB齿轮箱批量订单；签订开利公司转子订单1500万元；螺杆机头产品实现销售收入300万元，签订订单900万元；风电市场法兰产品实现销售收入470万元；大连华锐市场实现销售收入近700万元。通过开发常牵庞巴迪、西安阿尔斯通等国际知名公司市场，海外业务销售收入同比增加500万元。

（陈宗河）

【新产品开发】 年内，南机公司完成济南柴油机厂船机耦合器配套齿轮试制，实现批量供货。为株电公司HXD_{1c}机车研制成功齿轮轮毂、主动齿轮、从动齿圈产品，为大连厂HXN3机车研制成功曲轴齿轮。完成长客CRH5齿轮箱、牵引拉杆试制，牵引拉杆形成小批量生产。完成二七机车公司出口古巴机车空压机电机组研制，提高了电机绝缘等级和散热效率。为大连厂研制的240E型第三代喷油泵，性能达到进口产品水平。240B、240E机车柴油机高压油管小批量装车，效果良好。改进后的分体式电喷泵试验性能基本达到进口泵标准。GE内燃机车机油泵国产化研究取得阶段性成果，完成100小时型式试验，符合GE公司提供的机油泵采购规范，满足国内外机车使用要求。采用三维设计软件，提高产品设计计算、分析校核等综合技术能力。全年申请技术专利15项，其中发明专利4项，实用新型专利10项，外观设计1项。南机公司通过北京市企业技术中心认证、北京市高新技术企业认证。

（陈宗河）

【基本建设与技术改造】 年内，南机公司完成主要基建工程项目8项，包括风电齿轮箱厂房改建、道岔厂房前期拆除及相关单位搬迁、驱动装置研究所及道岔公司办公室装修、二机车间精磨间改造、一机车间及齿轮分厂部分设备基础建设、道岔厂房基础工程及部分钢结构安装、和谐农贸市场改造、综合服务楼建设工程。更新改造设备17项，大修设备25项。铁路道岔生产项目投资3.2亿元，将形成年产客运专线道岔200组、提速道岔和普通道岔2500组及重载道岔100组的生产能力，完成主体设备招标采购和厂房主体工程结构建设，厂房面积4.2万平方米，最长跨度680米。投资4.2亿元的动车组齿轮箱项目得到国家发改委批准作为国家重点扶持项目，同时获得北京市项目贷款贴息支持。利用自有资金进行技术引进的风电齿轮箱项目完成厂房一期改建工程。

（陈宗河）

【企业管理】 年内，南机公司完成60家合格供应商年度业绩评价。对4家新增供应商、4家原有重要供应商进行现场审核，优化供应商渠道。坚持开展群众性质量管理活动，《提高HXD2下齿轮箱产品合格率》QC小组获得铁道部优秀成果奖，《数控车床刀具使用国产化》QC小组获得中国北车优秀成果奖。制定《中层管理岗位人员考核暂行办法》和《后备干部选拔、培养、管理暂行办法》，建立健全干部管理激励与约束机制。招聘103名高校毕业生，引进项目专家12人。组织员工培训40项，培训员工1960人次。完成技术人员、单位骨干共35人岗位工资调整。做好单位移交、撤销补偿核算，妥善安置人员，保持员工队伍相对稳定。落实安全生产责任制，轻伤事故率1.36‰，控制在2.6‰指标以内，未发生重伤以上工伤事故。重点物资采购价格同比下降5%，生产外协采购价格同比下降2.6%。根据市场变化，完成151项产品销售价格和内部核算价格测定。审减基建工程资金7万元，完成经济合同事前、事后审计共1118份。加强防范意识，履行消防职责，南机公司被北京市防火安全委员会评为《2009年消防工作先进单位》。

（陈宗河）

【改制改革】 年内，南机公司完成家属区供水系统移交地方工作。成立铁路道岔生产项目指挥部，完成北车（北京）轨道装备有限公司工商登记注册，领取企业法人营业执照。成立中国北车南机公司驱动装置研究所、技术中心、风电齿轮箱分厂，设立安全生产技术处。撤销北京佳达塑化制品有限公司、物业公司。稳妥推进主辅分离改制分流，完成“859”改制工作。

（陈宗河）

【多元经营】 年内，南机公司为宝石公司研制的50DB油田齿轮箱基本完成。开发出口约克公司T0、T4、S2三个品种和开利公司TT、TU、TV 3个系列7个品种的转子产品，形成批量生产，装配的制冷机比使用进口转子提高效率近3%、比使用国产转子提高效率近10%。在有效提升NSG177螺杆主机容积流量使用范围的基础上，形成20立方米、28立方米主机产品系列化。完成油田机械主动齿轮26对、齿圈186对、十字头748个、70DB齿轮箱1套，完成20立方米螺杆泵机头206台，大众行星齿轮2842个。出口法国阿尔斯通公司电机机座22个，出口美国英格索兰公司转子220对、约克公司转子24对、开利公司转子937对，出口庞巴迪公司电机端盖668个。

（陈宗河）

北京化学工业集团有限责任公司

【综述】 北京化学工业集团有限责任公司（简称北化集团），以应对金融危机、推进企业可持续生存和发展为紧迫任务，以学习实践科学发展观活动为载体，优化调整，降低损失，取得成效。全年实现主营业务收入25亿元；实现利润1850万元，同比增长26%；净利润、净资产收益率、成本费用利润率等指标完成北京市国资委下达的预算指标。北化集团的华腾橡塑公司实现销售收入5.3亿元，同比下降10%，实现利润920万元；华腾新材料公司实现销售收入1.78亿元，实现利润1055万元，同比增长30%；旌凯华冠公司实现销售收入2.9亿元，实现利润855万元；房地产公司实现利润900万元；化学试剂所销售收入同比增长 96%。华腾通标公司完成站所整合后，检监资质和业务领域得到延伸；工业技师学院全年完成收入 9080 万元。

2009 年，北化集团的置业板块调整营销策略，采取多种方式稳定客户、保持经营业务的正常开展，提高目标承租率和单位面积收益。压缩费用，优化设备运行和能源结构，注重点滴节约，降低运行成本。华腾大厦、华腾科技大厦、华腾新天地、华腾北搪商务大厦、华腾商务楼、华腾写字楼、东方宾馆等主要置业资产的专业化管理水平得到提高，收益同比增长 10%。

（蔡玲红）

【企业管理】　年内，北化集团派出的产权代表对于重大事项的请示报告准确及时，事权划分清晰，决策边界明确，授权意识增强，履职行为规范，依法治企进一步体现。集团总部的办事效率、工作流程、公文流转得到改善，监管职能与服务意识同步增强。全年各单位上报北化集团 248 个请示文件，已办理 241 个，平均批复时限为 9 个工作日。修订《资产处置管理办法》、《置业资产管理办法》等制度；新出台《年度安全检查工作方案》、《关于及时办理集团所属单位领导人员到龄免职退休手续的通知》、《关于新购、更换公务车辆等有关事项的规定》等相关制度。印发《关于进一步规范二级企业负责人薪酬管理有关问题的通知》，转发市国资委《关于监管企业资产损失责任追究的暂行办法》。

（蔡玲红）

【改革调整】　3 月 25 日，北化集团供销公司被北京市第二中级法院正式宣布破产。8 月，解决涉及北化集团 3 家单位 1648 名退休职工历时 8 年的历史遗留问题。10 月 26 日，北京东光实业总公司召开职工大会，134 名职工全票通过产权回归国有化的决议。原化工四厂精细化工厂改制工作取得突破性进展。完善北化集体资产管理协会 8 个方面的基本管理制度。11 月 17 日，完成 111 名退休人员属地移交工作，涉及 9 个区县，42 个街道。全年北化集团向市房地集团移交破产退出企业产权房 360 套（间）4.11 万平方米。继续为破产企业 860 户困难退休职工非产权房屋争取到“供热救助”政策。通过与市房地集团签署非经营性资产补充移交协议，妥善解决了北化集团原属化工八厂硼泥土地污染问题，盘活了资产。

（蔡玲红）

【技术创新】　是年，北化集团拥有高级专业技术人才创新平台 13 个，其中，国家级技术中心 3 个、市级技术中心 3 个、企业级技术中心（部门）7 个。全年研究开发（R&D）投入资金 1600 万元，承担国家课题 3 项，科技项目 13 项。全年新产品销售收入 4600 万元。10 月，经北京市政府批准，北化集团所属的北京化学试剂研究所和北京华腾工程新材料有限公司被列入中关村国家自主创新示范区股权激励改革试点单位。

（蔡玲红）

【新项目进入生产阶段】　3 月，中标 3.26 亿元的 PCCP（预应力钢筒混凝土管）项目，进入三期发展新阶段。8 月，北化集团 PE（聚乙烯）管项目实现试生产，产品进入市场；甲醛及溶剂试剂回收项目年内实现联动试车；高等级乳胶手套生产线技术改造、二次电解液连续性工艺工业试验项目实现投产。

（蔡玲红）

【5 个项目竣工验收】　10 月 30 日，北化集团完成大兴化工园区一期、试剂所搬迁项目的竣工验收；11 月 19 日，完成大兴化工园区二期公用工程项目竣工验收；11 月 20 日，试剂所原址科研用房改造项目完成工程验收；11 月 26 日，完成 PE 项目竣工验收工作。年内，完成大兴化工园区资产划分与结构调整、化学试剂产品划归试剂所、北化集团授权华腾化工管理园区等一系列相关工作，优化了资产结构、清晰了产品方向、明确了管理责任。

（蔡玲红）

【加大扶优扶强力度】　北化集团通过置业资产担保社会融资、使用自有资金等，对有发展前途的产品、有发展后劲的项目、暂时运行困难的企业、管理团队优秀的企业加大帮促力度，给予资金支持。全年累计通过银行向企业提供委托贷款 1 亿元。

（蔡玲红）

【产业发展储备项目】　根据北化集团产业发展方向，重点追踪和介入新型制冷剂、高效广谱消毒剂、醋酸纤维素中空反渗透膜、强力遮热涂料、大橡胶、全市危化品物流体系建设、印染新技术等项目，进行项目遴选、可行研究、专家论证、实地考察、谈判磋商等，为北化集团产业发展储备项目。

（蔡玲红）

【集团总部建设】 7月，北化集团集中规范调整董事会3个专门委员会、经理办公会下设的4个工作领导小组和12个行政部门的机构设置。集团总部的战略规划、全面预算、运行监控与风险管控、投资发展与产业促进、资产监管与资本运营、绩效考核等6项核心业务职能得到加强。

（蔡玲红）

【监督检查】 3月，北化集团董事会专题听取14名外派董事、监事的述职情况汇报。开展“三重一大”制度执行情况的复查，4月—8月，针对北化集团中级以上管理人员开展廉洁自律“七项要求”的专项查纠，查处1家单位的私设“小金库”问题。7月，组建北化集团审计部，完成6项工程审计、13项小型建设项目审计、2家单位的摸底调查审计和2名企业负责人的离任经济审计。11月，开展档案执法检查，并对7家重点企业的档案管理进行抽查。

（蔡玲红）

【获得先进单位称号】 北化集团落实北京市国庆60周年“平安行动”方案，近半年时间，广泛动员，责任到人，加大监督检查，先后组织开展4次安全大检查，各企业自查294次，出动696人次，治理一般隐患104项。北化集团被北京市政府评为“国庆60周年安全生产保障工作先进单位”。

（蔡玲红）

【学习实践科学发展观活动】 3月—8月，北化集团开展学习实践科学发展观活动。分为学习调研、分析检查和整改落实3个阶段，共11个环节，覆盖基层134个党支部和1998名党员。查找出影响各单位科学发展的突出问题109个，形成整改措施222条。群众评议满意率、基本满意率99.06%。年内，北化集团总部完成整改措施16条，完成率94%。二级单位完成112条，完成率87%。

（蔡玲红）

北京京煤集团有限责任公司

【综述】 北京京煤集团有限责任公司（简称京煤集团），确立以煤炭、煤电和新能源为主导，以房地产、城市服务业为支撑，民爆化工、机械制造等相关多元发展的战略格局。坚持强大京煤理念，落实强大京煤战略，深化企业改革，创新经营管理，整体实力大幅提升，产业结构不断优化，科学稳健和谐发展，完成各项经营指标和工作任务。截至年底，企业总资产164.87亿元，同比增加35.27亿元，增长27.21%；全年经营总收入80.21亿元，同比降低13.36%，其中主营业务收入78.57亿元，同比降低13.33%；实现利润3.97亿元；煤炭产量513.03万吨，同比增加50.36万吨，增长10.88%；煤炭销量包括保供煤在内完成667万吨，同比持平。工业全员劳动生产率12.65万元/人年，在岗职工人均工资4.72万元；煤炭生产百万吨死亡率0.19，创历史最好水平。

企业战略转移项目加速建设。在内蒙古自治区鄂尔多斯市建设的高家梁煤矿，达到验收竣工投产条件。其运煤专用线东铜铁路，在9月1日开工建设；在内蒙古自治区乌海市建立的京海电厂，一期项目中的土建和安装工程进入收尾阶段。二期项目开始运作。与京海电厂配套建设的水泥厂项目，一期工程完成，设计年生产能力60万吨，从5月28日开始带料试生产；在加快与美国普洛斯集团合作开发达兴物流园基础上，对昊煜公司在北京大兴区的土地和三河综合厂在河北省三河县的土地进行调研，拟定了物流园开发方案。

企业战略发展格局继续拓展。煤炭生产加大投入，夯实基础，采煤方法又有新突破。根据不同地质条件和煤层赋存情况，分别使用大倾角急倾斜综合采煤法、柔性掩护支架阶梯采煤法、大倾角悬移支架采煤法，全年实现机械化采煤产量占全部煤炭产量的50.7%。煤炭销售深入市场分析，灵活价格政策，调整产品结构，扩大销售渠道，销售收入稳定增长。房地产业立足北京，抢占外埠市场，打造金泰品牌，在建项目运转顺畅，储备项目不断增加。在北京城市开发的金泰城·丽湾三期项目完成销售额3.16亿元，金泰·先锋项目完成销售额7.73亿元，金泰国际大厦交付使用，金泰·丽富嘉园项目二期工程开工建设。在北京郊区门头沟开发的绿岛大厦项目完成地下结构施工。杨坨项目完成土地评估、勘察调研。在外埠开发的辽宁营口金泰城住宅项目、金泰海景大酒店项目，海南三亚的金泰山屿湖项目，内蒙古自治区呼和浩特建设项目等进展迅速。城市服务业创精品、树形象，品牌影响力提升。金泰集团在燃料经营、民用煤供应和饭店旅游方面拓展市场，全年实现总收入39.6亿元，获得物业经营一级资质证书。京煤物业公司强化管理，创新服务模式，实现收入5300万元。

企业改革继续深化。通过收购股权，将金泰恒业公司改制为一人有限公司，成立金泰集团。通过产业整合、增资扩股，将金泰房地产公司变升为集团直属二级公司。进行产业调整，将缺乏市场竞争能力、又处于城市改造地区的莱勒克食品公司关闭。将以煤炭和煤矸石为原料发电的耗能大户昊煜公司煤矸石热电厂停产退出。京煤集团实施总部组织关系变革，调整职能部室，重新明确职责任务和分工。昊华能源公司获得上市发行核准，民爆化工、房地产业、旅游饭店业的上市工作正在筹备。京煤集团多渠道融资，全年完成银行授信额度139亿元。

实施民心工程，提高员工素质，改善员工生活。投资1.2亿元，进行天然气入户和危电、饮用水改造等306项工程建设。制定总投资约2.49亿元的改善员工住房3年规划。在门头沟黑山建设的危改带房改项目，已开工楼房23栋计20.4万平方米。在门头沟西筛选进行的集资建房工程，解决440户员工住房困难。投资520万元，为5个家属区的4400户居民接通天然气。安排专项资金，改善员工收入结构，人均工资增长超过14%。再次提高企业补充医疗保险报销比例，新增加员工大病互助保险险种。首次评选集团公司首席技师6人，每月享受1000元首席技师津贴。全年培训员工16.69万人次。其中，安全培训10.24万人次，管理人员培训3.40万人次，专业技术人员继续教育2.95万人次；操作岗位人员培训1.05万人次，特殊工种培训7652人次。全年有1962人参加技术等级培训，有1786人获得技术等级证书。其中，内部技师92人，高级工456人，中级工1021人，初级工300人。全年接收大专以上毕业生236人。截至年底，京煤集团在册员工2.96万人，其中农民工1.04万人，专业技术人员4414人，经营管理人员3708人。高级职称303人，中级职称1295人，初级职称1931人；研究生以上学历162人，大学文化1983人，大专文化1608人，中专文化554人。京煤集团有离退休3.35万人，其中离休418人。京煤集团被评为“全国企业职工教育培训先进单位”、“全国群众体育先进单位”，京煤集团化工公司、昊华能源公司及其所属木城涧煤矿3家单位获得“全国企业文化先进单位”称号。京煤集团跻身中国最大500家企业集团，位列第454名。

（潘会楼　汪智利）

【煤炭生产】　是年，京煤集团全年投入近1亿元，更新安全装备，创建本质安全型矿井。其中，投入5137.11万元，用于机械化采煤，机械化采煤产量达全部产量的50.47%。在木城涧煤矿大倾角急倾斜工作面，实现综合机械化采煤突破。试验推行柔掩支护阶梯采煤法，完善采煤工艺，解决打眼难、通风难、爆破效率低问题，提高工作面单产。试验悬移支架采煤工艺，实现大倾角煤层悬移支架半机械化开采。推广七字形支架锚网支护工艺，解决松软急倾斜煤层的支护。在生产管理上，精细值派班流程和班组收施工会流程，值派班制度基本实现工作流程的闭合循环。推广《班组长工作手册》的应用，强化班组建设，完善班组综合考评体系。对员工分层培训、现场培训，进行案例教育，提高员工现场管理能力和技术操作水平。对采煤、掘进队伍实行专业化管理。在确保安全生产和技术创新工程资金情况下，对生产经营指标层层分解，逐项考核，提高材料复用率，控制压缩成本费用，吨煤单位成本比上年下降

8.50元。全年煤炭产量513万吨，比上年增加50万吨。在内蒙古自治区鄂尔多斯市建设的高家梁煤矿，全年完成投资额9.61亿元，累计完成投资额16.86亿元，基本建设项目基本完成。与高家梁煤矿配套建设的年洗选能力600万吨的现代化洗煤厂，具备与矿井同步投产条件。为高家梁煤矿及所在地万利矿区煤炭外运建设的东铜铁路专用线开工建设。

（潘会楼　汪智利）

【煤矿安全】　年内，京煤集团开展“现场精细化管理年”活动，煤矿强化现场管理，细化工作流程，规范岗位标准，严格工程质量。开展“国庆平安行动”、隐患排查整改活动，启动战时体制，成立指挥部，对安全工作全面督查，领导班子成员分别带队每月检查安全工作，增加检查频率。对重点区域、岗位、工艺环节，实施重点管理，共查出和整改安全隐患5.97万条。开展质量标准化活动，实施“安康杯”竞赛工程，修改完善安全质量标准体系，制定完善安全技术措施，更新采掘技术和工艺。全年投入安全生产费用8124.64万元，超出规定提取的安全生产费用4020万元。更新改造安全装备，煤矿采掘机械化率50%。强化安全教育培训，制订安全文化手册。煤矿利用安全实物设备展览室、安全警示教育基地和多媒体教学管理系统软件，进行多工种、多形式的安全培训。发挥群众安全监督检查组织作用，培训群众安全监督检查员4890人次。全年煤矿发生死亡事故2起，死亡2人，比上年减少2起2人；发生重伤1起，重伤1人，比上年减少3人；发生轻伤196人，比上年减少122人。全年煤矿百万吨死亡率0.19，比上年0.86减少0.67，步入全国重点煤矿安全生产先进行列。

（潘会楼　汪智利）

【煤炭销售】　年内，京煤集团在国际经济危机影响加剧、煤炭市场低迷情况下，超前谋划，调整策略，以变应变，拓宽销售渠道，巩固老用户，开发新市场，开辟民用、建材、电力等小户和散户，提前两个月完成国内煤炭销售任务。在国内煤炭价格和出口煤价格大幅度下降情况下，运用价格策略，以增加电煤销量弥补冶金煤销售减量。调整产品结构，出台激励政策，增加块煤产量，提高块煤率，加强块煤品种的生产和加工。其中，生产中块煤一项，实现收入3.05亿元，比上年增加8161万元。加强货款回收工作，压减煤炭库存量，变库存为现金，全年没有呆坏账。京煤集团所属煤矿在建国60周年开展平安国庆停产一个月情况下，全年完成煤炭产量513万吨，完成销量543.74万吨，实现煤炭销售收入30.53亿元，利润6.34亿元。

（潘会楼　汪智利）

【燃料供应与经营】　是年，京煤集团完成北京市政府下达的燃料供应和应急储备任务。在民用煤供应上，根据北京城市燃料结构变化情况和环境保护要求，继续调整生产经营网点。在型煤用户分散、运送距离延长情况下，协调资源储备和运输配送，严格监控民用煤质量，提高服务水平，适度调整价格，做到按时保质保量供应。全年销售11.26万吨，其中预售冬煤5.20吨。在煤炭经营和燃料油经营上，进行市场调研，开发北京热力集团等大型客户。全年销售煤炭85万吨，比上年减少46万吨；销售燃料油14万吨，比上年增加5万吨。实现煤炭和燃料油销售收入12亿元，比上年增加9900万元。完成市政府应急储备煤炭25万吨，燃料油3000吨。

（潘会楼　程林禧）

【房地产开发】　是年，京煤集团原北京金泰恒业公司所属的北京金泰房地产开发有限责任公司变升为京煤集团的直属公司，原京煤集团直属的北京西达房地产公司和昊泰房地产公司划为北京金泰房地产开发有限责任公司管理。京煤集团开发一批以“金泰”命名的房地产项目。其中，金泰城·丽湾项目销售和入住完成，三期销售额3.16亿元；金泰·先锋项目完成销售收入7.73亿元；金泰国际大厦交付使用；金泰·丽富嘉园项目开工建设，一期工程3栋楼完成结构封顶；金泰商务大厦项目前期拆迁工作完成。在郊区门头沟区开发的绿岛大厦项目完成地下结构施工，杨坨项目启动，黑山危改带房改项目开工23栋楼计20.4万平方米，西筛选集资建房工程向职工销售440套。在外埠开发的房地产项目中，辽宁省营口金泰城住宅项目一期工程中15个楼座主体封顶，营口金泰海景大酒店主体结构完成并装修90%，海南省三亚金泰·山屿湖项目开盘签约认购3亿元，在内蒙古自治区呼和浩特的房地产项目处在运作中。京煤集团房地产业增资扩股，加快股份制改造，筹备上市。

（潘会楼　汪智利）

【发展城市服务业】　是年，京煤集团将以经营城市服务业为主的北京金泰恒业有限责任公司更名为北京金泰集团有限公司，并组建北京金泰集团。加快旅游市场开发和连锁酒店建设，金泰海博大酒店、金泰大厦、金泰富地大厦、金泰国益大厦等星级酒店良性经营，稳步发展。“金泰之家”连锁酒店发展到10家。金泰国际旅行社全年旅游饭店业收入14.9亿元，比上年增加2.27亿元。物业租赁获得物业管理企业一级资质证书。全年出租经营性房屋面积66万平方米，平均出租率97.5%，实现租赁收入3.11亿元，与上年持平。金泰汽车销售4S店扩大规模，全年销售新车2073台，实现收入2.43亿元，比上年增加340万元，增长24%。京煤集团物业管理公司创新经营服务方式，全年实现收入5300万元。

（潘会楼　汪智利）

【多种经营产业】　是年，京煤集团多种经营产业优化结构，有进有退，取得新成效。将耗能大户煤矸石热电厂停产，使京煤集团整体综合能耗减少近一半；将莱勒克食品公司关闭，提高行业和产品集中度。化工行业中，完成电子雷管批量试制、现场试验和技术鉴定；研制成功延期火药分盒机，实现人机分离，解决人工操作安全隐患。机械制造行业中，鑫华源机械制造公司拓展立体车库品种，完成25层自动升降塔库样机的制作与安装，取得3项实用新型专利；液压支架厂试制完成新型综采液压支架和放顶煤液压支架。建材行业中，煤矸石砖厂开发和稳定大客户，寻找零散客户，增加实心砖生产。水煤浆厂开发洗精煤用户，增加洗精煤生产，取得较好经济效益。

（潘会楼　汪智利）

【节能减排与环境保护】　是年，京煤集团加快资源节约型与环境友好型企业建设。在煤炭生产上，发展水煤浆、洁净煤技术，进行煤炭深加工，提高煤炭加工程度，增加洗精煤数量。年生产煤矸石砖1.3亿块，节约黏土资源25万吨。将煤矿排放的矿井废水和污水净化过滤，作为安全生产的防降尘用水。进行产业结构调整，将耗能大户煤矸石热电厂停产退出，京煤集团整体综合能耗减少47.72%。将节能减排纳入领导人员业绩考核，指标占基本绩效年薪的10%。京煤集团全年工业生产综合能耗6.83万吨标煤，同比下降53.88%。工业生产单耗0.20吨标煤，同比下降48.72%。环境管理完善制度，强化管控。建成大台矿区污水处理站，美化矸石山。用生态林业助推绿色环保，义务植树1.7万株，成活率在90%以上，实施地毯式幼林抚育约10.67公顷。进行森林防火隔离带和防火基础设施建设，开设森林防火道45公里，清理林下可燃物25万平方米，为5支森林扑火队发放灭火弹、扑火服，维修护理扑火工具，重点林区实现移动电话、无线电台通讯、GPS定位、电视监控。京煤集团经营林地面积约1.18万公顷，有约3533.33公顷被列入国家重点公益林。林区活立木总蓄积量12.14万立方米，计算吸收二氧化碳22万吨，每年新增碳汇量6600吨，按碳交易计算方法，京煤集团林业潜在碳汇价值每年1800万元。

（潘会楼　汪智利）

【北京莱勒克食品有限公司关闭】　4月1日，京煤集团北京莱勒克食品有限公司关闭。北京莱勒克食品有限公司原为北京矿务局与日本莱勒克株式会社及日本大信实业公司合资企业，1992年12月19日签约，1993年10月25日厂房竣工，1994年正式投产。三方总投资1.6亿日元（595.45万人民币），设计能力年产巧克力300吨。自2006年起，该公司连续三年亏损。2009年初，公司厂址所在地进行城市改造，京煤集团将日方股份收购，公司关闭，机器设备报废处理，车辆出售，厂地移交京煤集团昊泰房地产公司。32名在册员工除1名解除劳动合同外，其余由京煤集团安置。

（潘会楼　汪智利）

【昊煜公司煤矸石热电厂停产】　4月21日，京煤集团昊煜工贸有限责任公司煤矸石热电厂停产。该厂前身为北京矿务局煤矸石热电厂，1985年筹建，1989年破土动工，1993年并网发电，装机容量2.4万千瓦，为以煤矸石作燃料的综合利用企业。进入21世纪，国家调整产业政策，提高环保标准，电厂经营亏损。2009年4月，电厂停产，累计发电18亿千瓦时，有员工287人。停产后，员工安置分流。至年底，到京煤集团内部单位转岗150人，自愿解除劳动合同18人，办理内部退休手续60人，在厂留守59人。

（汪智利　潘会楼）

【东铜铁路开工建设】　9月1日，京煤集团昊华能源公司控股的东铜铁路开工建设。该铁路是国家发改委批复的内蒙古自治区鄂尔多斯万利矿区总体规划中的煤炭运输专用线，全长24.478公里，投资总概算8.92亿元，由东铜铁路公司筹建。建成后承担规划区的煤炭运输任务，包括昊华公司在鄂尔多斯市的高家梁煤矿的煤炭对外运输。东铜铁路公司于2008年1月30日在鄂尔多斯市注册，由昊华能源公司等8家股东共同创立，创立时昊华能源公司占总股份的51%。

（潘会楼　汪智利）

【三亚金泰·山屿湖项目开盘】　11月8日，京煤集团金泰房地产公司在海南省三亚市开发的金泰·山屿湖项目开盘。该项目位于三亚市新中心区，2007年动工建设，总占地面积11.5万平方米，绿化率70%，户型以60平方米一居、90平方米两居和140平方米三居为主。其中的“兰岛”项目建筑面积10万平方米。开盘当天销售房屋40套，销售额近5000万元。截至年底，签约销售3亿元。

（潘会楼　汪智利）

【9项管理创新成果获奖】　11月30日，在北京市第24届企业管理现代化创新成果奖评选中，京煤集团获优秀组织奖、9项成果奖。其中《解放思想，科学转型，做强做大金泰汽贸品牌》荣获一等奖。《流程化管控模式在民爆生产安全管理中的运用与实践》、《为社会分忧，替儿女尽孝，办好敬老院，尽企业社会责任》、《实施企业战略调整，优化多元化城市服务业发展大局》、《大安山煤矿构建安全风险防空管理体系》、《利用信息化手段提升管理水平，建设安全和谐大安山煤矿》、《煤炭资源探、采技术在安子区的研究与应用》及《优化生产流程管理，提升企业竞争能力》荣获二等奖。《实施设备研发制作战略，提升企业综合竞争实力》荣获三等奖。

（潘会楼　汪智利）

【《一路走来》出版】　11月，京煤集团党委书记、董事长付合年编写的《一路走来——北京金泰恒业的发展历程》由红旗出版社出版。该书为小16开本精装，736页，68万字，由87篇文章组成。记录1998年—2009年，国有企业北京金泰恒业公司改革开放的发展史，汇集了作者担任公司领导职务以来的主要论文、调研报告、经验总结和讲话稿。作者对企业的经营与管理、发展与稳定、党的建设与思想政治工作、国有企业的成功转型、实现资产的保值增值、董事会工作、领导班子建设、人才队伍建设、战略管理、产权事务管理、风险管理、投资回报、企业文化建设等企业中的重点工作，进行深入的研究和探索，提出了独具特色的企业理念。

（潘会楼　汪智利）

华北电网有限公司

【综述】　2009年，华北电网有限公司（简称华北电网），贯彻党中央“保民生、保增长、保稳定”的决策部署，在国家电网公司领导下，完成新中国成立60周年庆典保电任务。华北电网完成电网建设投资95.88亿元，投产110千伏及以上线路3527公里，变电容量1700万千伏安。新增电量1.66亿千瓦时；加大地方小电厂和自备电厂发电替代力度，实现替代电量7.4亿千瓦时。编制华北电网智能化规划，开展风电大规模并网相关课题研究。建成一体化检修优化管理、AC2高级控制总线、一体化网络模型管理、调度业务数字化支撑4个平台。编制完成“国家电网公司智能电网调度技术支持系统试点工程”实时监控预警建设方案。开发输电线路三维全景系统，实现“西电东送”主要通道的视频实时监视。

（华北电网）

【电网建设与发展】 年内，500千伏沧板线竣工投产，标志“七横三纵”骨干网架和京津唐双环网、京津冀大环网建设目标提前1年实现。220千伏“两型一化”木兰变电站、沽源500千伏变压器的按期投运，确保承德、张家口地区风电可靠送出。扩大内需第一、二批农网完善工程完成，2个电气化县、30个电气化乡、800个电气化村如期建成。104项110千伏及以上项目前期工作按计划完成。500千伏大房Ⅲ线工程荣获国家电网公司线路质量管理流动红旗。唐山西变电站、汗海—沽源—平安城双回线路等9项工程荣获国家电网公司优质工程。北京送变电公司获得国家电网公司特高压交流试验示范工程建设“突出贡献集体”荣誉称号。成立智能电网办公室，组建跨部门、跨专业实施团队。开发输电线路三维全景系统，实现“西电东送”主要通道的视频实时监控。建设500千伏变电监测中心，投运220千伏郭家屯数字化变电站。建立智能计量实验室，智能电网高级计量架构（AMI）研究取得关键成果。建成以OPGW、ADSS光缆为基础，SDH光传输为主要通信方式，电路交换和数据交换为业务特点的电力通信网络，调度数据网和调度交换网覆盖华北电网所有直调厂站。

（华北电网）

【经营管理】 年内，华北电网加强电费回收风险预警管理，实现当年电费和陈欠电费“双结零”。开拓增效“双方案”增加售电量16.25亿千瓦时。加大跨区跨省电能交易力度，创新双边交易模式。在国内首批试点发电厂并网运行和辅助服务管理实施细则，建立科学合理的辅助服务补偿与考核机制，并网机组运行性能明显改善。组织开展优化电力调度交易、优化生产运行维护、优化资产过程管理的精益生产竞赛活动。建成秦皇岛节能示范小区，加强生产办公节能节水管理，节约标煤49万吨，总能耗同比下降5.66%。制定下发5个专项费用管理办法，可控费用同比下降5.09%。组织开展创最优设计、创最佳施工、创最低造价的精品工程竞赛活动，建成工程造价综合分析平台，开展工程造价全过程分析管控；执行结算审批制度，加快工程决算进度。扩大集中招标范围和规模，规范非招标采购行为，基建项目投资比定额概算下降5.03%。开展财务集约化管理。深化全面预算管理，优化预算编制模型，搭建预算责任中心体系。执行集中支付管理方案，推广地市公司电费“一行一户”管理。灵活调动存量资金，压缩银行贷款规模，减少利息支出9700万元。完成公司第二次经济普查。生产、营销类班组全部建成标准化班组。30个学习型试点班组全部达标。2个县级供电企业通过国家电网公司一流考评。

（华北电网）

【体制机制改革】 年内，华北电网确立地市公司变电运检分开、线路运检合一的专业垂直一体化生产管理模式，实现对35千伏及以上输变电设备统一集中管控。完成张家口地区500千伏设备资产及运维职责向两个超高压公司的调整。推行业主项目部管理模式，编制业主项目部标准化管理手册实施细则，建设“2+X”信息一体化平台。成立物资部，建立由物资管理办法和八大业务实施细则组成的物资管理制度体系。实施规模采购和“统谈、统签、统付”合同管理，节约资金3.78亿元。开展仓储网络规划与建设，推进设备统一监造和物资集中配送，推动废旧物资网上竞价售卖，创新供应商关系深度管理。取消21个城市供电部，实现由“分区管理”向“专业管理”转变。建立22个营销关键绩效指标体系，营销管理人员缩减12%。成立信息运维中心，投运“81186”信息服务中心。完成国网通用航空有限公司组建和北京电力医院改制。公司与廊坊市政府签订农电企业整体无偿划转协议，廊坊市农电上划工作取得实质性突破。北京、天津公司管理体制调整工作取得阶段性成果。对19家一级单位、15家二级单位和49家多元经营企业开展财务、薪酬管理、“三重一大”等联合检查，查出违规行为358项，完成整改314项。

（华北电网）

【科技创新】 年内，编制完成《电网电压自动控制技术规范》，填补国内技术空白。华北电网稳态、动态、暂态三位一体安全防御系统等17项科技成果获得国家电网公司科技进步奖。机网协调运行仿真分析实验室被评定为国家电网公司重点实验室。电力系统实时动态监测系统（WAMS）接入厂站114个，PMU布点规模和高级应用水平跻身世界先进行列。北京电力设备总厂自主研发的±800千伏直流特高压干式空心平波电抗器成功投运。

（华北电网）

【信息化建设】 年内，ERP信息化系统在直属单位各项业务全面上线，完成以管理会计为核心的企业级管理系统。EAM系统提前3个月全面覆盖35千伏及以上输变电设备，完成220千伏层面与ERP系统的整合，实现核心资产在更大范围内的优化配置。ECM系统与ERP系统成功直联，客户关系管理系统如期上线，营销管理执行力明显提升。EMS/MOS系统实现发电计划的安全校核，实时在线扫描分析电网安全隐患。EAI系统实现核心业务全面覆盖，建成投运企业信息服务总线平台，用户请求处理周期平均缩短50%。完成以十大项目群为核心的信息化建设任务。公司通过"SG186"工程验收，获得国家电网公司信息化工作先进单位荣誉称号。企业经营管理分析体系实现盈利能力、偿债能力等分析内容的成功上线。资产全寿命管理分析体系完成大中型基建项目投资、供应商选择等功能开发；市场品质分析体系实现公司生产经营指标的精细化分析。建立风险管理知识库，制定风险管控流程，搭建风险指标分析体系和风险预警体系，与"5E"等系统集成。安全生产、党风廉政和财务三大风险领域信息系统全部试点上线。《国有大型企业全面风险管理实践创新》课题获得全国电力企业管理创新和北京企业管理创新成果一等奖。

（华北电网）

【安全生产完成国庆保电任务】 年内，华北电网协调公安部联勤指挥部，构建省、网、路防外力破坏协调工作机制，组织2.93万人的护线队伍，实行设备特巡监测，进行2万次电网安全校核，排查561个高危用户，开展绝缘抢修塔组立实战演练，实现"安全零事故、服务零缺陷、稳定零事件"保电目标。开展"无违章年"活动，查处违章735起，排查治理一般隐患1331处。实施"一书三卡五定"标准化作业，试点上线标准化作业信息系统，标准化作业文本现场应用率100%。根据特高压运行方式变化，协调各省调统一开展安全策略专题分析，建立定期评估制度。针对可能发生的严重故障，调整控制极限33项，编制安全对策43项。设立特高压专岗，加强实时在线监控和预警，实施直升机带电巡视，建立停电计划三级安全校核机制。分析14类设备的缺陷、隐患和故障，形成设备常态分析和缺陷闭环跟踪机制。完善状态检修辅助决策系统功能，直属运行单位全部通过状态检修验收。配合公安机关开展"三电"专项斗争，主网电力设施盗窃案件同比下降64%。

（华北电网）

【人才队伍建设】 华北电网编制《公司2009—2011年"四好"班子建设规划》。建立"六统一"招聘管理模式，构建多层次绩效管理体系，创新企业负责人薪酬分配模式，构建多元化薪酬分配体系，完成薪酬改革试点。公司人力资源信息管理系统获得全国电力企业管理创新和北京企业管理创新成果一等奖。组织1.57万人次参加统一培训，416人取得专业技术资格，新增技师和高级技师577人。带电作业培训中心通过国家电网公司评估验收。

（华北电网）

【党建与企业文化建设】 开展"和谐党委"创建活动。推进学习实践科学发展观活动，组织领导干部主题轮训班86期，开展专题党课讲座272次。征集群众意见建议248条，提出整改措施525条。学习实践活动总体评价满意率100%。举办以"铸魂、立道、塑形"为主题的文化展示活动，开展文化情景剧、诚信文化建设FLASH大赛等文化载体活动，发布公司《诚信公约》，促进了员工对国家电网公司"诚信、责任、创新、奉献"核心价值观的认可和认同。举办"迎国庆、讲文明、树新风"及"祝福祖国、奉献电网"等系列活动，开展"同舟共济保增长、建功立业促发展"劳动竞赛，评选"十大感动事迹"，组织全国人大代表北京团考察特高压项目。健全三级维稳网络，变上访为下访，实现大规模群访“零”指标。坚持特困职工和困难职工生活救助、金秋助学等活动，关心离退休人员生活，营造和谐稳定的良好氛围。

（华北电网）

北京市电力公司

【综述】 北京市电力公司（简称电力公司），是国家电网公司所属省级电力公司。负责北京电网的规划建设和运营管理工作，为北京地区602万用电客户提供电力供应和销售，同时承担保障党中央、国务院等国家机关及首都各类重大政治、文化交流活动安全可靠供电的任务，供电面积1.64万平方公里。

2009年，电力公司共有全民员工9053人。全年累计完成售电量646.11亿千瓦时，同比增长7.61%；固定资产投资87.48亿元，同比提高0.88%；公司资产总额653.27亿元，同比增长4.98%。北京电网是大型城市电网，以500千伏电网为骨架、220千伏电网为主体、110千伏及以下电网覆盖全市，是京津唐电网的负荷中心。截至年底，北京市电力公司统调发电厂20座，发电机组134台，总装机容量5887.872兆瓦，其中火电厂（含燃气）11座，发电机组42台，装机容量4731.6兆瓦；水电厂（含抽水蓄能）5座，发电机组16台，装机容量1007兆瓦；风电厂1座，发电机组76台，装机容量114兆瓦；垃圾及沼气电厂3座，发电机组6台，装机容量35.272兆瓦。110千伏及以上变电站（含用户站）375座，变压器906台，变电容量8.46万兆伏安。110千伏及以上架空线路433条，共6156.979公里；110千伏及以上电缆线路670条，共1052.464公里。随着500千伏通州、门头沟、兴都、朝阳变电站相继投产发电，高低压电磁环网范围逐步缩小，传统的东西分区供电形势被打破，形成了以两个相邻500千伏变电站为核心的多分区供电方式。220千伏电网已形成5个相对独立的供电分区，各分区之间通过联络线互为备用。北京电网全年运行平稳，地区瞬时最大负荷14246兆瓦，同比增长13.37%，220千伏网损率比上年下降0.32个百分点，主网电压合格率持续保持100%。

（电力公司）

【电网建设与发展】 是年，电力公司实现海淀500千伏和玉泉营、望京220千伏等受阻严重的重点工程按计划开、复工。完成朝阳500千伏切改工程等13项度夏工程。冬季供暖前投产地安门220千伏、大栅栏、什刹海110千伏，投产配电变压器、开闭器1140台，确保了7.8万户文保区平房居民的电采暖。全年电力公司新投产35千伏及以上变电站24座，其中220千伏变电站4座；110千伏变电站18座；35千伏变电站2座；主变容量494.435万千伏安；输电线路311公里；电缆线路116公里。朝阳500千伏输变电工程被评为中国电力优质工程和国家优质工程银奖。开展新技术的推广和试验工作，完成李营110千伏变电站配送式变电站的建设工程。开展能源中长期发展规划研究，启动“十二五”电网规划编制，初步完成北京电网“十二五”网架设计报告。编制11个新城和6个功能区等21个专项规划报告。将中心城区220千伏变电站规划纳入到地区控制性详规。服务政府轨道交通建设，公司成立重要基础设施工作机构，推进配套输变电工程前期进度。编制完成轨道交通配套供电规划。

（电力公司）

【经营管理】 电力公司完成资金集约化管理，现金流量月预算、旬计划，合理安排支出，压降货币资金空间。合理利用资金资源，缓解还款压力。推出以物抵债、律师函清欠等法律催收手段，回收电费及违约金147万元。开展警企联动专项打击职业窃电行动。出台《北京市电力公司投资管理办法》，明确电力公司投资活动中管理、组织、建设等各类主体相应的管理责任、权利和义务。开展“三节约”（节约一分钱、节约一张纸、节约一寸导线）活动，开展审计257项。全年全员劳动生产率完成值81.83亿元/人年，同比减少2.28%。

（电力公司）

【科技工作】 全年电力公司技术开发费投入939万元。紧凑型输电线路、同杆多回输电线路、气体绝缘金属封闭开关设备（GIS）等新技术得到应用，推广应用率72.2%。“奥运电力保障体系及技术支持系统的研究”、“奥运电动汽车配套设施关键技术以及能源供给模式研究”、“电网空间信息应用支持平台的研究和应用”获得国家电网公司技术进步一等奖；“一体化的高压电缆网运行监控技术研究”获得二等奖；“公共信息模型的设计与应用”获得三等奖。全年申请专利77项，36项获得授权专利。修订《北京市电力公司环境保护工作管理办法》，制定颁发《公司电力建设环境治理工作管理办法（试行）》和《建设项目环境影响评价公众参与工作指导意见》。开展“对公众开放日”、“达尔文环保组织”第三方对公众测试、环保科普宣传进社区等活动，得到社会关注和好评。

（电力公司）

【安全生产】 年内，电力公司修订《北京市电力公司安全分析会制度》、《北京市电力公司领导干部、管理人员生产现场到岗到位规定》等规章制度，将工作重点放在班组和作业现场。开展“安全生产月”、“百日安全”、“反违章活动”、“保国庆专项监督检查活动”等系列安全活动。完成1.66万人的安全生产规程制度培训、考试工作。投入资金近1300万元，实施变电站安全设施规范化，为各单位购置有害气体检测仪、通风机等工具设备，解决安全生产中存在的共性问题，消除安全隐患，全年未发生电力生产人身伤害事故及电网和设备事故。荣获“全国安全生产月活动优秀单位”称号。完成9座统调电厂及220千伏环网系统调度权的移交工作，实现负荷网调度向环网调度升级。建立以调度、方式、保护、通信、自动化多专业联合保障工作机制，增强调控运行工作的时效和技术支撑水平。截至年底，北京电网控制中心实现对39座220千伏变电站、2座500千伏变电站的实时监控，朝阳、城区、门头沟调控中心已经投运。开展生产系统“一中心三平台”（北京电网生产运营指挥中心，变电智能运营平台、输电智能运营平台、电缆智能运营平台）建设。针对恶劣天气，修订完善应急预警、预防、保障措施等方面工作要求。开展现场标准化作业工作，编制印发输、变、配电专业的作业卡172项。全年累计完成大修技改项目1760项，安排生产大型技改工程项目460项，实际竣工378项。加强配电网故障管控，城市中心区配网初步具备智能隔离自愈功能。启动不停电作业基地建设，75%的配网检修工作实现不停电作业，用户平均停电时间同比下降40.43%。全年累计城网综合供电电压合格率99.87%，比上年提高0.11个百分点；城网供电可靠率RS－1为99.98%，比上年增长0.03个百分点，户均停电时间减少141分钟。中压城网累计完成带电作业6943次，有效减少停电时户数44.21万时户，增加供电量5242.6万千瓦时。全口径用户平均停电时间为5.05小时/户，同比下降40.43%。

（电力公司）

【营销工作】 年内，电力公司北京地区推广热泵应用项目38项、应用面积188万平方米，增加用电量约6900万千瓦时。全年通过电能替代、加快报装接电和带电作业等措施累计增加销售电量11.1亿千瓦时，约占新增客户用电量22.9%。5月，开展“保热点、压结存”专项工作，按照需求热度和客户类别定期公布需求热点和结存难点区域分析报告服务北京市重点项目和客户重大工程，提高报装效率。截至年底累计消化热点需求104.1万千伏安，全年完成接电4.92万家，累计接电容量566.37万千伏安；客户累计结存（含往年结转）123.01万千伏安，同比降低71.67%。开展对天然气“三联供”、电动汽车、太阳能、合同能源管理的应对策略研究，加强与政府部门的沟通。确定天然气“三联供”先行试点、逐步推广的发展模式。开展“节能诊断、用能咨询”活动，掌握9个不同类型客户用能信息。针对应用热泵、蓄冷空调等需求侧项目，制定报装工程进入公司绿色通道的促进机制，全年实施绿色通道项目40项，设备装接容量4.96万千伏安，应用面积162万平方米。开展加强电费回收专项行动。制定、修订《电费抄核收工作规范》等9项管理制度。制定《电费回收预警处理办法》、《电费风险防范及催缴指导意见》和《电费回收以物抵债管理办法》，全年共发布各类风险预警1300户次，规避欠费风险近2000万元。拓展分次缴纳电费、预收电费、电费担保等结算方式，规避电费风险约占总应收电费的30%左右。客户电费实现由银电联网实时代收，开通中国工商银行、中国农业银行银电联网实时代收业务。解决首钢公司电费回收问题，应收电费期末余额同比下降99.87%。电力公司电费回收率连续3年100%。继续实施19项涉及现场60.8万个计量点计量改造工程。电力公司100千伏安及以上高压用户采集实用化率99.7%。全年北京地区全社会用电量739.1亿千瓦时，同比增长7.2%。新增接电户数31万户。

（电力公司）

【优质服务】 年内，实施“阳光报装、诚信服务”活动，3月，成立专项监督检查专家组，对643家业扩报装工程资料进行专项检查。6月，对所有10千伏及以上报装客户开展服务质量100%回访。继续开展大客户差异化服务，组织召开金融系统大客户论坛、国庆重要客户论坛、地铁联合应急演习等服务活动。建立与轨道交通、医疗卫生、旅游饭店、移动通讯四大集团客户交流合作机制。7月，电力公司开展以“迎祖国60华诞，展供电服务风采”为主题的供电优质服务活动，实施“迎国庆，保供电”等10项活动，完成27项工作任务。年内创建完成规范化服务窗口41个，规范化服务窗口累计186个。全年完成低压“一站式”报装接电近4万家；完成应急送卡8454次。10月，与中国银联北京分公司签署业务合作框架协议，在北京市率先开通政府公共事业缴费“三通”售电功能，有470万卡表客户和13.6万网络表客户实现跨行购电。全年完成7.8万户平房居民“煤改电”接入工作。继续解决历史遗留问题，全年为12个小区8930户居民接入正式电源。电力公司连续第二年获得首都文明单位标兵荣誉称号，被“北京影响力”组委会评为“影响首都百姓经济生活的十大企业”。

（电力公司）

【农电工作】 电力公司全年完成创建完成新农村电气化区（县）8个，提前1年完成“十一五”规划目标，完成率100%。创建完成新农村电气化乡（镇）90个、村1380个。完成《北京新农村电气化建设“十一五”规划》滚动修编。加快农村配电网建设，采取变压器向负荷中心迁移等方式提高电压质量；开展“示范村”电力线路用电整治工作。开展标准化供电所建设，制定标准化供电所建设标准，下发到各区（县）农村供电所执行，做到统一领导、统一标准、分级管理、分步实施，供电所基础管理、人员管理、安全管理、营销服务工作实现标准化，全年建成39个标准化供电所。对国家电网公司的通州、密云供电公司进行动态管理。开展县供电企业各类“违章”行为集中排查整治活动，排查整治率100%。全年农电系统安全生产未发生电网事故，未发生农村供电所电力生产人身轻伤及以上事故，未发生农村地区村民人身触电伤亡事故。累计农网综合供电电压合格率99.60%，比上年提高0.18个百分点；农网供电可靠率99.91%，比上年增长0.06个百分点，户均停电时间减少301.38分钟。服务承诺兑现率100%。农村供电所人员持证上岗率100%。

（电力公司）

【人力资源】 截至年底，电力公司全民员工9053人，平均年龄43.05岁，大学专科以上人员6031人，占总数的66.62%。公司党委管理的领导干部336人，平均年龄44.58岁；学历在本科及以上的干部288人；副高及以上职称人数231人。有国家电网公司级专家19人、华北电力技术院专家37人。开展“工程师+技师”的双师培养工作，电力公司拥有具备双师资质人员222人。电缆等28个工种2535人次通过技能鉴定。全年教育培训投入资金1.33亿元，同比提高2%。开展培训17.57万人次，同比增长9.81%。全员培训率99.94%。完成与华北电网有限公司之间管理职责调整工作，实现区域内电厂独立购电、独立结算子公司管理模式。优化组织机构，建立和完善适应集团化运作的组织管理体系，完成规范公司本部机构编制及职级序列管理方案（草稿）；完成营销服务体系“一部三中心”机构调整；设立物资部、智能电网办公室。择优录用178名高校毕业生。健全内部分配机制，制定《北京市电力公司所属单位及其企业负责人业绩考核暂行办法》、印发《关于做好2009年福利管理工作的通知》、重新制定并实施《北京市电力公司企业年金方案》。

（电力公司）

【党建和精神文明建设】 3月—6月，电力公司开展深入学习实践科学发展观活动，完成调研报告209篇；召开专题民主生活会，形成分析检查报告，218个党支部的4819名党员参加专题组织生活会；制定电网发展、安全生产、经营管理等8个方面88项整改措施；群众满意度测评满意率100%。加强党组织建设与党员教育管理工作，制定《全面加强干部队伍作风建设实施方案》；完成电力公司所属党委、纪委更名、委员增补等工作；全年发展党员237人，预备党员转正288人。在共产党员中开展“弘扬奥运保电精神，争做公司发展先锋”主题教育活动。开展“共产党员献爱心”捐献活动，有4757名党员群众捐款41.85万元。以加强领导干部党性修养及作风建设、加强招标管理与治理“小金库”、深化“反违章”及廉洁风险防控为主要内容，开展廉政谈话共计2100人次。开展反腐倡廉“反违章”教育实践活动，查找潜在“违章点”梳理汇总为110条廉洁风险事件，形成重点业务领域廉洁风险事件库。开展“忠诚企业、共谋发展”主题教育活动和“迎国庆、讲文明、树新风”活动；承办北京市“社区主任走国企”启动仪式，参加“百姓宣讲团”活动，被“北京影响力”组委会评为“影响北京百姓生活的十大企业”；修订完善精神文明建设创新成果评选办法，全年评出精神文明建设创新成果63项。在甘肃文县援建北京电力横丹爱心学校，年底主体已完工。在新华网、中国电力新闻网建立电力公司专属网页。年内职工代表提出的43件提案得到答复和处理。电力公司获得“全国文明单位”、“全国五一劳动奖状”、全国“安康杯”优胜企业等荣誉称号。

（电力公司）

【国庆60周年供电保障】 是年，电力公司18项110千伏及以上输变电工程投产，提升供电能力193.3万千瓦，专项实施广场临时供电工程和14项可靠性提升工程，满足527处临时用电点共1.1万千瓦负荷的需求。2月，电力公司提出确保国庆60周年供电保障“万无一失”的奋斗目标。4月，成立国庆供电保障筹备工作领导小组，制定《国庆60周年庆祝活动供电保障筹备工作计划》，组建国庆供电保障工作办公室。8月，成立总指挥部、广场指挥部和各二级单位指挥部，在国家电网公司和北京市庆祝活动筹委会的领导下开展工作。组织实施阶段，公司对涉及国庆供电的重要站、线全面排查整治，498处电网设备安全隐患和517处环境隐患得到有效消除。对45个国庆重要客户和1072个城市运行重要客户内部电力设施纳入保障范畴，开展拉网式排查和专家评估，督促整改安全隐患243处，编制100万字的保障工作方案，先后6次对全部重要供电设施开展实际传动演练，保证设备健康运行，采用信息化、自动化先进技术，提高核心区电网运行管理水平。8月27日，电力公司在天安门举行国庆60周年供电保障宣誓暨授旗仪式，供电保障工作进入决战阶段。国庆期间817名核心区保障人员、1.30万名电网保障人员和5778名安保人员坚守岗位，对庆典用电设施、重要站线、重点场所进行24小时看护，240支应急抢修队伍、4266名抢修人员和31部发电车，随时准备处置各类突发事件。10月1日，北京地区最大负荷743万千瓦。天安门中心区供电保持“全接线、全保护”运行方式，各类保障人员全面监控，重点看护，确保天安门广场核心区和重要客户的安全可靠供电，满足国庆期间首都城市运行对电力供应的需求，取得“电网零闪动、设备零故障、供电零差错”的成绩，荣获首都中华人民共和国成立60周年庆典活动筹办工作最佳保障奖。

（电力公司）

北京金隅集团有限责任公司

【综述】 2009年，北京金隅集团有限责任公司（简称金隅集团），金隅集团全年完成营业收入220亿元，同比增长45.6%；国有及控股企业实现利润18亿元，同比增长134%。经济运行质量稳步提高，资本运作取得突破，完成全年各项经济指标和工作任务。金隅股份在香港主板成功上市发行。

经济运行质量稳步提高。金隅集团水泥板块实施京津冀环渤海区域产业整合，在大区域化竞争中实现产业规模和经济效益的大幅度提升；新型建材板块坚持“园区化”发展模式和“走出去”发展战略，总体保持良性稳健运行；房地产开发与物业板块实现稳步发展。金隅水泥和金隅混凝土成功拓展天津、张家口等区域市场；天坛家具、金隅干混砂浆、北木木制品、星牌矿棉板、长城排椅等主要产品，进入国家博物馆、国家会议中心、工商银行总行、北京地铁等重点工程，天坛家具民品销售创历史新高，建材经贸新增零售店10家。出台完善金隅集团科技创新体制机制的意见，提出专业研发中心建设完善实施计划；技术中心通过国家级企业技术中心复评，国家重点实验室申报工作取得进展；脱硫石膏综合利用、垃圾焚烧飞灰处置中试研究等北京市科委项目，按期通过专家验收，有23个重点科技项目均按计划完成。全年万元产值能耗、水耗同比分别降低4.8%和21.3%，实现节能效益1.5亿元；多家企业通过市发改委资源综合利用重新认定，减免税额4.4亿元；环保产业加快发展，余热发电项目累计发电量近7000万千瓦时，环保企业处置废弃物4.5万吨。

资本运作取得突破。金隅股份上市发行成功，在香港联交所主板实现整体上市，融资总额68.46亿港元，进入国际资本市场。发售19亿元“09金隅债”，债券信用等级为3A级，票面年利率4.32%。强化银企合作，信贷结构优化，融资成本降低。

整合规划力度加大。年内，金隅集团收购天津振兴水泥公司60.64%股权，年新增水泥产能180万吨；收购宣化黄羊山水泥公司，年新增水泥产能120万吨。完成美涂三旗、纳美、金之鼎三家涂料企业整合工作，成立金隅涂料公司；北加气公司和现代加气公司整合为金隅加气混凝土公司；对休闲度假、房地产出租和小区物业等业务进行调整整合，涉及企业40家。与房山区政府签署战略合作协议；与昊华集团开展战略合作；完成凤山矿和银山矿的整合；参与三河市矿山采矿权竞拍。

管控水平持续提升。金隅集团新加盟及新组建企业全部应用全面预算管理系统，财务信息平台初步建成。财务总监监管范围覆盖所有企业，开展内部审计工作。完成部分企业股权划转和重组工作；资产经营公司正式启动运作；完成部分合资企业的清算或转股工作。强化人力资源配置中心职能；金隅集团总部进行组织机构调整和人员交流；成立人力资源管理公司。安全生产和保卫工作总体保持平稳，确保国庆60周年期间安全稳定。

（苏　巍）

【企业重组】 是年，金隅集团所属企业北京建材锅炉安装有限责任公司划归北京市光华木材厂领导；北京市建材锅炉压力容器检验所和北京市建筑材料工业计量管理所划归北京建筑材料科学研究总院有限公司领导；北京富润屋建筑材料供销有限责任公司划归北京市光华木材厂领导；北京市科实五金有限责任公司所属北京半岛物业管理中心有限公司划归北京建机资产经营有限公司领导；北京建机资产经营有限公司吸收合并北京迅生墙体材料有限公司、北京市新轻物业管理有限责任公司；北京正泰恒安物业管理有限公司提升为金隅集团二级企业，建苑居物业公司、永乐居物业公司、中威英百通物业公司（天坛公馆）、信达瑞物业公司、富民晋元物业公司、金福苑物业公司、西三旗物业公司、建金物业公司划归（委托）北京正泰恒安物业管理有限公司领导；北京市建苑宾馆有限公司划归北京金隅凤山温泉度假村有限公司领导；北京金海燕物业管理有限公司提升为股份公司二级企业，建东苑物业公司、中威英百通物业公司（双桥）、半岛物业公司、朝新佳苑物业公司、甘露物业服务公司、南湖物业公司、甘露家园物业公司、光环物业公司划归（委托）北京金海燕物业管理有限公司领导；北京市家具公司所属龙山度假村、龙山旅行社划归（委托）北京金隅凤山温泉度假村有限公司领导；北京西砂资产经营有限公司、北京市建筑五金装饰材料工业有限公司（含水机科贸）、北京市光华木材厂（含富润屋、锅炉安装）、北京市家具公司、北京奥克兰建筑防水材料有限公司、北京西三旗热力厂划归（委托）北京建机资产经营有限公司领导；北京现代建筑材料有限责任公司更名为北京金隅加气混凝土有限公司，北京市加气混凝土有限责任公司划归北京金隅集团加气混凝土有限公司，实现集团加气产业的整体运营和管理；北京美涂三旗涂料有限责任公司更名为北京金隅涂料有限公司，北京金之鼎化学建材科技有限责任公司、北京纳美科技发展有限公司划归其管理，实现金隅集团涂料产业的整体运营和管理。

（刘　权）

【建材生产经营】　是年，金隅集团现代制造业主营业务收入60.08亿元。其中，国有及国有控股企业完成41.88亿元，为上年同期118.2%。合资参股企业完成18.2亿元，利润3.74亿元。其中，国有及国有控股企业2.41亿元，为上年同期179%，合资参股企业1.33亿元。国有及国有控股工业企业经营现金流入量累计完成27.4亿元，为上年同期106.7%。金隅集团建材生产经营企业中，通达公司销售收入4.6亿元，为上年同期134%，利润4400万元，为上年同期3倍。建材科研总院销售收入1.74亿元，为上年同期133%，利润4000万元，为上年同期4倍以上。建材经贸公司销售收入6.4亿元，为上年同期110%；利润2950万元。金隅物流公司形成销售、配送、仓储为一体的钢材物流经营模式，销售收入1.1亿元，为上年同期的142%。年内，金隅集团新型建筑材料进入了很多工程：北木木门窗进入神华大厦、华电、天津津门津塔、北京建委办公楼装修改造工程等；金隅涂料进入国家博物馆、京包隧道、政泉广场、国家会议中心、五棵松篮球馆等项目；金隅加气进入四号线地铁站、华为大厦、西雅图大厦等重点工程；天坛家具产品进入四川什邡项目、中国工商银行总行、国家博物馆等工程；建材经贸公司代理科勒产品进入医药大厦、双建花园、金地名京等工程。金隅干混砂浆新增外埠代理商20家，销售网络遍布北方地区；金隅涂料在成都、厦门、南昌等地区新增代理商10家；金隅东润与恒大、万科、保利等大型地产商建立合作关系；天坛家具强化零售店动态调控，民品销售创历史新高；北木木制品新增12家零售店，民品销售实现同比翻番；建材经贸在北方地区新增零售店10家，新增代理卡丽斯塔等高档产品；东陶卫浴利用专营店开展促销活动，零售收入同比大幅度提高。4月，涂料产业对美涂三旗、纳美、金之鼎3家涂料企业进行整合，成立金隅涂料公司，搭建防火、防水、建筑涂料和模板漆等高附加值涂料系列产品发展平台；加气产业对现代建材公司和加气混凝土公司进行整合，成立金隅加气混凝土公司，解决了集团内部同业竞争的问题。对缺乏盈利能力的彩板厂进行停产清算并退出市场。

（罗小兵）

【技术改造】　是年，金隅集团建材科研总院被评为“中关村国家自主创新示范区首批创新型企业”；通达公司技术中心通过国家级企业技术中心认定；建材经贸新科公司被授予“2009中国商业科技创新新型企业”称号。重点项目及技改项目建设取得成果。矿棉吸声板项目建设已开始设备调试；1.5万吨玻璃棉生产线项目于6月投产；大厂工业园区办公生活区建设完成，标准厂房（金属装饰板项目）1号厂房完成北侧两跨钢结构施工。3月，年产15万吨干拌砂浆生产线项目投产，西六公司古建改造项目投产并运营；通达中原年产5万吨高档耐火制品生产线技术改造项目（一期）于7月6日竣工点火投产；阳泉15万吨/年优质矾土基均质原料生产线项目（一期）12月2日正式开工建设；北京木材厂6万平方米节能保温木窗项目进入调试阶段；通达耐火不定型耐材产品的主动转移生产和外埠生产布局，完成初步规划，通达贵阳分公司完成注册，并开始试生产；北京金隅东润建材有限公司于6月成立并正常运营，实现销售收入3000万元。

（罗小兵）

【新产品开发】　是年，金隅集团完善科技创新体制机制，加强技术中心（国家级）的建设，新成立了水泥混凝土专业研发中心，技术中心通过国家级企业技术中心复评；同时耐火材料专业研发中心通过国家五部委认定升级为国家级技术中心（分中心）；建材科研总院被北京市科委授牌为北京市的固废处置创新研发基地，通达公司等6家企业通过北京市高新技术企业认定，获得国家专利24项。全年科技资金投入1.6亿元，同比增长6.7%；完成重点科技研发项目23个，组织20项重点技术改造项目。这些创新项目涉及节能环保、新品研发、资源综合利用。年内，扩建一条5000吨/日水泥熟料新型干法熟料生产线，同时采用具有自主知识产权的余热利用技术在该生产线配套建设9兆瓦余热发电站，全年生产优质水泥熟料155万吨；采用新技术、新工艺建设一条1.5万吨/年玻璃棉生产线项目；自主开发无铬环保碱性耐火材料，并在河南巩义建设一条国内领先的年产5万吨高档耐火制品生产线；承担的北京市重大科技项目“脱硫石膏综合利用”成果在金隅集团内水泥、建筑石膏、粉刷石膏、石膏砌块、加气混凝土等生产企业应用，年可消纳电厂脱硫石膏约30万吨，节约资金2000万元；自主研发建设的依托水泥窑无害化、资源化处置城市生活污泥的生产线年内运营，年处置能力达到北京市生活污泥总量的1/4；自主研发设计的利用水泥窑无害化处置生活垃圾焚烧后剩余飞灰的中试线试运行。

（吴家仁）

【外贸工作】　是年，金隅集团进出口总额6133万美元，其中出口创汇4245.57万美元。主要出口产品包括建材制品、钢木家具、沙发床、水泥、卫生陶瓷、木地板、散热器、五金件、办公家具、玻璃纤维、无捻纤维、家具配件、门扇、玻璃制品。主要出口美国、日本、新加坡、斯里兰卡、加拿大、巴西、澳大利亚、俄罗斯、乌克兰、中东、非洲、蒙古、马来西亚、意大利、西班牙、比利时、印尼、印度、韩国、越南、泰国等国家和地区。年内，由北京市建材进出口有限公司牵头带领金隅集团企业产品参加105、106届广交会，开拓“金砖四国”新兴市场，参加包括俄罗斯莫斯科国际建材展、巴西圣保罗国际家居装饰材料展览会、印度孟买国际建材展在内的国外展会，考察当地的建材市场和供应情况。

（林冬梅）

【水泥生产】　是年，金隅集团水泥产量2200万吨，实现销售收入81亿元，经营活动现金流入量85亿元。金隅水泥落实国家产业政策，瞄准国内主导市场，加大区域内水泥产业重组整合力度，水泥产业形成北京、天津、石家庄、张家口、保定、邯郸六大水泥销售区域。区域营销活动规范、产业整体运行平稳、经营收入增势良好。先后在河北、天津、吉林并购、扩建、新建新型干法水泥生产线9条，项目建设顺利，运行良好。新增水泥产能1300万吨，水泥企业15家，形成东起天津、西至曲阳、北抵张家口、南到邯郸的“大十字”战略布局。商品混凝土产业对北京地区和天津地区的现有站进行绿色改造，并新建混凝土搅拌站，年总产能600万立方米以上。取得太行山东侧近5亿吨优质石灰石矿山资源的开采权和京郊砂石矿开采权。制定“总部统一决策、区域分步实施”的经营策略，推行营销统一联动机制，产生整体协调效应，加强了各区域的联动，形成跨区域的资源互补；在“国家订单”中取得份额。北京市琉璃河水泥有限公司被列为北京市首批循环经济试点单位；污泥项目取得环评批复；具有自主知识产权的“创新型纯低温余热发电专利技术”获得业界肯定，在金隅集团内得到推广；垃圾焚烧飞灰水洗中试线成功运行。新北水水泥有限责任公司建设处置污水处理厂污泥项目于10月试运行，并取得运营资金财政审批。截至年底，与中国昊华化工（集团）总公司签署战略合作协议，在电石渣制水泥项目展开合作。（张　红）

北京医药集团有限责任公司

【综述】 2009年，北京医药集团有限责任公司（简称北药集团）经济运行质量稳步提高，盈利能力明显提升。全年主营业务收入269亿元，同比增长12.2%；实现利润总额10亿元，同比增加33.9%。净利润4.16亿元，同比增加37.12%。净资产收益率11.98%，比同期增加3.15个百分点。主要生产经营企业工业收入49.9亿元，同比增长14.5%；商业收入219.3亿元，同比增长11.7%。工商业收入比例与上年持平。重点产品产销量持续增长，全年共有10个产品销售收入超过亿元，其中大输液系列销售收入13亿元。

是年，北药集团总体费用控制较好，期间费用率10.39%，比上年下降0.27个百分点。3项费用支出27.9亿元，同比增长9.37%，低于主营业务收入的增长幅度，年末资产总额154亿元，增长12.4%。应收账款总额净值29.6亿元，比年初增加4亿元，上升15.87%。存货总额24.5亿元，比年初上升1.9亿元，上升8%。强化应收账款管理工作取得成效。北药集团合计一年内应收账款的比例由同期的89.65%增加到91.44%。医药股份、昆山医药、处方药事业部、紫竹药业等4家公司基本消灭一年以上的应收账款（原值）。双鹤药业一年以内的应收账款比例也较上年同期增加7个百分点。北药集团资金状况持续改善，年末集团资金存量总额达到30亿元，同比净增加4亿元。经营性净现金流10.4亿元，同比增长23.04%。

年内，北药集团加强经营管理工作。加强与各级卫生、药监等相关政府机构的沟通，了解和掌握政策走势。进行社区医疗卫生市场等方面的调查，研究新医改对企业未来发展的影响，提前做好应对措施，一大批药品成功进入目录。截至年底，北药集团共有159个品种进入《国家基本药物目录》（基层版），涉及774个产品批文，在产品种52个，占北药集团药品销售收入的50%以上。其中，降压0号、气滞胃痛冲剂、茵栀黄口服液纳入基本药物目录，可愈糖浆进入医保目录。研发中心受托承担的4个控释药物中已有3个成功研制并转移给了处方药事业部。在山东、河南、江苏、浙江、广东等地区开展协同营销活动。北药集团下属的7家企业驻山东办事处组织召开山东医药市场营销大会。研发投入加大，合作研发取得重大进展。处方药事业部在国内率先同时取得原料药和制剂产品的美国FDA认证和欧盟COS认证，第一批OEM产品——马来酸氨氯地平片剂销往德国。万辉双鹤完成工厂CGMP的二次改造和2个ANDA转移品种的工艺重现及质量标准研究，建立CGMP标准的质量管理体系。紫竹药业建成秦皇岛基地，筹划原料药及制剂国际化的发展规划。万东医疗推进海外营销和售后服务体系建设。加大技改投资，工艺技术装备水平提升；人力资源管理体系建设全方位推进；强化基础，精细化管理再上新水平。加强资金管理，加强对应收账款的管理，账龄结构改善。发行7亿元短期融资券。加强税务筹划管理，组建税收政策研究小组，加强对财税政策的研究。信息化效能显现，赛科昌盛ERP与CRM成功上线；处方药事业部ERP实施逐步与FDA、欧盟及WHO等国际标准的监管要求接轨；双鹤药业的完成ERP一、二期项目；医药股份、昆山医药等企业依托信息技术优势，使经营范围深入医院、社区等终端。退出非主营业务领域，压缩管理层级，资产结构优化。通过了对医药股份的增资方案。妥善解决历史遗留问题。财务方面的历史遗留问题得到清理和解决；解决部分房、地分离的问题；解决原北京制药厂“人档分离”的问题；万东安欣完成两家子公司的退出工作，合理安置64名分流人员。

（曹秀琴　庞磊）

【科技投入与新产品开发】 北药集团全年共投入研发资金1.6亿元，同比增长26%。新立研发项目34项，累计在研项目130项。完成申报临床3项、生产批件4项、新药证书3项，共获得临床批件1项、生产批件9项、授权专利6项。多烯他赛亚微乳、复方氨氯地平、复方非那雄胺等3个重大新药项目按计划完成。北药集团全年获得国家各类科研资金支持1776万元，承担国家“十一五”新药创制重大专项6项。紫竹药业引进军事科学院LXT－101妇科及肿瘤1.1类新药；双鹤药业引进韩国DPP－IV糖尿病治疗药物和德国“多腔袋”工艺与设备；北药集团在与中国医药研发中心共同引进日本日东电工Nexil抗肿瘤1.1类新药的同时，启动与意大利的天然药提取合作开发项目。加强对研发项目的管理，完善研发体系建设。将研发绩效考核，由以研发立项、单项考核转变为成果转化、研发体系优化和人才培养等考核。调整北药集团2009年－2011年的3年研发规划，明确研发工作重点、发展方向。拟订北药集团知识产权战略，北药集团董事会通过了“投资3000万元对中国医药研发中心”核苷“项目的基地建设和产业化进行支持”的议案。

（曹秀琴）

【北医股份销售收入突破百亿】 北京医药股份有限公司（简称北医股份）是北京市最大的医药流通企业，主要从事医药商品批发、零售连锁经营和药品加工生产。下设6个分公司、6个控股子公司，经营品种1.8万个，营销网络覆盖医疗市场、社区市场、商业分销市场、零售连锁市场和工业五大板块。代理3000家国内外厂商的优质品种，服务用户1.35万家。北医股份实行资源计划和业务流程式管理，有信息化操作的现代物流配送中心，先进的信息、物流网络系统覆盖全国20个省市区销售终端，成为北京奥运会、残奥会唯一药品耗材配送服务商。2009年，北医股份实现销售收入101.9亿元，创造历史最高水平。

（曹秀琴）

【北医股份输液库建成】 12月31日，北医股份在北郊物流中心举行输液库落成仪式。该工程9月18日开工，建筑面积2000平方米，库高10.5米，横跨度32米，全部采用钢架结构，以新型建筑材料作为保温夹层，可储存5万件大输液。库内设有计算机网络设施和防火报警系统。

（曹秀琴）

【安徽华源医药建设物流园】 安徽华源医药股份有限公司（简称安徽华源医药）是北京医药集团的骨干企业，主要经营中成药、化学原料药、生化制品、化学药制剂、保健食品等10个大类，2.5万个品种，销售范围覆盖全国。安徽华源医药全年销售额突破130亿元。在中国医药商业百强企业列第6位，被评为“安徽省百强企业”，排名第17位，荣获“中国百佳创新示范企业”等荣誉称号。年内，安徽华源医药建设华源医药物流园。该项目规划约40.00公顷，一期建成区约22.33公顷，已投资2亿元，总建筑面积15.8万平方米，包括华源物流办公区、6万平方米现代化的新药品仓库、1.8万平方米的保健品、中药饮片展销大厅。5座现代化营业大楼已建成。成立安徽华源物流有限公司。

（曹秀琴）

【赛科药业通过美国认证】 年内，北药集团的北京赛科药业有限责任公司（简称赛科药业）完成cGMP认证/ANDA申报国际化项目立项并实施。通过完成在美国的ANDA申报注册，同时对生产工厂进行六大系统（质量管理系统、设备设施系统、物料系统、生产管理系统、包装与贴标系统、实验室控制系统）改进，使工厂的硬件、软件、湿件（即人员）的设置和管理达到美国FDA的cGMP标准并通过现场检查、取得ANDA正式批准，实现制剂产品出口进入美国市场。赛科药业第一个ANDA申报的产品是治疗高血压症的药物——苯磺酸氨氯地平片。北药集团及赛科药业对整个项目的推进制定详细的计划，完成国际化方案的调研论证、制剂申报品种的处方前研究、制剂工厂改造设计方案的确定、设备选型及工程施工招投标、制剂工厂改造、生产工艺设备配套公用工程系统及实验室分析检验仪器设备的确认/验证工作，设立赛科药业美国公司，与美国商业销售公司签订合作意向书，制剂申报品种国内生物等效试验，配套原料药工厂改造及原料药申报批生产，制剂申报产品分析方法及生产工艺的技术转移，制剂申报批生产及放行，在美国进行申报品种的生物等效试验，对制剂申报品种的原料药申报资料（DMF）进行整理并报美国FDA进行更新，向美国FDA正式递交ANDA申请，美国专家对制剂工厂进行内审并及时进行整改使工厂达到美国cGMP标准，接受美国FDA对赛科药业制剂工厂及配套原料药工厂的现场检查。顺利通过认证，申报品种苯磺酸氨氯地平片ANDA获得美国FDA正式批准，申报品种苯磺酸氨氯地平片生产并进入美国市场销售。

（北药集团）

【万东医疗效益显著】 北京万东医疗装备股份有限公司（简称万东医疗）全年实现销售收入6.9亿元，比上年增加8600万元，增长14.2%；实现净利润4145万元，比上年上升1241万元，增长42.7%。年内，万东医疗制订2010年—2015年发展战略；实施组织结构调整，实施大部制，减少层级，并进行相应的流程再造和制度修订、提高组织效率、实现资源共享，减少部门建制，优化人员结构。强化营销管理，落实掌控终端战略目标，持续开展营销体系组织调整，将应对市场变化的权力下放到销售单元，清晰原有地区、办事处和销售子公司的定位。加大对销售人员的选拔与培养。完善工厂职能建设，持续降低产品成本。加快研发调整力度，引入NPD加速研发效率。强化预算核算，开展二级成本核算，细化公司运营。理清思路、强化执行，政府采购继续保持高速增长。

（曹秀琴）

北京一轻控股有限责任公司

【综述】 北京一轻控股有限责任公司（简称一轻控股公司）是经北京市政府授权，按照《公司法》建立的集投融资、控股、参股、资本运作、生产经营、科研、进出口贸易、技术咨询服务为一体的具有法人资格的大型国有独资公司。2009年，资产总额112.6亿元，所有者权益54.58亿元，直属企事业单位22家，中外合资企业21家。完成工业总产值96.5亿元，销售收入104.3亿元，利润16.4亿元。在岗职工年人均收入增长7.2%。经济总量连续第三年超过百亿。坚持以扩大经济总量、提高经济效益为中心，确立了以缝绣电控、食品酿酒、文化日用品、高技术玻璃等“四大产业板块”为主体，以“八大工业基地”为基础、以“十大自主品牌”为支撑的现代都市工业格局，拥有自主知识产权的强势企业和名牌产品，形成“四个中国名牌”（大豪缝绣电控、星海钢琴、清华阳光太阳能热水器、欧珀莱系列化妆品），“四个中国驰名商标”（星海、红星、大豪、金鱼），“十个北京名牌”（红星、大豪、星海、龙徽、欧珀莱、义利、金鱼、博美、五星、清华阳光），“三个中华老字号”（红星、龙徽、义利）和一个国家非物质文化遗产（红星二锅头酿制技艺）的名牌发展新格局。一轻控股公司引入战略合作伙伴，先后与瑞典利乐公司合资组建利乐包装（北京）有限公司，与日本资生堂株式会社合资组建北京资生堂丽源化妆品有限公司，与美国博士伦合资组建北京博士伦眼睛护理产品有限公司，与百事可乐合资组建北京百事可乐有限公司，与法国圣戈班合资组建北京西普耐火材料有限公司，与美国肯堡公司合资组建北京肯堡博美玻璃有限公司，与韩国LG公司合资组建北京乐金日化有限公司等。

一轻控股公司开拓国内市场，加大市场营销力度，实施品牌战略、差异化战略和成本领先战略。重点建设项目取得新进展。自主品牌企业获得荣誉。“红星”品牌被中央电视台和央视网联合评选为“推动中国经济、影响民众生活的60个品牌”之一，红星二锅头连续第7次夺得全国清香型白酒市场销量冠军，同时再次获得全国白酒市场综合占有率第二名，“金鱼”清洁洗涤剂荣获2008年度全国市场销量第四名，星海钢琴集团被文化部和商务部联合命名为“文化产业出口重点单位”，红星股份、龙徽公司、义利面包、五星青岛公司4家企业荣获全国食品行业“质量效益型企业”称号，红星股份、星海钢琴、清华阳光、资生堂丽源、义利面包、金鱼科技、义利食品、造纸一厂8家企业荣获“北京质量管理优秀企业”称号，在北京市第24届企业管理创新成果评选活动中，共有5家企业获奖，其中一等奖2项，二等奖2项，三等奖1项，一轻控股公司获得优秀组织奖。连续6年获得北京市国资系统“信息工作先进单位”称号。中共中央政治局委员、北京市委书记刘淇和市委副书记、市长郭金龙先后两次来一轻控股公司调研，常务副市长吉林专题听取首都酒业集团组建方案的汇报，副市长苟仲文为“一院一中心”揭牌，北京市国资委领导听取董事会的工作报告。年内，在首次有央企参加的“北京地区百强企业”排行榜中，一轻控股公司排名第86位。

（邱景涛　许　林）

【战略规划】　是年，一轻控股公司确立“7＋1＋3”集团化发展战略，即打造“七大产业集团、一院、三中心”，“七大产业集团”分别为玻璃集团、京纸集团、大豪集团、星海钢琴集团、首都酒业集团、食品集团和日化集团；“一院”为组建北京一轻研究院；“三中心”为北京一轻产品质量检测中心、北京一轻资产管理中心、北京一轻资本管理中心。9月15日，成立北京一轻研究院和北京一轻产品质量检测中心。撤销一轻研究所建制，将玻璃研究院、电光源研究所、食品研究所、日化研究所和乐器研究所整建制划归北京一轻研究院统一管理；将国家电光源检验中心、乐器检测中心、食品酿酒检验一站、日化产品检验站、钟表检验站和一轻环保中心整建制划归北京一轻产品质量检测中心统一管理。组建首都酒业集团，以红星、龙徽等知名品牌为核心，由一轻控股公司和京泰投资管理中心共同出资，确立股权评估、引入战略投资者、上市融资“三步走”方略。年内，对玻璃集团、京纸集团、食品集团、日化集团的发展进行调研论证工作。

（邱景涛　许　林）

【结构调整】　是年，一轻控股公司加快有进有退的调整，企业改革重组迈出新步伐。龙徽公司第三次增资扩股已基本完成，股东增资已全部到位，完成上义股权划转、葡萄酒厂股权划转工作，红星股份公司股权协议转让至一轻控股公司的工作正在进行中。光伏产业项目取得实质性进展，一轻控股公司出资1000万元参股“京能延庆31兆瓦太阳能综合示范工程”项目，与京能集团等5家企业共同打造北京光伏产业链条，探索由玻璃集团、一轻研究院出资控股上下游单位共同组建光伏企业的方案。总投资6000万元实施义利面包租用北冰洋厂房扩产项目。与百事（中国）达成新的合作意向，由外方实施为期五年的二轮经营承包，中方向外方转股15%，双方按新的股权比例总投资1.2亿元在石家庄建新厂，确保中方减股不减利。批准星海钢琴集团设立职业技能培训学校。批准向日化二厂增加注册资金1400万元用于变更土地使用权性质。批复同意北京百事公司以增加产能为目标投资520万美元建设PET生产线。将五星青岛公司的管理层级由直属企业调整为三级企业。批准诸暨兴大豪公司股权做规范性调整。批准照明器材公司收购北京照明展望公司自然人股权。完成北京啤酒朝日有限公司中方21.61%股权挂牌转让工作，股权转让款已全部到账。完成玻璃器皿厂、玻璃六厂、北京电池厂的注销退出，亚光公司退出项目按期完成依法破产程序终结，进入工商注册收尾。批准北京博弘生物保健品有限公司实施破产，批准星海粤华乐器有限公司等6家三级以下企业清算退出。组织申报北京都市产业项目15项，北京市发改委工业投资项目8项，文化创意产业专项资金项目3项。

（邱景涛　许　林）

【自主创新】　年内，一轻控股公司信息化平台建设完成新会计准则的转换，完善领导决策系统功能。确立“二期信息化建设应用集成方案”，启动二期集团财务管理拓展子项目，106家企业被纳入合并报表，实现汇总、合并报表的信息化集成。制订并实施科技资源整合方案。玻璃研究院被市科委命名为“北京光电材料及器件研发基地”。7家单位参加市级技术中心复评，龙徽公司申报市级技术中心。组织电光源质量监督检验中心、乐器研究所申报中关村自主创新示范园股权激励试点。完成全系统内企业品牌现状调研，理清品牌发展思路。“龙徽”商标申报中国驰名商标，“三一”商标申报北京市著名商标。红星股份公司的“红星

1949”、龙徽公司的“百年庆典”在“北京礼物”工业设计大奖赛中获得铜奖。在中国国际缝制设备展览会上，兴大豪公司的3个产品获得优秀新产品奖。2个项目通过市级验收。批准京纸集团“纸质保密资料销毁再生利用项目”立项。组织申报一批国家级、市级科技进步奖、市工业发展资金支持项目。组织开展职工经济技术创新及合理化建议活动。提出建议672件，采纳实施296件，技术改造技术革新、技术攻关125项，创造经济效益3177万元，并以DV形式进行成果展示。

（邱景涛　许　林）

【新产品研发】　一轻控股公司全年完成新产品试制160项，投产230项，实现销售收入10亿元，利税4亿元。红星股份公司开发红星龙凤酒等55项新产品，兴大豪公司开辟并占领70%以上的印度市场，龙徽公司推出龙徽首都私藏等新产品，星海钢琴集团研制出大型演奏钢琴等27项新产品，义利面包公司推出精品系列高附加值产品，并完成国庆60周年活动供应任务，“义莲”无糖精品巧克力获得北京烤焙协会“时尚创新奖”，宏丽源公司开发出“宝贝经典”儿童系列化妆品，资生堂丽源公司投产“时光锁”、“莹白”系列欧珀莱新产品，金鱼科技公司推出金鱼84消毒液、金鱼涤芬浓缩洗衣液等新产品。

（邱景涛　许　林）

【工业项目建设】　年内，一轻科技信息大厦项目完成施工前的各项准备工作。京纸集团造纸试验厂科研楼项目于上半年开工建设，造纸一厂空港会展综合楼项目于年底开工。批准鸿运公司购置北京新华联丽港大厦。服从首都市政建设大局，妥善解决地铁大兴线征用京纸集团天宫院仓储用地、地铁六号线征用京纸集团旧鼓楼大街20号院问题。推进日化二厂与宝洁公司的土地房产认定，与铁路局共用土地的确权。研究解决义利面包、义利巧克力生产废水排放问题；完成北京百事公司、京纸集团建设项目的环境影响评价。红星酿酒集团、星海钢琴集团完成搬迁项目整体验收，4家企业启动搬迁项目验收准备工作。

（邱景涛　许　林）

【基础管理】　年内，一轻控股公司完成新会计准则、NC系统新旧会计准则转换工作，提出通过网银系统构建一轻资本管理中心的思路。召开预算工作会议，对预算管理工作进行部署并进行经验交流。坚持每月一次的经济分析制度和季度经济运行分析会制度，举办统计人员培训，开展非工业经营性资产调研和粮食价格专项调研。完成统计执法检查。加强能源管理及分析，开展节能宣传周活动；加强资产管理，指导企业依法合规处置闲置房产和退出企业闲置资产。完成7家单位干部离任审计和专项审计，开展审计人员、法律工作人员培训，加强对重大改革调整项目的前期论证，以及合同、协议、章程的审核及规范。一轻控股公司总部公务车改革方案正式实施，每年节约费用100万元。加强安全稳定工作。贯彻国务院和北京市有关安全生产的指示精神，落实“安全生产年”和“三项行动”工作部署，召开安全工作暨“安康杯”活动总结大会，与各单位签订《安全管理目标责任书》。修订完善《一轻控股公司安全生产管理制度》。开展安全主管领导、安全管理人员参加的企业安全文化、安全生产标准化培训。加强安全检查，除重大节日前夕检查外，增加消防、用电和危险化学品专项检查，统一安全警示标志。组织开展安全生产月、“安康杯”书画摄影展、“迎国庆百日创安专项整治”等活动。一轻控股公司“企业科技兴安标准化系统集成”项目获得北京市管理创新成果一等奖、北京市安全生产科技成果一等奖。落实维稳责任制，加强排查调处，协调化解矛盾，落实“国庆平安行动”各项部署，确保国庆60周年活动期间“双零”目标的实现，维护企业稳定和社会稳定。一轻控股公司总部连续两年被国资委评为“维稳信访工作先进单位”。

（邱景涛　许　林）

【人才队伍建设】　年内，一轻控股公司董事会管理经理层试点工作取得进展，根据市国资委批复的《一轻控股公司董事会管理经理层工作实施办法》，规范经理层职数设置，制订《一轻控股公司经理层述职报告制度》和《经理层任期制度》，经董事会审议通过并施行。制定后备干部工作方案，委托“双高人才发展中心”对后备推荐人选进行心理测试、综合能力笔试，一轻控股公司进行面试，确定87名后备干部，其中35岁以下的占29%，具有高级职称的占23%。召开推进青年干部队伍建设暨后备干部挂职工作大会，开展第一批10名后备干部的横向挂职锻炼，担任经理助理和书记助理。青年干部的培养使用取得新突破，4家单位配备40岁以下年轻干部。加强技能人才队伍建设。举办以名师带徒、一师多徒为主题的技能人才沙龙，推广红星股份公司技能人才队伍建设“五落实、五到位”的工作经验，以讲故事的方式推广星海钢琴集团技能人才工作经验。在北京市享受政府津贴人员表彰大会上，3名首席技师获得政府特殊津贴。有1564名职工参加北京市第13届职工技能大赛，14人获得“北京市工业高级技术能手”称号，38人获得“北京市行业技术能手”称号。截至年底，一轻控股公司技能人才比例达到34.6%，比上年提高3.2个百分点；技师、高级技师比例达到7.5%。加强专业技术人才队伍建设，以大中专毕业生及专业技术人才为主，召开座谈会、团拜等活动，提高凝聚力。加强职工培训，实现企业班组长、车间主任、北京市场营销人员、专业技术人员素质教育、人力资源干部培训“五个百分之百”的目标。与青岛理工大学合作举办高层品牌营销培训班。完善一轻控股公司总部绩效考核办法，制订突出贡献奖励办法。年内，培训车间主任、班组长、市场营销人员共计497人，为社会培训10504万人。

（邱景涛　许　林）

【红星公司荣膺信息化500强】　年内，在CECA国家信息化测评中心举办的“2008年度中国企业信息化500强”大会上，北京红星股份有限公司荣膺“中国企业信息化500强”。这是“红星”继2003年度获得“中国企业信息化500强”之后，连续6年获得此殊荣。

（邱景涛　许　林）

【龙徽公司推出红酒新品】　年内，北京龙徽酿酒有限公司在北京龙徽葡萄酒博物馆举办新红酒发布会。会上，龙徽新红酒与两款新红酒原产地的法国薄若莱新酒同时揭幕。龙徽公司于1987年从法国薄若来地区引进原种加姻(Gamay)葡萄，种植在有1200年葡萄种植传统的河北省怀来县，遵循法国古老的传统，由法国酿酒师开始酿制“新红酒”。口感协调、清爽，果香浓郁，具有典型的香蕉和草莓香气。

（邱景涛　许　林）

【干红葡萄酒科研成果通过鉴定】　年内，由北京龙徽酿酒有限公司与中国农业大学合作项目“高档干红葡萄酒微氧化陈酿技术体系开发”科研成果，通过国内一流葡萄酒专家组的鉴定。该项目采用微氧化陈酿工艺，极大缩短生产周期，大幅降低成本，每年为龙徽公司新增1000吨高档干红葡萄酒，增加效益近千万元。

（邱景涛　许　林）

【3位技师荣获政府特殊津贴】　年内，一轻控股公司3位首席技师分别获得国务院政府特殊津贴和北京市政府技师特殊津贴。其中北京星海钢琴集团有限公司王耀中获得国务院政府特殊津贴，成为北京市首批享受国务院政府特殊津贴的高技能人才。北京红星股份有公司李东升、北京玻璃集团黄亚强获得北京市政府技师特殊津贴。

（邱景涛　许　林）

【荣获中国酒界领军人物称号】　年内，由中国酒杂志主办的“改革开放30年中国酒界领军人物”颁奖典礼暨《当代中国酒界人物志》首发式在北京举行。北京龙徽酿酒有限公司党委书记、总经理刘春梅、北京红星股份有限公司党委书记、总经理于吉广当选“改革开放30年中国酒界领军人物”。

（邱景涛　许　林）

【光电材料及器件研发基地启动】　年内，由北京玻璃研究院全面组织协调，动态整合产业链上、中、下游相关优势资源，共同建设的北京光电材料及器件研发基地正式启动，北京市副市长苟仲文，北京市科委主任闫傲霜出席启动仪式并做重要讲话。研发基地以服务于首都建设为方针，对不同光电技术产业，以科研任务为纽带，跟踪并开展光电材料及器件研发、应用和产业化关键共性技术研究，加快光电技术成果的转化和应用。

（邱景涛　许　林）

【一轻研究院及质检中心成立】　9月15日，北京一轻研究院和北京一轻产品质量检测中心揭牌成立。北京市副市长苟仲文等领导出席揭牌仪式并讲话。新组建的一轻研究院和一轻产品质量检测中心利用首都丰富的科技资源，密切跟踪国际前沿技术，围绕一轻“十大自主品牌”，立足于中长期应用研发，与企业技术中心、国内外科研机构相结合，围绕新技术、新材料、新产品，发挥科研孵化器作用，为政府实施监督管理提供服务。北京市政府副秘书长戴卫，市国资委党委书记、主任周毓秋，副主任马维燕等领导出席揭牌仪式。

（邱景涛　许　林）

北京隆达轻工控股有限责任公司

【综述】 2009年，北京隆达轻工控股有限责任公司（简称隆达控股公司）完成国庆60周年的安全、稳定工作和生产保障任务，实现“应对危机保生存”的目标，超额完成年度目标和北京市国资委下达的指标。全年完成主营业务收入82亿元，同比提高17%；利润4.3亿元，同比提高53%。国有资本经营指标中，所有者权益增加2950万元，国有资产保值增值率103.2%，经营净利润2500万元；争取政府支持项目资金450万元。国有产业经营指标中，主营业务收入42亿元，同比提高18%；营业利润5968万元，同比提高6%；利润8560万元，同比持平。

突出转变导向，促进产业升级。彩印宝岛公司完成设备更新和技术改造，形成新的竞争能力，开发大客户。华盾公司开展竞争对手研究，找出与竞争对手在产品质量上的差距，确定设备改造、技术升级的目标和方案。塑料研究所研究目标市场，开发四氟板材，满足市场新需求。轻工集团宾馆事业部在宾馆业不景气的情况下，实现效益不下降。华盾公司和有色所利用政府支持资金，分别完成“内镶片式压力补偿滴灌管研发及产业化”和“电真空系列焊料产业化”项目。达博公司研制了精细铜丝焊料，全年利润1049万元，同比提高101.7%。兴业公司引进设备，利润同比提高11%。白菊公司利润2386万元，同比提高122%。恩布拉科雪花压缩机公司加大科技投入，巩固了冰箱压缩机高端市场的主导地位，全年利润3.09亿元，同比提高71%。

围绕转变导向，促进结构调整。隆达控股公司开展合资合作，完成投资1.5亿元的压缩机增资扩产项目和北泡轻钢对外投资项目。有色所股权激励改革试点工作启动。长城日用品公司转让、北厨集团改制已完成方案制订。全年合资企业利润3.4亿元。其中恩布拉科雪花压缩机公司利润3.06亿元，同比提高70%；海信（北京）公司利润2380万元。完成5家四级企业清理。劣势企业退出取得突破，完成市国资委下达的任务。北泡集团完成亚大退出，获得北京市国资委专项资金支持1342万元，每年实现减亏400万元。确定9家劣势企业进入退出计划，得到北京市国资委批复。共收回搬迁补偿费4000万元。其中压机厂搬迁项目收回尾款484.5万元。印刷一厂天宁寺项目收回尾款800万元。华盾华福阁、钟离宫转让项目收回2650万元。马连道储运公司项目基本落实土地出让金返还5400万元。偿还信达减债资金5000万元。完成国遇公司债转股方案解决历史债务1.6亿元。

强化经营管理，提高经营管理绩效。隆达控股公司全年3项费用支出3.94亿元，同比减少1171万元，降低3%。其中销售费用同比降低1%，管理费用同比降低2%，财务费用同比降低28%。制订《加强企业应收账款管理的规定》，1月—12月，存货降低1500万元，同比下降2.5%，应收账款5.44亿元，与上年持平，应收账款周转率比上年提高0.14个百分点。雪花集团全年投资收益9900万元。年内，隆达控股公司执行市国资委《企业法律审核工作若干规定》，健全法律事务内控体系。按照权责对等原则，隆达控股公司总部完善反担保程序，完成恩布拉科雪花压缩机公司、白菊集团、华盾集团共7000万元贷款担保的反担保合同。

落实安全稳定措施，为企业发展提供良好环境。制订安全生产标准，对企业安全生产、消防和治安工作进行检查，消除安全隐患，杜绝重大安全生产事故。英特塑机公司在国庆60周年护栏制作、运输、现场摆放过程中，严格安全管理，出色完成任务，受到国庆组委会和市国资委的表扬。获得北京市就业资金补贴560万元，下拨支持资金2000万元。开展矛盾纠纷排查调处，加强重点人控制，实现国庆期间的“双零”指标。

（李　纬）

【企业负责人任免管理办法】　年内，隆达控股公司制订下发《〈企业负责人任免、推荐管理办法〉补充规定》。新任企业负责人实行试用期制度，试用期为1年。试用期间，高级管理人员薪酬按《北京隆达轻工控股有限责任公司高级管理人员年薪考核办法》执行，其他人员按各集团公司相关规定执行。试用期满，由控股公司党委组织部或会同二级单位党组织对其进行考核。企业负责人在试用期间不胜任本职工作或出现重大失误等不宜继续试用的情况，提前结束试用期并按有关规定予以处理。企业负责人中经选举产生的党委（总支、支部）书记、副书记、工会负责人（初次任职），参照本规定执行。

（常　江）

【效能监察59项立项公示】　年内，隆达控股公司加强效能监察管理，确定12个集团（公司）、直属单位的59项上报立项。涉及购销管理（包括应收账款）的立项20项；涉及人、财、物（包括项目投资、搬迁、物业等）管理的立项18项；涉及生产、安全管理的项目8项；涉及基建工程管理的立项5项；涉及制度及风险管理的立项4项；涉及改制、科技等其他管理的立项4项。

（常　江）

【8家困难企业获得资金支持】　年内，隆达控股公司分两批审核报送8家企业830人，申请并获得稳定就业岗位补贴及社会保险补贴资金560万元。首批北京英特塑料机械总厂、北京金鹰铜业有限责任公司、北京柯莱斯皮合成革有限公司、北京市环球新艺皮毛公司、北京惠鼎皮业有限公司、北京厨房设备集团公司6家企业获得436.52万元，截至年底已先期拨付资金259.63万元。第二批北京星月泡沫塑料有限责任公司、北京北人羽新胶印有限责任公司2家企业获得资金123.75万元，截止到年底前已先期拨付43.53万元。隆达控股公司加强对拨付资金的管理，共下拨资金303.16万元，确保企业不裁员或少裁员，维护企业的稳定。

（常　江）

【完成国庆60周年安全围栏工程】　8月，隆达控股公司所属北京英特塑料机械总厂承接10月1日群众游行队伍集结候厂区围栏施工制作及安装任务。安全围栏安装于天安门广场，制作规格为2米（长）、1.2米（高），共1万个，码放区域总长度2.01万米。围栏制作、运输、安装、拆除、处理均由英特塑料机械总厂独自完成。围栏制作15天，累计参加1360人次。由290人进行安装，使用33辆运输车、32辆生活车。演练完成后，英特机械总厂的职工再将围栏全部拆卸后装车返厂，3次演练和1次正式庆祝活动，每次30个小时。高质量的完成国庆60周年安全护栏项目，受到上级和有关部门的肯定和赞扬。

（常　江）

【北京印刷产业基地落成】　11月3日，隆达控股公司所属北京利丰雅高长城印刷有限公司迁址及利丰雅高北京印刷产业基地正式落成仪式在通州区光机电一体化产业园举行。中国印刷技术协会理事长于永湛、新闻出版总署副署长阎晓宏、日本凸版印刷板株式会社社长足立直树、隆达控股公司董事长高书平等出席仪式。有关出版单位、协会、区政府、行业管理局、委、办的负责人到场祝贺。利丰雅高北京印刷产业基地占地约6.67公顷，建筑面积7.8万平方米。由以包装印刷为主的利丰雅高包装印刷有限公司、以书刊印刷为主的北京利丰雅高长城印刷有限公司组成。已建设完工的厂区主要包括占地3.6万平方米的单体厂房以及生活区。包含出版物印刷、包装印刷等多种业务，总投资10亿元。（常　江）

北京纺织控股有限责任公司

【综述】 2009年，北京纺织控股有限责任公司（简称纺织控股公司），探索建立适合首都经济特点纺织发展格局，坚定信心、平稳增长、加快创新、提升发展，全面完成国资委下达的经济指标。规模以上企业现价工业总产值完成24.8亿元，同比增长4.9%；产品销售收入26.9亿元，同比增长7.1%；产品销售利润2.8亿元，同比下降21.8%；利润3333万元，同比下降58.4%。合并会计报表主营业务收入59.0亿元，同比下降1.6%；主营业务利润9.3亿元，同比增长2.3%；利润3.1亿元，同比增长14.8%。

是年，纺织控股公司实行有进有退的战略调整，5家企业通过投资新设及股权重组共吸引社会资本5597万元，5家企业转让国有股权共收回国有权益1130万元。12家亏损的劣势企业退出，减少亏损4235.47万元。利用劣势企业退出政策获得支持资金约917.64万元。全年完成市国资委退出计划的12家企业退出，完成率92.31%，超额完成北京市国资委要求的完成率60%考核标准。各集团公司自行清理退出12家企业。

推进科技创新，品牌经营有所提升。全年新产品销售收入7.12亿元，占产品销售收入的比重26.75%；科技支出1.05亿元，占产品销售收入的3.94%。全年申请专利20项（其中发明专利13项），获得授权21项（其中发明专利5项）。"铜牛"、"雪莲"、"绿典"、"天坛"、"埃姆"、"思诺芙德"6个服装品牌企业参展"中国国际服装服饰博览会"。在"2009北京时装品牌推广周"活动中，策划组织"铜牛"、"思诺芙德"、"天坛"新品发布会。在新中国成立60年国庆群众游行服装制作工作中，铜牛集团、雪莲时尚、京工雷蒙、大华天坛、天彩、京工红旗6家企业完成20个游行方阵和治安志愿者的58.12万件套服装制作；提供各种配饰、道具14.64万件，实现合同金额3811万元。铜牛集团订单稳中有升，加强对外合作，改变产品结构，形成以户外装为主的新增长点。雪莲公司调整发展战略，做强做稳贸易。全年出口创汇3.2亿美元，同比下降0.2%。

加强有效管理，集团建设有所提高。年内，完成雪莲集团公司制改造，六大集团的公司制改造全部完成。建立与公司制相适应的现代企业法人治理结构。召开企业发展战略研讨会，重点对"十一五"规划的执行情况进行检查监督。对"十二五"规划的初步框架和目标提出建议。纺织控股公司出台一系列关于财务管理的规定。通过NC系统，加强对出资企业的财务监控，规避财务风险，加强对财务人员的培训。加强对棉纺、毛纺搬迁未全面达产企业的专题调研，深入企业召开专题会，解决突出问题。全年为企业争取就业补贴资金1610万元。实施利民、便民工程，受到企业员工的欢迎。

（张建国）

【企业改革与调整】 是年，纺织控股公司共37家企业完成改革与调整，涉及二级企业2家、三级及三级以下企业35家。其中企业改制2家；投资新设4家；股权重组3家（增资扩股4家、股权收购1家）；无偿划转4家；劣势企业退出24家（注销16家，转让5家，合并3家），其中完成列入北京市国资委退出项目计划企业12家（注销8家，转让1家，合并3家），减少亏损4235.47万元。全年共吸引社会资本5597万元，收回国有权益1130万元。北京光华染织厂改制为北京光华纺织集团有限公司（简称光华集团公司），注册资本5.12亿元。北京雪莲毛纺服装集团公司改制为北京雪莲集团有限公司（简称雪莲集团公司），注册资本1.60亿元。北京京棉纺织集团有限责任公司（简称京棉集团公司）与河北宏润新型面料有限公司共同设立河北京宏纺织有限责任公司，注册资本5860万元人民币，其中京棉集团公司投资2981万元，占50.87%。北京铜牛集团有限公司（简称铜牛集团公司）

与香港列斯有限公司投资设立北京铜牛泰鹰户外科技有限公司，注册资本400万美元，其中铜牛集团公司投资204万美元，占51%。北京方恒置业股份有限公司（简称方恒公司）与北京金利第一太平戴维斯物业管理有限公司共同设立北京方恒第一太平物业管理有限公司，注册资本300万元人民币，其中方恒公司投资174万元，占58%。方恒公司投资设立全资子公司北京方恒源阳房地产开发有限公司，注册资本1000万元。雪莲集团公司收购经评估备案的北京金三环纺织进出口有限责任公司（简称金三环公司）自然人持有9%的全部股权及权益，持股比例由80%增至89%。雪莲集团公司及其控股子企业金三环公司对雪润（北京）羊绒制品有限责任公司投资和增资，注册资本由140万元增加至800万元。其中，雪莲集团公司投资300万元，占37.5%；金三环公司增资后共出资110万元，持股比例由35.72%减少为13.75%。光华集团公司完成了对北京中纺海天染织技术开发有限公司的增资，增资后注册资本由500万元增加到1800万元，其中光华集团公司增资后共出资756万元。持股比例仍为42%，由参股调整为相对控股。纺织控股公司将持有北京五洲服饰商标有限公司11.45%股权及其权益和深圳市北纺实业有限公司90%股权及其权益无偿划转给光华集团公司，将持有京达实业（香港）有限公司100%的股权无偿划转铜牛集团公司，根据市国资委产业结构调整总体部署将持有北京科利源热电有限公司46.92%的股权无偿划转北京热力集团有限公司。北京铜牛宏成制衣有限公司、北京铜牛瑞兰制衣有限公司、北京铜牛新梦制衣有限公司、铜牛星河制衣有限公司及北京三园物业管理有限公司等企业国有股权全部对外转让，实现国有资本退出。

（杨　舒）

【产品销售】　全年纺织控股公司产品销售收入26.87亿元，同比增加1.77亿元，增长7.1%。销售收入超亿元的企业有7家。按照产业类别划分，纺织产业完成收入24.74亿元，同比增加0.96亿元，增长4.0%。其中，服装业完成收入18.70亿元，比上年增加1.15亿元，增长6.6%，所占比重75.6%，比上年上升1.8个百分点；面料业完成收入2.21亿元，比上年增加1351万元，增长6.5%。所占比重8.9%，比上年上升0.2个百分点；装饰及产业用纺织业完成收入3.84亿元，比上年减少3223万元，下降7.8%。所占比重15.5%，比上年下降2个百分点。纱总计销售2318.2吨，同比增长133%；布总计销售555.5万米，同比增长48.5%；精纺毛织品总计销售145.2万米，同比下降8.3%；服装总计销售3358.6万件，同比增长5.8，其中梭织服装销售872.8万件，同比增长15.1%，针织服装销售2448.7万件，同比增长3.8%。

（武小京）

【技术改造】　北京铜牛集团有限公司投资3274.61万元人民币启动清洁生产项目。北京五洲燕阳特种纺织品公司造粒设备技术改造投入56.8万元。（王　强）

【新产品开发】　年内，纺织控股公司开发新产品。铜牛集团采用环保型竹纤维设计开发新一代竹纤维针织内衣及针织休闲类产品，防皱性好、悬垂性佳、滑爽而细腻、丰满而挺括，具有抗菌功能。该集团还开发了负离子针织面料，具有持久释放负离子的独特性能，可调节周围环境空气质量，同时具有抗菌和杀菌功能，对人体有良好的保健功效。雪莲集团研制抗静电、防紫外线、防电磁辐射羊绒制品，北京纺织科学研究所研究开发水溶性纤维素醚化衍生物止血材料。光华集团中纺海天公司开发环保型柔软剂、洗涤剂等印染助剂，京棉集团防火耐高温隔热的芳纶阻燃面料、PPS阻燃面料，光华集团的抗菌环保巾被等产品销售利润率均在25%以上。

（付清云）

【出口创汇】　全年纺织控股公司系统内17家进出口公司、企业出口创汇（按企业报关统计）3.26亿美元，同比减少73万美元，下降0.2%。其中进出口公司创汇1.99亿美元，同比减少1816万美元，下降8.4%，进出口企业创汇1.27亿美元，同比增加1743万美元，增长15.9%。在出口创汇中，8家进出口公司有4家同比增长，9家进出口企业中有5家同比增长。在全年北京市辖区纺织服装企业出口创汇前50家（按海关统计）排名中，纺织控股公司系统企业进入8家。其中北京市铜牛进出口公司名列第二位，北京雪莲时尚纺织公司名列第四位，北京市京工服装进出口公司名列第九位，北京市纺织品进出口公司名列第十五位，北京光华时代纺织进出口公司名列第二十二位，北京京冠毛巾有限公司名列第三十四位，北京市顺发进出口公司名列第三十五位，北京金三环纺织进出口公司名列第四十一位。

（武小京）

【发明专利与名牌产品】 年内，纺织控股公司有6家企业获得北京市高新技术企业认定。全年申请专利20项（其中发明专利13项），获得授权21项（其中发明专利5项）。光华集团荣获“2008年北京市专利示范单位”称号。“水溶性纤维素醚化衍生物止血材料”、“一种释放负离子的针织面料”获得北京市发明专利奖三等奖。铜牛集团荣获“2009年度全国纺织行业实施卓越绩效模式先进企业”称号。纺织控股公司系统内“佳泰”、“棉桃图形”、“思诺芙德”3个商标被认定为“北京市著名商标”称号，有效期3年。截至年底，纺织控股公司系统内拥有“铜牛”、“雪莲”两个中国驰名商标；9个北京市著名商标，分别是：“铜牛”、“雪莲”、“雷蒙”、“天坛”、“坦博”、“绿典”、“佳泰”、“棉桃图形”、“思诺芙德”。北京天彩服装公司收购“昱璐”童装品牌。纺织控股公司所属企业2人荣获北京市政府首席技师特殊津贴。6月19日，北京市实用技校经北京市政府批准，成立北京市新媒体技师学院。

（付清云 刘晓楠）

【效能监察】 是年，纺织控股公司13家直属企事业单位开展效能监察。全年立项并完成81项，完成率100%。其中国庆60周年活动服装、旗帜等制作项目6项，总体一级项目24项、二级项目57项。为企业避免经济损失235.76万元；挽回损失141.59万元；增效1042.73万元；发现案件线索2个，立案并查结2件，处理违规违纪人员2人；提出改进管理建议161条，被采纳112条；建立和完善规章制度127项。举办效能监察培训班15期，培训人员160人次。

（张肖雯）

【国庆制装】 在国庆60周年活动群众游行服装制作工作中，北京纺织控股公司组织协调系统内铜牛集团、雪莲时尚、京工雷蒙、大华天坛、天彩、京工红旗6家品牌企业，承担20个群众游行方阵和治安志愿者的58.12万件套服装的制作；提供各种配饰、道具14.64万件，实现合同金额3811万元。纺织控股公司被国庆群众游行指挥部授予“特殊贡献支持单位”，被北京市经济和信息化委员会授予国庆群众游行服装制作“优秀组织单位”等称号。

（刘晓楠）

【学习实践科学发展观活动】 3月16日—8月21日，纺织控股公司开展学习实践科学发展观活动，有16家企事业单位，293个基层党组织、4431名党员参加。学习实践活动中3个阶段的各项工作全面完成，民主测评满意率100%。确定“坚持科学发展，构建适合首都经济特点纺织发展格局”的活动主题，分析归纳出6个方面的突出问题，形成7个方面37项整改措施。制定出台6个指导意见。

（纺 织）

【送温暖活动】 1月6日，北京市总工会副主席霍连明到京棉集团巨龙公司慰问困难企业和困难职工，并送去8万元慰问金。看望职工周江东并送慰问金。1月19日，纺织控股公司筹集15.8万元送温暖资金，党委书记杨文华、总经理龙云泽等领导班子成员开展送温暖活动。北京市国资委副主任沈汝冰到京工集团困难职工家中慰问。6月30日，北京市委副书记王安顺，市委常委马振川，副市长刘敬民，市总工会党组书记、副主席韩子荣等看望北京市劳动模范、三友商场退休职工张征，王安顺叮嘱病中的张征保重身体，并向他送去慰问品和慰问金。9月16日，北京市国防工会主席、市总工会制造业工委工会主席顾庆、制造业部副部长孙明代表市总工会到纺织控股公司慰问劳动模范及困难职工，并送来慰问品和20万元慰问金。9月29日，北京市总工会党组织书记韩子荣到全国劳模马文敏、北京市劳模陈秀珍家中慰问，并送慰问品和慰问金。

（纺　织）

【毛纺园区通过验收】　1月8日，平谷毛纺园区建设项目通过北京市环境保护局总体验收。该项目自2005年6月开工建设，至2008年陆续竣工投产，先后有新清河、新北、中美联合（北京）制呢、科兴源、爱利德5家企业迁入园区。

（纺　织）

【签订战略合作协议】　4月，纺织控股公司领导班子到保定高阳县、容城县学习调研。了解雪莲集团、铜牛集团、光华集团、京棉集团等在保定市的合作项目进展情况。与保定市委书记宋太平及高阳县、容城县的领导就双方的合作进行交流。纺织控股公司与保定市高阳县签订战略合作协议。

（纺　织）

【单位及个人获奖】　4月23日，北京纺织科学研究所发明的"水溶性纤维素醚化衍生物止血材料"和北京铜牛集团公司发明的"一种释放负离子的针织面料"荣获北京市发明专利三等奖。北京光华五洲纺织集团公司被北京市知识产权局认定为2008年北京市专利示范单位，北京雪莲毛纺服装集团公司和北京京棉纺织集团有限责任公司被认定为2008年北京市第二批专利试点单位。光华集团曹军庆被评为2008年北京市专利试点先进个人。4月29日，纺织控股公司2个集体、2人受中华全国总工会、北京市总工会表彰。北京京澳毛纺有限公司高级技师刘建坡荣获"全国五一劳动奖章"、"首都劳动奖章"；北京京工集团红旗厂有限责任公司经理白志跃荣获"奥运立功全国五一劳动奖章"、"奥运立功首都劳动奖章"；北京天彩纺织服装有限公司奥运项目运营小组、北京铜牛制衣有限公司奥运服装生产部荣获奥运立功全国"工人先锋号"。6月18日，雪莲集团、京棉集团、京工集团、实用技校、纺织党校等5家单位荣获2008年度首都精神文明单位称号，光华集团荣获年度首都精神文明标兵单位称号。7月9日，雪莲股份公司"腾飞QC小组"被命名为2009年全国纺织行业优秀质量管理小组；雪莲股份公司腾飞QC小组"提高羊绒制品一等品率"荣获2009年全国纺织行业质量管理小组活动十大优秀成果奖；铜牛股份公司制衣车间缝纫七班、铜牛股份公司织造车间保全班、雪莲股份公司纺厂丙班荣获质量信得过班组称号；雪莲股份公司迟静华荣获质量管理小组优秀推进者荣誉称号。同月24日，纺织控股公司荣列中国制造企业500强第417名，纺织、印染行业第八位。10月12日，北京铜牛集团有限公司荣获"全国纺织劳动关系和谐企业"称号，北京光华纺织集团有限公司荣获"全国纺织精神文明建设示范基地"称号，北京天彩纺织服装有限公司获得"2009年中国纺织品牌文化创新奖"称号。11月17日，北京铜牛集团有限公司、北京雪莲羊绒股份有限公司被北京市科委授予"北京市制造业信息化优秀示范企业"称号。12月9日，北京市企业联合会、北京市企业家协会向社会公布2009年"北京地区企业100强"名单，北京纺织控股公司位列第96位。同月22日，北京铜牛集团有限公司荣获"2009年度全国纺织行业实施卓越绩效模式先进企业"称号。同月23日，北京五洲佳泰新型涂层材料有限公司的《以市场为核心经营模式创新的实践》荣获第24届北京市企业管理现代化创新成果二等奖。

（纺　织）

【北京银行授信】　7月9日，纺织控股公司董事会第四次会议决定与北京银行筹融资合作，授信对象14家企业，授信额度3亿元。

（纺　织）

【维护稳定】　7月23日，纺织控股公司解决京棉集团原床单分厂极少数人长期占据办公楼，多次群访、缠访的问题。8月，与北京市政法委、市国资委沟通协调，解决光华集团帆布厂长达十多年的土地开发诉讼问题，维护企业的权益和职工的利益，年底收回搬迁补偿款1.7亿元。11月17日，在北京市人力资源和社会保障局协调下，清河三羊毛纺集团实行退休人员社会化管理，其向17个区、县正式移交4208名退休人员的档案资料。

（纺　织）

中国北京同仁堂（集团）有限责任公司

【综述】 中国北京同仁堂（集团）有限责任公司（简称同仁堂集团），是北京市政府授权经营国有资产的国有独资公司，以中药为主业，集科工贸、产供销为一体的大型中药企业集团。拥有十大子公司和两院，其中北京同仁堂股份有限公司（简称同仁堂股份）和北京同仁堂科技发展股份有限公司（简称同仁堂科技）是2家上市公司；北京同仁堂健康药业股份有限公司（简称健康药业）、北京同仁堂商业投资发展有限责任公司、北京同仁堂药材有限责任公司等8家中外合资及股份制公司；1家研究院和1家中医医院。业务涉及中药材种植及饮片加工，中成药、普通营养食品、保健食品、传统滋补品、生物制品及化妆品的生产销售、科研开发、出口贸易等方面。年可生产24个剂型1000个产品，拥有77条通过国家GMP认证的生产线。是年，同仁堂创建340周年，确定为基础管理年。制定、修订12项管理制度，开展资产清查，夯实资产质量和经营质量，加强基础管理。应对金融危机挑战，克服医疗改革影响，增强应对市场变化和抵御风险能力。围绕市场需求，更新换代主销品种，增加产品附加值，提升利润空间。销售收入、利润第13年连续两位数增长，再创历史最好水平。出口创汇额同仁堂股份蝉联国内同行业第一，同仁堂科技由第八位升至第四位。开展“五个一”系列活动，举办一场文艺晚会和一场拜师会，选拔表彰一批劳模，宣传一批先进典型单位，出版一本书《国宝同仁堂》。职工人均增资两级，收入稳步提高。制定“12345”未来5年发展规划（框架）。同仁堂中医医院正式营业，获得医疗保险定点医院资格。同仁堂集团被中央精神文明建设指导委员会授予全国精神文明先进单位称号。截至年末，同仁堂集团资产总值110亿元，同比增长7.11%；全年实现销售收入102.2亿元，同比增长13.43%；利润8.19亿元，同比增长16.52%；上缴利税14.21万元，同比增长19.06%；工业总产值49.8亿元，同比增长14.06%；出口创汇2546万美元，同比增长10.37%。

（杜佩意）

【技术创新】 同仁堂股份自主研发的蜜丸自动蘸蜡机、药酒进口生产线国产化改造、移印油墨技术替代手工打金戳工艺等技术创新项目取得成效。蜜丸自动蘸蜡机提高生产效率5倍，降低用工量80%。移印油墨技术替代手工打金戳工艺节约外包装上金箔的使用，降低用工量37.5%。药酒进口生产线国产化，班产量提高14.3%，备品备件的国产化降低了维护费用。同仁堂科技成立课题攻关小组，解决提取车间生产周期较长、耗汽大的问题。测算设备生产能力，重新设计投料量，制定新的“单锅”实验提取方案。经过连续20个批次的跟踪观测，调整提取工艺参数。投料量提高15%，煎煮用水量降低16%，生产周期缩短近10%，综合能源消耗降低约10%。同仁堂研究院在北京市科技专项基金资助下，完成市科委同仁堂中药制剂生产自动化关键技术研究项目中药压丸制剂工艺关键技术工程化研究，耳聋左慈丸（浓缩丸）增加压丸规格。压丸规格与原规格相比生产周期明显缩短，工时费用降低，溶散时限由原来50分钟降至20分钟，样品外观、吸湿性、丸重差异和产品质量显著改善，成本降低。年内，同仁堂62个品种通过市科学技术委员会、市发展和改革委员会、市住房和城乡建设委员会、市经济和信息化委员会和中关村科技园区管理委员会组成的认定工作小组审核，被认定为北京市自主创新产品。其中同仁堂科技42个，同仁堂股份20个。自主创新产品可享受政府采购政策。

（杜佩意）

【新产品开发】 同仁堂股份6类新药参丹活血胶囊和健康药业杞芪降糖胶囊分别于8月19日和12月获得国家食品药品监督管理局颁发的新药证书和生产批件。参丹活血胶囊主要用于稳定性劳力性冠心病心绞痛的治疗，临床研究显示该药具有益气养阴，活血止痛的主要功效。杞黄降糖胶囊主要功效益气养阴，生津清热，用于轻度二型糖尿病。年内，健康药业西洋参灵芝口服液、人参乌鸡口服液等12个保健食品获得保健食品证书。

（杜佩意）

【通过26项质量认证】 年内，同仁堂集团通过国内、外GMP（药品生产质量管理规范）、GSP（药品经营质量管理规范）、ISO9000（国际质量体系）、QS（食品质量安全）等各项质量认证26项。其中同仁堂股份公司制药厂丸剂（蜜丸、水蜜丸、水丸、浓缩丸、糊丸）、膏药，同仁堂天然药物（唐山）有限公司丸剂（蜜丸、水蜜丸、水丸、浓缩丸）、片剂、颗粒剂、胶囊剂，同仁堂科技公司制药厂颗粒剂、丸剂（蜜丸、水蜜丸、水丸、浓缩丸、微丸、糊丸）、片剂、口服液、合剂、酊剂、糖浆剂、胶剂（含中药提取），健康药业中药饮片（含直接服用、净制）、中药提取、胶囊剂、软胶囊剂、片剂、颗粒剂、散剂，同仁堂民安药业有限公司片剂、颗粒剂、合剂、糖浆剂、胶囊剂、口服液、软膏剂获药品GMP认证证书。同仁堂股份公司制药厂液体制剂、丸剂、硬胶囊、前处理获得澳大利亚TGA认证证书。同仁堂科技公司制药厂获GB/T19001－2000/ISO9001：2000，同仁堂生物制品开发有限公司获GB/T19001－2008/ISO9001：2008认证证书。同仁堂通科药业有限责任公司方便食品（其他方便食品），健康药业食品分公司水产加工品（干制水产品、分装）、方便食品（其他方便食品）、罐头（畜禽水产罐头、其他罐头）、蜂产品（蜂产品制品），同仁堂（亳州）饮片有限责任公司代用茶、调味料（固态）获得食品QS认证证书。健康药品经营公司批发，同仁堂参茸有限责任公司批发、零售，同仁堂药材有限责任公司批发获得GSP认证证书。

（杜佩意）

【海外电子商务平台建成试运行】 年内，北京同仁堂国际公司中英双语电子商务平台正式建成并面向海外市场投入试运行。该平台是北京同仁堂面向海外的终端网络销售出口。利用香港国际物流中心优势及不同地区的相关政策优势，覆盖全国及与香港有邮政联系的所有海外区域。具有支付平台全球化、网购全程自动化、页面操作便捷化的特点。引进全球通用的支付系统，世界各地的用户可在网站上直接支付货款，通过邮寄方式收到货品。邮资按照客户地址，根据香港邮政资费系统在网站上自动生成。通过文字、图片、视频等形式，传递中国中医药文化和北京同仁堂企业文化。

（杜佩意）

【殷顺海获企业改革创新人物奖】 1月11日，新华社及中国品牌监测中心等新华社所属媒体在北京嘉里中心联合举行“品牌价值·力量传播——2008年度品牌盛典”，同仁堂集团董事长殷顺海荣获“2008年度中国10大企业改革创新人物”奖。

（杜佩意）

【依法保护商标】 “同仁堂”商标于1983年2月15日在国家工商行政管理总局商标局注册，1989年被该局评为国家第一个驰名商标，受特别保护。2004年11月，同仁堂集团在第938期《商标公告》中发现“阳光同仁”商标与“同仁堂”商标图形极其近似，文字排列顺序相同，其中“同仁”两字与“同仁堂”商标中“同仁”两字完全相同。对被异议人北京阳光同仁药业有限公司向国家工商行政管理总局商标局提出异议。2005年3月，该局正式受理。2009年1月14日，国家工商行政管理总局商标局依据《中华人民共和国商标法》第二十八条、第三十三条规定作出裁定：被异议商标“阳光同仁及图”与同仁堂集团引证于相同类似服务上在先注册的“同仁堂及图”商标构成近似商标，异议理由成立，“阳光同仁及图”商标不予核准注册。

（杜佩意）

【崔庆利等获政府技师特殊津贴】 4月7日，同仁堂股份所属同仁堂药店崔庆利、同仁堂科技薛连贵被北京市人力资源和社会保障局批准，享受市政府技师特殊津贴，每人一次性获得政府特殊津贴2万元人民币。崔庆利是中药配伍、饮片鉴别等方面的调剂专家，多年从事复核处方工作，从未出现过差错。薛连贵是制丸专家，多年钻研各种制丸工艺，改进创新工艺规程，解决多项传统制药技艺与现代生产流程结合过程中的问题，提高产品质量，降低生产成本。

（杜佩意）

【同仁堂创建340周年庆典】 4月8日，由同仁堂集团主办，北京电视台承办的同仁堂创建340周年劳模颁奖典礼暨“百草香，中华情”大型文艺晚会在北京保利剧院举行。表彰和奖励50名来自生产经营、科研、管理和政工一线的劳模。中共中央政治局常委、全国政协主席贾庆林写信庆贺同仁堂创建340周年，肯定改革开放以来取得的成就，希望同仁堂肩负起振兴中医药事业、提高人民健康水平的重任，永远成为人民群众心中质量和信誉的象征，成为驰名中国、闻名世界的民族品牌，并向受到表彰的劳动模范表示崇高的敬意。北京市国资委主任王东宣读贺信。原中共中央政治局委员、国务院副总理吴仪，市委常委、常务副市长吉林，市人大原主任张健民、原副主任金生官，原副市长胡昭广，市政协原主席王大明、原副主席黄承祥等老领导，市卫生局党组书记、局长，市药品监督管理局党组书记、局长方来英，市国有企业监事会主席袁斌等领导及同仁堂员工代表1600人出席会议并观看演出。该晚会先后在中央电视台、北京电视台等14家电视台播出21次。

（杜佩意）

【刘淇视察同仁堂】 4月25日，中共中央政治局委员、北京市委书记刘淇到同仁堂科技专题调研。刘淇参观了同仁堂科技亦庄生产基地丸剂车间、颗粒车间和片胶车间，听取企业负责人汇报，询问在线生产品种的市场销售、价格制定、医保目录药品、生产工艺、生产自动化和生产设备等情况，询问了同仁堂科技和同仁堂集团整体出口情况。他指出，医药企业要注重加强自主创新，加大新产品开发和储备力度，不断丰富产品种类，提高科技含量，加快发展步伐，努力打造北京的医药产业品牌。北京市要进一步加大支持力度，努力把生物医药这一支柱产业尽快做大做强。市委常委、常务副市长吉林，市委常委、市委秘书长李士祥，副市长赵凤桐、苟仲文、丁向阳，同仁堂集团党委书记、董事长殷顺海，总经理梅群等陪同调研。12月3日，刘淇视察了北京同仁堂（马）有限公司吉隆坡旗舰药店。中联部副部长李进军，中国驻马来西亚大使刘健，市委常委、市公安局局长马振川，副市长丁向阳，中国驻马来西亚商务参赞高文宽等一行19人陪同。刘淇指出，同仁堂的品牌是全面的，走出去不容易，发展得很好，已经形成了品牌效应，希望同仁堂将中华民族的中医药瑰宝在海外发扬光大。他强调，同仁堂既要有中国重量级的中药产品，又要继续坚持“诚信为本、药德为魂”的经营理念，提升品牌价值，体现中国的服务精神，让患者实实在在感受同仁堂的以人为本，将药店、名药和医术世代相传。海外办药店要有高标准，药店的经营范围要扩大到文化范畴，不失时机地推广中国文化，体现中国优良传统文化的核心价值。

（杜佩意）

【中医药大师命名暨拜师会】 6月22日，同仁堂集团在首都大酒店召开以“传承文化、传承技艺、传承人品”为主题的“北京同仁堂中医药大师命名暨师带徒拜师会”。命名并嘉奖20名同仁堂中医药大师和20名同仁堂特技传承师，确定54名徒弟作为传承人。宣布“关于聘请陈彤云、金世元等20名同志为北京同仁堂中医大师、北京同仁堂中药大师的决定”和“关于聘请张炳厚、金霭英、芦广荣等20名同志为北京同仁堂特技传承师的决定”并颁发聘书。命名的20名中医药大师均为国家级名老中医、国家级和北京市非物质文化遗产代表性传承人。特技传承师的代表与徒弟代表签订师徒协议书，举行传统拜师大礼仪式。国家中医药管理局、市政协、市委组织部、市卫生局、市中医药管理局、市国资委等单位领导及30余家新闻媒体的记者出席大会。

（杜佩意）

【建立张炳厚名医传承工作站】 6月，同仁堂中医医院向北京市中医药管理局提出建立“张炳厚教授名医传承工作室”的请示，11月获得批准。市中医药管理局决定对首批北京中医药“薪火传承3+3工程”（根据副总理吴仪在2007年全国中医药工作会议上的重要讲话精神，大力实施“名医、名科、名院”发展战略，进一步做好首都名老中医学术思想抢救、整理和挖掘工作，选拔培养一批中医药优秀传承人才，2007年北京市中医药管理局启动“名老中医药专家学术思想抢救挖掘与优秀传承人才培养联动工程”）建设项目增补立项，在该院建立“张炳厚名医传承工作站”，12月1日，以张炳厚教授的4名传承人作为主要研究者开展工作。

（杜佩意）

【股权调整】 7月2日，同仁堂集团参股子公司北京中研同仁堂医药研发有限公司完成股权调整，正式办理工商变更登记。调整后，同仁堂集团所持该公司股份由35%增加到50%，成为第一大股东。12月17日，该公司召开临时股东会和董事会。补选同仁堂毕界平为公司董事，选举股东之一中国中医科学院出任董事长，同仁堂出任副董事长，总经理、监事，并补选一名董事。

（杜佩意）

【文莱首家同仁堂药店开业】 8月4日，文莱首家同仁堂药店在文莱首都斯里巴加湾开业。同仁堂海外零售终端覆盖面增至16个国家和地区。该药店主要出售同仁堂各种中成药和上百种中草药，设有中医坐堂医诊所。中国驻文莱大使佟晓玲，文莱驻中国大使张慈祥，北京同仁堂国际有限公司总经理丁永铃，文莱王族成员、政府要员及新闻媒体等60人出席开业典礼，佟晓玲等为新店开业剪彩。她在致辞中表示，北京同仁堂这个中国的老字号首次将中医中药在文莱发扬光大，为中文两国的贸易往来，为广大民众的身体健康做出了积极贡献。丁永铃在接受当地媒体采访时表示，北京同仁堂销售的既是有益于广大文莱人民身体健康的名贵药品，更是在展现中华民族的中医中药文化。

（杜佩意）

【完成克银丸安全性评价研究】 10月，同仁堂股份科研所承担的克银丸安全性评价项目完成课题研究，该项目是科技部组织的药品安全关键技术研究项目的子课题。总经费110万元，其中科技部拨款55万元，企业自筹经费55万元。研究结果提高了克银丸的安全质量标准，明确毒性产生的原因，制定合理的用药方案，可保证临床用药安全。

（杜佩意）

北京工美集团有限责任公司

【综述】 北京工美集团有限责任公司（简称工美集团），其前身为北京市工艺美术品总公司，1993年4月改组为北京工美集团总公司，2001年正式注册成立北京工美集团有限责任公司。股东有北京工美集团集体资产管理协会，出资比例77.3%；北京市国通资产管理有限公司，出资比例16.88%；北京首都旅游集团有限责任公司，出资比例5.82%。工美集团拥有王府井工美大厦、技术中心、白孔雀艺术世界、金孔雀艺术世界、北京工艺美术博物馆、黄金首饰检测站、北京市工艺美术高级技工学校等分支机构。工美集团是融商业经营、进出口贸易、科研开发、教育及工艺美术品生产等为一体的多元化综合性集团公司，是北京工艺美术行业的龙头企业。

2009年，工美集团在册职工1203人，拥有工商企业13家，其中合资企业3家。具备自营进出口权、黄金批发零售权、珠宝首饰实验室、市级技术研发中心及大师工作室等各种特殊资质。注册资本4.66亿元，总资产8.3亿元。经营性房产总占地面积4万平方米，总建筑面积10万平方米。经营范围主要包括抽纱、地毯、首饰、特种工艺、金属工艺、环境艺术、旅游服务、航空服务、出版教育、技术咨询、黄金批发零售、房地产开发、物业管理等。经营品种包括玉器、象牙、景泰蓝、雕漆为主的传统工艺美术品及黄金、珠宝首饰、现代工艺礼品、家居装饰品等60个大类，上万个品种。

截至年底，总资产 9.11 亿元，净资产 6.00 亿元，全年营业收入 9.29 亿元，利润 1.00 亿元。工美集团荣获北京市国家税务局和地方税务局颁发的“纳税信用 A 级企业”奖牌。

（路淑惠）

【企业经营】 年内，工美集团将商品特色营销作为经营重点，强化商品与服务特色。白孔雀艺术世界加强与故宫在文化产品方面的合作，充实和发展“故宫博物院文化产品专卖店”，增加新的特色品种并使之系列化。黄金珠宝商场取得上海世博会特许商品北京形象店的授权。工美集团实现全年“无案件、无火灾、无治安灾害事故、无交通死亡事故、无群体性事件”的安全指标。同时在确保施工安全的基础上，完成工程改造项目。包括白孔雀艺术世界主楼的装修工程及空调系统的改造工程、金孔雀艺术世界变、配电系统的改造工程以及工美大厦楼层的装修改造工程。

（路淑惠）

【重点工程建设项目】 年内，工艺美术博物馆新馆项目重点围绕着项目策划方案和引进战略合作伙伴的实施方案展开工作，已与多家投资公司进行接洽。垡头文化创意园项目建设上半年启动，成立专项筹备办公室。房屋拆迁、规划设计及北楼改造工作进展顺利，部分工程已进入实施阶段。

（路淑惠）

【品牌建设】 年内，工美集团组织白孔雀艺术世界、技术中心、工艺品商场、金孔雀艺术世界参加由中国工艺美术协会主办的“第十届中国工艺美术大师作品暨国际艺术精品博览会”。开展“金街老店工美大厦，欢乐购物在工美”、“游金街赏京华锦绣，逛工美览华夏瑰宝”、“店庆 24 周年故宫文化产品展卖”、“景泰蓝缶推广展示”等活动。完成在 44 路、300 路公交车的车身广告工作和工美集团新标志宣传牌在金孔雀、白孔雀艺术世界、虎城商业楼、工美大厦楼顶的安装工作。

（路淑惠）

【制度建设】 年内，工美集团完善党风廉政建设责任制度，制定下发《2009 年集团公司领导班子党风廉政建设和反腐败主要工作任务》、《集团公司 2009 年党风廉政建设和反腐败工作要点》、《北京工美集团有限责任公司关于建立健全惩治和预防腐败体系的实施方案》和《关于推进廉政风险防范管理工作的实施办法（试行）》，修改完善《党建目标责任制实施细则》。执行《领导干部个人事项报告制度》、《函询制度》、《廉政谈话制度》、《党内监督制度》和《民主监督制度》；开展专项查纠和“小金库”专项治理，对“三重一大”制度执行情况进行检查，组织开展效能监察工作。完善企业经营业绩考核办法。启动工美集团总法律顾问制度实施方案，合同审核工作流程做到规范、清晰、简化。

（路淑惠）

【开发完成国庆 60 周年主题产品】 年内，工美集团先后以国庆为主题的“甲子国禧”系列金条、以 2010 年新年为主题的“金杯万寿”、“福运长久”、“金钥匙”等产品和“虎年生肖”系列文化金条。开发总计 15 大类 40 款黄金产品以满足消费者需求。7 月 30 日，新中国成立 60 周年贵金属藏品推展会暨工美黄金“甲子国禧”新产品上市，包括金条、银条、金章、银章 4 大类别，10 个品种规格。其中金条、金章类产品全部为 9999 金，共 4 款，7 个产品规格，分别是“建国 60 周年纪念金条”、“建国 60 周年纪念金章”、“日历纪念金条”、“国庆纪念金条”，每款限量 2009 套。银条、银章类产品全部为 999 银，共 3 款，3 个产品规格，分别是限量 6000 套“和为贵银条套装”、限量 5000 套“大阅兵纪念银条”、限量 5000 套“和平崛起银章套装”。由工美集团投资，多位工艺美术大师设计制作，历时两年多的 4 大作品——雕漆作品《鼎盛中华》、牙雕作品《九州欢腾》、景泰蓝作品《太平有象》和珊瑚玉雕作品《九龙浴佛》有 3 件制作完成并向社会推出。其中，《太平有象》由北京工美集团技术中心设计师创意策划，“中国景泰蓝第一人”张同禄领衔制作。体高 2.09 米，首次将六瓣花纹瓶造型和大象造型有机结合起来，并用象牙、松石、玛瑙、青金石、木变石和孔雀石来点缀。《九州欢腾》作品选用象牙材料，长 2 米，重 160 千克，以 56 个民族欢歌载舞为主体，以中国的29处世界自然文化遗产为背景。《鼎盛中华》以世界第一青铜大鼎“司母戊”为原型，以传统的雕漆工艺为表现形式，刷漆240道，在12厘米厚度的漆面上进行手工雕刻。重量超过150千克，技术上首次尝试对“开国大典”人物的雕刻。工美集团中标首都庆祝新中国成立60周年活动的标识、徽章、请柬设计项目，承担设计标识、设计制作纪念徽章及各类活动票务工作，制作完成55万套纪念徽章。

（路淑惠）

【完成陨石坠生产任务】 年内，工美集团的首饰合资企业北京握拉菲首饰有限公司按要求在一个月的时间内完成6000枚“陨石坠”新品的生产任务。从注蜡到筛选陨石，再到最后的验收，每个环节都做到精益求精。

（路淑惠）

【“工美情”互助基金】 截至年底，工美集团累计使用“工美情”互助基金55.25万元，其中救助患重大疾病的在职职工6人，救助金额12万元，救助患重大疾病的退休职工16人，救助金额7.80万元。在二届二次职代会现场进行“工美情”互助基金第8次职工个人募捐活动，14家单位935名职工共计捐款4.61万元。

（路淑惠）

【效能监察】 年内，工美集团将博物馆新馆项目立项为北京市国资委效能监察项目。通过对博物馆项目设备材料采购、施工期管理、资金运用于决算、工程竣工验收、工程安全检查等事项，以及对执行“三重一大”集体决策制度等环节实施效能监察，保证工程建设任务的全面完成，无重大安全生产责任事故发生。

（路淑惠）

【世博会商品北京形象店开业】 7月22日，中国2010年上海世博会特许商品北京形象店在工美大厦一层开业。上海世博会园区商业管理服务部部长林声勇，部长助理张新龙，工美集团党委书记、董事长郭泰来，总经理高颖维，常务副总经理李节出席开业仪式。该店作为承担上海世博会特许商品店，营业面积100平方米，经营上海世博会特许商品8大类，品种达1000款。

（路淑惠）

【奥运会残奥会经典道具展示】 为纪念北京奥运会、残奥会成功举办1周年，8月15日—30日，北京工艺美术博物馆精选一些由北京奥组委捐赠给工美集团的奥运会残奥会表演道具，在王府井工美大厦北京工艺美术博物馆举办专题展览，包括奥运会开幕式表演缶、论语竹简及头饰、奥运火炬、残奥火炬及礼仪服装等。

（路淑惠）

【参加国际艺术精品博览会】 10月29日—11月2日，由中国工艺美术协会、杭州市人民政府、浙江省经济和信息化委员会主办，全国各省、直辖市、自治区工艺美术行业协会协办的“第十届中国工艺美术大师作品暨国际艺术精品博览会”在杭州和平会展中心召开，“2009年天工艺苑百花杯中国工艺美术精品展”同期进行。工美集团7件作品参评“百花奖”。《鼎盛中华》、《九州欢腾》分别荣获“2009年天工艺苑百花杯”中国工艺美术精品奖特等奖。由金孔雀艺术世界三级工艺美术大师贾大双设计，徐金香、赵伟等集体制作的丝绫堆绣作品《唐女马球图》荣获金奖。采用宫廷补绣工艺制作的该幅作品选用高档的丝绸和花绫为主要原料，加以绣线、棉絮等材料，结合精湛的宫廷补绣浮雕拨、刺绣等工艺创制而成。

（路淑惠）

【市领导接见工艺大师】 11月10日，中共中央政治局委员、北京市委书记刘淇和北京市委副书记、市长郭金龙，在北京市委第一会议室接见北京的171名工艺大师并合影留念。其中中国工艺美术大师30人，北京工艺美术大师113人，北京民间工艺大师28人。陪同接见的有市委常委、组织部长吕锡文，市委常委、市委秘书长李士祥，副市长苟仲文以及市委、市政府的领导。刘淇指出，北京工艺美术有着悠久的历史，是中华民族优秀文化遗产的重要组成部分。他希望各级领导要抓好工艺美术人才的建设，工艺大师们要在设计理念上、市场化观念上、创新意识上进一步用与时俱进的思想发展传统工艺美术。只有传统技艺和现代元素相结合，才能创作出具有时代风格的新型工艺美术品，为建设“人文北京、科技北京、绿色北京”作出贡献。

（路淑惠）

【工美职校升级为高级技工学校】 年内，北京工艺美术职校新校区建成，并于8月正式迁入昌平县白浮树西3号，该校占地面积约1.40公顷。11月，工美职校申办高级技工学校获得批准并正式挂牌。

（路淑惠）

民政工业

【综述】 2009年，北京市民政工业总公司（简称总公司）有企事业单位88家，其中事业单位4家（总公司机关、劳服公司、设计所、总公司培训中心），企业单位84家（含直属企业18家，三级企业66家）。截至年底，职工8951人，其中在职3746人（含残疾职工1522人）；离退休5205人（含残疾职工1721人）。18家直属企业涉及日化产品、印刷包装、化妆品、专用设备、仪器仪表、食品加工、医用试剂以及物业管理、汽车租赁等20多个领域。年内，总公司龙头企业大宝化妆品公司股权转让后，销售收入3.2亿元，利税3400万元，实现了国有资产的保值增值。

（解 敏）

【新产品开发】 年内，北京市亚美日化厂自主创新开发研制了雅致丽人系列，红景天免洗面膜、莲花冰纯水凝霜、梦幻紧致奢华眼霜、纯露系列等新产品。由胶原蛋白、葡萄平复、海藻滋润、绿茶精华、蜂胶嫩肤、多维人参等6种水晶霜组成的雅致丽人系列具有保湿滋养效果，能全程解决和对抗肌肤多重问题，远销日本和香港。北京市光明橡胶厂开发了1mm～10mm聚乙烯板，用于铁路木枕道岔弹性化改造及铁路钢轨调平，攻克了耐油橡胶道岔连续硫化的难题，增加企业产品种类，扩大产能。

（解 敏）

【企业调整措施】 年内，总公司结合福利企业实际，对全年的经济指标、重点工作按月进分解，量化到人，实施绩效管理。打造以三露厂为龙头的现代服务业，以盘活闲置的土地资源为突破，抓好平房企业园区建设前期工作。三露厂在北京大宝化妆品有限公司股权转让后，购买了“金盟”、“百富”大厦两处房产用于租赁，实现资本的运作。以土地为依托，发展优质第二产业，对长期经营管理不善、扭亏无望但拥有土地资源的企业，实行土地与企业分离，关闭企业，整合资源。做好职工特别是残疾职工的就业安置工作，解决困难企业的生存发展问题，改善困难群体的生活。

（解 敏）

【扶残助困工作】 元旦春节期间，上级单位向总公司拨付195万元用以开展走访慰问活动。五一期间，总公司筹措资金16.3万元，走访看望了16户低保家庭。助残日期间，总公司联合市福利彩票发行管理中心投入31万元，为1600名残疾职工每人送上慰问信，并每人发放170元的慰问品。总公司工会、残联为260名困难残疾职工送上米、面、油等生活用品。总公司评选出“四自”残疾职工32名，残疾人之友19名。建党88周年之际，总公司筹集两万多元，对系统内32名困难优秀党员进行了走访慰问。国庆60周年之际，总公司筹措资金90万元，对67家福利企业残疾职工、低保家庭职工、患重病职工、军残人员、离退休老工人老干部、劳模及为国家和民政事业作出突出贡献的职工等10类群体近4000人开展了慰问活动。

（解 敏）

【安全稳定工作】 年内，结合全市范围内开展的“平安国庆”行动，总公司和基层单位签订年度《安全稳定工作目标管理责任书》，建立安全工作长效机制，强化隐患排查和整改力度。加强实时监控，建立安全隐患月报制度，完善安全工作档案，建立全公司系统安全运行体系。国庆前夕，进行综合性的安全检查，及时纠正和排除潜在安全隐患。建立快速反应信访疏通渠道，重点解决了一批遗留问题。

（解 敏）

私营个体经济

【综述】 2009年，全市私营企业户数与注册资本保持大幅增长的态势，个体工商户户数由减变增，注册资本保持增长。截至年底，全市私营企业432290家，同比增长12.65%，注册资本5838.90亿元，同比增长20.82%；全市个体工商户807886家，同比增长4.41%，注册资本148.10亿元，同比增长10.22%，全市私营个体经济注册资本增长幅度再次大于户数增长幅度。全市私营企业、个体工商户合计1240176家，同比增长7.14%。全市私营个体经济纳税总额（包含地税和国税）大幅增长。截至年底，全市私营个体经济纳税总额达283.19亿元，同比增长13.44%。其中私营企业纳税总额达252.74亿元，同比增长13.04%；个体工商户纳税总额达30.46亿元，同比增长16.88%。全市私营个体经济吸收就业人数进一步增加。截至年底，全市私营企业从业人员2811139人，同比增长10.65%；全市个体工商户从业人员1122091人，同比增长5.82%。全市私营个体经济保持快速健康发展，应对危机的意识和能力进一步增强。

（柴　彬）

【工商联会员组织】 2009年，北京市工商业联合会（简称市工商联）会员24244家，其中非公有制经济会员17573家；拥有企业会员16498家，其中非公有制企业会员14513家；注册资金1000万元以上的企业2050家。各级各类组织242个，其中基层组织139个，行业组织68个（直属行业商会34家），特殊群体类基层组织35个。市和区县工商联新发展会员911家，其中企业会员837家，其他会员74家。

（柴　彬）

【非公经济代表人士政治安排】 是年，市工商联会员担任各级人大职务总计185人次，其中非公有制经济代表人士184人次；担任各级政协职务总计819人次，其中非公有制经济代表人士777人次；担任各级工商联职务总计1669人次，其中非公有制经济代表人士1415人次。经北京市工商联推荐，6名非公有制经济代表人士获得全国“第三届优秀中国特色社会主义事业建设者”称号，两家会员企业获得“北京思想政治工作优秀单位”称号，两名会员企业负责人获得“北京市优秀思想政治工作者”称号。

（柴　彬）

【精神文明创建】 年内，市工商联系统有438家单位荣获精神文明荣誉称号，其中首都文明单位标兵4家、文明单位17家，市工商联系统文明单位标兵73家、文明单位344家。这些单位在年底召开的首都非公经济学习贯彻全国优秀建设者表彰大会精神暨精神文明建设表彰大会上受到表彰。全国工商联副主席孙晓华，市委常委、统战部部长牛有成出席会议并分别讲话。

（柴　彬）

【引导非公有制企业提振信心】 年内，市工商联向全市非公有制经济人士发出“积极应对危机、为‘三个北京’建设和社会稳定作出贡献”的倡议。联合组成由市委常委牛有成、副市长程红担任负责人的“促进首都非公有制经济的发展及对策研究”课题组，到40多家非公有制企业开展调查研究，发放问卷2305份，召开座谈会20场，先后共有400余名非公有制经济人士参加座谈。全国政协副主席、全国工商联主席黄孟复先后两次主持召开北京非公有制企业家座谈会，物美集团等56家企业提供了书面意见和建议。

（柴　彬）

【帮助非公有制企业度过难关】 年内，全市各级工商联宣传政府的各项政策举措，发挥工商联独特优势，为非公有制经济发展谋划解决难题。组织融资对接会、洽谈会，成立金融服务联合工作小组等推动非公有制经济担保服务，支持建立小额贷款公司，解决企业的燃眉之急。各区县工商联因地制宜，帮助会员企业获取区政府专项财政支持或政策扶植。针对危机中法律纠纷增多的情况，各级工商联开展法律维权、法律服务工作，全年共举办法律服务讲座20余场。

（柴　彬）

【稳定用工促就业】　年初，市工商联向全市非公有制企业发出“不裁员、不减薪”的倡议，并与市人力资源和社会保障局、市教委、市总工会联手举办第六届北京民营企业招聘周，全市1651家民营企业参加招聘洽谈会，提供就业岗位46608个，达成就业意向16328人（其中下岗失业人员5230人、进城务工人员4902人、大学毕业生4987人），签订职业培训人数3451人，印发政策宣传品10万册，就业政策指导及法律援助18437人次。市工商联与市人力资源和社会保障局、市总工会联合召开了首都非公经济稳定用工动员大会，副市长、市工商联主席程红出席并讲话。在第三届全国就业与社会保障先进民营企业表彰大会上，9家民营企业被授予“全国就业与社会保障先进民营企业”称号。

（柴　彬）

【社会公益事业】　年内，市工商联组织非公有制经济代表人士参加了由非公有制经济人士和海外华人华侨共同援建的什邡市北京小学的落成仪式，继续支持“权金城捐资助学工程”等4个以市工商联会员企业命名的助学工程的实施。与市农委合作开展非公有制经济与“北京最美乡村”携手共建新农村活动，有9个项目分别与5个村庄实现对接。元旦春节期间，区县工商联共组织百余家非公有制企业开展“送温暖”活动，慰问困难家庭近4000户，累计捐款捐物134.09万元。

（柴　彬）

【参与“三个北京”建设】　是年，市工商联作出《关于动员非公有制经济人士参与“三个北京”建设的调查研究，进一步提高参政议政水平的决议》，组建“人文北京”、“科技北京”、“绿色北京”三个功能组，制定详尽的工作计划和安排，突出各自特点开展大量活动。

（柴　彬）

【对外联系和宣传工作】　年内，市工商联组织非公有制企业出访12个国家和地区；组织14家非公有制企业参与SIEE 2009中意交流“北京－坎帕尼亚科技经贸周”活动，与意大利坎帕尼亚太区卡塞塔省企业联合会正式签署《会谈备忘录》，为两地工商企业的交流与合作搭建了平台。加强与兄弟省市的联系，全年组织1300人次参与区域经济考察活动，达成投资项目意向或签订合同10个，投资额约达69.1亿元人民币。联络北京电视台、北京晚报等8家主流媒体分5批对10家市工商联会员企业进行了专题报道。

（柴　彬）

【参政议政工作】　年内，市工商联起草并上报《促进首都中小企业又好又快发展的建议》，为市委市政府决策提供依据。编发《北京工商联快讯》普刊（下发）和特刊（上报），政务信息直报市领导，实现“下情上达”和“要闻速递”。

（柴　彬）

北京市校办产业

【综述】　北京市校办产业管理中心（简称市校办产业中心）是北京市教育委员会的直属事业单位。2009年，市校办产业中心积极推进高校科技产业规范化建设，加强和改善教育国有经营性资产的监督管理，推进校办产业为教育服务的“三个平台”建设，加强学生装质量监督管理。截至年底，全市有43所高校举办校办企业，共有企业472家；资产总额1065.40亿元，净资产445.37亿元；主营业务收入约861.32亿元，利润总额41.88亿元，上缴税金30.49亿元。共接待学生实习累计工时1032946小时；培养硕士研究生326名，博士研究生66名。所投资企业户数共472户，其中科技型企业户数为228家，获授权专利数228项，登记计算机软件及集成电路版权56项，获省市部委、国家级的奖项178项，高新技术产品年销售收入120.46亿元。

2月26日，市校办产业中心召开了2009年度全市校办产业工作会议，各区县、高校及委直属（管）单位产业部门负责同志参加会议。会议印发了《北京市校办产业管理中心2008年工作总结及2009年工作思路》。会议强调，2009年全市校办产业要重点抓好安全稳定、规范化建设、管理职能转变和科学发展四个方面的工作。

全面完成企业法人治理结构监督检查工作。全市44所高校按照工作要求完成了自查并上报了自查报告。市校办产业中心检查组抽查了17所高校的工作情况，组织专家组审定了对44所高校完善校办企业法人治理结构专项检查的评审意见。4月13日，以市教委名义下发了《关于反馈完善校办企业法人治理结构专项检查专家评审意见的通知》。

全力推进市属高校出版社改制工作。按照教育部、新闻出版总署的文件要求，北京工业大学、首都师范大学、首都经贸大学和北京第二外国语学院所属出版社被列入改制范围。10月，市校办产业中心按照教委指示召开市属高校出版社改制工作协调会议和市属高校出版社转制工作会议。经市财政局批复，上述高校出版社清产核资及结果确认工作已经完成，市校办产业中心正在积极推进高校出版社进行资产评估备案和产权变更登记。呈报市文化体制改革领导小组办公室《关于北京高教音像出版社和北京普教电子音像出版社的转制方案》已经得到批复，北京电影学院音像出版社和两社清产核资结果确认的上报工作正在进行中。

10月，市校办产业中心组织编写了校办企业及学校经营性国有资产监督管理的规章制度范本，汇总校办企业改制及规范化建设相关法律法规，编辑《北京高校科技产业规范化建设资料汇编（续）》（计40余万字）并印发，供各高校及有关单位参照。11月25日—27日组织全市高校校办产业管理人员及部分企业负责人100余人参加高校企业规范化建设和加强国有资产管理的专题培训。市校办产业中心领导做了题为《依法加强校企国有资产管理，确保国有资产运营安全》的讲话。会议还邀请了市财政局、市中小企业服务中心的同志及清华大学教授就校办企业发展所面临的国内外经济形势以及政府相关扶持政策做了详细介绍，并为企业管理人员答疑解惑。

加强全市校办产业国有资产监督管理工作。组织完成了北京地区普通高校校办产业和中、初等学校校办产业（勤工俭学）统计工作。组织完成了市财政局和市国资委两个部门的企业年终决算汇总上报工作。完成了北京工业大学、北方工业大学、北京第二外国语学院等单位的4项企业国有资产评估项目备案。组织完成了2008年度市教委下属各单位出资的企业产权登记年检，市教委下属29个单位132户企业通过年检登记。办理企业改制、产权变更和资产处置等审核报批21项。

市校办产业中心组织北京大学等12所北京地区高校参加了“第六届北京国际教育博览会”，参展项目24项，包括3项获得国家科技进步二等奖的项目。市校办产业中心依托北京教育科技产业信息网向社会推介高校科技成果。北京教育科技信息网年内浏览访问量达96万余次，平均日点击量为2682次，是2008年的13.7倍。

以北京联合保险经纪有限公司北京分公司为平台，完善本市教育风险管理服务体系建设。年内，中小学校方责任险覆盖了全市全部公办中小学、幼儿园学生，投保率100%；社会力量所办学校投保率达到70%；教职员工校方责任险投保人数近1.5万人。

以阳光彩虹教育服务有限公司为平台，进一步推进普教后勤服务体系建设。由市科委出资80万元专款支持的“北京市中小学校后勤公共服务平台”所属项目“软件服务化关键技术研发及培育”的试点工作已经启动。

市校办产业中心积极做好学生装管理服务工作。年内与35家企业签订了《学生装生产定点企业推荐合同》，印发《2008年学生装质量检查情况通报》，对区县学装办、有关学生装生产企业负责人、技术人员进行了学生装标准的培训和考核，进行全市范围学生装质量检查工作。向区县学装办和所属学校以及学生装生产企业发放了“情系学子装点青春”北京市学生装工作宣传光盘和画册4000余套。

（宋慧宇）

【东城区校办产业】 是年，东城区校办产业管理中心有企业17家，职工368人，经营投资管理、技术开发、技术培训和企业管理咨询等业务。管理未转入国资委系统和未改制的校办企业，负责处理东城区校办企业遗留问题，包括债权债务，劳动人事纠纷，人员管理等，代表校办企业进行法律诉讼，聘用会计事务所对企业进行资产评估和审计，如雍和实业公司与国子监中学、惠东塑料制品厂与二中之间关于房屋场地使用及其他遗留问题等。全年总收入7707.33万元，上缴税金542.38万元，国有资产保值增值率为104.4%，为东城区教育系统补充教育经费2287.31万元。

（沈梦溪）

【西城区校办产业】 是年，西城区校办产业管理中心负责教育系统中校办企业国有资产部分和经营性国有资产的监督管理、教育资产经营行为和部分教育内部消费服务行为的行政管理、教育风险管理服务、育荣国际教育园区的管理、非教育用房可出租规范管理保值增值、解决原校办企业历史遗留的相关事宜。年末资产总额6.77亿元，主营业务收入1.04亿元，利润总额901.26万元，净利润873.50万元。

（崔 杰）

【UIB西城营业部】 西城区校办产业UIB西城营业部承担理赔的基础工作。年内，学校上报校方责任保险出险事故48起，向上级报案争取已进入理赔程序25起，赔回21起，29231.40元，走法律程序7件，余下案件在协调处理中。协调处理9起两年内难点案件，追回赔款13.53万元。校方责任险处理30起案件，得到理赔款16.65万元。学生平安保险出险案件2617件，已赔付175.58万元。短期意外保险投21个单位4090人，索赔5594.94元。教职工责任险投保4个单位284人，已赔付2个单位7人6070.43元。

（郝文秀）

【宣武区校办产业】 宣武区校办企业管理中心负责监督管理8个直属企业，12个校办企业，职工222人。全年销售收入2994.52万元，同比下降4.6%，实现利润96.5万元，同比下降18%。截至年末，中心资产总额2054.42万元，负债总额921.81万元，所有者权益总额1132.6万元，资产负债率44.87%。

（李淑霞）

【北京市京都储运公司】 1986年成立，是以图书储运为主的小型企业。年内资产总额249.2万元，负债总额75.4万元，所有者权益173.8万元，资产负债率30.27%；主营业务收入432.7万元，利润总额15.2万元，净利润12.2万元。

（李淑霞）

【朝阳区校办产业】 是年，朝阳区教育国有资产管理中心有投资企业7家，其中国有全资企业4家，国有控股企业3家，投资总额1022.13万元，国有资产净值2038.85万元，比初始投资增加1016.72万元，增加幅度99.5%。其中，国有全资企业投资950.13万元，国有净资产1922.43万元，比初始投资增加972.3万元，增加幅度100%。销售收入4022万元，成本费用3667.37万元，上缴各项税金274万元，利润总额334.38万元，补充教育经费115万元。企业从业人员92人，其中专业技术人员28人，管理人员27人。年内国资中心对所属企业进行了资源整合，加强企业管理，保证国有资产的安全运行。

（刘 斐）

【海淀区校办产业】 是年，海淀区校办企业全年运营平稳，资产总额达2亿元，同比持平；实现销售收入9549万元，同比增长11.02%；实现利润1233万元，同比增长13.43%；上缴税金598万元，同比增长23.1%。经济指标增长，效益提高，既推动教育经济发展、补充教育经费，又为企业实现价值最大化、提升市场竞争力奠定良好基础。

（吴晓亮）

【丰台区校办产业】 是年，丰台区教育发展服务中心有企业9家，从业职工184人，其中专业技术人员30人，管理人员30人。资产总额1922.2万元，负债总额1118.4万元，所有者权益803.7万元，销售收入1355.4万元，实现利润12.1万元，上缴税金65.1万元。

（马黎明）

【北京大学校办产业】 是年，北京大学校办产业直属企业33家，从业职工3万余人。资产总额520亿元，销售收入超过550亿元，其中方正集团480亿元，青鸟集团20亿元，资源集团36亿元，未名集团近6亿元，科技园0.89亿元，维信公司2.5亿元，先锋公司2亿元，先行公司3亿元，企业总资产和销售收入较前两年都有较大幅度提升。校办产业所属企业利润总额28亿元，上缴税金15.5亿元，上缴学校利润1.1亿元。

（刘俊英）

【方正集团注重品牌建设】 12月20日，由人民网和《中国经济周刊》共同举办的共和国60年经济盛典系列评选活动中，“方正”品牌荣获“中国品牌百强榜共和国60年最具影响力品牌60强”称号。12月17日，经第四届中华电子企业最有价值品牌评议组委会评测，方正集团品牌价值达262.45亿元人民币，同比有大幅度的提升。年内，方正集团还获得了组委会颁发的“中华电子企业最有价值品牌”和“中华电子企业十大社会责任品牌”奖。

（夏兆营）

【方正承担国家复合出版工程】 国家数字复合出版系统工程是列入《国家“十一五”时期文化发展规划纲要》的国家重大工程。新闻出版总署经过评审和考察，决定由方正集团承担该工程，并专门成立工程总体组。数字复合出版工程建设目标是研发一套从传统出版向数字出版转型所需的装备，实现知识标引、多重应用、一次制作、多元应用，最终实现降低行业的运行成本，打造出版新业台的目的。2009年6月，工程总体完成了组织机构和职能分工，7月，复合出版工程技术方案、实施方案和预算报告已提交总署，其他工作正顺利推进。

（夏兆营）

【瑞信方正隆重开业】 2月26日，方正证券与瑞士信贷共同出资组建的合资证券公司——瑞信方正证券有限责任公司开业庆典在北京隆重举行。瑞信方正是合资券商新政实施之后首家获得批准成立的合资投行。中国证监会、中国保监会、财政部、北京市证监局、中国证券业协会等领导出席了庆典，多家重点客户公司的高级代表200余人应邀参加了此次庆典。

（夏兆营）

【方正集团加强银企交流与合作】 4月2日，星展银行领导一行到访方正集团，双方针对方正集团目前的产业经营和发展情况等方面进行了深入的沟通与交流。5月19日，国家开发银行领导一行到访方正集团，双方针对国开行商业化改制以及方正集团目前的产业经营和发展战略等方面进行了探讨和交流。5月27日，中国进出口银行领导到方正集团调研工作，对方正集团清晰的战略脉络和取得的成绩给予充分的肯定，并表示会以其丰富的金融资源支持方正的未来发展。7月24日，北京农村商业银行与北京大学在京签署战略合作协议，承诺优先处理北京大学及其所属企业的贷款申请，加强与方正集团的进一步合作。

（夏兆营）

【青鸟与海航战略合作】 11月5日，青鸟集团与海航集团签署战略合作协议，双方将通过资本纽带连接共同做强、做大。北大校长助理刘伟，海航集团副董事长兼首席执行官王健，北大校产党工委副书记韦俊民，青鸟集团董事长许振东、总裁初育国出席签约仪式；青鸟集团执行总裁徐祇祥与海航置业副董事长兼常务副总裁李爱国在协议书上签字。青鸟与海航将在金融、能源、地产、教育培训等多个领域开展战略合作。

（李启龙）

【杨明当选中国特许经营人物】 5月上旬，在第11届中国特许加盟大会上，青鸟IT教育公司荣获中国特许经营年度大奖和中国特许经营连锁百强两项大奖，该公司CEO杨明当选为中国特许经营年度人物。评委会认为，杨明带领团队撰写并出版的目前国内唯一一套《计算机职业培训标准》，对整个教育培训行业带来深远影响和良好示范作用，成就杰出，贡献突出。

（李启龙）

【青鸟获“脊梁企业”奖】 9月19日，在“2009中国（南海）软件和服务外包高峰论坛暨中国软件行业协会成立25周年庆典”上，青鸟国际软件技术有限公司董事长李锋荣获25年来推动中国软件产业发展的“中国软件产业杰出企业家”称号，该公司获得25年来推动中国软件产业发展的“中国软件产业脊梁企业”奖。两个重大奖项由中国软件行业协会颁布，该公司是北大青鸟集团IT产业骨干企业之一。

（李启龙）

【青鸟环宇消防5年效益大增】 是年，青鸟环宇消防公司完成经营收入1.6亿元，同比增长55%；实现利润同比增长70%以上，效益连续5年保持增长，经营渐入持续大规模发展时期。

(李启龙)

【未名凯拓开创校企先河】 在已获批“国家作物分子设计中心”之后，2009年未名凯拓“国家作物分子设计工程技术研究中心”及“国家植物转基因技术研究中心”获得有关部门批准，开创了“一个企业同时拥有三块国家级研发中心”的先河。年内集团及下属企业获得国家及地方各级政府部门资助的各类科研项目共27项，获得的科研资助近亿元，其中11个国家转基因重大科技专项，6个国家重大新药创制专项。

(林先卫)

【北大科技园】 北大科技园始建于1992年，是中国最早的大学科技园之一。主要涉及科技企业孵化、园区地产建设经营、楼宇物业管理、星级酒店运营等业务领域，拥有北大科技园创新中心、北大燕园孵化器公司、北大创业园公司、江西北大科技园及北大博雅国际酒店等配套实体的综合性企业。是年，北大科技园与北京大学科技开发部共同签署了《北京大学科技开发部、北京北大科技园有限公司关于共同促进产学研发展的合作协议》，获得B类大学科技园和“2009年海淀区大学科技园产学研合作示范基地”称号。承接教育部《儒藏》工程会议。接待了台湾政治大学中国内地研究中心师生、“方正杯”全国高校校长乒乓球代表团、新疆石河子大学调研、广西党委办公厅和科技厅领导来访。承办中关村留学人员企业精品项目推介会、变革中的机遇、挑战、合作、共赢论坛等一系列交流活。

(王晶晶)

【血脂康国内调脂第一品牌】 具有国际先进水平的调脂药物血脂康胶囊是北大维信的主导产品，是现代生物技术与祖国传统医药相结合的产物，是北京大学的优秀高科技成果。8月，血脂康作为唯一的调脂中药入选国家09版《基本药物目录》。11月，血脂康胶囊和片剂分别入选2009年版医保目录。血脂康技术拥有57项发明专利，其中13项已授权(国内5项，国际8项)。国家“九·五”重点科技攻关课题“血脂康调整血脂对冠心病II级预防的研究(CCSPS)”被评为“中西医结合学会科学技术进步一等奖”。该项长达7年的研究结果表明，血脂康可降低冠心病死亡事件33%，长期服用安全有效。

(刘　隽)

【北大先锋研发尾气净化工艺】 北大先锋选择固相催化氧化路线，自主研制了可再生脱磷催化剂，设计并搭建了下厂成套小试设备，与云南弥勒磷电达成合作协议，试验效果良好，将为国内黄磷厂家的节能减排做出重大贡献。年内，公司滚球试验和焙烧工艺的重大革新，将有效降低公司的生产成本，优化产品质量，使吸附剂产品符合国际标准，有望大幅度提高产品出口量。

(刘小进)

【北大先行提供可移动新能源】 北大先行主要业务是为纯电动汽车、纯电动环卫车、双源无轨电车等提供磷酸铁锂动力电池。5月8日青洽会上，北大先行与青海西宁开发区西部矿业集团签署了原材料碳酸锂项目合作协议。9月25日北大先行磷酸铁锂动力电池组在西城区环卫电动车示范项目中交付使用。11月14日，北大先行为首的四家公司出资设立北京普莱德新能源电池科技有限公司在大兴区采育经济开发区揭牌成立。中共中央政治局委员、市委书记刘淇，全国政协副主席、科技部部长万钢，市委副书记、市长郭金龙为公司成立揭牌，北京大学校长、中科院院士周其凤，北京市委常委赵凤桐，北京市副市长苟仲文，中国工程院院士、吉林大学原副校长郭孔辉，军事交通学院院长张伟，中科院院士、北京大学化学学院院长高松，北汽控股董事长徐和谊等出席揭牌仪式。此次揭牌标志着新材料电池的发展已进入车用动力电池时代，北大先行将成为技术领先的国际化新能源材料企业，为人类现代生活提供可移动新能源。12月17日，北大先行公司顺利通过首批56家中关村国家自主创新示范区创新型企业。

(曹　雨　李新利)

【北大英华科技有限公司】 以“北大法宝”为主品牌，以“北大法律信息网”为主媒介。

"北大法宝"包括"法律法规库"、"司法案例库"、"法学期刊库"、"英文译本库"4套数据库，是法律信息优秀品牌，客户遍布世界各地。"北大法律信息网"提供在线中文法律法规数据库和法学专家论文资料等综合法律信息，是国内最大、最早的综合性法律信息服务平台。与最高人民法院合作研发《中国审判应用支持系统》在全国各级人民法院推广使用。年内，完成了《办案艺术与技巧丛书》；"北大法律网·法学在线"上线；全国律协助力成长计划提升法律检索能力；承办中国法律信息建设研讨会；北大法宝4.0版本发布；司法案例、法学期刊检索系统光盘版发布；中国检察官教育培训网开通；12月18日，北大英华10周年庆典在北大博雅国际会议中心隆重举行。

（唐世亮）

【北大软件工程发展有限公司】 成立于2000年12月，由著名计算机软件科学家、中国科学院院士杨芙清教授担任公司董事长，前身是成立于1996年7月的北京大学软件工程国家工程研究中心。是年被评为中关村企业信用等级Azc+级及"瞪羚五星级"企业。公司拥有软件著作权38项、获得软件产品证书22项，其中北大软件分布业务协作支撑环境、北大软件干部管理信息系统、北大软件人事与工资统发管理系统等产品被列为"2009年北京市自主创新产品"。

（白　丹）

【企业改制及规范化建设】 北京北医投资管理有限公司怡达科技开发中心和医学科技开发分公司进入关闭程序后，开始清理资产、账务，年底进行了审计；北京北医投资管理有限公司亿康分公司进入关闭程序后，按照有关规定进行资产处理，目前已基本完成；博士苑宾馆停业后进行了二次审计；印刷厂进行了后续审计工作，对资产处理，采取了招标竞卖方式。5月初完成了印刷厂大型二手设备的处理。医学部领导全部退出在企业的兼职工作。柯杨常务副校长已不再兼任北京华医神农医药科技有限公司董事长，由屠鹏飞担任公司董事长及法定代表人，完成了医疗投资公司董事长更换及法人变更工作，学校主要领导彻底与企业脱钩。

（北京大学医学部）

【第五届EMBA高级论坛】 北京大学医学部第四届全国医药卫生行业EMBA高级论坛于2009年8月23日—24日在天津市塘沽区瑞湾酒店举行，200余名EMBA校友及卫生行业管理人员参加了论坛。论坛专题报告由医学部李鹰副主任、姜保国副主任、继续教育处孟昭群处长分别主持，全国人大常委会副委员长韩启德院士发来贺信。围绕"医药卫生体制改革与医院管理"的主题，中国医院协会曹荣桂会长、卫生部医疗服务监管司张宗久司长、北京大学常务副校长柯杨教授等专家、政府官员分别作了题为《公立医院要在深化医改中有所作为》、《医改中的医疗服务》和《浅谈医疗体制改革》以及与医改、医院管理相关的专题报告。

（北京大学医学部）

【清华产业基本情况】 清华大学经营资产管理委员会是清华大学经营性资产的监督管理机构，代表学校行使出资人的权利。学校另设经营性资产管理办公室，作为经营资产管理委员会的办事机构和学校产业的行政管理机构，负责受理、审核学校对外投资以及全校经营性资产的日常管理工作。截至年底，清华大学所投资的企业主要有清华控股有限公司、北京华控通力科技有限公司、清华大学建筑设计研究院、北京清华城市规划设计研究院、清华大学土建工程承包总公司、北京卓尔教育投资有限公司等。资产总量445.66亿元，年销售收入294.05亿元，利润总额9.15亿元，上交税金11.31亿元，上缴学校超过1亿元。清华控股公司下属24家控股公司。产业从业人员约2万人。

（王　涛　刘　琛）

【基本完成取消企业冠用校名】 是年，清华大学校办产业系统继续加强取消企业冠用校名全称工作，继续推进与"清华"相关的商标使用和规范化管理工作。取消企业冠用校名工作基本完成。

（王　涛　刘　琛）

【全民所有制企业改制工作】 是年，坚持以大局为重，以稳定、维护企业生产和群众生活的原则，清华大学继续积极稳妥地推进学校产业中全民所有制企业的改制工作。截至年底，清华大学出版社、北京国环清华环境工程设计研究院、辽宁省路桥建设总公司3家企业完成改制；清华大学建筑设计研究院、北京清华城市规划设计研究院、清华大学土建工程承包总公司3家企业改制方案制订完成，并推动了清华大学校办厂的调整改制工作，改制计划进入稳步推进及实施阶段。

（王 涛 刘 琛）

【清华控股有限公司】 该公司是经国务院批准、清华大学出资设立的国有独资有限责任公司，是清华大学的资产经营公司。公司于2003年9月30日由北京清华大学企业集团整体改制设立，注册资本为人民币20亿元，法定代表人宋军，主要从事科技成果产业化、高科技企业孵化、技术信息咨询、投资管理、资产运营和资本运作等业务。所投资企业有同方股份、紫光股份、诚志股份等3家直接控股的上市公司和启迪股份、阳光能源、紫光集团、博奥生物、中核能源、源兴生物、出版社等24家控股公司。主要涉及信息技术产业、能源环境产业、科技服务与知识产业、生命健康产业、股权投资及其他产业。是年营业收入291亿元，利润总额8.76亿元，实现归属于母公司所有者净利润2.56亿元，同比实现了稳定增长；总资产442亿元，归属于母公司所有者权益65亿元。

（赵 华 韩春雪）

【北京华控通力科技有限公司】 该公司成立于1955年，是由清华大学机械厂和清华大学印刷厂各出资50万元组建的公司制企业，法人代表马二恩，负责全面管理清华大学的校办工厂，即包括机械厂、设备仪器厂、印刷厂、电力电子厂等由学校出资主办的全民所有制企业法人。校办厂的主营业务涉及机械、电子、印刷、铸造、科教仪器等领域，同时完成学校规定的本科生工程实践教学任务。截至年底，校办工厂资产总额9310万元，营业收入6960万元，利润总额522万元，上交税金861万元，年末从业人员数489人。

（王 涛 刘 琛）

【清华大学建筑设计研究院】 清华大学建筑设计研究院成立于1958年，1993年注册登记为企业法人，是由学校出资主办的全民所有制企业，注册资金800万元，法定代表人庄惟敏。拥有建设部颁发的建筑工程和装饰设计甲级工程设计证书，公路和水利行业乙级工程设计证书，建筑智能化系统工程设计甲级专项工程设计证书；国家发改委颁发的建筑咨询甲级工程咨询证书；国家文物局颁发的古建筑、文物保护、古文化等甲级文物保护证书；北京市规划委员会颁发的施工图设计文件审查机构认定书。主营建筑工程及相应的工程咨询和装饰设计，建筑智能化系统、公路行业、水利行业（水库枢纽）工程设计及建筑工程咨询。建筑设计院是我校建筑学院和土水学院等院系的教学、科研实践基地。截至年底，建筑设计院资产总量11868万元，营业收入14244万元，净利润1842万元，上交税金1329元，年末从业人员数354人。

（王 涛 刘 琛）

【北京清华城市规划设计研究院】 北京清华城市规划设计研究院成立于1993年，2000年4月注册登记为由学校出资主办的全民所有制企业法人，注册资金由原来的100万元增资到600万元，法定代表人尹稚。主要经营范围有：各种类型的城乡规划设计工程项目、市政基础设施工程设计、城市规划设计技术咨询等。拥有建设部授予的城市规划设计甲级资质（证书编号：021004），国家旅游局授予的国家旅游规划设计甲级资质，国家文物局授予的文物保护工程勘察设计资质证书、国家建筑行业（建筑）专业甲级资质，已形成城乡总体规划设计、详细规划与城市设计、景观园林规划、风景旅游规划、城市交通规划、物流规划、城市照明规划、环境与市政规划、能源规划、城市声环境设计、历史文化遗产保护规划，城市公共安全研究、生态规划与绿色建筑等十多个专业规划设计院。截至年底，规划院资产总量12700万元，营业收入25180万元，净利润520万元，上交税金1725万元，年末从业人员数500人。

（王 涛 刘 琛）

【“同方、紫光”名列企业百强】 1月，由北京企业联合会、北京市企业家协会共同举办的2008年“北京企业100强”评选活动揭晓，清华控股投资的同方股份、紫光股份双双荣获“北京企业100强”称号，分别位列第24名、第51名。

（赵　华　韩春雪）

【博奥生物获两项奖】 1月，博奥生物与上海出入境检验检疫局、中国农科院哈尔滨兽医研究所、上海动物医学研究中心、中国检验检疫科学院等单位共同承担的国家863课题“生物芯片在动物源性食品安全监测中的应用”项目和与北京出入境检验检疫局共同承担的国家质量监督检验检疫总局“食物源性病毒基因芯片检测技术研究”项目同时荣获国家质量监督检验检疫总局“科技兴检奖”二等奖。

（赵　华　韩春雪）

【浦华环保获环境保护科学技术三等奖】 2月18日，在国家环保部召开的环境保护科学技术奖颁奖会上，浦华环保自有专利技术“脱氮除磷恒水位改良型SBR新工艺”获得2008年环境保护科学技术三等奖。

（赵　华　韩春雪）

【博奥生物等4家企业获得高新技术企业证书】 2月24日，博奥生物、浦华环保、华环电子、威视股份分别获得由北京市科委、财政局、国税局和地税局联合颁发的高新技术企业证书。

（赵　华　韩春雪）

【同方光电获北京奥组委“先进单位”称号】 2月，同方光电有限公司获得了由北京奥组委颁发的“先进单位”荣誉称号。同方光电因圆满完成奥林匹克中心区“龙形水系水喷泉”工程的设计、施工任务，以及工程在奥运会和残奥会期间安全运行的突出表现而受到北京奥组委的表彰。

（赵　华　韩春雪）

【中棉紫光获科技进步奖】 2月，紫光集团投资的北京中棉紫光生物科技有限公司“液—液—固三相萃取生产饲用脱酚棉籽蛋白项目”荣获2008中国饲料重大科技进步奖。该奖由中国饲料经济专业委员会牵头组织，以“展示饲料企业研发水平、推动饲料行业科技进步”为宗旨，经业界学者、企业家、经济学家等近20位资深专家组成评审团评议产生。

（赵　华　韩春雪）

【同方股份等单位获创新发展突出贡献奖】 3月20日，在北京市委、市政府召开的建设中关村国家自主创新示范区动员大会上，同方股份、紫光股份、博奥生物3家作为高新技术企业，清华科技园作为“大学科技园孵化机构”，荣获“中关村20周年突出贡献企业（单位）”称号。同方股份总裁陆致成、紫光股份原总裁张本正、启迪股份董事长梅萌、博奥生物总裁程京等荣获“中关村20周年突出贡献个人”称号。

（赵　华　韩春雪）

【启迪股份与顺义区政府共建科技园】 3月20日，启迪股份与北京市顺义区人民政府战略合作共建“启迪顺义科技园”在北京乔波国际会议中心签约。北京市委常委赵凤桐出席并讲话，对启迪股份与顺义区政府的合作给予高度评价和期望。市发改委副主任张燕友、科委副主任郑吉春、中关村科技园区管委会副主任周云帆，顺义区委书记张延昆、代理区长刘剑，启迪股份董事长梅萌、总裁徐井宏等出席了签约仪式。

（赵　华　韩春雪）

【清华科技园被评为示范基地】 3月26日，“海淀区大学科技园产学研合作示范基地授牌仪式”在北京世纪金源大饭店举行。清华大学科技园等6家大学科技园被评为“海淀区产学研合作示范基地”。此次评选活动是对产学研合作项目及产学研合作成功案例进行推广的系列活动。清华科技园为首批荣获“海淀区产学研合作示范基地”称号的科技园区之一。

（赵　华　韩春雪）

【清华产业产品入选市自主创新产品】 3月，根据《北京市自主创新产品认定办法（修订）》的规定，经专家评审，市科委、市发改委、市建委、市工促局、中关村管委会等认定，同方股份38款产品，博奥生物开发的“激光共聚焦扫描仪”，紫光软件系统有限公司开发的“存储管理系统”和“电子档案管理系统”，华环电子开发的SDH/MSTP（MSAP）多业务接入平台设备等5个产品被正式认定为北京市第二批自主创新产品。

（赵　华　韩春雪）

【同方软件被认定为高新技术成果转化项目】 3月，同方软件拥有自主知识产权的 ezPortal 企业门户系统通过了北京市发展计划委员会、科学技术委员会专家的评审，被认定为北京市高新技术成果转化项目。

（赵 华 韩春雪）

【博奥生物被认定为北京市专利示范单位】 4月14日，在北京市第二批专利示范单位启动大会上，博奥生物被北京市知识产权局认定为北京市专利示范单位。博奥生物自成立以来共申请国内专利100余项、国外专利70余项，专利的转化实施率占申请专利总数的50%以上。

（赵 华 韩春雪）

【清华大学和威视股份获北京市首届发明专利特等奖】 4月23日，在北京市首届发明专利奖励大会暨全市知识产权工作会议上，清华大学和威视股份共同拥有的专利“一种车载移动式集装箱检查系统”荣获唯一特等奖。

（赵 华 韩春雪）

【清尚装饰总承包上海世博会主题馆项目】 4月28日，清尚装饰与上海世博局签订了中国2010上海世博会“城市未来”主题馆展示工程承建总承包合同。上海世博局副局长陈先进，清华控股资深副总裁薛保兴在“中国2010上海世博会展示工程承建总承包合同”上签字。6月，该项目举行开工典礼。

（赵 华 韩春雪）

【清华控股成功发行公司债券】 5月19日—22日，经国家发改委核准同意，清华控股同时在银行间债券交易市场与证券交易所市场成功发行公司债券，额度10亿元，票面利率4.78%，期限为7年。债券募集资金主要用于支持子公司发展、项目投资、调整债务结构和补充营运资金。本次公司债券的发行是清华控股继短期融资券、信托贷款之后在直接融资市场上的又一次成功实践。

（赵 华 韩春雪）

【科技部杜占元视察清华科技园】 5月26日，科技部副部长杜占元等视察了清华科技园。启迪股份董事长梅萌向客人介绍了清华科技园15年来的建设历程，以及园区在促进国家自主创新、推动区域经济发展等方面取得的成果。紫光捷通等3家清华科技园“钻石计划”企业的负责人分别就各自企业的核心技术及产业应用前景等向杜占元进行了汇报。杜占元对清华科技园及其园区企业为促进产业升级和发展作出的贡献给予充分肯定。

（赵 华 韩春雪）

【同方品牌价值跃升】 6月16日，由世界品牌实验室主办的2009年世界品牌大会发布了2009年中国500最具价值品牌排行榜，“同方”以501.23亿元的品牌价值居第14位。与去年同期相比，品牌价值提升近175亿元，排名跃升了10位。

（赵 华 韩春雪）

【同方、紫光股份入选电子百强】 7月9日，国家工业和信息化部在青岛召开2009年（第23届）电子信息百强企业发布会，公布了“中国电子信息百强企业”名单，同方股份排名第十四位，紫光股份排名第五十八位。本次电子信息百强名单是以2008年电子信息产业统计年报数据为参考，经企业与地方主管部门核对，由工业和信息化部最终审定后产生。

（赵 华 韩春雪）

【博奥生物获国家自主创新产品证书】 7月，科技部公布了首批243项国家自主创新产品名单，博奥生物自主研发的 LuxScanTM 激光共聚焦扫描仪入选生物医药与医疗器械类国家自主创新产品，获得国家自主创新产品证书。被认定的国家自主创新产品，将在政府采购、国家重大工程采购等财政性资金采购中享有优先权，并在高新技术企业认定、促进科技成果转化和相关产业化政策中得到重点支持。

（赵 华 韩春雪）

【令计划听取同方股份汇报】 8月，中央书记处书记、中央办公厅主任令计划以及国务院副秘书长项兆伦、解放军副总参谋长葛振峰、财政部副部长李勇、科技部副部长李学勇等参观了国家密码管理局主办的“全国商用密码成果展”，并在同方展台听取了同方股份在可信计算方面取得的成果汇报，对同方股份给予高度评价，同时提出了三点期望和要求：一要坚持和强化技术创新；二要加强人才培养；三要加大市场营销推广力度。同方股份凭借搭载TST2.0技术平台的安全电脑、可信移动存储设备、可信网络支付系统、可信网络接入等立体化可信信息安全解决方案及相关产品，成为展会上信息安全产品最多的民族企业。

（赵　华　韩春雪）

【副市长苟仲文到同方股份调研】 10月14日，北京市副市长苟仲文一行到同方股份视察和调研。同方股份总裁陆致成向苟仲文等领导汇报了公司的主要产业与经营情况。苟仲文对同方股份在金融危机影响下所取得的良好经营成绩给予充分肯定。

（赵　华　韩春雪）

【浙江省党政代表团考察博奥生物】 10月15日，由浙江省委书记、省人大常委会主任赵洪祝率领的浙江省党政代表团一行50余人，在北京市委副书记王安顺、市委常委赵凤桐，清华大学校长顾秉林等陪同下到博奥生物考察。清华控股总裁兼博奥生物董事长周立业和博奥生物总裁程京等陪同参观了博奥生物的技术产品成果展区和生产车间，程京详细介绍了生物芯片研发及产业化情况。赵洪祝书记等对于博奥生物发展所取得的成绩给予充分肯定，表示今后将加强与清华大学的全面合作。2008年，博奥生物与宁波大学共同合作在浙江建立了国内首家生物芯片海洋生物研究中心。

（赵　华　韩春雪）

【浦华环保获区专项资金支持】 11月10日，浦华环保“高效节能污水深度过滤系统项目”获得海淀园管委会“2009年度海淀区重大产业发展专项资金”支持。该项目具有自主知识产权和重大创新性，符合海淀园支持的重大产业发展方向，具有优良的产业化前景。

（赵　华　韩春雪）

【金桥奖颁奖会】 11月27日，在第十二届北京技术市场金桥奖颁奖大会上，紫光股份由于在加速技术成果转化及产业化方面成果显著，获集体一等奖；浦华环保总裁李星文荣获个人二等奖；泽华化工“一种浮阀塔盘”获项目三等奖。

（赵　华　韩春雪）

【华建敏出席清华科技园创建15周年庆祝大会】 12月10日，清华科技园举办创建15周年庆祝大会。全国人大常委会副委员长华建敏，教育部党组副书记、副部长陈希，科技部党组成员张景安，北京市委常委、中关村科技园区管委会党组书记、海淀区委书记赵凤桐，清华大学校长顾秉林，国际科技园协会主席约翰·巴拉维斯特等出席大会并讲话。

（赵　华　韩春雪）

【市领导参观清华科技园创建15周年成就展】 12月17日，中央政治局委员、北京市委书记刘淇，中央委员、北京市委副书记、市长郭金龙，北京市委常委、中关村科技园区管委会党组书记、海淀区委书记赵凤桐，副市长苟仲文一行在清华大学校长顾秉林、党委书记胡和平等陪同下到清华科技园参观“创新之路——清华科技园创建15周年成就展”。刘淇对清华科技园搭建的政、产、学、研、金、介创新平台给予充分肯定，表示北京市政府今后将进一步加大对园区的支持。

（赵　华　韩春雪）

【同方股份等入选创新型企业】 12月17日，在中关村国家自主创新示范区第三批百家创新型企业试点工作大会上，清华控股所投资的同方股份、博奥生物、浦华环保、比威网络，以及阳光能源全资子公司华业阳光新能源有限公司、紫光股份子公司紫光捷通、紫光集团子公司中棉紫光入选百家创新型试点企业名单。其中，同方股份、博奥生物、华业阳光新能源有限公司被确立为首批“中关村国家自主创新示范区创新型企业”。

（赵　华　韩春雪）

【人民大学校办产业】 2009年末，中国人民大学直接出资的全资企业3个（含企业化运作的事业单位1个），学校二级单位直接出资的全资企业1个，资产公司出资的全资企业3个。职工1322人，其中专业技术393人、管理人员128人、高级职称77人。资产总额7.25亿元，所有者权益6.11亿元，收入总额4.19亿元，利润总额7427.27万元，上缴税金6171.01万元，上缴学校1085万元。

（李春霞）

【青锋仪器制造公司挂牌转让】 为优化学校产业结构，推进学校产业规范化建设进程，经学校常委会讨论决定并报教育部批准，将无法体现学校学科优势、长期盈利能力不佳的校属企业北京青锋仪器制造有限公司在北京市产权交易所挂牌整体转让。

（李春霞）

【文化创意产业研究中心设立】 经学校批准，2009年7月，“中国人民大学文化创意产业研究中心”正式成立。该研究中心设在中国人民大学文化科技园，现有专兼职研究人员20人，其中国际专家6人。共承担过国家级课题4项、省市级课题5项，在研项目4项，研究涉及产业经济学、美学、公共管理学、新闻学、统计学等领域。

（李春霞）

【北京化工大学校办产业】 是年，北京化工大学校办产业正常经营企业26个，其中全资企业6个，控股企业6个，参股企业14个，主要从事化工产品的研发与销售。总资产1.85亿元，销售收入1.63亿元，利润总额239万元，上缴税金851万元，返还学校工资及有关费用454万元，上交学校50万元。事业编制职工120人，其中专业技术43人，管理人员22人，高级职称9人。

（梁志刚）

【化工大学提高投资效益】 对产业有关房屋进行统筹管理，包括化新楼、密云基地、昌平基地、西校区等，使公司收入有所增加；对股权资产进行盘活，拟出售持有的山东道恩北化弹性体材料有限公司25%股权，投资公司已将该股权以人民币321万元的价格在烟台产权联合交易中心挂牌转让。年内，投资公司下属13家企业总收1.63亿元。

（梁志刚）

【北京语言大学校办产业】 截至年底，校办产业有北京语言大学出版社（简称北语社）和北京北语留学服务中心（简称北语中心）两家企业。从业人员113人，其中高级职称14人，中级职称38人，管理人员22人。全年销售收入7460万元，同比递增36%；税前利润总额4779万元，同比递增154%；资产总额1.23亿元，同比递增30%；上交各项税金2784万元，同比递增137%。

（刘　杰）

【出版社被定为出口重点企业】 是年，国家商务部、文化部、广电总局和新闻出版总署组织评审，认定了130家“2009－2010年度国家文化出口重点企业”。北语社凭借对外推广的扎实工作与优秀成绩，再次荣膺“2009－2010年度国家文化出口重点企业”称号。

（刘　杰）

【北京交大校办产业】 北京交大资产经营有限公司（简称交大资产公司）直接投资企业13家，北京交通大学投资委托交大资产公司管理的企业10家。23家企业注册资本金1.64亿元，同比增加9679万元；资产总额9.53亿元，增幅为37.27%；净资产6.34亿元，增幅为78.71%；年产值8.09亿元，增幅为39.62%；税后净利润1.81亿元，增幅为45.00%；缴纳各项税金1.02亿元；上交及捐赠学校款1386万元。国家扶持高新技术产业及软件产业，获得退税5369万元，免税79万元。

（李　敏）

【北京交大科技孵化器有限公司】 3月份，孵化毕业了北京国铁源通科技有限公司，该公司注册资本金100万元，年末资产总额1771万元，本年度3月—12月产值1602万元，税后净利润485万元。交大孵化器有限公司承接了北京市的3项科研项目，获得科研经费325万元。

（李　敏）

【国家大学科技园获专项资金】 北京交大国家大学科技园突出交大城市轨道交通的学科优势，经海淀园管委会严格评审、海淀区政府常务会审议通过，获得了“2009年海淀区大学科技园平台项目专项资金”；同时还获得“中关村科技园区留学人员创业扶持资金”。

（李　敏）

【组建资产经营公司】 根据教育部《关于高校产业规范化建设中组建高校资产经营公司的若干意见》的规定，校办企业总公司领导根据学校自身情况制定出了注册方案，选定北京石大新元科技发展中心作为全资改制企业，将北京北石新材技术开发公司和昌平石大石油化工技术开发研究所持有的科技园土地国有股权相对应的净资产，评估后无偿划转到拟注册的资产经营公司，2009年5月26日在昌平工商局注册成立了北京中石大新元投资有限公司，注册资金1129万元。

（吴世刚）

【申报北京市大学科技园】 根据学校党委《关于中国石油大学（北京）申报北京市大学科技园》的决定，校办企业总公司从5月份开始进入大学科技园筹备申报阶段，7月份北京市教委派专家组到校进行了预评审，10月17日对10所申报大学科技园的高校进行了复审，12月28日收到北京市科技委员会北京市教育委员会、中关村科技园区管理委员会联合下发的《关于认定北京市大学科技园的通知》，中国石油大学以综合复审第三名的成绩报批准认定为“北京市大学科技园”。

（吴世刚）

【股份制企业国有股权划转】 根据教育部《关于做好2009年度直属高校产业工作的意见》〔教技发（2009）1号〕文件要求，各直属高校2009年度完成全校70%以上国有资产股权划转工作。石油大学上报经营性资产所有权益总额3229.93万元，需划转2260.95万元。9月份制定了关于《中国石油大学（北京）国有股权划转方案》上报教育部和学校，选定北京中油油品销售有限责任公司和北京石大油软技术有限公司为重点国有股权划转企业。因中国石油天然气股份有限公司对华北销售分公司与北京销售分公司合并重组，使校办企业国有股权划转工作暂时停滞。

（吴世刚）

【中国农业大学校办产业】 是年，推进校办产业规范化建设，建立产权清晰、权责分明、校企分开、管理科学的现代企业制度。年底完成了原北京农工大招待所和北京园西文化服务中心两家全资企业的改制、划转及北京博通农艺科技中心、北京千业基技贸公司、北京农大印刷厂3家企业的注销手续。完成了转让北京智海电子仪器厂有限公司全部手续。到年底，校办企业22家，其中全资企业12家，股份制企业10家，职工70人，其中专业技术人员42人，管理人员14人，高级职称18人。资产总额8.15亿元，销售收入3.68亿元，利润总额0.41亿元，上缴税金1.1亿元，上交学校7000万元。

（邱晓松）

【傅泽田出席校产业协会年会】 12月13日—17日全国农业院校校办产业协会年会在福州召开，会议由福建农林大学承办，来自全国17所农业院校产业主管领导及资产经营公司负责人50余人参会。会议由福建农林大学副校长王宗华主持，协会理事长、中国农业大学副校长傅泽田在大会上做主题发言，与会代表就产业规范化建设进展以及落实2009年教育部产业工作会议精神情况进行交流。

（邱晓松）

【生物技术股份公司商标注册】 是年，北京中农大生物技术股份公司6个新商标，顺利通过国家商标局认证，并成功获得商标注册证。8月20日，兽药厂消毒剂车间获得农业部GMP认证，这是公司第6个兽药车间通过GMP认证。8月、11月，“高氯甲维盐”、“阿维·高氯氟”、“辛硫·高氯氟”3个产品获得农业部“农药登记证”。

（邱晓松）

【中国农大组团参加“高交会”】 第十一届中国国际高新技术成果交易会11月16日—21日在深圳举行，中国农业大学组织部分科技企业参加了主题为“创新·创业·发展”的交易会。来自49个国家和地区的106个代表团、3000多家参展商、1800多家投资商和15000多个项目参加了高交会的展示、交易和洽谈，参观人数达50.6万人次，国内20所知名高校应邀参加了展览。中国农大在高校展示区设立了中国农业大学展览专区，展示了农大学科技企业的产品，受到了参会领导和观众的好评，并获优秀组织奖。广西壮族自治区副主席陈章良专程到农大展区进行了参观。

（邱晓松）

【节粮蛋鸡产业基地】 11月8日，北农大集团“农大3号节粮型蛋鸡产业基地”奠基典礼在河北省曲周县举行。农大党委副书记张东军参加奠基仪式并讲话。参加仪式的还有中国畜牧业协会禽业分会秘书长宫桂芬、邯郸市市长助理、秘书长段玉铭、邯郸市农业局局长暴常青、曲周县委书记申玉娥、县长白钢以及曲周县的相关领导。此次北农大集团在曲周投资建立“节粮型蛋鸡华北高技术产业基地”，标志着北农大集团全国产业布局和新制定的2014年五年发展战略进入了实质操作阶段。

（邱晓松）

【传媒大学校办产业】 是年，中国传媒大学校产企业资产2903.23万元，总收入893.77万元，利润36.06万元，上交税金51.89万元，上交学校200万元。从业职工36人，其中专业技术人员15人，管理人员21人，高级职称8人。

（高 萍）

【3家公司注销工作】 是年，资产公司按法定程序，在清产核资、评估审计、上报审核批准后，完成了北京媒院印刷厂、北京北广信科技发展有限公司以及北京广播学院电视服务部3家公司的注销工作。另有1家企业注销工作正在积极办理。

（高 萍）

【加快企业社会化进程】 公司对全资企业进行项目扶持，帮助开拓业务市场；在控股企业业务扩展过程中，资产公司帮助明确主营业务，对新增的业务项目给予市场化扶持和盈利模式指导；同时提供政策上的支持，并协助或直接办理项目运营的相关审批手续。

（高 萍）

【加强校企规范化运作】 北京中传资产管理有限公司注重加强对校企规范运作程序的政策引导，重点关注企业的经营素质，降低控制企业的经营风险；监督执行公司董事会和监事会机制，以此保证国有资产的增值保值。在企业的进入和退出机制、激励机制和科技成果转化机制等方面也进行了探索，拟定出《北京中传资产管理有限公司企业科技成果入股激励机制》、《北京中传资产管理有限公司企业进入及退出管理规定》。

（高 萍）

【大学科技园建设】 3月，学校与通州区政府签订了建设中国传媒大学科技园战略合作协议。资产公司与其他5家共建单位签订了中传科技园股份有限公司发起人协议。10月27日，参加了北京市科委、教委、中关村管委会组织的北京市大学科技园认定评审会，汇报了大学科技园的基本情况、园区的管理体制和运行机制、园区的特色和功能定位以及园区的发展规划等。现已被认定为“北京市市级科技园”。

（高 萍）

【搭建产学研平台】 北京中传资产管理有限公司结合学校的重点学科，全力发挥学科优势和在传媒领域的影响力，努力为学校打造产学研平台。现有的中传视友公司和中传广讯公司在网络传播和电视播控技术领域已经发挥出了重要的作用，并充分显示出产业优势。将把产业触角进一步延伸至影视艺术等诸多领域，逐步形成覆盖全球重点学科、布局合理的产学研发展平台。

（高 萍）

【中国政法大学校办产业】 中国政法大学出版社现有从业人员80余人，其中中级职称28人，高级职称18人。出版社积极服务中国的法学研究与法学教育事业，被国家新闻出版总署评为国家一级出版单位，荣获“国家百强出版社”荣誉称号。北京明法阁文化交流有限公司，从业员工80人，其中专业技术人员30人，管理人员11人。2009年实现了国有资产增值保值，总资产169.08万元，销售收入559.92万元，利润42.34万元，累计上缴各项税款46.91万元。

（贾 梅）

【华北电力大学校办产业】 华北电力大学现有控股、参股公司29家，是我国电力行业有影响力的高科技产业群体之一，形成了以电力科技为核心，电子、通讯、计算机、机械、环保等产品和服务并举，内外联合，多层次、多渠道发展的格局。依托学校的人才和技术优势，重点发展以风力发电设备、太阳能光伏发电设备、新型储能材料、电力电子等电力自动化设备、高效节能设备为主题的新能源与能源制造业，产生了较好的经济效益和社会效益。年底，学校控股参股企业的注册资金2.07亿元，资产总额7.10亿元，同比增长15.32%；所有者权益4.0亿元，同比增长7.94%；负债3.10亿元，资产负债率43.70%。收入3.07亿元，同比降低9.05%；实现净利润2995.24万元。

（金海燕）

【参加深圳“高交会”】 11月16日，华北电力大学独立组团参加了深圳举办的第十一届中国国际高新技术成果交易会，荣获了“优秀组织奖”。华北电力大学“火电厂脱硫系统用高耐腐蚀、耐磨循环浆液泵叶轮”，经过专家组的严格评审和会场现场调研，获得优秀产品奖。

（金海燕）

【定向增资】 华北电力大学国有独资公司“北京华电天德资产经营有限公司”参股的“保定华仿科技有限公司”，通过定向增资方式于2009年10月31日为基准日吸收合并了“保定华仿电控有限公司”，注册资本由866万元增至1152万元。股东由33名增至38名，2009年12月4日完成工商变更登记手续。

（金海燕）

【昌平科技创新大会】 12月13日，昌平区科技创新大会在中石化会议中心隆重开幕，北京市副市长苟仲文、昌平区区委书记关成华、昌平区区长金树东等领导，以及获奖优秀科研工作者、优秀创新企业代表出席了本次大会。华北电大作为驻区高校代表以及拥有昌平区唯一一家国家级大学科技园，应邀参加此次大会，李和明副校长出席并发言。昌平区对在科技创新方面作出突出贡献的科技工作者、科技创新企业、中介机构进行了重奖。一次性给予华北电力大学科技园200万元资金支持，用于大学科技园内的产学研合作项目、创业投资、技术转移、公共服务平台建设等方面。

（金海燕）

【北京中大爆破工程有限公司】 具有成熟的高大建筑物爆破拆除技术，成功地完成了航空工业总公司北京634所、北京797厂办公楼、北京城建集团大柳树散装水泥筒仓、北京东直门商委住宅16号楼、北京崇文区文化馆等30余种复杂环境条件下高大建（构）筑物爆破拆除工程的设计与施工。

（唐　兵）

【北京矿大能源安全科技有限公司】 该公司成立于2008年1月，位于中关村能源与安全科技园内，是中国矿业大学（北京）全资公司，是北京市科学技术委员会认定的高新技术企业。公司下设绿色开采中心、矿山数字化建设中心、矿物加工与利用中心、热能工程中心、新能源中心、矿山机电技术装备中心、能源安全战略研究中心等十几个工程技术研究中心。公司以客户需求为中心，以产品质量和售后服务为保障，努力打造能源安全专业名牌，通过持续稳定的发展服务于能源与安全工业。

（唐　兵）

【天津市炭金能源技术有限公司】 该公司于2001年由中国矿业大学（北京）、中国煤炭开发有限责任公司共同出资在天津注册成立，是国内集科研开发、生产、销售出口各种型煤产品和型煤设备的大型洁净型煤企业之一。公司位于天津市东丽区津汉线32.9公里处，临近天津国际机场、京津塘一线、二线高速公路、天津海港，交通十分便利。公司占地约2.67公顷，有两条自动化程度较高的型煤生产线，可年产型煤烧烤炭、速燃炭、炼钢增碳剂等10万吨。多年来，公司产品全部销往美国、日本、东南亚、欧洲等海外市场，受到客户的广泛认可与好评。公司依托中国矿业大学（北京）国家重点试验室、型煤研究设计所的科研开发优势和中国煤炭开发有限责任公司的信誉和实力，期望着与国内外各界朋友友好合作、共谋发展，开创洁净型煤事业的美好明天。

（李春林）

【中国地质大学校办产业】 中国地质大学（北京地区）有下属企业6家，截至年底，总资产净值5294.2万元，年营业总收入10433.43万元，全年净利润总额58万元，上缴税金535.67万元，上缴学校300万元。从业职工总数427人，其中专业技术人员85人，高级职称22人，管理人员55人。年内完成了4家全民所有制企业的改制工作，1家全民所有制企业未完成改制。

（李翠娥）

【北航校办产业】 截至年底，北京航空航天大学拥有校办企业50家，其中控股以上企业20家，从业职工957人，其中专业技术人员378人，管理人员79人，高级职称40人；学校在编119人；资产总量5.09亿元，销售收入2.18亿元，利润总额0.24亿元，上缴税金0.17亿元，上缴学校8350万元，同比增长38%。

（刘海鸥）

【探索产学研合作新模式】 北京北航资产经营有限公司引入市场优势资源对北京天华捷锐

光电技术有限公司实施战略重组，完成中航工业自控所与北航光纤陀螺技术的战略合作，快速推进光纤陀螺产业化。引入专业经营管理团队，以现代企业运行方式经营管理北京民航天宇科技发展有限公司，面对市场不断拓宽业务范围，寻求业务增值点，加快航空通信技术成果转化步伐。扶持北京北航精密机电有限公司进一步提高产能，新建4000平方米生产、研发、销售基地，进一步保证该企业行业龙头地位，同时积极引入战略投资，以加速其快速发展。积极配合学校筹建北京先进技术研究院，构建产学研互通的“立交桥”，促进科技开发、成果转化与产业化的深度融合。

（刘海鸥）

【搭建产学研合作平台】 唯实大厦竣工投入使用，使北航科技园扩展为拥有12万平方米写字楼，5万平方米国际文化交流中心，超过200家入园企业，园区企业总产值超过50亿元的环北航经济圈核心。与北航团委联合主办“冯如杯”科技作品竞赛、“创业计划大赛”等常年活动，配合主办十一届“挑战杯”全国大学生系列科技学术竞赛，建立并做实“双实双业”基地，被团中央、科技部和教育部授予“青年就业创业见习基地”和全国首批“大学生科技创业实习基地”称号。北航科技园嘉兴分园正式揭牌运营，滨海分园紧张筹建，为北航科技成果在异地转化搭建平台。

（刘海鸥）

【现代服务业向高端发展】 北京中湾智地物业管理有限公司在保持原有规模，扎实做好唯实大厦、世宁大厦、柏彦大厦、北航新主楼、政协礼堂、大运村等项目基础上，不断提升服务品质。世宁大厦通过北京市首届五星示范项目评审。唯实国际文化交流中心唯实酒店9月落成，为北航在国际文化交流、承担大型学术活动及会议提供了一个新的平台，并成功为奥迪汽车公司、十一届“挑战杯”等20余个大型综合性会议提供了服务。北京星舟工程管理有限公司规模和业界影响力进一步扩大，首批换发甲级监理资质证书，通过质量、安全、职业健康三标一体质量管理系列认证，组建了3个外省市分部。

（刘海鸥）

【北京工商大学校办产业】 是年，北京工商大学有北京商苑物业管理中心、北京北轻苑招待所、北京海淀北商外事楼3家校办企业。从业职工39人，事业编制8人，合同制31人；中级职称3人，初级职称5人。注册资本440万元；总资产1788万元；净资产571万元；主营业务收入855万元；利润总额112.5万元；净利润83万元上缴税金75万元。

（杜亚辉）

【北京工商大学校产获奖】 12月份，北京北轻苑招待所获海淀区服务行业企业管理创新奖，北京海淀北商外事楼获诚信服务企业奖。

（杜亚辉）

【首都医科大学校办产业】 首都医科大学校办企事业单位努力增收节支，在资产总量未增加的前提下，实现年销售收入1894万元，上缴税金139万元。

（温永民）

【资产管理公司规范运营】 新组建的资产管理有限责任公司已开始规范运营。年内召开2次董事会，审议了2008年改制经费决算、2009年改制经费预算、资产管理公司2009年财务预算、内部企业改制方案，并审议了个别企业财务违规问题的处理意见等重要问题。

（温永民）

【关闭原校办企业结算中心账户】 对于已灭失的企业和有偿服务部门对学校的欠款进行了清理，从企业结算中心账户中清还38.35万元，运营中企业自行偿还20万元，实物相抵账务处理债款15万元。总计清偿欠款73万余元。

（温永民）

【搭建成果开发平台】 首医生物医药科技园把园区建设积极纳入到丰台丽泽金融园区规划中，申报的北京国际药物临床研究中心得到政府相关部门的重视和支持。新医药北京技术转移中心继续开展包括成果转移项目安全评价交流会、创新大会、各类相关的培训等活动，成为科研院所、企业、高校、医院以及政府之间推进科技成果转化的重要桥梁渠道。4月助推宣武医院泰思胶囊转移落户北京双鹿药业，签约金额700万元。

（温永民）

【首都医科大学实验室建设】 企业化运作的临床检验中心，取得了卫生部《临床基因扩增检验实验室》技术验收合格证书，通过了卫生局全面的校验检查和血铅实验室的考核，获得专家较高的评价；全面启动实验室信息化(LIS)建设，对客户信息、样本信息、检验项目、检验数据的管理和发布、质量控制等步骤实现了统一管理，加快中心网站建设，通过互联网提供实验数据的适时发布查询，提高了实验工作效率；每天向北京市检验质量评价与改进中心上传室内质控数据，争取尽早加入检验结果互认体系；连续7年参加卫生部临床检验中心室间质评活动，参加了14大类，共计84项试验，均取得优异成绩。

（温永民）

【食品药品安全评价中心】 在遭遇行业危机的形势下，共争取到5个样品的常规毒理学安全性评价试验；完成了823胶囊、运脾止泻等药效研究；承担若干基础－临床科研合作项目；加强了中心人员的继续教育，派4人次参加试验室计量认证培训，全部通过考核取得相关证书。

（温永民）

【北京联合大学校办产业】 截至年底，北京联合大学校办产业有北京科兴企业管理中心、北京第三开关厂、北京北联机电设备厂、北京育慧苑商贸中心、北京汉通科技有限责任公司等4家全民所有制企业和1家控股企业。从业人员142人，专业技术人员14人，管理人员21人，高级职称4人。全年销售收入782万元，利润总额-164万元，上交税金51万元。

（郑春明）

【北京建筑工程学院校办产业】 截至年底，有投资企业7家，其中北京建工广厦资产经营管理中心作为学校经营性资产公司，下属二级企业有北京建工京精大房工程建设监理公司、北京建工建筑设计研究院和北京建工建方科技公司3家，职工800人，其中事业编制78人。完成产值17367万元，新增固定资产240万元，上缴国家税金797.4万元，上缴利润4011万元。

（王建宾）

【为企业发展提供服务】 完成北京建工建筑设计研究院的甲级资质增资工作。协助完成4家公司的中关村科技园（德胜园区）高新技术企业申报工作。联系西城区发改委和中关村科技园管委会为北京建工京精大房工程建设监理公司、北京建工建方科技公司、北京建工建筑设计研究院和北京致用恒力建筑材料检测所做申报培训和政策解答，使4家企业顺利申报。完成申办北京市大学科技园，汇总校办企业科技成果，作为大学科技园的技术平台。

（王建宾）

【建方科技与大同云冈签订合同】 2月，北京建工建方科技公司与山西大同云冈石窟研究院签订《云冈石窟1～2窟剖面及正射影像代拓片》项目合同，并开始实施。

（王建宾）

【完成高新技术企业申报】 12月，完成监理公司、设计院、建工建方科技公司和致用恒力检测公司等4家企业的中关村科技园（德胜园区）高新技术企业申报工作。

（王建宾）

（本栏目编审：李　玮　李淑萍）

开 发 区

综 述

2009年，全市开发区规划面积3.4万公顷，同比增长1%，其中国家级开发区规划面积2.5万公顷，基本保持持平。招商企业3348家，同比增长78.3%，其中，中关村国家自主创新示范区招商企业2222家，同比增长1.4倍，占全部招商企业数的66.4%。招商项目总投资达697.3亿元，外商直接投资额突破13.7亿美元。总收入实现由负转正，经济发展再次进入高速通道。全市开发区自建区以来经济一直保持较高的增长趋势，但2008年下半年受全球金融危机影响，总收入一度呈现负增长，2009年1月—2月增速达到最低，同比下降8.5%。随着保稳定、促增长政策的实施，开发区经济探底反弹呈企稳回升态势，1月—5月总收入增速同比下降4.5%，1月—8月起增幅由负转正，同比增长3%，进入第4季度之后，总体经济继续向好。全年实现总收入15108.9亿元，同比增长14.8%；实现利润1232.3亿元，同比增长42%；应缴税金713.4亿元，同比增长15.7%。其中，国家级开发区实现利润和应缴税金1136.6亿元和612.4亿元，分别比上年提高47%和24.4%，均高于全市开发区平均水平。产业结构不断优化，全市开发区第三产业总收入比重达51.2%，同比提高3个百分点；其中国家级开发区第三产业总收入比重达54.8%，同比提高1个百分点。从业人员规模保持相对稳定，截至年底，共有从业人员133.6万人，同比增长5.9%。国家级开发区带动作用加强。北京经济技术开发区、中关村国家自主创新示范区和北京天竺出口加工区是北京市拥有的3个国家级开发区。全年实现总收入13170.7亿元，占全市开发区的87.2%，同比提高4.3个百分点。工业出口回升速度缓慢。是年，全市开发区实现工业出口交货值1308.5亿元，同比下降14.2%。

（武睿琦）

中关村国家自主创新示范区

【综述】 3月13日，国务院做出建设中关村国家自主创新示范区的批复，中关村成为中国首个国家级自主创新示范区。4月，北京市出台了《关于建设中关村国家自主创新示范区的若干意见》，国务院有关部门和北京市相继出台支持中关村示范区建设的政策文件30多项。

是年，中关村企业实现总收入超过12995.1亿元，同比增长23.7%；实现增加值2182亿元，占全市地区生产总值的18.4%，比上年提高了1个百分点；专利授权6362件，同比增长47.8%；高新技术企业17940家，企业从业人员106.2万人；上缴税费661.6亿元，出口创汇208.2亿美元。中关村的技术交易额达到全国的四分之一以上，其中60%以上输出到北京以外地区。

深化体制机制创新，各项先行先试的改革取得显著进展。启动股权激励试点。有263家单位参加试点，其中中央属单位113家，市属单位150家。北京市分5批批准31家市属单位的试点方案并启动实施。深化科技金融创新试点，中关村初步形成“一个基础、十条渠道”的投融资体系。“一个基础”是以企业信用体系建设为基础，“十条渠道”包括天使投资、创业投资、代办股份转让、境内外上市、并购重组、集合发债、担保贷款、信用贷款、小额贷款、信用保险和贸易融资。在代办系统挂牌的中关村企业65家，年内新增上市公司23家，上市公司总数135家。开展重大科技专项经费列支间接费用的试点。选择了两批71家试点单位及其承担的101个国家及北京市科技重大项目开展试点工作。支持中关村的新型产业组织和民营科技企业参与、承担国家重大科技项目，建立产学研用结合的协同创新机制。中关村的产业技术联盟达到42家。长风软件、TD－SCDMA等9家联盟纳入科技部产业技术创新战略联盟试点。2009年，中关村企业承担的国家科技重大专项有128项。研究制订支持创新创业的税收政策。组织编制发展规划纲要，起草《中关村示范区发展规划纲要（2010～2020年）》。实施工商管理改革政策试点。工商总局出台43条试点政策，工商总局商标局专门设立驻中关村办事处，是全国第一个派驻的商标办事机构。北京市专门设立中关村示范区工商分局。深化政府采购自主创新产品的试点，组织5批政府采购中关村自主创新产品的签约仪式，共有项目102个，采购中关村自主创新产品33亿元。在中关村聚集高端领军人才。29名中关村人才入选中央“千人计划”，43名中关村人才被认定为北京首批海外高层次人才。中央组织部等单位组织14家中央企业在中关村集中建设“未来科技城”。启动中关村示范区的地方立法工作。完成《中关村国家自主创新示范区条例》的起草工作，努力在企业设立、社会组织发展、产学研用协同创新、科技成果转化、投融资、政府行为规范等方面做出创新性的规定。

帮扶企业应对国际金融危机。针对中关村企业的特点，组建帮扶的工作机构和机制，制订专门的帮扶措施和工作任务，对重点企业采取“一对一”的帮扶方案。大力扶持创新型企业做强做大。继续推进中关村百家创新型企业试点工作。试点企业总数达到305家，有56家企业完成了试点任务，被命名为首批创新型企业。

推动重大科技成果研发和产业化。经国务院批准，北京市与科技部、国家知识产权局联合在中关村成立了中国技术交易所，成为首家国家级技术交易机构。以中关村的企业为主体，研发了全球第一个甲型H1N1流感疫苗、国内单机功率最大海上风电机组、大容量锰酸锂动力电池等一批新的自主创新成果，LED显示屏、智能终端设备、信息安保系统等中关村的技术和产品在国庆60周年活动中应用。重点推进了中科院龙芯芯片、中科院纳米绿色打印、清华大学抗肿瘤药物等一批重大科技成果在北京落户和产业化。

继续推进各类创新服务平台建设。以高校院所的重点实验室为基础，中关村开放实验室挂牌的总数达到59家，通过检测、咨询、联合研发等方式为企业服务。企业信用体系建设不断深入，信用促进会会员近3000家。留学人员创业园达到29家，新型协会组织达到43家。

专业园和产业基地建设取得新进展。核心区进一步聚集创新要素，加快业态调整和综合环境整治，率先开展了行政审批制度改革。启动建设北部研发服务和高新技术产业聚集区、南部高技术制造业和战略性新兴产业聚集区。

开展多层次交流。进一步深化与法国索菲亚等世界知名科技园区的交流。举办了以“创新创业能力与企业家精神”为主题的2009年中关村论坛。

（王　锦）

【首个国家自主创新示范区诞生】 3月13日，《国务院关于同意支持中关村科技园区建设国家自主创新示范区的批复》下发，中关村成为首个国家级自主创新示范区。《批复》指出，要加快改革与发展，努力培养和聚集优秀创新人才特别是产业领军人才，着力研发和转化国际领先的科技成果，做强做大一批具有全球影响力的创新型企业，培育一批国际知名品牌，全面提高中关村自主创新和辐射带动能力，推动中关村的科技发展和创新在本世纪前20年再上一个新台阶，使中关村成为具有全球影响力的科技创新中心。3月19日，市长郭金龙主持召开中关村国家自主创新示范区领导小组第一次会议。要求加紧落实开发区各项重点工作。3月20日，建设中关村国家自主创新示范区动员大会召开，市长郭金龙主持大会，中共北京市委书记刘淇、国务委员刘延东、科技部部长万钢等出席会议。会议对175家中关村20周年突出贡献企业（单位）和135名个人进行了表彰。清华大学校长顾秉林、中科院高技术局副局长肖云汉、有色金属研究总院院长屠海令、联想集团董事局主席柳传志、中星微电子公司董事长邓中翰分别代表高校、科研机构和企业发言；刘淇和刘延东发表讲话。4月2日，市委市政府出台《关于建设中关村国家自主创新示范区的若干意见》，提出，举全市之力建设中关村国家自主创新示范区。

（王 锦）

【推进“四个一批”工作】 是年，中关村示范区培养和聚集一批优秀创新人才特别是产业领军人才，研发和转化一批国际领先的科技成果，做强做大一批具有全球影响力的创新型企业，培育一批国际知名品牌。在年度“十大”系列评选中，联想集团柳传志、中星微电子邓中翰、清华同方陆致成、百度公司李彦宏等人成为十大领军企业家；甲流灭活疫苗、聚乙二醇重组人血管内皮抑制素、国产非晶带材在电力系统中的应用开发及工程化、国内单机功率最大海上风电机组等成为十大技术创新成果；凡客诚品（北京）科技有限公司、北京北大青鸟国际软件技术有限公司、北京中青旅创格科技有限公司、北京京东方专用显示科技有限公司等成为十大高成长企业；联想、百度、爱国者、新东方等成为十大品牌。

（王 锦）

【信息技术领域创新成果】 是年，联想公司推出智能本 Skylight、智能手机乐 phone 和全新创意的双模笔记本电脑 ideapad U1，全面发布移动互联网战略；同方股份公司推出利用云计算技术开发出的第一个系列产品——云终端网络计算机 VD1000，开始新一代网络计算机的应用性探索；七星华创电子公司推出适用于203.2毫米半导体 IC 生产线、高真空设备的 CS 系列气体质量流量控制器/流量计，改变了中国数字质量流量控制器完全依赖进口的局面；联合信源推出首款采用 ARM Cortex－A8 处理器和 NEON 技术的国标 AVS 标清解码器，是中国国标 AVS 标准商业化应用的一个里程碑，应用于家庭音视频系统、手持多媒体设备、车载媒体播放器等领域。

（王 锦）

【生物医药领域创新成果】 是年，科兴公司自主研发成功甲型 H1N1 流感病毒裂解疫苗“盼尔来福·1”，是全球第一个获准生产的甲型 H1N1 流感疫苗；万泰生物药业公司研制的新型甲流诊断试剂，与国内外同类产品相比具有更高的灵敏度和特异性，诊断时间短；金豪制药公司联合中国疾病预防控制中心共同开发的甲型 H1N1 流感病毒 RNA 检测试剂盒，是国内第一个产业化的 H1N1 检测试剂产品；中生北控公司推出低密度脂蛋白胆固醇检测产品，质量达到国际同类试剂水平，在血脂类诊断试剂中属国内首创；普罗吉公司与清华大学共同研发的血管抑制剂类抗肿瘤药物——“聚乙二醇重组人血管内皮抑制素”，为国家一类抗癌新药，具有作用靶向明确，毒副作用小，不产生耐药性和抑瘤广谱性等优点。

（王 锦）

【先进制造领域创新成果】 是年，中科院与浪潮集团联合研发的国产第三代基因测序仪，填补了中国在基因测序基础装备领域的空白，提升装备自主化水平；浦华控股研发完成沉淀过滤一体机，进行了纳米技术的应用、大型号设备的开发、国民经济支柱行业企业的试验和适应性改进等，产品性能和规格超越了同类国外设备；北京科华微电子材料公司投资建设的中国第一条百吨级高档光刻胶生产线在顺义区建成并投产运行，标志着国内微电子技术行业长期依赖进口光刻胶的局面将从此结束。

（王　锦）

【创新产品用于60周年庆典】　在2009年国庆60周年庆典活动中，利亚德电子科技公司、东方正通科技公司、美尔斯通科技发展公司及启明星辰信息技术公司等一批中关村自主创新的技术产品得到成功应用。其中，利亚德公司为国庆庆典提供了天安门广场巨型LED大屏幕及北京游行彩车显示屏；东方正通公司的值守应急等软件系统在服务保障和突发事件应急处置工作中发挥了重要作用；美尔斯通公司的骨传导语音通信终端系统装备在参加阅兵的二炮某部战士头盔中；旋极科技公司的手持智能信息终端产品应用于国庆60周年阅兵指挥调度；启明星辰公司的统一威胁管理技术及全面性安全服务也为国庆60周年庆典活动提供了最大的信息安全保障；仁创集团的生态环保“透水砖”，参与国庆阅兵“主战场”——长安街的修缮工程。

（王　锦）

【企业并购重组整合产业链】　是年，中关村一批重点企业通过加速产业整合和并购力度，整合产业链资源。用友软件收购方正春元、特博深信息等7家公司，进一步扩充产品线，强化在财政信息化领域的份额和竞争力。中星微并购上海贝尔（ASB）监控业务在华所有的资产、厂房、设备、库存、合同、知识产权及服务和开发能力，提升了在安防监控产业链的地位。京芯世纪（北京）半导体公司收购飞思卡尔无线业务部门及摩托罗拉协议栈软件业务，致力于开发3G、4G无线通信终端芯片及基于芯片的手机终端解决方案，促进在微处理器领域的自主设计能力。华胜天成以2.6亿港币收购香港自动系统集团公司，对开拓东南亚市场具有战略意义。空中网全资收购大承网络游戏公司，全面进入互联网游戏市场领域，开创中国互联网“手机游戏＋互联网游戏”全新业务模式。亚信集团与联创公司进行合并，以超过7亿美元的资产并购联创科技，合并后的新公司成为全球第二大电信运营支撑系统提供商。神州数码分别购入日本上市信息科技公司SJI 23.65％和6.96％的股权，通过共享专门知识和知识产权、技术、人力资源和销售网络，将业务拓展至日本市场。

（王　锦）

【政府采购自主创新产品33亿元】　是年，市政府发布《关于在中关村科技园区开展政府采购自主创新产品试点工作的意见》，相关部门制订了首台（套）重大技术装备试验和示范、首购、订购、资金审计监督、支持中小企业投标承接重大建设工程项目等政策文件。8月13日，市发展改革委、市科委、市财政局、中关村管委会联合召开了政府采购中关村自主创新产品第四次签约大会。会上公布了北京市入围首批国家自主创新产品目录的产品，签订了15个示范项目，总投资达到5.56亿元，其中采购自主创新产品3.19亿元，占总投资的比例为57.4％。在本次签约的示范项目中，区县项目共有10个，如：顺义新城温榆河水资源利用工程（二期）、海淀公安分局中央液态冷暖源环境系统、北京经济技术开发区隔声屏工程项目等，占总项目数的2/3，总投资3.16亿元，采购自主创新产品1.66亿元。全年中关村5批政府采购签约的项目共102个，采购中关村自主创新产品33亿元。

（王　锦）

【科技金融创新试点工作】　是年，国家和北京市有关部门出台了《关于促进辖内银行业金融机构大力支持中关村建设的指导意见》、《关于扩大中关村信用贷款试点的意见》、《关于中关村信用保险及贸易融资试点工作的意见》等新政策。中国银行、北京银行、交通银行等在中关村成立了专门为科技型企业服务的专营机构；启动了股权质押贷款、商标权质押贷款、知识产权质押贷款以及信用保险和贸易融资的试点。2009年，中关村新增23家境内外上市企业，其中纳斯达克市场2家，中小板市场8家，创业板市场13家；中关村代办股份报价转让系统挂牌企业的数量61家。截至2009年底，中关村上市公司总数已达135家，其中境外59家，境内76家。

（王　锦）

【畅游数码公司在纳斯达克上市】　4月3日，搜狐公司所属的畅游时代数码技术有限公司正式在美国纳斯达克证券交易所上市交易，成为纳斯达克自2008年11月22日以来的全球首个IPO成功上市案例。畅游数码公司主营业务是在线游戏的开发和运营，主要产品有自主研发的在线游戏《天龙八部》等。此次公开发行750万股美国存托凭证（ADR），定价为每股16美元，融资金额为1.2亿美元，首日开盘价为每股22美元。瑞士信贷和美林担任此次IPO的主承销商。畅游数码公司是中关村2009年第一家成功上市的企业，也是中关村在纳斯达克上市的第二十二家企业。

（王 锦）

【股权激励改革试点工作】 4月6日，中关村国家自主创新示范区股权激励改革试点工作动员大会召开。会上介绍了《中关村国家自主创新示范区股权激励改革试点单位的试点工作指导意见》，宣布了申请首批15家股权激励改革试点单位的名单。北京市科学技术研究院、北京京仪集团有限公司、北京建筑工程学院作为首批试点单位代表分别发言。市委常委赵凤桐、副市长苟仲文出席了会议并讲话。

（王 锦）

【产业联盟和开放实验室工作】 4月9日，2009年度中关村产业联盟和开放实验室工作大会召开，总结中关村产业技术联盟，开放实验室在构建技术创新体系、推动产学研协同创新方面取得的成果，开通了开放实验室信息网络平台，为第四批23家开放实验室授牌。中关村已有数字电视、闪联、下一代互联网、TD－SCDMA、新材料、生物医药研发外包、节能环保等30家产业联盟，中关村开放实验室挂牌总数59家，与企业共建联合研发机构57家。会议由市委常委赵凤桐主持，副市长苟仲文发表了讲话。

（王 锦）

【举办挂牌企业网上路演活动】 4月16日，中关村管委会、中国证券业协会、深圳证券信息有限公司联合举办“中关村园区挂牌企业2008年报业绩网上路演”活动。借助投资者关系互动平台，北京世纪瑞尔股份有限公司、北京华环电子股份有限公司、北京鼎普科技股份有限公司、北京康斯特仪表科技股份有限公司、圣博润高新技术股份有限公司、北京联飞翔科技股份有限公司、北京建设数字科技股份有限公司、北京京鹏环球科技股份有限公司8家企业参加了此次活动。全国的投资者通过在线形式，围绕公司2008年度业绩、公司治理、发展战略、经营状况、融资计划、股权激励、可持续发展等问题进行了沟通与交流。2个小时共收到投资者提问1400多个。

（王 锦）

【部市领导调研示范区建设情况】 5月6日，科技部部长万钢与北京市市长郭金龙、秘书长黎晓宏等到中关村调研，视察了科兴生物公司、仁创集团和大唐电信集团，听取了关于中关村国家自主创新示范区建设进展及企业承担国家重大科技专项情况的汇报，并就企业和产业技术联盟参与国家重大科技专项等问题与企业家及产业联盟负责人进行座谈。会议明确，组织实施国家重大科技专项是中国新时期科技发展的重大战略任务，要精心组织好国家重大科技专项的相关工作，积极发挥战略产业联盟的作用，集成科技资源，使重大科技专项成为一个平台，带动企业的产品创新和产业升级；要充分利用政府和企业力量引导市场，做好产业上下游衔接，帮助企业发展壮大；要高度重视对自主创新产品的支持，进一步落实政府采购政策，采取多种形式促进企业走出去。

（王 锦）

【示范区立法领导小组成立】 5月14日，市人大常委会副主任柳纪纲主持召开中关村国家自主创新示范区立法领导小组第一次会议。宣布成立立法领导小组和立法工作组。领导小组由市委常委赵凤桐任组长，成员由市政府法制办、市人大常委会法制办、中关村管委会以及市相关部门组成。工作组由市政府法制办牵头。会议听取了中关村管委会关于中关村国家自主创新示范区建设及立法工作进展情况的汇报，研究讨论了市法制办关于开展《中关村科技园区条例》修订工作的若干意见。

（王 锦）

【51项产品成为国家创新产品】 5月15日，科技部发布《关于发布国家自主创新产品认定试点结果的通知》，共有243项产品被认定为首批国家自主创新产品。其中，中关村国家自主创新示范区共有51项产品入选，在全国各高新区中居第一位，约占全国产品数量的21%。这些自主创新产品涵盖了集成电路、软

件、医疗器械、节能环保、新材料、计算机等众多高新技术领域。

（王　锦）

【半导体照明产业技术联盟成立】　6月30日，中关村半导体照明产业技术联盟成立。该联盟是由北京半导体照明产业的企业、科研机构等20余家相关单位发起成立的。主要成员单位有中科院半导体所、清华大学、北京大学、中科院物理所、北京工业大学、北京电光源研究所等大学和科研机构，利亚德、世纪澄通、四通智能、良业照明、同方股份、申安集团等企业，以及国家电光源质量监督检验中心等检测机构，理事长单位为中科院半导体所和北京半导体照明科技促进中心，秘书处设在北京新材料发展中心。联盟将整合LED产业链上下游资源，发挥北京在LED上游技术研发、检测和标准制定等方面的优势，促进产学研合作，提升自主创新能力，加快大屏幕全彩显示和景观照明等高端应用，探索和完善联盟运行机制。

（王　锦）

【中国证监会领导到中关村调研】　7月7日，中国证监会主席尚福林、中国证券业协会等领导在北京市市长郭金龙、常务副市长吉林等陪同下到中关村调研。视察了拟在创业板上市企业北京四维图新科技股份有限公司、中关村代办股份转让试点挂牌企业北京时代科技股份有限公司，并在中关村软件园进行了座谈。中关村管委会汇报了发挥资本市场作用，加快建设中关村国家自主创新示范区有关工作的情况，碧水源、易讯无限、时代科技、中科软、启迪投资等公司代表发言。尚福林提出，科技与资本的结合是推进经济发展方式转变和实施自主创新战略的重要途径。要加快推进创业板建设，认真做好中关村代办股份转让试点工作，积极探索中国场外市场建设的路径。要严格监管，依法运作，希望市场参与各方依法规范自身行为，为实现中国的自主创新战略和推进资本市场稳定健康发展作出积极贡献。

（王　锦）

【重大专项列支间接经费试点】　7月8日，市财政局、市科委、市发改委、市经济信息化委、中关村管委会联合召开中关村国家自主创新示范区科技重大专项列支间接经费试点工作启动会。市财政局发布《中关村国家自主创新示范区科技重大专项资金试点管理办法》和《中关村国家自主创新示范区科技重大专项项目（课题）经费间接费用列支管理办法（试行）》。市科委公布首批试行科技重大专项资金管理的47家试点单位和51个试点项目。《试点管理办法》与现行科技项目经费管理办法相比，在经费管理上有所突破和创新，项目经费在核算方式上实行直接费用和间接费用的核定办法。规定了间接费用列支比例。对不同性质的项目承担单位，按照不超过直接费用扣除设备购置费后10%～20%的比例核定间接费用总额。项目经费的管理方式更加科学，增加了不可预见费和管理工作经费内容。使经费保障机制更加符合项目的实际情况。

（王　锦）

【联想网御与江民成立实验室】　7月16日，联想网御与江民科技在京成立“黑客攻击与网络病毒研究联合实验室”，签订补充合作协议。根据协议，双方在继续保持上一阶段“网络病毒特征库”合作的同时，逐步开展应用解决方案和技术研发层面的深度合作，共同研究分析网络攻击行为特征和恶意代码特征。

（王　锦）

【30家企业首日申报创业板】　7月26日，中国证监会开始受理创业板发行上市申请，全国共有108家企业申报，其中中关村示范区高新技术企业有30家，占首日全国申报总数的27.8%，位居全国第一。位居第二位的深圳有12家，其他各省市均在10家以下。首日申报的30家中关村示范区企业中代办系统挂牌企业3家。

（王　锦）

【中科院出售联想控股29%股权】　8月8日，北京产权交易所公告显示，中国科学院以27.55亿元人民币价格挂牌出售联想控股有限公司29%股权。公告指出，意向受让方应是内资公司，成立时间满20年，实缴注册资本不低于40亿元，2008年经审计的资产总额不低于350亿元且净资产不低于100亿元，2006年—2008年3个年度的净利润平均为8亿元以上。

（王　锦）

【中国技术交易所揭牌】　8月13日，由北京市政府、科技部、国家知识产权局联合主办的中国技术交易所揭牌仪式在中关村清华科技园举行。北京市委书记刘淇、科技部部长万钢、北京市市长郭金龙、国家知识产权局局长田力普共同为中国技术交易所揭牌。揭牌仪式由副市长苟仲文主持。中关村管委会主任郭洪代表中国技术交易所筹建工作组介绍了中国技术交易所的成立背景、组织形式及功能定位。中国技术交易所采用公司制的组织形式，由北京产权交易所、北京高技术创业服务中心、北京中海投资管理公司等股东单位共同出资设立，注册资本2亿元，注册地址在中关村示范区核心区海淀园。中国技术交易所将努力打造成为推动技术转移的综合服务平台、技术与资本高效对接的服务平台、促进科技成果转化和产业化的支撑平台和股权激励工作的操作平台。北京市常务副市长吉林指出，在中关村国家自主创新示范区核心区建设国家级的技术交易机构和技术交易平台，将有利于发挥中关村在科技成果转化方面先行先试的示范效应，有利于发挥中关村高科技产业的带动效应。

（王　锦）

【2家企业成为增速最快公司】　8月19日，《财富》杂志评选出全球增长速度最快的十大科技公司，中国上榜的2家企业搜狐和亚信均在中关村示范区，其中搜狐位列第三，亚信位列第十位。《财富》认为，搜狐高速增长的原因来自于其业务的多元化，而亚信的快速发展则得益于中国通信用户规模高速增长所带来的多业务需要。

（王　锦）

【中国技术交易所成交第一单】　8月25日，中国技术交易所成立后的第一个技术转让项目——国家三类新药盐酸马尼地平技术项目以550万元成交。该新药的技术转让方是天津药物研究院，受让方是扬子江药业集团北京海燕药业有限公司。盐酸马尼地平项目是天津药物研究院研制的用于治疗高血压疾病的3类化学新药。与其他抗血压药物相比，盐酸马尼地平不影响心率，对肾具有保护作用，特别适用于伴有肾脏疾病的高血压患者。天津药物研究院负责人表示，作为单纯的科研机构，没有自己的产业基地，新药研发后只能进行技术转让，但技术转让并不是研究人员的强项。而中国技术交易所不仅拥有多个行业的技术精英，还建有医学专家库和医学技术评价体系，并且通过专家评估得出的结论也令人信服。中国技术交易所的主要发起人北京产权交易所掌握着数千家经纪公司和大量的会员信息，此次技术转让通过数据库检索的方式，找到多家匹配公司，最终经过严格筛选确定了技术受让方。

（王　锦）

【甲型H1N1流感疫苗研制成功】　8月31日，北京科兴生物制品有限公司研制的甲型H1N1流感疫苗通过国家药监局药品审评中心组织召开的审评会，成为国际上第一支研制成功并获批生产的具有中国自主知识产权的甲型H1N1流感疫苗。疫苗临床试验结果显示，15微克甲型H1N1流感裂解疫苗可用于3岁—60岁人群的免疫接种，接种程序为1针，安全性良好，达到了国际公认的评价标准。9月3日，国家药品食品监督管理局召开新闻发布会，宣布科兴公司获得甲型H1N1流感病毒裂解疫苗药品注册批件和新药证书。新华网、路透社、法新社和美联社等10余家境内外媒体参加了新闻发布会。表明中国的甲型H1N1流感疫苗研发、生产水平在国际上处于领先地位。

（王　锦）

【新能源和节能环保领域成果】　9月，华锐风电自主研发并设计制造的首批3台3MW海上风机并网发电，填补了国内大型近海风机的空白；中材科技风电叶片与华锐风电公司整机配套出口南亚，实现首次出口；碧水源研发出的拥有自主知识产权的PVDF中空纤维膜、膜元件和MBRU膜组器，结束了中国膜产品长期以来依靠进口的历史。

（王　锦）

【新华社与百度达成战略合作】　9月17日，新华社与全球最大的中文搜索引擎百度签署战略合作协议。百度将协助新华社开发其庞大的新中国多媒体史料库，通过数字化进程充分实现新中国成立60年间珍贵史料的用户价值和商业价值，并以此向国庆60周年献礼。除双方合力打造新中国最大的多媒体史料库外，百度还将利用自身在互联网信息检索方面的技术优势，推进新华社旗下的新华网、新华搜索引擎研发进程。

（王　锦）

【6项重大科技成果落户北京】 10月13日，中科院计算所的龙芯CPU芯片、中科院化学所的绿色制版技术、清华大学的国家一类抗癌新药聚乙二醇重组人血管内皮抑制素、北京大学的抗肿瘤创新药物肝癌多肽疫苗和环磷酰胺前药、清华大学的治疗帕金森病的脑起搏器、威讯紫晶公司的无线传感网收发芯片及网络技术等6项重大科技成果落户北京市。

（王　锦）

【甲型H1N1流感疫苗获出口资格】 10月13日，北京科兴公司生产的甲型H1N1流感疫苗“盼尔来福.1”在墨西哥获得注册批件，标志着该公司生产的甲型H1N1流感疫苗“盼尔来福.1”具备了出口墨西哥的资格，成为首个在墨西哥获批的中国生产的人用疫苗。

（王　锦）

【首家高端外包转移中心落户】 10月26日，国内首家国际高端服务外包转移中心——新世基（北京）科技服务有限公司落户中关村软件园。该中心的成立将使中国本土IT服务供应商有机会直接向全球一线行业买家提供服务，与美国和印度服务外包企业共同竞争全球市场。专家认为，中国离岸IT服务企业仍然处于产业链低端，尚未真正进入全球离岸行业应用市场。随着国际高端服务外包转移中心的建立，将获进入产业链高端的机会。

（王　锦）

【重大科技成果推介发布会召开】 10月29日，中关村管委会和中科院北京分院共同举办“中关村重大科技成果推介信息发布会”，中科院理化所、过程所与自动化所共发布生物降解聚丁二酸丁二醇酯（PBS）聚酯材料、新型非线性光学晶体激光显示、先进肿瘤微创治疗装备及影像技术、全聚乙二醇（PEG）修饰和微囊化的长效药物制剂、三维动画电影等5项重大科技成果，并与中关村企业、产业技术联盟、投资机构和各园管委会进行了交流。发布的5项重大科技成果均是中科院知识创新工程多年支持形成的，在环保材料、全色域显示设备、肿瘤治疗、药剂缓释、三维动漫等前沿应用和热点领域形成了一批自主知识产权。这次发布会是中关村管委会落实市委市政府关于建设中关村自主创新示范区、推动重大成果产业化的有关要求，开展重大科技成果推介工作的首次信息发布活动。

（王　锦）

【5家企业创业板首批上市】 10月30日，中国创业板开市仪式在深圳举行，共有28家企业首批上市交易。其中，北京企业有6家，5家为中关村企业，分别是：神州泰岳、乐普医疗、立思辰、鼎汉技术和北陆药业。北京市常务副市长吉林参加了创业板开市仪式。此次创业板开市中关村创造了创业板上市上报材料数量第一、受理企业数量第一、过会企业数量第一、首批挂牌企业数量第一等4个“第一”的纪录，创业板中的“中关村板块”初步形成。

（王　锦）

【中关村物联网产业联盟成立】 11月1日，市经济信息化委与中关村管委会共同举办了中关村物联网产业联盟成立大会暨产业发展高峰论坛，并展示了联盟企业应用于多个行业的物联网技术和产品。中关村物联网产业联盟由同方股份有限公司、中国移动、京仪集团、大唐移动公司、中科院软件所、清华大学等北京物联网产业链上的40余家企业、研发机构以及用户单位共同发起成立的。理事长单位为同方股份有限公司，秘书处设在长城企业战略研究所和北京通信协会。联盟将整合物联网产业链上下游资源，发挥在物联网核心技术研发、标准制订以及制定行业解决方案等方面优势，促进产学研合作，提升自主创新能力。并加快在物流、安防、建筑和交通等领域的高端应用，探索和完善联盟运行机制，提升中关村物联网技术水平和产业竞争力。

（王　锦）

【数字媒体产业投资基金设立】 11月23日，汉能投资集团、中联资本管理集团与中关村创业投资发展中心在北京举行框架协议签约仪式，共同出资设立中关村数字媒体产业投资基金。北京市副市长苟仲文，新加坡媒体发展管理局主席陈振南出席签约仪式。中关村数字媒体产业投资基金是在北京市投资促进局、中关村管委会和新加坡媒体发展管理局的推动下，为促进中关村数字媒体产业发展而设立的，主要投资于中关村的科技创意产业和数字媒体产业。基金总规模为1亿美元，中新双方各募集50%，分期到位。由汉能投资集团、中联资本管理集团共同设立的基金管理公司作为基金管理人。基金的设立，将有助于中关村数字媒体产业的创业企业获得创业投资。

（王 锦）

【台湾TD－SCDMA试验网开通】 11月24日，由中关村TD－SCDMA产业联盟牵头建设的台湾威宝电信TD－SCDMA试验网启动仪式在台北市内湖科技园区和中国移动通信集团北京总部同期举行。工信部副部长娄勤俭、总工程师苏金生，国务院台办经济局、中国通信标准化协会、中国电子工业标准化技术协会、华聚产业共同标准推动基金会、中国移动通信集团公司、中关村管委会、TD－SCDMA产业联盟成员、威宝电信及台湾TD产业界的相关负责人和专家，分别在北京和台北出席了试验网启动仪式。台湾金仁宝集团公司董事长兼威宝电信董事长许胜雄与中国移动副董事长张春江就合作推动TD产业发展等话题进行了两岸第一次TD视频通话。台湾TD试验网的开通，是中关村TD－SCDMA产业联盟、台湾威宝电信及海峡两岸业界共同努力的结果。大唐、联想、天宇、中创信测等中关村TD－SCDMA产业联盟企业参与了台湾TD试验网的建设。合作建设TD试验网，有利于中关村TD－SCDMA产业联盟企业与台湾企业共同开展TD产品芯片、终端、测试仪表的研发及产业化，深化在第三代移动通信业务应用、TD－SCDMA的长期演进（TD－LTE）、无线城市等领域的交流与合作，也为研究TD－SCDMA技术与WCDMA技术共同组网方案，摸索双网乃至多网兼容经验，推动中关村TD－SCDMA产业全球发展提供了重要机遇。

（王 锦）

【国际技术引进投资基金设立】 12月8日，中国技术交易所有限公司、北京中关村创业投资发展中心与以色列英飞尼迪股权投资基金管理集团在北京举行签约仪式，共同出资设立中关村国际技术引进投资基金。北京市副市长苟仲文、以色列驻中国大使阿默斯·那代出席签约仪式。中关村国际技术引进投资基金是为推动具有国际领先水平的重大技术成果在中关村转化和产业化而设立的。基金采取承诺制的出资方式，按照国际技术转移、人才引进、风险投资及产业化载体相结合的模式进行运作。基金规模为1亿元人民币，其中，英飞尼迪股权投资基金管理集团出资5000万元人民币或等值美元，中国技术交易所有限公司出资2000万元人民币，北京中关村创业投资发展中心出资3000万元人民币。

（王 锦）

【清华科技园创建15周年】 12月10日，清华科技园创建15周年庆祝活动举行。经过15年的探索和实践，清华科技园形成了具有自身特色的创新理念、运行模式和园区文化，在推动区域自主创新、搭建产学研合作平台、促进科技成果转化和孵化创业企业等方面取得丰硕的成果。园区内多项自主创新技术达到世界领先水平，许多孵化企业已经成长为行业中的领军者。清华科技园作为国内唯一的A类国家大学科技园，已经发展成为目前世界上最大的大学科技园，辐射网络覆盖近30个城市及地区。逐步形成了高科技企业创业集群、跨国企业研发机构集群、金融投资机构集群和中介服务机构集群等各种机构组成的完整的园区形态。庆祝会上，举行了清华大学启迪创新研究院揭牌仪式。启迪创新研究院由清华大学联合科技部政策法规司、中关村管委会和海淀区政府共同发起设立，第十一届全国人大常委会副委员长华建敏担任首任院长，聘请徐冠华、陈清泰、王大中、吴敬琏、钱颖一、柳传志、李开复等为研究导师。研究队伍采取小实体、大联合的模式，除精干的专职人员外，还聘请了国内外顶尖的学者与企业家参与研究工作。第十一届全国人大常委会副委员长华建敏、教育部副部长陈希、科技部党组成员张景安、清华大学校长顾秉林、市委常委赵凤桐等领导出席。

（王 锦）

【企业家顾问委员会成立】 12月13日，中关村企业家顾问委员会成立。委员会由28位在中关村的领军企业家、知名投资机构负责人和相关专家、学者组成，联想控股有限公司董事长柳传志担任首任主任委员，秘书处设在北京民营科技实业家协会。中关村顾问委员会将发挥高层次、多领域、跨行业的综合智力优势，为实现国家自主创新示范区的目标起到重要的参谋和支持作用。

（王　锦）

【大兴生物医药留学人员创业园】　12月15日，中关村管委会与大兴区政府签署联合共建中关村大兴生物医药产业基地留学人员创业园协议，并举行了揭牌仪式。中关村管委会宣布将给予中关村大兴生物医药产业基地留学人员创业园200万元一次性建设补贴资金。中关村大兴生物医药产业基地留学人员创业园是中关村第29家留学人员创业园。中关村留学人员创业服务体系形成网络。

（王　锦）

【创业金融服务平台启动】　12月16日，中国人民银行营业管理部、北京银监局、北京市金融工作局、中关村管委会在中关村皇冠假日酒店联合举行中关村创业金融服务平台启动仪式暨北京中关村科技担保公司成立10周年活动。中关村管委会设立中关村创业金融服务平台。平台由北京中关村科技创业金融服务集团有限公司牵头，聚集银行、保险、创投、担保及科技中介服务机构等各类科技金融资源，建立专门融资申请通道，受理企业的融资需求，并在10日内回复企业融资申报信息，着力解决企业在首次融资过程中出现的“融资无门”和融资信息“石沉大海”的问题。通过不同层面的培训及辅导，促进企业有效融资需求的形成，为企业成功融资创造条件。在帮助企业首次融资的同时，还将针对园区高成长企业的融资需求，设计符合其需要的“投保贷”组合融资方案支持企业做强做大。

（王　锦）

【第三批百家创新型企业试点】　12月17日，中关村国家自主创新示范区第三批百家创新型企业试点工作正式启动。启动大会由北京市市长郭金龙主持，会议介绍了支持中关村百家创新型试点企业做强做大的若干措施；宣读了《关于印发中关村国家自主创新示范区第三批百家创新型试点企业名单的通知》、《关于印发首批中关村国家自主创新示范区创新型企业名单的通知》。确定华锐风电科技股份有限公司等126家企业为第三批创新型试点企业；命名用友软件股份公司等56家企业为首批中关村国家自主创新示范区创新型企业。科技部党组书记、副部长李学勇，中科院党组副书记、常务副院长白春礼出席会议并讲话。

（王　锦）

北京经济技术开发区

【综述】　2009年，开发区实现地区生产总值592.5亿元，同比增长6.8%；全区规模以上工业企业完成工业总产值1967.1亿元，产值亿元以上工业企业达到124家，产值10亿元以上的工业企业25家；实现工业增加值333.7亿元，同比增长5.4%；完成预算收入198.7亿元，同比增长15.3%；税收收入173.9亿元，同比增长10%。全年共吸引企业投资（含增资）27.8亿美元，同比增长25.5%。引进世界500强项目7个；截至年底，入区世界500强企业达到66家，投资项目90个。完成全社会固定资产投资157.2亿元，同比增长36.7%，高于全市10.4个百分点。其中企业完成投资127.2亿元，同比增长21.3%。截至年底，累计入区企业3276家（不含分支机构），累计投资总额192.2亿美元，其中外资135.7亿美元，创造地区生产总值2806亿元，销售收入15142亿元，工业总产值10940亿元，财政收入819亿元，税收720亿元，出口580亿美元。截至年底，已出让土地平均投资密度1021万美元/公顷。全年平均每公顷已出让土地创造税收924万元、产值1.41亿元。

（研究室）

【开发区成为“服务外包示范区”】　1月，开发区成为本市首批“服务外包示范区”。服务外包企业以义翘神州、昭衍新药、本元正阳、诺赛基因、康龙化成为代表，这些公司都具有一流的技术实力和丰富的国际合作经验，已能规模化承接国内国际高质量生物医药外包服务，在安全性测试、基因蛋白表达、化药合成筛选等方面居国内领先地位，具有极强的竞争力和巨大的发展潜力。

（研究室）

【开发区资助企业创新1.1亿元】 6月12日，2008年度北京经济技术开发区科技创新专项资金项目发布会暨科技创新数据服务平台开通仪式举行。2008年12月18日，《北京经济技术开发区科技创新专项资金管理办法（试行）》正式推出后，共有85家企业申报了184个科技创新专项资金项目。经过严格评审，最终75家企业95个项目得到支持，资助金额将达1.1亿元，拉动企业研发总投入14.8亿元。其中单个企业获得科技创新专项资金额高达860万元。开发区还在前期需求调研基础上，开通面向园区企业的创新数据服务平台。该平台将为企业在创新过程中所需的科学数据、科技期刊文献、知识产权查新、竞争情报分析等数据信息提供服务。

（研究室）

【久其软件登陆深交所中小板】 8月11日，久其软件在深圳证券交易所成功登陆中小板市场，是中关村代办股份转让系统首家A股上市企业，也是IPO重启后，北京市首家在深圳证券交易所中小板上市的公司。深圳证券交易所举行了挂牌仪式。当天，久其软件开盘价63元，超出27元的发行价36元，涨幅高达133.33%。久其软件是中国报表管理软件、电子政务软件、ERP软件和商业智能软件的知名供应商，是国家火炬计划重点高新技术企业、国家规划布局内重点软件企业，也是中关村科技园区百家创新型试点企业，占据国内报表管理软件领域22.5%的市场份额，位居行业第一。

（研究室）

【知识产权托管工程启动】 9月11日，北京经济技术开发区知识产权托管工程启动大会在博大大厦举行，北京市知识产权局授予开发区“北京市知识产权托管工程试点基地”称号。作为全市第一家试点基地，市知识产权局与开发区知识产权局相关负责人签署了托管协议。4家委托服务的企业代表与托管机构签署了有关知识产权代理、标准化体系建立、知识产权战略与平台建设等内容的协议。

（研究室）

【首套工业废水再利用工程验收】 9月17日，开发区首套工业废水深度处理再利用工程通过验收。该工程由华润协鑫（北京）热电有限公司筹建，于2008年11月开工建设，于2009年9月开始试运行，并达到了设计和工程质量验收要求。该工程水源为工业区排放污水，通过采用曝气生物滤池和反渗透联合水处理工艺，使其出水水质达到华润协鑫电厂冷却水补水和一级除盐标准。

（研究室）

【利用再生水替代自来水供热】 9月17日，北京博大水务有限公司与开拓热力公司举行了用水签约仪式。开拓热力在开发区内的几家供热厂将在生产中逐步将自来水替换为再生水。随着相关再生水管网和热力厂内部管网改造的加紧实施，在供暖季，开拓热力使用再生水替代自来水，用于正式生产。开发区再生水厂先后与管网范围内的5家企业签订了正式供水合同，分别是中芯国际、富士康、揖斐电、鸿禧长新、兴基铂尔曼，涵盖了电子产业和社会服务业。

（研究室）

【柏瑞安电子产业基地开工】 9月17日，柏瑞安电子产业基地开工。作为数字电视产业园与京东方8代液晶项目首个配套项目，该基地将为数字电视产品、京东方5代平板显示器驱动部件、8代高清电视产品的系列核心电路提供配套产品，并可用于通信、医疗、汽车电子等高新技术产品的制造与服务。项目总规划面积为3.3万平方米，建设总投资2.8亿元。北京市副市长苟仲文、北京市经济和信息化委员会副主任梁胜等参加开工仪式。

（研究室）

【京东方生产线开工】 10月19日，北京数字电视产业园的核心项目——京东方8代TFT－LCD生产线桩基工程在开发区路东区正式开工建设。项目位于开发区路东区，总占地面积约37万平方米，总投资约280亿元人民币。生产线由阵列、彩膜、成盒和模组4部分生产工序组成，主要生产液晶电视用显示屏和模组，玻璃基板尺寸为2200毫米×2500毫米，月投片量为9万张玻璃基板。京东方8代TFT－LCD生产线的建成投产，将结束我国大尺寸液晶面板完全依赖进口的局面。

（研究室）

【再造千亿元级通信产业基地】 12月2日，北京亦庄移动硅谷有限公司揭牌。该项目是在星网工业园的基础上，加速再造一个千亿级移动通信产业基地。管委会主任张伯旭分别与首批计划入驻移动硅谷的京芯世纪（北京）半导体科技有限公司等约20家企业签署入区协议、意向协议，意向注册资金约40亿元人民币。移动硅谷定位于移动通讯的总部、研发、交易和服务型园区，将建设包括研发基地、企业办公、交易平台等在内的配套设施，打造以无线通讯核心芯片和配套芯片研发设计为主，整合无线通讯终端解决方案、品牌运营、销售渠道企业和交易平台，联合操作系统、软件及其他配套企业的无线通讯终端产业基地，形成完整的产业链。

（研究室）

【航天煤气化装备产业基地动工】 12月10日，北京航天万源煤化工工程技术有限公司投资4.22亿元、占地面积约5.20公顷的航天煤气化装备产业基地举行奠基仪式。煤气化技术是将固态的煤炭转变成气态的氢气和一氧化碳混合气体的技术，合成气可直接作为生活用气或作为燃料发电，从而达到洁净利用煤炭的目的。煤气化装备依托航天运载火箭发动机燃烧技术，充分吸收了当今世界两大先进煤气化技术的优点，将煤炭利用的效率革命性地提高到了95％以上。该项目被列为北京市重点建设项目，是北京工业发展资金支持项目。

（研究室）

【泰欣生销售过亿元】 12月14日，百泰生物全国各地销售人员齐聚古巴驻华使馆，参加该公司举办的特别销售年会。其拳头产品——泰欣生在前3个季度完成了销售过亿的目标，全年销售收入超过1.6亿元。作为我国正式批准上市的第一个人源化抗体药物，该产品能够特异性针对肿瘤细胞进行有力打击，市场潜力很大，能为更多的癌症患者造福。联合放化疗治疗晚期非小细胞肺癌、结直肠癌、食管癌、神经胶质瘤的注册性临床试验已经获批，全国范围的临床实验也正在有序的进行中。

（研究室）

【ABB助推中小企业节能减排】 12月，ABB集团与工业和信息化部中小企业对外合作协调中心签署为期3年的节能降耗战略合作框架协议，以帮助国内中小企业节能减排。增效节能业务一直是ABB的核心业务，到2008年已经占到其年销售额的45％，而此项研发的投入也占到ABB总研发投入的一半以上。协议签订之后将在特定的区域企业试点，有示范项目之后，由工信部在全国推广。

（研究室）

【宏大研发项目获科学技术奖】 是年，宏大研究院有限公司自主研发的“宽幅熔喷非织造布设备及工艺技术”获得“纺织之光”2009年度中国纺织工业协会科学技术二等奖。该技术解决了国内熔喷非织造布设备幅宽窄、能耗高、产量低、产品质量不稳定的问题。该项目于2006年12月启动，曾获国家“纺织行业加快结构调整转变增长方式专项资金项目”的支持。2009年，国内首条宽幅熔喷非织造布生产线顺利投产，并通过了由纺织工业协会组织的专家组的验收。该生产线年产量可达1200吨，采用了国家专利技术的快装式纺丝组件，组件更换时间比传统组件缩短一半，并通过低压纺丝技术，节能30％以上，具备高产、高效、节能、自动化程度高等特点。5月—11月，共生产了10亿片防护口罩所需的熔喷卷材，为抗击甲型H1N1流感作出了贡献。

（研究室）

【北人胶印机获全国发明金奖】 在第十八届全国发明展览会上，北人印刷机械股份有限公司参展的“北人75A型报业用高速卷筒纸胶印机”获得发明金奖。该机是北人股份与日本西研图文株式会社合作开发的新产品，是引进日本西研公司7.5万张/小时出报能力的折页机和自研7.5万张/小时印刷速度的塔式印刷机组组合，是国内最先进的报纸印刷机。该机可以稳定在印刷速度7.5万张/小时下正常工作；在结构方面采用浮动辊张力控制系统，保证印刷品优质；印刷滚筒采用三圈轴承（SKF）支撑结构，套印精度高；同时采用喷雾式供水、无轴传动、墨色遥控等世界先进技术，代表了中国报纸印刷机领域国内甚至是国际上的最高设计水准。

（研究室）

【嘉捷博大成为循环经济首批试点】 年内，北京嘉捷博大汽车节能技术有限公司成为北京市循环经济试点企业之一。嘉捷博大作为京能集团能源科技投资公司投资控股的一家高新技术企业，是国内最早进行汽车混合动力技术研究和产品开发实践的公司。自2001年成立以来，坚持走自主研发之路，设计开发了电动混合动力技术、液压混合动力技术等新型汽车驱动技术，并获得多项国家专利和国际专利。本次获得循环经济试点的项目是针对公交车开发的液压混合动力技术和液压制动能量再生装置，可显著降低油耗和尾气排放、减少发动机和制动器的磨损，该项技术目前在国内尚属首创、在国际上也处于领先位置，是兼顾先进性和实用性的一项新型汽车驱动技术，是解决公交车高耗能、高污染的最切实可行的方案。

（研究室）

【蓝星与拜耳签订战略协议】 是年，中国蓝星（集团）和德国拜耳材料科技公司签署战略合作协议，蓝星（北京）化工机械有限公司将把拜耳的氧气去极化阴极（ODC）技术，应用于氯化钠溶液电解槽，生产氯碱工业中的氯气。这次蓝星与拜耳科技合作，将ODC用于蓝星的离子膜电解装置，将进一步推动能源节约，为氯气生产提供非常高效且环保的解决方案。与传统的离子膜法或水银法技术生产氯气的工艺相比，此次两个企业合作开发的电解装置，能够将氯气生产过程的能耗降低30%，相应减少二氧化碳排放量。

（研究室）

其他开发区

【北京天竺出口加工区】 2009年，开发区入区企业完成工业总产值6.2亿元，同比下降32.9%；完成工业销售产值6.5亿元，同比下降28%，其中完成出口交货值6.4亿元，同比下降28.9%；完成利润总额2648万元，同比下降84.7%；完成应缴各种税金1066万元，同比增长24.7%。是年，开发区招商项目3个，比上年减少4个，其中三资企业1个，比上年减少4个。全年累计总投资27.6亿元，同比增长648.6%，其中三资企业7.5亿元，同比增长168%；合同外资金额1200万美元，同比增长17.7%。

【北京天竺空港经济开发区】 2009年开发区入区企业完成工业总产值349.3亿元，同比下降12.5%；完成工业销售产值347.7亿元，同比下降14.2%，其中完成出口交货值241.2亿元，同比下降20.5%；完成利润总额36.1亿元，同比下降27.5%；应缴各种税金32亿元，同比下降19.2%。是年，开发区招商项目49个，比上年减少1个，其中三资企业9个，比上年减少1个；全年累计总投资20.0亿元，同比下降65.1%，其中三资企业8.2亿元，同比增长241.2%；合同外资金额1287万美元，同比增长16.3%。

【北京通州经济开发区】 2009年开发区入区企业完成工业总产值51.4亿元，同比下降9.9%；完成工业销售产值51.2亿元，同比下降6.4%，其中完成出口交货值5.4亿元，同比下降25.9%；完成利润总额2.3亿元，同比增长16.8%；应缴各种税金3.2亿元，同比下降3.8%。是年，开发区招商项目11个，比上年增加8个；全年累计总投资21.1亿元，同比增长224.6%。

【北京兴谷经济开发区】 2009年，开发区入区企业完成工业总产值118.8亿元，同比增长

28.5%；完成工业销售产值112.5亿元，同比增长33.1%，其中完成出口交货值5.9亿元，同比下降27%；完成利润总额16.4亿元，同比增长167.9%；应缴各种税金11.1亿元，同比增长63.4%。是年，开发区招商项目2个，比上年减少3个；全年累计总投资7000万元，同比下降6.7%。

【北京雁栖经济开发区】 2009年，开发区入区企业完成工业总产值137.8亿元，同比增长15.4%；完成工业销售产值138.1亿元，同比增长15.1%，其中完成出口交货值5.1亿元，同比下降51.1%；完成利润总额11.6亿元，同比增长26.5%；应缴各种税金12.2亿元，同比增长28.4%。是年，开发区招商项目109个，比上年增加77个，其中工业企业3个，比上年减少22个；全年累计总投资23.6亿元，同比增长337.3%。

【北京密云经济开发区】 2009年，开发区入区企业完成工业总产值79.9亿元，同比增长47%；完成工业销售产值78.7亿元，同比增长49%，其中完成出口交货值5.5亿元，同比增长238.7%；完成利润总额7.3亿元，同比增长967.1%；应缴各种税金7.4亿元，同比增长71.7%。是年，开发区招商项目14个，其中，三资企业2个；全年累计总投资49.9亿元，同比增长357.1%，其中三资企业1.3亿元；合同外资金额1375万美元。

【北京永乐经济开发区】 2009年，开发区入区企业完成工业总产值2.5亿元，同比增长38.6%；完成工业销售产值2.5亿元，同比增长38.6%，其中完成出口交货值1371万元；完成利润总额1596万元，同比增长101%；应缴各种税金3228万元，同比增长46.7%。

【北京大兴经济开发区】 2009年，开发区入区企业完成工业总产值24.6亿元，同比下降2.5%；完成工业销售产值24.1亿元，同比增长7.2%，其中完成出口交货值1.2亿元，同比下降52%；完成利润总额2亿元，同比增长362.7%；完成应缴各种税金2.3亿元，同比增长34.6%。

【北京八达岭经济开发区】 2009年，开发区入区企业完成工业总产值17.3亿元，同比增长98%；完成工业销售产值16.7亿元，同比增长62.5%；完成利润总额3.8亿元，同比增长111.8%；应缴各种税金3.6亿元，同比下降1.9%。是年，开发区招商项目125个，比上年增加94个，其中工业企业4个，比上年减少1个；全年累计总投资3.8亿元，同比增长188.4%。

【北京延庆经济开发区】 2009年，开发区入区企业完成工业总产值16.5亿元，同比增长14.6%；完成工业销售产值17.7亿元，同比增长21.4%；完成利润总额1.9亿元；应缴各种税金4.4亿元，同比下降18.6%。是年，开发区招商项目39个，比上年增加14个，其中工业企业1个，比上年减少2个；全年累计总投资6.0亿元，同比增长5.8%。

【北京房山工业园区】 2009年，开发区入区企业完成工业总产值6.6亿元，同比增长13.7%；完成工业销售产值6亿元，同比增长2.2%，其中完成出口交货值1364万元；利润总额-2203万元，同比下降139.2%；应缴各种税金1978万元，同比增长23.5%。是年，开发区招商项目140个，比上年增加9个，其中工业企业140个，比上年增加9个。全年累计总投资2.0亿元。

【北京林河经济开发区】 2009年，开发区入区企业完成工业总产值43.7亿元，同比下降86%；完成工业销售产值38.8亿元，同比下降87.3%，其中完成出口交货值3亿元，同比下降41.6%；完成利润总额8.3亿元，同比下降56.7%；应缴各种税金3.6亿元，同比下降86.9%。是年，开发区招商项目11个，比上年减少5个，其中，三资企业1个。全年累计总投资3.6亿元，同比增长285.7%；合同外资金额586万美元，同比下降96.1%。

【北京石龙经济开发区】 2009年，开发区入区企业完成工业总产值34.2亿元，同比增长28.9%；完成工业销售产值34.4亿元，同比增长20%，其中完成出口交货值6.9亿元，同比增长275%；完成利润2.6亿元，同比增长39.7%；应缴各种税金11亿元，同比下降11.9%。

【北京良乡经济开发区】 2009年，开发区入区企业完成工业总产值14.7亿元，同比增长15.8%；完成工业销售产值15.5亿元，同比增长22.1%，其中完成出口交货值3.9亿元，同比增长661.7%；完成利润总额3.1亿元，同比增长0.8%；应缴各种税金8.7亿元，同比下降0.04%。是年，开发区招商项目110个，比上年减少75个，其中工业企业6个，比上年增加1个；全年累计总投资5.5亿元，同比下降24.5%。

【北京采育经济开发区】 2009年，开发区入区企业完成工业总产值9.3亿元，同比下降23.6%；完成工业销售产值7.5亿元，同比下降12%，其中完成出口交货值4278万元，同比增长5.1%；完成利润总额4440万元，同比增长43.2%；应缴各种税金1856万元，同比增长1.5%。是年，开发区招商项目9个，比上年增加7个，其中三资企业1个；全年累计总投资19亿元，同比增长765%，其中三资企业6000万元，同比下降40%；合同外资金额300万美元，同比下降37.5%。

【北京昌平小汤山经济开发区】 2009年，开发区入区企业完成工业总产值14.7亿元，同比增长10.1%；完成工业销售产值14.7亿元，同比增长11.3%；完成利润总额1394万元，同比增长40.5%；应缴各种税金2255万元，同比下降12.4%。是年，开发区招商项目20个，比上年增加9个，其中，工业企业3个，比上年减少4个；全年累计总投资1000万元，同比下降80%。

【北京马坊工业园区】 2009年，开发区入区企业完成工业总产值8.8亿元，同比增长11%；完成工业销售产值8.3亿元，同比增长17.1%，其中，出口交货值2551万元；利润总额-3874万元，同比下降249.2%；应缴各种税金5976万元，同比增长5.1%。

（以上内容均为市经济信息化委布局处提供）

（本栏目编审：孙　明）

2009年北京市开发

名称	投产(开业)企业个数(个)				工业总产值			
	合计	工业企业	高新技术企业	三资企业	合计	新产品产值	高新技术企业	三资企业
总计	22486	4929	17108	2577	51276658	22871861	45322519	31695039
一、国家级	17965	3318	16949	2188	41975063	22598402	41204933	25559139
北京经济技术开发区	1554	428	556	324	19528254	9529829	18820325	17237253
中关村科技园区	16949	3092	16949	2030	41204933	22506205	41204933	24898956
中关村科技园区海淀园	11457	1408	11457	1345	10433421	8375443	10433421	4870149
中关村科技园区丰台园	1505	347	1505	85	1879847	908497	1879847	309953
中关村科技园区昌平园	1284	662	1284	132	4413469	2205947	4413469	923098
中关村科技园区电子城科技园	1136	246	1136	212	3900781	1289049	3900781	1307340
中关村科技园区亦庄科技园	556	218	556	179	18820325	9469498	18820325	16639123
中关村科技园区德胜园	283	43	283	20	208911	145508	208911	12944
中关村科技园区雍和园	83	3	83	10	67133	6186	67133	
中关村科技园区石景山园	551	87	551	29	279734	31762	279734	128973
中关村科技园区通州园	56	51	56	12	941770	63162	941770	599363
中关村科技园区大兴生物工程与医药产业基地	38	27	38	6	259542	11153	259542	108013
北京天竺出口加工区	18	16		13	62201	31866		62053
二、市级	4521	1611	159	389	9301595	273459	4117586	6135900
北京石龙经济开发区	1406	485	27	39	341606		113004	57192
北京良乡经济开发区	907	83	3	13	147362		38967	51466
北京大兴经济开发区	285	110		21	246190	36884		68155
北京通州经济开发区	111	72	12	24	514468	970	106629	162442
北京雁栖经济开发区	345	313	35	74	1378418		216047	875701
北京兴谷经济开发区	160	76	6	36	1187606		96360	979824
北京密云经济开发区	156	96	15	32	799078	54151	251591	451957
北京林河经济开发区	81	46	9	25	437451	79301	275455	194405
北京天竺空港经济开发区	258	150	23	97	3493286	76218	2735062	3228505
北京八达岭经济开发区	374	42	6	7	172502		110485	3375
北京永乐经济开发区	16	16	1	6	24581		804	19406
北京延庆经济开发区	335	44	7	8	165293		66046	22149
北京昌平小汤山工业园区	26	21		2	146696			1582
北京采育经济开发区	26	26	4	2	93405	20980	54894	4593
北京房山工业园区	7	7	1		66021	4955	5830	
北京马坊工业园区	28	24	10	3	87632		46412	15148

区主要经营指标

单位:万元

总收入						利润总额		应缴税金总额		
合计	技术收入	工业企业	第三产业	高新技术企业	三资企业	合计	高新技术企业	合计	工业企业	三资企业
151088970	21221767	57090635	77411800	134270256	59083064	12322842	11471028	7134144	2645311	2962209
131706567	20938132	47375005	72203893	130046324	51351785	11366338	11223853	6124079	2166781	2618042
32624720	1575069	20413636	8991770	31031915	24066922	2841491	2701654	1501895	980436	1117426
130046324	20936896	46394910	71611505	130046324	50357976	11223853	11223853	6012170	2089513	2542895
58520652	13795681	13967333	40934568	58520652	16652414	5096563	5096563	2837651	537174	912600
15666569	2063254	2259229	9281281	15666569	865400	1226995	1226995	511963	108815	55763
6360693	539942	4634530	1627779	6360693	1184128	582436	582436	393567	295819	85905
10193727	1934467	4093146	5902544	10193727	5799739	1083500	1083500	498140	167460	298002
31031915	1575069	19500087	8400274	31031915	23138680	2701654	2701654	1391052	904184	1043289
1145522	376761	230401	893446	1145522	95159	152669	152669	64015	11915	7716
2088558	322196	107731	1980828	2088558	1047817	68019	68019	117354	3038	60096
3155128	310675	304656	2005022	3155128	331214	191574	191574	99116	2455	28248
1561033	5806	1038435	522599	1561033	1136091	86082	86082	74206	38874	50036
322527	13045	259363	63165	322527	107333	34362	34362	25106	19779	1239
67438	1236	66546	892		65567	2648		1066	1016	1010
19382403	283635	9715630	5207907	4223932	7731279	956504	247175	1010065	478530	344167
2375198	74884	251967		100011	100897	26264	6106	109548	30627	11713
1788031	171449	155401		41535	56389	31200	4567	86768	8417	3098
882893	3567	264991	567448		73311	19498		22632	16725	3477
724028		518440	172453	103858	159899	23462	9924	32430	17363	4274
1540995		1537273		223466	982233	115616	26563	122076	121993	99619
1577863		1271814	329649	85000	1118625	164454	7000	111279	70889	58678
1360805		979418	381387	336939	552666	73014	36058	74446	47170	32531
912586		427804	484781	262974	207251	83167	31547	35691	26768	11479
6458441	33735	3612137	2781133	2786436	4319385	361097	95950	320121	107420	114212
624924		167407		108881	9881	38256	21329	35709	12559	1155
24754		24754		1023	19362	1596	56	3228	1181	1034
743078		177433	490456	71601	110409	19123	3926	44073	7136	2486
146032		143850	600		1582	1394		2255	2151	23
80671		80671		49425	4053	4440	4680	1856	1856	61
63062		63062		5368		-2203	199	1978	1979	
79042		39209		47416	15336	-3874	-730	5976	4296	329

2009 年北京市开

名称	自开始至报告				
	企业个数(个)			总投资(万元)	
	合计	工业企业	三资企业	合计	工业企业
总计	36044	7997	4656	71728377	21092869
一、国家级	28161	5560	4099	56694848	14076337
北京经济技术开发区	3276	593	661	13121165	7504277
中关村科技园区	25362	5149	3700	53786018	11078501
中关村科技园区海淀园	17532	3383	2823	26838942	1317873
中关村科技园区丰台园	3193	343	164	6892815	407602
中关村科技园区昌平园	1331	692	135	3476484	1521974
中关村科技园区电子城科技园	1145	246	212	3279074	1996314
中关村科技园区亦庄科技园	508	207	283	10927226	4938865
中关村科技园区德胜园	283	43	22	663115	
中关村科技园区雍和园	84	3	10	317844	5975
中关村科技园区石景山园	1181	140	35	702259	245507
中关村科技园区通州园	68	60	11	400381	400381
中关村科技园区大兴生物工程与医药产业基地	37	32	5	287878	244010
北京天竺出口加工区	31	25	21	714891	432424
二、市级	7883	2437	557	15033529	7016532
北京石龙经济开发区	1406	485	39	1633140	415571
北京良乡经济开发区	1589	106	26	734217	79350
北京大兴经济开发区	645	150	50	452500	268475
北京通州经济开发区	240	109	30	1198627	764397
北京雁栖经济开发区	1126	348	103	1688563	1004537
北京兴谷经济开发区	228	98	48	766067	615126
北京密云经济开发区	179	115	34	1034200	963500
北京林河经济开发区	85	47	25	587979	346188
北京天竺空港经济开发区	431	160	163	4808557	1248868
北京八达岭经济开发区	724	68	6	470001	162875
北京永乐经济开发区	22	19	6	60152	34844
北京延庆经济开发区	509	62	13	604885	123510
北京昌平小汤山工业园区	70	43	4	52800	51450
北京采育经济开发区	45	44	4	413154	411154
北京房山工业园区	542	542		298787	298788
北京马坊工业园区	42	41	6	229900	227900

发区招商情况

期末累计招商项目

三资企业	注册资本(万元) 合计	注册资本(万元) 三资企业	合同外资金额(万美元)	外商实际投资(万美元)
27419803	56124917	17051859	2137724	1608119
22758026	48014022	14053244	1595324	1102198
9267970	8235075	4381881	513362	396577
21642584	44552060	12634052	1300326	903063
10752296	24204192	7459536	821551	506119
233478	6892815	233478	27831	34165
697006	3498484	411541	29831	29831
1193282	3166921	1083283	146009	79865
8436487	4970986	3158373	241442	216529
19413	662914	19583	43	43
65605	215616	64726	1678	1796
187030	720625	168168	24975	27749
16762	75571	15464	2460	2460
41225	143936	19900	4505	4505
283959	197873	195684	23078	19087
4661777	8110895	2998615	542400	505921
141450	449200	35912	7997	6423
26199	734217	26199	3743	3743
166742	341596	135143	10675	9491
309684	391542	104047	43013	34578
493998	738110	256731	240471	252780
516605	388193	200861	43441	34670
177000	331081	110722	23807	22793
172203	392372	101470	12349	7245
2468832	3264250	1916763	139437	122777
19271	319511	18971	60	60
34294	29630	15847	3922	1027
30726	454118	30726	5857	6494
6900	33328	6242	989	655
25062	46862	6981	1640	685
	125643			
72810	71240	32000	5000	2500

协会组织

【综述】 2009年北京机电、日化、印刷、矿业、塑料和电子商会等协会完成了换届。68个工业协会从实际出发，在完成开展调查研究、为政府建言献策，维护行业合法权益、反映企业诉求，推进区域合作、行业统计和技能鉴定等日常工作外，更围绕北京工业结构调整和经济增长方式转变做了大量的工作。

全力帮扶企业应对金融危机。一些行业协会组织召开各种形式报告会、工作座谈会和现场交流会，帮助企业了解形势、增强信心。汽车行业协会与商务局和市工促局搭建服务平台，提出政策支持建议，全力推动北京专用车集群落户大兴，确保专用车集群发展；北京医药行业协会建立秘书处，每个人重点联系10家企业责任到人的联络制，搭建6个服务平台，帮助企业解决各种困难；服装纺织行业协会进一步整合各种有效资源，加快纺织科研成果推广和应用，加速原、辅料市场的培育进程，促进产业升级配套和功能拓展，帮助企业拓展海外市场；室内装饰协会和针织行业协会依靠大企业帮扶小企业，做好企业间装修工程和针织品生产企业之间的订单任务的协调、设备调剂，共度难关。电子商会、软件、模具、食品、日化、饲料等协会多次组织银、协、企交流洽谈，帮助企业解决融资和贷款。电源协会组建“北京电源行业融资发展服务促进联盟”为电源企业完成贷款1000多万元，意向贷款5000多万元；乡镇企业协会全年组织农民就业专场招聘会8场，参会招聘企业130余家，提供就业岗位3000余个，参会求职农民5000余人，1400余名农民成功就业，协会创办的“农民就业网”全年访问量近6000人次，提供招聘信息800余条，提供招聘岗位2000余个，提供求职人员信息1000余条，为600余人成功推荐工作。协会主办的“手工艺品网”登记企业80余家，产品1077件，点击量超过6万人次，带动农户4140人，解决“4050”人员就业问题，保证了企业和社会稳定。电子、建材、工美、印刷等15个行业协会深入企业了解情况，积极推荐28个企业成功应对危机的经验，入选经验汇编。正是大家的共同努力，共克时艰，保证了企稳回暖，为社会稳定和谐作出了贡献。

积极推进节能减排。各协会采取多种措施推进节能减排。水泥、化工、铸锻、电镀4个行业协会继续组织好4个行业“三高”企业退出，截至年末已有23家“三高”企业退出。水泥协会组织北京水泥企业通过采取节水措施3项，有序退出3家企业，节水31.6万吨。食品协会搞好跟踪调查食用植物油加工、糖果巧克力制造、蜜饯制造、方便食品制造、酱油食醋及类似制品制造等5个小类行业对比《北京工业能耗水耗指导指标》（第二批）检查执行情况，针对反映的问题，加强行业节能降耗的管理。工经联还联合机电、电子、仪器仪表和包装等6个行业协会认真落实国家七部委关于《机电产品包装节材代木工作方案》，其中4个行业协会共选择14个单位产品重量在5吨以下、产品以木材做包装的企业做试点，推进这项工作的开展。

加强品牌培育助推品牌建设。协会对培育发展品牌工作常抓不懈。服装纺织行业协会每年都开展“北京十大时装品牌”和“北京最具潜力时装品牌”年度评选活动，加强品牌宣传，树立北京品牌形象；医药行业协会提出了“用北京药放心”的理念推进品牌建设，已连续6年利用全国药交会平台，打造“京药”品牌；家具协会已连续举办了12届《北京国际家具展》和5届《中国（北京）红木古典家具展览会》，提高了企业知名度，提升了北京家具品牌形象。还与辽宁、天津、重庆等10省市家协联合发起，共同推出“中国十省市环保家具知名品牌”认证工作，评出38家企业为中国10省市年度环保家具知名品牌。年内，还组织30余家品牌企业参加广州展、深圳展、上海展，提升了北京家具产品的品牌形象，进一步拓宽了国内市场。食品协会以“北京特色，市场影响力”为推广主题，组织30家企业成功参与了中国（宁波）食品博览会，参展摊位20个。精心组织了300多种产品展示，并呈现名牌产品多、老字号产品多的特点。参展产品销售一空，销售额近60万元。照明电器协会、电子商会、印刷协会等行业协会也采取形式多样的活动宣传品牌，产生了积极的影响。

全面服务新中国成立60周年大庆。电力协会参加国庆电力保障工作，负责外省市电力公司进京保电队伍的联络和协调、进京保电人员接送、电力线路现场有关情况的报告和有关领导指示的传达，连续十几天与电力公司有关部门领导在国网高培中心参加保电值班工作，圆满完成了保电各项任务。为保证首都危险化学品生产使用安全，化工协会协助市、区有关部门完成了全市危险化学品应急救援库规范的编制，与北京经济技术开发区安监局合作，对开发区使用危险化学品的单位进行了各个层次的人员培训，协助市禁化武办开展了对全市监控化学品使用单位的检查，协助市安监局开展了危险化学品事故的鉴定。服装纺织行业协会和针织行业协会精心组织协调14个品牌企业高质量完成了国庆37个游行方阵的113928件（套）服装、广场背景组字的87940（件）套服装，以及首都治安志愿者的455510件服装的制作任务。为使街头亮起来烘托庆祝气氛，青年报社找到针织协会加工悬挂的标语，协会及时安排会员企业凯婴琪妇婴用品有限公司从繁忙的生产线上抽下设备和人员，按时完成任务；协会还组织会员企业为国防科工委等一些单位赶制参加国庆歌唱比赛所需服装并达到了客户的满意。为纪念改革开放30周年和新中国成立60周年，印刷协会组织设计制作了以“同心携手，共铸辉煌”为主题的个性化珍藏版纪念邮册，展现了我国包装工业改革的巨大变化及取得的辉煌成就。

加强诚信建设积极履行社会责任。各协会把加强诚信建设作为积极履行社会责任的重要内容。北京建材行业联合会会同北京水泥行业协会、北京家具行业协会等9家专业协会，继续开展“诚信企业”评价工作，并把这项活动推广到环渤海，开展环渤海地区建材行业“诚信企业”评审推荐活动。其中，环渤海地区诚信企业61个，北京地区诚信企业9个。北京印刷行业协会积极开展诚信企业评估工作，43家企业上报了评估材料。4月，北京食品协会与学会联合主办了“第二届国际食品安全高峰论坛”。32个国家和地区的700余名代表参加，向全国同行发出了《强化企业责任，保障食品安全》承诺倡议书，得到来自全国各地参会食品企业的热烈响应。协会与市妇联、市食品安全办公室共同主办了“2009儿童食品安全（北京）高峰论坛”，数十家企业签署了“绿叶行动北京宣言”，呼吁全社会关注儿童食品安全，呵护儿童健康成长。饲料行业协会结合落实《饲料添加剂安全使用规范》培训了200多名企业领导，规范企业生产经营行为，促进企业遵纪守法，保证产品安全。

注重培训提高行业员工素质适应行业发展需要。各行业协会都下功夫抓好员工培训，据不完全统计，年内30多个协会组织了各类培训360多班次，培训各类人员近3万人次。培训突出了提高岗位人员素质、培养急需人才、把学习法规标准与培训结合、把竞赛和培训结合起来等特点，使培训取得很好效果。建材联合会组织了建材化学分析工、物理检验工、质量控制工、水泥中控室操作员、水泥制造、市场营销等职业技能的培训和考核，全年共培训282人，有108人获得了国家职业资格证书，其中获得技师资格27人，获得高级工资格28

人，获得中、初级职业资格 53 人。室内装饰协会创建设计师创业园和高级室内设计师培训基地，培训了室内设计师、施工或安全管理项目经理和预算员等各种专业人才 12356 名，并取得上岗执业证书。水泥行业协会组织 27 名化验室管理人员经过培训、理论考核、实际操作和论文答辩合格后，获得了国家劳动部颁发的建材化学分析工和物理检验工技师资格证书。食品协会组织了食品检验工竞赛培训，10 余家企业的 97 名职工报名参加了竞赛活动。7 月，举办了《学习、贯彻〈食品安全法〉》培训班。来自协会 15 家会员企业的 22 名质检人员参加了培训，还组织了食品检验工竞赛培训，10 余家企业的 97 名职工报名参加了竞赛活动。家具协会组织了北京地区相关生产、流通 130 多名企业总经理，生产、质量、销售主管参加的对新发布的《木家具通用技术条件》、《金属家具通用技术条件》两项基础标准培训学习。面对招投标方面的新情况、新要求，组织培训了 120 名营销人员，颁发了中级职称证书。为提高广大消费者、爱好者对中国古典家具的鉴赏水平，协会与“居然之家”共同举办“中国古典家具鉴赏讲座”，请中国古典家具研究会副理事长、古典家具鉴赏专家张德祥先生讲解，受到 150 名与会者的欢迎。

开展合作交流推进行业进步。年内协会普遍以开展研讨、论坛、学术交流和参加各种展会等多种形式扩大交流合作，推进行业进步。机电、建材、服纺、家具、玩具、印刷、中小国际等 32 个协会全年组织或参加各种论坛、研讨 116 次；参观考察或参展 240 多次。日化协会 10 月举办了“第十二届国际日用化工学术研讨会”，来自国内外的知名公司和专家、学者、科技人员 200 余人出席了会议。收到论文 60 余篇，为配合学术研讨会的召开，出版了论文集并向出席会议的代表发放了 300 余册。

搭建信息平台为企业服务。据统计，有 38 家行业协会利用网站或刊物搭建信息平台为企业服务。电源协会建立和完善“中国电源门户网”，实现网上社会公示、网上办公的目标。同时为企业会员提供政策、标准、法律的支持，用《中国电源博览》专刊开设“行业资讯”受到了会员们的赞扬。日化协会继续办好《北京日化》刊物，年发行量 4000 余册。食品协会的《北京食品信息》杂志，全年出版 12 期，有十多个固定和临时栏目，还加设了“应对危机”专栏，共计 72 万字。室内协会创办了《建材与装饰》杂志季刊和《室内装饰信息》月刊，使会员企业及时了解行业信息。

（何秉忠）

【北京工业经济联合会】 2009 年，北京工业经济联合会（简称工经联），坚持科学发展观，把握促进产业结构调整和增长方式转变主线，围绕“保增长、促发展、惠民生”大局，把帮扶企业应对金融危机作为重中之重，推进将节能减排和品牌建设摆在突出位置，各项工作取得新成绩。

把帮扶企业应对金融危机作为全年工作的首要任务。2008 年底，在组织行业协会进行年度工作总结交流时，对帮扶企业工作提出明确要求。之后，及时了解和收集行业协会帮扶企业的情况，并分别向北京市工促局、社工委、社团办做了汇报，社工委转发了报送的材料。4 月，会同 18 个行业协会组织 300 多家企业领导，听取了工信部、商务部两位部长的经济形势报告。7 月，会同 8 个行业协会向市经济信息化委领导汇报帮扶企业的情况，并提出了十几条具体建议。工经联立足当前，谋划后金融危机时期北京工业的发展，提出了“组织技术创新方法培训，提高企业自主创新能力”、“进一步完善工业品牌培育服务平台建设”和“开展产业关联研究，构建六大重点发展行业产业链”等方面建议，受到市经济信息化委领导和帮扶办的好评。8 月，在工经联召开的行业协会会长、秘书长例会上，交流了多家行业协会帮扶企业的经验和做法。还多次组织了银协双向和银企协三方交流，帮助中小企业解决资金困难，为北京银行等金融机构加强与工业企业的联系当好桥梁纽带。在市经济信息化委支持下，编辑印发了《应对金融危机帮扶企业政策选编》和《北京市工业企业应对金融危机经验选编》。在更大范围加强了政策、工作等信息的沟通。

继续推进节能减排工作。在前两年完成了两批节能节水“指导指标”制订和对第一批指导指标贯彻执行情况进行调查的基础上，受市经济信息化委委托，是年又组织电子商会和仪器仪表、服装纺织、医药、食品、化工、机电等14家行业协会，对42个行业、130多家企业第二批指导指标的贯彻执行情况进行跟踪调查。从反映的情况看，超过半数的行业和60%左右的企业均能达到单位能耗和水耗指导指标的要求。为了进一步推进工业节能减排向纵深发展，加强对企业能耗的考核，促进产品和产业结构的调整。四季度，市经济信息化委批准了由工经联提出的制订“北京工业重点产品能耗指导指标”的建议，拟首先选择50种能耗高、产值规模大的产品，与相关行业协会共同研究制订单位产品的能耗指标。此项工作正在进行中。此外，对“三高”小企业退出工作进行了跟踪。在调研基础上对酿酒、豆制品和发酵食品企业实施的节能、节水示范工程进展情况，进行了协调和帮促。

在金融危机的形势下，加大对品牌的宣传力度。上半年，全市工业共有中国驰名商标46件，北京市著名商标282件，中国名牌产品61个，北京名牌产品99个，工业中华老字号22个。在金融危机的影响下，出口遇到很大困难。为了积极扩大内需，工经联加大对品牌的宣传。受市经济信息化委委托，在协会和企业的支持下，完成了反映北京工业品牌企业及产品的大型宣传画册——《工业品牌·北京名片》的编辑出版。画册中，收录了全市工业中获得“中国名牌产品”、“中国驰名商标”、“中华老字号”、“北京名牌产品”、“北京市著名商标”，以及列入品牌培育梯队计划163个企业和产品，扩大了品牌企业及产品的社会影响。是年还编辑出版了《品牌系列丛书》，书中汇集了中央有关领导、专家学者关于品牌建设重要性的论述，我国品牌培育发展的历程与相关政策法规，以及国内外部分品牌培育的成功案例。

协助市经济信息化委组织召开“第十三届北京市工业职业技能竞赛表彰大会”；完成了市经济信息化委委托的《行业协会在推进企业履行社会责任中的作用及建立指导服务体系的思考》课题调研，总结了近年来北京工业领域行业协会在推动企业履行社会责任中发挥的作用，提出了新形势下行业协会推动企业履行社会责任应建立的指导服务体系；组织28个行业协会完成了《北京工业年鉴》“协会栏目”组稿任务；协助市经济信息化委召开了“振兴北京都市产业研讨会”，相关行业协会领导参加了会议。此外，参加了由重庆市工经联承办的直辖市工经联联席会议，组织了由山东省工经联承办的环渤海地区工经联联席会第三次会议，进一步开展了与环渤海地区联席会议成员间的合作与往来。

（何秉忠）

【北京市企业联合会】 2009年，北京市企业联合会（简称企联）继续坚持“突出重点、突出特色、突出品牌”的工作方针，针对国际金融危机带来的新问题，配合企业迅速采取了有效的应对措施，完成了各项工作任务。

发挥政府和企业之间的桥梁纽带作用。面对国际金融危机的严重冲击和自然灾害频发等困难和挑战，为落实市委、市政府关于“保增长、保民生、保稳定”的精神。从3月份开始，协会主要领导先后到北京三元集团、燕京啤酒、北京京煤集团、北京医药集团、北京京城控股公司等副会长单位和北京人民电器厂等会员企业进行调研。协会相关部门会同部分区县企联对76家国有及国有控股公司、84家中外合资及外商投资企业、123家股份制公司、337家民营非股份制企业进行了问卷调查，发出《问卷调查提纲》800份，收回620份，回收率达77.50%。根据调研所了解到的第一手资料和问卷调查提纲所分析出的数据，企联起草了《金融危机形势下，北京企业经营情况调查报告》，向市政府相关主管部门提出了促进企业发展的意见和建议。为了及时传达和宣传中央和市委、市政府出台的扶持企业发展的经济政策，企联会对推出的经济政策进行了归类整理，运用网络服务平台，将百余篇电子文档登陆到《政策服务》栏目。并转载了经济专家对当前政策的解读。通过协会主办的《北京企业》杂志和《经济信息参考》月刊等，将企业的信息及时发送给市委市政府有关领导和部门以及各会员单位和兄弟省市协会。企联承担并基本完成了市经济信息化委有关“工业产品和创新技术（北京）集散中心”可行性研究课题。

企联在坚持“三突出”（即：突出重点、突出特色、突出品牌）工作方针的基础上，推进协会工作的创新。2008年企联召开的五届二次常务理事会工作报告中，提出2009年做到：夯基础、抓建制、搞服务、上水平，完成10项工作。

夯基础就是要建立工作平台。维权部、信息部、企管部、会员部等要建立一定数量的联系单位，以利更好的开展工作。抓建制就是建立工作制度和完善工作程序。要建立例会工作制度，检查考核评比、经验交流制度。搞服务就是急企业和企业家之所急，帮企业和企业家之所需。上水平就是在重点工作上打破部室界限，协同作战，全面提高企联的工作质量、工作水平。年内，企联加大了调研工作力度，深入企业、了解企业的次数多了；结合形势、确定调研主题，召开座谈会、现场会的次数多了。特别是结合金融危机对企业造成的影响、企业面对的困难、企业的呼声，企联通过调研报告、搭建平台、“四刊一网”、信息反馈，起到了政府参谋和助手的作用，实现了工作的创新和发展。

是年，企联一是在维权工作体系建设、协调劳动关系方面上有所推进。为了缓解劳动争议案上升的趋势，企联有关部门在组织兼职仲裁员参加北京市劳动争议案合议庭审理案件的基础上又承担了组织独立的调解庭审理劳动争议案。在依法前提下维护了企业的合法权益。受台资企业的委托作为三方机制中雇主组织的代表，参与处理了台资企业群体劳动争议案，涉案人数84人，涉案标的高达1500万元。通过反复协调，最终以企业和员工都较为满意的方式解决。企联密切与区县企业联合会的工作联系，积极推动协助昌平、西城等区县企联的筹办和成立工作。并与200多家企业的人力资源部门搭建了网络联系平台。二是为加强企业家队伍建设，在优创企业家评选范围和标准方面进行了调整和完善。经企联办公会多次研究，并经市领导同意，决定在2009年度北京优秀创业企业家评选工作上，增加北京优秀企业家的推荐和评选。是年，评选和表彰了北京优秀企业家30名，北京优秀创业企业家45名，市政协主席阳安江、副市长苟仲文等领导出席了10月10日召开的“双优企业家”表彰大会并分别发表了重要讲话。三是企业管理现代化创新成果在推广应用方面有所突破。是年，全市有70多个集团公司、控股公司和区县主管部门申报创新成果项目共172项，经过专家评审，其中158项荣获第二十四届北京市企业管理现代化创新成果奖。10月22日，企联与市国资委等有关部门在北京市基础设施投资有限公司召开了创新成果推广现场会，有30多名企业代表和有关专家参加了会议。同时，将优秀管理创新成果汇编成册，进一步推广。四是加大宣传力度，提高工作质量。是年，企联重点抓了《北京企业》杂志由黑白向彩色印刷过度过程中的栏目设置、图文设计、印刷质量和扩大发行渠道等工作环节，在副会长和常务理事单位建立了通讯员队伍，在杂志封面以宣传优秀企业家和他们的企业为主，先后刊登了姜俊贤、付合年、陈济生、王中阳、李京来、李福成等优秀企业家的大幅彩色工作照片，并开辟专栏系列宣传优秀企业家的创业事迹；“北企联合网”改版试运行，实现了网站主页面简洁、及时、实用，后台管理科学和规范的目标；在保留《经济信息参考》月刊的前提下，又增加了《会员通讯》月刊。五是在经济危机的形势下，注重职业经理人知识更新与培训。是年，企联相关部门组织了200多名企业管理人员参加管理咨询师全国统一考试。举办职业经理人资格认证培训班3期，共培训认证了150名企业中高层经营管理人员。6年时间企联及相关部门共培训和认证了1443名职业经理人，其中高级职业经理人771名、中级职业经理人440人、按特殊贡献人才标准高级职业经理人36人、国际职业经理人45人。六是开展百强企业排序工作。根据中企联的文件精神，继续组织开展了北京地区百强企业排序工作，并将符合全国500强条件的企业推荐给中企联。北京地区进入全国500强的企业有20家。是年，北京地区百强企业主要是经企业自荐和有关部门审核，根据企业2008年度营业收入指标，按照国际通行的排序方式确定完成的。

加强自身建设，提高工作质量。是年，企

联在加强协会自身建设和规范内部管理上主要做了三件事：第一，由于化工二厂原址拆迁，9月企联办公地点搬迁到亚运村，改善了工作环境。第二，在原设置的10个部室合并为“五部一室”即：会员部、企管部、培训部、维权部、信息部及办公室以后，2月，又进行了第二次人员调整，全体人员实行竞聘上岗，精简工作人员8人，企联现有工作人员（含驻会会长、副会长）共23人。第三，量化了工作标准，加强了工作考核，与工作人员签订劳务合同。年初各部门制定了全年的工作任务和工作目标，并开展了层层签订为期一年的聘任协议书的工作。截止年月底，各部门的工作任务和目标已基本完成。是年，新增会员单位12家，其中，新增副会长单位2家，新增常务理事单位3家。先后为北京养加加饮料有限公司、北京联合智业企业管理研究院、首都农业集团公司等16家企业就其经营工作和政策信息需求与有关部门、机构进行联系，提供中介服务；与北京关键要素技术咨询有限公司联合举办了2次科技企业资格认证工作研讨会；组织50多家企业项目负责人赴固安工业园考察等。应会员企业的要求，组织会员单位先后参观了北京现代汽车有限公司、北京卫星制造厂、北京牛栏山酒厂、北京燕京啤酒集团等；与北京老字号协会、首都企业家俱乐部联合举办赴台湾经济考察等活动。协会领导及相关部门先后到山东、浙江、四川、福建、重庆等驻京商会参加相关会议和活动，加强了与省市驻京商会及所属企业的联系。

（企　联）

【北京市女企业家协会】 2009年，是北京市女企业家协会（简称女企协）工作开创更新局面的一年，顺利完成理事会既定工作任务。

为国庆庆典作贡献。是年，格格、大华、铜牛、雪莲、海迪兰、依香奴等企业高效优质完成国庆活动17个方阵的服装定制任务，其中，格格旗袍公司完成手工量达50%的600套祝福祖国方阵“水袖舞”表演服的制作任务；北京铜牛集团有限公司完成方阵服装制作23457套、首都治安志愿者服装45万套；京城重工机械公司出色完成60辆彩车的制造；花乡花木集团有限公司完成天安门地区鲜花布置任务；甘家口、长富宫、全聚德、丰顺工贸集团、红黄蓝儿童教育科技发展有限公司、京新龙医药销售公司、蓝月工艺美术公司等会员单位都从不同方面参与国庆的筹备工作。怀柔区劳模山庄常俊英代表全国农民光荣地登上国庆农民游行彩车，还有许多会员单位做了大量的工作，受到国庆办、市妇联等部门的首肯，荣获了各类奖励称号。如北京医药股份有限公司董事长陈济生荣获全国13家医药管理相关协会联合评选的“中国医药60年、60人”的称号，格格旗袍有限公司董事长王金乔获群众游行方阵“国庆60周年最美服装”奖。

树典型、评先进，努力开展宣传工作。成功召开五届二次理事扩大会议暨优秀创业女性表彰大会。全国妇联副主席甄砚、北京市人大常委会副主任李昭玲、市妇联副主席刘颖出席并讲话。中国女企业家协会会长赵地、北京市原常务副市长翟鸿祥、市企联副会长朱武安、首都企业家俱乐部副主任董玉麟、老会长银重华等出席了大会；市发改委副主任王海平、市经济信息化委委员常青做了关于应对金融危机北京的相关救市政策的报告。格格旗袍有限公司王金乔、东来顺集团胡颖、市城建设计院董更然、今圣梅家具公司周晓曦等9位会员作了交流发言。

此外，协会表彰了17位北京市“优秀创业女性”，推荐评选各类先进23人。其中王秀艳、王淑敏、周琪等入选中国女企协“光辉之星”；仉昊、程翠英、周晓曦、陈景华入选“中国十大经济女性年度人物”活动的各类奖项，其中周晓曦获“中国十大经济女性年度人物”最高奖；肖英获北京优秀企业家，王秋艳、苑永萍获北京优秀创业企业家称号；程翠英、郭瑞荣、林凤军荣获“环渤海区域杰出创业女性”称号；周平、傅跃红获得中国商业协会与全国妇联评选的“优秀巾帼女性”称号；关玉香、仉昊、周晓曦、甘书梅分别荣获“中国女企业家可持续发展征文比赛活动”的一、二等奖。北京城建设计研究总院建筑院、北京五洲女子医院、北京医药股份有限公司获全国巾帼文明岗称号。

协会印发了《优秀创业女性拾英》典型文集，公开发行首集《12女杰闯商海》首都女企业家的故事之一，并在西单图书大厦举办首发式。

关玉香、郭秀敏创业崛起的事迹被西班牙女企业家收录到著作《中国制造——女企业家崛起》中。此外，协会受邀做客西陆网直播节目《西陆打工俱乐部》，与网友一起关注外来妹群体的生活，同时宣传介绍北京女企协。

广开渠道，搭建交流平台。一是国际交流广泛。5月14日—16日，北京女企协会长吴秀萍率团参加在智利首都圣地亚哥召开的第十九届全球妇女高峰会议并顺访巴西。中国代表团参会20余人，是峰会的第一大团。北京女企协在会上起了骨干作用。副会长仉昊临时补台用英文在开幕式上发言，博得了与会者的掌声和关注；副会长高颖维在专题对话会上讲述自己从普通服务员到工美总经理的心路历程，使与会者为之感动；全团人员身穿旗袍在闭幕式上的一首“茉莉花”合唱，展现了中国女企业家的端庄大方、东方女性的美，再加之常务理事张克平的西班牙语的歌词介绍，赢得各国代表的赞誉。9月16日，协会配合中国女企协组团参加在韩国首尔举办的“亚洲女企业家大会”。天普太阳能公司的程翠英作了“发挥女性优势，谱写新商业文明”的主旨发言；北京市女企业家协会与首尔市女企业家协会签订友好协议；团员邹晓红、李召琴为非洲难儿慷慨解囊参与慈善义卖活动。大会结束后，韩国韩中学术文化交流协会会长申京淑女士来北京，在北京女企协会长吴秀萍陪同下参观了程翠英、甘书梅的企业；副会长关玉香所在企业接待韩国梨花女子大学一行，参观了北京奥瑞金新美制罐有限公司。此外，协会推荐关玉香、郭秀敏代表中国女企业家参加由外交协会邀请的在韩国举办的中韩知名女性高层论坛。7月26日—8月5日，常务理事何永洙等5位会员参加赴瓦努阿图的高层商务考察团并顺访斐济，接受瓦国官方高层领导会见并与斐济的企业界进行友好交流和业务洽谈。协会还配合全国妇联、中国女企协参与接待非洲妇女界朋友和巴基斯坦总理夫人，应邀到海湾合作委员会国家商工联合会中国代表处参观，进行友好交流，为访问中东奠定基础；推荐常务理事陈景华等3人参加华商协会在北京人民大会堂举办的中泰企业家论坛。二是国内交流活跃。协会组织10余名会员参加了在宁夏银川举行的“2009中国（宁夏）国际投资贸易洽谈会”。在会上签订了采购宁夏牛羊肉产品的意向书。协会组织10余名会员参加了在青岛海尔国际培训中心举办的主题是金融危机、经济复苏与企业实践的“海尔管理创新研讨会·2009”。

是年，副会长王淑华和周平、章玉明、王亚秋等参加了“2009中国青海投资贸易洽谈会暨郁金香节”，常务理事王亚秋主动担负为青海梨农输送栽培技术的培训。副会长王淑华参加了在温州市举办的“金融危机、企业融资与可持续发展培训班”和中国女企业家协会秘书长工作会议。副会长仉昊等4人随全国妇联组织的女企业家代表团参加了在台北举行的“第二届两岸四地女企业家经贸论坛”，与来自大陆、香港、澳门以及台湾本地共300多位女企业家和嘉宾进行交流。协会还参加了在山西太原举行的“2009年环渤海区域女性创业成果展示暨合作交流会”，会上程翠英、郭瑞荣、林凤军三位被评为“环渤海区域杰出创业女性”。

加强学习培训，提高会员素质。参与举办三期较大规模的心理知识培训班。借助全国妇联儿基会的资源，协会先后组织86个会员参加由心灵海国际教育机构资助的高级培训班。通过培训，学员们学习到个人成功学、潜能开发、企业管理、商业策略、人际关系等心理调试的知识。受益后的会员王黎黎、孙梅凤各自捐献一万元，资助了20个来自四川什邡地震灾区参加幸福密码课程的培训名额。推荐曹明明、赵丽娜参加由清华大学管理学院和巴黎HEC商学院共同合作，旨在帮助年龄不超过35岁，处于创业阶段有发展潜质但缺乏资源的女性群体通过知识改变命运。还有由高盛集团和高盛基金会资助的“中国女性创业管理课程培训班”。

组织会员参加由美国卓越管理发展中心保罗·迈尔创始的在北京蟹岛举办的全球化管理论坛；参加由“SMI中国全球化管理论坛组委会”举办的“赢在复苏——中国企业如何领航世界”总裁国际研习会；参加由中国女企业家协会与美中女企业家联盟主办的主题是“走出危机踏上可持续发展之路”的“优秀女企业家国际论坛”。

发挥桥梁作用，活跃会员文化生活。举办“提升素质，重塑自我”有50余位会员参加的文化沙龙活动，得到翠玉之洲珠宝公司的支持。中华翰德林智慧女性修养学堂董事长田羽以《经济寒冬中我们更要有个温暖的家》为题做了演讲。“翠玉之洲”的牟菁菁做了《服饰与珠宝的搭配艺术》的讲课，总经理牟晓东介绍了玉器的鉴别技巧。协会请副会长付卫红、监事长李文苏带队，组织24人参加了“北京妇女儿童发展基金会”成立大会。

为庆祝中华人民共和国60华诞，协会与北京雪莲时尚纺织有限公司联合举办“我和祖国共同成长”为主题的大型庆国庆迎中秋联谊舞会。市领导、各界朋友和全体会员欢聚一堂。

加强协会组织建设。一是强化组织管理工作。依据章程顺利召开了会长工作会和常务理事会，及时通报协会工作进展情况以及需要审议的大事要事，保证协会工作公开、民主、有序、健康地进行。为了开好年会，更好发挥监事会的作用，协会还专门向监事会通报情况。依照民主程序全年适时增补副会长、常务理事和理事，发展会员48人，停止会员资格13人。加强分会工作指导。协会制订了《北京市女企业家协会关于分会工作管理的规定》，并陆续召开分会工作会议，总结工作、沟通情况、推动分会工作顺利开展。由于大多数会员的重视，会费收取工作趋于制度化，特别是担任理事以上的会员大多能在第一季度缴完，是年交费率达97%，创历史新高。二是在服务上下功夫。精心组织会员企业参加由北京市妇联、中国贸促会北京市分会等主办的“2009中国（北京）国际妇女儿童产业博览会”。在时间紧、任务重、要求高的前提下，协会办公室配合市妇联在1000平方米的女企业家创业成果展区内，精心组织36个会员企业参展。参展企业的产品涵盖了妇女儿童服装、高档床上用品、家居饰品、美容化妆用品、珠宝首饰、保健品、礼品、食品、茶叶及其他等十大类，充分展示了协会会员企业的形象和风采。此外，协会利用舞会、联谊会等为会员企业提供展示销售产品的机会，引导企业积极参与市妇联开展的女大学生创业就业指导行动，为女大学生提供23个实习实践基地，451个实习岗位。协会访问了15个会员企业；参加由监事长李文苏为协会组织的会员发展会；参加了马艳荣企业的开业典礼、周平企业的店庆活动、安钟岩企业的产品形象代言人发布会、五洲女子医院建院五周年庆典活动。协会和常务理事马春英、李岩赴会员单位首钢迁安街道企业和迁安市安立娟处学习考察。

（张文英）

【北京市开发区协会】 2009年，北京市开发区协会配合市经济信息化委等市政府相关职能部门，结合生态涵养发展区产业共建基地等中心工作，在推进开发区生态工业园建设及特色产业基地建设方面取得显著成效。

加强对开发区的指导服务工作。深入各区县经济信息化委及开发区调研经济运行情况，针对各区县不同的发展现状，给予相应指导和建议。组织相关咨询机构共同编制《北京市开发区年报（2009）》。

加强协会自身建设。召开第二届理事（会员）代表大会换届选举。投票选举产生第二届会长、副会长、秘书长、监事长。李树藩再次当选会长。

完善开发区协会门户网站及服务平台建设，对各开发区信息员先进个人给予表彰及物质奖励，完善网站栏目，充实开发区动态发展信息内容，借助招商引资、信息咨询、厂房租赁、人才交流等平台满足开发区需求。

整合社会资源，促进生态工业发展。先后组织召开生态涵养发展区产业共建基地初审工作会、开发区生态工业园试点园区建设项目沟通会、八达岭新能源产业基地孵化中心项目建设方案征集工作会、全市开发区工作会暨第二批生态工业园试点园区建设启动会、国家新型工业化产业示范基地产业发展规划专家论证会、加强工业用地管理，促进产业发展座谈会等，促成全市6个生态涵养发展区产业共建基地的批准认定、八达岭新能源产业基地和平谷马坊绿色能源产业基地的批复挂牌、空港和雁栖两个开发区启动生态工业园建设项目、中关村科技园区等3家基地申报的国家新型工业化产业示范基地获批。

促进协会间交流合作。与中国开发区协会

共同组织部分开发区和企业进行户外拓展运动，提高协会工作人员集体责任感，增强组织凝聚力。安排上海市开发区协会参观北京市工业旅游景点及工业资源再利用成果。同时，赴上海参观其创意产业集聚区示范项目及开发区建设项目。

推进对口支援什邡产业援助工作。按照市政府“援建三年任务两年完成”的指示精神，带领相关协会、咨询机构、专家、企业负责人赴什邡，将对口支援什邡产业援助相关工作进行梳理，对园区建设、运营模式、招商引资等进行培训，并促成雁栖经济开发区与什邡市签署结对帮扶协议。

（布局处）

【北京电力行业协会】 2009年，积极开展国网企业管理协会北京分会筹建准备工作，不断进取，努力开拓，自我加压，强化自身建设，迎接不同的挑战，改革创新，加强精益管理，提升服务品质。

加强业务培训。协会现有正式员工25人，其中公司党委管理的干部11人（退二线的4名）。有各类高级职称的15人。由于常年从事行业管理工作，电网运营专业知识相对薄弱，为了更好地完成企业协会工作，协会制订了培训计划，是年1月起，通过邀请相关专家和协会专业特长领导干部授课相结合的方式，从北京市电力公司电网现状与管理、电网企业的营销管理、电网企业生产经营数据的统计与分析、电网企业的行业对标管理、电网企业的安全生产管理、公文流转程序及写作要点、电网企业的财务管理、电网企业管理一般知识共计9个方面进行全体职工集中授课。结合授课内容，组织全体员工参观了500千伏、220千伏和110千伏变电站，到北京地区的电气设备生产厂家了解电力设备制造过程，使员工对电网和电力设备有了进一步的了解，为开展企协工作奠定了良好的基础。

管理创新。根据国网企协《关于报送2009年调研、咨询课题和管理创新工作计划通知》的要求，协会制定了工作方案，成立课题领导小组，确定课题组成员，明确课题计划安排。充分利用公司调研工作平台，分别与总经部、科信部、生技部联系，共上报国网公司课题5个（包含公司本部3个），其中，《北京地区销售电价的改革初探》、《北京市电力公司安全质量管理长效机制研究》入选国网企协2009年专项调研工作计划；《北京高压电力用户安全用电管理规范》、《电网状态监测管理模式建设》入选国网企协2009年企业管理创新工作计划。

国庆60年保电。根据公司安排，协会参加公司国庆电力保障工作。主要任务是负责外省市电力公司进京保电队伍的联络和协调，进京保电人员接送，电力线路的现场有关情况的报告和有关领导指示的传达，连续十几天与公司有关部门领导在国网高培中心参加保电值班工作，圆满完成了保电各项工作任务。

交流共商发展之策。是年，围绕企协成立和如何开展好企协分会工作的主题，先后走访了四川、江苏、陕西等兄弟单位，就如何贯彻落实国家电网公司电视电话会议精神开展好企协工作等问题进行了交流与探讨。通过走访沟通了情况，为如何办好企协分会开阔了思路。

夯实协会内部的基础管理。开展党建及工会工作，按照公司部署制定科学发展观学习计划，党员坚持每周学习，定期检查笔记。每月1次业务培训、每月2次工会分会活动、召开民主生活会、中心组学习、职工卡拉OK比赛、保龄球预选赛、积极参加北京市电力公司机关工作组织的各项活动，并取得多项优异成绩。为了促进“三节约”工作的开展，在原有《低值易耗品管理制度》、《财务制度》的基础上重新修订《文件印刷管理制度》、《会议管理制度》，严格执行《车辆管理制度》。结合公司ERP工作修改《财务管理流程》及《办公管理流程》。严格规范劳动纪律，实行上下班打卡制度。

电力电气制造专委会2008年3月25日成立。2009年，针对实际情况，结合北京电力物流中心的成立，聘请电力公司及高等院校、科研单位等专家36人，分成变压器、电力开关、电线电缆和保护自动化4个专业组，组织专家进行调查研究，做好前沿课题的研究和技术标准制定工作。有针对性对制造厂商提供技术支持和培训，加强对供货厂商的管理，研究供货厂商的管理办法，形成行业自律和约束机制，推动电力物资集约化管理。

组织会员单位工程技术人员开展调查工作。根据会员单位情况和需求，协会与国网电力人才服务中心协商，正式上报请示，经批准设立北京分中心并启动工作。协会通过调研有关会员单位工程技术人员约400人的基本情况，积极准备英语考试、计算机考试和申报工作。制定启动初、中、高级技术人员职称评审工作方案。

组织北京地区电工进网作业许可证续期注册。受华北电监局及天津行协的委托，组织有关专家对特种专业（继电保护、高压试验、电力电缆）讲义提出了修改意见，完善实际操作考试，增加电气火灾扑救的内容。全年共培训电工1690人。初始注册943人参加考试，使学员更好地掌握进网作业规定、学习新技术和事故案例。

项目评审及标准修编。协会对专家库资源进行有效管理，加强组织与协调，发挥行业优势，挖掘专家资源。受公司委托，先后圆满完成朝阳500千伏变电站申报国家优质工程资料整理、国家《水喷雾灭火系统技术规范》编制第六章等工作。

做好史志、年鉴编辑和网页发布工作。组织公司发展状况材料上报工作：《中国电力年鉴（2009）》、《国家电网公司年鉴（2009）》、《北京工业年鉴（2009）》、《西城年鉴（2009）》涵盖公司发展概况、经营管理、安全生产等12个方面的相关资料；创刊《北京电力志鉴信息（第一期）》（电子版）。是年，编制《成立〈2009年公司年鉴〉编委会及相关职责》文件。召开年鉴工作会议，组稿文字约70万字，图片235张，12月正式出版发行了《2009年公司年鉴》，还参加了华北协作组《河北电力工业志》（1991—2002）的审议工作。

（王惠娟）

【北京建材行业联合会】 北京建材行业协会于2009年9月1日起更名为北京建材行业联合会。是年，全市建材行业共完成营业收入1150亿元，同比增长8%。其中，全市建材工业完成主营业务收入650亿元，利润总额30亿元，同比增长8%、24%；完成工业增加值160亿元，工业总产值640亿元，同比增长14%、7%。

主要产品产量完成：水泥2500万吨，同比增长21%；商品混凝土3500万立方米，同比增长11%；石膏板3600万平方米，同比增长19%；加气混凝土45万立方米，同比增长3%。建筑涂料、卫生陶瓷、复合木地板、中密度纤维板、家具（价值量），均比上年有所降低。

根据国家、北京市振兴重点产业精神，结合北京市“十一五”时期建材产业规划的执行情况和产业发展面临的国内外形势，受北京市经济和信息化委员会的委托，承担了《北京市建材产业“十一五”调整规划》的编制工作，并正式提交北京市经济和信息化委员会。

组织建材行业科技进步奖评审和科技成果鉴定工作。自市科委授权北京建材行业协会和北京硅酸盐学会，组织北京市“建筑材料领域的科学研究、技术创新与开发、科技成果推广应用、科学普及，以及技术革新方面作出贡献的科技工作者”的奖励工作后，北京建材行业联合会、北京硅酸盐学会由熟悉建材工业的科技专家组成领导小组。修订了《北京建筑材料科技进步奖管理办法》，充实了无机非金属材料、化学建材、建筑五金门窗、采矿、材料加工等科技人员的专家库。有关协会和企业推荐了40个项目，经专家评审，有23个项目获奖。在表彰大会上，对获奖的项目分别给予一等奖1万元、二等奖5000元、三等奖3000元的奖励，并颁发了证书。经北京建材行业联合会推荐，全市共有8个项目获得了中国建材行业联合会、中国硅酸盐学会“建筑材料科学技术奖”和中国建材行业联合会、中国机冶材工会全国委员会“全国建材行业技术革新奖”。获奖企业涵盖了我市水泥、陶瓷、化学建材、耐火材料防水材料、建筑涂料、商品混凝土、矿业、家具等行业。并先后组织了北新集团、北京通达耐火材料股份有限公司、中国立高防水材料工程公司等单位完成13个科研成果的鉴定工作。

根据《北京市人事局关于2009年度职称评审工作安排的通知》精神，有108名专业人员符合建材行业工程系列中级职称申报条件。经专家对申报人进行了答辩、评审，对符合晋升条件的人员在北京建材行业联合会网站上进行公示后，经北京市人事局批准，有71人获得了工程师资格，通过率为65.7%。矿业协会参与市建委关于《北京市建筑用砂供求动态及预警方案》课题的调研工作。家具协会配合北京市工商局重新制定“北京市家具买卖合同”，并按照GB 5296.6强制标准的要求，起草了《家具使用说明书编制范本》。水泥协会为深入贯彻北京市人民政府《关于发布本市第十五阶段控制大气污染措施的通告》和北京市工业促进局等部门《关于印发〈北京市关于加快退出高污染、高耗能、高耗水工业企业的意见〉的通知》的精神，提出的《北京市水泥行业“三高”小水泥有序退出方案》，经市政府批准，是年3月30日，由北京市工业促进局、北京市发展和改革委员会等7个委办局联合发布《关于印发，〈关于北京市高污染、高耗能、高耗水小水泥企业有序退出的实施意见〉的通知》，是年重点退出燕山水泥有限公司等11家水泥企业。建材质检站、五金质检站、家具质检站、水泥质检站积极完成北京市质量技术监督局、市建委等下达的监督抽查及专项抽查的任务，科学、公正、公平地做好政府监管部门的技术支持。建筑五金门窗幕墙协会参与市技监局组织的生产许可证审查工作；防火分会进一步完善了与北京市公安局消防局、北京消防研究所和国家建筑工程质量监督检验中心的市场联合监督机制，加强了防火涂料产品、防火工程质量以及防火工程检验机构的市场监督；水泥协会按市有关委办要求进行水泥生产企业化验室合格证的换证工作、能效对标工作和安全生产审计等项工作。

做好行业统计，掌握基础信息，引导建材行业科学发展。在水泥、玻璃、陶瓷等行业已建立统计报表制度，定期向政府有关部门提供行业信息，通过网站和会刊公布行业情况。

开展职业资格培训鉴定，进一步提高建材从业人员素质。依据国家劳动和社会保障部《招用技术工种从业人员规定》及北京市劳动和社会保障局《关于加快推进职业资格证书实行就业准入有关问题的通知》的有关规定，经国家建材行业职业技能鉴定指导中心批准，是年根据企业的需要确定培训内容、编制教材，组织培训，会同水泥行业协会、市场流通专业委员会、化学建材委员会、建材质检站、水泥质检站与金隅科技学校共同组织，进行了建材化学分析工、物理检验工、质量控制工、水泥中控室操作员、水泥制造、市场营销等职业技能的培训考核工作，共培训了282人，有108人获得了国家职业资格证书，其中获得技师资格27人，获得高级工资格28人，获得初、中级职业资格53人。

开展环渤海地区建材行业“诚信企业”评审推荐活动。按照《环渤海地区建材行业诚信企业评价管理办法》，北京建材行业联合会会同北京水泥行业协会、北京家具行业协会、北京室内装饰协会、北京五金门窗行业协会、北京市矿业协会、北京建材计量协会等9家专业协会继续开展“诚信企业”评价工作。是年，北京市建材行业已有诚信企业70家，其中环渤海地区诚信企业61家，北京地区诚信企业9个。市场流通委员会积极参与中国建材工业协会“全国星级建材市场”评选工作。是年，京开五金批发市场被评为全国四星级建材市场。为加强协会工作的交流与合作，共同促进环渤海地区建材行业的发展，11月份组织了第二次环渤海地区五省市建材协会秘书长联席会议。

继续开展质量体系认证工作和国家、行业、地方标准编制工作。北京建材行业联合会和国建联信认证中心合作，开展ISO 9001、ISO 14001、GB/T 28001、ISO 10012和产品质量、3C认证工作，是年计划认证43家，截止到10月底，已有31家顺利通过国建联信认证中心的外部审核工作。与认证中心合作组织了2008版质量管理体系标准的换版培训工作，共有50家企业的166名管理者代表获得内审员证书。建材计量协会与国建联信认证中心合作，开展对提供测量管理体系认证的企业进行年度监督审核工作，完成16家企业的年度监督检查工作，通过1家企业测量管理体系AAA级认证审核工作。建材质检站积极参与国家、行业和地方标准的编制工作，完成了《尾矿砂》、《干混砂浆术语》等9项标准的编制工作。

坚持进行绿色环保节能节水建材产品的评选和推荐工作。在企业自愿申报的基础上，经专家评选，网上公示，领导小组批准后向社会推荐，3年来评选推荐出绿色环保节能节水建材产品200余种。是年，有7家企业、7个产品第一次获得了绿色环保节能节水建材产品称号。家具协会与辽宁、天津、重庆等十省市家协联合开展“中国十省市环保家具知名品牌”认证工作，2009年北京地区有38家企业获此殊荣。

提高会刊质量，服务会员企业。为提高《北京建材》期刊质量，是年9月开始与中国建材工业经济研究会共同编辑出版《北京建材》杂志，并免费及时发送给会员单位。

（杨希震）

【北京汽车行业协会】 2009年，北京汽车行业协会（简称汽车协会）深入贯彻落实科学发展观，发挥自身优势，努力完成政府主管部门委托的工作，在协助政府加强和改善行业管理中认真履行职能，深入开展调查研究，积极反映企业诉求和行业情况，积极主动与政府相关部门联系，充分利用协会资源，为促进行业发展积极开展工作。

开展调查研究，向政府建言献策，推动行业健康持续发展。针对《北京汽车产业振兴规划》（征求意见稿），认真分析国家和北京市已经出台的相关政策，积极探讨北京汽车、特别是专用车发展的新思路，认真听取相关会员单位的意见和要求，仔细分析汇总，上报市政府主管部门。是年11月，根据北京市提出的新能源汽车、特别是电动汽车是北京汽车产业实现跨越式发展关键的精神，协会受北京市经济和信息化委员会的委托，承担并完成了《北京市电动汽车发展战略研究实施方案建议》的报告。针对北京汽车零部件产业规模小、投入少、自主研发能力弱、关键零部件缺失、发展严重滞后于整车企业的现状，受市经济信息化委的委托完成了《北京汽车零部件发展战略研究报告》。是年，在协会主要领导的带领下，深入中环动力公司、天路通公司、凯特汽车厂、航天科技等单位就企业经营状况、发展规划、金融危机对企业的影响及面临的困难等进行调研，针对不同企业提出发展建议。

发挥行管职能，推进企业调整重组，促进专用车产业做大做强。协会会同大兴区政府、市经济信息化委、市发改委，为落实副市长苟仲文“做好规划，加大招商引资力度，吸引高技术含量、高附加值的品牌企业进驻专用车基地”的指示精神，先后对湖北省随州专用车基地、山东梁山专用车基地进行了考察；对在大兴区建立专用车基地，召开了专门的“专用车集群发展研讨会”。是年12月26日，北京汽车行业协会与大兴区政府“战略合作暨专用车项目”正式签字，首批入驻“北京专用车基地”的市政中燕、事必达、安龙联合三家企业分别与大兴区长子营镇签订了项目合作协议。

行使公告管理职能，为企业做好咨询服务。11月13日，协会与市经济信息化委联合召开了“2009年北京车辆准入管理会议”。邀请国家工信部、中机车辆技术服务中心、市经济信息化委等领导就企业关心的公告管理相关内容进行了详细的讲解，受到与会汽车、专用汽车生产企业的领导和区县有关负责人的欢迎。是年还组织了中冀福庆公司ZFQ3601型非公路用自卸汽车及底盘新产品技术鉴定会，为企业的新产品尽早投入市场提供条件。

承担社会责任，完成彩车制造任务，为国庆60周年献礼。协会经过严格筛选，确定了北方华德、三兴公司、威腾公司、京城重工、北铃公司、环达公司、晨光天云、市政中燕等8家企业负责彩车的改装制造。按期保质保量完成了42辆彩车制造任务，达到了主题鲜明、成果突出、艺术设计与技术设计的完美结合。

应对金融危机，了解企业需求，为企业办实事。组织召开三届四次常务理事会和会员代表大会，会上请政府领导和行业专家做行业发展政策和金融危机形势的专题报告；召开汽车市场形势分析报告会，请徐长明、苏晖等行业专家做市场运行与发展专题报告；与莱茵检测认证服务（中国）有限公司共同举办“提升管理，应对危机”研讨会；与中国汽车流通协会有形汽车市场分会联合举办“汽车行业经济形势研讨会”，邀请行业、企业、经销商代表就大家关心的汽车行业发展形势和汽车价格波动情况进行判断和分析，推动北京汽车行业健康稳步发展；组织召开金融危机对汽车行业影响专题座谈会，认真听取在金融危机形势下企业发展（特别是专用车企业）中遇到的问题，与企业共商解决途径；与市商委共同举办2009

年北京汽车行业出口工作座谈会；与市商委共同举办汽车出口市场信息和出口信用保险政策培训班，促进北京市汽车产品的出口。

推进节能减排，增强节能降耗意识。是年，在完成北京汽车行业实施《能耗水耗指导指标》情况的调查与改进建议”报告的基础上，协会对跟踪调查的整车、专用车和零部件3个行业的64家企业开展节能减排的工作情况和达标情况进行了评定。为宣传先进典型，在三届四次会员大会上表彰了26个节能减排先进单位，同时，协会与中国汽车工业协会联合举办新能源汽车技术和减少温室气体排放报告会，给会员单位开展各项工作提供了指导作用。

加强宣传服务力度，做好网站的建设和推广。通过在网站公布行业统计信息及分析，各种会议报道，各种会议、活动通知，各类文件下载等多种方式引导会员企业关注网站，扩大了行业网知名度和点击率。认真编写按时出版《北京汽车信息》24期、《协会工作简报》13期和《经济运行分析报告》4期。

积极参加行业活动，扩大交流。是年通过参加环渤海联席会、全国省市汽车行业联席会、武汉专用车研讨会、汽车行业统计工作会、全国零部件产业发展研讨会、汽车产业发展和节能与新能源产业发展战略研讨会等各种行业会议、活动，了解了全行业发展的最新情况，与各兄弟协会和相关单位建立了联系。

组织各项活动，夯实企业标准化管理基础。是年，协会举办了《GB/T 1.1－2009标准化工作导则第一部分：标准的结构和编写》培训班。组织会员企业参加了北京标准化协会组织的纪念世界标准日的论文征文活动。北汽福田的两篇论文获得优秀奖、汽车研究院等两篇论文获鼓励奖。组织北京三兴公司、佩特来电器公司等企业参加了“首都标准化发展情况问卷调研企业详细篇”的调查，基本掌握了北京汽车行业标准化工作的基本情况。组织北汽福田、长城无线电厂等企业参加国标协、市标协联合组织的赴青岛海尔集团参观、交流活动。组织、协调国标协、市标协参观北京现代和北汽福田公司。

推动国内外交流与合作，把握行业动态，为企业拓展市场寻求商机。组织企业参加俄罗斯汽配展、拉斯维加斯汽车零部件展、上海国际汽车零配件展等展览活动，协会努力争取政府相关部门的优惠政策，以减轻企业参展费用支出。是年4月，会长安庆衡带队赴台湾参加了“两岸车载资通讯产业合作论坛”活动，考察了当地的汽车及汽车电子相关企业，了解了当地汽车行业发展现状，安庆衡会长还就汽车电子产业发展方向发表演讲。11月，北京市常务副市长吉林率领250余人代表团赴台进行两岸交流，协会组织了汽车分团参加第十二届京台论坛活动，会长安庆衡与台湾电电公会汽车电子产业联盟会长林宝树共同主持了“汽车电子产业论坛”，福田公司、研究总院和航天科技的专家做了演讲，受到台湾业界的热烈欢迎。会议还安排了两岸企业的对口交流，寻求合作意向，为企业发展牵线搭桥。是年10月16日—11月16日，协会作为协办方全程参与了由北京市商委、丰台区人民政府联合主办的“2009北京汽车文化消费节”活动。

强化统计报告制度，提高运行分析水平，为企业决策提供参考。协会每个季度都与北汽控股公司共同编制全国和北京汽车运行季度分析报告，提高了对整车和专用车企业的统计要求，开始月度报表工作。同时还对全国和北京的汽车行业经济运行情况进行月度简要分析，并在协会网上公布，使会员企业能够及时了解汽车行业的总体情况。是年，协会被中汽协会评为统计工作先进集体，冯玉玲等45名同志分别被评为中汽协会及北京汽车行业协会的统计工作先进工作者。

（梁金启）

【北京服装纺织行业协会】 2009年，北京服装纺织行业协会坚持务实创新，强化服务，努力开创协会工作新局面。

针对国际金融危机的影响，协会深入开展行业调研活动，先后召开了出口企业座谈会和品牌企业座谈会，将行业和企业的难点、问题及时反映给政府决策部门。在此基础上协助并组织推介活动，召开了“北京服装纺织产业振兴规划现场交流座谈会”；组织企业参加“帮扶政策解读会”及“外贸大集”活动等。同时通过品牌资源、渠道资源整合，一批有实力的品牌相继进入高级商场并增加了专卖店；品牌企业通过横向联合，相互借势，实现品牌系列发展。如大华与顺美、雪莲与依文等实现了产品系列化的配套服务。

加强品牌培育，助推自主品牌。是年，继续开展“北京十大时装品牌”评选活动，取得了较好效果。一是促进了市场推广。在全球经济形势趋紧、外部需求急剧下降，多数贴牌加工企业难以维持时，品牌优势明显显现。北京品牌的市场销售额全部呈上升趋势，获2009年度十大品牌的企业有7个品牌的销售网点、专卖店销售额成倍增长；获金奖的企业平均以40%左右的速度增长。二是扩大了品牌影响力。在新中国成立60周年庆典中，北京14个品牌企业以最快的速度、最好的质量完成了37个游行方阵的11.3928万件（套）服装、广场背景组字的8.794万件（套）服装，以及首都治安志愿者的45.551万件（套）服装制作。三是促进了企业信息化管理。随着服装市场向多样化、高级化、个性化发展，服装生产也向多品种、小批量、高质量、周期短推进，企业普遍建立了营销网络和快速反应机制，配套服务更加完善。

加强品牌宣传，树立北京品牌形象。协会以“北京十大时装金奖品牌”及重点品牌为主，推出了“北京时装之都”主题展，首次集体亮相在2009中国国际服装服饰博览会上。呈现出三大特色：参展品牌品类齐全，涵盖了九大服装类别；北京品牌集中展示，体现了品牌的权威性和信任度，达到了单一企业参展不能企及的效果；其带有时装之都特色的展位格外醒目，吸引了大量观众，扩大了时装之都的影响力。举办第六届“2009时尚北京·雪莲之夜”活动，通过回顾时装之都建设及品牌发展历程，加强了行业与企业的沟通、企业与市场的联系，促进了保增长、扩内需、增活力、树信心目标的实现。

加强行业服务，积极为会员企业办实事。作为行业舆论宣传的重要阵地，《时尚北京》杂志、《时装之都》网始终坚持“围绕中心、宣传中心、服务中心”的主旨，结合行业发展的实际需求，坚持开拓创新、稳妥务实、滚动发展、不断提升的工作思路，宣传影响力不断扩大。

加强对外交流，拓展企业发展空间。协会通过主动“走出去”的方式，积极为会员企业在危机中寻找新的商机。先后组织品牌企业参加了银川服装艺术节、哈尔滨红博冬装节、赴台湾举办论坛和考察交流等活动。

加强自身建设，适应行业服务的需要。一是服务政府。承担了政府职能部门委托的推进时装之都建设、行业调研等工作。二是服务企业。在新形势下，协会不断强化服务意识，努力探索适应本行业的发展之路，以多种方式积极为会员企业提供服务。在行业统计工作中，组织重点服装企业完成生产经营状况季报表，做到有分析、有报告。通过协会推荐，雪莲、爱慕、依文等企业分别进入全国服装行业“销售收入”、“利润总额”和“销售利润率”百强企业行列。李宁、诺丁山、派克兰帝、爱慕、白领 、雪莲等品牌分别荣获中国服装品牌年度大奖等称号。在配合有关部门，做好节能减排工作中，协会组织第二批能耗水耗指标编制的家纺用品、非织造布和布鞋行业的重点企业填报能耗水耗情况调查表，对产值能耗、产值水耗情况进行了摸底调查。协会为进一步推广制式学生装工作，由学生装专业委员会组织企业赴杭州、宁波等地学习、考察和交流制式学生装推广工作；协会与专家委员会委员、中国服装研究设计中心等共同主办了“2009乐龄时尚服饰文化展演会”。

（单芳慧）

【北京医药行业协会】 2009年，医改配套政策相继出台给医药行业带来机遇和挑战，北京医药行业协会（简称医药行协）引导医药企业积极应对，促进了首都医药产业的健康快速发展。

成立子行业协会组织。分别召开了医疗器械、中药、化药3个分会成立大会。连同此前已成立的商业分会，全行业的子行业都有了自己的分会组织。此外，中药分会下还设有中药饮片专业委员会。协会还探索性地建立一个地区性质的丰台工作委员会，制定实施了分支机构管理办法，有效地健全了协会的组织建设和管理。是年，共发展新会员16家。

积极反映行业呼声。4月，鉴于北京市启

动新一轮药品集中招标采购方案设计，医药行协撰写了《关于对改进药品集中招标采购工作的建议》。建议包括：坚持质量优先原则、完善企业和产品评价体系、提高国产药品报销比例、建立创新药价格形成机制、加强招标采购社会监督和支持北京地区企业发展等10项建议。市政府主管副市长丁向阳作出重要批示，并责成市政府秘书长、卫生局长落实。针对医药批发企业对本市新制定的“关于药品招标配送企业遴选”政策的强烈反应，医药行协汇总了企业的意见和建议，紧急上报市政府有关部门，并提出了“先听证，再实施”和“给予一年过渡期”的两点建议。医药行协还汇同全国医药行业协会会长秘书长联席会议，就医改配套文件制定，提出了两年内出台医药分开试点、理顺医药价格和补偿机制、科学公正实施基本药物制度、完善医改报销制度等5项建议，上报国务院主管部门。

拓展“用北京药放心”品牌建设途径。医药行协先后两次组团，参加第61届、62届全国药品交易会。第61届郑州药交会的新内容是开展以“新医改、新机遇、新发展”为主题的京豫医药发展论坛。第62届成都药交会的亮点是，首次由12家医药商业企业联合设立“医药工商洽谈会”。展会期间，还举办了“京川医药再拉手暨北京活动日”。市药监局副局长袁林充分肯定“用北京药放心”是北京医药行业的核心品牌，它凝聚了全市药人的辛勤汗水，承载了市委市政府的委托和首都人民的期盼。打造“用北京药放心”品牌，是北京医药行业坚持“以人为本”科学发展观的具体落实，更是对全国人民的郑重承诺。医药行协还首次组团参加石家庄地区性药交会和第38届全国药机博览会。

推进行业科技进步。8月5日，医药行协召开了“北京医药首届科技创新大会”。邀请国家药监局等部门领导，分别就国家科技产业政策及北京生物医药产业发展做了3场专题报告。大会总结了全市20家医药企业的创新经验编印成册，还收集编印了250余项待转让科研成果专册，为科研单位与企业合作搭建平台。请部分科研单位向大会介绍科技成果转让项目，助推有更多科研成果能在北京落地生根。

搭建岗位成才和对外合作新平台。9月30日，经市人保局特例批准，创办了“北京市第二十六（医药）职业技能鉴定所”。获准首先开展中药购销员、中药调剂员和医药商品购销员等3个职业的国家职业资格五级（初级）、四级（中级）、三级（高级）的鉴定工作。自11月正式运行，已为900余人进行了多工种的技能鉴定。此外，全年受理药品、医疗器械广告3700余件，被国家局和市局称赞为全国医药系统广告审批、广告档案管理的典范；医药工业、商业统计覆盖面分别增加30%和25%，再次被评为全国先进单位。为本市医药企业与国外企业合作及产品进出口搭建平台组织了中德洽谈会，并与中非组织初步接洽。全年共开办“药品质量管理人员资格”培训、“药品生产企业质量授权人”培训、“农村药品经营企业药学从业人员”培训等各类培训班53班次，受训人员2万余人次。

（杨希民）

【北京工艺美术行业协会】 2009年，北京工艺美术行业协会（简称京工美协），继续深入扎实施行《北京市传统工艺美术保护办法》，为振兴和繁荣北京传统工艺美术事业，为北京的创意文化产业的发展，以“服务于政府和行业”为宗旨，创造性地开展工作，取得了显著业绩。

11月10日，北京市委书记刘淇，市委副书记、市长郭金龙亲切会见了北京工艺美术行业协会的171位工艺美术大师，并合影留念。新中国60年的发展取得了辉煌成就，希望各位工艺美术大师和广大工艺美术行业职工，进一步解放思想，勇于创新，把现代科技融入传统技艺，用现代手法表现中华传统文化，积极推动传统工艺美术作品与时俱进，不断创造出适应时代发展的传世珍品，为建设人文北京，促进首都文化建设作出应有的贡献。

在协会组织建设和管理上下功夫。2月17日和7月23日，京工美协分别召开了第十三次和第十四次会长办公会，先后发展北京华尔德家具礼品有限公司、北京于坛民族艺术品发展有限公司等19家团体会员。在工艺美术保护资金管理方面，是年京工美协配备了专人专项管理，在制度方面进一步规范了管理流程，圆满完成2009年保护发展资金项目可研报告和合同签订工作。此外，还完成了2002年—2008年北京传统工艺美术保护发展资金项目自查。为加强财务管理、规范履行合同奠定了基础。由于行业调整变动较大，自2001年后，工艺美术地方志编纂工作处于停滞状态。从年初开始，经过京工美协和工美集团总公司协商，成立了地方志编纂委员会，在协会内设立了史志办公室，设专人负责这一工作，使编志工作步入了正轨。

5月15日，北京工艺美术行业协会发出“申报北京工美大师名单公告”，开展大师资格申报工作。截至2008年11月15日，共有113人申报，进行公示后，对申报工美大师无专业学历的15位申报人进行专业技能、理论知识考核。7月13日，北京传统工艺美术评审委员会技术顾问组进行初评。8月4日，北京市传统工艺美术评审委员会主任李树藩主持召开评审会，有19位委员出席。经无记名式投票后，将投票结果上报至北京市经济和信息化委员会。11月4日，经北京市经济和信息化委员会批准，确认37名工艺大师晋级，其中获晋一级工艺大师的有张铁成、赵丽平、赵琦、陈新、姚淑英、刘卫国、刘建华、孙颖、郭鸣、柏德元、万紫、马慕良、刘永森、康玉生、徐阳、杨玉栋、张宝琳、王燕、刘荫茹、张荣达。获晋二级工艺大师的有张知忠、王庆珍、李东、苏伟、王建、冯旭华、王敏成、蒋民民、张宝贵、曹艳红、贾大双、苏然、王立、崔欣、滑树林、黄小群、张俊显。13人获初评工艺大师，其中陈烈汉获一级，韩振山获二级，王振宇、刘小俊、员向阳、王文辉、陈宝光、王学兵、武国芬、郑道全、吕旋、白莉、刘韧获三级。至此，北京市工艺美术大师中50岁以下的中青年比例占20%以上。

工艺品展销取得明显效益。一是京工美协组织20余家企业和30多名工艺美术大师赴台湾参加海峡两岸创意产业展。受到台湾各界的高度赞扬。企业和大师们带去的价值几十万元或上百万元的产品中许多当场被选购。有的台湾同业与企业在当场签订了多项技术合作协议。当地的电视台、报纸等媒体纷纷予以报道。展销结束后，即有台湾客商赶到北京，与企业签订了长期订货的合同。二是10月20日，集展览、销售、招商于一体的第四届北京工艺美术展在751厂北京时尚设计广场开幕。国家工业和信息化部总工程师朱宏任、北京市副市长苟仲文、北京市经济和信息化委员会主任朱炎、中国轻工联合会、中国工艺美术学会等及市有关单位负责人出席了开幕式。本届展览共有100多位工艺美术大师和60余家企业的500多件（套）作品参展。还有台湾展团及苏、闽、浙等地的同仁携作品参展。获得本市保护资金支持的3个工艺美术基地建设项目、6个新产品开发项目、13个濒临失传的抢救项目和30种传统工艺资料整理和保存项目，以及35个国家级和北京市级非物质文化遗产项目同时展出。展出期间接待观众近3万人，意向销售额达3100多万元。举办了外交活动专场，有22个国家的驻华大使和夫人，世界500强企业驻华代表以及艺术家和社会名流等共131人参观。该届展览进行了“北京工美杯”评比，共评出获奖作品120件（套），其中：特别金奖21件（套），金奖30件（套），银奖25件（套），铜奖20件（套），优秀作品奖24件（套）。有4件作品被评为市级工艺美术珍品。三是手工艺品连获佳奖。3月京工美协组织在京所属会员单位，赴杭州参加第四十四届全国工艺品旅游纪念品交易会。在展会期间开展的“金凤凰”创新产品设计大赛中，北京展团共获4个金奖；3个银奖；5个铜奖；3个优秀奖。10月参加了第十届中国工艺美术大师作品和工艺美术珍精品博览会，17件参展作品分别获得金、银、铜奖。12月15日，经北京传统工艺美术评审委员会审议通过，并报请北京市经济和信息化委员会批准，确定雕漆《鼎盛中华》、象牙雕刻《九州欢腾》、花丝镶嵌《万佛金刚宝塔》和玉器翡翠《观音》四件工艺品为2009年度市级珍品，每件各奖励人民币4万元。四是工美行业经纪人公司试点初见成效。行业协会继续坚持探索工美行业生产经营模式的改革和创新。由北京金漆镶嵌有限公司成立了北京天宝楼文化经济公司已通过注册，成为全国首家工艺美术大师经纪人公司，该公司陆续与50多位大师签订了合作协议，并举办了多种形式的作品销售活动，截至年底，累计产品销售近百万元。

交流企业管理经验，表彰优秀企业家。8月5日，北京工艺美术行业协会召开工作会议。有北京市经济和信息化委员会的主管领导、协会所属的会员单位负责人、工艺美术大师以及个人会员近200余人出席。会上由北京金漆镶嵌有限责任公司董事长、总经理柏德元、北京华江文化发展有限公司副总经理吴晖、北京禄颖蓝釉艺工艺品有限公司总经理李佩卿、北京宝贵石艺科技有限公司总经理张宝贵先后从企业如何在市场经济的大潮中求生存、求发展；抓住机遇、开拓创新；如何发挥工艺美术大师作用；注重环保、运用好新材料、新工艺等几个方面介绍了企业的先进管理经验。表彰柏德元等23人为企业优秀管理者并授予“突出贡献奖”，为获奖者颁发了荣誉证书和纪念品。

为民间手工艺人誉名。经历10个月的由北京工艺美术行业协会、北京民间文艺家协会、北京玩具协会共同开展的“北京工艺美术艺人誉名活动”，于3月10日结束，为第一批获得以姓氏命名的艺术流派誉名者颁发证书，有：张氏景泰蓝（张同禄）、文氏剔红（文乾刚）、钱氏景泰蓝（钱美华）、剪纸徐（徐阳）、脸谱杨（杨玉栋）、葡萄常（常弘、常燕）、面人郎（郎志丽）、孙氏剪纸（孙二林）、路家班皮影（路海）、风筝哈（哈亦琦）、脸谱双（双起翔）、程氏花丝（程淑美）、裕氏草编（裕庸）、灯笼张（张连友）、风车梁（梁俊）、小灯张（张双志）、花灯黄（黄松清）、毛猴曹（曹仪简）、花儿金（金铁铃）等共20名艺人。

多种形式进行学习交流活动。1月10日，中国工艺美术展在中国美术馆开幕。京工美协副会长朱洪、《工艺美术家》杂志主编李苍彦应邀出席“中国工艺美术发展与展望学术研讨会”。6月8日，中共北京市委组织部常务副部长史绍洁组织召开北京工美大师代表座谈会。出席会议的有市委组织部副部长张志伟、副巡视员兼人才处处长闫成、市委宣传部常务副部长陈启刚、副部长陈冬、市经济信息化委主任朱炎、副巡视员张兰青、市台办主任马玉萍、京工美协会长李进华、副会长兼秘书长朱洪等。参加座谈会的工美大师有张同禄、文乾刚、王树文、姜文斌、钟连盛、哈亦琦、万紫。7月5日—6日京工美协组织北京传统工艺美术基础人才培养方案研究课题组成员及北京工美高级技工学校等相关人员，到河南省新密雕塑艺术中等专业学校进行学习交流活动。7月16日，京工美协会长李进华、秘书长朱洪接待台湾同行在北京工艺美术企业参观考察。9月7日—14日，京工美协和金漆镶嵌公司、剧装厂负责人等一行10人赴湖南长沙考察交流。

组织专业培训，提高工美大师和艺徒素质。4月20日，北京工艺美术行业协会组织了28位工艺美术大师到台湾，举办“海峡两岸文化创意产业展暨工艺美术高级人才培训班”，参加的工美大师有张同禄、姜文斌、霍铁辉、钟连盛、王树文、刘守本、文乾刚、哈亦琦、刘锦茹、柏德元、万紫、杨玉栋、黄小群、刘忠英、滑树林、陈厚棣、李志刚、曹艳红、张知忠、徐文静、孙颖、徐阳、张荣达、高东升、王燕、赵琦、李东、周义等。举办了4天展览和3次学术交流活动，参观了台北学学文创志业大楼、台北国际艺术村、西门红楼文创产业基地、台北“故宫博物院”、莺歌陶艺家基地、三义民族木雕文化街、高雄沙滔琉璃工作坊和蜻蜓雅筑工作室。4月30日返回北京。为了使传统手工艺设计跟上时代的步伐，由北京工艺美术行业协会主办电脑知识培训班自4月15日开学，本次学习班共112人报名，正式参加学习的有91人，其中国家级工美大师3人，市级大师25人，年龄最大的66岁，最小的25岁，平均年龄45岁。共160课时的学习，学员的出勤率达到了95%以上，有78名学员领到了结业证书。开展岗位练兵，组织职工技能大赛。京工美协组织珐琅厂、铭客诚、景都利天、汉艺煌等4个景泰蓝生产企业的50名掐丝职工，参加了北京市“第十三届北京市工业职业技能大赛”。历经一年多，京工美协组织参加了景泰蓝掐丝工竞赛活动。经过初赛、复赛和决赛，最终评出金奖1名、银奖3名、铜奖8名、优秀奖13名。9月4日，大赛组委会召开了表彰大会，其中工美系统的耿英建、林洁、赵静云、李宝珠、马淑凤、王俊、张燕平、刘翠英、程立红、李雪等10人获“北京市工业高级技术能手”称号。耿英建获“北京市工业景泰蓝掐丝工最佳操作能手”荣誉，京工美协获优秀组织奖。李惠敏被授予“优秀教练员”称号。

搭建信息平台，编撰手工艺书刊。6月16日，北京工艺美术行业协会和北京工美集团有限责任公司，共同召开“北京工艺美术大师数据网站方案研讨会”。确定立即着手组建网站，开始了北京工艺美术人才库的建设工作，宣传北京工艺美术。北京工艺美术行业协会积极组织非物质文化遗产保护和理论研究，1月，朱洪、马慕良编著《北京工艺木雕》；朱洪、李苍彦主编《京华谭玉录》，由北京工艺美术出版社出版发行。3月，由文化部副部长、国家非物质文化遗产领导小组组长王文章作序，李苍彦、滑树林著《北京绢花》，由北京工艺美术出版社出版发行。5月，由李苍彦、朱洪编著的《俏皮话里的手工艺品》一书由中国文史出版社出版。李新民、李苍彦、张自方编绘的《传统工艺美术设计图稿·人物卷》，由北京工艺美术出版社出版发行。8月，李苍彦著《美的品味》一书由中国文史出版社出版。11月，朱洪主编的《情系奥运——北京工艺美术行业参与奥运活动集锦》（内部资料）彩色画册印刷完成并发放至有关会员（单位）和工艺大师。该画册收入有奥运期间获得的奖项，与工艺美术相关的各类获奖证书、中国故事《北京小屋》证书，奥运会采用的工艺品、奥运会纪念品组织设计生产的纪念品等。京工美协编辑、出版《工艺美术家》杂志4期，在刊物上发表论文及工艺美术创作经验交流性文章42篇，发表各种工艺品作品和绘图等共61件。同时，编辑出版了《北京工艺美术》报6期，发布有关工艺美术的信息51条，新闻照片39幅，领导讲话及经验交流、创作体会等有关文章33篇、图稿15幅。

（李苍彦）

【北京软件行业协会】 2009年，北京软件行业协会继续加强国家有关鼓励软件产业发展的政策落实工作，帮助企业享受国家有关政策，完成好“双软认定”和“双高人才奖励”工作，为会员企业组织形式多样的活动，开展国内外交流和课题研究，利用协会网站和刊物帮助企业扩大宣传。

认真履行政府部门委托的各项工作。是年，登记软件产品2399个，续延登记软件产品225个，认定软件企业743家，年审通过软件企业2730家。截至年底，累计登记软件产品1.5577万个，续延登记软件产品724个，认定软件企业6061家，累计年审13423家次。软件产品增值税退税45.5亿元。“双高”人才奖励覆盖企业694家，同比增加94家。奖励人数1.9796万人，同比增加4499人，增加29%。奖励金额1.83亿元，同比增加3556万元，增加24%。

开展国家规划布局内重点软件企业申报工作。配合中国软件行业协会，完成了北京市软件企业申报国家规划布局内重点软件企业的工作，对全市申报重点软件企业的申报资料进行了初审，共74家企业符合条件，经主管部门审核后上报中国软件行业协会。

承担软课题研究。2008年11月—2009年8月，承担中关村科技园区《推动软件企业加强知识产权保护的策略方法》课题研究，完成课题研究报告。

完成政府部门临时交办的紧急任务。协会筛选有代表性的软件企业100家，对企业的阶段性收入、项目合同、新技术、并购、融资、承担重大国家项目等情况进行月度调查，反馈给市经济信息化委，为政府部门提供第一手行业信息。1月，受中关村管委会委托，通过问卷的形式对中关村科技园区258家软件企业做了“金融危机对园区企业影响情况”的调查。5月组织召开北京市海淀区发改委对软件企业发展情况摸底调研会。5月—6月，配合中关村管委会开展《2009中关村科技园区年鉴》向企业征稿活动，最终有10家软件企业的稿件通过。9月初，为《进一步促进软件和信息服务业发展的指导意见》（征求意见稿）征求企业意见，组织中小企业召开座谈会，结合企业代表现场发言和提供的书面意见，汇总形成书面报告。9月中旬，市发改委拟制的《北京市关于促进生产性服务业发展的政策措施》征求意见，汇总相关企业的意见后上报。11月受北京市台办委托，组织北京软件企业代表团赴台参加第十二届京台科技论坛。

提供多种形式的服务活动。围绕金融危机举办了“金融危机——企业发展与变革的机遇”等3期IT沙龙，邀请专业机构为企业提供指导。组织“金融危机形势下企业发展态势”的政企研讨。举办“危中求机，迎在战略”的高层沙龙。在以往校园招聘工作的基础上，在协会网站上增加人才服务频道，为企业寻找人才提供一条辅助渠道。编辑《北京软件与服务》免费刊物6期，发放1800多册，提供给相关政府部门、协会会员企业、合作单位、各地兄弟协会等。全年举办了12期IT沙龙活动。

推进国际交流合作。2月，组织软件企业赴印度孟买参加了一年一度的印度软件及服务业领袖大会（NASSCOM INDIA LEADERSIP FORUM 2009）。12月，应巴西信息技术与交流协会（BRASSCOM）的邀请，组织代表团赴巴西考察，就软件产业发展状况、趋势以及合作前景进行了良好的交流与讨论，为日后两国软件企业间的交流互访起到了积极的促进作用。接待了台湾资讯软体协会代表的来访。西班牙巴塞罗那商会国际联络部总负责人、澳大利亚昆士兰政府贸易投资代表等也于今年来访。

加强协会自身建设和发展。举办了会员联谊大会、第五届第五次常务理事（通讯）会议、第五届第四次理事会暨会员代表大会。全年共发展会员69家，增补2家常务理事单位，4家理事单位。继续开展ISO9000质量管理工作，组织实施顾客满意度调查，顾客满意度达到91.27%。协会秘书处进一步完善和细化行政管理的各项工作，组织开展了16次全员相关培训，不断提升员工素质和服务水平。协会被中国软件行业协会评为“先进行业协会”。获得“2008中国软件出口外包桥梁奖”。“双软认定”工作窗口被中关村科技园区服务中心评为优秀窗口。

（王　森）

【北京电子商会】 2009年，北京电子商会紧紧围绕“服务”宗旨，积极发挥桥梁纽带作用。

完成政府相关部门委托的工作。协助市经济和信息化委员会完成了北京电子信息产业第二十三届全国电子信息百强企业的调研和申报工作。根据2008年电子信息产业统计年报数据，经企业和地方主管部门（委托北京电子商会）核对，由工业和信息化部最终审定后，联想控股股份有限公司、北大方正集团有限公司、同方股份有限公司、京东方科技集团股份有限公司、航天信息股份有限公司、紫光股份有限公司、北京天宇朗通通信设备有限责任公司、大恒新纪元科技股份有限公司、北京华胜天成科技股份有限公司、大唐电信科技股份有限公司、北京华旗资讯数码科技有限公司、中国软件与技术服务股份有限公司等12家企业荣获第二十三届“电子信息百强企业”的称号。其中，联想控股股份有限公司（1152.1亿元）列第3位，北大方正集团有限公司（421.4亿元）列第6位。11月27日，北京市经济和信息化委员会委托商会在铁道部党校召开了2009年北京电子信息制造业设计业统计工作会议。北京市电子信息制造业和设计业180余家企业及有关企业集团负责统计工作的代表参加了会议。会议总结了2009年北京市电子信息制造业、设计业总体发展情况；对全市电子信息制造业、设计业企业统计工作提出要求；讲解并演示了计算机程序使用。

热情为企业服务。商会拓展思路，组织了大量的商贸、考察、培训活动。2月27日，苏州·太湖（北京）科技和服务业招商推介会在北京国际饭店举行。商会组织了同方股份有限公司、北京空港物流基地开发中心、北京航星科技开发公司、鼎好电子商城等十几家企业的领导参加了此次活动。3月6日，商会组织了北京莎威电子有限责任公司、北京西金仪器仪表有限公司、北京超毅世纪网络技术有限公司、北京和利时系统工程股份有限公司、北京仲达集团、北京四通投资有限公司、北京易亨电子有限责任公司、北京康拓科技开发总公司等单位的领导参加了在国门路大饭店召开的“2009年度专家顾问工作会议”。3月18日—3月20日，商会负责组织了北京鼎好世纪有限公司、北京中关村国际动漫城、北京硅谷科技发展有限责任公司、北京七星华电科技集团有限责任公司参加了2009“武汉—北京经济合作项目考察活动”。北京电子信息企业参加了东湖高新区安排的投资环境介绍会、参观园区和企业以及企业间的沟通交流、洽谈活动。3月20日，北京市知识产权局主办“专利定向调查与技术创新方向专业培训”，商会应邀组织中国机动车辆安全鉴定监测中心、北京兆维科技有限公司、北京兆维光通信技术有限公司等企业参加。4月9日，商会和北京影响力教育训练集团在北京七星华电科技集团有限责任公司举办了“育人之道——影响力学习沙龙”。来自部分企业的董事长、总经理、副总及高管人员近70人参加了此次培训。5月19，日松下电器产业株式会社、松下电器（中国）有限公司和中国日本友好协会在北京丽思卡尔顿酒店举行了“Panasonic 中国环境论坛 2009”。受主办单位委托，商会邀请了同方股份有限公司、北京中关村科贸电子城有限公司、互动媒体产业联盟等近20家会员单位的领导参加。6月12日，商会组织50多位企业领导，参加北京市中小企业服务中心举办的“中小企业应对危机之道”讲堂第一讲。8月21日，商会和中担投资信用担保有限公司，在中担担保公司会议室举办企业融资座谈会。会议主要是搭建“北京电子商会企业融资服务平台”，参加的有26位来自企业的老总及相关部门的领导。10月27日—28日，北京市经济和信息化委员会在北京京仪大酒店举办“2009年北京微电子国际研讨会”，商会组织了80多家会员单位的总经理、总工，技术创新、研发机构和产业规划部门的领导参加。11月3日，第十二届京台科技论坛在台北圆山大酒店举行。北京市台办组成由常务副市长吉林带队、总规模约200多人的交流团组，赴台参加论坛，并进行企业考察和行业交流。市经济信息化委主任朱炎组织了工业分团，围绕北京产业发展重点，开展汽车电子、平板显示器、LED节能照明、第三代移动通讯、软件等产业交流合作项目研讨。11月2日，商会和北京汽车行业协会组团随北京市政府和市台办领导赴台参加第十二届京台科技论坛《光电产业论坛》和《汽车电子论坛》。

履行商会章程，完成换届选举工作。12月23日，商会在市政协礼堂召开了第四届会员代表大会。电控副董事长、京东方科技集团董事长王东升当选新一届会长。北京市原副市长、北京电子商会名誉会长韩伯平，中国电子商会会长曲维枝到会并讲话。北京电子商会会员单位代表180人参加会议。

（潘葆铸）

【北京食品协会】 2009年，面对国际金融危机对行业的影响，北京食品协会坚持以科学发展观为指导，坚持“服务”宗旨，认真履行协会职能，积极促进北京食品产业的发展。

协助政府，帮扶企业，积极应对金融危机。年初，协会领导带队走访企业调研，了解企业存在的困难和需要解决的问题，及时向主管部门反映汇报。3月份，参与市发展改革委和市经济信息化委制定《北京食品产业振兴规划》的工作，积极推荐上报项目，帮助行业申请加大技术改造力度。7月份，在市经济信息化委召开的“北京工业保增长促发展座谈会”上，协会领导就北京食品“上半年经济运行情况及问题”、“下半年保增长促发展的措施及建议”进行汇报，提出意见和建议。8月份，根据行业形势，协会以“应对危机、共谋良策，促进首都食品产业快速发展”为题召开理事大会。分析了上半年北京食品行业的形势，部署了应对金融危机的措施，交流了北京三元食品股份有限公司的经验。北京市副市长苟仲文出席大会并作了重要指示。11月份，市经济信息化委举办北京食品行业培训班，又一次对针对北京食品行业的形势进行了分析，呼吁谋划发展措施，积极应对挑战。12月份，协会联合北京食品学会、《食品工业科技》杂志社共同举办了“科技与食品工业振兴——2009北京论坛活动”。邀请行业内领导、专家学者、企业家各抒科技创新谋略，展示科技成果。协会还参与了市经济信息化委“振兴食品产业”规划的研究制定工作。

以促进产业发展为目标，推进品牌和诚信建设。完成“中国食品工业协会科学技术奖”审核推选工作。在第四届中国食品工业协会科学技术奖授奖大会上，北京市中国肉类食品综合研究中心《利用畜骨开发功能性食品配料及应用》、北京三元食品股份有限公司《膜技术在乳制品中的研究与应用》、北京燕京啤酒股份有限公司《啤酒大麦/麦芽质量与安全评价体系的研究》三项目荣获中国食品工业协会科学技术奖一等奖；北京王致和食品集团公司《腐乳白胚生产工艺及设备自动化项目》、北京顺鑫农业股份有限公司鹏程食品分公司《调理猪肉制品工业化生产的工艺化研究》等5个项目荣获二等奖；北京红星股份有限公司《红星千樽系列白酒研发和应用》等4个项目荣获全国食品行业科技进步优秀奖；北京三元食品股份有限公司、北京顺鑫农业股份有限公司鹏程食品分公司、北京王致和食品集团公司、中国全聚德（集团）股份有限公司、北京龙菲业食品有限公司荣获全国食品行业科技进步优秀企业；华都肉鸡公司佘峰、三元食品公司陈历俊、京粮集团周青、顺鑫农业杨文科、刘尔卓、龙菲业赵全明、御食园曹振兴等荣获全国食品行业先进科技带头人和先进工作者。经协会组织推荐，红星酿酒、龙徽葡萄酒等2件作品荣获北京旅游商品设计比赛大赛奖。继续组织企业参与设计示范项目。推荐北京绿得食品有限公司参加了企业设计对接示范工程项目。该项目被受理，企业已享受到政府8万元的补贴。在中国食品工业协会指导下，协会开展行业评价工作，北京吴裕泰茶叶股份有限公司、张一元茶叶有限责任公司、龙菲业食品有限公司、红螺食品有限公司和红星股份有限公司等5家企业被评价为AAA级信用企业。

发挥服务作用，展示首都食品产业发展的新形象。协会组织30家北京企业参与了中国（宁波）食品博览会，参展人员60余人，参展摊位20个。北京展团以“北京特色，市场影响力”为推广主题，各参展企业精心组织了300多种产品展示，呈现名牌产品多，老字号产品多的特点。其中中国名牌8个；中国驰名商标6个；中华老字号产品12个系列；北京名牌18个系列；北京著名商标12个系列；全国食品龙头企业24个。开幕第一天30家企业参展产品即销售一空，销售额近60万元。期间，举行京甬经贸合作洽谈会，有近百名京甬产业界、商界人士出席。达成合作意向近20个。北京展台荣获中国食品博览会最佳组织奖。

强化食品安全意识，积极履行社会责任。4月，协会与北京食品学会联合主办了“第二届国际食品安全高峰论坛”。论坛以“科技与信息同步，法律与责任同行”为主题，围绕“田头到餐桌”各个环节的食品安全问题进行研讨。共有32个国家和地区的700余名代表参加。协会有60余家会员企业派代表参会。大会向全国同行发出了《强化企业责任，保障食品安全》承诺倡议书。8月份，协会承办了“重温奥运辉煌，共享食品安全——奥运食品安全成就展暨奥运食品展示推介活动”。展会期间以图文并茂的形式宣传党中央、国务院对北京奥运食品安全工作的重视和支持，市委、市政府以奥运为契机全面提升首都食品安全控制水平的各项措施、成效。向社会各界展示奥运食品安全供应和保障工作中所采用的多种设备和系统。精心挑选了50家供奥食品企业，这些企业里既有奥运会赞助商、供应商，也有北京的老字号和行业龙头企业，还有外地的优秀食品企业。现场向市民销售供奥食品达300多个品种。协会与市妇联、市食品安全办公室共同主办了“2009儿童食品安全（北京）高峰论坛”。论坛上北京三元食品企业、北京义利面包企业等数十家企业签署了“绿叶行动北京宣言”，呼吁全社会关注儿童食品安全，呵护儿童健康成长。

搞好跟踪调查，促进节能降耗工作。重点是食用植物油加工、糖果巧克力制造、蜜饯制造、方便食品制造、酱油食醋及类似制品制造等5个小类行业对《北京工业能耗水耗指导指标》（第二批）执行情况进行跟踪调查。针对调查中反映的情况，督促企业加强节能降耗工作的管理，并向主管部门提出建议，有效推进节能降耗工作的落实。

加强技能培训，适应产业发展新需求，组织了食品检验工竞赛培训。北京红星股份有限公司、北京稻香村食品有限责任公司、北京汇源饮料食品集团公司等10余家企业的97名职工报名参加了本届竞赛活动。9月份，“第十三届北京市工业职业技能竞赛”总结表彰大会召开。北京红星股份有限公司薛小玉获北京市（行业）技术能手称号；北京红星股份有限公司薛小玉、杨连敏，北京稻香村食品有限责任公司沈超、北京御食园食品有限公司王春华获北京市工业高级技术能手称号。通过本届竞赛，有3名选手取得国家职业高级技师资格；4名选手取得国家职业技师资格；5名选手取得国家职业高级工资格；12名选手取得国家职业中级工资格。组织了食品安全法的学习培训。7月份，来自协会15家会员企业的22名质检人员参加了协会与北京食品学会共同举办了《学习、贯彻〈食品安全法〉》培训班。

扩大对外交流，共促产业发展。积极向中国食品工业协会推荐了中国肉类专家委员会成员，使北京籍专家数量增加。与北京工业经济联合会、北京包装技术协会，在节能减排、新北京名特优产品展示销售等工作中合作，为政府和企业服务。加强与区县工业局的联系，寻求与区县主管部门的合作，是年积极参与配合平谷开发区赴马来西亚进行招商引资工作。参与支持会员企业的活动，加强与会员企业的联系，及时了解企业和行业需求。协会还多次组织会员企业赴境外进行经贸考察活动，加强国际交流，学习先进技术，拓展合作领域，大力促进了首都食品产业的发展。

加强自身建设，提高服务水平。全年出版《北京食品信息》杂志12期，共计72万字。有“政策法规”、“经济态势”、“专题报道”、“市场观察”、“食品安全”、“数据分析”、“行业动态”、“品牌意识”、“经营管理”、“协会服务”十多个固定和临时栏目，还加设了“应对危机”专栏，刊发企业和专家处理危机的经验和建议，加大对食品行业经济运行情况的统计，对企业积极应对金融危机情况进行了解，及时向政府主管部门汇报，为政府部门进行决策提供科学依据。

（李明亮）

【北京仪器仪表行业协会】 2009年，北京仪器仪表行业协会积极应对挑战，克服困难，抓住机遇，推动行业工作的开展，取得较好成果。

在应对金融危机中努力做好为会员单位的服务工作。3月，召开了三届三次理事会，传达了中国机械工业联合会会长于珍在中机联二届六次理事会扩大会议上所作的《坚定信心、科学应对、实现机械工业新增长，推动经济社会新发展》的讲话精神；北京仪器仪表行业协会会长马士华做了“认清形势，树立必胜信心，积极应对金融危机影响”的讲话，提升了与会代表战胜困难的信心和决心。为使会员单位及时、全面地了解行业情况，了解国家部委、北京市有关部门出台的相关政策措施，协会配备了专职人员负责信息的整理和编发工作，并把整理编发《仪器仪表行业信息》的工作制度化。与中国机械工业联合会、中国仪器仪表行业协会、北京工业经济联合会及其他兄弟协会的联系和沟通，加强了信息交流，努力提高信息工作的敏感度。下半年，随着国家和北京市产业政策的调整，振兴相关行业规划的相继出台以及“十二五”规划制定工作的启动等相关政策信息已成为协会信息工作的重要内容。6月，协会加入中机联信息网，便利了协会利用网络平台，为会员单位提供快捷、准确的信息服务。

维护会员单位合法权益，反映诉求，为行业发展提供切实有效服务。是年上半年，协会获得中机联就企业如何寻求资金支持，拟举办相关专题培训班。参加培训的会员单位一致反映，培训班对解决企业当前实际问题很有帮助。协会在出席北京市工经联组织的有关行业协会与银行、贷款担保公司共同参加的恳谈会上，就如何落实中央、北京市关于帮扶中小企业相关政策中存在的实际问题进行沟通，结合行业特点和需求，反映了会员单位的困难和诉求，积极寻求金融单位的理解和支持。

组织会员单位参加技术、人才和管理活动，促进企业素质提高。是年，协会会员单位北京瑞利分析仪器公司红外光谱事业部被评选为全国机械工业先进集体，5名同志被评为劳动模范。2月19日，出席了全国机械工业先进集体和先进工作者、劳动模范表彰大会。是年，协会与有关部门沟通，促成有关单位参加了机械行业部分自动化仪表产品技术标准的制定工作。

努力完成市府委办及有关部门交办的各项工作。年底，应北京市经济和信息化委员会、北京市工业经济联合会的要求，协会跟踪调查《北京工业能耗水耗指导指标》（第二批）执行情况，依据调查结果完成了分析和说明。协会在接到市经济信息化委编辑出版应对金融危机典型经验汇编任务后，向会员单位发出征稿通知，经过征询、审查、推荐，北京京仪集团公司稿件入围。

适应经济技术发展需求，努力做好职业技能鉴定工作。是年，协会在全市职工职业技能鉴定所质量检查中坚持考务管理，各环节制订了严格的规章制度，使鉴定工作管理更加规范化和科学化，被评为优秀。在鉴定工作中，结合职业学校所设专业、工种开展工作，截止8月底，完成了对10个工种、329人的职业技能鉴定。其中参加初级技能鉴定的123人，取得证书的100人；参加中级技能鉴定的113人，取得证书的92人；参加高级技能鉴定的79人，取得证书的77人；参加技师技能鉴定的9人，取得证书的9人；参加高级技师技能鉴定的5人，取得证书的5人。12月27日，协会组织安排322人参加了职业技能鉴定的理论考试。

（赵相林）

【北京塑料工业协会】　2009年是北京塑料工业协会的换届年，秉承“服务”宗旨，紧密结合北京市的各项中心工作，努力开展工作，落实年初制定的各项工作计划并取得了一定的成果。

学习和贯彻科学发展观，紧密结合政府的中心工作研究开展协会工作。是年，按照北京市关于深入开展学习科学发展观的部署，塑料工业协会积极行动，按照加快建设资源节约型社会的思路，把大力调整产业和产品结构，以节能、节水、节地、节材、资源综合利用和循环经济工作作为重中之重来抓，重点在塑料管道行业推广PVC－M新型节能型管材及同程排水管道技术，并在建筑工程和市政施工领域已开始使用。

引进国外先进技术，组织编译发表《技术资料汇编》。协会接受一些企业的委托和支持，继续开展了对于我国塑料管业的全面调查研究，通过现有渠道和国内外专业网站搜集了当今世界发达国家的先进技术资料，组织科技人员先后选译编印了《国际塑料管道最新技术资料汇编》和《非开挖铺设和无砂铺设用塑料管技术资料汇编2009》。这两篇《汇编》已通过各种渠道成为全国几百家塑料管企事业单位的重要资料，《非开挖铺设和无砂铺设用塑料管技术资料汇编2009》被全国非开挖铺设专业会议选为会议的基础资料。

推动开发为能源产业服务的高新科技塑料产品，做好调查研究和咨询服务。协会搜集了国内外有关的技术和市场资料，分析当前塑料行业发展面临的挑战和机遇，对市场需求、技术创新动向以及发展前景提出了客观的判断和意见，特别是在塑料管道方面得到较大的反响，不少企业以此作为制订发展规划的重要参考依据，有的企业还引用报告资料作为申请上市和投资建厂的依据。是年还直接帮助浙江“尤尼克”、广州“励进”等企业制定新产品发展方案，起草和审查技术标准。

协助北京市建委编制《北京市建设工程材料采购指导手册》。北京市建委针对包括塑料建材在内的建材产品应用迅速增长的情况，近年组织了包括专题调研，制定指导文件等一系列加强质量监督和管理的工作。协会主动配合提供资料和咨询，参与专家讨论评议，并提出了规范北京市塑料建材市场的建议。是年，根据建委建材办的安排，协会参与、组织、审核、讨论、编制了《建设工程材料采购指导手册》中的“保温材料”和“管材部分”两方面的内容，对这两部分的有关产品品种、产品标准进行了审订。

完成《北京工业能耗水耗指导指标》跟踪调查。北京市工业促进局等四部门以京工促发［2008］76号文于2008年6月联合发布的《北京工业能耗水耗指导指标》（第二批），按照北京市经济信息化委的要求需要了解《指导指标》的贯彻执行情况及发挥的作用，协会根据北京市工业经济联合会具体部署对相关企业进行了跟踪调查，塑料薄膜等产品指标都达到了指导指标的要求，按照调查要求完成政府下达的任务。

圆满完成协会换届工作。协会第四届理事会于2005年成立。按照上级有关规定和协会章程，2009年根据北京市工业发展趋势和塑料行业具体现状，对协会的结构组成进行了调整和理顺，补充了新的协会成员并于12月19日召开了换届大会。选举产生第五届理事会理事单位80个，理事会推举王玉庆、廖正品、端木玉林、张玉川、杨清雨为名誉理事长，选举中石化北京燕山分公司副总经理、总工程师华炜为理事长。同时选举产生了10位副理事长和26位常务理事及监事会成员。

维护好协会网站，多方位推动信息交流工作。年内，协会网站继续发挥对外窗口的作用，每月更新“塑料信息”，定期发表新资料。

（刘 济）

【北京家具行业协会】 2009年，北京家具行业协会围绕“保增长、扩内需、调结构、促民生”的总体要求，引导行业和企业调整产业结构，促进产业升级，通过全体会员的共同努力，取得了新成绩。

发挥桥梁纽带作用，引导行业发展。是年，协会组织了北京地区130多名企业总经理，生产、质量、销售主管对新发布的《木家具通用技术条件》、《金属家具通用技术条件》两项基础标准进行培训学习。配合市工商局，参与重新制定“北京市家具买卖合同”，并对合同文本中，“每件产品要附带产品使用说明书的要求”，按照GB5296.6强制标准的技术规范，起草了“家具使用说明书编制范本”，对家具生产企业进行学习培训。与辽宁、天津、重庆等10省市家协联合发起，共同推出“中国十省市环保家具知名品牌”认证工作，企业自愿申请，评委会评审，评出38家企业为中国10省市年度环保家具知名品牌。四季度，国家质检总局在全国共抽查375家企业的产品，抽查了北京市近20家企业产品，环保合格率100%。其中有2家是由于其他原因造成的产品质量不合格。北京市家具处于环保性能全国的领先地位。自2006年至今，经协会推荐，经国家质检总局，国家工商总局批准，有2家企业获中国名牌，4家企业获中国驰名商标，经市质检局、市工商局批准，有5家企业获北京市名牌，10家企业获北京市著名商标称号。国家财政部与国家环保总局联合下发了绿色环境标志产品的规定。协会成立了北京家具行业绿色环境标志推广管理办公室，为会员单位申请中国环境标志产品认证提供咨询指导和服务，是年已上报18家企业材料，有13家企业取得了“十环”认证，有5家企业待批。年末，在中奥马哥孛罗大酒店与中国对外贸易广州展览公司共同主办广州国际家具博览会（北京）介绍会暨北京家具品牌论坛，邀请了著名品牌专家李光斗做《后危机时代中国家具行业的品牌战略与营销创新》主题演讲。居然之家、集美、城外诚、蓝景丽家、红星美凯龙家居商场总经理，民用、办公重点家具企业总经理、媒体记者近150人出席了会议。民用家具重点企业意风、强力、标致、爱依瑞斯等企业总经理，介绍了他们在品牌战略发展上的创新经验。受建材行业联合会的委托，协会起草了“环渤海地区诚信企业家具行业专业考核评价标准”。是年，对两家3A级企业进行了复审。对新申请的强力、舒雅轩、伯特利3家企业进行了现场考核上报，经评审委员会批准，其中两家企业评为环渤海地区3A级优秀诚信企业，1家为1A级诚信企业，根据北京《绿色环保、节能节水建材产品管理办法》的规定，对24家企业的“绿色环保、节能节水建材产品”进行了换证的审核工作。

做好培训和技术服务，提高行业人员素质。是年，面对招投标方面的新情况、新要求，协会组织一期“招投标文件的编写和应答基础知识”的培训学习。在近两年的中直机关、国管局办公家具指定供应商中，参加过培训的企业从占定点企业40%提高到60%。协会为120名营销人员颁发了中级职称证书。协会派专家为国管局系统80多个单位、140位负责人详细讲解了家具采购的质量、环保性能、摆样评定条件的掌握和控制的基本知识，受到了与会各级领导的好评。采购人员十分关注用有限的资金采购到优质、环保、安全可靠的家具产品，家协与中国政府采购杂志社共同主办“绿色、机遇、沟通——2009政府采购家具论坛”，中直机关、国管局、全国人大、全国政协、最高法院、公安部、财政部等20多个单位负责人，20多家供应商总经理、副总经理和专家代表出席了论坛。围绕“绿色、机遇、沟通”的主题，深入探讨，取得了一些共识。组织专家对北京城市设计学院学生进行家具原辅材料、产品工艺、结构等基本知识的培训，组织专家对学生的阶段性设计进行点评，组织他们参加家具设计大赛等活动，加快培养青年设计人员，在理论与实践的结合方面迈出重要一步。10月23日，北京家具行业协会民用家具专业委员会在昆仑饭店成立，同时举办了北京家具涂饰研讨会，邀请美国威仕伯公司专家对其家具涂饰分门别类，在性质、涂饰方法、理化性能优缺点进行了详细介绍，并对环保型水溶剂漆的性能、涂饰要点进行介绍，受到近60家民用家具企业经理的欢迎。协会与居然之家共同举办“中国古典家具鉴赏讲座”。请中国古典家具研究会副理事长、古典家具鉴赏专家张德祥讲解，受到150名与会者的欢迎。

以展会为平台、扩大品牌影响力。是年，组织30余家企业参加广州展、深圳展、上海展。天坛、曲美、意风、强力、世纪百强、东方百盛、爱依瑞斯、新发盛、耐特利尔等企业的品牌产品越来越受到国内消费者的认可和关注。

加强信息交流为行业服务。坚持办好《新家具》杂志，自创刊至是年末已刊出722期。加强行业协会网站的建设，围绕产品设计、研发、企业管理、创新、工艺水平的提高，新工艺、新技术的应用等信息，加强分量及时报道，对于政府有关部门的相关方针政策进行及时的公布，已成为家具业内重要信息交流沟通的平台。

（招寿田）

【北京机电行业协会】 2009年，北京机电行业协会（简称机电协会）于4月7日召开第三届会员代表大会及三届一次理事会会议，完成换届工作。会议审议通过了机电协会二届理事会工作报告、财务报告，审议通过机电协会新的章程，民主选举产生了机电协会第三届理事会理事长、副理事长、监事长和决定秘书长人选等工作事项。

受北京市财政局委托，对北京地区数控机床产业竞争力课题展开调研，撰写出《北京地区数控机床产业竞争力分析报告》。在近3万字的报告中比较详细地介绍了北京地区数控机床产业概况，企业经营、研发能力、配套等情况以及数控机床产业发展中存在的问题。报告提出促进北京地区数控机床产业发展的对策和建议，探索通过财税政策解决有关问题的方法。

受北京市发展和改革委员会、中关村科技园区管委会等部门的委托，承担《中关村科技园区2009年首台（套）重大技术装备示范项目》评审工作。共完成29个项目的评审工作。同时撰写了《中关村科技园区2009年度首台（套）重大技术装备试验、示范项目认定办法的建议》（试行）；参与修改、撰写《中关村科技园区2009年度申报指南》（征求意见稿），对示范项目的认定原则、认定范围、申报材料、评审程序、建立准入门制度、企业诚信承诺制度与专家论证、评审工作程序等提出建议。继续主持北京市机械、电气工程技术系列技术资格与工人技师资格的社会化考评工作。通过网上报名、现场审核、专家培训与政策咨询、答辩评审等工作。获高级专业技术资格的153人，获中级专业技术资格的587人，获技师资格的536人，获高级技师资格的149人，等级工鉴定125人。参评人数呈历年之最。

与国信在线（北京）经济文化发展中心合作，年内为协会系统内约20家领导提供纸制版半月刊物《机电行业动态报告》12期，期刊内容包括了行业动态、市场分析、企业信息、会议会展及协会日常工作等信息。同时通过协会网站编辑、转发机电行业信息77篇。为加强行业信用建设，与中国机电产品流通协会在北京机电行业中联合开展行业信用评价工作。与中国机电产品流通协会、中国中小企业协会和中国民营科技促进会共同主办了“北京地区首批机电企业信用评价工作会议”。与华律联合（中国）法律咨询有限公司合作，在协会系统内30家开展法律服务需求调查，帮助企业在法律风险管理或法律事务内部控制现状提供服务，并对有需求的单位免费出具企业法律风险防控白皮书。

组织协会部分会员单位参加国家发展改革委员会培训中心举办的“关于汽车产业调整振兴规划研讨班”与“汽车产业发展与节能和新能源汽车发展战略产品技术研讨班”；参加工业和信息化部人才交流中心举办“工业投资（技术改造）与增值税转型政策暨09年技改专项资金申报培训班”；参加中国机械工业联合会举办的“2009机械工业经济形势报告会”；针对有关企业科技项目成功申请三级政府部门无偿资助资金的“关于召开国家省市资助计划

申报材料编写辅导班”与“机械行业信息化系统集成应用经验交流会”；参加罗马尼亚招商会及投资东欧项目推介会等。各类培训班计6期，培训计千余人次。推荐、介绍北京第一机床厂和北京天海工业公司两家企业在应对国际金融危机中的好做法、好经验。组织汇编经验材料上报北京市经济和信息化委员会与北京工业经济联合会。

（胡伟光）

【北京玩具协会】 2009年，北京玩具协会以新中国成立60周年为契机，以传承奥运精神为动力，以科学发展观为指导，以创新服务理念、加强队伍建设为重点，充分发挥桥梁纽带作用，把为企业服务、为会员服务与为政府服务、为社会服务紧密联系在一起，在“企业开发新产品”、“基地建设”、“送艺下乡”、“传艺进社区”等工作中取得了长足的进步。是年被授予“北京市先进社团”、“全国先进社团”荣誉称号。

努力加强队伍建设，积极创建“会员之家”。是年，协会在驻会人员减少的情况下，不气馁、不松懈，努力稳定队伍，发挥各专业委员会的作用，凝聚力有了明显的提高。会员人数从2008年的2301人发展到年末3160人（其中传统玩具艺人333人，益智玩具36人，空竹玩具2791人）；北京民间玩具工艺大师从2003年（第一次评审）的34人到目前的77人；工艺师从2003年的19人到目前的37人。益智玩具技艺大师9人；空竹玩具技术一级从2003年的71人增加到目前的210人。此外，自2007年北京市级第二批非物质文化遗产中有17项民间工艺进入非遗名录，到2009年达25项，在市级大师队伍中，协会会员有10人晋级。以著书立说承传，年底，《北京民间玩具》、《老北京风情泥塑》正式签订印刷出版合同。10月1日正式开通新网站。打造会员之家取得成效。远在美国的玩具收藏家美籍华人张卫女士和她的先生皮特（美国人），每年向协会益智委员会资助1万元人民币；新入会的谭凤华得知协会是非盈利社团，一次性捐款3万元，用于传承发展北京的空竹文化。

倾力协助企业实施品牌战略，开发新产品。是年，北京凯艺玩具公司成为新加坡“青奥会”的吉祥物特许生产商；在德国纽伦堡玩具展会上荣获中国展厅优质产品称号，同时荣获金奖、银奖和入围奖。北京木马智慧获得中国（北京）国际妇女儿童产业博览会最受欢迎教育玩具品牌，并获得“3.15品牌”排名第三。

着力打造“北京民间手工艺传承发展基地”，为艺人搭建了创作、展示、销售平台。名誉会长、全国人大常委会原副委员长何鲁丽，亲自为“基地”的仿古牌楼题写了“北京民间手工艺文化风情街”（简称风情街），于10月1日正式开街。该“基地”分为三大板块：第一是风情街，这条街由北京玩具协会和北京国际玩具城共同打造，700平方米的场地由玩具城无偿提供，是一条集创作、展示、销售为一体的非物质文化遗产保护、传承、发展基地。摆放着5000多件民间手工艺精品，涉及30多个门类。“老北京泥塑·三百六十行”博物馆中的每个场景都是一段历史、一个故事；第二是风情街的10间大师工作室，大师们在工作室潜心创作，顾客、游人看到大师创作的同时还可以面对面的请教；第三是专门传授技艺的“学艺苑”，迎来的第一批学员是东城等5个城区的“4050”待业人员。

推动“送艺下乡”、“传艺进社区”培训工作。打造“一村一品”文化创意产业。在市经济信息化委的支持下，协会组织德、艺双馨的技艺大师“送艺下乡”，免费培训农民。截至年底，先后在平谷、怀柔、门头沟、海淀、延庆、密云6个区县的46个村镇，举办了25期培训班，培训农民1003人，传授了堆绣、草编、灯笼、剪纸、豆塑、风筝、编结、脸谱、烙画等9种技艺，完成作品4000余件，有上千件优秀作品参展。“一村一品”铸就了文化创意产业链。怀柔区九渡河镇红庙村成为灯笼专业制作村，红庙灯笼走出国门远销英国，走进国务院国管局，闯进中央电视台道具场……，灯笼村成为红庙村的代名词。红庙村的书记闫万军是灯笼村的带头人，他带领全村走上了致富路，1月—10月创造利润100多万元，不仅解决了全村的就业，还带动了周边村民的就业。是年，民政部授予闫万军“2009年度复员军人自主创业全国先进个人”光荣称号。

“传艺进社区”形成了“一街一特色”。是年，协会面向城区和“4050”待业人员，面向“巧娘工作室”、“温馨家园”特殊群体，截至年底，先后在崇文区崇外街道、东城区和平里街道、宣武区天桥街道、石景山区老山街道、朝阳区平房地区、海淀区学院路街道、丰台区新村街道相继教授了堆绣、剪纸、烙画、钩编等4种技艺，举办了8期培训班，培训学员600余人，完成作品2400件，200余件优秀作品举办了面向社会的展览，形成“一街一特色”，被称为“民生工程”。

积极引导企业开展公益捐助活动，支持特殊教育。北京凯艺玩具公司在经济困难的情况下带头捐助，并协调北粮国际、北京可口可乐公司分别拿出价值10万元的实物，共计30万元捐给了北京盲人学校。北京凯艺玩具公司还将北京聋人学校作为该公司的培训基地，无偿提供缝纫机并选派最好的教师免费教课和提供原材料。使耳聪者有一技之长、自食其力、做对社会有用的人。

（赵庆兰）

【北京日化协会】 2009年，北京日化协会围绕为会员服务，为企业服务，为推动行业不断发展与进步作贡献。

按照协会章程规定，进行换届改选。4月2日召开了北京日化协会第七届会员代表大会。大会听取并通过了第六届理事会和第六届监事会的工作报告；选举产生了新一届理事会和监事会领导班子。著名香料专家、北京工商大学副校长孙宝国由于在科学研究与科技创新中作出突出的贡献，当选为中国工程院院士并在换届改选中连任北京日化协会第七届理事会理事长；李悦珍任北京日化协会第七届监事会监事长。会议还通过了上一届协会财务收支情况和其他重要事项。

发挥协会的桥梁和纽带作用。面对国内外金融危机，利用协会自身资源优势，为企业服务。凡上级有关部门组织的有关经济形势的分析报告会以及涉及中小企业投资担保等相关的会议等活动都积极与企业沟通，组织参加，使企业及时了解和掌握政府的有关政策和最新信息。

普及科学知识，组织科普进社区。5月，协会参加北京科技周活动的同时，与朝阳区科协联合开展了“科学美容，健康生活”为主题的科普进社区活动，组织有关专家深入到南磨房紫南家园、将台路将府家园社区进行皮肤护理和护发保养、洗涤剂使用等有关生活方面的科学知识普及，并发放了护发、护肤和如何正确使用洗涤剂的科普知识小册子300余册，接受宣传和咨询的群众达300余人次。

开展学术交流，推动科技进步。10月，协会举办了以“技术创新，促进发展”为主题的第十二届国际日用化工学术研讨会，来自美、英、德、法、日等国的知名公司以及北京、上海、天津、广东、河南、山东、云南等地的专家、学者和科技人员共200余人出席了会议。大会共收到论文60余篇，其中国外论文11篇，在会上进行交流6篇。内容有：英国禾大公司的“为保湿产品增加效果的新方案”；法国赛比克公司的“带来华丽肤感的W／O新乳化剂”；美国ISP公司“为个人护理用品的优良流变改良剂”；路博润公司的“聚合物和表面活性剂的相互作用概念”；德国默克公司的“化妆品原料新技术”等。会议还邀请了日本美健（神户）国际有限公司总裁杨建中作关于“谈中国洗护发产品的发展”的专题演讲，国内知名的化妆品专家、教授曹光群、杨志刚也在会上作了学术报告，配合学术研讨会出版了论文集，向出席会议的代表发放了300余册。

抓好协会组织建设，完善会员管理，做好协会会志的编写。是年，协会对现有会员的基本情况（包括团体会员和个人会员）登记表进行了全面整理，重新登记造册。发展了3家团体会员单位。编写会志记录了北京日化协会近30年的工作历程，见证了从第一届至第七届理事会老社团工作者所走过的足迹。按时完成了《工业年鉴》和《科协年鉴》稿件的上报。为《北京科技社团与首都科学发展》一书投稿。年内，最主要的亮点是举办了十三届展会及十二届学术研讨会，多次受到上级的表彰和嘉奖，已成为日化行业内的品牌活动。《北京日化》刊物是年出版了4期，刊登科技论文29篇，国内外最新行业资讯11篇，国外高端论文6篇，年发行量4000余册。

（焦文新）

【北京印刷协会】 2009年，北京印刷协会以科学发展观为指导，坚持创新工作理念，坚持“为企业服务、为政府服务”宗旨，较好地发挥了协会桥梁纽带作用，取得显著成绩。

顺利完成换届选举工作。3月，协会召开第七届理事大会，以无记名投票方式选举产生了协会第七届领导集体：常务理事63名，理事长、副理事长15名，监事长、监事3名。新组建的协会领导班子具有年轻化、在职企业领导多、代表性强3个特点，并增加了包装、民营、合资企业及女企业领导。

完成北京地区书刊印刷指导性工价的制定工作。由北京印刷协会牵头制定的《北京地区书刊印刷指导工价》，在有关单位和各方人士的帮助下，经过较长时间调研和研讨，终于在是年初的理事大会上正式公布。为了使指导工价顺利实施，协会在北戴河和大兴区开办了培训班，近百名印刷企业和出版社相关人员参加了培训。

全力推进优质优工价、优质优活源工作。在推行新印刷指导工价的基础上，协会积极与出版部门联系，推进印刷优质优工价的办法，受到有关出版部门的积极响应。11月，由协会下属北京印刷质量协会和北京印刷质检站共同组织了在江苏昌升集团召开的厂社联谊会。人民教育出版社、中国社会劳动保障出版社等13家出版社代表及协会会员单位90余人参加了会议。会上，与会印刷企业、出版社还与北京印刷质量协会、北京印刷质检站联合发布了《优质优工价，优质优活源》公报。与会人员还在《合力推进优质优价、优质优活源联合公报》上签字，标志着出版社、印刷企业为共同推进出版物印刷的整体质量水平提升、为互利互惠达到共赢的目标进一步联手发展的新开端。

召开各类研讨会、推介会、演示会。为提升北人股份公司多色印刷机的技术水平，北京印刷协会专门召开了北人设备技术研讨会。北人股份公司董事长庞连东率技术人员认真听取了印企领导和有关技术专家对北人设备性能、售后服务等方面的建议和意见。供需双方坦诚交谈，增进了相互了解，也使北人领导获得了改进工作的第一手材料。北京印刷协会、北京科印近代印刷技术有限公司和北京百花彩印有限公司，于5月8日在北京百花彩印有限公司共同举办了CTP一体化解决方案演示会。北京科印近代公司介绍了该公司开发研制“畅享”牌CTP新设备、新技术。会后，与会人员参观了北京科印近代公司设在燕郊的PS版生产基地。9月8日，北京印刷协会与深圳精密达机械有限公司共同举办了“精密达胶订联动线演示会”。来自北京地区印刷、出版单位和媒体代表约70余人到会。展示会让与会人员进一步了解了精密达公司印后设备的性能、品质、价格，为印企选择印后设备提供了参考。

参与组织华北、东北八省市印企联谊会。8月19日，在协会的积极协调下，第二届华北东北八省（市、自治区）印刷企业联谊会在黑龙江省牡丹江市召开。会议的主题是“交流、合作、发展”。河北、山西、吉林、辽宁、黑龙江、内蒙古以及北京、天津地区近200家印刷企业负责人出席了大会。新闻出版总署、中国印刷技术协会、牡丹江市政府等部门领导到会讲话，会议建议面对国际金融危机的影响，八省市的印刷协会要团结所属会员单位，维护合理的印刷工价，加强企业经营管理，抱团取暖，不断为印刷业的发展作出新贡献。

参与举办全国印刷企业统计工作培训会。10月20日，协会与中国印刷及设备器材工业协会书刊印刷专业委员会、全军印刷协会共同在桂林市举办了全国印刷企业统计工培训会，来自全国各地印刷企业的50多名统计人员参加了培训。

积极参与北京文博会工作。协会积极参与了11月在北京举办的第四届文博会，承办了文博会工业分会场中高仿真复制艺术品的展览。高仿印刷艺术品展是工业分会场的重要组成部分，集中向社会大众展现了北京印刷业高仿印刷艺术品技术发展的现状。为了减轻企业负担，协会还为参展企业争取了免收展览费用的优惠政策。此次展区面积共有2000平方米，11家印刷企业展示了企业在印刷、艺术品复制方面的优良工艺和精美作品。本次参展单位销售收入总计超过百万元，为推广高仿真印刷艺术品起到了极大的宣传作用。

做好北京印刷行业诚信企业评估工作。这是由协会承办的一项重要工作。协会认真落实北京市新闻出版局有关工作部署，召开理事长专题工作会，对开展北京印刷行业诚信企业评估工作进行了深入讨论和全面安排。10月15日，协会召开了部署动员会，确定了评估工作的目标要求、基本原则、申报条件以及具体评估流程，年底前，第一批申报的43家印刷企业经过企业初评和汇报，评估材料已按要求上报协会。

参与组织“印刷企业创新思维论坛”活动。11月，协会和必胜印刷网共同组织的“印刷企业创新思维论坛”在北京东方嘉宾国际酒店召开。来自北京印刷企业、印刷设备和器材制造企业的代表齐聚一堂，共商新形势下印刷企业创新发展之策和企业创新发展之路。

是年，开展的其他各项工作。与北京大成咨询公司合作，开展了对企业的资质鉴定工作；组织业内专家到企业座谈交流，为企业的发展出谋划策；开展咨询服务，对企业的闲置淘汰设备进行评估；完成了向中国印刷技术协会推荐第十届毕升印刷技术奖评审候选人员，协会推荐的7名同志中有4名获奖；完成了向中国印刷技术协会推荐新中国百名杰出贡献印刷企业家、全国印刷行业百名科技创新标兵评选的工作；以优惠价格协助宣武区第二职业学校和房山区第二职业学校购置了四色胶印机用于教学；完成了《北京印刷信息》12期的编印发行工作；新增会员单位15家。

（张仲元）

【北京化学工业协会】　2009年，北京化学工业协会（简称化工协会）针对克服金融危机对北京化工行业的影响、保证国庆60周年危险化学品生产使用安全、深入开展行业节能减排等3个方面开展了卓有成效的工作。

2008年下半年，开始波及全球的金融危机对北京化工行业造成了较大的冲击，一些企业自2008年底开始面临停产或出现较大亏损。面对这样的形势，化工协会积极通过各种方式，帮助企业度难关。一方面按照国家和北京市的统一安排，协助政府制定产业振兴政策，另一方面为企业提供产业发展动态信息和市场导向，引导企业走出困境。重点做了以下几项工作：一是受市经济信息化委委托，在对本市重点石化企业调研的基础上，根据国家工信部的统一要求，组织有关专家编制完成了《北京石化行业产业振兴规划》，为政府制定石化行业产业指导政策提供了参考依据。二是组织企业座谈，反映企业呼声。为帮助本市化肥生产企业调整产业结构，应对挑战，协会召开了本市化肥生产企业座谈会，及时了解化肥生产企业在生产经营中遇到的困难，并将企业的呼声和要求向政府有关部门作了汇报。三是开展信息交流，帮助企业调整结构、克服危机。请中国石油和化学工业协会的领导向会员介绍当前国内外石化行业的最新走势；请石油和化学工业规划院专家介绍行业发展动向和国家产业发展导向政策；请燕山石化公司领导介绍燕化下一步发展，为中小企业发展创造条件；请近年来发展较快的中小企业代表介绍经验，为其他企业的发展树立榜样。

是年，正逢新中国新中国成立60周年庆典，为保证首都危险化学品生产使用安全，协会根据自身行业的特点，协助市、区有关部门一是完成了全市危险化学品应急救援库规范的编制工作；二是与北京经济技术开发区安监局合作，对开发区使用危险化学品的单位进行了各个层次的人员培训；三是协助市禁化武办开展了对全市监控化学品使用单位的检查工作；四是协助市安监局开展了危险化学品事故的鉴定工作。

促进节能减排是石化行业近年来持续开展的一项重要工作。受市经济信息化委委托，是年化工协会完成了《北京石化行业节能报告》的编制，为整个石化行业进一步开展行业节能工作提出了方向；是年是实施“北京石化行业节水方案”的第三年，化工协会组织燕山石化、北京集团等重点用水企业开展节水改造，全年累计投资5455.8万元，项目完成后可实现节水326.6万立方米，争取市工业发展资金支持370万元；在市工业经济联合会的统一组织下，完成了对第一、二批化工行业能耗水耗指标完成情况的考核工作；受市环保局委托，完成了对全市小涂料（含小稀释剂）、小黏合剂、小油墨等小化工企业污染情况的调研工作，为小化工企业的污染治理提供了参考依据。

此外，为解决本市缺乏危险化学品专业储存场所、危险化学品运输配送难的问题，协会还协助北化集团开展了建设危险化学品物流配送基地项目的前期调研工作。

（胡永宁）

【北京市饲料工业协会】 2009年，北京市饲料工业协会积极应对国际金融危机影响，着力推进技术创新，在全行业的共同努力下，饲料产品供应稳定，产品质量稳步提高。现有企业370多家，产销总量比2008年略有增长，突破300万吨大关，为保障畜产品有效供给创造了条件，为促进畜牧业平稳较快发展作出了重要贡献。

是年7月、12月先后召开饲料形势分析会，参加会议的有40余家各种类型企业的代表60余人。会议旨在分析饲料行业运行特点和发展趋势，激励企业化“危”为“机”。

充分发挥协会功能，以科学、安全促行业发展。北京市饲料工业协会第五届三次年会暨“讲科学、保安全、促发展研讨会”于4月28日召开，活动得到全国饲料工作办公室、中国饲料工业协会、中国农科院饲料所、北京市农委、北京市社团办、北京市饲料监察所等部门领导的大力支持并亲临现场作了重要讲话。举行了北京市饲料行业公约宣读签字仪式，对荣获2008年度社会公益、影响力品牌、优秀管理者奖项的企业和个人进行了颁奖仪式。同时邀请相关专家就饲料加工工艺与质量安全控制，饲料产业发展展望、产品商标与品牌保护的关系等做了报告。5月，协会承担了中国饲料工业协会前来北京就甲流对饲料行业带来的影响专题调研的组织工作，参加这次会议的有北京九州大地集团、大北农集团、禾丰集团、伟嘉集团、昕大洋集团等企业，在调研会上大家各自发表意见。努力搭建天然物研发应用服务平台，共同联合发展。协会天然物添加剂委员会组织编写的《天然矿物饲料添加剂》一书于是年由中国农业出版社出版发行。与此同时，委员会还与中国社会科学院“中医药国情调研组”对天然物中草药内蒙产区做了调研，召开了天然物添加剂、中草药应用讨论会，沟通效果良好。协会主办的《饲料与畜牧》杂志自1987年创刊，2006年与中国农科院饲料所合作办刊后，经双方共同努力从双月逐步改为月刊，最终实现了半月刊。随着杂志质量的不断提高，发行量有较大增长。是年举办了2期化验员培训鉴定班，共有65人参加，合格率近66%，共有43人分别获得中、初级证书。

为企业搭建平台，促进行业健康发展。6月，协会组团一行14人前往杭州参加由杭州市农业局、杭州市饲料工业协会共同组织的“第十八届全国大中城市饲料工业发展研讨会”，考察参观了当地的饲料企业及江苏6个典型代表企业，就行业发展中的难点、热点、疑点等问题交流沟通。是年编印了包括：法律法规、企业通讯录、相关养殖合作社通讯录等内容的饲料工作手册。不断完善北京市饲料行业信息网工作，在网上发布相关政策法规，各类信息图片上传100KB，点击率不断增加。是年，协会组团参加了在成都举办的中国畜牧业暨中国饲料工业展览会，有近30家、100多个展位，展示了北京饲料企业的良好形象。协会根据原料市场部分产品质量不稳定或掺假现象，与河北饲料办、饲料协会联系，请求帮助选择加工工艺好、产品质量稳定、企业管理规范、诚信度高的饲料原料生产企业，协会带领北京的几个饲料生产企业主管领导前往现场考察交流最终达成共识。在市经管站大力配合下，初步探索出一条饲料企业与养殖合作社对接的新的服务模式。协会组织几个企业先后去平谷养猪合作社、延庆养牛合作社进行交流，就一些专业技术问题进行座谈，双方拉近了距离，产品销售问题减少了中间环节，使养殖户得到实惠。

规范企业生产经营行为，促进企业遵纪守法，保证产品安全。根据《饲料和饲料添加剂管理条例》有关规定，农业部制定了《饲料添加剂安全使用规范》（简称《规范》）。为在全市饲料行业全面贯彻执行《规范》，协会组织召开一期培训班，与会代表共200多人，全国饲料评审委员会办公室副主任王黎文详细解读了《规范》中的有关问题，使大家对《规范》有了更深的了解。

（潘　明）

【北京室内装饰协会】 2009年，北京室内装饰协会坚持调整经营战略，广开企业发展途径，摸索总结出新的工作经验，取得了新的发展。

加强自身建设，积极发展新会员。组织人员深入到家居建材市场调研，现场宣传协会的基本职能与服务宗旨，现场发展会员；同时调整8个区县工作站的工作职责，以发展组织为主，并将发展会员单位作为考核工作站工作业绩的主要内容；充分发挥老会员单位用滚雪球的办法发展新会员，实施适度的奖励办法。全年发展新会员54个，登记在册的会员单位达1700余家，从业大军逾10万人，行业覆盖率56%左右。协会与商会完成了换届工作。新的理事会具有连续性。6名新当选的副会长都是年富力强的企业领导，经营理念新，把握市场变化能力强，利于行业政策的制定。

拓宽办学途径，加大培训力度。是年，调整了北京室内装饰协会设计专业委员会的领导班子，聘任曾连续两届获得全国室内装饰行业设计双年展暨设计大赛金奖的北京怡景艾特环境艺术设计有限公司董事长、高级室内设计师姚凌霄为专业委员会会长，进一步明确设计专业委员会的职能；在北京弘高建筑装饰设计工程有限公司的帮助下，创建设计师创业园和高级室内设计师培训基地；不定期举办设计论坛，请业内专家传授知识；成立设计师沙龙，为设计师搭设互相交流、提高的平台；开展设计作品大赛，在媒体和业内广泛宣传等；委托弘高编写《室内装饰设计规范》。在培训专业人才方面，行业协会对1万余名专业人才经严格培训，已取得了上岗执业证书。举办了首期企业法定代表人高级研讨班，聘请工商界著名学者杨再学、田志平和王淑华等讲解相关知识。协会与业内专家，运用新思维，采用新办法，参考《室内装饰工程质量验收规范》等相关管理条例重新修订、增加和完善了《室内装饰项目管理教材》的内容，吸收了近年来室内装饰行业管理和技术上的新知识，特别是增加了《古代建筑及室内装饰》、《中式家具与室内装饰》等部分内容，包括古建装饰中的油漆、彩画及古典家具等中国古典文化的精髓，蕴涵多种设计元素以及人文景观，将中国古建筑装饰艺术风格逐渐引入室内，为专业技术人员的培训提供了可供参考和学习的依据。

实施扶强帮弱，力争共同前进。受国际金融风暴的冲击，一大批中小型家装企业纷纷撤离市场，另谋生路。协会充分依靠北装、弘高、原宝兰嘉（现名中建华通）等60余家取得国家室内装饰设计或施工甲级企业和兼具国家一级建筑装饰资质的企业，进一步整合资源，组成一个战斗力强、能打硬仗的集体，给予一些行业政策上的支持与指导，使他们给众多中小企业大力帮助。协会会同大企业采取企业帮扶措施，凡会员单位有了大的工程信息，可使用大企业的双壹级资质去谈判和招标，待正式施工合同签订后，大企业委派工程专业人员对工程质量进行全程监控。工程竣工依法纳税后，只交少许管理费，在自愿的原则下，还可成为他们集团紧密层的成员之一，并保留原公司的称谓，进行独立承揽工程活动。对近千家取得国家室内装饰乙、丙级企业资质，承接大的公装工程有一定难度的会员单位，协会帮他们四处找寻工程与对口支持单位，共同发展。

完整管理资质，管理日臻完善。政府授权北京室内装饰协会管理室内装饰行业10年，工作机构齐全，设有8个分支机构，管理制度较完善，有效地规范了室内装饰市场的管理工作，制定了行规、行约和各项管理制度，有效地开展了行业评比、信用体系建设等活动。推动和促进了行业健康、有序、稳步发展。是年，已培训了室内设计师、施工或安全管理项目经理和预算员等各种专业人才12356名，为会员单位办理了1029个国家室内装饰设计或施工资质和426个《施工企业安全生产资格证》，为百余家企业进行了企业诚信星级评定等。是年，在行业受国际金融危机影响，发展受阻的情况下，仍为会员单位办理了70多个企业资质。

为企业大发展，开展多种活动。年初，协会召开“常务理事会扩大会议暨应对国际金融危机企业发展战略研讨会”，提高企业战胜困难的信心与毅力。是年，举办材料生产厂商家与装饰企业直接见面会，减少中间环节，使生产材料厂商家、装饰企业与用户三方受益。对接会有31个会员企业的领导参加，TOTO高档卫生洁具、巨嘴鸟多功能涂料与生命柒3个品牌产品的生产或营销厂商家与参会的装饰企业签订了优惠50%的供货合约。

加强宣传力度扩大信息交流。创办了《建材与装饰》杂志季刊和《室内装饰信息》月刊，与《首都建设报·建材周刊》建立了战略合作伙伴关系，每周一刊刊登协会的文章、公告以及会员企业的有关资讯。协会出资为全体理事单位订了该报。与多家网站建立了合作关系，协会的相关信息可在多家网站查询。

企业诚信星级评定工作在北京市工商行政管理局的指导与监督下，已经开展了5年，始终坚持评定工作的客观、公正、公开的原则，逐渐取得了社会公信力。制定了后续动态管理制度，工作进入规范化和程序化。对申报企业诚信星级的会员单位在定期的阶段性评估后，出具评估意见和评估报告，指出他们的不足和存在的风险以及亟待改进的地方，便于改善与提高企业诚信工作。为确保这一工作健康开展，加强了信访工作，是年接到投诉60人次，认真听取双方意见，千方百计予以解决。

评优工作稳步开展。协会在全市室内装饰行业开展“评优”活动已10年，主导思想是抓好装饰工程质量、绿色环保质量，突出经济效益、环境效益和社会效益。是年度的评选优秀企业、优秀企业家、优秀设计师、优秀项目经理和优秀工程的工作，又有新进展。

（申振海）

【北京市乡镇企业协会】 2009年，北京市乡镇企业协会深入学习、实践科学发展观，发挥桥梁纽带作用，围绕推动京郊乡镇企业改革与发展、推进首都城乡一体化建设等中心工作，强化服务职能，拓展服务领域，丰富服务手段，搭建服务平台，帮助会员企业克服经济危机不利影响，推动乡镇企业又好又快发展，促进农民就业增收，推进首都城乡一体化进程。

协会通过组织农村劳动力专场招聘会、建立和完善招聘求职信息库、网络宣传、电话推介等多种途径，为京郊农民就业增收创造机会。全年组织农民就业专场招聘会8场，参会招聘企业130余家，提供就业岗位3000余个，参会求职农民5000余人，1400余名农民成功就业。协会创办的“农民就业网”全年访问量近6000人次，提供招聘信息800余条，提供招聘岗位2000余个，提供求职人员信息1000余条，为600余人成功推荐工作。协会主办的“手工艺品网”登记企业80余家，产品1077件，点击量超过6万人次，带动农户人数4140人，解决“4050”人员就业1550人。

是年，协会较好地完成了乡镇企业职业技能鉴定工作。全年进行了29个工种的职业技能鉴定，鉴定6295人，鉴定合格者6200人，其中初级4294人，中级1429人，高级477人，通过率为98.5%。通过鉴定的6000余人覆盖了10个区县、近50个乡镇、近100个村委会和社区服务中心、47家乡镇企业，其中15家为乡镇企业协会会员单位。

为响应政府号召，对口支援什邡地震灾区，协会分别于2月、6月和10月相继组织北京市燕京药业有限公司、北京东方神韵工贸有限公司、北京市蟹岛绿色生态度假村有限公司、北京顺思童服装有限公司等38家企业，赴四川什邡参加由北京市人力资源和社会保障局、北京市职业介绍服务中心主办的对口就业援助招聘会。38家企业共提供包括服装加工、食品加工、机械加工、餐饮服务、客房服务、家政服务、业务员、保安员等20余个工种的就业岗位3716个，成功招聘86名灾区群众来京就业。

协会采取有效措施，帮助会员企业克服金融危机的不利影响，实现持续健康发展。5月—6月，协会分别在昌平区的北京新龙集团、通州区的北京东亚铝业有限公司、密云县的北京奥克斯特服装有限公司以及房山区的北京崇民防伪印刷集团分片召开4次企业座谈会，了解企业在金融危机中遇到的困难，听取企业意见和建议，宣讲市政府“保增长、保民生、保稳定”的66条政策措施，鼓励企业稳定就业，43家企业参加座谈会。

为帮助企业应对国际金融危机的不利影响，协会组织了3次宣讲交流活动。4月17日，与市工商联、市非公经济联谊会以及顺义区政府共同举办了“消除金融危机影响，推进首都非公经济发展论坛”，论坛就政府和企业如何联手，共同应对金融危机进行了专题演讲和交流研讨。6月8日，为帮助乡镇企业了解开拓国际市场的相关扶持政策，协会组织30家市场开拓能力较弱的出口企业，参加了“2009年北京市中小企业国际市场开拓资金项目申报辅导会议”。6月9日，为帮助乡镇企业解决融资难问题，市乡镇企业协会与市中小企业协会联合举办了“携手成长系列活动——中小企业创业投资引导资金、银行信贷融资宣讲会”。

为帮助企业开拓市场，实现“扩内需、保增长”的总体目标，协会于8月8日—12日，组织北京蟹岛绿色度假村有限公司、北京宏福集团、北京御都家具制造有限公司、北京特普丽装饰装帧材料有限公司等10家企业，赴黑龙江省大兴安岭地区首府加格达奇，参加“中国大兴安岭首届国际蓝莓节暨山特产品交易会”；8月21日—23日，协会组织北京卓宸畜牧有限公司、北京大三环食品有限公司、京之源（北京）农业有限公司等食品加工和食品贸易企业，赴贵州省贵阳市，参加“中国贵阳特色农产品加工业博览会”。

协会组织、推荐优秀会员单位和乡镇企业家参加评选活动，树立典型、表彰先进，提高京郊乡镇企业的知名度和美誉度，提升乡镇企业的社会地位与影响力。北京宏福集团董事长黄福水和北京新发地农贸市场董事长张玉玺被农业部乡镇企业局、中国乡镇企业协会评为“全国发展县域经济突出贡献人物”；北京星光集团、北京榆树庄投资集团荣获“全国发展县域经济突出贡献乡镇企业”奖。北京嘉寓门窗幕墙股份有限公司董事长田家玉、北京中环投资管理有限公司董事长李璟瑜、北京天普太阳能工业有限公司总经理程翠英被北京企业联合会、北京市企业家协会授予“2009年度北京优秀企业家”称号；北京慧远电线电缆有限公司董事长李玉立、森沃（北京）电工设备有限公司董事长刘涛荣获“2009年度北京优秀创业企业家”称号。北京御香苑控股集团董事长王建华被共青团中央和中华全国总工会授予“中国青年创业奖”；京城亚圣家具（北京）有限公司总经理孟宪红、森沃（北京）电工设备有限公司董事长刘涛被共青团北京市委和北京市青年企业家协会授予“北京市青年企业家突出贡献奖”。

（赵 颖）

【北京电器电材行业协会】 2009年，北京电器电材行业协会坚持为行业服务，以“促进工业行业发展”为办会宗旨，注重为会员服务，完成了全年的工作任务。

做好各项委托工作。受各局、部委和市工经联的委托，协会对电线电缆第二批节能降耗进行了跟踪调研。本次被调研的6家企业中，发现5家企业主要存在以下3方面问题：一是企业对节能降耗工作重视不够，未提升到领导的议事议程；二是能耗指标完成的不够理想；三是从调研的统计数据中看出行业的中老企业、国有企业的工厂设施陈旧、工艺落后、装备老化等原因，造成了企业能耗水耗较高。通过调研，各企业开始注重节能降耗，制定了整改方案和措施。受北京市第十三届职业大赛组委会委托，协会认真配合完成大赛的后续工作，做好优秀选手的表彰和取证工作。落实节材代木工作，推进机电包装循环共用，是实现节材代木、节能减排的有效举措，协会通过发信、电话联系，进行数据统计，为政府做一些工作。协会积极推荐本行业先进企业参加由市经济信息化委和市工经联编辑的《北京市工业企业应对国际金融危机经验汇编》一书。受市工商局委托协会参与推荐著名商标的考核工作，本行业共有6家企业获批著名商标。是年，对2家企业、10余种产品进行了产品鉴定和样机鉴定。在产品鉴定工作中，协会对企业申请鉴定的每种产品都给予了科学的评价与鉴定，同时对企业在生产、研发、管理中存在的问题，提供了咨询服务。

努力为企业服务。协会为进一步做好服务工作，为组织开展成套企业联合采购活动，已经做了大量调研和摸底工作。为加强与会员的联络，协会明确提出的调研制度已坚持多年，协会人员每季度要安排时间到会员单位进行调研，了解会员情况和要求、建议，同时加强与会员单位的联络与感情沟通。及时把信息向上传达，起到了承上启下的作用。是年发展新会员3家。协会拓展服务范围，开办“电协兴电器电材经营部”，主要为生产开关柜的企业配套供应电器元件和材料，经营部本着“优质的产品，较低的价格，及时的配套服务，无偿的咨询”方针，给企业提供有关电器产品配套和咨询服务。

办好会刊。《北京电器电材之窗》是协会的内部刊物年发行 4 期（季刊），已出版 88 期。刊物主要刊登本行业产业政策、行业动态、技术经济等方面信息。近年来该刊物在逐步改进内容，注意及时性和指导性。每季度免费发放给会员单位。

（林笑葆）

【北京电源行业协会】 2009 年，北京电源行业协会（简称电源协会）以“服务电源企业、加强行业自律、推动产业进步、促进行业健康发展”为宗旨，完善行业管理，促进行业发展，努力做好各项工作。

开展调查研究，为企业提供咨询服务。5 月完成了《中国 UPS 电源行业研究与市场调查报告》。

搭建融资扶持平台。年内，中国电子商会电源专业委员会、北京电源行业协会、中担投资信用担保有限公司三方代表为“北京电源行业融资发展服务促进联盟”的成立揭牌并签约。中担担保公司在会上与北京通力环公司和北京新雷能公司分别签署意向担保融资签约仪式，意向融资额达 1000 多万元。会议还通过了《北京电源行业融资发展服务促进联盟章程》并指定《中国电源博览》杂志和中国电源行业官方网站——中国电源门户网（www.cpsa.com.cn）互动发布平台，宣传推广金融资贷款财务管理技术，扩大交流，提高质量，优化资源配置，在公平、公正、高透明度的原则下，提供专业化专项资金融资贷款项目服务。截至 12 月 17 日，“北京电源行业融资发展服务促进联盟”为电源企业已完成贷款额 1000 多万元，意向贷款额 5000 多万元。

举办“中国电源产品设计大赛”。中国电子商会电源专业委员会联合北京电源行业协会于是年连续第五年主办了主题为“绿色、环保、节能、高效”的“中国电源产品设计大赛”，已逐步成为具有国际大赛趋势和影响力的国际电源产品大赛活动。大赛自 8 月开始，先后收到国内外近 30 家企业选送的参赛产品近 40 个。经评审委员会评审，评选出两个大类、8 项设计方案，各设 4 项奖项，分别是最佳结构设计奖，最佳功能设计奖、最佳节能设计奖、最佳应用设计奖、共 20 个获奖产品。

成立中国锂离子蓄电池电源系统产业技术创新联盟。根据《国务院关于发挥科技支撑作用 促进经济平稳较快发展的意见》(国发［2009］9 号）文件精神，经过中国电子商会电源专业委员会、机械科学研究总院、北京电源行业协会、山东润峰集团、北京科技大学等协商，共同发起成立了“中国锂离子蓄电池电源系统产业技术创新联盟”。12 月 12 日召开了成立大会。科技部、工业和信息化部，发起单位的领导和 60 余家企业代表出席了会议。

开展电源行业标准的制定工作。根据《发改办工业（2008）1242 号》文件要求，动力锂电池电源系统相关 7 个行业标准，被正式列入国家发改委 2008 年—2009 年标准制定计划。电源行业协会与中国电子商会电源专业委员会作为负责该标准的起草工作的组织工作，经多方努力，3 次修改，2009 年 8 月 18 日完成了起草“标准制定计划”的任务，已进入报批稿的程序。

开展“中国电源行业推荐产品”标识认证评定工作。为了加快建立电源产品节能产品认证制度，完善《中国电源产品市场自律规范公约》，电源行业协会与中国电子商会电源专业委员会、《中国电源博览》杂志共同开展电源产品“中国电源行业推荐产品”标识认证评定工作。“中国电源行业推荐产品”标志是经过国家工商总局注册的证明商标，是我国唯一的电源行业产品推荐产品证明标志，是信息产业部电源行业管理支撑机构认可的行业性证明标识。北京电源行业协会与北京质量技术监督局所属专业防伪技术部门合作，制作“12365 数码防伪打假专用标签”，使中国电源行业推荐产品标识进入全国“质量技术监督 12365 查询系统”，共同推广“中国电源行业质量技术监督 12365 查询系统”。

举办行业展览、展示会活动。由电源协会主办一年一届主题为“绿色、环保、节能、高效”的“中国国际电源产业发展高峰论坛(IFPST)”，到 2009 年已连续举办 9 届，成为电源产业科技交流活动的一项重要内容。论坛成为高水平学术交流和最新科研成果展示的讲坛。美国、印度、加拿大、日本等外国学者参加和到会演讲，参加企业代表总人数 3000 余人。12 月 11 日一13 日隆重举办 IFPST2009

第九届中国国际电源科技产业发展高峰论坛暨2009动力锂电池技术及产业发展国际论坛，聘请北京大学其鲁教授为论坛执行主席。有近200名专家、代表参加，论坛围绕动力锂电池技术及产业发展，重点在代用燃料汽车、纯电动汽车、混合动力汽车、燃料电池汽车等核心技术进行了探讨。法国总理府、法国电动汽车部际委员会秘书长Saint－marc先生出席并介绍了《法国节能环保车计划及其政策》。论坛期间同时开展了中国电源行业投融资与企业股权增值策略高峰论坛、2009第五届崧顺国际杯电源设计大赛、电源行业迎新春文艺招待晚会等。

开展自身和企业的维权活动。自2008年3月—2009年12月期间，电源协会就名誉、名称、知名服务等知识产权的法律纠纷进行了近10余起法律诉讼。其中自身维权知名服务知识产权案件得到了法院支持。日前，北京市第一中级人民法院作出一审判决，认定合同解除后，慧聪网继续使用电源委员会、电源协会"知名服务、标识、名称"等特有标志，慧聪国际和慧聪建设不正当竞争行为成立，判令两被告立即停止不正当竞争，在慧聪网上刊登声明，为电源委员会、电源协会消除影响，并赔偿其经济损失30万元。《中国知识产权报》就此案进行了跟踪报道。

加强组织机构，完善信息化建设。北京电源行业协会秘书处与中国电子商会电源专业委员会秘书处合署办公，"一套人马，两块牌子"，在为全国电源企业服务同时，兼顾北京地区的电源行业工作，形成立足北京，面向全国，以北京引导全国，以全国带动行业发展。会员单位已达近700家企事业单位。建立和完善"中国电源门户网"（www. cpsa. com. cn）网站，年内实现网上社会公示、网上办公的目标。秘书处在"北京电源行业协会专区"栏目中为企业会员开辟免费的供求信息发布系统，同时为企业会员提供政策、标准、法律的支持。组建"中国电源行业企业服务中心"。是年，中国电源行业企业服务中心依托"中国电源门户网——中国电源官方网站（www. cpsa. com. cn）"上设立企业投诉信息服务中心专项平台。《中国电源博览》杂志自开设"行业资讯"刊中刊专题后，为北京电源行业协会发布其相关的产业信息和协会活动等相关内容。

（孙京伟）

【北京包装技术协会】 2009年，北京包装技术协会（简称北京包协）切实履行行业协会职能，积极探索都市工业发展新思路，加强包装行业发展循环经济的战略与政策研究，促进包装行业健康发展，工作取得了较好成绩。

完成工信部"两题"的组织研究工作。受财政部、国家工业和信息化部、国资委与中包联的委托，北京包协承担了《包装技术性贸易壁垒对我国进出口的影响与对策》、《包装材料循环利用的发展趋势和政策研究》两课题。由中包联副会长、北京包协会长邹祖烨任研究组组长，亲率两个研究组开展研究工作并如期完成，得到由原全国人大常委环资委副主任、《循环经济促进法》起草小组组长、民盟中央副主席、国务院参事、教授冯之浚，科技发展与可持续发展战略资深科学家、中国科学院研究员、国务院参事、教授牛文元等专家组成的评审委员会的好评。认为《研究报告》具有战略性、针对性和可操作性，对于包装行业的企业转变发展模式，强化节能减排和资源再生利用，加速技术创新和技术改造，提高行业发展水平，有积极的促进作用。

促进首都都市工业发展，配合市经济信息化委及相关部门做好行业工作。受市经济信息化委都市产业发展处委托，开展"都市工业开展循环经济工作"课题调查，认真研究产业发展的总体思路、布局、领域、政策与措施以及面临新的形势，为起草编制包装印刷行业"十二五"规划做准备。会长邹祖烨作为特邀专家参加了中共北京市委书记刘淇主持的市委、市政府"推进首都现代化建设，振兴都市型工业"专题调研座谈会，作了《从包装印刷行业的特点与趋势，谈都市工业提升发展的战略思考》的发言，从都市工业大局向市委市政府建言。邹祖烨被特聘为北京市经济和信息化委员会顾问专家，认真回复人大代表提交的关于《简化商品包装，降低资源损耗》的提案。多方面提出了若干重要而紧迫的政策与措施的建议，圆满完成人大代表提案的回复工作。北京包协认真履行市工经联的工作要求，协助工经联组织遴选行业中抗击金融风暴取得优异成绩的企业先进经验汇编成册。

发挥桥梁作用，全力推进行业项目实施。是年，开展包装行业高新技术研发资金项目申报工作，推荐来自北大方正集团有限公司、北京万源多贝克包装印刷机械有限公司、北京华德奥包装彩印有限公司3个具代表性的项目荣获“2009年度包装行业高新技术研发资金”支持。向政府推荐发展循环经济方面观念新、行动快、表现突出的新项目，如“再生纸代木可回收循环再利用产品开发”、“采用高新技术实现高保真高环保印刷技术改造”、“马口铁二次冷轧铁（DR材）的应用技术”得到支持。全力培育业内循环经济骨干企业盈创再生资源有限公司，为企业提供行业资信担保和信誉担保，使其连续享受北京工业发展贴息资金支持，以及财政部高新技术研发资金支持；帮助企业起草向国家发改委申报“绿色产业项目建议书”；使企业被国家发改委认定为国家循环经济示范企业和北京废旧塑料回收利用示范建设项目。年初，协会副会长姚亚雄随国务院总理温家宝赴德国柏林出席第五届中德经济技术合作论坛。协会组织盈创再生资源有限公司接待了发改委副主任解振华、中国工程院院长徐匡迪亲自率领的调研组，德国科技与核能部长率领的高级企业家代表团和中组部的市长培训班的参观考察，受到高度评价。

拓展服务层面，提高服务质量。是年，协会领导先后走访多家企业，发现并推广影响行业、实力较强的新科技，新技术，帮助包装印刷企业技术升级。为配合举办“2010世界包装大会及包装论坛、包装博览会”，积极筹备北京都市工业“绿色包装循环经济成果展区”、“科技包装成果展区”、“都市工业发展成果产品展区”。为纪念改革开放30周年和新中国成立60周年，宣传中国包装联合会及我国包装行业发展成果，协会组织设计制作了以“同心携手 共铸辉煌”为主题的个性化珍藏版纪念邮册。是年是在大陆和香港深具社会影响的“紫荆花杯杰出企业家奖”颁发12周年。协会会长邹祖烨作为该奖认定的资格推荐人经慎重考虑，推荐了北京奥瑞金新美制罐有限公司董事长关玉香参评，一举当选，在京港两地举行了隆重的颁奖大会。

拓展交往渠道，促进行业交流与合作。北京包协先后组织企业参加了商务部部长陈德铭、工信部部长李毅中“2009年经济形势报告”、北大光华管理学院名誉院长厉以宁和教授张建军主题为“宏观经济形势及相关分析”的讲座、“北京都市产发展研讨会”等大型会议及“北京市中小企业创业投资引导基金专题讲座”、“食品包装安全”座谈会、包装企业信用等级评价培训班、“循环经济与包装产业发展战略高峰论坛”、“春、秋人才供需洽谈会”等。协会努力拓展与欧洲相关对口协会、商会的交流渠道，为合作与交流打下坚实基础。

组织创新设计力量，提高市场竞争力。北京包协联合行业中的龙头企业、艺术院校师生以及知名领军人物、设计师，创办“北京都市工业创意设计联盟”，打造先进的北京工业创新设计的思路与机制。北京包协作为协办单位参与了由市旅游局、市发改委、市科委、市经济信息化委、市商委联合主办的“北京礼物”创意产品征集大赛——第七届北京旅游商品设计大赛。经协会推荐，北京华联印刷有限公司和北京市鑫宏鹏纸业有限公司系列作品荣获优秀奖，作品多次在旅游商品展及第四届中国文博会中展出。大奖赛组委会特授予北京包协“最佳组织奖”荣誉。

提供行业资讯服务。北京包协主办《简报》、《行业信息》等宣传资料，年内筹建协会网站建设，用开放的平台助推会员企业发展。

（陈　威）

【北京针织行业协会】　2009年，北京针织行业协会根据针织行业的特点，从实际出发，找准定位，以“为企业服务”为宗旨，积极进取和努力拼搏，各方面工作取得了一定成绩。

学习科学发展观，提升协会服务能力。金融危机使我国纺织工业遭受严重冲击，针织企业更是艰难。面对形势，协会从企业需求抓起，先后走访通州、顺义、昌平、怀柔地区的一些企业了解情况。企业由于销售受阻、生产成本上升，生产大幅下滑，有的部分停产，经营十分困难。协会把企业的这些问题向政府反映，并把搜集整理的国家拉动内需的利好政策和鼓励措施汇编成简讯发给企业，鼓励企业鼓起勇气，充分学好利用各项有利政策，把损失有效降低。

结合实际情况帮助企业突出“服务”二字。行业协会始终把会员利益放在第一位。有一个会员企业生产中急需两种缝纫设备赶制加工服装，协会一方面帮助企业购买设备，同时与兄弟企业联系借用解燃眉之急，在最短的时间内协助企业解决了困难，使生产任务按时完成。协会根据与企业沟通的信息，为企业找活源，协调会员企业之间在产品加工方面相互合作，如获知有外单超市针织内衣的项目，量较大，协会找到棉田纺织有限公司的同时与企业联系，经过多次筛选后，邀请该公司人员到企业实际考察、洽谈，为企业找到了生产任务。协会还为企业之间有关辅料的供需问题牵线搭桥，实现了余缺互补，解决了生产中的问题。为提高产品质量和竞争的能力，国家标准化管理委员会对《棉针织内衣》、《针织 T 恤衫》、《针织运动服》、《针织学生服》、《防辐射针织品》、《针织泳装面料》、《针织布（四分制）外观检验》、《针织坯布》、《针织成品布》等 9 项国家标准进行了修订，协会第一时间购买标准发给生产、制造企业，同时鼓励企业认真学习正确理解和掌握标准的要领并贯彻执行。在生产中不管是外单或内单都要准确执行标准，提高自我保护意识，最大限量地减少损失。

做好国庆庆典的各项工作。协会按上级要求与企业沟通，做好竞标制作国庆服装，制作街头标语，赶制国庆比赛服装，制定国庆安全措施、紧急预案等工作。北京铜牛制衣有限公司在生产国庆庆典服装竞标中成功中标，3 月中旬起，承担了国庆群众服装的样衣试制、制作任务。制衣公司的全体员工在交期紧迫的情况下，承担了 5 个（春天的故事、改革开放、科学发展、农业发展、锦绣中华）国庆群众游行方阵 15 款服装的打样、制作工作。共完成游行服装 3.4 万套，首都治安志愿者服装 14.6 万件，高质量完成了任务。为烘托节日气氛，青年报社悬挂标语使街头亮起来，通过协会协调凯婴妇婴用品有限公司，公司立即从繁忙的生产线上抽调设备和人员，按时完成了任务。协会会员企业还为国防科工委等单位赶制了国庆唱歌比赛所需服装，客户非常满意。各会员企业按协会要求制定了国庆安全措施、紧急预案，保证了国庆期间的安全。

办好各种展销会。年内举办春秋季 4 次针织品展销会，其中清河毛纺城两次，回龙观两次。收到较好经济和社会效益。尤其是清河秋季展销会，金融危机后的市场萧条，加上各处都在做“大集”、“促销”等。协会任务相当艰巨，全体工作人员共同商讨制订计划，逐一排查落实，脚踏实地做好每项工作，展会增加了新的服务项目，对年老体弱的群体，特体人员开展电话或写信定购，送货到家等服务。通过全体会员厂的配合及大家的努力，清河秋季展销会创下了同期北京市展销会之最。

做好政府交办的工作。2009 年是《北京工业能耗水耗指标》考核的第二年，受市工业促进局的委托，按照市工业经济联合会的规划，协会邀请部分顾问专家在对会员企业进行走访、分析，对重点企业进行多次现场考察和座谈。协会内的企业京华染厂近年新投入了百万元的设备，但他们为推动北京市的产业结构优化升级、节约资源、减少废弃物排放、保护生态环境，决定为“北京的发展”退出小印染行业。向会员企业提供信息。是年，协会无偿向会员企业提供《针织世界》及“金融危机”方面的资料；完成市社团办年检年审工作，全年走访将近 40 多个企业和有关部门征求意见，了解情况，增加了感情。

（脱景华）

【北京模具行业协会】 2009 年，北京模具行业协会遵照第六次会员代表大会提出的工作建议，坚持“开拓创新、服务行业，为企业多办实事”的精神，做到“多沟通、多协调、多服务、搭平台”，从会员的实际需要出发，为行业的发展和企业效益的提高做了很多工作，取得了较好的效果。

协助 PDM 示范企业做好项目实施和验收前的准备工作。市科委为加快企业信息化工作，在北京选择了模具行业作为试点，项目主要涉及模具行业网络化制造平台增加和调整服务内容。信息化示范企业主要是构建信息资源库，为企业进行信息化管理做到“两甩”（甩图表、甩图纸）打下基础。经协会推荐，在行业内选择了 7 家作为示范企业。年内，协会和项目主承办单位——兆维科技股份有限公司和技术支持单位——思奥特公司，深入现场协助企业进行项目实施，基本完成项目验收准备工作。

帮助企业解决融资贷款难的问题。在金融危机的大环境下，很多企业都遇到了资金困难，为了帮助企业解决融资和贷款难的问题，协会于4月与北京工业经济联合会一起召开了座谈会，请中小企业服务中心专门为模具行业企业介绍如何进行贷款融资的有关政策，会后企业直接与中小企业服务中心进行对话，寻求更多的融资贷款渠道。

协助企业做好享受增值税返还的优惠政策。2009年，是部分重点模具企业享受国家增值税先增后返优惠政策的最后一年，协会及时与财政、税务管理部门沟通，采用“集中办公，一次审查”的方式，减少企业多次往返有关部门去办理手续，使主管部门也可以及时得到企业所上报的必需材料，保证了企业能尽快地享受到这一优惠政策。

组织企业参加科技周活动。为配合北京科技周组织开展的活动，协会与市技术交流中心等4家单位5月份联合聘请了激光再制造快速成型技术等方面的专家做技术报告，并现场与参会代表相互交流。通过这次活动，很多企业找到了合作伙伴，解决了长期存在的技术协作的问题。参加这次活动的单位除模具行业的企业外，还有其他行业的企业。

组织参观学习。5月份和8月份分别组织会员赴天津汽车模具有限公司、国丰模具有限公司、长春一汽模具有限公司和创新模具有限公司等单位参观学习先进管理理念、技术研发、技术创新经验及应对金融危机的做法。

做好模具工技能竞赛的总结，参加市技能竞赛总结表彰大会。协会第一次组织技工参加北京工业职业技能竞赛，得到行业中的很多企业和模具专业的技工、高职学校的响应，参加初赛报名的共有12个单位，442人。在初赛和复赛基础上，经过按比例选拔，进入复赛和决赛的分别为96人和29人。2008年12月20日完成了全部的比赛议程。北京市经济和信息化委员会于2009年9月4日召开了北京市工业职业技能竞赛的总结表彰大会，协会被授予“优秀组织单位”奖；北京松下控制装置有限公司张大军被授予“模具工状元”称号；张云硕被评为“模具工最佳操作能手”，李昆林等10人被评为“北京市工业高级技术能手”称号。

介绍模具工技能鉴定的工作。是年，协会协助中德模具培训中心开展模具工鉴定工作（该中心已被机械行业技能鉴定中心批准为华北地区模具工等级鉴定中心），10月底会同中德培训中心的领导一起去天津二轻工业学校，介绍了该中心的培训、鉴定的程序、申请的办法及最后发予模具工等级证书的要求。

召开经验交流会。11月3日，协会在北京自动化工程学校召开了有模具专业的院校负责人及筹办了校企合作的企业负责人经验交流会。参加会议的有北京中德电器模具技术培训中心、北京工业职业技术学院、北京电子科技职业学院、北京石油化工学院工程教育中心、北京信息职业技术学院、北京自动化工程学校、北京长城牡丹模具制造有限公司、北京兆维工装有限公司、北京鑫迪模具制造有限公司及协会的高级顾问等。会议主要就模具工的考核标准及考核办法进行了讨论，并围绕校企合作、共建产学研基地的问题进行了交流讨论。在北京模具协会的组织下，2007年北京电子科技职业学院与北京莱比德精密模具有限公司等单位合作筹建的产学研基地，经过两年多的运作，学校利用工厂的环境培训了学员的实操能力，也为教师接触企业，搞好教学、研发创造了机会。2008年双方合作研发的模具在第十二届国际模具展览会分别获得一等“精模奖”和二等“精模奖”。会议期间，大家还参观了北京自动化工程学校内的实操基地。

组建产学研合作基地。是年，协会帮助天健龙维模具有限公司与中德模具培训中心、长城牡丹模具公司与北京电子科技职业学院机械工程学院组建两个校企合作的产学研合作基地，制定了具体的实施方案。此前已有莱比德模具有限公司与电子科技职业学院、鑫迪模具有限公司与石油化工学院工程教育中心两个产学研合作基地，其他几个有模具专业的院校，如北京信息职业学院与兆维工装有限公司也在商谈有关合作建设产学研基地的事宜。

（单嘉祥）

【北京市矿业协会】　2009年，北京市矿业协会（简称矿协）坚持三个“服务”这一根本宗旨，开展了适应形势发展变化要求的各项工作。

完成换届选举工作。依据《北京市社会团体规范化建设的指导意见》的要求，按照协会章程的规定，矿协第三届矿业协会理事会3月25日召开矿业协会第四届会员代表大会。83个理事单位的代表一致通过了各项报告和聘任名誉会长和高级顾问名单；冯运生当选为会长，郝树华等14名同志为副会长；王立成为北京市矿业协会秘书长。矿业协会还协同矿泉水委员会经过精心的筹备，于6月23日在首钢龙世源度假村召开了矿泉水委员会2009年年会及矿泉水委员会第三届换届选举。

开展专题调研，为政府宏观决策服务。是年，矿协参与的《北京市建筑用砂石供求动态及预警方案》课题的调研工作，通过专家验收。专家认为，调研课题立项正确、及时、必要，具有重要的现实意义；调研课题报告完成质量高、全面、具有可操作性，为政府部门制定政策措施提供了科学决策依据，对解决和指导当前及今后一段时期内北京地区砂石资源管理和供应保障具有重要作用。11月25日，矿协名誉会长唐澄、秘书长王立成就北京资源整合及解决北京砂石短缺的问题，与市建委有关部门负责人、北京混凝土协会人员专题研究，达成共识。

开展“创建绿色矿山”活动，促进矿业循环经济发展。矿协在2008年下发“关于创建绿色矿山活动的通知”的基础上，2009年开展了“创建绿色矿山评审活动”。按《北京市创建绿色矿山评审条件及考核指标》，10月15日—20日，协会组织专家组分别对申报“绿色矿山”各矿山企业的尾矿库、采矿场、选矿车间和厂区厂貌及绿色矿山建设的全部情况进行了现场实地考察，并给予打分、评价、写出评审意见。12月4日，经矿协四届一次会议审议，批准首云矿业股份有限公司、北京云冶矿业有限责任公司、北京威克冶金有限责任公司、北京水泥厂有限责任公司凤山矿、密云县放马峪铁矿五家矿山企业为北京市第一批“绿色矿山”企业并授予“绿色矿山”称号。

深入基层了解情况，为企业的发展服务。矿协秘书长王立成带领工作人员年内两次深入到有关铁矿、石灰石矿，了解在国际金融风暴冲击下，本市矿业企业生产与经营情况，并为他们相互学习管理经验牵线。矿协还为解决平谷水泥二厂急需铁矿粉一事搭桥，使之与放马峪铁矿双方达成合作协议。为人工砂、石灰石矿、水泥厂等多家企业在资源税、采矿证、尾矿利用方面开展了大量的咨询工作。9月23日，矿协会长冯运生、秘书长王立成一起在腾达大厦召开了为解决矿泉水企业资源税过高和运输车辆通行证少的问题的会议，原副市长胡昭广、政协常委曹学坤、名誉会长唐澄参加了会议。会议提出了解决方案，并于12月向市政府有关部门写了专题报告。

组织会员单位参加社会各种评选活动。协会参与并组织矿山企业参加了北京建材行业联合会举办的科学技术革新进步奖和“诚信企业”的评选活动，有3个单位的4项科研成果分别荣获北京建材行业联合会、北京硅酸盐学会建筑材料科技进步奖、技术革新成果项目两个二等奖、两个三等奖，占获奖企业的1/3。

加强沟通交流工作，推进协会工作开展。矿协采取多种形式与政府相关部门联系沟通，取得业务指导。会长冯运生和秘书长王立成在换届后不久，就主动与业务指导单位联系，先后拜访了国土局副局长、矿协名誉会长李燕飞，高级顾问、总工李树祥；与国土局的有关处室开展工作研讨会；会同主管部门领导一起到企业参观指导；并就在本市开展“创建绿色矿山”活动进行多次沟通，加强了矿协与政府部门的联系，使协会的工作得到了政府部门的指导与支持。矿协还参加了社团组织的《英雄人物评选活动》推荐；按要求落实了预防甲型H1N1流感有关材料及时上报等活动；完成了《北京矿业》季度刊物编辑工作。

（张爱武）

【北京水泥行业协会】　2009年，北京水泥行业协会在各项工作中均做出新成绩。

为“三高”企业退出进言献策。根据国家发改委关于水泥行业的产业政策和加快淘汰落后生产能力以及节能、降耗、减排的总体要求，为深入贯彻北京市人民政府《关于发布本市第十五阶段控制大气污染措施的通告》和北京市工业促进局等部门《关于印发〈北京市关于加快退出高污染、高耗能、高耗水工业企业的意见〉的通知》的精神，由协会提出初步意见，经过市工业促进局、市发展改革委、市环保局等多个部门与有关专家共同研究，于2月完成了北京市水泥行业“三高”退出方案的上报稿。经市政府批准，3月30日由市工业促进局、市发展改革委等7个委办局联合发布《关于印发“关于北京市‘高污染、高耗能、高耗水’小水泥企业有序退出的实施意见”的通知》京工促发〔2009〕76号。是年重点退出燕山水泥有限公司等11家水泥企业。此项工作得到了市有关部门的高度评价。

完成水泥生产企业化验室合格证的换证工作。依据《水泥企业化验室评审考核管理办法》的要求，协会组织北京市水泥产品质量监督检验站成立了北京市水泥企业化验室评审考核小组。于2008年11月27日—2009年4月10日，对全市19家（含60万吨以上）水泥生产企业的化验室按新的国家水泥标准，通过现场考核、抽样检验等进行了综合评审考核；在中国建材联合会标准质量部的指导下，对北京市琉璃河水泥有限公司等60万吨以上的大型水泥企业进行了现场评审考核。

联合北京节能环保中心完成水泥企业能效对标工作。协会按照北京市经济和信息化委员会的要求，联合北京节能环保中心开展了对10家新型干法水泥企业的能效对标工作。调研结果看，高于全国先进水平的只有1家，高于全国平均水平4家，低于全国平均水平的5家。

做好节水方案，提前完成节水目标。是年，北京水泥企业通过采取节水措施3项，有序退出3家企业，节水31.6万吨。预计年底，北京水泥行业与2005年总用水量相比，节水113.6万立方米，比2005年北京水泥行业总用水量减少30%，提前完成2009年节水计划指标。

开展北京水泥行业安全生产审计抽查工作。10月26日，协会受北京市安监局委托，对北京水泥企业进行安全审计抽查。根据《水泥行业安全审计有关事项》要求和北京水泥行业的具体情况，从20家水泥生产企业中选出4家有代表性的企业进行检查。从现存安全管理专家库中抽选8名专家，组成管理、工艺、机电设备、特种作业及职业健康4个专业组负责抽检。市安监局一处领导和所属区县安监局负责同志亲自带队深入现场参加了审计工作。本次安全生产审计抽查得到了北京市安监局的充分肯定，并表示要依靠协会推动行业性安全质量标准化活动。

继续开展职业技能培训，竞赛取得优异成绩。27名化验室管理人员经过培训、理论考核、实际操作和论文答辩合格后，获得了国家劳动部颁发的建材化学分析工和物理检验工技师资格证书。在是年北京水泥行业化验室化学分析工、物理检验工抽样大对比竞赛中，取得竞赛前10名（化学分析工、物理检验工各5名）的优胜者，全部是企业中经过职工技能培训的人员。这批骨干力量，又由协会和金隅集团工会共同推荐代表北京水泥行业，参加由中国机冶建材工会全国委员会、中国建筑材料联合会共同组织的“CTC杯”全国水泥行业化学分析工和物理检验工技能竞赛，有7人分别获得物理检验工和化学分析工一、二、三等奖的优异成绩（全国只有31人获奖）。大赛组委会向获奖代表颁发了奖金和证书，并为他们晋升一级技能等级表示祝贺。北京水泥行业协会荣获了优秀组织奖。

加强协会集体领导的力量，推动协会工作上新水平。按照协会《章程》规定和程序，是年对协会部分领导进行了调整。调整河北太行水泥股份有限公司等4个单位的副会长人选；增选天津金隅混凝土有限公司经理刘信奎等7位同志为副会长，并按程序报上级主管部门批准备案。

（杨希震）

【北京市豆制品协会】 2009年，北京市豆制品协会抓住机遇，帮助企业创新发展，节能减排，内部挖潜，取得良好的成效。

自2006年北京豆制品协会成立后至2009年12月，协会坚持不懈的向相关部门申报，要求对GB2711标准的修订，年内有了实质性进展，加速行业节能减排。2008年4月，协会召开的传统豆制品自主创新及节能减排研讨会，主要是推动传统豆制品的创新发展，拟订出工艺创新，设备创新，产品创新，节能减排四项具体发展目标。是年，协会争取到的市科委可持续发展中心在食品生产企业的3个科技节能样板示范项目：二商希杰的节水、王致和腐乳的发酵保温节能、金狮龙门食品制造厂节能项目，获得国家资金支持200多万元，已基本完成前两项，并取得了明显的节能效果。协会支持和鼓励企业对外交流，参与了北京市康得利机械设备制造有限公司举办《豆制品技术设备论谈会》，并做了重点发言，会后康得利公司又组织了部分企业和行业专家访问日本，并参加豆腐设备展览会和技术研讨会。北京市好仁缘公司举办产销联谊会，协会派人参会并介绍了北京豆制品行业情况，增加销售单位对公司的信任，同时坚定了企业的信心，强化了企业的社会责任心。北京市康港食品有限公司与东北、苏州三地合作，成立苏州黑土地豆业公司，利用康港公司大豆新型食品技术，生产大豆燕麦方便面和大豆素食品。协会对此项合作给予大力的支持，会长参加了新公司建厂奠基典礼，并祝贺、赞扬这种强强联合，开发大豆食品新技术、新工艺、新产品是行业发展趋势。8月，协会召开了行业开拓创新共谋发展交流会。

协助政府规范市场，反映企业的正当要求。1月，协会参加了打击违法添加非食用物质，和滥用食品添加剂专项整治方案会议，会后对会员单位使用添加情况进行了检查，并督促企业建立和完善自身管理制度。2月，协会就北京豆制品行业增值税率高于外省的问题向国家税务总局、国家发展和改革委员会、北京市国税局分别呈送《关于申请调整豆制品行业增值税征收比例》的函。为了保护凉粉、粉皮这一传统食品，4月，协会分别给卫生部、国家标准委，北京市技术监督局致函《关于对粉皮粉鱼淀粉生产中添加微量明矾的请示》。11月，协会就部分超市包装豆制品市场抽检合格率低的问题，两次向北京市食品安全办公室、市工商局致函《关于尽快改变销售条件，确保豆制品销售过程食品安全的建议》，政府部门组织召开了专题座谈会，研究食品安全工作。利用一切机会，宣传行业，保护企业，争取各方支持。4月，国家卫生部监导组在北京召开食品添加剂使用专项整治工作座谈会，协会会长利用直面卫生部领导的机会，对传统豆制品现状做了详细的汇报。12月4日，卫生部食品卫生标准专业委员会，组织召开了“非发酵性豆制品的面筋卫生标准（GB2711）修订研讨会”。协会同时推荐了3个有一定影响力的豆制品生产企业一起参加了研讨会。12月7日，北京食品安全办公室召开首都食品安全工作研讨会，协会会长、秘书长应聘参加了会议。

搞好调查研究及时向政府反映情况。是年上半年，协会通过对会员单位专访，指出目前生产企业面临的困难和主要矛盾以及解决办法。下半年，协会通过对市场的调查，了解了北京市豆制品的总体销售情况，并发现在销售环节影响产品质量和安全的隐患。协会与政府主管部门沟通情况，并对解决存在问题提出了很好的建议。对规范北京豆制品市场，强化食品安全起到了积极的作用。

加强协会自身建设提高工作水平。协会加强对外联系，扩大影响力，已经成为北京工业经济联合会、北京市食品协会理事单位，北京市商业联合会、北京市质量协会、北京标准化协会的会员单位。协会成功获准集体商标专用权。11月，协会注册商标获得国家工商行政管理总局商标局正式批准授权，商标可在国家分类中的第7类、29类、30类、32类范围中使用，四类标准含括了所有豆制品淀粉制品、新型豆制品、蛋白饮料和专用机械设备。协会会长自2005年开始，被聘请参加国家人力资源与社会保障部编写豆制品制作《国家职业鉴定标准》。先后主编了豆制品制作中《国家职业鉴定标准》、《国家职业培训教程》基础知识，初、中、高，技师、高级技师3本书。《国家职业初、中、高技能鉴定考试题库》，正在进行《国家职业技师、高级技师技能鉴定题库》的编写工作。2007年协会会长受中国商业联合会的聘请，参加了国际CAC食品法典安全会《非发酵豆制国际标准》的编写工作，并担任主要编写人员，文稿在修改中。

（张振山）

【北京信息产业协会】 2009年，北京信息产业协会历经8年的“中国计算机史料”搜寻工作取得阶段性成果。协会走访300多位创业先驱，搜集到近3000张自20世纪50年代开始的历史照片、原始资料和亲历者回忆，从中选择少量编印《目穿长路》图册，向主管部门、专家和会员单位汇报。6月19日在清华大学计算机学院召开发布座谈会，提出建立中国计算机博物馆，成立协会下属的“计算机史专业委员会”，研究中国计算机产业发展史的建议。由于早期我国计算机是为国防工程服务，保密严格，加上计算机日新月异地更新换代，许多业内人士也不知道行业历史始于何时。50多年来，国产和应用的计算机型号多，保存实物少；应用成功的领域多，决策与成效记录少；完成的重大课题多，参与人士的讲述少；为“两弹一星”和国民经济立功的计算机，绝大部分都被销毁，相关建筑多已拆迁，华罗庚亲自审定主建的大楼遭拆，遗迹不在，众多资料失散；绝大部分计算机教材都少有国人贡献叙述，许多公务员、教师和学生不知道中国有过辉煌的计算机创业发展历程。经协会调研，找到1956年“十二年科学规划”的参与者，证实周恩来亲自确定“紧急措施”，使计算机事业从科学跳变到产业，“培人才、建机构、产设备、广应用”取得巨大成就。经协会专家多次讨论提出重要论断，确认计算机是“提升脑力劳动”的“智力机器”，开始了用机器来减轻人们脑力劳动的时代（1955年11月4日《人民日报》）；在新中国工业化进程中，（1956年）确认计算机是新的技术革命，实现了科学与产业的成功结合；（1958年起）研制和批量生产计算机，与军事任务同步，在石油、电信、铁路、水利、电力、冶金等国民经济领域广泛应用，实现了产业跨越；经过协会逐校统计，1965年，毕业和在校的高校计算机专业学生，已有6000余名；工业、科研1万8000余人。找到华罗庚、钱三强、钱学森等知名专家和聂荣臻、张劲夫、李强、武衡、蒋南翔、王诤、王士光、范长江等领导干部的决策与项目保障经历材料和他们对计算机研制、教育、应用的重大贡献。

结合新中国成立60周年的纪念活动，协会在近10次各种活动中，赠送了1200册《目穿长路》，专家探讨认为数以万计的科技人员的奉献精神是中国从“信息大国”成为“信息强国”的重要资源和精神财富。协会在全国独家坚持研究计算机行业史，引起社会关注，被认为“功德无量”。我会网站在全国首开“信息化史”、“信息人士”专栏，许多材料被媒体和众多网站转载。

协会关注历史，一是转变了领导、专家“写史不说人”的观念，开始讲述自己亲历细节；汇集史料的进度成数量级的增长，每周都得到主动提交的新材料。二是扭转所谓“当代青年不关心”的看法，6月30日，协会秘书长徐祖哲在邮电大学期末讲座就“计算机史”报告，在10场讲座中效果最佳。

协会向工业和信息化部领导提议立项研究“中国计算机发展史”，成立筹备机构；制定博物馆和资料馆的建设规划；成立“史料组”紧急搜寻散落的原始资料与实物；组织亲历者回忆；组织自然科学与社科专家研究中国发展计算机的决策思维、创业环境，形成持续发展“信息强国”的推动力。

是年，协会专家委员会组织62位行业专家，参与了20多次专业活动，结合网络应用对电子商务、位置服务、信息安全、公共服务和“未成年人保护”等提出多项建议。对通过对旅游信息化调研，提出融合服务与信息化，建立服务规范与标准，促进京郊农村旅游的研究报告和建议。

在智能交通方面，协会提出轨道交通的信息化重点是安全与服务；对火车票实名制组织专家进行讨论，认为至今所议“实名制”，缺少信息系统支持，在人工服务条件下，难以完成“和谐”服务的流程。协会通过网站和会议发表的专家观点，多次受到京内外行业、社会重视。

协会会员单位北京邮电大学承担中国电信业“十二五”规划前期预研重点研究课题“我国电信业数字版权保护（DRM）标准与技术

研究”。数字版权保护在国外发展很快，数字电影业也将版权保护作为重要内容，标准要考虑网上兼容与安全，在信息化的环境下，技术标准涉及电信运营商、服务商和作者的权益，协会围绕此课题，组织企业探讨如何合作，形成产权保护的产业链。

协会理事单位和专家关注政策制定，对市发展改革委组织编写的《关于促进生产性服务业发展的政策措施（初稿）》，按时完成了2000字的修改意见上报，以最详尽的观点和面对现实问题的需求，受到市发展改革委好评。

（徐祖哲）

（本栏目编审：李苍彦）

重点项目

【综述】 2009年，全市工业固定资产投资累计完成406.2亿元，同比增长6.7%。工业投资占全市固定资产投资比重8.36%，同比降低1.53个百分点。其中城镇工业投资完成337.2亿元，同比增长3.6%，占全部工业投资比重83%；农村工业投资完成69亿元，同比增长24.5%，占全部工业投资比重17%。扣除煤气、水、电生产供应业投资，北京6大产业完成固定资产投资240.6亿元，同比增长1.79%。

（规划处）

【重点项目推进】 年内，根据市委市政府的总体部署，为帮扶企业应对金融危机，市经济信息化委成立重点项目推进领导小组，建立每两周一次的重点项目协调工作例会制度。制定北京工业重点项目计划，共计201项，总投资1941.2亿元，当年完成固定资产投资240.6亿元，项目建成后新增销售收入5434.6亿元。其中储备项目50项（包括在谈项目31项，意向项目5项，已签约项目14项），年内新开工项目69项，在建项目82项。201个项目中有51项计划当年竣工，涉及总投资136.96亿元，新增销售收入403.8亿元。投资较大的项目主要集中在电子信息、汽车和交通设备制造业、装备产业、航空航天以及石油化工产业。4月28日，举行2009年上半年开工和竣工项目新闻发布会，共计36个项目，涉及总投资158.2亿元。8月18日，举行北京工业重大项目签约、开工和竣工项目新闻发布会，共计64个项目，涉及总投资430亿元。

（规划处）

【研发基地建设项目】 北京汽车研究总院有限公司北京汽车产业研发基地建设项目，总投资16.9亿元。建筑面积15.8万平方米，主要建设产品工程中心、研究中心、造型中心、试验试制中心以及综合配套设施，新增整车研发试验手段和关键零部件及电器试验设备。

（汽车与交通设备产业处）

【Rc轿车技术改造项目】 北京现代汽车有限公司新雅绅特轿车（Rc轿车）技术改造项目，总投资6.8亿元（9880万美元）。主要对现有厂区内冲压车间、焊装车间、涂装车间、总装车间进行技术改造，形成年产13万辆新雅绅特轿车的生产能力，替代原雅绅特轿车，项目达产后可实现销售收入70.6亿元。

（汽车与交通设备产业处）

【汽车升级换代技术改造项目】 北汽福田汽车股份有限公司重型载货汽车升级换代技术改造项目，总投资6.7亿元。新增车架冲压和车架纵梁铆接生产线，购置关键生产设备等，进行重型载货汽车升级换代和产品结构调整，项目完成后将形成高端重型载货汽车2.8万辆及中低端中重型载货汽车3.2万辆的生产能力。达产后新增销售收入17.5亿元。

（汽车与交通设备产业处）

【新增V212产品技术改造项目】 北京奔驰汽车有限公司新增V212产品技术改造项目，总投资8亿元。主要对现有克莱斯勒产品生产线的车身焊装、涂装、总装和厂区内的发动机、车桥总成装配等生产车间以及部分仓储、动力设施等进行技术改造，项目完成后达到年产4.5万辆V212的生产能力。达产后预计实现销售收入178亿元。

（汽车与交通设备产业处）

【8代TFT－LCD生产线项目】 8月31日，京东方8代TFT－LCD生产线项目奠基。截至年底，京东方集团用100天的时间完成2.18万个桩基工程施工，同期先后完成项目施工手续办理、工程施工方案设计、管理公司和工程施工招标、工程质量和安全保障体系建立及部分设备招标工作，主体厂房正在施工，总建筑面积达71万平方米，现场施工人员总数8500人。曝光机、溅射机、显影机、PECVD等55台关键进口设备正在招标过程中，部分关键设备已开标。彩膜涂覆机、水处理、电梯等辅助设备正在商务谈判中。11月京东方发布公告，拟从资本市场募集资金净额不超过100亿元，用于北京8代线的建设，项目其余所需的资金正与相关投资机构及银行接洽中。

（电子信息产业处）

【移动硅谷产业园】 亦庄移动硅谷产业园位于开发区路东区，总规划面积约100公顷，在亦庄开发区建成一个以大型营运商为龙头，以京芯半导体为核心，依托3G～4G核心芯片技术，集聚移动通讯产业链（制造商两端）优秀企业的高端移动通信产业园区。8月7日，移动硅谷产业园的核心企业——京芯世纪（北京）半导体科技有限公司与飞思卡尔半导体公司、摩托罗拉公司移动通信核心技术转让签约仪式举行，标志着移动硅谷产业园建设正式启动。12月2日，20家企业与北京经济技术开发区集中签署入区协议、意向协议，入驻移动硅谷产业园。移动硅谷将建设包括研发基地、企业办公、交易平台等在内的配套设施。重点引进核心芯片的研发设计企业、软件及操作系统终端解决方案的企业，发展核心芯片技术和操作系统与软件；吸引电信运营商、多媒体应用内容服务商，建立与运营商的广泛合作的应用内容及增值服务综合平台；集聚移动终端的渠道销售商、品牌商，培育终端品牌，建设大规模的渠道交易平台和分销网络。

（电子信息产业处）

【太阳能电池项目】 中锦阳150兆瓦非晶硅薄膜太阳能电池项目，该项目由福建钧石能源公司为主体，在平谷马坊工业区投资9.5亿元，建设年产150兆瓦非晶硅薄膜太阳电池及其组件产业化基地。该项目4月14日举行奠基仪式，一期投资3.5亿元建设50兆瓦生产线，于10月份建成投产。

（装备产业处）

【金风风电产业园一期项目】 由新疆金风全资子公司北京金风科创公司投资6.4亿元，在亦庄开发区建设金风风电设备产业园，包括国家工程研发中心及全国风电服务信息中心、服务中心以及管理中心等，形成500台1.5兆瓦、2.5兆瓦、3兆瓦风机整机制造能力；逐步将公司行政管理中心、财务中心、销售中心物流中心转移到北京。

（装备产业处）

【煤气化装备产业基地】 航天万源煤气化装备产业基地总投资4.22亿元、占地78亩，在亦庄开发区建设煤气化技术及相关产品的研发和设备生产基地，项目建成投产后可实现年产20套以上中型醇/氨装置的设备生产能力，新增销售收入8亿元。12月10日，产业基地举行奠基仪式，预计2011年年初建成投产。

（装备产业处）

【基础施工设备生产线技术改造】 三一重机地基基础施工设备生产线技术改造，该项目总投资5.9亿元，其中固定资产投资3.6亿元，通过对现有地基基础工程施工设备生产线进行技术改造，进一步提高生产自动化程度，有效提高产品的生产能力和产品质量，实现节能降耗。已完成生产厂房改造，正在进行机器设备安装调试和产业园电力增容改造。

（装备产业处）

【技术改造项目】 北京第一机床厂（三机床分厂）污染扰民企业搬迁项目，总投资2.38亿元，其中固定资产投资1.62亿元。本项目通过建设联合厂房、研发中心楼，购置工艺生产设备，搬迁拆装利旧设备，形成年产重型普通机床60台、普及型数控机床350台、高档数控机床50台的生产能力。项目已取得立项核准、土地使用证、规划意见书，一期工程建筑基槽、地梁及柱基础等施工基本完成。

（装备产业处）

【重型机床制造部扩建项目】 总投资9548万元，其中固定资产投资8440万元。一机床通过扩建超重型机床制造车间，试制自用的重型数控立车等工艺设备，建设露天成品库，扩大生产超重型数控机床的装配和加工能力。该项目基本完成建设。

（装备产业处）

【1.5兆瓦级风电叶片项目】 中材科技风电叶片股份有限公司，在八达岭经济技术开发区，建设兆瓦级风电叶片项目，占地255亩，总投资4亿元。通过新建厂房，新增生产设备、工装、检验设备300多台套，形成年产500套大型复合材料风机叶片的产业化能力，产品品种增加2个～3个；并建立复合材料风机叶片设计、模具设计制造、产品制造、检测评价等平台，达产规模8亿元。项目主厂房已建设完成，主要设备安装调试完成，部分叶片模具试生产。

（装备产业处）

【新生产基地建设项目】 天坛生物亦庄新生产基地建设项目总投资25.7亿元。建设满足新版GMP认证的疫苗类制品生产基地，厂区总建筑面积19.6万平方米。项目生产包括百白破及麻腮风系列产品在内的7个疫苗产品和特种生物制品，从根本上解决企业产能不足的问题，满足国内计划免疫市场的需求。项目达产后可实现年销售收入20亿元。

（生物与医药产业处）

【疫苗研发生产基地项目】 民海生物科技有限公司疫苗研发生产基地项目总投资2.99亿元。建设符合GMP标准的疫苗生产基地，开展麻风二联疫苗、无细胞百白破等九个新药的研发和产业化工作。达产后产能达到年产9100万支各类疫苗规模，年平均营业收入6.6亿元，吸纳600人就业，成为国内一流、国际先进的基因工程药物、疫苗和诊断试剂研发生产基地。年内项目基本完成厂房建设，正在进行试生产并申请GMP认证。

（生物与医药产业处）

【二期产业基地项目】 舒泰神（北京）药业有限公司二期产业基地项目总投资4亿元，基地占地3万平方米，规划建筑面积6万平方米，包括符合cGMP生产基地以及研发中心。基地建成以后，将使企业产品同时符合中国GMP及美国cGMP标准，提高年生产能力，形成覆盖生物药、化学药及天然药全系列的研发和生产能力。生产基地建成后将新增200个新的就业岗位，年产值可达8亿元。

（生物与医药产业处）

【冰爽纯生技术改造项目】 燕京啤酒股份有限公司冰爽纯生技术改造项目，该项目在发酵车间增设36套250m³发酵罐、12套250m³清酒罐、4套50t/h PVPP过滤机、1套5t/h冰啤机、1套CIP清晰、1套5t/h精滤机以及管路管件等附属设施；在包装车间增设1套36000b/h纯生瓶装灌装线、1套36000tin/h纯生易拉罐灌装线、部分包装车间系统改造以及其他附属设施。项目建成后达到年产5万吨冰爽纯生啤酒的生产规模总投资为19000万元，年销售收入及节约收益为40950万元，年新增销售税金为15581万元，年新增利润为9485万元，投资回收期4.71年，可解决劳动力就业70人。

（都市产业处）

【东方石化公司搬迁改造项目】 东方石化公司搬迁改造工程总体设计自2006年3月启动，包括将醋酸乙烯（VAC）、醋酸乙烯－乙烯共聚乳液（VAE）、聚乙烯醇（PVA）和醋酸乙烯－乙烯共聚树脂（EVA）等装置搬迁到燕山石化（部分装置进行改造），截至年底完成所有生产装置中交，并投产试运行。该项目总投资16.4亿元，占地22万平方米。项目建成后VAC与VAE年产能分别达到18万吨、10万吨。此外，经装置改造后可年产PVA2.7万吨、EVA 4万吨。

（基础与新材料产业处）

【反渗透膜及膜元件生产项目】 蓝星东丽膜科技（北京）有限公司反渗透膜及膜元件生产项目是由中国蓝星（集团）股份有限公司、日本东丽株式会社和东丽（中国）投资有限公司合资建设的项目。项目通过引进反渗透膜生产和卷膜技术，建设反渗透膜及膜元件生产装置，生产海水淡化、抗污染、纳滤等3大系列7个品种的高品质反渗透膜及膜元件，年产反渗透膜620万平方米、反渗透膜元件13万支。7月，完成基础设计工作开始土建施工，项目总投资5.8亿元。

（基础与新材料产业处）

企　业

北京市企业技术中心认定名单

根据《北京市认定企业技术中心管理办法》，结合企业的综合实力、技术创新体系建设与运行机制、技术中心基本条件、技术创新活动成果等，经专家评审及北京市企业技术中心认定指导小组审定，同意北京铁路信号工厂等54家企业的技术中心通过北京市第十二批认定名单（排名不分前后）

序号	企业名称	序号	企业名称
1	北京铁路信号工厂	16	北京中盾安民分析技术有限公司
2	北京东方信联科技有限公司	17	北京电力设备总厂
3	北京握奇数据系统有限公司	18	北京博奇电力科技有限公司
4	中科软科技股份有限公司	19	中钞长城金融设备控股有限公司
5	北京北斗星通导航技术股份有限公司	20	北京碧水源科技股份有限公司
6	中铁信息工程集团有限公司	21	北京中丽制机工程技术有限公司
7	高德软件有限公司	22	北京国电富通科技发展有限责任公司
8	网御神州科技(北京)有限公司	23	北京科锐配电自动化股份有限公司
9	北京神州航天软件技术有限公司	24	阿尔西制冷工程技术(北京)有限公司
10	北京四达时代软件技术股份有限公司	25	北京市阀门总厂(集团)有限公司
11	北京中电华大电子设计有限责任公司	26	北京国电智深控制技术有限公司
12	中联绿盟信息技术(北京)有限公司	27	北京天地玛珂电液控制系统有限公司
13	北京格林威尔科技发展有限公司	28	北京东明兴业科技有限公司
14	北京中科信电子装备有限公司	29	中材科技风电叶片股份有限公司
15	北京华胜天成科技股份有限公司	30	北京京诚凤凰工业炉工程技术有限公司

续表

序号	企业名称	序号	企业名称
31	北京南口轨道交通机械有限责任公司	43	北京仁创科技集团有限公司
32	北京京城重工机械有限责任公司	44	中国交通建设股份有限公司
33	北京金风科创风电设备有限公司	45	中国水电建设集团路桥工程有限公司
34	中国种子集团公司	46	北京六建集团公司
35	北京德青源农业科技股份有限公司	47	中铁二十二局集团有限公司
36	北京世纪百强家具有限责任公司	48	中国安能建设总公司
37	北京威克多制衣中心	49	中交第一公路工程局有限公司
38	北京赛科药业有限责任公司	50	中国路桥工程有限责任公司
39	中生北控生物科技股份有限公司	51	中铁建电气化局集团有限公司
40	北京科兴生物制品有限公司	52	中国土木工程集团有限公司
41	京卫医药科技集团有限公司	53	路桥集团国际建设股份有限公司
42	有研稀土新材料股份有限公司	54	中国港湾工程有限责任公司

企业选介

【首钢股份有限公司焦化厂】 始建于1938年，占地面积32.23万平方米。拥有4座大型现代化焦炉及备煤、煤气回收净化、化工产品精制、检化验系统设备3620台套，固定资产原值14.59亿元。主要生产焦炭、焦炉煤气，以及硫铵、硫磺、精萘、苯、甲苯、二甲苯、酚类化工产品，其中，冶金焦、焦炉煤气供首钢主厂区使用，化工产品外销。该厂加强设备管理，实现了“清洁焦化、绿色焦化”的目标。2009年生产焦炭165.73万吨。

地址：石景山区首钢厂东门院内

邮编：100041

电话：88295670

传真：88295670

厂长：贾向刚

（焦化厂）

【首钢股份有限公司第二炼钢厂】 建于1987年8月，占地面积28.1万平方米。拥有2座铁水脱硫站，3座公称容量210吨转炉，2座LF钢包精炼炉，1座CAS—OB钢包精炼炉，5套方坯铸机，1台可变断面的板坯铸机，固定资产原值30亿元，技术装备达到国内先进水平。该厂共有炼钢、精炼、方坯、板坯、钢坯一、钢坯二、修砌、动力、供应9个作业区域。2009年，该厂按照总公司“奉献奥运、兑现承诺”的压产安排，产钢462.83万吨。

地址：石景山区首钢厂东门院内

邮编：100041

电话：88292141

传真：88295343

厂长：曾　立

（二炼钢厂）

【北京北重汽轮电机有限责任公司】（简称北重公司），前身为创建于1958年的北京重型电机厂。是以生产经营火力发电机组（包括电站汽轮机、汽轮发电机及其辅机）、风力发电机组、双馈异步风力发电机、交流电动机为主导的电力装备制造企业。占地面积26万平方米，注册资本7.4亿元，现有员工2800余人。拥有以数控设备为主的加工设备700多台(套)，装备水平精良，试验检测设施完备。在北京延庆、河北三河建有3万平方米的生产基地。建立起了“火电业务、风电业务、服务业务”为主导的3个业务单元组合，形成以300MW～360MW湿冷、空冷、单双抽供热火电机组和2MW常温型、低温型风电机组为主导的产品系列，具有年产火电机组4000MW、风电机组600MW以上、双馈异步风力发电机和交流电动机1000MW的生产能力。产品遍及中国各大发电集团和地方(企业)电力公司的众多电厂，并出口到印度、印度尼西亚、越南等国家。

地址：石景山区吴家村

邮编：100040

电话：68632552

传真：68639675

网址：www.bzd.com.cn

法定代表人：阮忠奎

（北重公司）

【北京第一机床厂】 具有60余年机床生产历史，为国民经济各行业提供各种类型铣床、数控镗铣钻机床、立卧式加工中心、数控钻削中心以及重型、超重型的数控龙门镗铣床、龙门加工中心、装配生产线专用机床、汽车部件装配线和地质工程钻机等机械设备，产品畅销国内外，远销世界50多个国家和地区。在深化国有企业改革中，北京第一机床厂为适应市场经济的发展，提升传统制造业，吸收并入了北京第三机床厂。集合优质资产成立了北京北一数控机床有限责任公司，在北京林河工业开发区投资兴建北京数控机床生产基地。该基地主要生产加工中心机床、数控龙门镗铣床、精密机床零部件加工、装配成产线、机床刀具等。之后，北京北一数控机床有限责任公司与日本大限株式会社合资成立了北一大限(北京)机床有限公司，全套引进大限株式会社技术，批量生产立、卧加工中心机床、数控车床。北京第一机床厂、圣和精机株式会社、CMEC日本株式会社三方合资成立的北一圣和(北京)精密工具有限公司，引进日本圣和精机株式会社技术，生产数控机床功能部件、刀具、刀柄等精密零部件。2005年11月成功收购了德国阿道夫·瓦德里希科堡机床有限两合公司。

地址：顺义区林河工业开发区双河大街16号

邮编：101300

电话：89496161

传真：89451869

网址：www.byjc.com.cn

法定代表人：崔志成

（北京第一机床厂）

【北京华德液压工业集团有限责任公司】 是按照现代企业制度组建的股份制企业集团。系中国液压气动密封件工业协会副理事长单位、中国液压工业行业重要骨干、中国机械工业500强之一、国内大型现代化专业液压件生产基地、北京京城机电控股有限责任公司所属重点企业。以液压阀、液压泵/马达、液压成套设备、液压铸件四大支柱产业为核心，辅以密封件等产品，具有一定自主知识产权的液压基础件专业生产企业。高科技、高精度、高效能的工艺装备和检测手段以及独立自主的产品研发能力，确保集团每年都有新产品问世，部分产品获得国家专利，多个新产品获国家技术进步奖。所属分公司全部通过ISO9001质量管理体系认证，其中液压阀分公司、液压泵分公司、液压成套设备分公司通过了ISO14001环境管理体系、OHSAS18001职业健康安全管理体系认证。液压阀、液压泵/马达产品通过了中机诚业产品质量认证；液压阀产品还通过了德国莱茵公司(TÜV Rheinland Group)CE认证、中国船级社CCS认证、美国FM认证、节能产品认证，从根本上保证了产品质量。产品广泛用于冶金、机床、军工、船舶、化工、航天、工程机械、建筑机械等领域，参与多项国家重点技术改造和国防装备改造。华德品牌位居国家及行业优秀产品前列，多次获得“北京市名牌产品”、“中国液压行业最具影响力产品”及“中国市场用户满意第一品牌”的称号，赢得了市场和社会广泛赞誉。

地址：经济技术开发区同济北路五号

邮编：100176

电话：67881998

传真：6788200

网址：www.hude-hyd.com.cn

法定代表人：邱山明

（华德液压公司）

【北京机电院高技术股份有限公司】 作为北京市65家第一批转制科研院所之一，2000年12月18日由科研院所整体转制为科技企业，2002年7月18日由京城控股、北京控股等股东共同发起设立，组建成立北京机电院高技术股份有限公司。注册资本1.36亿，重点发展大型环保装备和高端数控机床。先后完成2项国家“十五”攻关项目，4项科技部863计划项目，5项市级科技开发项目，并填补多项国内空白。公司在环保领域，从事固体废弃物技术研究和设备制造已有30多年的发展历史，在国内拥有“固废处置专家”的美誉。先后在国内承接了近1000余台套环保工程，产品批量出口到泰国、巴基斯坦、南非、越南等国家和地区。工业危险废物处置设备和医疗垃圾处理设备在国内市场占有率第一。在防化危险品处置领域，于国内军工垄断地位，为国内唯一供应商，列装全军。在大型生活垃圾处置领域，是国内涉足该领域最早的企业之一，拥有一定的垃圾转运技术、垃圾焚烧技术、垃圾渗滤液处理技术、卫生填埋技术等。在数控机床领域，形成了以五轴联动加工中心——直线电机驱动加工中心—五面体加工中心为代表的“五字系列”高端产品的领先优势。其中大型汽轮机叶片五轴联动加工中心项目，2005年获得“中国机械工业科学技术一等奖”和“北京市科学技术一等奖”。该公司连年通过高新技术企业认证，连年荣获北京市“守信企业”称号。2006年，研发中心被工促局评定为“北京市企业技术中心”。

地址：朝阳区工体北路4号

邮编：100027

电话：85236060

网址：www. bmei. net. cn

法定代表人：李济生

（机电院股份）

【北京天海工业有限公司】 为中外合资经营企业，总投资4674万美元，在北京、天津、上海等地拥有6个专业气瓶生产基地。具有B1、B2、B3、A1、C3、D1、D2级压力容器设计、制造资格，可生产681个品种规格的高压无缝气瓶、焊接气瓶、缠绕气瓶、蓄能器、低温气瓶、储气式特种集装箱、铝内胆碳纤维全缠绕复合气瓶。产品广泛应用于汽车、化工、消防、医疗、石油、能源、城建、食品、冶金、机械、电子等部门，出口世界四大洲40多个国家和地区，多种产品获得国家级、省部级、市级优等产品称号。先后取得了ISO 9001:2000、ISO/ TS16949国际质量管理体系认证，以及美国DOT、德国TUV、加拿大TC等20多个国际产品认证。JP牌钢质无缝气瓶在1984年荣获国家质量奖。各项经济技术指标连续12年保持全国同行业第一。2003年再次被评为“守信企业”、“用户满意企业”、“中国机械工业500强”和“核心竞争力100强”企业，列居北京市大中型企业综合经济效益100强企业。2004年荣获“全国五一劳动奖状”，2005年荣获中国工业行业排头兵企业，2006年—2008年连续获得中国金属压力容器制造行业排头兵企业。

地址：朝阳区黄厂路

邮编：100023

电话：67383444

传真：67367022

网址：www. btic. cn

电子邮箱：civil@btic. cn

法定代表人：王平生

（天海公司）

【北京博飞仪器股份有限公司】 （简称博飞公司），于1998年由北京光学仪器厂以其技术研发、加工制造和市场网络等优质资产投入，发起设立。1958年，北京市光学仪器厂成立，通过四十年技术创新，各种型号、等级的光学经纬仪、水准仪、垂准仪、测距仪、GPS接收机、电子经纬仪、全站仪等产品源源不断地研制推出，成为中国光机电一体化测绘仪器生产营销基地。博飞公司集北京光学仪器厂优势之大成，专业从事大地测量仪器、建筑施工仪器与测绘技术系统集成的研制、生产和营销。大力采用高新技术，重点发展了电子经纬仪、全站仪、GPS接收机等高新技术光电子产品，构建现代工程测量数字化测绘技术体系，创立了中国行业名牌“博飞BOIF”。

地址：经济技术开发区兴业街2号

邮编：100176

电话：67816781

传真：67816789
网址：www. boif. com
总经理：孙建军

（博飞公司）

【北京京仪敬业电工集团有限公司】 在整合原机械工业部所属两家重点企业，北京低压电器厂（建于1956年）和北京市微电机总厂（建于1962年）基础上，依照现代企业制度改制而成。是中国低压电器协会和中国分马力电机协会副理事长单位。主要产品有：北低牌系列低压电器，高低压配电设备，自动控制设备，电力控制设备；三环牌系列分马力电机、罩极电机、控制微电机和为国防服务的自动控制系统等。从德国、法国、瑞典、日本等国引进了多项先进技术，与ABB公司、美国斯普拉格公司等建立了合资企业，生产低压电器、低压无功功率补偿装置、谐波滤波设备、配电设备自动化集中监控、智能型变频节电设备、节能高效电机等机电一体化节能、智能产品。产品广泛应用于工业、农业、国防、公共设施等领域，并远销德国、美国、法国、日本、东南亚等20多个国家和地区，获得客户好评。

地址：西城区西什库大街31号
邮编：100034
电话：66175725
传真：66176306
网址：www. jydg. cn
总经理：刘执中

（京仪敬业）

【北京北仪创新真空技术有限责任公司】 创建于1954年，总部位于中央商务区（CBD）的中心位置。生产基地位于大兴工业开发区，占地面积3.1万平方米，建筑面积4.55万平方米。2003年通过ISO9001：2008质量体系认证。共有真空获得、真空测量、真空应用三大类产品，从低真空到超高真空30多个系列160多个品种。产品广泛地应用于航天航空、电子信息、光学产业、冶金、建筑装饰、食品、纺织、电力环保及新能源等行业。2006年研制成功了国内首条自行设计制造的非晶硅薄膜太阳能电池生产线，用于生产大型玻璃光电模板一次完成多片数十平方米的双节非晶硅薄膜的沉积，在相对低的设备投资下取得较高的大面积模板的产量，产品性能达到国际同等水平，改变了以往我国非晶硅薄膜电池生产线依靠进口的现状。多项科研成果获得国家专利。

地址：大兴工业开发区前高米店盛坊路仪器仪表基地
邮编：102600
电话：60251397
传真：60251210
网址：www. bjbyzk. com. cn
总经理：陶　梦

（北仪创新）

【北京远东仪表有限公司】 是北京市具备承接工业控制仪表、楼宇自动化控制系统项目、环保工程项目、电工仪表、防雷等产品的高新技术企业。与美国艾默生电气公司、颇尔公司建立了长期的战略合作关系，现已发展成为美国艾默生公司的全球供应商。主要产品包括3051、3051S、1151系列智能压力变送器，智能一体化温度变送器，安全栅，彩色无纸记录仪，隔离器，火焰检测系统，SIXNET、DCS、SCADA系统集成产品，浪涌保护器，ARR系列避雷器，电阻表，精密电表，静电系电压表，电源装置，电度表等。产品广泛应用于石油、石化、化工、电力、冶金、轻工、环保、建材等行业，如上海石化、玉门油田、北京化工厂、大庆石化、马钢、本钢等，受到用户一致好评。

地址：东城区和平里北街6号
邮编：100013
电话：64214101
传真：64211304
网址：www. bjfeic. com
总经理：秦海波

（远东仪表）

【北京京仪世纪电子股份有限公司】 拥有国内最强大的技术开发团队、研发和生产能力，是目前国内生产和出口量最大的单晶硅炉专业设备制造商与整体解决方案的提供商。主要产品包括微电子材料晶体生长和晶体加工设备、数控机床、自动化暖通及执行器设备三大类，产品畅销国内各地以及世界31个国家和地区。拥有1个市级企业技术中心、1个博士后科研工作站、24个研发室、2个检测中心。2007年博士后工作站，通过国家自然科学基金资助的"等效微重力晶体生长技术"成果鉴定，达到国际领先水平，自主研发的"物料完全循环氢锌还原法制取太阳能级多晶硅技术"已经申报国家发明专利。该公司在涿鹿光伏产业园投资兴建了硅单晶生产示范车间、客户观摩培训基地和备品备件供应基地，长期为客户提供专业培训和备品备件供应。1995年以来连续13年通过ISO9001质量体系认证，是国家级计量单位。

地址：丰台区宋家庄苇子坑2号

邮编：100079

电话：67616014

传真：67613286

网址：www.chinabyj.com

总经理：荀劲松

（京仪世纪）

【北京京仪椿树整流器有限责任公司】 成立于1960年，是国内最早生产电力电子半导体器件和电力电子变流装置的企业。80年代和90年代两次引进英国马可尼Marconi(现为Dynex半导体公司)的快速恢复二极管(FRD)，晶闸管(SCR)，GTO，GTR制造技术和关键设备。是集科研、开发、生产、经营和技术服务为一体的高新技术企业、国内变流行业的骨干企业。2000年3月通过了ISO9001质量体系认证，2003成为英国Dynex(丹尼斯)半导体公司的中国销售代理，2006年成为瑞士CT－Concept驱动器公司的中国代理商，专为Dynex和其他公司的IGBT提供驱动器。2006年被授予法国ALSTOM公司的中国合格供应商。ZKR300A－500A/600V－2500V大功率快速软恢复二极管和IGDF 1000A/12V新型高效节能环保电镀电源分别在2005年12月和2007年3月通过北京市科委技术鉴定，其中，ZKR300A－500A/600V－2500V大功率快速软恢复二极管被评为北京市自主创新产品，具有独立的知识产权，并已申请了发明专利。

地址：丰台区三顷地甲3号

邮编：100040

电话：88680221

传真：88681988

网址：www.chunshu.com

总经理：刘 军

（京仪椿树）

【北京布莱迪工程技术有限公司】 是测压、测温仪表专业生产厂家，致力于研制和生产在石油化工、化纤、冶金、食品、制药、精细化工、科研等行业使用的各种特殊用途的测压、测温仪表。主要包括：不锈钢防腐、耐震、微压、差压、各类化学密封及压力传感器，压力开关等具有电信号输出的20多个系列的测压测温产品。压力测量范围最高到250MPa，最小可到0.5kPa；机械式精密表精度做到0.25%，电子式仪表精度可达万分之五以上。具有生产规格品种多，加工工艺精良特点，特别是在微小压力的测量、单、双膜合微压表的制造，化学密封及世界先进等离子、激光、无氧焊接工艺应用方面更具特色。该公司1998年通过了ISO9001质量体系认证，部分产品完成了"UL、CE"安全认证，自2002年起一直为北京市高新技术企业。产品在国内销售市场不断扩大的同时，远销东南亚、欧洲、北美洲等20多个国家和地区。

地址：朝阳区南三环成寿寺路甲135号

邮编：100164

电话：67633541

传真：67633536

网址：www.brighty.com.cn

总经理：王 军

（布莱迪工程技术公司）

【北京京仪海福尔自动化仪表有限公司】 是国内从事物位、流量仪表制造和相关专业自动化控制系统工程的著名企业。为中国仪器仪表行业协会管理科学学会常务理事单位，中国仪器仪表行业协会物位仪表专业协会副会长和技术开发部部长单位。在行业内率先通过ISO9001质量体系和ISO14001环境体系认证。先后为石化、冶金、电力、水泥、粮食等行业的重点工程以及科研项目提供了数量可观、质量优良的自动化仪表产品，并参与和完成了国家级重点科研项目——"大型工业过程自动化控制技术的研究"的分专题项目的研发，成果获得了政府部门和市场用户的良好评价。在大兴工业开发区仪器仪表产业基地内，自行设计建立了高达24米的液位检测水塔，自动跟踪监测系统和高低温试验装置，为高端液位仪表的研发和功能检测提供了国内独有的设备条件。开发出的数字化、智能化高精度物位仪表，通过了军标检测，并在国家重点工程中投入使用。

地址：东城区安定门外安德路洲际大厦319室

邮编：100164

电话：60250310

传真：60250317

网址：www.hifor.com.cn

总经理：于天化

（京仪海福尔）

【北京京仪北方仪器仪表有限公司】 秉承30余年电能计量和振动测试领域的技术积累和专业制造经验，形成两大产品系列，即：以感应式单三相电能表、电子式单三相电能表、预付费电能表、多费率电能表、低压电力用户自动抄表系统为主导的智能型电能计量产品系列；以位移、速度、加速度传感器及振动分析仪器为主导的现场测试，状态监测仪器产品系列。先后通过了ISO 9001:2000质量体系认证，荷兰KEMA认证及国内相关机构的产品认证。拥有自营进出口权，产品销售到世界十几个国家。

地址：大兴工业开发区前高米店盛坊路仪器仪表基地

邮编：102600

电话：60250334

传真：60257647

网址：www.bj3b.com.cn

总经理：景晓东

（京仪北方仪器仪表）

【北京市自动化系统成套工程公司】 注册资金3000万元，占地面积3.5万平方米，是北京市认定的高新技术企业。京仪BCC流体控制节能技术发展中心，为北京市级企业技术中心，有中、高级技术人员48人，中高级管理人员16人。该公司立足于能源、化工、冶金、城镇集中供热、水处理等领域，集产品研发、工程设计、营销服务和生产制造于一体，拥有一批自主知识产权机电一体化产品，包括：平衡型电动三通调节阀、E3000暖通空调仪表、蒸汽泵热机组、加氯机、吹氧成套设备。完成国家级、省部级、市级重点工程和技改项目420余项，合同总额3亿多元。获得各类科技成果奖、优秀设计奖30余项。1998年通过了ISO9000质量体系认证。

地址：东城区安德路地兴居9号

邮编：100011

电话：84113335

传真：84119678

网址：www.bcc.net.cn

总经理：殷毅刚

（市自动化系统成套工程公司）

【天津美琪凌油脂有限公司】 成立于2004年8月，是北京化工实验厂投资控股的合资公司。拥有瑞典阿法拉伐公司的全套生产装置，工艺技术先进，居国内领先水平，年产各类人造奶油1.5万吨，是国内大型烘培油、动物油脂加工企业之一。拥有“金琪凌”、“康乐”牌两个品牌，产品主要有黄白奶油、无水酥油、液态酥油、西藏地区专用酥油，速冻食品专用油、精制牛油、精制猪油合精制鸡油等十几个品种，广泛用于餐饮、糕点、糖果、冷饮、速冻食品等行业，畅销华东、华中、华北、东北、西南以及西北等国内大多数省区。其中，“康乐牌”北京酥油，八十年代在北京市食品行业评选中被评为市优产品，九十年代被评为部优产品及“北京市名牌产品”，以其良好的信誉远销西藏、云南等地。该公司通过了国际通用的食品安全体系HACCP认证及食品安全生产许可证(QS)的认证。

地址：天津蓟县尤古庄镇

邮编：301902

电话：022－29834270

传真：022－29838249

网址：mqlyz.com.cn

电子邮箱：tjmqlyz@sina.com

法定代表人：武祥林

（蔡玲红）

【北京华腾通标检测与校准技术研究中心】 由北化集团主办，北京市编委、北京市质量技术监督局、北京市财政局认可依法授权的第三方产品质量监督检验机构，具有独立的法人地位。该中心包括原北京化学试剂产品质量监督检验站、北京化工计量站等7个站所，业务范围包括化工产品质量监督检验和化工类仪器仪表计量校准两大体系。在为企业提供检测与校准技术需求的同时，还为企业提供检验与校准方面人员、技术、设备的培训服务。该中心拥有2个全国性检验中心、2个国家级实验室、1个全国行业计量中心、多个市级实验室和校准检验室，包括：电磁计量检测室、热学计量检测室、力学（质量、力值、压力、容量）计量检测室、物理化学计量检测室、橡胶产品质量监督检验、气体产品质量监督检验、农药助剂产品质量监督检验、化学试剂产品质量监督检验、高分子产品质量监督检验、避雷装置安全检测、安全阀检测等检测室等。拥有大量相关专业的技术资料、产业信息、相关文件和产品标准，在北京乃至全国具有很强的专业优势。

地址：北京市朝阳区西大望路21号4号楼
邮编：100124
电话：67758350
传真：67758350
法定代表人：葛文明

（蔡玲红）

【北京华腾远通综合管业有限公司】 成立于2004年2月20日，注册资金为5081万元，为北京化工实验厂与北京远通制管有限公司共同组建的股份公司。该公司技术力量雄厚、生产设备先进，检测手段齐全、产品规格覆盖面宽，拥有德国进口的当今世界最先进的全系列实壁管、双壁波纹管生产线，年生产能力1.6万吨。主要产品为聚乙烯（PE）、聚丙烯（PP）塑料管。拥有先进的管道安装设备与技术，高素质的售后服务人员可满足客户各种条件下的安装需求。通过了GB/T19001－2008、GB/T24001－2004及GB/T28001－2001三体系认证，产品通过中国疾病预防控制中心、国家建筑材料测试中心、国家建筑材料质量监督检验中心的检测，取得了北京市卫生局生活饮用水供水设备及用品卫生许可证，并在北京市建设委员会备案。

地址：通州区漷县镇草场村南
邮编：101109
电话（传真）：80573018
法定代表人：武祥林

（蔡玲红）

【北京金泰开元汽车销售服务有限公司】 隶属于京煤集团。是一家从事东风雪铁龙品牌汽车销售的大型国有企业，占地8500余平方米，位于北京南四环公益桥内。成立于2002年5月，前身为北京煤炭利用研究所，当年取得了东风雪铁龙汽车销售权，后与中国北方车辆公司重组，设有两家4S店。主要从事新车销售、售后服务、车辆装饰、二手车交易、汽车租赁等业务。经销的汽车有“世嘉”、“凯旋”、“爱丽舍”、“富康”等车型。2008年10月，在北京花乡旧机动车市场成立北京金泰开润旧机动车经纪有限公司，为东风雪铁龙最大的二手车经纪公司。2009年9月，收购了位于北京昌平亚运村市场内的东风雪铁龙龙运4S店。全年销售新车2073台，销售收入2.43亿元。其中，售后服务收入2400万元，备件销售收入798万元。售时、售后服务完全满意率远远高于全国平均水平，包揽东风雪铁龙销售、售后、备件、满意度“全国十强”4项大奖。建有二级客户回访制度，与保险公司有良好的业务关系，设有太保特约定损中心，客户保有量及会员数均名列东风雪铁龙前列。公司总经理作为优秀经销商代表参加了在法国举办的东风雪铁龙全球经销商大会，并在大会介绍销售经验。拥有员工200人，专业销售顾问40人，专业维修技工40余人，专业技术力量雄厚。先后获得东风雪铁龙全国销售顾问大赛二等奖、技术专家比武一等奖、全国维修技师比武二等奖等荣誉，被北京晚报等新闻媒体授予“诚信经销商”、“用户满意企业”等称号，多次被东风雪铁龙授予销售、售后全国“双十强”企业。

地址：丰台区南四环公益桥往北300米路东
邮编：100068
电话：67581818
网址：www.jt－car.com
法定代表人：李　文

（程林禧　汪智利）

【北京市京浆工贸有限公司】 隶属于京煤集团，是国家水煤浆工程技术研究中心实验厂、全国第一家水煤浆厂，国内最大的中高浓度制浆企业，年生产水煤浆能力25万吨，洗精煤能力30万吨。前身为北京矿务局水煤浆示范厂，是国家“七五”计划重点项目、中国和瑞典技贸合作项目，1988年7月27日破土动工，占地面积4.3公顷，建筑面积2.26万平方米。1991年12月完成设备安装投料试车，生产水煤浆。水煤浆是由70％的煤、30％的水加入化学添加剂，经特殊加工制成的具有良好流动性、稳定性的液体煤炭，是可替代燃油便于管道运输的高效清洁液体燃料，具有优质、低硫、活动性好、易储存、节能、环保、使用安全等优点，每两吨水煤浆可替代1吨石油燃料。使用水煤浆代油作为燃料的客户，其节约的燃料油可创造更多附加值。水煤浆和洗精煤生产实现自动化全程控制，有专用车辆为用户运送水煤浆服务。

地址：门头沟区城子市场街31号

邮编：102300

电话：51617680

传真：61896409

网址：www.beijingcoal.com

法定代表人：杨英杰

（潘惠楼　汪智利）

【北京市梅苑饭店】 京煤集团所属餐饮服务企业，成立于1992年10月，占地面积1000平方米，建筑面积5000平方米，是集住宿、餐饮、会议服务为一体的品牌连锁经济型酒店。下设中安茶餐厅、静思素食坊、洗衣店、商品部。十几年来，该饭店以打造精品、争办一流、持续发展为战略目标，求真务实、开拓创新，规模不断扩大，经营不断扩充，服务水平不断提高，由建店初期的特级旅馆先后晋升为涉外饭店、一星级饭店、二星级饭店、银叶级绿色饭店。2007年加盟中安之家酒店连锁集团，2009年各项经济指标全面完成，企业资产总额、经营收入、利润等绩效指标创历史最高水平。

地址：海淀区高粱桥斜街甲30号

邮编：100081

电话：62241115

传真：62255791

网址：bjsmyfd@sina.com

法定代表人：李民英

（潘惠楼　汪智利）

【北京一轻研究院】 2009年9月组建，隶属于北京一轻控股有限责任公司，坐落于中关村科技园通州园光机电一体化产业基地，由北京玻璃研究院、北京一轻研究所、北京电光源研究所、北京市食品工业研究所、北京乐器研究所及北京日用化学研究所6家科研院所整合组成。拥有光学纤维、无机晶体材料、新材料及基础科学3个市级重点技术实验室，建有光学晶体及镀膜材料、光纤技术产品、节能电光源技术及产品、日化新材料产品、微量元素营养产品和光电材料及器件6个市级中试基地，2个国家标准化中心和2个行业信息中心。现有科研人员225人，其中博士、硕士、中高级职称人员110人。成立后的北京一轻研究院将充分利用首都丰富的科技资源，广泛开展产学研合作，密切跟踪国际前沿技术，围绕一轻自主品牌，开展中长期应用研发，发挥科研孵化器作用，引领和支撑北京一轻“七大产业集团”的科学发展，为振兴北京都市工业作出积极贡献。

地址：通州区中关村科技园通州园光机电一体化产业基地兴光四街5号

邮编：101111

电话：64042284

传真：64019752

电子邮箱：beijingyiqingyuan@163.com

法定代表人：葛云程

（一轻研究院）

【北京达博有色金属焊料有限责任公司】 始建于1999年，为北京中关村科技园区的高新技术企业，是北京新材料产业联盟会员。该公司的主要产品为半导体分立器件、集成电路封装用键合金丝、键合铜丝，同时还生产金及金合金丝材、段材，作为芯片的背金蒸镀使用。其研发生产的焊接材料产品已广泛应用于电子行业，并在国内处于领先地位。专注于电子封装用键合丝的研发与生产，已拥有多项相关专利和自主知识产权，具备不断研发新产品的技术能力。现有成套的键合金丝生产线和键合铜丝生产线，生产设备及检测仪器居于国内先进水平，每年可以提供2.5亿米以上的键合金丝，1亿米键合铜丝。该公司生产的键合金丝键合速度高、表面光洁、焊接成球性好，具有良好的机械性能、导电导热性能，化学性能稳定、综合性能优异的特点，可适应不同的键合机型和键合工艺。产品已广泛用于各种晶体管、集成电路与大规模集成电路、IC卡等半导体元器件。通过了ISO9001质量保证体系、ISO14001环境管理体系认证和QC080000有害物质过程控制管理体系的认证。在国内半导体器件、集成电路封装行业、芯片制造业内享有广泛的知名度。

地址：新街口外大街8号

邮编：100088

电话：84928882－2017

传真：84922668
网址：www.doublink.com
电子邮箱：dabo@doublink.con
法定代表人：石　磊

（达　博）

【北京市印刷物资公司】 成立于1982年，是国内具有一定规模的专业性印刷物资流通企业。2006年与北京轻联富瑞包装印刷物资有限公司、北京富煜塑料包装材料有限公司进行重组，企业实力和经营范围得到进一步发展。总资产7000万元，年销售额7000万元，主要从事各种印刷机械、纸张、油墨、器材的销售工作。与国内、外供应商有着长期、稳固的合作关系，长期代理销售国内、外知名品牌产品。公司在华北和全国拥有上千家用户，长期与用户保持着良好的合作关系。公司设有5个经营销售部和1个河北廊坊分公司。拥有一座建筑面积900平方米的印刷物资经营销售楼、一座占地面积1.5万平方米的大型仓库和建筑面积1700平方米的中心商业区底商。同时拥有一批高素质的专业技术人员。

地址：北京市丰台区马家堡东路35号
邮编：100077
电话：87293483
传真：67256185
网址：www.bywz.cn
电子邮箱：by－wz@sohu.com
法定代表人：孙祖光

（物资公司）

【北京楠辰皮革有限公司】 成立于2003年，注册资金3680.38万元，隶属于北京隆达轻工控股有限责任公司。其前身是成立于1961年的北京市皮毛皮革行业公司，后更名为北京市皮革工业联合公司，1987年又更名为北京皮革公司，企业性质为国合合营。1994年公司组建为北京轻联皮革集团公司，2003年改制为现在的有限公司。该公司所属企业14家，有北京惠鼎皮业有限公司、北京市环球新艺皮毛公司、北京长城日用品工业公司、北京皮革制品进出口公司等企业。拥有生产设备1355台(其中主要生产设备471台，国产设备251台，进口设备1135台)，在册员工1067人。主要经营范围：制造、加工皮革及制品、皮毛服装、皮革工业机械及五金配件、皮革化工原料、鞋楦、动物胶；销售金属、化工、轻工材料、百货、木材、畜产品；技术开发、技术咨询、技术服务、技术转让；经营出口业务和生产所需原辅材料、设备、技术的进出口业务；承办中外合资经营、合作生产业务；承办“三来一补”业务和经贸部批准的其他商品进出口业务；房屋出租及物业管理。

地址：宣武区鸭子桥路35号
邮编：100055
电话：51760660
传真：51760600
网址：www.beijingleather.com
电子邮箱：bangong999@yahoo.com.cn
法定代表人：李　曜

（楠辰皮革）

【北京恩布拉科雪花压缩机有限公司】 成立于1995年4月，注册资金9415万美元，是由巴西恩布拉科压缩机企业集团、北京雪花电器集团公司、美国惠而浦三方共同投资成立的生产密封式制冷压缩机的大型合资企业(其中巴西恩布拉科在恩布拉科雪花参股额为70%)，拥有员工约1300人，年产压缩机660万台。该公司坚持为客户提供最优选的制冷方案和及时的技术支持与服务。凭借自身优越的技术条件和对尖端技术的持续投资，在国内市场独家推出了具有高效率、高可靠性、高稳定性、高性价比的节能环保型压缩机产品，受到海尔、海信科龙、新飞、美的、西门子、美菱、伊莱克斯、夏普、惠而浦等中外著名冰箱企业的好评，并多次获得美菱最佳供应商，新飞免检供应商及战略合作伙伴称号。通过了ISO9001，ISO14001，QC80000，OHSAS18001等管理体系认证及CCC、VDE、CE、UL等产品认证。针对中国及亚太市场专门开发的全新EM系列高效节能压缩机，为客户超节能冰箱的设计提供了最佳性价比选择，满足了世界范围内新的能效标准和创造性制冷产品设计的需要。拥有总投资超亿元、世界顶级的研发中心，设有评估噪声、样机、寿命、化学、材料、应用、电器、机械等实验室和具有超强匹配能力的冰箱匹配试验台，并配备了来自全球著名厂商提供的尖端设备。这些技术手段和设施不仅可用于压缩机产品的开发，还可为客户提供优化的，自主定制的设计，提供最终产品的综合性能，为冰箱生产和质量控制提供支持与保障。

地址：天竺空港工业区B区裕华路29号

邮编：101312

电话：80482255、80485528

传真：80485823

网址：www.embraco.com

电子邮箱：sales.cn@embraco.com.cn

法定代表人：孙燕昌

（恩布拉科）

【北京市工艺木刻厂有限责任公司】 原北京市工艺木刻厂，始建于1956年，是生产各种木雕装饰、牌匾、木雕礼品、工艺木座、仿古家具的专业厂家。现有北京市一、三级工艺美术大师2人、助理工艺美术师1人，长期从事工艺美术技术经营人员10余人。2009年10月，该公司“北京木雕小器作”被批准为市级非物质文化遗产保护项目，并申报了国家级非物质文化遗产保护项目。计划经济体制时期，企业主要为玉器、象牙、珐琅、雕漆等产品配制木座。70年代初期成立了雕刻车间，专门生产制作硬木家具，包括镶玉、镶瓷、镶景泰蓝的家具和工艺品出口供应，多次为国家领导人出访制作礼品。改革开放以来，该公司把配制木座为主，转变为主要生产制作室内外木雕装饰、木雕礼品、牌匾。产品先后获得过北京工艺美术珍品奖、中国百花奖金奖和北京工艺美术珍品奖等多项国家级、市级大奖，并载入吉尼斯世界纪录，赢得各级领导和社会的好评。

地址：朝阳区龙爪树宋家楼1号

邮编：100164

电话：84675285

传真：87675826

电子邮箱：bjgymk@yahoo.com.cn

法定代表人：曹海平

（詹文静）

【北京泰克仪器有限公司】 是集精密光学仪器、医疗器材、电脑图像分析系统、生物化学实验器材、照相器材5大系列产品开发、生产、经销于一体的京港合资企业。是国内光学行业名牌企业，显微镜在国际市场中有一定知名度和影响力。占地面积0.72公顷，建筑面积7055.5平方米。通过了ISO 9001:2000版国际质量管理体系认证。2009年完成工业总产值975万元，销售收入1221万元，出口交货值721万元，实现利税60万元。荣获首都文明单位称号。

地址：崇文区永定门外桃杨路11号

邮编：100075

电话：67269190

网址：www.cnbeijingtech.net

法定代表人：龚兆伟

（高卫杰）

【北京玉器二厂】 成立于1959年9月，是一家以玉文化研究和玉器产品继承、发展、创新的企业。其主要产品有玉石盆景、传统玉器、玉石保健品、玉石首饰、玉佩玉镯、个性化玉器、玉石挂屏等。该厂1999年成立的“玉文化研究室”，每年设立重点课题，从玉石的化学成分到玉石的物理功能，从玉石的历史渊源到玉石的当今价值，做了深入浅出的探讨。在北京工艺美术协会主办的《北京工艺美术》报上发表的《玉石与长寿》及《玉石与人名》等论文，曾引起业内外人士的争鸣；每年开展的“玉文化研讨会”都得到了社会各界的关注。

地址：崇文区东打磨厂街3号

邮编：100062

电话：67051651、67028474

传真：67018121

网址：www.beijingyuer.com

电子邮箱：sales@beijingyuer.com

法定代表人：孟凡婵

（马兰洁）

【北京海域天华通信技术有限公司】 成立于2004年2月，注册资本2000万人民币。主要从事卫星通信产品的研发、生产、集成与服务，以“移动卫星伺服系统”及“电子波束扫描技术”等具有自主知识产权的高新技术为基础，在移动卫星通信方面取得了突破性的研究成果，实现了科研成果产业化。产品主要有三大系列：船载卫星天线、车载卫星通信设备、平板式卫星天线。其中，船载产品及平板式产品于2009年被认定为“北京市自主创新产品”，市场占有率为35%以上。2007年通过了ISO9000和CCS中国船级社认证，为北京市高新技术企业及中关村高新技术企业、中关村企业信用促进会会员单位及中关村高新技术企业协会的会员单位、DTV数字电视产业联盟成员。先后获得“中关村百家创新型试点单位”、“朝阳区科技进步二等奖”、“北京市专利试点先进单位”等荣誉称号及项目专项资金。

地址：朝阳区光华路8号光华大厦B座13层

邮编：100026

电话：51285252

网址：http:www.hyth.com.cn

电子邮箱：hyth－bj@163.com

法定代表人：张峰

（陈　珊）

【北京经纬恒润科技有限公司】 成立于1998年，是一家为用户提供研发工具环境、咨询服务及项目开发的高科技服务公司。主要涉及汽车电子总线网络开发及车身电子控制系统开发、应用工程服务、研发工具的代理等三大业务。总部在北京，上海、成都、长春、武汉，美国底特律设有办事处及分公司。本着“价值创新，服务客户”的理念，在项目开发、咨询培训、产品研制、配套协作等方面与用户进行广泛的合作，已经为军工、汽车、通讯、教育等行业500多家用户提供了各种产品、服务和解决方案。通过了GJB9001A、GB/T19001、TS16949质量体系认证，是国内最早将SAE J1939协议应用于整车网络系统的公司之一，并与国内许多汽车集团在总线技术上有紧密的项目合作。车身电子产品已成功应用在许多整车厂的车型上，并形成批量配套能力。

地址：朝阳区安翔北里甲11号创业大厦B座8层

邮编：100101

电话：64840606（总部）、64840808（汽车业务联系）

传真：64848259

网址：www.hirain.com

电子邮箱：aeinfo@hirain.com

法定代表人：吉英存

（陈　珊）

【北京恒生药业有限公司】 是一家新兴的现代化综合制药企业，业务涵盖固体制剂、粉针剂的高新药品生产与销售，专供大型医院药品分装业务及进出口贸易等。该公司于2007年兼并北京双桥制药公司，全面完成业务整合，进一步扩大了运营规模，提升了企业的发展速度，步入了跨越式发展的轨道。拥有先进的片剂、胶囊剂、粉针等生产车间，装备了具有国际水平的先进生产设备，生产体系严格按照GMP生产规范要求合理设计和建造，均已通过国家GMP认证。建立了完善的质量检测体系和质量保证体系，配备先进的检测仪器，产品质量得到有效的保证。与国际知名医药企业有着广泛的深度合作，产品出口到德国等欧洲发达国家，产品品质受到国际合作伙伴的信赖。

地址：朝阳区黑庄户乡大东路6号

邮编：100121

电话：85396666

传真：85392161

网址：www.hengshengpharm.com

法定代表人：刘树斌

（陈　珊）

【北京当升材料科技有限公司】 主营业务属于新能源材料领域，拥有多个工厂，现有员工600余人。主要从事钴酸锂、多元材料及锰酸锂等小型锂电、动力锂电正极材料的研发、生产和销售业务，是锂电正极材料专业供应商。电子陶瓷业，氧化钴、氧化铋市场份额连续多年居国内领先地位。

地址：丰台区西四环南路88号

邮编：100044

电话：68317290

传真：68342289

电子邮箱：office@easpring.com.cn

法定代表人：张建良

（李　刚）

【北京鼎汉技术股份有限公司】 成立于2002年。总部设在北京，在全国建立有7个销售及技术服务中心。产品涵盖国内所有铁路局，市场的占有率为55%，居国内铁路建设领域第一，重点应用于石太、合武、胶济、武广、广珠、郑西、广深港等高速客运专线。在城市轨道交通市场占有率为80%，位居国内第一，产品广泛应用于北京、上海、广州、深圳等所有已建地铁城市。储备了大量拥有自主知识产权的核心技术，包括：6项专利，1项软件著作权和27项专有技术。2008年4月，被科学技术部、中国科学院、北京市人民政府认定为“中关村科技园区创新型试点企业”；2009年4月，铁路智能信号电源产品被北京市科委、北京市发改委、中关村科技园区等5家单位联合认定为“北京自主创新产品”。2009年，鼎汉技术成功登陆创业板，募集资金4.83亿。

地址：丰台区南四环西路188号七区3号楼

邮编：10070

电话：51103366

传真：51103456

电子邮箱：liuhongmei@dinghantech.com

法定代表人：顾庆伟

（李　刚）

【北京动力源科技股份有限公司】 是一家致力于电力电子技术及其相关产品研发、制造、销售和服务的高科技公司。2004年4月1日在上海证券交易所正式上市，是目前国内电源行业第一家上市企业。该公司生产的应急电源系列产品(EPS)通过了国家消防电子产品质量监督检验中心检测，获得公安部消防产品评定中心颁发的“产品形式认可证书”和CE认证，并取得5项国家专利。广泛应用于奥运场馆（鸟巢、水立方、垒球场等）、民用机场（首都机场、上海浦东机场等）、会展中心（大连、济南、南宁国际会展中心等）、高速公路（京承高速）、运输枢纽（北京西客站）、城铁交通（北京地铁、天津地铁、广州地铁、重庆轻轨等）和其他建筑群体的消防、照明及办公设备应急供电领域。拥有3个生产基地、多条生产流水线，装备国内领先的印制板贴装设备、波峰焊设备、测试设备及产品试验设备。通过了ISO9001质量体系认证、ISO14001环境管理体系和GB/T28001职业健康安全管理体系的认证，形成了完备的质量管理体系。

地址：丰台科技园区星火路8号

邮编：100070

电话：83681297

传真：63783100

电子邮箱：xuzhen@dpc.com.cn

法定代表人：何振亚

（李　刚）

【北京国电富通科技发展有限责任公司】 成立于2002年11月，注册资本金4500万元，是国家电网北京电力建设研究院主体控股企业。主要从事电力工业节能、节水、环保、高压管件、资源再利用、输电线路建设施工与抢修设备、电网运行节能降耗及安全防护技术等产品的开发与销售。主要产品：大直径高温高压管件、锅炉干式排渣系统、双套管密相气力除灰系统、生物流化床污水处理技术、电站油处理装置、密封脂、铁塔攀爬机、防窃电负荷管理系统、输电线路杆塔防坠落装置等，属国内首创，不仅填补了国家空白，达到国际先进水平，而且申请专利22项，其中，获得授权11项，产品畅销全国各地，并打入国际市场。2004年引进具有国际领先水平的管式皮带输送技术，其中所生产的高温高压管件、干式排渣设备、干除灰设备市场占有率居国内首位，生物流化床污水处理设备位列国内三甲。

地址：丰台区南四环西路188号总部基地六区14号楼

邮编：100070

电话：51968750

传真：51968306

电子邮箱：gm@epcri.com

法定代表人：张嗣兴

（李　刚）

【北京国网富达科技发展有限责任公司】 成立于2007年7月，是国网北京电力建设研究院全资子公司。该公司定位于电网侧产业，主要从事电力系统的在线监测装置与信息技术相关产品的研究、开发、生产经营和技术服务等。包括：输变电设施在线监测的技术服务、技术开发、产品生产、高强钢、金具的开发应用，销售与售后服务；输变电设施状态检修技术开发与技术服务；在线监测及状态检修的技术相关标准的研究、制定、推广和运用；输电线路巡检、检测及维护装置开发与相关技术服务；输电线路通用设计数据库的完善、推广及应用及输电线路设计与优化设计软件的开发及应用。

地址：丰台区南四环西路188号六区13楼

邮编：100070

电话：58387560

电子邮箱：xishan@epri.ac.cn

法定代表人：肖世杰

（李　刚）

【北京海鑫科金高科技股份有限公司】 成立于1998年,专业从事以多生物特征识别技术和智能监控技术为核心基础技术研究、产品研发、信息化系统建设、系统集成和技术服务。是国内生物特征识别行业的排头兵、公安信息化建设的重要参与者。该公司汇聚、融合了国际领先的多生物识别技术,研发、生产国内性能最优的公共安全产品和解决方案,为用户搭建基于指掌纹、人脸、笔迹、DNA等生物识别技术的公共安全信息化系统,得到用户的高度认可。该公司为北京市高新技术企业、软件企业,是中关村百家创新试点企业。20多个产品取得国家专利,成功实现了多项高新技术成果的转化。

地址:丰台区海鹰路6号院29号楼

邮编:100070

电话:63269992

传真:63323420

网址:www.hisign.com.cn/app

法定代表人:刘晓春

(李　刚)

【北京京仪世纪电子股份有限公司】 为北京京仪集团有限责任公司控股子公司,是拥有数百项专利、专有技术等自主知识产权的高新技术企业。该公司拥有国内最强大的技术开发团队、研发和生产能力,是目前国内生产和出口单晶硅炉专业设备,数量最大制造商与整体解决方案的提供商。产品主要包括微电子材料晶体生长和晶体加工设备、数控机床、自动化暖通及执行器设备三大类,畅销国内各地及世界31个国家和地区。拥有1个市级企业技术中心,1个博士后科研工作站,24个多晶与单晶材料设备、多晶与单晶材料工艺、多晶铸锭炉等研发室及2个检测中心。

地址:丰台区永外宋家庄苇子坑2号

邮编:100079

电话:67626665—6301

传真:67613286

网址:www.chinabyj.com

法定代表人:刘世华

(李　刚)

【北京世纪东方国铁科技股份有限公司】 是在通信信号技术和专网建设领域中集科研、开发、生产、销售和服务为一体的高科技公司。2005年入选中关村通信产业高成长前十名企业,2006年成为中关村科技园区瞪羚企业和北京市火炬计划企业。拥有6项发明专利,4项铁道部科技成果鉴定证书、1项北京市科委科技成果鉴定证书。获得北京市金桥工程奖。公司研制的项目"800MHz列尾和列车安全预警系统系统"项目,通过铁道部科技成果鉴定,已在全国12个铁路局投入使用,市场占有率达到90%。该公司自行研制开发的核心产品WX-TV—05应急通信系统,曾荣获2008北京市火炬计划立项。

地址:丰台区南四环西路188号12区31号楼

邮编:100070

电话:63703588

传真:63703007

电子邮箱:wcl@bcecr.com

法定代表人:田秀华

(李　刚)

【北京太空板业股份有限公司】 该公司主要业务涉及航空、航天、汽车、烟草、国家储备库、大型机械重型厂房等行业。主要工程有:长江三峡左右岸电厂厂房、沈阳飞机(苏一27)、921卫星火箭组装厂、西航发动机430厂房、昌河武装直升机、四川成都卷烟厂、宝鸡卷烟厂、山西昆明卷烟厂、湖北物资储备综合仓库、广州东方电气重型机器有限公司厂房及哈动力出海口基地厂房等项目。主要产品太空板,又称发泡水泥复合板,具有承重保温一体化、节能环保、循环利用、一级防火、抗震等品质特征。广泛应用于大跨度工业厂房、大型公用设施及装配式住宅,至今已向市场提供产品总量近400万平方米,客户满意度良好,并已由中国建筑标准设计研究院出版了《国家标准专用图集》。太空板装配式住宅产品及建造技术于2008年5月通过由北京市建委组织的"科技成果鉴定"。该公司有近30项专利,其中绝大部分是发明专利。连续4次被北京市科学技术委员会认定为"高新技术企业"。2008年被评为"北京市首批24家循环经济试点企业"。2009年太空板产品获得由北京市科委、北京市发改委、北京市建委、北京市经信委和中关村管委联合颁发的《北京市自主创新产品证书》。2009年8月通过了ISO质量管理体系2008版换版认证。

地址：丰台区桥南中核路1号北楼5层
邮编：100070
电话：63789321
传真：63789321
电子邮箱：qiguan@taikong.cn
法定代表人：樊立

（李　刚）

【北京铁道工程机电技术研究所】 创立于1989年3月，是国家认定的高新技术企业。主要从事铁路机车、车辆、动车组、工务、地铁、城市轻轨等专用设备和环保节能产品、电子信息工程以及机车配件的研制开发。是我国轨道交通设备及配件研制领域的领跑者。总部位于中关村科技园总部基地，拥有北京二七纳川机电设备有限公司、北京铁道所电器厂、武汉市华中科技大学园区2万多平方米的产业基地（工装设备厂、高压电器厂）及北京铁道所碧云香茶苑客户服务部。

地址：丰台区文体路5号
邮编：100070
电话：63702903
传真：51882485
电子邮箱：beijtds@126.com
法定代表人：黎英豪

（李　刚）

【北京谊安医疗系统股份有限公司】 从事手术室及危重产品领域的专业制造商。产品涉及麻醉机、呼吸机、输注泵三大系列，其中，呼吸机多年保持国内市场份额第一，是2008年北京奥运会指定医疗急救器械中，唯一一家国内品牌产品。该公司拥有4家全资子公司，7家控股子公司，2家加盟公司，现有员工460余名，其中，研发人员约占总人数的25%。该公司建立了覆盖全国的销售网络与客服网络。先后起草了《急救与转运呼吸机》及《麻醉呼吸机》国家行业标准，参与编写了4份相关国家行业技术标准。主要产品——“Solo”呼吸机荣获首届中国创新设计红星奖，并被列入国家重点新产品计划。

地址：丰台区科学城11B2号楼
邮编：100070
电话：83681616
传真：63718989
电子邮箱：aeonmedhr@aeonmed.com
法定代表人：李长缨

（李　刚）

【北京直真视通科技有限公司】 是1家致力于IT＋AV领域，拥有信息系统集成1级资质和音视频工程特级资质的国家级高新技术企业。是以视频会议系统、音视频系统、调度指挥系统、网络应用管理及优化、机房动力一体化、语音融合通信等系统的集成及应用软件设计、开发为主营业务的专业公司，年营业额3亿元。该公司先后服务于交通部、农业部、环保部等10余个国家部委（局），中石油、中石化、中交集团、航天科技、兵器工业集团等10余家国务院国资委直属大型企业，以及联想、国美等多家知名企业。

地址：朝阳区马甸裕民路12号国际科技会展中心10层
邮编：100029
电话：59220168
传真：82250289
网址：www.zzstworld.com
法定代表人：胡小周

（李　刚）

【航天科工惯性技术有限公司】 主要从事惯性器件、定位定向及导航系统、测控技术及设备的研制与生产。主要产品包括高精度加速度计、石油钻井测井仪器、岩土仪器、非标测控设备、专用电源电路、卫星接收机、航空应急仪表、武装机器人、气压高度表、球栅数控数显装置等。该公司拥有近千平方米的百级、万级和10万级空调净化精密装配间、数百台惯控产品研制所必需的各类转台、综合环境试验设备及数十台先进数控车床，在精密仪器装配、试验标定及精、特、小零件加工方面具有明显优势。产品技术水平居国内领先地位，先后获得2项国家科技进步奖、19项省部级科技进步奖，参加的重点型号及工程获得国家科技进步奖和多项发明奖，取得20余项国家专利和国防专利。

地址：丰台区科学城海鹰路1号1－10
邮编：100070
电话：69799336
传真：69799336
网址：www.cnasit.com/show.asp

法定代表人：葛令民

（李 刚）

【北京金路易速冻食品有限公司】 创建于1993年，坐落于北京顺义金马工业区内，占地面积3.6万平方米。是一家集研发、生产、销售、服务于一体，拥有上千名员工的综合型现代化速冻食品生产型企业。主要产品有面食、肉食、调理品三大系列。该公司首家引进了世界上一流的德国冷冻设备及食品生产线，实现了流水线作业，建立了科学质检及化验系统，拥有强大的技术力量。该公司销售网络主要集中在华北、东北、华东、西北等地，遍及国内多个省市。北京近千家超市、卖场、便利店销售公司产品，市场占有率达80%以上。2001年通过了ISO9001质量认证，2002年被中国食品工业协会评为“全国质量信得过食品”，2004年通过了QS市场准入许可证，2005年12月通过HACCP认证，2004年10月被农业部、卫生部等6部委确定为“2004年－2005年全国食品安全生产示范单位”。2005年被中国质量检验协会核定为“2000年－2005年全国质量检验稳定合格产品”，2006年荣获“北京市著名商标”，近期被中消协评为“全国用户满意品牌和质量满意、诚信三优单位”，已发展成为“北京市农业产业化重点龙头企业”。

地址：顺义区金马工业区

邮编：101303

电话：69457760

传真：69457708

网址：www.jinluyi.com

法定代表人：黄全胜

（顺义区）

【北京大三环食品有限责任公司】 成立于1998年。占地面积4万平方米，建筑面积1万平方米，设计年产能1万吨，总资产1.2亿元，员工600人。主营业务为生产销售中高档肉类加工制品，产品主要包括中式和西式产品两大部分，中式产品以生产老北京风味传统肉制品为主，北京特产“胡同坊”品牌酱肉，体现了老北京胡同坊的传统饮食文化。引进符合欧盟标准的食品加工标准及技术，生产适合中国人口味的各种国际化高端西式产品。2005年由欧盟食品专家主持设计，投资兴建的生产车间不仅达到国内领先、国际先进的建设标准，而且符合欧盟食品安全标准。该公司以北京地区为主要销售市场，与600家长期的优良客户建立了良好、畅通的商业关系，市场覆盖率在95%以上，是目前北京市场上肉类制品的主流供应商，也是沃尔玛、家乐福、欧尚、乐天玛特、华堂、美廉美、京客隆、物美等大型连锁超市的重点供应商。2009年开始在天津及华北地区拓展开发新的市场。该公司与中国农大以及中国农科院有着紧密广泛的合作关系，是中国农业部国家农产品加工技术研发肉制品专业分中心，拥有国家实用新型专利，并被评为全国食品工业优秀龙头企业、北京市农业产业化龙头企业、北京市食品安全工程质量标兵企业。“胡同坊”品牌被评为“北京市著名商标”。该公司通过了HACCP认证、ISO9001国际质量体系认证、QS生产许可认证及中国食品出口卫生注册认证。

地址：顺义区金马工业区

邮编：101303

电话：69490120

传真：69497723

网址：www.hutongfang.cn

法定代表人：郑金秀

（顺义区）

【北京首钢冷轧薄板有限公司】 2008年8月由首钢总公司、北京首钢股份有限公司和北京汽车投资有限公司共同出资设立，注册资金26亿元。拥有1条酸洗—连轧生产线、1条连续退火生产线和2条连续热镀锌生产线。主要设备均由当今世界优秀的生产商引进，总体装备达到世界先进水平。项目设计投资额约64亿元，产能150万吨，其中连续退火板70万吨，热镀锌板80万吨。产品厚度范围0.3毫米～2.5毫米，宽度范围900毫米～1870毫米，定位于汽车板、家电板等冷轧高端产品。2007年11月酸轧线试生产，2008年5月、8月、11月连续退火生产线、2号热镀锌线生产线、1号热镀锌生产线陆续进入试生产阶段，年内完成了冷轧全流程的生产组织贯通。该公司位于顺义区李桥镇，厂区占地73余公顷，地处北京市产业发展重点区域，毗邻首都国际机场，紧邻京承铁路线，地理位置优越，交通便利。

地址：顺义区李桥镇任李路200号

邮编:101304
电话:81477800
传真:81477870
法定代表人:钱 凯

(顺义区)

【乐普(北京)医疗器械股份有限公司】

乐普(北京)医疗器械股份有限公司创立于1999年,注册资金3.65亿元,是由国家级科研院所、留美归国学者和海外投资基金共同创立,专业从事心脏介入和麻醉监护医疗器械产品的研发、生产与销售,国内最早进行冠脉血管支架和球囊导管技术研发的厂家。总部位于中关村科技园区昌平园,拥有完善的企业研发技术中心、专业化生产线和先进的检测实验设施。拥有药物、医用高分子、机电工程、精密加工、医学工程等各类专业技术人才近百人。自主研发了数十项医工结合以药物冠脉支架为主的医疗器械产品,获得国家药品监督管理局注册产品近20项,产品通过了国家医疗器械行业标准GB/T 19001 idt ISO 9001、YY/T 0287 idt ISO 13485质量管理体系认证。2007年6月首批通过国家食品药品监督管理局《植入性医疗器械生产质量管理规范》(即GMP)试点认证。2005年上市的血管内药物(雷帕霉素)洗脱支架系统被授予国家重点新产品、北京市高新技术成果转化项目、北京市火炬计划项目、北京市首批自主创新产品,获得了良好的经济效益与社会效益。拥有国家专利40余项,是北京市高新技术企业、中关村百家创新型试点企业、北京市专利试点(专利引擎)单位、北京市企业技术中心、北京市优秀留学人员企业、中关村瞪羚企业。2009年9月成功在创业板挂牌交易,成为首批在国内创业板上市企业。

地址:昌平区超前路5号
邮编:102200
电话:80120666
传真:80120600
网址:www.lepumedical.com
法定代表人:孙建科

(于 冲)

【北京北陆药业股份有限公司】 成立于1992年,是北京市新技术产业开发试验区第一批进行股份合作制试点的高新技术企业之一。1999年改制成有限责任公司、2001年2月8日改制为股份有限公司,2009年10月成功在创业板上市,由民营高科技企业逐渐发展成为产权清晰、股权结构合理、符合现代企业制度要求的股份制企业。成功研制并先后向市场推出的国家级二类新药“磁共振造影剂－钆喷酸葡胺注射液”、国家四类新药“CT造影剂——碘海醇”、治疗糖尿病的国家二类新药——格列美脲,以及国内第一个口服造影剂国家四类新药——枸橼酸铁铵等产品,不仅填补了国内空白,节约了大量外汇,获得了国家级新产品证书、北京市科技进步三等奖、国家级火炬计划证书等殊荣,而且得到了国内广大用户的好评,取得了显著的经济效益和社会效益。该公司现有员工123人,其中,专业技术人员近80人,既有国外留学归来的学者,也有国家级专家,50%以上中、高层管理人员具有硕士学历。该公司制定了以开发造影剂系列产品和天然药物产品并重的研发方向,并与大学、科研机构合作,重点开发治疗老年性疾病、神经精神系统疾病的天然药物。

地址:昌平区白浮泉路10号
邮编:100083
电话:62622266
传真:82626933
网址:www.beilu.com.cn
电子邮箱:hr@beilu.com.cn
法定代表人:王代雪

(于 冲)

【北京德海尔医疗技术有限公司】 是2003年注册成立的中外合资企业,专业从事医疗设备研发、生产、销售和维修的中外合资高新技术企业。位于中关村科技园区昌平园,总部建有近万平方米的研发生产和维修服务基地,在国内设有20多个办事处,业务覆盖国内32个省、市、自治区。与2000余家代理商及国内外近3000家医院保持着长期稳定的合作关系,是澳大利亚瑞思迈、德国索姆诺等公司在中国的重要代理及服务机构。通过了ISO13485的质量体系认证,取得2项实用新型专利、4项软件著作权登记证。主要自主产品分为家庭医疗、医疗技术及医疗设备三大类型,其中,家庭医疗产品主要包括:家用无创呼吸机、睡眠呼吸监测仪、鼻炎治疗仪、制氧机等。医疗技术产品主要包括：空气压缩机、呼吸机台车、消毒灭菌罐等。医疗设备主要产品包括：C型臂X线机、麻醉机、监护仪等。研发的主要方向是：创建自有品牌核心技术、自主研发生产家用电子呼吸氧疗设备。主线业务包括自主知识产权医疗设备生产、家庭保健仪器生产、医疗设备维修服务及国外医疗设备代理等。集聚了一批高素质专业人才，其中90%人员具备医学专业或电子机械工程专业背景。该公司预计2010年在美国纳斯达克挂牌交易。

地址：北京市昌平区科技园区白浮泉路10号
邮编：102200
电话：51660608
传真：89718090
网址：www.dehaier.com.cn
电子邮箱：intl@dehaier.com.cn
法定代表人：陈　平

（于　冲）

【马氏庄园(北京)国际食品有限公司】 是集科研、开发、生产、经营为一体的大型现代化休闲食品企业，主要生产高端巧克力、曲奇、蛋卷、膨化休闲食品等。公司注册资本1667万元，占地约2.47公顷，总计投资近8000万元。新增生产线后产能可达6000吨以上，产值超亿元。现有员工160多名，其中，具有中级以上职称9人，大专以上学历30多人，中专(高中)以上学历60多人，高级研发专业人才2人，专业研发技术人员3人。拥有200平方米的专业研发室、化验室，8000平方米的生产车间。引进国内外较先进的食品生产设备、配有完善并达到国际标准的卫生消毒设施，产品采用经瑞士马氏集团香港有限公司授权的瑞士生产工艺和技术配方。通过了QS、ISO9001、ISO22000及HACCP体系认证。主要品牌有："阿芙罗"、"凯蒂思"、"喜羊羊与灰太狼"及"钻时"。2008年被评为中国名企和中国信用企业认证5星级企业。"喜羊羊与灰太狼"品牌深得青年人和儿童的喜爱，价值超过10亿元。

地址：八达岭经济开发区康西路6号
邮编：102101
电话：61165888
销售电话：61165338
传真：61165337
网址：www.mszybj.com
电子邮箱：mszy_168@163.com
法定代表人：马　莉

（李圆圆）

【北京三吉利新材料股份有限公司】 是包钢稀土控股的一家生产、销售钕铁硼永磁材料、储氢材料、稀土材料及其合成材料的股份公司，位于延庆县经济技术开发区，股本为人民币3500万元，其中包钢稀土持股44%，为控股股东。该公司采用先进的真空速凝薄带技术，专门研发、生产、销售高性能钕铁硼合金材料，以及其他精密合金材料。通过了ISO9001:2000体系及ISO14001:2004体系认证。2002年引进日本真空公司生产的600Kg真空感应薄带炉，经过消化、吸收及技术革新，掌握了具有世界先进水平的真空速凝薄带生产工艺及技术和具有一流的NdFeB合金薄带生产技术，年生产NdFeB合金薄带2800吨，其他NdFeB合金400吨。拥有1台委托日本ULVAC公司生产的600Kg真空感应熔炼薄带炉和3台爱发科中北公司生产的600Kg真空感应熔炼薄带炉。

地址：延庆县益祥北街3号
邮编：102100
电话：81196955
传真：81197731
电子邮箱：www.maruiqi@sanjili.cn
法定代表人：张　忠；

（李圆圆）

【北京奥思源科技有限公司】 位于延庆县经济开发区。多年来，坚持以电源为核心的多元化发展战略，不断开发出技术含量高、环保节能的新产品。研制开发的电动汽车充电机、电机控制器、氙灯整流电源等产品，技术水平居国内领先水平。该公司生产的电影放映机用氙灯整流电源在国内占据80%的市场份额，被哈尔滨电影机械厂、广州珠江电影机械制造厂，以及美国地平线电影院等海外用户采用，同时用于国家体育场"鸟巢"，成为永久的灯光设备。主要用于电动客车、叉车、高尔夫球车及观光旅游车等的充电机，为湖北青山电动、重庆环松集团、宁波如意集团、长城汽车及加拿大戴尔维动力系统有限公司所采用。公司研制的与清华大学汽车工程系合作生产，主要用于电动车及混合动力车动力系统的无刷电机控制器，已经用于奥运大巴，并被郑州宇通、山东沂星电动汽车有限公司、湖北青山电动汽车有限公司等单位采用。

地址：延庆经济开发区迎泉街6号
邮编：102100
电话：81197586
传真：61118311
电子邮箱：www. bjast. com
法定代表人：尹树生

（李圆圆）

【雪润（北京）羊绒制品有限责任公司】

成立于2008年，位于延庆经济开发区长城服装产业园内，是集生产加工无毛山羊绒、驼绒和牦牛绒原料、纱线、成衣以及其他成品为一体的合资企业。前身为成立于1992年的河北高润绒业有限公司，主要从事无毛山羊绒、驼绒和牦牛绒原料的生产和销售，2002年开始生产山羊绒、驼绒和牦牛绒制品。该公司有3个原料加工厂，分别位于北京、河北和宁夏。在北京有2个合作纱线加工厂，在内蒙有2家合作围巾等相关成衣合作加工厂。该公司2005年拥有了自主纱线品牌“喜润丝”，主要包括无毛绒、纱线、羊绒袜子、围巾等，产品销往国内各地并远销美国、加拿大、意大利、英国、日本、韩国等国家和地区。

地址：延庆经济开发区二区百莲街5号
邮编：102100
电话：61118329－601
传真：61116803
电子邮箱：www. hbglory. com. cn
法定代表人：定光秀

（李圆圆）

【北京市大宝日化厂】 创立于1989年，是隶属于北京市民政工业总公司的福利企业。地处北京市朝阳区平房企业园区，占地1万平方米，现有职工200余人。该厂拥有北京化工大学、清华大学及北京大学的本科生、研究生和专家组成，20多位专业人士的科研队伍及营销和管理团队，形成了集研发、生产、销售于一体的完整生产经营体系。主要生产销售各类家用清洁剂、洗涤剂。包括五洁粉、厨房清洁用品、衣物洗涤剂、卫生间清洁剂、个人护理用品等5大系列近百种产品。1991年获得北京发明展览会“高效益奖”；2004年被评为“北京市用户满意企业”；2006年被中轻产品质量保障中心评为“国家权威检测质量合格产品”；同年“贝贝熊”洗涤产品被中国质量协会评为全国用户满意产品；2008年奥运会，“贝贝熊”消毒和洗涤类产品被指定为专用产品。2003年通过了ISO9001质量管理体系认证；2007年，通过了ISO14001环境管理体系认证。

地址：朝阳区平房路241号1－6幢
邮编：100025
电话：85512780－8009
传真：85521838
网址：www. dabaorihua. com
电子邮箱：dabaotn@163. com
董事长：盛永利

（解　敏）

【北京市亚美日化厂】 创建于1987年9月，隶属北京市民政局，是开发、生产和销售美容护肤用品的国有企业。现有职工100余人，并拥有相当数量的专业技术人员。产品由最初的3种发展到目前几十种。长期以来，致力于“迷奇”牌高级系列化妆品的开发、生产和销售。1987年“迷奇”牌高级系列化妆品荣获中国出口名特产品“八七”金奖；1988年荣获“太极杯”全国最优化妆品大奖赛1个一等奖、2个二等奖及“全国首届妇幼康乐杯奖”；1989年12月，“迷奇”牌高级系列化妆品以其独特的天然成分及自然美容的功效，荣获了第38届布鲁塞尔尤里卡世界发明博览会上化妆品的唯一金奖；1992年被“92中国友好观光年组委会”定为“92中国友好观光年指定产品”；1996年11月，“迷奇”商标正式在日本注册，并于2007年续展。

地址：朝阳区劲松七区725楼
邮编：100021
电话：67782940
传真：67746304
网址：www. yameimiqi. com
电子邮箱：miqia@yameimiqi. com
厂长：夏建伟

（解　敏）

【北京嘉捷博大汽车节能技术有限公司】 成立于2001年底，注册资金6096万元，位于高端产业云集的北京经济技术开发区，是京能集团能源科技投资公司投资控股的一家高新技术企业，也是国内最早进行汽车混合动力技术研究和产品开发公司。该公司长期致力于汽车环保节能技术的开发与创新，先后自主研发设计了电动混合动力汽车和液压混合动力汽车等新型汽车驱动技术，并获得多项国家专利和国际专利。主打产品"液压能量再生装置"，是针对公交车设计开发的一种新型车载动力装置，可显著降低油耗和尾气排放、减少发动机和制动器的磨损，得到了各地公交用户和客车生产企业的广泛认可。目前，该公司正在加快推进液压能量再生装置的产业化进程，力争使国内城市公交车成为"绿色公交"，为创建美好、和谐、洁净、环保的社会环境作出自己应有的贡献。

地址：经济技术开发区西环南路26号院（嘉捷科技园）22号楼

邮编：100176

电话：67817676、67817067

网址：www.chargebroad.com

法定代表人：胡盛龙

（嘉捷博大公司）

【北京金风科创风电设备有限公司】 成立于2006年3月，为新疆金风科技股份有限公司的全资子公司，注册资本金由2000万元，经过两次增资达到2亿元。占地面积4.08万平方米，总装厂房、研发办公楼等建筑总面积为2.31万平方米。总装厂设计产能为单班年产1.5兆瓦风电机组200台以上的总装配能力。经营范围：研发、生产、销售大型风力发电机组及零配件，技术开发、技术转让、技术咨询、技术服务、货物进出口、技术进出口、代理进出口及设备安装等。风电设备生产采取国际通行的专业化协作方式，完成产品技术设计，在全球范围内优选零部件供应厂家，对产品主要零部件，以及总装、工程现场、售后服务等环节，实施全过程的质量监控，保证最终产品的可靠性。该公司的建成填补了北京市风电产业的空白。2007年5月被认定为北京市高新技术企业。

地址：经济技术开发区康定街19号

邮编：100176

电话：87857500

网址：www.goldwind.cn

法定代表人：武 钢

（金风科创公司）

【北京久其软件股份有限公司】 主要从事报表管理软件、电子政务软件、ERP软件和商业智能软件的研究与开发，为国内领先的管理软件供应商。总部位于经济技术开发区，在全国共设有29家分支机构，是2006年—2008年国家规划布局内重点软件企业，2008年国家火炬计划重点高新技术企业。2006年9月7日在深圳证券交易所新三板挂牌。2009年8月11日在深圳证券交易所挂牌交易。该公司致力于为政府部门、企业集团提供信息化解决方案。研究开发的统计分析、财务管理、全面预算管理、资产管理、决策分析、综合业务应用等系统在财政、统计、通信、运输、能源等多个领域发挥着重要作用。拥有一支由博士、硕士、本科生组成的一流团队，员工800多人。研发中心面积2.1万平方米。该公司以柔性软件理论为核心，研发具有自主知识产权的技术和产品，并提供相应的咨询、培训和服务。产品共计4大类39个系列120余种，用户数量高达百万，并与财政部、国资委、国家统计局、民政部、交通运输部等40余个国家政府机构，中国电信、中国移动、中国建筑工程总公司、神华集团、首旅集团等70多家中央企业集团建立了长期合作关系。

地址：经济技术开发区西环中路6号

邮编：100176

总机：58561199、88551199

传真：58561196

网址：www.jiuqi.com.cn

法定代表人：赵福君

（久其软件股份）

【北京义翘神州生物技术有限公司】 由具有十几年海外留学和跨国制药企业工作经验的归国留学人员团队及国际生物技术领域权威专家和先驱、麻省理工学院王义翘院士共同发起，于2007年在经济技术开发区内成立，是北京市认定的高新技术企业。拥有近3000平方米的实验室和办公室，主要从事动物细胞表达生物技术产品的研发服务和科研试剂的开发和生产。该公司建立了全球领先的重组蛋白和抗体候选药物的快速生产技术平台、动物细胞大规模培养工艺技术平台和我国最大的重组蛋白库，建立了国内最大规模的蛋白质科研试剂和药物靶点库。提供全套的生物技术产品研究、开发和产业化解决方案，已经为全球前十强的制药企业完成了400多个单克隆抗体候选药物的临床前生产技术服务。

地址：经济技术开发区中和街14号B—209
邮编：100176
电话：51029968
网址：www.ebioe.com
法定代表人：桂燕玲

（义翘神州公司）

【航天科工惯性技术有限公司】 是由中国航天科工集团于2004年发起成立的股份制高新技术企业。2008年进行重组，吸收合并了航天科工集团第三十三研究所控股的北京航天万新科技有限公司，同时，航天科工集团第三研究院增加注资，成为公司控股股东。航天科工集团第三十三研究所将所属的精密机械加工、制造业务划拨至该公司，重组后注册资金1.92亿元。主要从事惯性器件、定位定向及导航系统、测控技术及设备的研制与生产。产品主要包括高精度加速度计、石油钻井测井仪器、岩土仪器、非标测控设备、专用电源电路、卫星接收机、航空应急仪表、武装机器人、气压高度表、球栅数控数显装置等，在导弹系统、飞船、卫星等领域，以及机床、石油、建筑、水利等行业获得广泛应用。参加的重点型号及工程多次获国家科技进步奖或发明奖。同时，取得国家及国防专利10余项，多人次在军民品研制中立功受奖。

地址：丰台区海鹰路1号院
邮编：100070
电话：68374194
传真：88538080
法定代表人：崔玉平

（惯性公司）

【北京北斗星通导航技术股份有限公司】 是从事卫星导航定位业务的专业化公司。2007年8月首次公开发行股票并在深圳证券交易所挂牌上市（股票代码002151）。作为国内最早从事卫星导航定位业务的专业公司之一，该公司致力于为用户提供基于卫星导航定位技术的全面解决方案。在卫星导航定位产品业务领域，通过合作创新与自主创新，为测绘、机械控制、海洋渔业、国防、通信、电力等领域提供包括BDNAV GNSS系列板卡、北斗集团用户中心系列设备等多系列产品。在基于位置的信息系统应用业务领域，通过集成创新将卫星导航定位、通信、地理信息等多种资源与应用行业作业流程深度融合，提高行业用户生产作业效率、降低作业成本。基于位置的运营服务业务是该公司发展的又一重要战略方向。建成了以北斗系统为核心，并融合移动通信系统和互联网的北斗运营服务网络，为注册用户提供导航定位、数字报文通信服务和基于位置的增值信息服务。三大业务相互补充，互相促进，形成了“产品＋系统应用＋运营服务”的业务发展模式。作为国家主管部门授权从事北斗系统运营服务业务的首家企业，该公司相继取得了“中华人民共和国增值电信业务经营许可证”和“中华人民共和国电信与信息服务业务经营许可证”。2003年通过国标GB/T19001－2000和国军标GJB9001A－2001双质量体系认证，2005年被评为“第五届中关村最具发展潜力十佳中小高新技术企业”，2006年荣获中国成长型中小企业100强，2008年1月获得中关村瞪羚四星级企业，2008年6月入选中关村第二批百家创新型试点企业，2009年3月获得中关村科技园区20周年突出贡献企业奖。

地址：海淀区上地信息产业基地三街9号金隅嘉华大厦A座10层
邮编：100085
电话：62969966
传真：62966646
网址：www.navchina.com
电子邮箱：bdstar@navchina.com
法定代表人：周儒欣

（北斗星通公司）

【北京玻璃研究院】 成立于1960年（原北京玻璃研究所），是专业从事光电功能材料研究、开发和生产的高科技企业，隶属于北京一轻控股有限责任公司所属的北京一轻研究院。该院注重优势学科建设，已形成闪烁晶体与光学晶体、特种光纤与光纤器件、特种玻璃与光学玻璃、光学薄膜与镀膜材料4大优势学科方向，其中，光学晶体与闪烁晶体、特种光纤、光学镀膜

北京天盛建筑工程有限公司

公司党委书记、总经理祖长海

公司装修的湖苑山庄外景

公司装修改造的龙徽葡萄酒博物馆

公司承建的西桃园住宅楼

北京天盛建筑工程有限公司，是一个具有房屋建筑工程施工总承包贰级，建筑装修装饰工程专业承包叁级的施工企业。该公司具有专业配套的技术人员队伍，面向社会承接工程，以优良的工程质量建成了厂房、办公楼、宾馆饭店、教学楼、医院等工业、民用及公共建筑工程。在施工过程中严格应用新技术、新工艺和现代管理制度，不断完善经营管理机制，企业整体素质不断提高，公司取得了ISO9001:2000质量体系、ISO14001:2004环境管理体系，GB/T28001-2001职业健康安全管理体系三体系认证证书。公司管理方针是：打造精品，服务业主，预防污染，保护环境，职工为本，健康安全，遵规守法，持续改进。坚持立足一轻，服务北京，面向国内外市场的项目开发与施工。

法定代表人：祖长海
地　　址：北京市崇文区永外沙子口路76号
　　　　　富莱茵花园18号楼
邮　　编：100075
电　　话：87810068
电子邮箱：bjtsjz@sina.com

北京造纸试验厂科研楼工程开工仪式

首 钢

2009年2月17日，首钢总公司与中信集团签署战略合作框架协议

2009年8月8日，首钢总公司与长治钢铁有限公司联合重组签约仪式在太原举行

首钢厂区优美的环境

集 团

2009年10月14日，中国动漫游戏城建设项目启动信息发布会

2009年4月21日，首钢总公司与北汽福田签署全面战略合作协议

首钢京唐钢铁公司自备电站发电机组并网发电

海水淡化装置

首钢生产的冷轧产品

首钢京唐钢铁公司炼钢生产线

首钢京唐钢铁公司2250热轧生产线

首钢京唐钢铁公司炼铁厂区

北京京煤化工有限公司

科学发展观动员大会

先进基层党组织

喜迎建厂五十周年

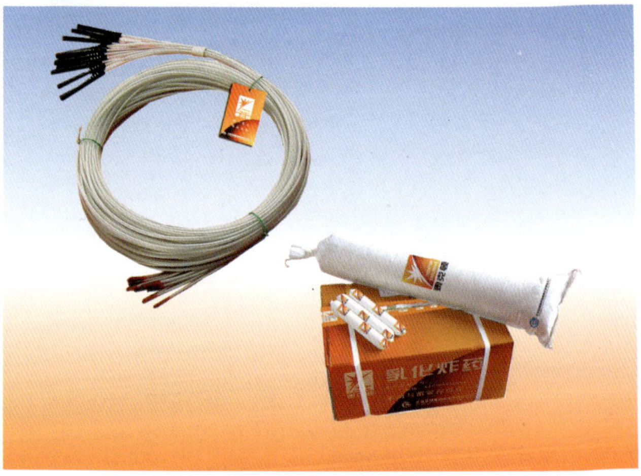

研制生产的火工产品

河北太行公司办公区

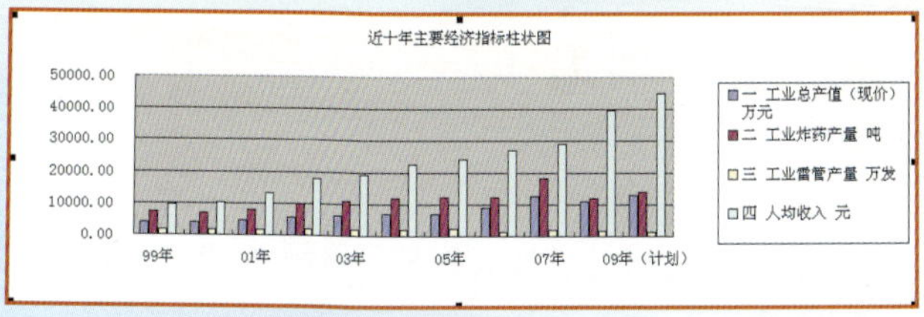

1999年-2009年主要经济指标柱状图

天津宏泰公司生产区

乳化炸药生产线包装工序

开发研制的全自动雷管装配机完全实现人机隔离操作

北京京煤化工有限公司（简称京煤化工）隶属于北京京煤集团有限责任公司，前身是北京矿务局化工厂，建立于1959年，是定点生产民用爆破器材的中型国有企业。经过50余年的发展调整，现有员工800余人，拥有爆破器材、设备开发2个分公司及河北太行、天津宏泰2个控股子公司。年生产能力乳化炸药34000吨，工业雷管2500万发，导爆索300万米，产品还有球型糊精叠氮化铅、GTG、KD等新型起爆药。该公司研制生产的火工品生产线和火工产品，技术含量及生产自动化程度在行业中处于领先地位，产品销往全国并出口，年销售收入2亿余元。企业先后荣获全国“五一”劳动奖状、全国重合同守信用单位、全国“安康杯”优胜企业、首都文明单位标兵、北京市创建学习型组织标兵单位等称号。在行业中率先通过质量管理体系ISO9001:2000认证和职业安全健康管理体系认证。

法人代表：曹文俊
地　　址：北京市房山区青龙湖镇
邮　　编：102471
电　　话：010—80379270
传　　真：010—80374040
网　　址：www.bj-explosive.com.cn
邮　　箱：jmhg@bjexplosive.comcn

京煤化工公司北京厂区一角

2009年11月26日，北京市开发区工作会

2009年3月20日，北京市女企业家协会五届二次理事扩大会议暨2008年度优秀创业女性表彰大会

2009年3月17日，北汽福田公司与什邡钢管公司协作会议

技术水平居国内领先地位。先后建立了北京市光学纤维研究实验室、北京无机晶体材料实验室、北京市光学晶体镀膜材料中试基地、北京光纤技术产品中试基地等高技术实验室和中试基地。建院40多年来，承担并完成大量国内、国际科研任务和重大国防军工配套任务。自主研发的高科技产品广泛应用于航空、航天、兵器、核工业、船舶、电子等军用和民用领域，用于神舟五号、六号和七号飞船及国防重点核技术项目等关键配套材料及部件，为国民经济建设和国防建设发展作出重要贡献。“七五”以来，获各类科技奖励140余项，其中，国家级奖励12项，包括国家发明奖和国家科学技术进步奖。为提升研究开发和产业化能力，该院在中关村科技园区·通州园光机电一体化产业基地建成光电功能材料及器件研发和生产基地，坚持“科技创新、质量第一，追求卓越、顾客满意”的方针，潜心科研开发和成果产业化，努力建成集研发、孵化、制造、贸易、科技服务于一体，具有较高技术创新能力和可持续发展能力的现代科技企业。

地址：通州区中关村科技园区通州园光机电一体化产业基地兴光四街5号

邮编：101111

电话：81508382、81508384

传真：81508608

网址：www.bgri.com

电子邮箱：bgri@bgri.com

法定代表人：葛云程

（赵丽媛）

【北京机械工业自动化研究所】（简称自动化所），创建于1954年，是原机械工业部直属的综合性科研机构，1999年转制为中央直属大型科技企业。自动化所致力于制造业领域自动化、信息化、集成化技术的创新、研究、开发和应用。为客户提供由开发、设计、制造、安装到服务的整体解决方案，是制造业企业集成化装备和系统解决方案的最佳提供者。自动化所现有员工800余人，其中，工程技术人员600余人。建有9个有关制造业自动化、信息化及其应用技术研究开发中心。拥有经国家批准建立的“制造业自动化国家工程研究中心”、“国家液压元件质量检验中心”、“国家‘863’计划智能机器人产业化基地”、“机械工业自动化生产力促进中心”等国家级科研、开发基地和服务机构。“全国工业自动化系统与集成标准化技术委员会”、“全国液压与气动标准化技术委员会”、“中国机电一体化技术应用协会”等15个全国性行业学会、协会、标委会依托在该所，是国家批准的“控制理论与控制工程、计算机应用技术、核技术及应用”3个专业的硕士学位授予点。成功研制了我国第一台液压伺服喷漆机器人、我国第一座自动化立体仓库、我国第一台高能电子直线加速器、我国第一个拥有自主知识产权的MRPII软件、我国首创的MIC系列可编程序控制器等，为我国装备制造业自动化技术的发展发挥了不可替代的作用。取得科研成果500多项，其中，获国家、部委科技进步奖的100多项，拥有国家专利30多项等。自动化所完成了数千项国家攻关项目及企业定制的装备工程和产品项目。在工业自动化及系统集成、工业机器人及自动装配系统、流体传动设备及系统、无损检测设备及系统、企业物流及仓储自动化系统、金属板材加工自动化装备、企业信息化及应用等高新技术研发与应用领域，达到或接近国际先进水平，处于国内领先地位。

地址：西城区教场口街1号

邮编：100120

电话：82285613

传真：62006110

网址：www.riamb.ac.cn

电子邮箱：mkt@riamb.ac.cn

法定代表人：郝玉成

（自动化所）

【北京七星华创电子股份有限公司】（简称七星电子），组建于2001年9月，坐落于中关村高科技园区，主要从事基础电子产品的研发、生产、销售及技术服务业务，是国内最大的集成电路制造设备和高精密电子元器件生产厂家之一。七星电子作为中国电子专用设备工业协会理事长单位，是国内领先的集成电路设备制造商，是承担“六五”至“十一五”期间国家电子专用设备重大科技攻关任务的骨干企业，设备类产品广泛应用于集成电路和太阳能发电、TFT－LCD、LED等新兴行业，生产的高精密混合集成电路和电子元件产品，在神舟系列飞船、

"嫦娥一号"、长征系列火箭的航天任务和多项国家重点工程中得到应用。七星电子是北京市科学技术委员会等政府相关部门联合批准的高新技术企业，享受国务院赋予中关村科技园区的国家级高新技术产业开发区政策和北京市赋予中关村科技园区的优惠政策。

地址：朝阳区酒仙桥东路1号
邮编：100015
电话：64361831
传真：84566380
网址：www.sevenstar.com.cn
法定代表人：杨文良

（七星电子公司）

【北京华力创通科技股份有限公司】

2001年成立，注册资本5000万元，位于北京市海淀区中关村软件园，是高新技术企业和"双软"认证企业。于2010年1月20日成功在创业板上市，股票名称：华力创通，股票代码：300045。该公司从事基于计算机技术的仿真测试系统及其相关设备的研发、生产和销售业务。主要产品有：卫星导航信号模拟器、高动态兼容型卫星导航接收机、雷达仿真测试产品、机电仿真测试产品和仿真应用开发服务。先后获得了军品质量管理体系GJB 9001A－2001认证、武器装备科研生产单位保密资格和武器装备承制单位资质证书等军工产品科研生产管理资质。

地址：海淀区东北旺西路8号院乙18号
邮编：100094
电话：82966300
传真：82966411
网址：www.hwacreate.com.cn
电子邮箱：xiaoli@hwacreate.com.cn
法定代表人：高小离

（华力创通公司）

【北京佳讯飞鸿电气股份有限公司】 成立于1995年，是从事通信信息领域新技术、新产品的自主研发、自主生产以及规模销售的民营科技企业，主要为用户提供技术支持、产品销售、服务跟踪以及系统技术保障等服务。十余年来，自主研发了指挥调度、应急通讯、综合监控、人工话务、数字录音、CTI与信息服务6大系列、数十个适应客户需求的产品线，被广泛应用于国内外市场，涉及铁路、国防、轨道交通、石油、石化、煤炭、冶金、电力、民航等多种行业并占据领先的市场份额。先后承接了数十项国家和北京市的重大科研项目，在奥运安保、"神六"、"神七"、"十七大"、"嫦娥一号"、"长城2号"国家反恐怖指挥系统演习、北京市非紧急救助服务中心系统、青藏铁路以及祖国的60年华诞庆典等国家重大事件中，产品表现优异，赢得客户高度赞誉。拥有146项专利，22项软件著作权。掌握多种指挥调度通信领域的核心技术，并同时参与主要应用领域指挥调度通信产品标准的制订。该公司已经登陆深圳证券交易所代办股份转让系统（股份代码：430023）。

地址：海淀区北清路中关村环保科技示范园地锦路5号院1号楼
邮编：100095
电话：62460088
传真：62492088
网址：jwww.iaxun.com
法定代表人：林　菁

（佳讯飞鸿公司）

【北京韦加航通科技有限责任公司】 （简称韦加科技），于2005年12月成立，注册资金5000万元，地处中关村航空科技园区，是北京高新技术企业之一。韦加科技以应急通信为主，为用户提供通信与导航、图像信息化、无人机系统、安防与系统集成四大领域的专业系统解决方案。拥有26项核心技术专利和6项软件著作权。具有ISO9000：2000质量管理体系认证证书、安防工程企业一级资质、智能建筑化工程设计与施工二级资质等相关特殊行业准入资质证书。在应急通信产品的生产与销售、应急通信指挥车、应急通信指挥中心的设计与建设上，凭借强大的技术研发能力，形成以"空一地"数据链传输、"地一地"数据链传输系统为基础的"无限天地通"立体通信解决方案，并成功应用于部队、武警、公安的侦察、反恐、警卫、危机处理、抢险救灾等各种任务中，同时在国家各级应急通信、指挥、救援体系中得到大量使用。在安防与系统集成工程领域，重点发展智能工程的系统集成，并专业从事智能工程系统中的无线视频监控、计算机网络、安防报警、环境监测、电视电话会议等子系统工程的方案论证、设计与施工建设。

地址：海淀区北三环西路 43 号青云大厦 5 层 568 室
邮编：100086
电话：62128338
传真：62128228
网址：www.viga.com.cn
法定代表人：于保宏

（韦加航通公司）

【北京华东电气股份公司】 是以高、中、低压成套开关设备产业为主导的高新技术企业，创建于 1985 年。该公司经过二十多年的发展，形成了以高、中、低压成套开关设备制造、真空断路器生产、变配电计算机监控管理系统研发设计、商业开发为主导的多元化产业格局，同时实现了由生产经营为主向资产经营为主的转变。拥有 4 家子公司和 1 家国外销售机构。拥有 2 家高新技术企业、1 个市级技术研发中心。形成了年产高、中、低压成套开关设备 5000 台（套）、真空断路器 2000 台、变配电计算机监控管理系统 1000（套）的生产能力。先后自行开发和研制成功了 ZF10B－126 型 SF6 金属封闭开关设备、LW49－126 型、LW49－145 型户外高压交流自能式六氟化硫断路器、LW50－252/3150－50 型六氟化硫罐式断路器、KYN61－40.5、HKA－12、KYN28A－12(GZS1)中压开关设备和 GHK－Z2000 智能型全系列开关设备、12KV VH4 系列型户内真空断路器及 PMC－2000＋变配电计算机监控管理系统＋综合保护等 85 项新产品，技术参数达到国际先进水平，其中，KYN28A－12/5000－50 大电流开关设备、VHCR 1202－50 交流高压真空接触器－熔断器组合电器、LW50－252 罐式断路器，被科技部和北京市科委列为 2007 年－2008 年度国家重点火炬计划项目。自行研发的 GHK－Z2000 智能型全系列低压开关设备、HKA－12 中压开关柜、LW50－252 罐式断路器，先后被科技部评为国家级重点新产品和朝阳区科技进步一、二等奖。自行研制开发的 GHK－Z2000 低压组合式开关柜、SIVACON8PT 智能低压开关柜、KYN28A－12 型、HKA－12 型户内金属铠装移开式开关设备、ZF10B－126 型 SF6 金属封闭组合电器、12KV VH4 系列型户内真空断路器，被北京市科学技术委员会和北京市发展计划委员会认定为高新技术成果转化项目和自主创新产品。产品远销法国、印尼、马来西亚、缅甸、孟加拉、苏丹、乌干达等欧洲、亚非国家和地区，具有良好的商业信誉和广泛的知名度。

地址：通州区中关村科技园区通州园金桥科技产业基地景盛北三街 12 号
邮编：101102
电话：60595192、60595396（办公室）
传真：87698021、6059539、687694885
网址：www.huadongswitch.com
电子邮箱：hr@huadongswitch.com
法定代表人：王怀新

（华东电气公司）

【北京众大永泰科技有限公司】 成立于 2003 年，位于中关村上地信息产业园区，注册资本 1000 万元，是北京市高新技术企业和软件企业，具有安防一级、系统集成三级资质。主营业务为系统集成及其软件的设计、开发、生产和服务，网络视频服务器的研发、设计、生产、销售和服务。系统集成及其软件方面主要从事综合信息系统、技术防范系统、营区监控系统等，成功为部队、公安等单位实施多个项目，并得到好评。“综合信息系统软件”、“协议转换服务软件”、“实时监测控制软件”等主要应用软件，均已取得软件著作权产品登记证书，部分取得了软件产品登记证书。网络视频服务器通过了军用安全技术防范产品安全认证中心、国家安全防范报警系统产品质量监督检验中心、公安部安全与警用电子产品质量检测中心测试，列入军用安全技术防范产品认证目录。先后通过了 ISO9001 质量管理体系认证、GJB9001A－2001 质量管理体系认证及装备承制单位资格审查。

地址：海淀区上地信息路 11 号彩虹大厦北楼一层
邮编：100085
电话：82780060、1399、2808、1168
传真：82780060－820
法定代表人：徐春梅

（众大永泰公司）

（本栏目编审：许　林）

产　　品

产品选介

【管线钢】　首钢迁安钢铁有限责任公司产品，于2007年7月研制开发18.4毫米规格X80板卷，同年通过中石油和钢协联合鉴定，被西气东输二线项目采用。该产品主要供应中石油下属各大管厂，用户使用满意率100%。市场占有率从2008年的全国第三名上升为2009年的

管线钢

第一名。2008年获得首钢科学技术奖一等奖，2009年4月获得河北省科学技术成果奖。

地址：河北迁安市杨店子镇
邮编：064404
电话：0315－7703039
传真：0315－7703011
电子邮箱：bgs@sgqg.com.cn
总经理：靳　伟

（杨国光）

【汽车大梁钢】　首钢迁安钢铁有限责任公司产品。510L、S610L汽车大梁钢产品具有机械性能高、适用范围广等特点，其表面质量、化学成分、机械性能等各项指标全部符合标准要求。2009年，该公司大梁钢产量11万吨，全

汽车大梁钢

部直供北汽福田汽车，使用效果理想。

地址：河北迁安市杨店子镇
邮编：064404
电话：0315－7703039
传真：0315－7703011
电子邮箱：bgs@sgqg.com.cn
总经理：靳　伟

（杨国光）

【抽油杆用热轧圆钢】　首钢高速线材厂产

抽油杆用热轧圆钢

品，用于制作油田抽油杆杆体及配件。产品表面质量、尺寸精度及综合机械性能均达到规定

标准，质量稳定，供货及时，赢得了用户认可。该厂结合国际石油行业通行的API行业要求，开发各个强度级别的抽油杆用钢，SSYH－1、3130等高强杆用钢，以其较高的抗疲劳特性、优异的抗冲击性能等特点，获得用户的好评。CrMoA系产品实物质量达到国际同类产品水平，被授予冶金产品实物质量金杯奖。2009年产量为4.91万吨。

地址：石景山首钢厂东门院内

邮编：100041

电话：68872508

传真：88293362

厂长：杨鸿伟

（高线厂）

【高强度结构钢板】 首钢中厚板轧钢厂产品。低合金钢高强度钢板（Q460、Q550系列）

优质高强度结构钢板

具有较高的强韧性、良好的塑性、优良的焊接性能，主要应用于煤矿机械、工程机械、机械制造中较重要部件。其中，Q460C产品厚度规格为10毫米～60毫米，SQ550D为14毫米～30毫米，成功应用于煤矿液压支架、工程机械、钢结构等领域。北京煤矿机械厂、郑州煤矿机械厂等主要用户，普遍反映其力学性能稳定优良、板形及尺寸精度高、焊接性能优异。2009年产量为9.82万吨。

地址：石景山首钢厂东门院内

邮编：100041

电话：88295252

传真：68875794

电子邮箱：scb2000@sohu.com

厂长：李学茹

（陶　丁）

【1.5MW风力发电机组】 北京北重汽轮电机有限责任公司在引进2MW风电机组技术消化吸收基础上，立足自主创新，并通过开展产

1.5MW风力发电机组

学研合作，于2009年自主完成的新产品，国产化率已达98%。该产品是三叶片、上风向、变桨、偏航、双馈恒频的风力发电机组，具有功率较大、发电量较多、风叶长而轻、变桨距运行、变速恒频发电、优良的功率曲线及上网优势等特点。主要技术参数，风轮直径：78米、82米；额定功率：1.5 MW；叶片数量：3；切入风速：3米/秒；额定风速：11.5米/秒、10.5米/秒；切出风速：25米/秒；额定转速：17.4 rpm、17.3 rpm；转速范围：10 rpm～19 rpm；轮毂高度：70米；总高度：109米、111米。

地址：石景山区吴家村

邮编：100040

电话：68632552

传真：68639675

网址：www.bzd.com.cn

法定代表人：阮忠奎

（北重公司）

【1.5MW变速恒频双馈异步风力发电机】 北京北重汽轮电机有限责任公司在2009

1.5MW变速恒频双馈异步风力发电机

年自主研制的新产品，用于1.5MW风力发电机组配套。该产品采用绕线式异步电机结构、空—空冷循环冷却方式、转子采用有刷励磁方式及旋转编码器检测转子与定子电角度相对位置，特别适用于高寒、高海拔地带或湿热、盐

雾的近海地区。主要技术参数，定子额定电压：690 V；定子额定电流：1090 A；频率：50 Hz；转子开路电压：184 7V；转子额定电流：420 A；相数：3 相；极数：4 极；额定转速：1800 rmp；调速范围：520 rmp～2000 rmp；绝缘等级：H/H。

地址：石景山区吴家村

邮编：100040

电话：68632552

传真：68639675

网址：www.bzd.com.cn

法定代表人：阮忠奎

（北重公司）

【XKA28105x30 数控龙门镗铣床】 北京第一机床厂与德国瓦德里希·科堡公司（WALDRICH·COBURG）合作生产制造的完整全新设备，机床最大通过宽度为 10.5 米，最大通过高度为 8 米，工作平台为 9×20 米，旋转工作台直径为 9.5 米，滑枕最大行程可达 4 米，主电机功率为 105KW。同时根据加工需要配置了多种附件头，附件头在滑枕上可实现自动 720×0.5°转位，一次装夹可以对工件的五个面进行铣、镗、钻、铰、攻丝等多工序加工。还可对斜面、斜孔、二维曲面、三维曲面、零件型腔内部的孔和窄小空间内的平面进行加工，另外，本机床还配有直径 9.5 米的旋

XKA28105x30 数控龙门镗铣床

转工作台，可对工件进行铣削和车削加工。该产品主要用于大中等尺寸和大重量零件金属平面、曲面和孔的加工，广泛应用于机床、军工（船体、战车车体及炮塔等）、工程机械、矿山机械、船用柴油机、船用壳体、汽轮机、机车车辆机体、印刷、轻纺、模具、大型环保设备以及核电设备等制造行业的大型复杂零件的粗、精加工。产品结构设计合理，精度、稳定性、刚性及精度保持性高，配套完整性好，部件标准化程度高，互换性好，同时在自动化程度和产品应变等方面显示出了其他机床无法比拟的优越性。

地址：顺义区林河工业开发区双河大街 16 号

邮编：101300

电话：89496161

传真：89451869

网址：www.byjc.com.cn

法定代表人：崔志成

（第一机床厂）

【大型低温储罐】 北京天海低温设备有限公

大型低温储罐

司开发的新产品，主要用于储存和运输液氧、液氮、液氩、液化天然气（LNG）等，工作压力达到 3.7MPa，容积可达 200 m^3，分为立式或卧式两类。产品采用最先进的制造技术，并进行优化设计，具有轻型化、环保、节能和安全可靠特点。合理成熟的流程设计可满足不同行业用户的使用要求，人性化管路的设计使操作更方便、安全，产品外表面进行高级别的喷砂处理和高质量的油漆提供更长的使用寿命。该公司取得了 ISO9001：2000 证书、中国压力容器制造许可证、欧盟 EN 97/23/EC PED，TPED 1999/36/EC/ADR，AD2000 — Merkblatt 证书、澳大利亚/新西兰 AS1210 以及马来西亚 DOSH 等压力容器证书。

地址：大兴区黄村镇大庄东天河北路 14 号

邮编：102600

电话：60281239

传真：60281109

网址：www.btce-co.com
法定代表人：王平生

（李海涛）

【"金琪凌"和"康乐"牌产品】 天津美琪凌油脂有限公司的两大油脂类品牌。主要产品有无水酥油、黄白奶油、液态酥油、西藏地

美琪凌产品

区专用酥油、速冻食品专用油、精制牛油、精制猪油等十几个品种，广泛应用于餐饮、糕点、糖果、冷饮、速冻食品等行业，可供多种风味食品糕点的加工选择。其中，特级酥油无水无盐纯正油脂，富有天然黄油的特征，有良好的打发性和起酥性，适用于高档面包、蛋糕、西点、中点、糕饼、糖果、冷饮、霜式奶油、馅料等制作。特级黄油选用精炼动物油为原料，色泽、香味、感观均与天然黄油接近，适用于各式面包、蛋糕、西点、中点、糖果冷饮、霜奶油等制作。高级白奶油选用精炼植物油为原料，色泽洁白，熔点适中，有良好的打发性和可操作性，适用于各式面包、蛋糕、高档冷饮、速冻食品、西点夹心等制作；液态酥油选用精炼植物油为原料，具有天然奶香和浓郁的花生香味，适用于月饼饼皮、馅料、中式酥点等制作。速冻油选用精炼植物油为原料制成，具有良好的抗氧化性和良好的乳化性，适用于汤圆、饺子、冷饮制品，馅料、面皮等各类速冻食品的制作。酥油选用优质精炼植物油为原料，富有天然酥油的特征，具有良好的耐烤和可操作性，适用于酥油茶、高档糕点、曲奇、饼干、冷饮、夹心等制作。高级精制牛油选用上好牛油加工而成，保持了牛油的自然风味，适用于火锅底料、方便面酱包、调味品制作。

地址：天津蓟县尤古庄镇
邮编：301902
电话：022－29834270
传真：022－29838249
网址：mqlyz.com.cn
电子邮箱：tjmqlyz@sina.com
法定代表人：武祥林

（蔡玲红）

【聚乙烯（PE）、聚丙烯（PP）塑料管】 北京华腾远通综合管业有限公司产品。实壁管公称外径范围为 20mm～500mm，基本满足各用户对实壁管口径的需求；双壁波纹管公称内径范围 200mm～500mm，分别可达到 3 个环刚度（SN4，SN8，SN12.5）的要求。产品具有安装方便、高防腐蚀、安全环保可靠、经久

实壁管

耐用、使用寿命可达 50 年、抗变形能力强等特点。广泛应用于城市自来水管网、市政排水、中水、长距离大型输水工程、农村农田灌溉工程、沼气管网、燃气管网及各种电缆护套。

地址：通州区县漷镇草场村南
邮编：101109
电话（传真）：80573018
法定代表人：武祥林

（蔡玲红）

【竹盐精品牙膏】 北京乐金日用化学有限公司产品。是将黄海盐装入青竹，两端以天然黄土封口，用松木为燃料，进行 9 次 1300 度以上高温煅烧。第 9 次煅烧时，在火中加入松

脂，让瞬间温度高达 2000 度，极少部分竹盐经超高温煅烧，凝结成紫色结晶，这就是竹盐中的圣品——紫竹盐。该产品特别添加珍贵紫竹盐成分，它吸取天然青竹、海盐与黄土精华，富含多种矿物质和微量元素。经临床验证，具有强效护龈，加倍防蛀，持久清新功效。

竹盐精品牙膏

地址：北京丰台区石榴庄南里 8 号
邮编：100079
电话：67655570
传真：67610615
热线：8008101047
网址：www.lgbamboosalt.com.cn
法定代表人：金学股

（乐金日化）

【竹盐名药源系列牙膏】 北京乐金日用化学有限公司产品。以“养龈固齿”及“口腔环境滋养”概念，沿袭韩国古医书《东医宝鉴》及解密传统皇家洁齿秘方《御前白齿散》，选用名贵药材高丽参，配以千度高温 9 次煅烧的竹盐，更加入黄柏、荆芥、桔梗等多味中药，经现代高科技工艺研制而成。具有减少牙龈出血、减少牙菌斑、防蛀固齿、滋润口腔，美白牙齿的作用。

竹盐名药源系列牙膏

地址：丰台区石榴庄南里 8 号
邮编：100079
电话：67655570
传真：67610615
热线：8008101047
网址：www.lgbamboosalt.com.cn
法定代表人：金学股

（乐金日化）

【超塑金属络纱槽筒】 北京超塑新技术有限公司产品。是纺织机械的关键零部件，用于络筒机络纱、并纱机并纱等工序。将超塑成型技术应用于槽筒沟槽加工工艺，成功地解决了复杂沟槽加工问题，此项技术为国内首创。该产品选用锌铝合金材料，采用超塑成型技术、气涨成型工艺，纱带磨削、旋流式光整和电子测试技术，高精度模具保证了精确的槽型，具有优良的导纱性能，适用性广。该产品强度高、重量轻、表面镀铬耐磨，优异的导电性能可有效释放高速络纱时产生的静电。松式络筒机槽筒、并纱机槽筒、气流纺槽筒、锥形槽筒等系列产品由纺织机械质量监督检验中心监制，被确认为国家级高新技术产品及中国纺织机械器材协会推荐产品。

超塑金属络纱槽筒

地址：丰台区顺三条 21 号嘉业大厦 1 号 3A08 座
邮编：100079
电话：67625169
传真：67625169
电子邮箱：Luyi@sohu.com.cn
法定代表人：李京昌

（超　塑）

【第三代智能变频压缩机】 北京恩布拉科雪花压缩机有限公司产品。该产品自从 2001 年上市后，堪称国内外同行业高端产品，是目前市场上能耗量最低、最安静的压缩机。最主要的特点在于其所配置的电控装置，在压缩机运行时，此装置可以体察到箱体内的温度变化，并据此按冰箱系统的需求调整其工作方式——通过在 1600 转/分钟～4500 转/分钟的范围内自动持续控制压缩机的转速，使得箱体内的温度更稳定，创造更好的食物保存条件。其优点是：与传统的停开式压缩机相比，系统能耗最高可降低 45%；与第二代变频压缩机相比，冷量/效率比值可提升 5%～7%；在冰箱拉低温过程中，噪音大幅度降低；适用 R134a 及 R600a 制冷剂的家用制冷系统，提供 115V 和 220V 电压及频率为 50HZ 和 60HZ 的

第三代智能变频压缩机

产品；通过使用体积更小的产品（VEMY）及与压缩机匹配的变频板，提供更加灵活的用户化制冷方案；多种电路接线方式使得系统匹配更加方便。

地址：天竺空港工业区 B 区裕华路 29 号

邮编：101312

电话：80482255/80485528

传真：80485823

网址：www.embraco.com

电子邮箱：sales.cn@embraco.com.cn

法定代表人：孙燕昌

（恩布拉科）

【翡翠《观音》】 北京市工艺木刻厂有限责

玉器翡翠《观音》

任公司制作。原料系缅甸高档翡翠。翡翠《观音》净高 75 厘米、宽 38 厘米、厚 20 厘米，通体春色带阳俏绿，材质温润细腻。观音菩萨头戴阿弥陀佛宝冠，右手持翠绿宝珠，左手托吉祥如意，脚下潺潺流水，盛开的白莲花在流水中傲然挺立。鱼龙戏水，巨龙昂首喷洒出的浪花托起翠绿宝珠在不停地转动。翡翠观音下面是用印度小叶紫檀精心雕刻的三层宝座。随形水座长 52 厘米、宽 34.5 厘米、高 13 厘米，上面刻层层水浪和莲花，与观音菩萨主体上下呼应。第二层水座下面长方宝座，图案采用缠枝莲，上面为五道回纹，并嵌有栏杆，栏杆柱为荷叶莲花图案，精美至极。第三层是起保护观音像作用的钢化玻璃罩子座，同样采用印度小叶紫檀木制作，图案为拐子龙，寓意吉祥如意。三层宝座充分体现北京木雕小器作的特点，造型生动，图案古雅大方，富有浓郁的宫廷风味。

地址：朝阳区小红门宋家楼 1 号

邮编：100164

电话：87693406

网址：www.bjgymk.com

法定代表人：曹海平

（詹文静）

【SM 双目连续变倍体视显微镜】 北京泰

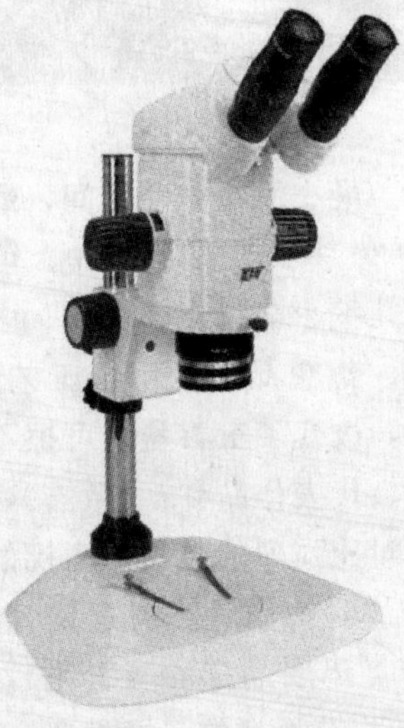

SM 双目连续变倍体视显微镜

克仪器有限公司产品。采用平行光路、高质量的光学系统，变倍比 8∶1，从低倍到高倍整个连续变焦系统可提供高清晰和无畸变的显微图像。同时系统采用独特的模组化设计，能拼装丰富多彩的各种附件。该产品荣获“国家自

主创新银奖”和“机械工业科学技术进步突出贡献二等奖”。

地址：崇文区永定门外桃杨路 11 号

邮编：100075

电话：67269190

网址：www. cnbeijingtech. Net

法定代表人：龚兆伟

（高卫杰）

【玉石盆景】　北京玉器二厂产品，是用玉石制作的盆景。原料全部选用各种颜色或鲜艳或淡雅的玉石，如玛瑙、芙蓉石、岫玉、东陵石、木变石、蓝纹石、翡翠、白玉、河南玉等。用玉石磨成花瓣花叶，经过十几道工序，

玉石盆景

然后组装成盆景。最小的在方寸之间，最大的两米高，品种有 30 多类。成批制作，可分别放在大厅中央或几案、会议桌、书架、多宝阁上。可作为礼品、纪念品。采用新工艺以后，玉石花可用水洗，改变了玉石盆景可擦不可用水洗的千年难题。代表作品有：《傲雪》，洁净清纯，配以黑白对比强烈的竖盆、高挑的木架更显淡雅脱俗。《喜梅傲骨》寓意铁骨铮铮，坚贞不屈的精神。玛瑙晶莹的《看花》，枝干坚硬的《观枝》，根茎抓地的《寻根》，玉树临风的《望树》都是该厂开发的新产品。

地址：崇文区东打磨厂街 3 号

邮编：100062

电话：67051651 、67028474

传真：67018121

网址：www. beijingyuer. com

电子邮箱：sales@beijingyuer. com

法定代表人：孟凡婵

（马兰洁）

【药物支架】　乐普（北京）医疗器械股份有限公司产品。PARNTER 药物释放支架兼具国外同类支架的优点，在支架结构设计、载药载体选择、药物释放模型及载药剂量设计做了充分的优化，采用先进、稳定和易控工艺生产而成。载药载体生物相容性、物理性能优异、涂层黏结力强、药物释放模型设计合理，有效抑制血管内膜增生，防止支架内再狭窄。被授予国家重点新产品、北京市高新技术成果转化项目、北京市首批自主创新产品。上市至今，已经有 20 万余套支架植入人体，总收入已超

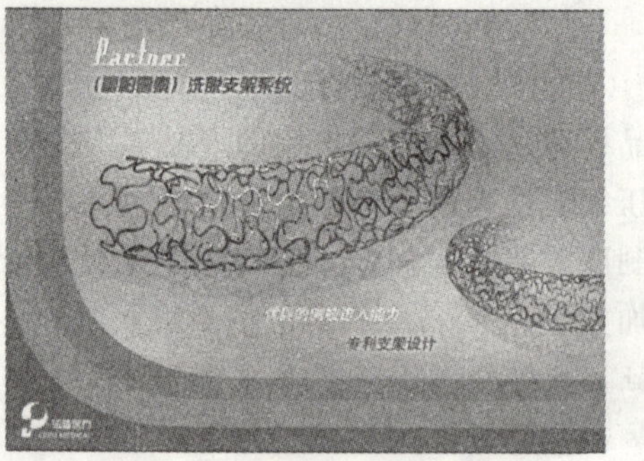

药物支架

过 9 亿元。

地址：昌平区超前路 5 号

邮编：102200

电话：80120666

传真：80120600

网址：www. lepumedical. com

法定代表人：孙建科

（王红彬）

【磁共振造影剂一钆喷酸葡胺注射液】

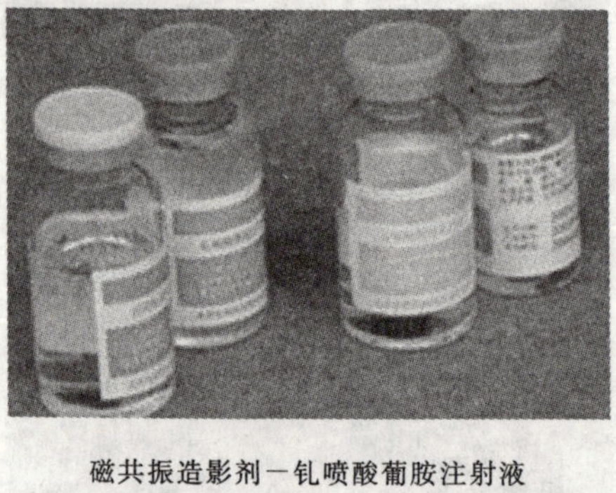

磁共振造影剂一钆喷酸葡胺注射液

北京北陆药业股份有限公司产品。是国内最早获得卫生部批准上市的磁共振对比剂。自

1992年底上市至今，以其优异的产品质量和合理的价格迅速占领市场，已安全应用50万例以上，临床反应增强效果优良，副反应极少。适应症：用于中枢神经（脑及脊髓）、腹、胸、盆腔、四肢等人体脏器和组织的磁共振成像。

地址：昌平区白浮泉路10号

邮编：100083

电话：62622266

传真：82626933

网址：www.beilu.com.cn

电子邮箱：hr@beilu.com.cn

法定代表人：王代雪

（王红彬）

【“贝贝熊”洗化系列产品】 北京市大宝日化厂产品。该系列产品强力、快洁、环保，

“贝贝熊”洗化系列产品

香味雅致，专用配方经过国家权威机构检测，符合健康、绿色、环保的要求。产品包括五洁粉、厨房清洁用品、衣物洗涤剂、卫生间清洁剂、个人护理用品等5大系列近百种产品，能够满足多种用户需求。

地址：朝阳区平房路241号1－6幢

邮编：100025

电话：85512780－8009

传真：85521838

网址：www.dabaorihua.com

电子邮箱：dabaotn@163.com

董事长：盛永利

（解　敏）

【“迷奇”美容护肤系列产品】 北京市亚美日化厂产品。该系列产品以其独特的天然成分及自然美容的功效，从诞生至今已获得十余个重大奖项。2009年推出的新产品雅致丽人系列分为保湿、抗皱、滋润、抗辐射、美白等多个品种。富含多种名贵中草药提取液，以其天然成分对抗和解决肌肤自然美容问题，20多

“迷奇”美容护肤系列产品

年来畅销日本，备受消费者的青睐。

地址：朝阳区劲松七区725楼

邮编：100021

电话：67782940

传真：67746304

网址：www.yameimiqi.com

电子邮箱：miqia@yameimiqi.com

厂长：夏建伟

（解　敏）

【人工晶体系列产品】 北京玻璃研究院产品，包括闪烁晶体和人工晶体，主要产品有氟化钙（CaF_2）、氟化钡（BaF_2）、氟化镁（MgF_2）、氟化铈（CeF_3）、氟化锂（LiF）、氟化铅（PbF_2）、碘化铯（CsI）、钨酸铅（$PbWO_4$）。产品的研究与生产均已达到国际先进水平，共获得20余项科学技术奖励，其中“氟化镁单晶生长”获得国家科技进步二等奖，“氟化钡闪烁晶体”获得北京市科技进步一等

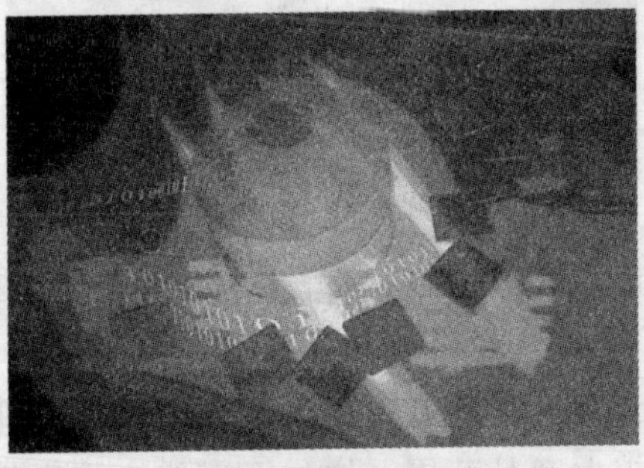

人工晶体系列产品

奖。曾为多项国内国际大型项目提供人工晶体，包括：为大型激光系统提供CaF_2晶体、为美国洛斯阿拉莫斯国家实验室的先进中子捕获试验探测器（DANCE项目）提供大尺寸BaF_2晶体、为美国斯坦福大学直线加速器中心的介子工厂提供大尺寸抗辐照CsI（TI）晶

体、为欧洲核研究中心的大型强子对撞机（LHC 项目）提供大尺寸抗辐照闪烁晶体 CeF_3 和 $PbWO_4$、为德国吉森大学的量比光子分光计（TAPS 项目）提供 BaF_2 晶体以及为我国的高能物理研究（HEP）提供 CeF_3 和 $PbWO_4$ 晶体、为 4π 探测器提供 BaF_2 晶体等。可提供的氟化钙（CaF_2）晶体的最大直径为 Φ300mm，氟化钡（BaF_2）晶体的最大直径为 Φ180mm。

地址：通州区中关村科技园区通州园光机电一体化产业基地兴光四街 5 号
邮编：101111
电话：81508382/84
传真：81508608
网址：www.bgri.com
电子邮箱：bgri@bgri.com
法定代表人：葛云程

（赵丽媛）

【光学纤维系列产品】 北京玻璃研究院产品。主要包括特种光纤（保偏光纤，大芯径光纤，特种单模光纤，红外光纤等）和光纤器件（常规及紫外、红外传光束、传像束，耦合器，光纤内窥镜，石英槽，石英管等）两大类。在特种光纤、光纤器件、光路系统等领域共承担

光学纤维系列产品

科研项目 70 余项，获得省部级及以上科技奖励近 20 项，获得专利 2 项。通过了北京市科委“北京光纤技术产品中试基地”项目建设，继续扩大产品范围，增加了有线电视光端机、光纤传光束、光纤传像束、光纤窥镜等光纤产品的研究开发。具备较强的系统集成能力，其中，光纤内窥镜已经成功的应用在导弹发射系统中。用于中精度光纤陀螺的领结型保偏光纤（工作波长 1.3 微米）和高精度光纤陀螺领结型保偏光纤（工作波长 1.55 微米）技术趋于成熟，具备了保偏光纤产品工程化的能力。硫系玻璃红外光纤可用于传输 1 微米～12 微米波段的红外光信息，应用于激光传输、温度检测、化学传感等领域，在国内处于领先地位。光纤及光纤器件系列产品，广泛应用于航天、航空、航海、工业制造技术、通信及医学等国民经济各个领域。

地址：通州区中关村科技园区通州园光机电一体化产业基地兴光四街 5 号
邮编：101111
电话：81508382/84
传真：81508608
网址：www.bgri.com
电子邮箱：bgri@bgri.com
法定代表人：葛云程

（赵丽媛）

【卫星导航信号模拟器】 北京华力创通科技股份有限公司产品。能够模拟产生北斗二代、GPS、GLONASS、GALILEO 等卫星导

卫星导航信号模拟器

航系统的卫星导航信号，可在研发、生产、资质审查、认证、集成、检验或验收环节对北斗二代/GPS/GLONASS/GALILEO 的接收设备进行精确的测试和性能评估，代替费用昂贵、耗费时间的现场测试，不受在实际应用环境中进行测试的限制，是一种精确、可重复和可控制的设备。不仅具有高保真度、高分辨率、高精度和高稳定性的特点，支持半实物仿真系统实时闭环测试，支持接收机天线建模、载体自转仿真、干扰信号仿真、北斗二代 Q 支路（P 码）信号仿真，可同时仿真多个目标载体，可

输出惯导辅助信息。而且具有功能齐全的数据仿真软件，可仿真卫星星座、卫星钟差、设备时延、相对论效应，仿真电离层、对流层对导航信号的影响，用户可根据需求定义不同场景。该产品可广泛应用于军用卫星导航接收设备的研发、生产测试和现场测试、航天航空卫星导航系统、车载船载卫星导航系统、GNSS/INS组合导航系统的研发、测试，以及半实物仿真系统实时闭环测试等众多领域。

地址：海淀区东北旺西路8号院乙18号
邮编：100094
电话：82966300
传真：82966411
网址：www.hwacreate.com.cn
电子邮箱：xiaoli@hwacreate.com.cn
法定代表人：高小离

（华力创通公司）

【高动态兼容型卫星导航接收机】 北京华力创通科技股份有限公司产品。具有优秀的高动态信号捕获和跟踪性能，精确的定位和测速性能，能够接收北斗二代（B3、B1频点）和GPS（L1频点）导航信号，实现北斗二代和北斗二代/GPS组合星座时的连续实时导航、定位和测速，可适应北斗二代卫星信号功率增强。该产品环境适应性和电磁兼容性经过了充分验证，满足GJB150－86和GJB151A－97中相关条款的要求，得到了用户的高度肯定。

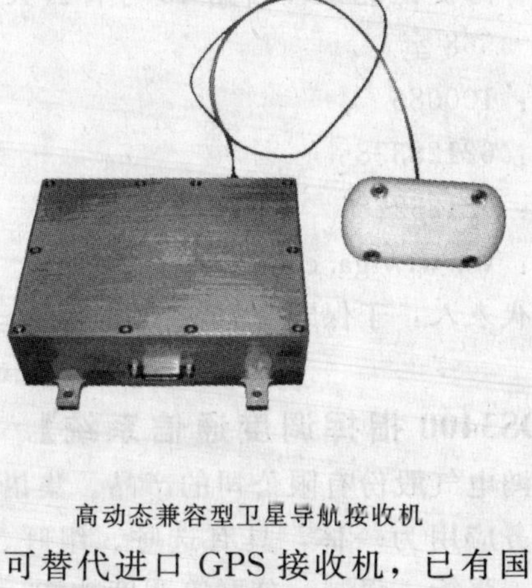

高动态兼容型卫星导航接收机

该产品可替代进口GPS接收机，已有国内多家用户订货。

地址：海淀区东北旺西路8号院乙18号
邮编：100094
电话：82966300
传真：82966411
网址：www.hwacreate.com.cn
电子邮箱：xiaoli@hwacreate.com.cn
法定代表人：高小离

（华力创通公司）

【ZF10B－126型SF6金属封闭开关设备】 北京华东电气股份有限公司自主研发生产的高技术输配电设备。产品采用自能灭弧技术，配用弹簧操动机构，具有操作功小、可靠性高、

ZF10B－126型SF6金属封闭开关设备

无渗漏等特点。主要用于电力、石油、化工、冶金等行业的各种输配电方式，实现对电力系统控制和保护。该产品已销往印尼国家电厂、山东新汶矿业集团、云南锡业股份有限公司、陕煤集团等处。

地址：通州区中关村科技园区通州园金桥科技产业基地景盛北三街12号
邮编：101102
电话：60595192、60595396（办公室）
传真：87698021、60595396、87694885
网址：www.huadongswitc
电子邮箱：hr@huadongswitch.com
法定代表人：王怀新

（华东电气公司）

【VH2－12系列真空断路器】 北京华东森源电气有限责任公司自行研制开发的新型产品。在保持了VS1型户内高压断路器体积小、开断能力强、操作安全可靠等特点的同时，突出了高寿命、高绝缘强度、高导电性、高可靠性和环境耐受性等特点。主要用于电力、石油、化工、冶金、煤矿等配电系统，实现对电力系统的控制和保护。该产品已销往广东供电

VH2－12 系列真空断路器

局、河北供电局等单位。

地址：朝阳区龙爪树南里 68 号

邮编：100164

电话：87693815/16/17

传真：87698037

网址：www. bjhdsy. com

电子邮箱：hdsy@bjhdsy. com

法定代表人：王怀新

（华东森源公司）

【探索者 VVLINK－C 密拍型发射机】 北京韦加航通科技有限责任公司产品。是应用 4G 无线通信技术，针对不同行业用户在复杂环境下宽带无线视频数字传输要求所开发的密拍式图像采集与发射设备。主要适用于各种隐

探索者 VVLINK－C 密拍型发射机

蔽条件下的侦察、取证等任务，广泛应用于部队、武警、公安等部门，用于侦查、反恐、警卫及重大活动安全保障。该产品采用单载波频域均衡技术，具有体积小、重量轻、功率可调、功耗超低及 AES 加密功能的特点，同时，针对 SUI1，SUI3 和 SUI5 等典型衰落信道优化，支持多种规格符号率和多种图像格式压缩。该产品具有全部自主知识产权、24 项专利及全部源代码，能够更灵活的满足用户定制需求。

地址：海淀区北三环西路 43 号青云大厦 5 层 568 室

邮编：100086

电话：62128338

传真：62128228

网址：www. viga. com. cn

法定代表人：于保宏

（韦加航通公司）

【瞭望者 II 型无人机系统】 北京韦加航通

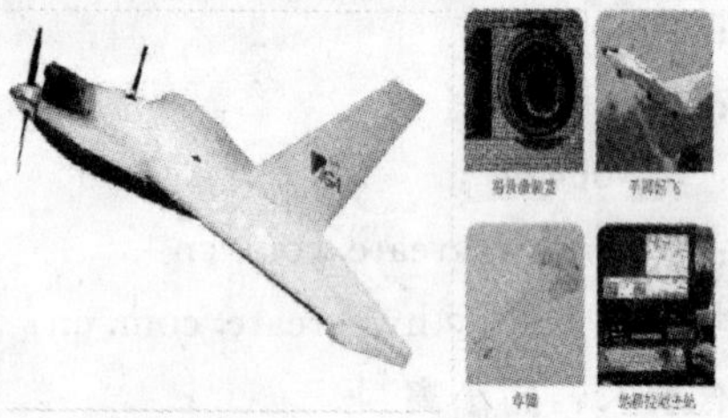

瞭望者 II 型无人机系统

科技有限责任公司产品。采用单尾翼方案，具有反应灵活、操作简单等特点，可搭载多种设备—通过配置摄像机、高分辨率照相机、前视红外仪和图像传输等设备，可实现全天候可见光、红外实时视频监控以及高品质航空摄影等功能。该产品性能指标先进，具有 150 千米航程、30 千米控制半径、3000 米升限、可抗 5 级风。采用手抛发射、伞降回收，对起降场地无特殊要求，产品系统安全可靠，并具备多种应急自我保护模式。

地址：海淀区北三环西路 43 号青云大厦 5 层 568 室

邮编：100086

电话：62128338

传真：62128228

网址：www. viga. com. cn

法定代表人：于保宏

（韦加航通公司）

【MDS3400 指挥调度通信系统】 北京佳讯飞鸿电气股份有限公司的产品。集语音和数据业务应用为一体，具有选呼、组呼、通播、强插、强拆、强制、分群等调度功能，支持多用户多级别设置；支持电路交换和 IP 交换；同时具备程控交换功能和调度指挥功能。例如：导航、紧急呼叫、紧急电话、立即热线、呼叫转接、遇忙回叫、静音、申请发言、噪音

识别、屏蔽、预编会议、自动追呼、自动播放会议提示音、会议性质更改、加入会议、合并

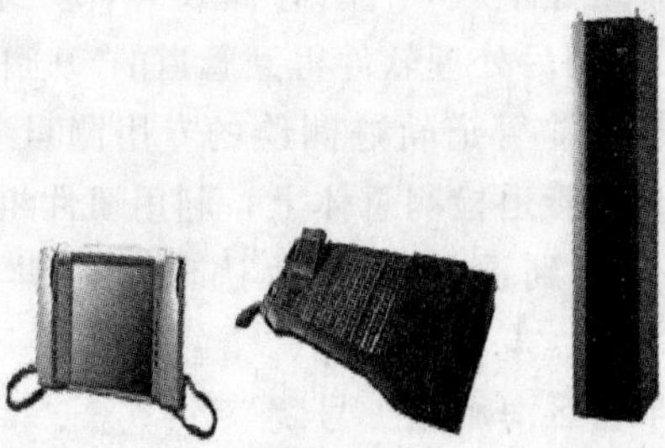

MDS3400 指挥调度通信系统

会议、推出会议、用户状态显示、呼叫状态显示、呼叫级别显示、区别振铃、振铃组、电话号码簿、来电显示、自动应答、摘机应答、按键应答、一机多号、连选组、一键多号、轮询呼叫、短消息、文本传送、监听、录音、夜服分机、应急分机等。其开放性、兼容性、高可靠性的设计可以满足不同行业用户的组网要求。其灵活的综合接入方式、个性化业务定制能力、先进的维护手段，为客户提供安全可靠的系统和解决方案，使指挥调度业务更加便捷、高效。该系统已经成功应用在石油、石化、冶金、煤炭、军队、公安、政府、电力、铁路、地铁等行业，并根据客户应用环境分为多种具体型号，以满足不同用户的需求。

地址：海淀区北清路中关村环保科技示范园地锦路 5 号院 1 号楼

邮编：100095

电话：62460088

传真：62492088

网址：www.jiaxun.com

法定代表人：林　菁

（佳讯飞鸿公司）

【MDS6800 可视化指挥调度系统】 北京佳讯飞鸿电气股份有限公司产品。是基于 IP 网络，集视频指挥调度、视频会议、远程监控功能于一体的综合视频通信系统。完全遵循下一代网络（NGN）的分层、全开放的软交换体系架构，实现业务控制与业务承载相互分离，在各种网络条件和传输带宽条件下，可提供优质的双向语音和清晰的实时动态图像，成功的将语音通信、数据通信和视频通信相结合，构建一个声影并茂的调度指挥网络，使信息获取更直接，下达调度指令更有效。该系统可以广泛用于石油、石化、煤炭、矿山、冶金、军队、武警、公安、政府、电力、铁路、地铁等领域。该系统具有如下特点：系统具有可视单呼、组呼、通播、广播、会议、紧急呼叫、强插/强拆、保持、分割、屏蔽、转接、监听、分群、对讲等功能，支持可视调度台、IP 终端、自动电话、专用电话等多种类型终端接入、不同种类终端可互通。采用分布部署、集中控制平台设计理念，兼容多厂家视频编码器，可整合原有视频监控系统、视频会议、语音调度和自动电话，实现统一平台管理与控制，避免用户重复投资。可在不同系统间实现联动（调度电话与监控系统联动、报警监控联动等），为各级调度指挥人员提供语音、数据、视频多信息的交互式平台。采用分布式

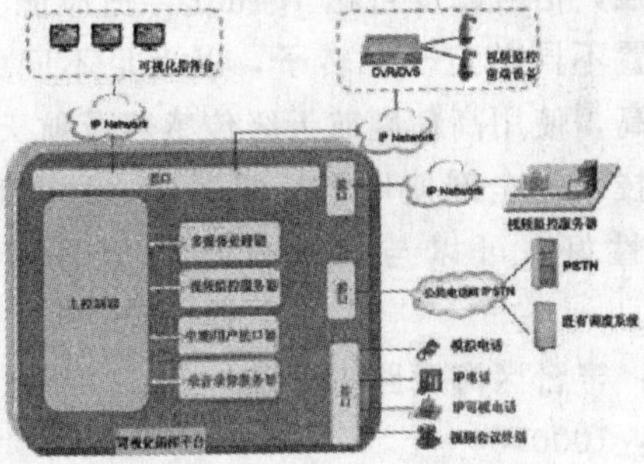

MDS6800 可视化指挥调度系统

部署和双机备份机制，后台核心控制器支持双机负载分担功能，指挥台支持热备模式，热备的任一指挥台均可完成指挥调度功能，使整个系统的稳定运行得到了保障。终端采用直观可视化、隐藏菜单式界面，用户一目了然，便于操作掌控。

地址：海淀区北清路中关村环保科技示范园地锦路 5 号院 1 号楼

邮编：100095

电话：62460088

传真：62492088

网址：www.jiaxun.com

法定代表人：林　菁

（佳讯飞鸿公司）

【WMWD－01 无线随钻测斜系统】 航天科工惯性技术有限公司产品。是一种正脉冲、可自发电的钻井定向系统。井下探管将采集的传感器信号经过校正、计算后得出所需工程参数，通过编码控制蘑菇头运动将信号转变为钻井液的压力脉冲传输到地面，地面设备进行处

理显示，指导钻井定向施工并记录井眼轨迹。适用于多种尺寸的井眼，可工作于超深井（国外仪器的使用经验表明，该类型仪器的使用深

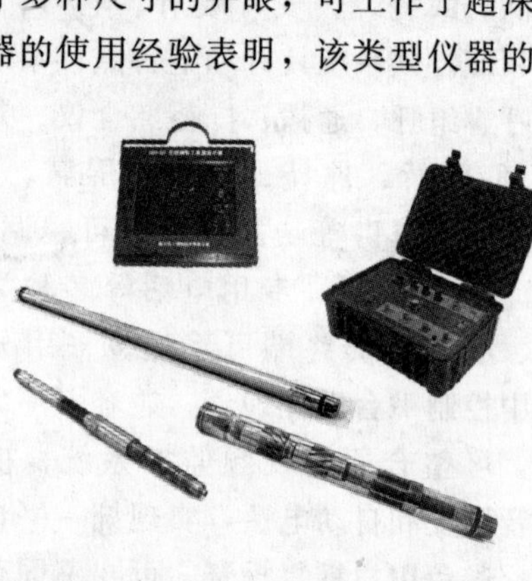

WMWD—01 无线随钻测斜系统

度可达到 1 万米）。主要特点为自发电、使用更安全可靠、保护环境，信号幅度好、抗干扰能力强，信号幅度可达 $1.4mp_a$，适应能力强，可配置不同的定子、转子，以满足不同井况，精度高，使用高精度航天级传感器及航天惯性导航技术，全部使用军品级器件，性能稳定、兼容性好，可以与国外仪器同型号零部件互换。

地址：丰台区海鹰路 1 号院

邮编：100070

电话：83681983

传真：83681887

法定代表人：崔玉平

（惯性公司）

【惯性管道轨迹测绘系统】 航天科工惯性有限公司产品。系采用高品质石英挠性加速度计和高精度光纤陀螺仪，与 GPS 和里程信号

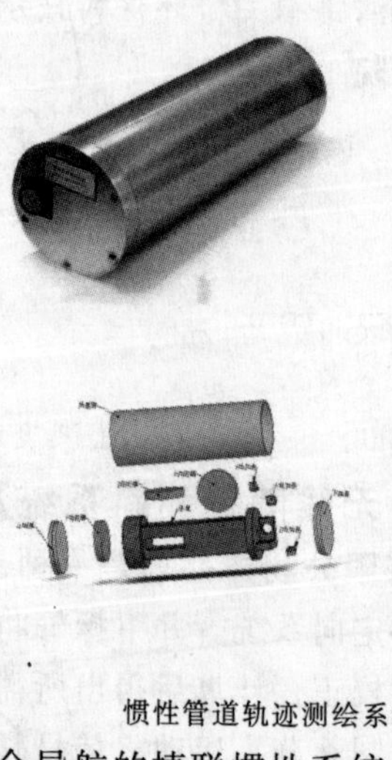

惯性管道轨迹测绘系统

进行组合导航的捷联惯性系统。在管道中进行测量时，利用系统内嵌的采集计算机对惯性导航系统中的传感器数据进行采集、存储。测量完毕后，通过下载软件将存储数据下载到地面 PC 机，利用后处理软件得到管道的轨迹曲线。该系统是长输管道轨迹测绘的专用测量装置，通过搭载在管道检测总体上，利用惯性组合导航技术，达到测绘管道轨迹和位移监测的目的。

地址：丰台区海鹰路 1 号院

邮编：100070

电话：83681983

传真：83681887

法定代表人：崔玉平

（惯性公司）

【北斗天璇船载终端系列产品】 北京北斗星通导航技术股份有限公司产品。是针对船舶环境设计的一款北斗和 GPS 双模定位、主机天线一体化设备，能够适应海上复杂的恶劣环境。具有主机和天线一体化、搜索卫星速度快、北斗和 GPS 双模定位、一键式报警、具备断电条件下应急通信和定位、防盐雾、防浸

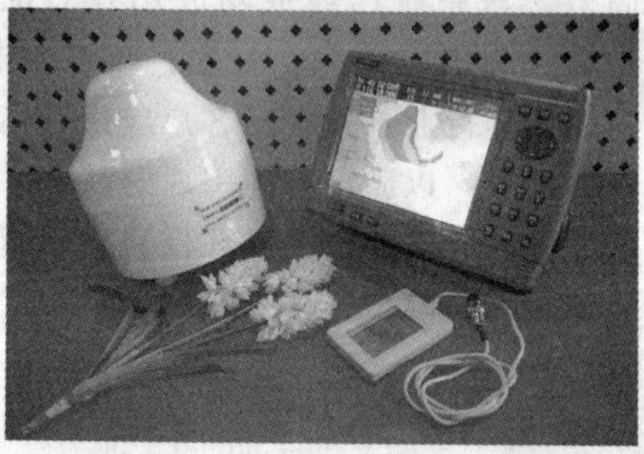

北斗天璇船载终端系列产品

水、耐腐蚀、耐湿热及稳定可靠等特点。广泛应用于海洋渔业渔船安全生产管理、船舶运输、江河船舶运输等领域。该系列产品获得了中华人民共和国渔业船舶检验局船用产品型式认可证书，证书编号 C00000600096。

地址：海淀区上地信息产业基地三街 9 号金隅嘉华大厦 A 座 10 层

邮编：100085

电话：62969966

传真：62966646

网址：www.navchina.com

法定代表人：周儒欣

（北斗星通公司）

【北斗天玑系列集团用户中心设备】 北

京北斗星通导航技术股份有限公司产品。是为国家集团用户提供其下属用户定位、授时及短

北斗天玑系列集团用户中心设备

报文信息，完成信息的管理、监控、显示、分析、存储及查询，并向下属用户发送指挥信息，实施指挥控制的高端北斗系统。该系统适用于海上作业、交通运输、国防等各类集团用户。其代表北斗一号信息服务系统，获得了科技进步奖，形成了核心自主知识产权，并实现了高新技术成果转化，成为了北京市自主创新产品。

地址：海淀区上地信息产业基地三街9号金隅嘉华大厦A座10层
邮编：100085
电话：62969966
传真：62966646
网址：www.navchina.com
法定代表人：周儒欣

（北斗星通公司）

【工业自动化及系统集成自动监控系统】 自动化所产品。其核心是将计算机及网络技术、可编程控制技术、现场总线技术、信息管

工业自动化及系统集成自动监控系统

理技术等应用于各种生产线的控制、监视和管理，实现生产系统自动化、智能化，提高生产效率，保证产品质量。近几年来，先后完成了宗申摩托车集团公司、重庆长安汽车有限公司、一汽大众汽车有限公司、华北铝加工有限公司等数十条自动化生产线控制与监控系统和生产线工程，得到客户的好评。

地址：西城区教场口街1号
邮编：100120
电话：82285613
传真：62006110
网址：www.riamb.ac.cn
电子邮箱：mkt@riamb.ac.cn
法定代表人：郝玉成

（自动化所）

【生产物流自动化系统】 自动化所产品。该系统包括自动化立体仓库、系统管理软件、条形码识别跟踪系统、搬运码垛机器人、输送

生产物流自动化系统

系统等产品。先后承建了仪征化纤涤纶成品物流系统、正泰集团公司电器立体仓库、蒙牛集团和伊利集团乳制品立体仓库、巨石集团玻璃纤维生产线物流系统、重庆隆鑫生产物流自动化系统、军工专用自动化综合立体仓库，以及物流数据采集及跟踪管理系统、轻型物件传输系统等近百个物流与仓储工程项目。

地址：西城区教场口街1号
邮编：100120
电话：82285613
传真：62006110
网址：www.riamb.ac.cn
电子邮箱：mkt@riamb.ac.cn
法定代表人：郝玉成

（自动化所）

【乙肝检测新产品】 北京金豪制药股份有限公司产品。能够同时检测乙肝的前S1抗原和前S2抗原，在很大程度上缩短了乙肝检测的窗口期，它的面世为乙肝检测系列产品注入了新的动力。该产品弥补了单独检测前S1或前S2的诊断试剂的不足，进一步提高了乙肝

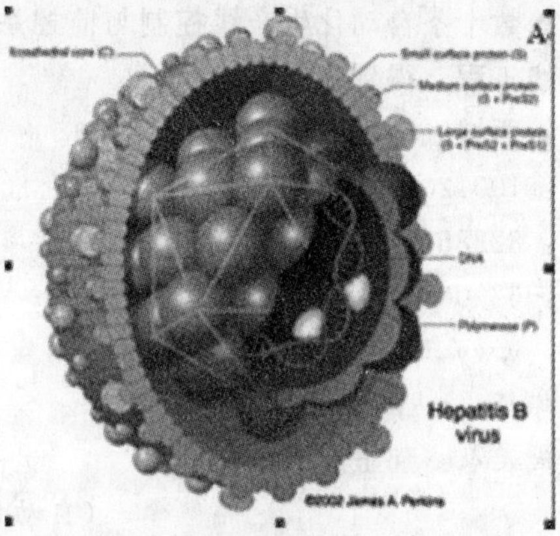

乙肝检测新产品

检测的准确性。同时，该产品采用酶联免疫法，能同时检测大量标本，走在了乙肝病毒诊断技术的前沿。

地址：经济技术开发区运成街 7 号

邮编：100176

电话：67878866

传真：67881632

网址：www.kinghawk828.com

法定代表人：张　志

（金豪制药）

【宽幅熔喷非织造布设备及工艺技术】 宏大研究院有限公司主要研制产品。该项目完成了具有自主知识产权的国内首台套 3200 毫米幅宽熔喷非织造布生产线，并形成了系列产品，在国内属于首创，技术已经达到国际先进水平，荣获 2009 年度中国纺织工业协会科学技术进步奖二等奖。建立了熔喷模头理论推导和数学模型，研制了快装式纺丝组件、气流牵伸系统、温度和压力连锁保护，建立了分析实

宽幅熔喷非织造布设备

验室，为数据检测和分析提供了平台。建成了年产 1200 吨的 3200 毫米幅宽熔喷生产线，工艺速度可达到 100 米/分钟，纤维直径达到 2 微米～3 微米，克重范围可达 10 克/平方米～200 克/平方米，布面不匀率小于 5%。采用低压纺丝技术，单位产量能耗降低了 30%～40%。同时具备了成套工程能力，具有优良的性价比，可以替代进口，有利于推动非织造布行业技术水平的提升，市场占有率为 50%。该技术符合国家的环保国策，实现了宽幅、高速、高产、节能减排的要求。

地址：经济技术开发区永昌南路 19 号

邮编：1000176

电话：67886622

传真：67872819

网址：www.hdyjy.com

法定代表人：刘　红

（宏大研究院有限公司）

【3MW 风力发电机组】 金风科技股份有限公司产品。该机组为混合传动（或称半直驱）

3MW 风力发电机组

永磁式机组，通过变桨控制功率，采用中速永磁同步发电机、全功率变流。吊装完成后，其轮毂中心距地面 90 米高，叶片直径达到 100 米，功率相当于风场 4 个 750 千瓦机组，是国内自主研发的陆上最大功率风力发电机组。目前已经申请了三项发明专利、两项实用新型专利及一项外观专利，其中两项实用新型专利与外观专利已获得授权。该机组以海上风力发电为主、兼顾陆地应用的机组，在发电效率、可靠性、电网适应性等方面，得到了业界的肯定。

地址：经济技术开发区康定街 19 号

邮编：100176

电话：87857500

网址：www.goldwind.cn

法定代表人：武　钢

（金风科技）

【利乐新一代食品灭菌系统】 利乐包装（北京）有限公司产品。适用于加工高黏稠度和含颗粒的预制食品。耐高压型利乐超高温预

利乐新一代食品灭菌系统

制食品灭菌系统具有以下特点：能够高效率处理如番茄酱、奶油甜点、水果制品、蔬菜果泥和婴儿食品等高黏稠度的汤和酱料类预制食品，处理能力可达每小时1.8万升以上；该系统的核心部件—耐高压盘管式热交换器，可承受最高350巴的压力并实现管内更高流速及更小体积，从而产生更少混合相（开停机时产品/水），同时缩短转换时间，提高启动速度。在加工高黏稠度和含颗粒的预制食品时，系统体积的缩小，使产品损耗比传统设备减少了50%，同时能够通过减少原材料损耗、废弃物处理设施，降低生产成本，增加利润；大幅减少了产品在管壁经高温形成的结垢，减少了清洗耗时，实现了更长的运行时间；降低了产品损失和清洗损耗，对环境的影响降至更低；采用更加先进的卫生设计，减少了表面焊缝，最大限度地保证了食品安全；先进的自动化控制系统，实现了生产流程的全程可控和追溯，对于减少停机时间和人为差错具有重要意义。

地址：经济技术开发区东环南路15号

邮编：100176

电话：67887117

传真：67802262

网址：www.tetrapak.com

法定代表人：李赫逊（Hudson lee）

（利乐包装）

【WXTY－05应急通信系统】 北京世纪东方国铁科技股份有限公司自行研制开发的核心产品之一，曾获2008北京市火炬计划立项。该产品由应急指挥中心设备、传输通道设备、应急现场设备组成，是集应急通信、应急救援指挥、信息高速处理等功能于一体的综合系统。具有指挥中心与应急现场语音通信功能、应急现场各终端间内部通信功能、具有远程数

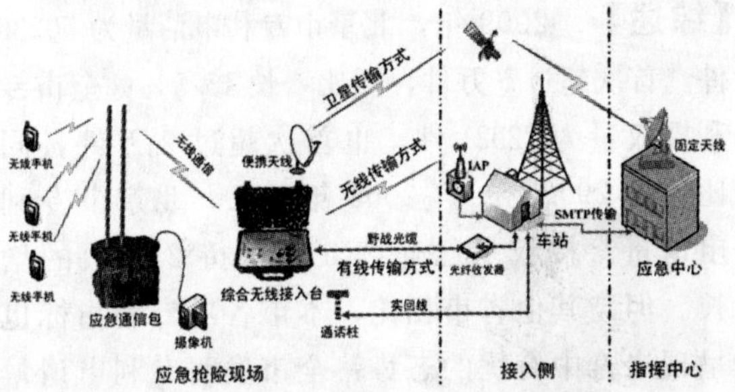

WXTY－05应急通信系统原理图

据通信功能、支持有线、无线、卫星等多种接入方式及组网灵活等一系列特点。

地址：丰台区南四环西路188号12区31号楼

邮编：100070

电话：63703588

传真：63703007

电子邮箱：wcl@bcecr.com

法定代表人：田秀华

（李　刚）

（本栏目编审：许　林）

工业专利

【综述】 2009年，北京市专利申请量为50236件，首次超过5万件，同比增长15.5%；全市专利授权量为22921件，也首次超过2万件，同比增长29.2%。自2005年以来，北京市专利申请量、授权量已连续5年保持2位数的增长。但与其他省市相比，本市各项专利指标也呈现出喜中有忧的态势：全市发明专利申请量排名从全国第一降为第三；在高校专利申请量排名中，北京由全国第三降为第四；中关村科技园区专利申请量下降了12.1%，发明专利申请量下降幅度为29.8%。一方面因受到金融危机的消极影响，本市各企事业单位、高等学校及科研院所的专利申请量相比其他省市同期增幅有限，园区企业申请甚至出现下降；另一方面，广东、江苏等省市通过调整专利申请资助政策，不断加大对专利申请的激励力度，对北京市专利申请资助政策也造成很大压力。

继续保持发明专利为主的结构，全市发明专利申请量为29326件，在粤苏之后，居全国第三位；发明申请占全市专利申请量的比例虽较2008年减少6.9个百分点至58.4%，但仍为全国最高。此外，实用新型专利申请为15424件，占30.7%；外观设计专利申请为5486件，占10.9%。全市三种专利申请依然保持“六三一”格局。

专利申请资助政策对企业专利活动的影响有明显体现。园区企业的专利申请活动有所变化。据统计，中关村科技园区企业的专利申请量为14546件，比上年减少12.1%；其中，发明专利申请量为9015件，减少29.8%。在园区专利申请总量减少的情况下，实用新型和外观设计专利申请量达到3973件和1558件，分别增长34.1%和110.0%，逆势而上。同时，园区进行专利申请活动的企业数量也明显增加。园区申请专利的企业数量达到1779家，比上年增长22.0%；其中，申请量在5件以下的企业数量为1317家，增长22.7%。园区外企业的专利活动较为活跃，专利申请量涨幅较大。全市园区外企业的专利申请量为12179件，比上年增长95.0%。其中，发明专利申请量为6067件，增长102.6%；实用新型专利申请量为4415件，增长104.6%。这表明，各区县专利申请资助政策对园区外企业的专利申请活动的作用明显。

科研单位的专利活动依然活跃，高校专利活动有落后的趋势。全市科研单位的专利申请量为5783件，专利授权量为2666件，在全国各省市中高居榜首；占当年全国科研单位专利申请总量21271件和授权总量10269件的比例均超过25%。同年，全市大专院校的专利申请量为6935件，排名下降一位居全国第四，落后于上海、江苏、浙江；授权量则为3397件，落后于浙江、上海，仅比第四位的江苏多183件。

专利商用化程度依然较低。截至年底，全市技术含量及商用价值最高的发明专利有效量已达到28774件，居全国首位。然而，据北京技术市场管理办公室的统计，全市发明专利技术合同成交额29.71亿元，仅占全年成交技术合同的2.4%。2007年—2009年，全市的专利相关质押贷款仅实现45笔，贷款总额约4.3亿元。在专利申请量增势稳定的情况下，通过完善激励政策、调整资助方向，全面推动专利商用化工作，将有利于进一步优化专利结构，提高专利素质，加快科技成果转化。

加大企业层面首都知识产权战略的推进力度。首都知识产权战略实施一年来，知识产权融入区域经济建设的步伐进一步加快，极大地促进了首都科技研发和自主创新能力的提高。进一步加强企业层面知识产权战略的推进力度，加大政府投资项目专利产出效能监督，建立专项资金全力支持企业在首都经济发展的关键领域拥有核心技术，切实做大做强一批创新企业，积极服务于首都经济增长方式的转变和核心竞争力的提高。

实施企业专利战略，不断激发园区企业创新能力。在现有基础上，应发挥中关村知识产权工作龙头带动作用，进一步加强以专利制度为主的园区企业创新政策体系建设，加快政策导向和工作机制体系建设，引导园区企业实施专利战略；加大专利工作资金投入力度，积极搭建专利信息公共服务平台，大力提高企业知识产权创造、管理、保护和运用能力，为建设中关村自主创新示范园区提供强有力支撑。

进一步优化专利中介服务资源的开发利用。丰富的专利代理资源是首都生产性服务业的重要组成部分，同时以专利中介服务为基础的“百千对接工程”也显示出较好的社会效应。基于“百千对接工程”的成熟经验，结合中关村国家自主创新示范区经济发展特色和重点产业，实施中关村“引优扶强计划”，引导、整合优质专利代理资源，积极服务中关村百家创新企业的专利申请、专利培育、专利布局等。

（张　亮）

2009 年北京市工业企业发明实用新型授权部分专利

申请号	专利名称	申请人姓名	申请人地址
20061G76163	一种激光平面坐标标准装置	中国航空工业第一集团公司北京长城计量测试技术研究所	北京市 1066 号信箱
20071978936	阵列式射流冲击热沉搅拌摩擦焊接方法及装置	中国航空工业第一集团公司北京航空制造工程研究所	北京市 340 信箱
20071K02001	用于污水输送的膜片式负压阀	万若（北京）环境工程技术有限公司	西城区新街口外大街 28 号普天德胜 E 座 326
20061720277	正极活性材料组合物、正极片及锂离子电池	北京中润恒动电池有限公司	昌平科技园区火炬街 10 号
20061440399	一种阴离子自乳化水性聚氨酯乳液及其制备方法	北京科聚化工新材料有限公司	昌平科技园区星火街 5 号
2001110015X	细胞分离方法及其应用	北京博奥生物芯片有限责任公司	清华西路甲 2 号
20061013098	革兰氏阴性细菌耐药基因检测方法及其专用芯片与试剂盒	北京博奥生物芯片有限责任公司	昌平区生命科学园路 18 号
20061078853	一种芯片洗涤方法及洗涤装置	北京博奥生物芯片有限责任公司	昌平区生命科学园路 18 号
20061081964	环保型大豆油胶印金属油墨	北京康丽普科技有限公司	朝阳区安翔北里 11 号创业大厦 B 座 602 室
20061E06018	便携式地板采暖系统	北京化工大学	朝阳区北三环东路 15 号

20071637170	一种无卤阻燃电缆护套料	北京化工大学	朝阳区北三环东路15号
20041A18738	基于自支撑薄膜高高宽比深亚微米、纳米金属结构制作工艺	中国科学院微电子研究所	朝阳区北土城西路3号
2004146075X	方镁石—镁铝尖晶石—锆酸镧（钙）复合耐火材料	北京瑞泰高温材料科技股份有限公司	朝阳区管庄东里1号
20071644441	通用串行总线接口移动存储方法及其装置	北京天天宽广网络科技有限公司	朝阳区和平街13区35号煤炭大厦21层
20071005433	一种组合功能液压油缸	煤炭科学研究总院	朝阳区和平里青年沟东路5号
20071988571	旋转式高压无气喷枪	安东石油技术（集团）有限公司	朝阳区花家地东路5号利景名门3层
2004166631X	用于制备亚烷基二元醇的复合树脂催化剂	中国石油化工股份有限公司	朝阳区惠新东街甲6号
20051730927	一种双孔硅胶柱材料及其制备方法	中国石油化工股份有限公司	朝阳区惠新东街甲6号
2005180208X	一种钒系非茂聚烯烃催化剂及制备与应用	中国石油化工股份有限公司	朝阳区惠新东街甲6号
20051D22997	一种碱液抽提脱硫的方法及设备	中国石油化工股份有限公司	朝阳区惠新东街甲6号
20071540067	一种流化床气固接触设备	中国石油化工集团公司	朝阳区惠新东街甲6号
20051C64008	一种真空腔室的充气系统	北京圆合电子技术有限责任公司	朝阳区酒仙桥东路1号
20061031772	一种用氢化物发生—原子光谱法测量血铅含量的方法	北京吉天仪器有限公司	朝阳区酒仙桥东路1号6座4层北京吉天仪器有限公司
20061764519	低温等离子体原子荧光光谱仪	北京吉天仪器有限公司	朝阳区酒仙桥东路1号6座4层北京吉天仪器有限公司
20051D2423X	一种薄膜晶体管液晶显示器的阵列基板结构及其制造方法	京东方科技集团股份有限公司	朝阳区酒仙桥路10号
20061765526	一种平坦化有源驱动TFT矩阵结构及其制造方法	京东方科技集团股份有限公司	朝阳区酒仙桥路10号
20061F20244	一种摩擦装置及其用途	京东方科技集团股份有限公司	朝阳区酒仙桥路10号
20061D80450	一种TFT阵列结构及其制造方法	京东方科技集团股份有限公司	朝阳区酒仙桥路10号
20061E4200X	取向液喷洒隔垫物的设备及取向液和隔垫物的制备方法	京东方科技集团股份有限公司	朝阳区酒仙桥路10号
20071H88731	彩色滤光片及其制造方法和液晶显示装置	京东方科技集团股份有限公司	朝阳区酒仙桥路10号

20061744587	一种TFT LCD阵列基板及制造方法	京东方科技集团股份有限公司	朝阳区酒仙桥路10号
20061C79775	一种彩色滤光片结构及其制造方法	京东方科技集团股份有限公司	朝阳区酒仙桥路10号
20071632355	金属导线、电极及薄膜晶体管阵列基板的制造方法	京东方科技集团股份有限公司	朝阳区酒仙桥路10号
20071630487	一种背光源模组	京东方科技集团股份有限公司	朝阳区酒仙桥路10号
20061D80446	一种薄膜晶体管沟道结构及其形成方法	京东方科技集团股份有限公司	朝阳区酒仙桥路10号
2007163236X	一种TFT阵列结构及其制造方法	京东方科技集团股份有限公司	朝阳区酒仙桥路10号
20031571948	移动通信设备的测试装置	西门子（中国）有限公司	朝阳区望京中环南路7号
20061B42185	环保制浆剂及工艺	北京聚德源环保科技有限公司	房山区韩村河镇西东村
20061G96152	一种基于绝缘栅双极性晶体管的中功率低压变频器	北京金自天正智能控制股份有限公司	丰台区富丰路6号
20051A27962	一种计算机联锁系统	北京全路通信信号研究设计院	丰台区太平桥289号
20031C08441	一种简化网络通讯过程的方法	冶金自动化研究设计院	丰台区西四环南路72号
20061892606	耐高温柔性橡胶粘结磁体及其制备方法	北矿磁材科技股份有限公司	丰台区右安门外草桥村28号
20061B47210	光纤偏载仪	北京东方瑞威科技发展有限公司	海淀区北蜂窝2号中盛大厦2306室
20051982881	一种SCDMA系统中定位终端的方法	北京信威通信技术股份有限公司	海淀区东北旺西路8号中关村软件园7号楼信威大厦
20061186839	双变压器供电滑触线避免出现打火现象的电气控制方法	中国铝业股份有限公司	海淀区复兴路乙12号中国铝业股份有限公司
20061117684	修正C臂床位移动造成双平面血管三维重建偏差的方法	北京思创贯宇科技开发有限公司	海淀区复兴路乙20号汇通商务楼519室
20041738892	数字程控调度机的调度台和值班台装置	北京佳讯飞鸿电气有限责任公司	海淀区交大东路31号电子楼4层
20061G82728	一种实时动态交通信息采集处理发布的方法和系统	北京世纪高通科技有限公司	海淀区青云里满庭芳园D座908室
20061G82713	一种交通信息融合处理方法和系统	北京世纪高通科技有限公司	海淀区青云里满庭芳园D座908室
20071998592	一种控制信号一次全转换的计算机组成原理实验装置	清华大学科教仪器厂	海淀区清华园

20061D78588	用于转化液化气所含硫醇的催化剂的制备方法	北京三聚环保新材料有限公司	海淀区人大北路33号大行基业大厦17层
20061D78592	用于转化汽油所含硫醇的催化剂的制备方法	北京三聚环保新材料有限公司	海淀区人大北路33号大行基业大厦17层
20051763244	动态结构化查询语言语句的构造方法	联想（北京）有限公司	海淀区上地创业路6号
20061006041	一种WiMAX系统基站接收端定时与频偏联合同步方法	北京北方烽火科技有限公司	海淀区上地东路5—3号烽火科技大厦
20061H16315	机顶盒软件升级管理方法和系统	北京广博数字电视科技有限公司	海淀区上地东路5号京蒙高科大厦B座4层
20021165831	码分多址移动通信系统中基站选择器切换方法	东方通信科技发展有限公司	海淀区上地二街
20061B32821	一种生成大版点阵数据的方法及大版点阵数据生成装置	北京北大方正电子有限公司	海淀区上地五街9号方正大厦
20071984941	一种图像检索方法及系统	北京北大方正电子有限公司	海淀区成府路298号中关村方正大厦513
20061834507	一种植物抗逆性相关蛋白及其编码基因与应用	北京未名凯拓农业生物技术有限公司	海淀区上地西路39号北大生物城凯拓公司
20021208638	系统级内存环境测试的方法及装置	联想（北京）有限公司	海淀区上地信息产业基地创业路6号
20061663683	一种无线数据传输装置和方法以及一种显示模块	联想（北京）有限公司	海淀区上地信息产业基地创业路6号
20061763910	虚拟机系统及其显卡访问方法	联想（北京）有限公司	海淀区上地信息产业基地创业路6号
20061825476	一种基于虚拟机的安全输入方法	联想（北京）有限公司	海淀区上地信息产业基地创业路6号
20051C61851	短程无线网络中接收数据的自动增益控制方法	北京威讯紫晶科技有限公司	海淀区上地信息路2号创业园D栋208号
20061B26835	一种基于Linux操作系统实现零拷贝的装置和方法	飞塔信息科技（北京）有限公司	海淀区上地信息路7号数字传媒大厦507室
20011445572	同步信号检测电路装置及其该装置检测同步信号的检测方法	北京六合万通微电子技术有限公司	海淀区上地信息中路20号中关村发展大厦E座401室
20041340692	一种门窗试验机	北新建材（集团）有限公司	海淀区西三旗建材城西路16号
20051D03407	基于多核架构处理器实现的基带处理装置	大唐移动通信设备有限公司	海淀区学院路29号
20061782409	电话簿条目信息内容一致性维护的方法	大唐移动通信设备有限公司	海淀区学院路29号
20041A25498	实现芯片管脚功能互换的电路及芯片	北京中星微电子有限公司	海淀区学院路35号世宁大厦15层

20061870310	一种用于数字视频处理的运动检测和解交错方法及其装置	北京中星微电子有限公司	海淀区学院路35号世宁大厦15层
20061988492	一种对数字视频图像中物体边沿的处理方法及装置	北京中星微电子有限公司	海淀区学院路35号世宁大厦15层
20061889730	一种基于两级分类的二维码定位识别方法和装置	北京中星微电子有限公司	海淀区学院路35号世宁大厦15层
20061B29157	一种去除信号中毛刺的方法及其装置	北京中星微电子有限公司	海淀区学院路35号世宁大厦15层
20071991216	文件分配系统中的文件名生成方法及生成装置	北京中星微电子有限公司	海淀区学院路35号世宁大厦15层
20071B80355	一种总线访问冲突的检测方法和系统	北京中星微电子有限公司	海淀区学院路35号世宁大厦15层
20061G95821	一种在软件保护装置中实现软件保护的方法与装置	北京飞天诚信科技有限公司	海淀区学院路40号研7A楼5层
20061B28474	一种USB设备与主机进行安全通信的方法及装置	北京飞天诚信科技有限公司	海淀区学院路40号研7楼5层
20071992825	一种非接触式卡及其控制方法	北京飞天诚信科技有限公司	海淀区学院路40号研7楼5层
20061814768	移动存储器失泄密防护的方法和系统	中国软件与技术服务股份有限公司	海淀区学院南路55号(中软大厦)
20051862381	阳光控制低辐射透明薄膜及其制备方法和用途	中科纳米技术工程中心有限公司	海淀区永丰北清路99号3号楼
20041098129	线材自动点数机	中国科学院自动化研究所	海淀区中关村东路95号
20051B48011	用于视频编码处理的差值量化方法及其装置	北京微视讯通数字技术有限公司	海淀区中关村南大街2号数码大厦B座15020
20051B48045	利用视频信号帧间相关性进行编码的方法和装置	北京微视讯通数字技术有限公司	海淀区中关村南大街2号数码大厦B座1502D
20051864584	一种利用射线源对液体物品进行CT安全检查的设备	清华同方威视技术股份有限公司	清华同方科技广场A座2907
20061008935	一种双冷臭氧放电管	清华同方股份有限公司	清华同方科技广场A座2907
20071B89148	一种改进的PVC弹性卷材地板及其生产方法	北京威廉顺塑胶制品有限公司	顺义区北务镇
20061A59756	用于监测可疑文件启动的方法和装置	北京瑞星国际软件有限公司	中关村大街22号中科大厦1302号
20041987486	小麦WCOR726基因启动子及其应用	北京北方杰士生物科技有限责任公司	5122信箱12号文化办转北京北方杰士生物科技有限责任公司
2006107561X	一种用于制备滤料的有机组合物	中国北方车辆研究所	969信箱19号

20051049057	基于正交调制的用于数字广播（DRM）的调相载波实现方法	北京北广科数字广播电视技术有限公司	北京广播学院数字化工程中心57号
20071B93016	一种持久节能屋面系统	北京东方雨虹防水技术股份有限公司	朝阳区高碑店康家园小区4号楼
20061G52722	氨曲南的制备方法	北京赛科药业有限责任公司	朝阳区劲松三区甲302号华腾大厦1101室
20061B25688	刻蚀设备的控温装置及其控制晶片温度的方法	北京北方微电子基地设备工艺研究中心有限责任公司	朝阳区酒仙桥东路1号M5座2楼
20061B44689	气体流量控制装置校验的方法	北京北方微电子基地设备工艺研究中心有限责任公司	朝阳区酒仙桥东路1号M5座2楼
20061B25692	定位校准装置及定位校准系统	北京北方微电子基地设备工艺研究中心有限责任公司	朝阳区酒仙桥东路1号M5座2楼
20061B27486	真空获得系统	北京北方微电子基地设备工艺研究中心有限责任公司	朝阳区酒仙桥东路1号M5座2楼
20061B44176	气体流量校准的方法	北京北方微电子基地设备工艺研究中心有限责任公司	朝阳区酒仙桥东路1号M5座2楼
20061587529	安装有纵向式相机模块的移动通信终端及其动作方法	乐金电子（中国）研究开发中心有限公司	朝阳区建国门外大街乙12号双子座大厦西塔18层
20061726288	一种用于移动通信终端的外壳	乐金电子（中国）研究开发中心有限公司	朝阳区建国门外大街乙12号双子座大厦西塔18层
20051B29129	具有导航功能的移动通信终端及方法	乐金电子（中国）研究开发中心有限公司	朝阳区望京利泽中园二区203号洛娃大厦B座
20061791662	移动通信终端的电池	乐金电子（中国）研究开发中心有限公司	朝阳区望京利泽中园二区203号洛娃大厦B座
20061808254	移动通信终端	乐金电子（中国）研究开发中心有限公司	朝阳区望京利泽中园二区203号洛娃大厦B座
2006182934X	带有弹出型显示部的移动通信终端	乐金电子（中国）研究开发中心有限公司	朝阳区望京利泽中园二区203号洛娃大厦B座
20041739626	一种适配器插头结构	乐金电子（中国）研究开发中心有限公司	朝阳区望京利泽中园二区203号洛娃大厦B座
20041915204	一种便携式终端机的分集式天线安装结构	乐金电子（中国）研究开发中心有限公司	朝阳区望京利泽中园二区203号洛娃大厦B座
20051074928	一种移动通信终端的天线装置	乐金电子（中国）研究开发中心有限公司	朝阳区望京利泽中园二区203号洛娃大厦B座

20051534688	一种高浊高铁循环冷却水的处理方法	中国石化北京燕化石油化工股份有限公司	房山区燕山岗南路1号
20071650264	一种控制游戏对象的方法、装置	北京金山软件有限公司	海淀区北四环中路238号柏彦大厦20层
20061731905	一种软件使用许可的方法和系统	北京金山软件有限公司	海淀区北四环中路238号柏彦大厦20层
20061B23076	一种乙醇改性剂及其应用	北京中天醇能源技术有限公司	海淀区大柳树路17号富海大厦5－505
20061E10738	血压监测仪的检测方法及柯氏音延时和脉搏波传导时间信号发生器	北京新兴阳升科技有限公司	海淀区阜成路28号航医大厦413室
20061651224	水冷等离子淋浴器	北京中科信电子装备有限公司	海淀区复兴路乙20号汇通商务楼北门44号办公楼2层东段
20061760359	离子注入机的一维机械扫描装置	北京中科信电子装备有限公司	海淀区复兴路乙20号汇通商务楼北门44号办公楼2层东段
20011022078	替硝唑结肠定位肠溶片	北京万全阳光医药科技有限公司	海淀区花园路1号
20041309026	一种连续相位序列的检测装置与方法	北京天碁科技有限公司	海淀区花园路1号高鸿大厦
2004148227X	移动电话测试系统及方法	联想（北京）有限公司	海淀区上地创业路6号
20051558911	防止对RSA算法进行能量分析攻击的方法	联想（北京）有限公司	海淀区上地创业路6号
20051786176	把网络存储空间模拟成本地磁盘的方法	联想（北京）有限公司	海淀区上地创业路6号
20051120540	便携关联媒体播放终端	联想（北京）有限公司	海淀区上地创业路6号
20051A93201	动静态混合画面的投影方法和投影系统	联想（北京）有限公司	海淀区上地创业路6号
20041912545	视频图像运动补偿装置	联合信源数字音视视频技术（北京）有限公司	海淀区上地东路1号盈创动力A座701室
20071C2432X	粒度可控的对象串行化存储文件的修复方法、设备及系统	北大方正集团有限公司	海淀区成府路298号中关村方正大厦513
20061072202	一种自动更新信息数据的方法	北京北大方正电子有限公司	海淀区上地五街9号方正大厦
20051C35946	一种自动绑定移动设备的数字作品下载方法	北京北大方正电子有限公司	海淀区上地五街9号方正大厦
20061072448	实时发布网站内容的系统及方法	北京北大方正电子有限公司	海淀区上地五街9号方正大厦
20061671942	一种排版领域里文件输出方法	北京北大方正电子有限公司	海淀区上地五街9号方正大厦
20061B30703	一种集群排版系统及方法	北京北大方正电子有限公司	海淀区上地五街9号方正大厦

20061B43031	一种文档打印方法、装置及系统	北京北大方正电子有限公司	海淀区上地五街9号方正大厦
20071H8482X	数控系统加工代码的通用生成方法和装置	北京数码大方科技有限公司	海淀区知春路甲63号卫星大厦802室
20061B25423	一种用于密码学运算的微处理器内核	北京清华同方微电子有限公司	清华同方科技广场A座2901
20061120013	一种优化的单克隆抗体	神州细胞工程有限公司	经济技术开发区中和街14号B－211
20061869493	一种用于肠道清洁的药物组合物	北京昭衍博纳新药研究有限公司	经济技术开发区荣京东街甲5号
20071652861	基于Keil C51的软件保护开发的方法和系统	北京飞天诚信科技有限公司	海淀区学院路40号研7楼5层
20021313121	锂离子电池正极材料二次球钴酸锂的制备方法	北京圣比和科技有限公司	海淀区上地信息中路32号中关村创业大厦0405室
20061B36644	一种计算机恶意代码处理方法和系统	飞塔信息科技（北京）有限公司	海淀区上地信息路7号数字传媒大厦507室
20051120837	用于温室的可去除保护膜技术	北京瑞雪环球科技有限公司	海淀区上地信息路2号国际创业园
20051552597	分段线性的模数转换器	北京思比科微电子技术有限公司	海淀区上地信息路2号创业园D栋412
20051C61264	一种模数转换器及其控制方法	北京思比科微电子技术有限公司	海淀区上地信息路2号创业园D栋412
20061664525	一种短程无线网络中实时侦听载波信号的方法	北京威讯紫晶科技有限公司	海淀区上地信息路2号创业园D栋208号
20071A59337	基于智能视频监控的多层次实时预警系统	北京汇大通业科技有限公司	海淀区上地信息路2号D栋307室
20071636089	一种无铅合金焊锡膏及其制备方法	北京蓝景创新科技有限公司	海淀区上地信息路26号中关村创业大厦511室
20071637791	金属粉末制备装置	北京蓝景创新科技有限公司	海淀区上地信息路26号中关村创业大厦511室
20051687452	一种通过蓝牙语音网关支持电话会议的方法	艾威梯软件技术（北京）有限公司	海淀区上地信息路12号
20061F05668	血凝酶	康辰医药发展有限公司	海淀区上地三街9号嘉华大厦A座7层
20041839361	一种智能卡表付费方法及其系统	北京融通高科科技发展有限公司	海淀区上地七街1号汇众大厦401
20051A32937	胸腺素β4衍生物及其应用	北京诺思兰德生物技术有限责任公司	海淀区上地开拓路5号A402
20011365900	可光照固化的皮革涂饰组合物	北京英力科技发展有限公司	海淀区清华大学紫光大楼508室
20061H15929	ABO血型基因与短串联重复基因座复合扩增系统	鼎生科技（北京）有限公司	海淀区清华大学学研大厦A1010室

20061119891	利用电容变化进行矢量压力测量的方法及装置	汉王科技股份有限公司	海淀区东北旺西路 8 号 5 号楼 3 层
20061B24064	用于计算机录入的电子软笔	汉王科技股份有限公司	海淀区东北旺西路 8 号 5 号楼 3 层
2007198917X	一种径向绝缘叠片式导电滑环	北京航天控制仪器研究所	海淀区北京 142 信箱 403 分箱
20041691044	侧链含不饱和官能团的丙烯酸酯类低聚物、其制备方法和含有的光固化涂料组合物	北京清华紫光英力化工技术有限责任公司	海淀区安宁庄东路 18 号
20061112746	燃煤锅炉干式排渣装置	北京国电富通科技发展有限责任公司	丰台区南四环西路 188 号总部基地 6 区 14 号楼
20031C13914	一组抗丙型肝炎病毒感染及防治的核苷酸序列、片段及其应用	北京三诺佳邑生物技术有限责任公司	丰台科技园海鹰路九号 10 号－D2
20051D19689	一种乙烯浆液聚合用催化剂的制备方法	北京燕化高新催化剂有限公司	房山区燕山迎风二里 8 号
20061A40707	一种卤化铈闪烁晶体及其制造方法	北京玻璃研究院	崇文区东大地街 1 号
20061848887	磁悬浮抗震控制器及其控制方法	北京前沿科学研究所	朝阳区裕民路 12 号中国国际科技会展中心 A 座 23 层
20061873094	一种人血管瘤鼠动物模型及其构建方法	中日友好医院	朝阳区樱花东街 2 号
20031B85219	一种在无线通信系统中传输信号的方法和装置	西门子（中国）有限公司	朝阳区望京中环南路 7 号
20051665434	一种分布式天线网络中移动台的编组方法及其信令系统	西门子（中国）有限公司	朝阳区望京中环南路 7 号
20061026187	基于光纤数据传输的 CT 滑环系统	西门子（中国）有限公司	朝阳区望京中环南路 7 号
20061888225	一种在 MRI 引导的医疗设备中传送磁共振信号的装置	西门子（中国）有限公司	朝阳区望京中环南路 7 号
20031C15820	开关与调整功能分离式准连续半导体激光器电源	爱科凯能科技（北京）有限公司	朝阳区望京新兴产业区利泽中园 106 楼 505C
20071H88182	直插接线端子与主线路板的连接方法及连接装置	北京豪沃尔电子设备有限公司	朝阳区望京科技创业园 E 座 407 室
2006155132X	多载波 TD－SCDMA 系统中的 HSDPA 资源管理方法	鼎桥通信技术有限公司	朝阳区望京北路 9 号叶青大厦 D 座 15 层
20071637611	超高分子量聚乙烯纤维制备过程中的萃取和干燥方法	北京特斯顿新材料技术发展有限公司	朝阳区望京北路 9 号叶青大厦 C 座 401 室

20071U37474	电子印刷设备和电子纸印刷方法	北京派瑞根科技开发有限公司	朝阳区团结湖北路2号215室
20071864776	便携式字形构件	北京中易中标电子信息技术有限公司	朝阳区惠新东街甲2号北奥大厦19层1903室
2006100799X	对异丙基苯胺生产工艺的改进	北京金源化学集团有限公司	朝阳区惠新东街甲2号北奥大厦18层
2005102469X	双向保护接箍表面合金涂层热喷涂工艺	北京安东奥尔工程技术有限责任公司	朝阳区花家地东路5号利景名门3层
20051830183	双向保护抽油杆接箍	北京安东奥尔工程技术有限责任公司	朝阳区花家地东路5号利景名门3层
20031B53330	一种具有治疗骨性关节炎作用的药物组合物及其制备方法	北京双鹤药业股份有限公司	朝阳区光华路9号
20061B36292	基于高速JTAG嵌入式处理器的调试技术	北京中电华大电子设计有限责任公司	朝阳区高家园小区1号
20061651582	智能卡存储系统及该系统中文件创建管理的方法	北京握奇数据系统有限公司	朝阳区东直门外西八间房万红西街2号燕东商务花园
20031003265	双界面电子钥匙	北京握奇数据系统有限公司	朝阳区望京中环南路9号望京大厦B座18层
20061658774	指纹特征快速匹配方法、装置及其应用	北京握奇数据系统有限公司	朝阳区东直门外西八间房万红西街2号燕东商务花园
20061B40476	在多人机接口设备下匹配设备句柄与设备的方法及系统	北京握奇数据系统有限公司	朝阳区东直门外西八间房万红西街2号燕东商务花园
20061H16334	一种在电信智能卡多应用之间建立相互联系的方法	北京握奇数据系统有限公司	朝阳区东直门外西八间房万红西街2号燕东商务花园
2006181472X	一种U形管式热交换器	北京美联桥科技发展有限公司	朝阳区东三环中路39号建外SOHO北办公楼A座2503室
20061814734	一种多管程的热交换器	北京美联桥科技发展有限公司	朝阳区东三环中路39号建外SOHO北办公楼A座2503室
20061896382	一种应用交叉螺旋管的双管程换热器	北京美联桥科技发展有限公司	朝阳区东三环中路39号建外SOHO北办公楼A座2503室
20061896397	一种应用交叉螺旋管的换热器	北京美联桥科技发展有限公司	朝阳区东三环中路39号建外SOHO北办公楼A座2503室
2006189640X	一种应用U形交叉螺旋管的管壳式换热器	北京美联桥科技发展有限公司	朝阳区东三环中路39号建外SOHO北办公楼A座2503室

20071B87424	一种氧化铝陶瓷及其制备方法	北京中材人工晶体有限公司	朝阳区东坝红松园1号院
20031004350	废旧橡胶常温助剂法制取精细胶粉	北京泛洋伟业科技有限公司	朝阳区北三环东路12号惠亚大厦1306室
20061873906	在有线电视单向机顶盒中进行全文检索的系统	北京影立驰技术有限公司	朝阳区北辰东路8号汇宾大厦B918室
20071049342	一种烟气净化除尘设备及其工艺方法	中冶集团北京冶金设备研究设计总院	朝阳区安外胜古庄2号—冶金设备院
20061911895	高强弹性防水材料	北京中化科城技术研究所	朝阳区安慧里四区16号楼中国化工大厦1312室
20051C58806	基于以太网的节点间传输性能在线获取方法和装置	北京润光泰力科技发展有限公司	昌平科技园区创新路27号1号楼A座3—4层
2006169327X	一种聚氨酯预聚体和其制备方法及其用途	北京科聚化工新材料有限公司	产品科技园区星火街5号
20061650433	皂苷类化合物及其制备方法和应用	北京同仁堂股份有限公司	北京经济技术开发区西环南路8号
20061D79646	新型牙科氧化锆修复体及其制备工艺	北京宁宇博美生物技术有限公司	北京经济技术开发区顺兴路20号C区6室
20041A4817X	用于单光子计数仪的标准光源	北京源德生物医学工程有限公司	经济技术开发区永昌北路24号
20051544764	遮光罩、检测头组件及包括这种组件的检测仪器	北京源德生物医学工程有限公司	北京经济技术开发区永昌北路24号
20041327166	一种快速判定机床安装与运行性能的方法	北京机床研究所	朝阳区望京路4号
20031C40269	可拆装的组合式颗粒装填机	中国石油化工股份有限公司北京燕山分公司研究院	房山区燕山凤凰亭路15号
20071H99952	一种机车定置试验台轮对速度同步控制装置	中国北车集团北京二七机车厂有限责任公司	丰台区长辛店杨公庄1号
20071H77116	一种内燃机机体中介孔的精确定位加工方法	中国北车集团北京二七机车厂有限责任公司	丰台区长辛店杨公庄1号
20071C24851	一种拆卸气缸盖上气门座的装置	中国北车集团北京二七机车厂有限责任公司	丰台区长辛店杨公庄1号
20071C24866	一种在标准轨距线路上转运非标准轨距机车的装置	中国北车集团北京二七机车厂有限责任公司	丰台区长辛店杨公庄1号
20071H58897	一种导块粗铣缺口夹紧装置	中国北车集团北京二七机车厂有限责任公司	丰台区长辛店杨公庄1号
20051886136	压力气体方向控制阀	中国北方车辆研究所	丰台区槐树岭4号院
20061B13869	一种星球车用行星轮	中国北方车辆研究所	丰台区槐树岭4号院
20051B59092	甘氨酸法制备草甘膦的后处理新工艺	北京清华紫光英力化工技术有限责任公司	海淀区安宁庄东路18号
20051D04876	一种接线判别装置和方法	北京潞电电气设备厂	通州区轻纺服装服饰园区西荷路58号
20061G54145	管件法兰钻孔专用机床	北京通州宋庄铸造厂	通州区宋庄镇宋庄村西

20041736651	一种低磷阻垢缓蚀剂及其应用	中国石化北京燕化石油化工股份有限公司	房山区燕山岗南路1号
20041736666	一种低磷复合阻垢缓蚀剂及其在水处理中的应用	中国石化北京燕化石油化工股份有限公司	房山区燕山岗南路1号
20051D19693	一种用于气相乙烯聚合工艺的浆液催化剂的制备方法	北京燕化高新催化剂有限公司	房山区燕山迎风二里8号
20041007670	一种嗜酸乳杆菌及其应用	北京三元食品股份有限公司	海淀区西二旗中路29号
20041007685	一种双歧杆菌及其应用	北京三元食品股份有限公司	海淀区西二旗中路29号
20031B84926	一种耐高温和冲刷的离心辊及其制造方法	北新建材（集团）有限公司	海淀区西三旗建材城西路16号
20061113927	一种 FeSiAl 材料磁心及其制备方法	北京七星飞行电子有限公司	朝阳区酒仙桥路4号
20071B93995	一种玉米纤维多组分针织面料及其制备方法	北京铜牛集团有限公司	朝阳区太平庄142号
20071H8605X	具有液压驱动回转装置的径向量仪	北京第二机床厂有限公司	丰台区卢沟桥南里4号
20061G95287	一种培养小鼠胚胎干细胞的方法及其专用培养基	北京维通达生物技术有限公司	安定门外大羊坊6号
20071642836	亮度与色差信号时间差测试信号及其测量方法	北京牡丹视源电子有限责任公司	朝阳区酒仙桥东路1号M8楼
20071642840	数字电视视音频同步性测试信号及其测量方法	北京牡丹视源电子有限责任公司	朝阳区酒仙桥东路1号M8楼
20071E36111	密齿网纹中下罗拉	经纬纺织机械股份有限公司	朝阳区亮马桥路39号第一上海中心7层
20071E36130	细纱密齿沟槽牵伸前后下罗拉	经纬纺织机械股份有限公司	朝阳区亮马桥路39号第一上海中心7层
20071G63666	转杯纺纱机自动接头装置	经纬纺织机械股份有限公司	朝阳区亮马桥路39号第一上海中心7层
20071E36126	环锭纺纱机四罗拉牵伸装置	经纬纺织机械股份有限公司	朝阳区亮马桥路39号第一上海中心7层
20071U72139	精梳机吸落棉风道	经纬纺织机械股份有限公司	朝阳区亮马桥路39号第一上海中心7层
20061B35637	一种纤维增强水泥复合外墙板及其制备方法	北新集团建材股份有限公司	海淀区三里河路甲11号中国建材大厦16层
20061785939	生产干酪的设备	北京三元食品股份有限公司	海淀区西二旗中路29号
20071H89344	一种嵌套结构的通用双边复合模集成电路引脚成型机构	北京光华无线电厂	海淀区永定路50号
20071H90360	中性无毒重油污清洁剂及其制备方法	北京绿伞化学有限公司	海淀区永丰产业基地永捷北路3号

20071U4517X	一种适合于液晶屏幕的电视电脑清洁巾及其制备方法	北京绿伞化学有限公司	海淀区永丰产业基地永捷北路3号
20051929663	利用焦化有机废弃物与弱粘结煤生产型煤的方法及系统	首钢总公司	石景山区首钢总公司
20051D22554	钢铁污水混凝沉淀及过滤处理系统	首钢总公司	石景山区首钢总公司
20061814965	半钢辊埋弧堆焊药芯焊丝	首钢总公司	石景山区首钢总公司
20061E55936	管线钢用埋弧焊丝	首钢总公司	石景山区首钢总公司
20071C00965	准轨异型大容量罐车运输铁水系统与工艺	首钢总公司	石景山区首钢总公司
20071994252	一种含有益生菌的营养蛋白粉	北京东方兴企食品工业技术有限公司	右安门东滨河路4号
20071H92262	转动让刀式双面车刀	北京第一机床厂	顺义区林和工业开发区双河大街16号
20031B33820	智能化节电设备	北京乐普四方科技发展有限公司	顺义区中北工业区
20061F27686	一种用于离线生成机器人切割作业程序的方法	首钢莫托曼机器人有限公司	北京经济技术开发区永昌北路7号
20071H73933	雷管组装方法	北京京煤化工有限公司	房山区青龙湖镇
20071I8369X	雷管刚性药头生产方法	北京京煤化工有限公司	房山区青龙湖镇
20051117016	大功率快速软恢复二极管及其生产工艺	北京京仪椿树整流器有限责任公司	丰台区三顷地甲3号
20071C03272	湿法成型生产矿棉板中的污流地坑的液位控制方法及系统	北新集团建材股份有限公司	海淀区三里河路甲11号中国建材大厦16层
20071050087	一种转向驱动桥驱动半轴支撑装置	北泰汽车悬架制造（北京）有限公司	经济技术开发区锦绣街7号
20071796478	二尖瓣通用型双叶人工心脏瓣膜	北京思达医用装置有限公司	经济技术开发区西环南路18号C座218
20071A03420	一种薄膜晶体管结构及其制备方法	北京京东方光电科技有限公司	经济技术开发区西环中路8号
20071A03435	一种液晶显示器面板	北京京东方光电科技有限公司	经济技术开发区西环中路8号
20071C04364	TFT－LCD阵列基板结构及其制造方法	北京京东方光电科技有限公司	经济技术开发区西环中路8号
20071C2513X	液晶显示面板	北京京东方光电科技有限公司	经济技术开发区西环中路8号
20071H52091	集成数模转换器的液晶面板	北京京东方光电科技有限公司	经济技术开发区西环中路8号

人　物

北京市工业主要领导干部

本名单中，区县和相关部门只列主管工业的领导，市属控股（集团）公司（包括部分中央在京工业企业）只列党、政正副职领导。领导任职、离任时间以上级组织部门上年年末前批文为准。

市、委、办、局领导

北京市人民政府副市长（主管工业）
苟仲文

北京市经济和信息化委员会
党组书记　李　平（3月任职）
主　　任　朱　炎（3月任职）
副 主 任　梁　胜（3月任职）
姜贵平（女，3月任职）
白　新（3月任职）
李　洪（3月任职）
俞慈声（女，3月任职）
阎冠和（3月任职）
王学军（3月任职）
纪检组组长　张国栋（3月任职）
委　　员　王惠民（正局级，3月任职）
常　青（女，正局级，3月任职，12月离任）
杨旭明（3月任职）
樊　健（3月任职）
副巡视员　邹　彤（女，3月任职）
姜毅群（女，3月任职）
张兰青（女，3月任职）
副 局 级　陈志锋（3月任职）
汪进军（3月任职）
王颖光（3月任职）

北京市国防科学技术工业办公室
主　　任　朱　炎（3月任职）
副 主 任　解铁疆（12月离任）

北京市无线电管理局
局　　长　齐霖霖（2000年8月任职）

北京市工业促进局
局　　长　李　平（3月离任）
副 局 长　梁　胜（3月离任）
姜贵平（女，3月离任）
王学军（1月任职，3月离任）
纪检组组长　张国栋（3月离任）
巡 视 员　常　青（女，3月离任）
李树藩（3月离任）
副巡视员　樊　健（3月离任）
张兰青（女，3月离任）

北京市乡镇企业局
局　　长　王惠民（3月离任）
副 局 长　汪进军（3月离任）
陈志峰（3月离任）
王颖光（3月离任）

北京市教育委员会
副 主 任　吴松元（11月离任）
叶茂林（11月任职）
校办产业管理中心主任　翟士良

区、县及其他单位领导

东城区

常务副区长　　岳　鹏（12月离任）

　　　　　　　徐　熙（12月任职）

发改委主任　　赵北亭

西城区

副 区 长　　苏　东

商务局局长　　王　新

崇文区

常务副区长　　王成国（12月离任）

　　　　　　　刘云斋（12月任职）

发改委主任　　韩焕岭

宣武区

常务副区长　　王永新（1月离任）

　　　　　　　杜灵欣（2月任职）

发改委主任　　王　典（9月离任）

　　　　　　　刘学增（9月任职）

朝阳区

常务副区长　　戴继楼（4月离任）

　　　　　　　吴桂英（女，4月任职）

发改委主任　　王亚贵

海淀区

副 区 长　　杨志强

发改委主任　　刘伯正

丰台区

常务副区长　　汪　洪

发改委主任　　何燕卿（9月任职）

经济信息化委主任　　吴神赋（9月任职）

石景山区

常务副区长　　王春杰（10月任职）

　　　　　　　张力兵（10月离任）

发改委主任　　万新恒（10月离任）

经济信息化委主任　　万新恒（10月任职）

门头沟区

副 区 长　　闫永喜（9月离任）

　　　　　　　付兆更（9月任职）

工业局局长　　张庆伍（9月离任）

经济信息化委主任　　张庆伍（9月任职）

房山区

常务副区长　　高言杰（11月任职）

工业局局长　　赵　军（10月离任）

经济信息化委主任　　赵　军（10月任职）

通州区

副 区 长　　张　华

工业局局长　　陈国庆（9月离任）

经济信息化委主任　　陈国庆（9月任职）

顺义区

副 区 长　　林向阳

工业局局长　　吴建国（9月离任）

经济信息化委主任　　吴建国（9月任职）

昌平区

副 区 长　　洪　波

工业局局长　　任鹏举（10月离任）

经济信息化委主任　　任鹏举（10月任职）

大兴区

副 区 长　　潘新胜

工业局局长　　李书深

平谷区

副 区 长　　李宝峰

经 委 主 任　　晏志和（2008年5月离职）

工业促进局局长　　崔东辉（2008年5月任职）

工业促进局局长　　崔东辉（8月离任）

经济信息化委主任　　崔东辉（8月任职）

怀柔区

副 区 长　　祝自河（12月离任）

　　　　　　　吴群刚（12月任职）

工业局局长　　张宝珍（3月离任）

经济信息化委主任　　周怀明（3月任职）

密云县

副 县 长　　钱福生

经 委 主 任　　姜　博

延庆县

副 县 长　　于少东（12月离任）

　　　　　　　刘　兵（12月任职）

经 委 主 任　　孙自广（10月离任）

经济信息化委主任　　孙自广（10月任职）

北京市工商业联合会

主　　席　　程　红（女）

第一副主席　吴　杰
常务副主席　马兰霞（女）
副　主　席　张卫江　李燕平
王克林　金维虹
陈东升　郭　为
张征宇　张杰庭
张大中　聂启明
王小兰（女）
严望佳（女）
胡克勤　夏　敏
刘迎建　王长田
张宝全　叶　青
陈立群　徐生恒
李少华　刘　彬

中关村科技园区管理委员会
主　　任　戴　卫（6月离任）
郭　洪（6月任职）
副　主　任　夏颖奇（5月离任）
郭　洪（6月离任）
周云帆（1月任职）
廖国华（8月任职）
李石柱

北京经济技术开发区管理委员会
主　　任　张伯旭
副　主　任　贲　勇
赵昕昕
王合生（1月任职）
文　献（6月任职）

国有控股（集团）公司领导

首钢总公司
董　事　长　朱继民
副 董 事 长　王青海
总　经　理　王青海
常务副总经理　徐　凝
副 总 经 理　王　毅　刘水洋
孙伟伟（女）
党 委 书 记　朱继民
党委副书记　王青海　霍光来
姜兴宏

中国石化集团北京燕山石油化工有限公司
董　事　长　王永健
副 董 事 长　苏文生（11月离任）
总　经　理　王永健
副 总 经 理　李　刚
党 委 书 记　苏文生（11月离任）
党委副书记　王永健　许　光

中国石化股份公司北京燕山分公司
经　　理　王永健
副　经　理　马程华　华　炜
罗　强

北京电子控股有限责任公司
董　事　长　卜世成
副 董 事 长　王东升
总　经　理　杨文良
副 总 经 理　赵炳弟　吴文学
严卫群
王洪福（12月离任）
袁汉元
党 委 书 记　卜世成
党委副书记　江玉崑

北京京城机电控股有限责任公司
董　事　长　李济生
总　经　理　任亚光
副 总 经 理　邱山明　王国华
阮忠奎
党 委 书 记　任亚光
党委副书记　李济生　赵　莹

北京京仪集团有限责任公司
董　事　长　王　岩
总　经　理　史红民
副 总 经 理　傅之威　任志广
刘世华　崔　健
党 委 书 记　王　岩
党委副书记　史红民　徐　辉

北京汽车工业控股有限责任公司
董　事　长　徐和谊
副 董 事 长　吕振清
总　经　理　汪大总
副 总 经 理　韩永贵　马童立
蔡速平
张　欣（8月任职）

叶正茂（8月任职）
党委书记　徐和谊
党委副书记　吴淑文（女）

北京二七轨道交通装备有限责任公司

董事长　王东明
副董事长　刘晓平
总经理　王东明（2007年10月离任）
刘晓平（2007年10月任职）
副总经理　张建中（2007年3月离任）
孙建军　闫建华
马建勋　高维寅
刘纯义　李海滨
党委书记　王东明（2007年10月任职）
刘晓平（2007年10月离任）
党委副书记　刘晓平（2007年10月任职）
魏尚志（6月离任）
杨少波

南车二七车辆有限公司

总经理　史硕致
副总经理　杜向东　杨瑞欣
饶庶　张志山
戴志勇　安卫
党委书记　饶庶
党委副书记　史硕致　胡朝晖（女）

北京南口轨道交通机械有限责任公司

董事长　宋治贵
副董事长　王振雄（3月离任）
张秀臣（3月任职）
孙凯（8月任职）
总经理　宋治贵（8月离任）
孙凯（8月任职）
副总经理　谢传军　何金祥
曾建平
李克山（8月离任）
党委书记　王振雄（3月离任）
张秀臣（3月任职）
党委副书记　宋治贵
孙凯（8月任职）
耿刚

北京化学工业集团有限责任公司

董事长　项大北
总经理　项大北（12月离任）
刘文超（12月任职）
副总经理　刘文超（12月离任）
费广泰　吕德明
张建　孙绍刚
党委书记　项大北
党委副书记　刘文超（12月任职）
张荣立

北京金隅集团有限责任公司

董事长　蒋卫平
副董事长　段建国
总经理　李长利
常务副总经理　王建国（11月任职）
副总经理　王孝群（2月离任）
陈志民
赵及锋（11月离任）
张建利（11月任职）
李建军（11月任职）
党委书记　蒋卫平
党委副书记　段建国

北京京煤集团有限责任公司

董事长　付合年
总经理　阚兴
副总经理　范路　潘振芳
李京来
孙德刚（8月任职）
党委书记　付合年
党委副书记　阚兴
常海波（5月任职）
白书元

华北电网有限公司

董事长　马宗林
总经理　孙刚
副总经理　吕海平（9月离任）
张书豪（10月任职）
赵玉柱
巩学海（6月任职）
赵亮（10月任职）
王宏志（11月离任）
刘永奇（5月离任）

北京市电力公司

总经理　时家林（6月离任）
朱长林（6月任职）
副总经理　郭要斌
石路（12月离任）

常世平（10 月任职）
王风雷（10 月离任）
郭　炬
郑　林（12 月任职）
李百顺
刘润生（10 月任职）
党委书记　郭要斌
党委副书记　时家林（6 月离任）
朱长林（6 月任职）

北京医药集团有限责任公司

董事长　卫华诚
副董事长　刘德君
总经理　贺　旋
常务副总经理　王杰扬
副总经理　骆燮龙　赵宝伟　王　军　陈　宏
党委书记　卫华诚
党委副书记　贺　旋　谢　颖

北京一轻控股有限责任公司

董事长　张金钢
副董事长　郭秀健（女）
总经理　苏志民
副总经理　彭　林　王旭东　潘临珠　杜罗坤（12 月任职）
党委书记　张金钢
党委副书记　郭秀健（女）　苏志民

北京隆达轻工控股有限责任公司

董事长　高书平
总经理　孙燕昌
副总经理　张德华　李　玎（女）
党委书记　高书平
党委副书记　孙燕昌　战　英（女）

北京纺织控股有限责任公司

董事长　杨文华
总经理　龙云泽
副总经理　林士昌　李学彬　顾伟达
党委书记　杨文华
党委副书记　龙云泽　王玉川

中国北京同仁堂（集团）有限责任公司

董事长　殷顺海
副董事长　梅　群
总经理　梅　群
副总经理　王　泉　谢占忠　丁永玲（女）　张庆增
党委书记　殷顺海
党委副书记　王　泉　梅　群　陆建国（8 月任职）

北京同仁堂股份有限公司

董事长　顾海鸥
副董事长　殷顺海　梅　群
总经理　高振坤
常务副总经理　谢占忠
副总经理　李济柱（8 月任职）　宋卫清（女）　朱共培　刘向光
党委书记　谢占忠

北京工美集团有限责任公司

董事长　郭泰来
总经理　高颖维（女）
常务副总经理　李　节
副总经理　马　辉　曹胜龙
党委书记　郭泰来
党委副书记　高颖维（女）　侯金成

北京市民政工业总公司

总经理　姜　武
党委书记　姜　武

第十三届北京市工业职业技能竞赛获奖名单

为贯彻落实北京工业“十一五”发展规划　纲要精神，加快培养高素质、高技能人才队伍的步伐，全面提升企业自主创新能力，促进北京工业经济持续、健康发展，由中共北京市委组织部、北京市经济和信息化委员会、北京市人力资源和社会保障局、北京市教育委员会、北京市总工会、共青团北京市委员会、北京工业经济联合会共同举办的“第十三届北京市工业职业技能竞赛”。

根据京工促发〔2008〕48号文件精神，决定授予梅良玉等281名同志“北京市工业高级技术能手”称号，授予路宾等150名同志“北京市工业（行业）技术能手”称号，授予赵磊等36名同志“北京市工业行业工种最佳操作能手”称号。

授予刘月萍等50名同志“优秀教练员”奖；授予孙超等50名同志“优秀工作人员”奖；授予首钢总公司等19个单位“优秀组织”奖。并号召全市工业广大职工向他们学习，为推动北京工业经济的发展再立新功。

北京市工业高级技术能手

加工中心操作工

梅良玉　中国航天科技集团公司第一研究院十八所
赵　磊　北京机电院高科技股份有限公司
胡　江　北京市金驼技校
陈　莹　北京长空机械有限责任公司
刘同同　北京市工业技师学院
卢　锋　北京卫星制造厂
张艳军　北京机床研究所
石　岩　中国航天科技集团公司第九研究院七〇四所
刘　颖　北京机电院高科技股份有限公司
马良超　中国航天科技集团公司第一研究院十八所

数控车床工

王展超　北京市工业技师学院
冯佳林　北京卫星制造厂
廖伟庆　北京市工业技师学院
李　立　北京市金驼技校
郭　成　北京卫星制造厂
周建勇　北京新风机械厂
张　进　中国航天科技集团公司第九研究院七〇四所
郝永刚　北京市工业技师学院
张建国　北京长空机械有限责任公司
秦　涛　首钢矿业公司

车工

毛俊中　北京北机机电工业有限责任公司
滕京国　北京市汽车工业高级技工学校
王居明　北京北一数控机床有限责任公司
周志明　北京巴布科克・威尔科克斯有限公司
王　林　SMC（北京）制造有限公司
路海涛　北京市汽车工业高级技工学校
栾孟元　北京巴布科克・威尔科克斯有限公司
孙广宇　北京北重汽轮电机有限责任公司
张　鹏　北京北机机电工业有限责任公司
毕恩学　北京巴布科克・威尔科克斯有限公司

数控铣床操作工

李　峰　北京市工业技师学院
胡兴平　北京卫星制造厂
唐春瑞　北京机床研究所
王红志　北京市工业技师学院
李忆梅　北京机床研究所
雷三军　北京市工业技师学院
赵振华　北京机电院高科技股份有限公司
马小光　北京北方车辆集团有限公司十四分厂
韩加喜　北京市汽车工业高级技工学校
马子军　北京空间机电研究所

化学检验工

李玲琪　北京市工业技师学院
刘　国　北京市工业技师学院
高　倩　北京化工厂
石全波　北京市工业技师学院
王俊平　北京市工业技师学院
刘　通　北京市工业技师学院
何静超　北京市工业技师学院
方　颖　北京市工业技师学院
刘　旭　北京市工业技师学院

维修电工

刘建军　首钢矿业公司
杨海廷　首钢电力厂
王月伟　北京市汽车工业高级技工学校
孙建军　北京市汽车工业高级技工学校
王维章　首钢矿业公司
李　辉　北京地铁公司机电公司
王希庆　首钢矿业公司
华大成　北京北重汽轮电机有限责任公司
王立军　北京天海工业有限公司
李爱民　北京地铁公司机电公司

电焊工

刘友元　首钢建设集团公司
韩积东　首钢建设集团公司
王海龙　首钢建设集团公司
周大庆　北京燕山石化公司
张　伟　北京巴布科克·威尔科克斯有限公司
程庆武　北京巴布科克·威尔科克斯有限公司
赵　勇　北京燕山石化公司
李学恒　北京巴布科克·威尔科克斯有限公司
陈　川　北京三兴汽车厂
朱新建　北京天海工业有限公司

钳工

任立伟　北京市汽车工业高级技工学校
张卫华　北京市汽车工业高级技工学校
闫天忌　北京市汽车工业高级技工学校
韩天龙　北京百慕航材高科技股份有限公司
高　宇　北京市顺义区第一职业学校
张　兵　北京新风机械厂
林　伟　北京博飞仪器股份有限公司
李廷巍　北人集团公司
彭国战　北京市汽车工业高级技工学校
刑　朝　北京百慕航材高科技股份有限公司

模具工

张大军　北京松下控制装置有限公司
张云硕　中国一德国北京电器模具技术培训中心
李昆林　北京兆维工装有限公司
梁　琪　北京松下控制装置有限公司
申　敏　中国一德国北京电器模具技术培训中心
于志强　北京百慕航材高科技股份有限公司
蔡艳青　中国一德国北京电器模具技术培训中心
黄　飞　北京兆维工装有限公司
户国明　北京长城牡丹模具制造有限公司
燕小军　中国科学院理化技术研究所精密加工中心

景泰蓝掐丝工

耿英建　北京市珐琅厂有限责任公司
林　洁　北京市珐琅厂有限责任公司
赵静云　北京市珐琅厂有限责任公司
李宝珠　北京市珐琅厂有限责任公司
马淑凤　北京市珐琅厂有限责任公司
王　俊　北京市珐琅厂有限责任公司
张艳平　北京市珐琅厂有限责任公司
刘翠英　北京市珐琅厂有限责任公司
程立红　北京市珐琅厂有限责任公司
李　雪　北京汉艺煌景泰蓝工艺品有限公司

服装设计定制工

胡殿麒　北京大华天坛服装有限公司
许　清　北京衬衫厂
康　霞　北京大华天坛服装有限公司
李玉红　北京大华天坛服装有限公司
谢拥军　北京大华天坛服装有限公司
张玉荣　北京大华天坛服装有限公司
孙　胜　北京美莱国际形象设计公司
王　冰　北京大华天坛服装有限公司
金　淼　北京大华天坛服装有限公司
王　良　北京衬衫厂

医用商品营业员

杨铁艳　北京市金象复星医药股份有限公司
华　良　北京市金象复星医药股份有限公司
裴爱霞　北京市金象复星医药股份有限公司
刘　鸿　北京市金象复星医药股份有限公司
赵　洁　嘉事堂药业股份有限公司

中药调剂员

沙红霞　北京同仁堂股份有限公司
吴　威　北京同仁堂股份有限公司
李　丽　北京同仁堂股份有限公司
王小龙　北京同仁堂连锁药店有限责任公司
杨威武　北京同仁堂连锁药店有限责任公司

电子仪器仪表装调工

张雅静 北京北仪创新真空技术有限责任公司
郝卫芳 北京远东仪表有限公司
田燕红 北京远东仪表有限公司
郭 丽 北京远东仪表有限公司
巨 军 北京远东仪表有限公司
杨善民 北京北仪创新真空技术有限责任公司
候金海 北京京仪海福尔自动化仪表有限公司
刘京凌 北京远东仪表有限公司
艾 松 北京京仪椿树整流器有限责任公司
韩 琦 北京远东仪表有限公司

无线电装接工

梁自旺 北京电子信息高级技工学校
薛 涛 北京航天光华电子技术有限公司
王晓鹏 北京新风机械厂
李 水 北京信息职业技术学院
宛建平 北京电子信息高级技工学校
史立民 北京航天光华电子技术有限公司
赵 兵 北京长城无线电厂
倪立平 北京北广科技股份有限公司
张敬春 牡丹电子集团有限责任公司
姜中华 北京七星华电科技集团有限责任公司

平版印刷工（四色机）

李金山 北京地大彩印厂
庞金辉 北京顺诚彩色印刷有限公司
王鸿鞭 北京金盾印刷厂
詹 胜 北京外文印刷厂
魏 勇 京圣彩虹制版印刷技术有限公司
祝敬伟 北京圣彩虹制版印刷技术有限公司
石永泽 人民教育出版社印刷厂
王冬生 北京印刷集团有限责任公司印刷二厂

文图制作工

王玉玲 人民美术印刷厂
董 鑫 中国邮政集团公司邮票印制局
郇志勇 北京圣彩虹制版印刷技术有限公司
王小方 北京顺诚彩色印刷有限公司
沈琴琴 北京金盾印刷厂
熊伟军 北京圣彩虹制版印刷技术有限公司

平装胶订联动线工

张 振 中国农业出版社印刷厂
卢相志 北京当纳利印刷有限公司
欧阳勇志 北京盛通印刷股份有限公司
王立中 北京金盾印刷厂
孙 勉 中国铁道出版社印刷厂
高瑞蒙 中青印刷厂
孙海彬 北京新华印刷厂
桂建辉 北京利丰雅高长城印刷有限公司

矿用重型卡车司机

祁亚新 首钢矿业公司
杜保国 首钢矿业公司
马立军 首钢矿业公司
宋宝军 首钢矿业公司
岳 军 首钢矿业公司

机车司机

任政忠 首钢运输部
金 杰 首钢运输部
郑家卓 首钢运输部
杨国栋 首钢运输部
刘 剑 首钢运输部

轧钢工

田德春 首钢高速线材厂
吴显举 首钢中厚板厂
孙尔立 首钢高速线材厂
姬凤川 首钢迁钢公司
唐学斌 首钢高速线材厂

信号工

徐京丽 北京地铁公司通信信号公司
黎金起 北京地铁公司通信信号公司
何雅丽 北京地铁公司通信信号公司
邵革冬 北京地铁公司通信信号公司
闫长江 北京地铁公司通信信号公司
李建花 北京地铁公司通信信号公司
杨 瑾 北京地铁公司通信信号公司
杨金锴 北京地铁公司通信信号公司

电动列车机械钳工

杨文虎 北京地铁公司运营三分公司
刘 伟 北京地铁公司运营二分公司
李 岩 北京地铁公司运营三分公司
李华波 北京地铁公司运营一分公司
胡少明 北京地铁公司运营二分公司
崔艳玲 北京地铁公司运营三分公司
杨凤伟 北京地铁公司运营一分公司

刘学明 北京地铁公司运营二分公司
穆日葆 北京地铁公司运营三分公司
张 章 北京地铁公司运营三分公司

变电站值班员

祝冬安 北京地铁公司供电公司
陈建民 北京地铁公司供电公司

冲压工

朱春虎 北汽福田汽车股份有限公司北京欧曼重型汽车厂
秦晓东 北京现代汽车有限公司
李德龙 北汽福田汽车股份有限公司北京欧曼重型汽车厂
邵建华 北汽福田汽车股份有限公司北京欧曼重型汽车厂
林大凯 北汽福田汽车股份有限公司北京欧曼重型汽车厂
刘宝玉 北京奔驰—戴姆勒·克莱斯勒汽车有限公司
陈海军 北京奔驰—戴姆勒·克莱斯勒汽车有限公司
张 业 北汽福田汽车股份有限公司潍坊模具厂
郭宝华 北汽福田汽车股份有限公司潍坊模具厂
赵 鹏 北京现代汽车有限公司

涂装工

龙 军 北汽福田汽车股份有限公司蒙派克工厂
秦小瑜 北京现代汽车有限公司
汪芝刚 北京现代汽车有限公司
王洪利 北汽福田汽车股份有限公司诸城汽车厂
崔 旭 北京奔驰—戴姆勒·克莱斯勒汽车有限公司
王红贵 北京现代汽车有限公司
贾 雨 北京现代汽车有限公司
张仁金 北汽福田汽车股份有限公司北京客车分公司
刘 峥 北京奔驰—戴姆勒·克莱斯勒汽车有限公司

汽车焊装工

宗 帅 北京现代汽车有限公司
杨玉洪 北京奔驰—戴姆勒·克莱斯勒汽车有限公司
张利新 北汽福田汽车股份有限公司蒙派克工厂
张卫新 北京现代汽车有限公司
赵 庆 北京现代汽车有限公司
邵亚军 北京现代汽车有限公司
赵永利 北京现代汽车有限公司
李超科 北京现代汽车有限公司
耿洪平 北汽福田汽车股份有限公司诸城汽车厂
夏 佳 北京奔驰—戴姆勒·克莱斯勒汽车有限公司

弦列制作工

李云泉 北京星海钢琴集团有限公司
白德刚 北京星海钢琴集团有限公司
姜亚臣 北京星海钢琴集团有限公司
杨建纯 北京星海钢琴集团有限公司
张宝华 北京星海钢琴集团有限公司

键盘制作工

朱军华 北京星海钢琴集团有限公司
韩新华 北京星海钢琴集团有限公司
赵丽萍 北京星海钢琴集团有限公司
张凤林 北京星海钢琴集团有限公司
胡俊荣 北京星海钢琴集团有限公司

化妆品配制工

焦建钢 北京宏丽源有限责任公司
周子良 北京宏丽源有限责任公司

高低压开关板（柜）装配配线工

王媛媛 北京潞电电气设备有限公司
乔 明 北京红星鑫欣电器控制设备厂
杨云凯 北京云城兴业电气设备有限公司
周玲芳 北京科锐配电自动化股份有限公司
杜文秀 北京科锐配电自动化股份有限公司
赵 明 北京潞电电气设备有限公司
张金贵 北京云城兴业电气设备有限公司
张美玉 北京云城兴业电气设备有限公司

电力电缆工

周晓琦 北京电力公司电缆公司
李艳果 北京电力公司电缆公司
刘志国 北京电力公司电缆公司
胡建新 北京电力公司电缆公司
赵春明 北京电力公司电缆公司
赵全来 北京电力工程公司

张重仁　北京电力工程公司
吉占军　北京电力工程公司
陈文雨　北京电力公司电缆公司
张冠军　北京电力工程公司

变电二次安装工

石书军　北京电力工程公司
刘胜永　北京电力工程公司
司志良　北京电力公司变电公司
孙　波　北京电力公司变电公司
陈德高　北京电力工程公司
张国晖　北京电力公司变电公司
赵燕军　北京电力工程公司
郑鑫鹏　北京电力公司变电公司
蔡雅丽　北京电力公司变电公司
佟长福　北京电力工程公司

布绒玩具制作工

李云燕　北京顺祥玩具有限公司
王海艳　北京凯艺玩具有限公司
王艳杰　北京凯艺玩具有限公司
张素琴　北京顺祥玩具有限公司
陈秀红　北京凯艺玩具有限公司
张芳娜　北京凯艺玩具有限公司
吴建华　北京凯艺玩具有限公司

常减压蒸馏装置操作工

刘　艳　北京燕山石化公司

油品计量工

张建松　北京燕山石化公司

飞机电缆工

李新田　北京航天光华电子技术有限公司
薛　鑫　北京航天光华电子技术有限公司
王　娟　北京航天光华电子技术有限公司

食品检验工

薛小玉　北京红星股份有限公司
杨连敏　北京红星股份有限公司
王春华　北京御食园食品有限公司
沈　超　北京稻香村食品有限责任公司

北京市（行业）技术能手

光学仪器装调工

路　宾　北京光学仪器厂
李　煜　北京光学仪器厂

炉前工

刘宝柱　首钢炼铁厂
林　东　首钢炼铁厂
姚文鹏　首钢炼铁厂
芮海宾　首钢炼铁厂
高宏伟　首钢炼铁厂

转炉炼钢工

赵英伟　首钢第二炼钢厂
任　伟　首钢第二炼钢厂

天车工

张　平　首钢特钢公司
张　豆　首钢特钢公司
高俊明　首钢迁钢公司
李　纲　首钢迁钢公司

轧钢精整工

白光亮　首钢中厚板厂
祁媛媛　首钢中厚板厂
吴　刚　首钢中厚板厂
赵晓梅　首钢高速线材厂
陈国燕　首钢中厚板厂

加热工

冯忠勇　首钢中厚板厂
牛明山　首钢型材厂
康嘉旺　首钢高速线材厂
王继满　首钢中厚板厂
韩文立　首钢中厚板厂

汽车驾驶员

昝坤福　首钢矿业公司
肖　东　首钢矿业公司
王玉华　首钢矿业公司
牛　东　首钢矿业公司
王敬伟　首钢矿业公司

仓库保管工

曲克霞　首钢供应公司
崔云侠　首钢供应公司

泵站操作工

董瑞江　首钢动力厂
司燕平　首钢动力厂
刘玉芝　首钢动力厂
于海波　首钢动力厂
牛宝香　首钢动力厂

连铸工

牛　革　首钢迁钢公司
王刚立　首钢第二炼钢厂
刘新竹　首钢第二炼钢厂
郝丽霞　首钢迁钢公司
张学金　首钢第二炼钢厂

电动列车司机

何　嘉　北京地铁公司运营二分公司
李　昂　北京地铁公司运营三分公司
安子辉　北京地铁公司运营二分公司
任园园　北京地铁公司运营三分公司
樊　璐　北京地铁公司运营三分公司

电动列车电气钳工

高　峰　北京地铁公司运营二分公司
刘　铭　北京地铁公司运营三分公司
白　岩　北京地铁公司运营三分公司
赵　海　北京地铁公司运营三分公司
刘旭日　北京地铁公司运营二分公司

行车值班员

徐　颖　北京地铁公司运营三分公司
杨淑新　北京地铁公司运营三分公司
宋　宁　北京地铁公司运营三分公司
孙　邈　北京地铁公司运营二分公司
贾剑波　北京地铁公司运营三分公司

通信工

肖玉伟　北京地铁公司通信信号公司
张丽娜　北京地铁公司通信信号公司
鄂　淳　北京地铁公司通信信号公司
朱学超　北京地铁公司通信信号公司
周庆辉　北京地铁公司通信信号公司

线路工

王富强　北京地铁公司线路公司
赵　光　北京地铁公司线路公司
张世峰　北京地铁公司线路公司
梅　杰　北京地铁公司线路公司
王　海　北京地铁公司线路公司

冷作钣金工

李　伟　北京地铁公司车辆厂
陈业兴　北京地铁公司车辆厂

面包制作工

张惜顺　北京一轻高级技术学校
董萌萌　北京一轻高级技术学校
李雨静　北京一轻高级技术学校

糕点装饰工

鲁　英　北京一轻高级技术学校
王成文　北京一轻高级技术学校
孙飞飞　北京一轻高级技术学校

配酒工

李金锁　北京龙徽酿酒有限公司
段淑卿　北京龙徽酿酒有限公司

击弦机木零件制作工

许立刚　北京星海钢琴集团有限公司
李德龙　北京星海钢琴集团有限公司
宋玉梅　北京星海钢琴集团有限公司
刘俊才　北京星海钢琴集团有限公司
赵继业　北京星海钢琴集团有限公司

击弦机胶粘小装配工

岳珊珊　北京星海钢琴集团有限公司
杜亚莲　北京星海钢琴集团有限公司
翟　轩　北京星海钢琴集团有限公司
李　斌　北京星海钢琴集团有限公司
马虎菊　北京星海钢琴集团有限公司

击弦机总装调试工

陈慧中　北京星海钢琴集团有限公司
李春红　北京星海钢琴集团有限公司
杜月春　北京星海钢琴集团有限公司
孙兴万　北京星海钢琴集团有限公司
赵治宇　北京星海钢琴集团有限公司

弹拨乐器制作工

王　炜　北京星海钢琴集团有限公司
马彦表　北京星海钢琴集团有限公司
李永斌　北京星海钢琴集团有限公司
马宇静　北京星海钢琴集团有限公司
魏志勇　北京星海钢琴集团有限公司

击奏乐器制作工

时维霞　北京星海钢琴集团有限公司
张永涛　北京星海钢琴集团有限公司
陈汝丽　北京星海钢琴集团有限公司
李云明　北京星海钢琴集团有限公司
史光辉　北京星海钢琴集团有限公司

管乐器制作工

张国良　北京星海钢琴集团有限公司
高　跃　北京星海钢琴集团有限公司
曹亚刚　北京星海钢琴集团有限公司
徐海刚　北京星海钢琴集团有限公司
金　艳　北京星海钢琴集团有限公司

网络课件设计师

姜百涛　北京信息职业技术学院

李慧颖　北京信息职业技术学院
吴　瑕　北京信息职业技术学院
金永清　北京电子信息高级技工学校

计算机系统操作员

季连蕊　北京电子信息高级技工学校
李　磊　北京电子信息高级技工学校
李　剑　北京电子信息高级技工学校
杨　迎　北京信息职业技术学院
刘　直　北京电子信息高级技工学校
王　嵩　北京无线电厂
贾春霞　北京信息职业技术学院
赵亚辉　北京信息职业技术学院

计算机文字录入处理员

周玲玲　北京首钢冷轧薄板有限公司
聂立伟　北京市顺义区第一职业学校
姚劲松　北京双燕商标彩印有限公司
郑月波　北京顺正鑫磊汽车维修中心
张　鑫　北京顺鑫佳宇房地产开发有限公司
史佳辉　北京市顺义区第一职业学校

制氢装置操作工

尹　全　北京燕山石化公司

苯乙烯装置操作工

崔冬梅　北京燕山石化公司

顺丁橡胶装置操作工

杨屹立　北京燕山石化公司

苯酚丙酮装置操作工

王玉生　北京燕山石化公司

聚丙烯装置操作工

王立国　北京燕山石化公司

间二甲苯装置操作工

王红伟　北京燕山石化公司

丙烯酸装置操作工

李俊涛　北京东方石油化工有限公司东方化工厂

丁辛醇装置操作工

许秀忠　北京东方石化化工四厂

变电站值班员

郑　宏　北京燕山石化公司

循环水操作工

李晓唐　北京燕山石化公司

计算机排版工

刘　洁　北京日报社
刘　坤　北京日报社
高毅超　北京日报社
张旭婷　中国农业出版社印刷厂
骆　文　北京一二〇一印刷厂
孟祥宇　全国政协办公厅文印室

平版印刷工（BB 式）

龚　存　北京机工印刷厂
李　宁　中国农业出版社印刷厂
周军名　中青印刷厂
李小华　人民教育出版社印刷厂
韩留兵　北京铭成印刷有限公司
窦京浦　北京中科印刷有限公司

多媒体作品制作员

姚鑫意　北京华育网科技发展有限公司
周　娜　北京华育网科技发展有限公司
田寒冰　北京恒泰实达科技发展有限公司
邢　安　幸星数字娱乐科技（北京）有限公司
姜云霞　幸星数字娱乐科技（北京）有限公司

北京市工业行业工种最佳操作能手

加工中心操作工

赵　磊　北京机电院高科技股份有限公司

数控车床工

王展超　北京市工业技师学院

数控铣床操作工

李　峰　北京市工业技师学院

维修电工

刘建军　首钢矿业公司

电焊工

刘友元　首钢建设集团公司

车工

毛俊中　北京北机机电工业有限责任公司

钳工

任立伟　北京市汽车工业高级技工学校

模具工

张云硕　中国一德国北京电器模具技术培训中心

景泰蓝掐丝工

耿英建　北京市珐琅厂有限责任公司

无线电装接工

薛　涛　北京航天光华电子技术有限公司

服装设计定制工

胡殿麒　北京大华天坛服装有限公司

医用商品营业员

杨铁艳　北京市金象复星医药股份有限公司

中药调剂员

沙红霞　北京同仁堂股份有限公司

电子仪器仪表装调工

田燕红　北京远东仪表有限公司

平版印刷工（四色机）

李金山　北京地大彩印厂

文图制作工

王玉玲　人民美术印刷厂

平装胶订联动线工

欧阳勇志　北京盛通印刷股份有限公司

矿用重型卡车司机

祁亚新　首钢矿业公司

机车司机

任政忠　首钢运输部

轧钢工

田德春　首钢高速线材厂

电动列车机械钳工

杨文虎　北京地铁公司运营三分公司

信号工

徐京丽　北京地铁公司通信信号公司

变电站值班员

陈建民　北京地铁公司供电公司

涂装工

龙　军　北汽福田汽车股份有限公司蒙派克工厂

汽车焊装工

宗　帅　北京现代汽车有限公司

冲压工

秦晓东　北京现代汽车有限公司

化妆品配制工

焦建钢　北京宏丽源有限责任公司

弦列制作工

李云泉　北京星海钢琴集团有限公司

键盘制作工

朱军华　北京星海钢琴集团有限公司

高低压开关板（柜）装配配线工

王媛媛　北京潞电电气设备有限公司

电力电缆工

李艳果　北京电力公司电缆公司

变电二次安装工

刘胜永　北京电力工程公司

布绒玩具制作工

李云燕　北京顺祥玩具有限公司

化学检验工

李玲琪　北京市工业技师学院

食品检验工

薛小玉　北京红星股份有限公司

飞机电缆工

李新田　北京航天光华电子技术有限公司

优秀组织单位（19个）：

首钢总公司
北京模具协会
北京纺织控股有限责任公司
华北电网有限公司北京电力公司
北京一轻控股有限责任公司
北京汽车工业控股有限责任公司
北京玩具协会
北京医药行业协会
北京食品协会
北京市地铁运营有限公司
北京电器电材行业协会
北京市顺义区工业局
中国石化集团北京燕山石油化工有限公司
北京工艺美术行业协会
中国航天科技集团公司第二研究院
北京隆达印刷包装集团有限公司
北京市国防工业工会
北京电子控股有限责任公司
北京市工业技师学院

优秀工作人员（50名）：

孙　超　仝莎莉　严卫东　李兰燕　卞丽亚　王　松　臧　烁　吴国兴　刘芬芬
相　新　舒友珍　李忠伟　章　帆　朱　洪　李延芳　李文昊　李兴顺　董志学
向纪玲　杨碧芸　李雪征　方国明　冯爱玲　陈　林　陈玲燕　沈　涛　孙淑萍

段德新	梁建萍	任永刚	潘常利	王玉英	王立宏	樊　莹	王君眉	胡克朋
童华强	方　凝	蒋桂清	朱鼎恒	单德芳	李　虹	端木玉林	赵建国	王学军
孙鹏燕	周晓雪	张志明	邹　艳	王贞白				

优秀教练员（50名）：

刘月萍	万春保	郭月民	陈树海	马立彩	赵凡志	张　方	高鸿江	王　青
王艳明	范晓东	尹立俊	史宝会	刘玉善	牛丽梅	谢惠明	李惠敏	王立军
徐建华	朱航成	张　水	张世政	陈炎嗣	何永洙	左　丽	黄鹤鸣	姚　翔
姜绿先	汤　洁	何　蕾	郭　豫	杨中元	吕宇翔	袁伯健	赵　岩	李广庆
肖　鹏	李曙光	钱学武	张志海	刘福义	韩宝珍	董万波	孙长明	董志旺
金福吉	昝　华	丁立翔	董桂桥	王　犀				

京工人物

【京工红旗厂的旗帜白志跃】　白志跃，1959年出生，汉族，中共党员，大学文化。1979年参加工作，先后担任过班组长、门市部经理，现任北京市京工红旗厂有限公司总经理。他无论在什么岗位工作，都尽职尽责，努力作出成绩。在门市部工作期间，带领职工年年超额完成企业下达的各项经济指标，所在部门多次被评为先进集体。1995年，担任副厂长，面对企业经济效益下滑、年年亏损的现状，认真分析企业情况，向领导提出企业改制设想和方案。2001年10月，工厂改制为北京市京工红旗厂有限公司，被董事会聘任为公司总经理。抓员工思想观念的转变，抓企业良好形象的塑造，抓管理人员综合素质的提高，抓产品质量，抓科技创新。带领企业技术人员进行涂料印制到分散色印制的产品转换，一次又一次试验，掌握新技术，产品受到客户青睐。积极调整产品结构，以敏锐的目光、独特的见解，捕捉信息，把握商机，扩大了产品销售市场。2008年北京奥运会之前，用优质的产品、良好的信誉、庄严的承诺，打动奥运会组织者，使公司成为北京奥申委授权的申奥标志旗生产设计、销售的专业厂家，北京2008年奥运会旗帜特许生产商和北京2008年奥运会旗帜定点采购项目成交商。公司相继承担了北京2008年奥运会会徽旗制作任务，奥运会全部用旗任务，哈尔滨第24届世界大学生冬季运动会全部用旗任务，亚洲杯足球锦标赛、首届中超足球联赛的赛会用旗，中非论坛高峰会、世界青年田径锦标赛等一系列赛会用旗任务。为北京奥运会圣火传递成功制作88.88米巨型国旗。完成中共中央组织部下达的全国各地党组织订购的15万面党旗订单的印制、配送、邮寄工作。又成为第16届广州亚运会场馆旗帜供应商。公司用创新成果与分散色相结合的印染工艺为所有奥运场馆生产的旗帜，受到奥组委官员的高度赞扬，也让同行业赞叹。在公司总经理的岗位上，用共产党员的标准严格要求自己，为企业、为员工，甘于奉献。2007年，他的父亲病重住院，正值奥运会各国代表团团长确认旗样，深知这项政治任务的重要性，拜托自己的兄弟姐妹去照顾父亲。在办理父亲的后事时，没有惊动厂里的任何人。2008年初，为使20万面出口旗帜订单在一个月内如期完成，去外省市订购面料。途中接到爱人电话，得知母亲有病住院，没有停下前行的脚步，直到完成任务。2008年，为保证奥运场馆用旗帜的工期，带领全体员工紧张工作，不顾自己患有高血压病症，深入到最艰苦的印染车间，冒着高温和小伙子们一道生产。在6月份奥运旗帜生产最紧张的时刻，吃住在厂，一干就是几十天，每天连续工作十几个小时，甚至白天黑夜连轴转。在他的带领下，企业经8年的改制，规模不断扩大。资产总额从2001年

的300多万元发展到2009年的1400多万元，销售收入从2001年的400多万元增加到2009年的2000多万元，员工月平均收入也由改制前的三四百元提高到2300多元。利用业余时间学习，先后取得经济管理专业专科和法律专业本科的毕业证书及研究生学历，鼓励企业员工学习，在企业中创造良好的学习氛围。有4人在他的影响支持下取得本科学历，有11人取得专科学历，职工中专科以上学历占总数的30%。连续7年被评为纺织控股公司优秀共产党员，两次获得北京市经济技术创新标兵，曾获得首都劳动奖章、北京市国资委系统优秀共产党员和奥运立功先进个人。2009年，获得全国“五一”劳动奖章。

（李　颖）

【首都劳动奖章获得者石佩文】 石佩文，1964年12月出生，汉族，中共党员，大专毕业，1985年12月参加工作，先后担任北京第二热电厂化学专业工人、水组化验员、专工助

理、技术员、车间生产副主任，现为华电（北京）热电有限公司运行部副主任。作为生产运行一线的年轻技术骨干，他刻苦学习专业技术，在实践中技术创新，以“首都供热无小事”的高度责任感，为公司节约挖潜、减亏增效和确保首都区域供电、供热作出了贡献。自2001年担任化学技术员的5年期间，主持完成了化学车间水处理工艺改造，将高耗能、自动化程度低、排污量大的化学制水工艺逐步改造成为节能、环保、自动化程度高的新型处理工艺，使先进的反渗透、超滤制水技术，在北京地区电厂中第一个应用。工艺改造第一阶段从2001年开始，用反渗透制水工艺取代传统的蒸发器制水工艺，减少传统水处理工艺中酸、碱的消耗和污染，降低污水排放量，同时解决蒸发器制水的高耗能问题，降低了锅炉补给的制水成本。第二阶段从2003年开始，针对化学预处理工艺中存在石灰消耗量较大、灰渣难以处理等问题，主持实施了以超滤或微滤水处理工艺替代传统石灰絮凝澄清水处理工艺工程，在6个月内完成，保证了公司冬季供热设备的顺利启动。2005年，他提出利用旧有澄清池作为水箱，直接回收反渗透浓排水用于多介质过滤器反洗技术方案，实施后减少了土方建筑施工和设备投资。公司3套反渗透装置年累计运行4500小时，浓排水量4.5万吨，水源再利用降低河水消耗4.5万吨，直接经济效益9万多元，综合经济效益近30万元。他工作兢兢业业、严谨务实，先后获得改变制水方式科技成果二等奖、化学软化水制水系统优化成果二等奖、SW－ODM停用保养科技成果三等奖；优秀工程师，公司先进工作者，经济创新标兵，2006年获得北京市总工会授予的“首都劳动奖章”。

（钟永兴　温京璐）

【中国首届焊工电视大赛冠军刘宏】 刘宏，1970年3月出生，中共党员，大学文化，高级技师，首钢运输部设备维检中心电焊工。1988年，刘宏从密云县来到首钢工作，分配到运输部工务段当材料工。1990年底，被推荐学习电焊技术。她热心钻研，每天上班早到，下班晚走，多练一两个小时。对于焊出的活儿，请辅导老师进行技术指导，在总结中找出不足后再练。她焊条比别人用得多，汗水比别人流的多，身上被烫出的伤疤多，焊接技术水平不断提高。1991年5月取得电气焊操作证，2002年取得电气焊中级技能证，2003年取得高级技能证，2004年10月取得电焊工技师，2005年底考取电焊工高级技师资格证书，2006年被运输部正式聘用。2006年和2007年，先后参加两届首钢焊接技能大赛，均获得比赛第一名。2006年参加北京市焊工比赛，获得第十一名。在2008年首届北京·下萨克森（德国）国际焊接对抗赛中，她获得手工钨极氩弧焊第三名，得到德国专家们好评。2009年，参加中国首届焊工电视大赛夺得第一名。在技术上精益求精，在工作中也善于管理。她所在的班组是多工种班组，负责首钢厂区99

处道口杆维护检修、技术措施改造和部分铁路备品备件的制作修理等任务。2006年8月，她担任了副班长，在带头钻研焊接技术的同时，积极学习和掌握其他工种的工艺，和班长一起改变班组管理，解决工作中的难题。修旧利废，节约了大量原材料。两年来，组织班组

职工对首钢厂区内92付道口杆维护检修600余次，抢修处理道口杆故障180余次。将从现场回收的废旧道口杆拼装修理再次利用，制作道口杆用大弯脖36个，不同尺寸道口杆6付，质量合格率100%。制作、整修道口杆大链轮60台、小链轮70台，制作修理副杆130个、小车车挡10个，制作焊接铁路道口支撑铁65个、铁路车挡15对，修理养路使用的洋镐240把，加工锻造道口用道爬钉500个、巡道锤30把。完成了养马场道口、庞村道口、东楼道口、动力厂道口、本二道口的道口杆技术改造，使五处道口的标准、机械设计、制造、检修、应用更加先进。她以身作则，带头承担各项急难新重任务，在两次渣山线路改造维护工程中，处理线路隐患24次，配合修理50吨吊车16次，整修钢枕轨排6节，节约了成本费用。2006年，她被评为首钢模范共产党员、北京市经济技术创新标兵。2006年和2007年，被评为首钢技术能手。2009年，荣获全国“五一”劳动奖章。

（李淑萍）

【迎难而上的技术标兵刘宏】　刘宏，1976年6月出生，汉族，中共党员。2000年7月从河北工程大学毕业来到京煤集团金泰房地产公司，先后在经营部、工程部及土地储备中心负责工程管理等工作，全面参与了新天第、金泰职工住宅、新新天第、金泰城等项目的开发以及公司储备项目的调研。随着金泰地产规模的扩大，2007年初辽宁金泰房地产开发公司成立并正式启动营口项目，刘宏到辽宁金泰房地产开发公司任总工程师，负责技术管理及预算工作。营口项目包括五星级酒店、体育运动公园及滨海住宅区，总占地面积约153.33公顷，建筑规模100万平方米。为营口市及辽宁省重点建设项目，东北地区一流的旅游度假地和休闲中心，项目复杂程度高、建设标准高、建设工期紧。他团结、带领公司技术人员，迎难而上，大胆进行技术创新，保证了项目高标准运作。项目启动之初，明确提出工作指导思想，即充分利用、发挥区位优势和环境特色，整合国内外优秀设计力量，按照科学、合理和可持续发展的原则，高起点、高标准进行规划与设计，制定了由总体到局部、由规划到单体的工作方案。项目筹备前期，他积极与国内外一流设计公司接触，精心准备，以良好的专业知识展示公司的实力及项目优势，吸引了英国阿特金斯公司、美国易道公司、美国EDSA公司等国内外一流设计公司参加。经过

多次考察评估和谈判，最终确定了美国EDSA公司、美国史密特克里公司等著名设计公司负责项目的规划设计，为项目开发采用新思路、新技术奠定了良好基础，用地总体规划、酒店及体育公园方案的设计获得开发区主管部门及主要领导的肯定和高度评价，一致通过。在方案深化设计阶段，组织带领技术人员，综合考虑使用要求、造价等因素，与设计方沟通，优化方案，大胆创新，提高了方案的合理性，降低了工程造价。在酒店基础方案实施中，由于距海边最近处只有200米，地下水位低于自然地面3米，按普通作业方法采用机械钻孔桩无

法施工，他仔细分析地勘报告，组织各方专家、施工单位、设计单位多次论证，最终施工方案采用大直径桩基础形式，井点降水加人工挖孔，成功进行了海边近距离、大面积降水，保证了施工的安全，减少工期近一个月，降低造价200万元。在酒店和体育公园项目施工中，刘宏带领技术人员，协调相关设计单位，及时解决现场的各项技术问题，为现场施工顺利提供了保障。他所负责的部门还肩负着产品定位、成本控制、工程预算等工作，在他的组织下，先后进行了门窗、幕墙、电梯、空调、弱电等系统的方案论证和产品定位工作。他通过技术洽谈、实地考察、走访使用单位、组织专家论证等多种措施，实现了准确定位，严格控制了成本，提高了产品质量。空调系统是酒店正常运营的重要保障，能耗大，直接影响酒店的经营成本。在能源形式和设备选型上，先后组织设计了水源、海水源、土壤源、燃气、电力、热力等多种能源方案并进行设备选型论证，详细计算一次性投资和运营成本，确定优化组合方案，通过结合维护结构的节能措施，降低了酒店的能耗和运营成本。经过一年半的紧张建设，体育运动公园前区建设已基本完成。他的出色业绩，赢得了单位和上级领导的赞扬，2007年荣获京煤集团优秀人才一等奖，2007年度和2008年度分别荣获北京市经济技术创新标兵、北京市青年岗位能手，2009年获得全国“五一”劳动奖章。

（潘会楼　汪智利）

【印刷企业的改革家李建军】　李建军，1953年8月1日生，汉族，中共党员，高级经济师，北京市商标印刷三厂董事长、党总支书记，北京德宝商三包装印刷有限公司总经理，北京市中小企业协会会长，北京市第十、十一、十二、十三届人大代表。1992年获“首都劳动奖章”，1994年获全国轻工先进工作者、全国轻工“全心全意依靠职工办企业”优秀经营者，1995年获全国轻工优秀企业家、全国包装先进工作者、北京市劳动模范、北京市工业系统“双十佳”厂长，1997年获全国优秀包装工作者，2001年获北京印刷进步奖，2002年获北京市“双评双爱”优秀职工之友，2003年获中国印协“森泽信夫奖”一等奖、北京市工业系统优秀共产党员，2004年获首都劳动奖章，2006年获中国优秀杰出包装企业家，2009年获首都劳动奖章、中国百名杰出贡献印刷企业家、北京市新闻出版和版权工作先进个人。1986年李建军担任北京市商标印刷三厂（简称商三）厂长，通过深化改革、强化管理、技术改造，使一个普通的印刷企业逐步发展成为了一个集印刷、制版、油墨为一体的综合性包装印刷企业。1996年—2001年，他外拓市场，内抓管理，工厂进行搬迁、改制、合资，解决了企业骨干和老职工的住房问题，使企业分为三个不同所有制的（股份合作制、有限公司、职工个人持股的民营企业）现代企业法人单位。2001年7月，股份合作制性质的工厂与德国VAW集团、香港宝柏国际控股有限公司共同出资，成立了北京德宝商三包装印刷有限公司，原工厂职工绝大多数转为合资企业的正式员工。合资企业的职工不仅是本企业的员工，还是本企业的间接股东（合资企业的员工是商三的股东，而商三又持有德宝商三的股份）。完成改制后的北京市商标印刷三厂一分为四。2003年5月经过国际并购，德宝商三成为世界500强之一加拿大铝业集团的成员企业。德宝商三成立8年，企业各项经济指标稳定增长。年销售收入合资前6800万元，2009年15258万元，增长125%；年利润合资前几乎亏损，2009年达到1830万元，创历史最高水平；职工收入每年增长10%以上，2009年人均收入超过3.3万元。公司在2006年获得第一批第00001号全国工业产品生产许可证（QS），2007年被评为中国包装龙头企业，2008年被评为北京市劳动关系和谐单位。公司在加拿大铝业集团历次的外部审计中获得国际四大会计师事务所审计机构的好评，2008年被评为加拿大铝系统中国区最佳资本运作奖、最佳内部控制奖。德宝商三成为中国北方最具规模、最具竞争力的大型软包装企业之一。李建军作为市人大代表、市人大财经委员会委员，北京中小企业协

会首任会长以及大兴区印刷包装协会首任会长，认真履职，在北京市的发展战略、搞活企业以及中小企业改制的方针、政策上，提出了许多宝贵意见和建议，人民日报、北京日报、经济日报等报刊均报道过他改革改制经验。

（隆　达）

【全国机械行业劳动模范李润源】　李润源，1956年8月出生，汉族，中共党员，现任北京京仪集团有限责任公司副总工程师，北

京京仪世纪电子股份有限公司副总经理。2001年，企业与河北工业大学建立了全面产学研合作，研发新一代电子材料设备技术。组建了企业博士后科研工作站，以“等效微重力晶体生长技术产业化研究”作为研究方向。他先后组织开发了电子材料晶体生长和晶体加工设备等16项成套新产品，申请了国家8项专利。在他的指导下，博士后工作站进站博士成功完成“物料完全循环的太阳能级多晶硅氢锌还原制备方法”。在他的主持下，企业与中科院半导体所共同承担了国家“863计划”中的“高质量4～6英寸砷化镓单晶产业化技术研究（大型砷化镓单晶炉）”。他作为设备项目负责人，负责研制的8英寸立式磨机、6英寸砷化镓立式退火炉、砷化镓材料脱水炉，填补了国内空白，替代了进口产品，实现了当年立项、当年试制、当年投产的目标。企业成为国内第二家拥有自主知识产权、具有独立设计、开发、创新能力的电子材料设备生产厂家。他多次被评为北京京仪集团有限责任公司优秀共产党员、“十佳”科技人才、先进生产（工作）者。2001年北京市群众性技术创新工程活动中，被评为经济技术创新标兵。2004年被中国科学院研究生院评为优秀学员。2005年北京市专利试点工作中，被评为“北京市专利试点先进个人”。被西安理工大学聘为指导教师，被涿鹿县人民政府聘为科技顾问。2006年被北京市国资委评为优秀共产党员。2007年被授予“首都劳动奖章”。2008年被评为“全国机械行业劳动模范”。

（工　会）

【新产品工艺工程师李隆】　李隆，1976年3月出生，汉族，群众，现任北京艾科泰国际电子有限公司工程师。2006年初来到北京艾科泰国际电子有限公司担任新产品工艺工程师，负责亚太及中国地区新产品的引进和技术支持工作。3年中，先后主持20余种电子产品的试制和引进项目。他尽其所能将客户的技术要求、产品设计方案在第一时间进行分析和研究，在最短的时间内做出产品可行性分析和可制造性分析报告。他负责的电子通讯类产品可制造性设计分析得到飞利浦、爱立信、诺基亚、索尼爱立信等知名公司的认可和采纳。

2008年上半年，在一个重要客户的新产品引进时，正逢新项目繁多，关键技术人员不足，从项目最初的产品可制造性分析，到生产线的技术指导和生产支持，从产品质量的控制和改进，再到各种客户的会议和审核，全部需要他的组织协调和技术支持，他除每天回开发区住处休息几个小时外，基本都在公司工作。一个来月才能回家一次，回去后又很快回来。4个月时间，完成了原本计划需要将近10个月才能完成的新产品试制和改进工作，为公司和客户节省了宝贵的研发和试验成本，项目获得了全面成功，赢得客户好评。他综合多年从事工艺设备经验，完成多个设备改进项目。其中关于丝印机刮刀头防撞装置的发明项目获得公司

总部工程技术改进革新大奖，也是本公司两个获得此项创新奖励的中国籍员工之一。他从事的无线通讯产品通孔回流工艺及设备改进项目获得公司工程工艺革新奖。2009 年，他获得首都劳动奖章。

（开发区）

【岗位成才的企业家吴金焕】　吴金焕，1957 年 3 月出生，汉族，中共党员，现任北京同仁堂深圳星辰药店有限责任公司总经理。2000 年 6 月深圳药店组建，2001 年，吴金焕作为同仁堂的技术指导被委派到药店工作。她秉承同仁堂“德、诚、信”的思想，严守“仁德为本、药德为魂”的经营理念，兢兢业业干工作，立足岗位作贡献。取得合资方信任，被任命为经理，负责质量、管理、销售等重要工作。面对激烈的市场竞争，她把压力化为动力，寻找新的增长点，坚持“名店、名医、名药”的经营思想，调整商品结构，注重服务细节，强调文化营销，形成组合经营策略，在深圳站稳了脚跟，从初期的 1 家药店发展到 7 家药店和 1 家批发公司。她实施顾客会员制管理，按季度为金卡会员顾客寄发健康养生知识书籍，在节假日、会员生日或公司促销活动时发送短信问候，传递优惠活动信息，建立顾客需求 24 小时回复制和顾客投诉快速反应机制。共发展贵宾会员 42459 人，会员消费回头率达 83%。年药店销售收入 1.04 亿元，实现利润 474.5 万元，上缴税金 517 万元。药店在册就业人员达到 264 人。吴金焕先后获得北京市工业系统标兵、北京市知识型优秀员工、首都劳动奖章、北京市“三八”红旗手等多项荣誉。2009 年荣获全国五一劳动奖章。

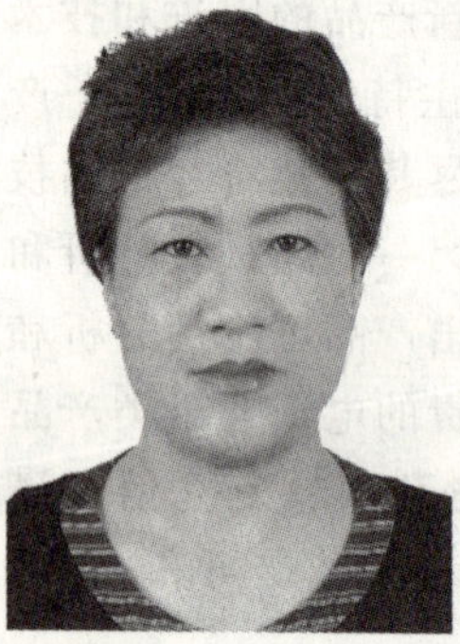

（同仁堂）

【电脑刺绣机领军人郑建军】　郑建军，1950 年 8 月出生，汉族，中共党员，现任北京兴大豪科技开发有限公司董事长，原任北京一轻研究所所长，从事科研管理工作 20 多年。八十年代后期，郑建军带领科技人员努力攻关，研制出我国第一台具有完全自主知识产权的大型多头、多色全自动电脑刺绣机，通过轻工部鉴定，8 项技术指标超过国外同类产品，填补了国内空白，结束了中国电脑刺绣机依赖国外进口的历史。在此基础上，他组织开发了电脑刺绣机 4—7 型系列电控系统，形成高新科技成果十余项，开创了中国电脑刺绣机这一新兴产业，推动了我国刺绣行业的新发展。在他的带领下，北京兴大豪科技开发有限公司发展成为国内最大的专业化工业缝纫机电脑控制器供应商，带动了我国电脑刺绣整机行业及电脑绣控产业链的发展。“大豪”带动全国具有一定规模的整机生产企业 150 家，专业零部件企业 200 家，产品在国内市场占有率 75%以上，国外市场占有率 60%以上，产品出口国外十几个国家和地区，出口率占中国刺绣机整机出口的 98%。公司自 2001 年以来销售额累计达 50 亿元以上，“大豪”牌电脑刺绣机是国内该领域唯一同时拥有“中国名牌”及“中国驰名商标”的产品。郑建军先后获得过“北京市有突出贡献专家”、“国家科技进步二等奖”、“北京市科委科技进步一等奖”、“北京市爱国立功竞赛标兵”等荣誉。2000 年，荣获北京市劳动模范称号。

（一轻控股公司）

【为奥运会作贡献的赵莹】　赵莹，1959 年 12 月，汉族，中共党员，政工师。现任北京京城机电控股有限责任公司党委副书记、工会主席。奥运会、残奥会期间，赵莹担任公司职工文明拉拉队组委会主任。他积极落实《首

都职工迎奥运行动规划》，根据北京市总工会《关于组建首都职工文明拉拉队的通知》精神，于2007年9月4日负责组建了14个单位计900人参加的京城控股职工文明拉拉队，在奥运会、残运会历时29天的赛事期间，共组织5210人次进入奥运场馆，参加23个场次奥运赛事助威活动。圆满完成了奥组委、市国资委、市总工会交给的任务。赵莹多次听取拉拉队工作汇报并专门召开基层单位党政一把手参加的平安奥运专题动员大会，要求各级党组织和工会组织为奥运会、残运会成功举办做到政治、时间、生活、物质、素质五个保证。在奥运前夕，他组织召开奥运会、残奥会誓师大会，明确工作要求，保证工作到位。代表公司与各基层单位签订安保责任书，严格队员审查，亲自带队出征，承担起第一责任人的职责。从火炬传递到奥运会、残奥会期间的比赛，共有16场2660人的应急任务，每一次任务都是时间紧、任务急，有的任务还交叉在一起，而且这期间大部分单位职工都在放假。每接受一次应急任务，赵莹都亲自指挥调度。8月11日晚上10点多钟，落实完曲棍球场500人的临时任务后，已凌晨1点了，第二天早晨又带队出现在赛场。2009年，赵莹获全国“五一”劳动奖章。

（京城控股）

【不断超越自我的胡占奇】　胡占奇，1967年6月出生，汉族，中共党员，现任京煤集团昊华能源公司长沟峪煤矿采煤二段段长。他原是河北省曲阳县的普通青年农民，1989年以农民轮换工的身份来到长沟峪煤矿，当上采掘工人。他热爱煤矿工作，认真学习采掘技术，吃苦耐劳，很快掌握了工作本领，成为生产班组的骨干，被提拔为生产班长。在他的带领下，班组月月超额完成生产任务，又被提升为生产队长。1996年，被煤矿择优“农转非”，正式成为首都的矿工。他以感恩之心，扑在工作上，以身作则，抢挑重担，赢得了组织和员工的信任，担任了生产段副段长。2003年，京煤集团和辽宁工程技术大学建立合作关系，煤矿准备选拔一批高中以上文化程度的青年优秀员工赴辽宁工程大学深造，进行为期两年的脱产学习。只有初中文化的胡占奇得知后，积

极争取机会，抓紧时间备课，以多年积累的丰富安全生产经验和对理论学习的钻劲、韧劲，经过层层选拔、考试，终被学校破格录取。入学后的胡占奇，严格要求自己，以勤补拙。为跟上学习进度，放弃了众多休息和娱乐时间，付出超出常人的努力，在知识的殿堂求索。硬是从一个计算机的门外汉成为行家里手，硬是以初中文化的基础攻下了大学的课程。2004年底，在结业考试中，以优异的成绩完成了各学科的学习任务。回矿后，被任命担任采煤二段段长职务，用所学的知识指导采煤实践活动，取得丰硕成果。采煤二段有员工200多名，担负全矿四分之一的煤炭生产任务，每月的工作计划下达后，他都会和技术人员深入到井下工作面，调查了解现场情况，精心组织安全生产。2006年初，煤矿进行劳动用工制度改革，把从外部引进的采煤队转制为矿属采煤段，受用工政策的限制和劳动合同期满的影响，一大批有工作经验的采掘工人离开矿山，生产一线员工严重不足，尤其是操作技术工人的匮乏，给安全生产带来前所未有的压力。面对这种情况，胡占奇积极在员工中做思想政治工作，稳定员工情绪。精心调整员工岗位，妥善安排工作流程。明确工作分工和职责，加强现场管理和指挥。克服了工作面地质条件差、劳动岗位员工少的困难，在一二月份的联产计酬中，实现产煤1.6万吨、进尺400米的好成绩，成为全矿唯一完成生产任务的段队。2006年，他带领全段月月超额完成生产任务，全年累计产煤6.2万吨。2007年4月，煤矿根据工作面布置情况，决定将采煤一段划归胡占奇当段长的二段管理，胡占奇知道这会给全段生产任务的完成和员工的收入带来影响，但考虑到全矿整体利益，毅然接手了这支队伍。他连续5天到一段工作面，实地勘察地质情况，了解设备配置、人员配备，制定出采掘接替、多段推采、维修立巷等一套工作方案，对工作面的人员组织、定岗定员、技术措施、责任考核等进行了整体规划。他身体力行，率先垂范，在

矿井和工友并肩作战，现场指挥，迅速扭转了生产被动局面，一段工作面月产跃升到3200吨。2007年上半年，胡占奇所在段产煤6.3万吨，超过计划的40%。胡占奇家远在河北曲阳，家里有年迈的岳父和两个正在上初中的孩子，还种有20亩土地，生活的重担全落在妻子身上。他作为人子、人夫、人父，也想回家享受家的幸福与温暖，为妻子分担压力，但为了全段安全生产，为了全矿整体利益，多次放弃轮休、探亲假的回家机会。2007年春节期间，一直由他赡养的岳母临终前多次打电话让他回去见上最后一面，可当时正逢矿一二月份联产，二段支部书记刚刚调入，对生产现状不熟悉，他无法脱身，只在电话中把老人的后事匆匆做了安排。参加工作20年，胡占奇多次获得矿先进生产工作者、优秀共产党员等荣誉称号。2007年，他被京煤集团公司评为优秀共产党员，全国煤炭系统劳动模范。

（潘会楼　汪智利）

【创新烃化反应器操作法的杨庭江】 杨庭江，1962年8月出生，汉族，中共党员，现任苯酚丙酮车间工段长。1980年到燕山石化参加工作。刚入厂时，为了学技术，坚持每天写操作日记。晚上回到家后，把每一步操作

与装置的运行情况进行对比和推敲，摸索保证装置平稳生产的操作方法。经过总结分析，他提出了“操作精准学说”，即操作精准、规范是保证装置安全平稳运行和做好节能降耗工作的前提。1998年，已担任11年段长的杨庭江被任命为第二苯酚丙酮装置烃化单元工段长一职。第二苯酚丙酮装置烃化反应器反应压力高，床层温度控制要求严格，一旦出现温度波动就会影响催化剂的活性和使用周期，严重时还会导致苯酚装置整体停车。这就要求烃化单元工段长要具有丰富的工作经验，对反应器的工艺流程和实际操作精通；要具有高度的责任心和敏锐的观察力，对每一个工艺参数的细微变化和异常情况都能够及时的正确判断和处理。杨庭江大部分时间扑在装置现场和操作室里，精心操作管理，成功处理多起生产隐患。如何延长催化剂的使用周期、降低生产成本，一直是化工专家最想解决的难题。杨庭江结合多年从事一线生产操作积累的工作经验，大胆提出通过优化和改变反应器运行条件延长催化剂使用周期的构想。他与车间技术人员一起，对烃化单元的工艺参数和装置操作进行优化，通过降低烃化反应器、转位烃化反应器预热温度、优化烃化反应器外循烃化液各段循环量、增大反应器内苯烯比等4项措施，使装置异丙苯纯度显著提高，装置反应器催化剂性能保持优良。2000年和2001年，是苯酚丙酮装置实现高负荷安全运行的两年，装置反应器内的催化剂也到了更换年限。杨庭江把工作重点放在优化烃化反应器的操作条件上，围绕确保装置的压力、温度、流量平稳，保持烃化反应器床层浓度均匀，不出现局部热点等3个方面，提出了优化原有操作方法的“三大构想”。一是减小烃化反应器压差波动，将压力波动对催化剂造成的破碎降到最低。二是优化开车方案，降低催化剂表面结焦量，提高烃化反应水平。三是对烃化反应器三段丙烯量进行优化，提高反应器内部微观摩尔比，为催化剂的超周期“服役”创造条件。这“三大构想”不需要增加任何设备、仪器和人员，只需要操作人员打破原有的操作习惯，按照新的操作方法进行操作。“三大构想”成为“杨庭江烃化反应器操作法”的雏形。2002年底，烃化反应器本该失去活性，更换新的催化剂，通过在第二苯酚车间一线操作中推行杨庭江的烃化反应器操作法，直至2006年，苯酚丙酮装置催化剂性能依然保持良好活性，远远超过设计使用周期。2007年，装置才将超期使用5年的老催化剂更换成新型催化剂，为企业节约生产成本632万元。2009年，“杨庭江烃化反应器操作法”在中国石化集团公司技能创新成果暨职业技能竞赛表彰大会上获得一等奖。

（燕　化）

【化工研究院科研带头人徐新民】 徐新民，1953年6月出生，汉族，中共党员，现任北京市化学工业研究院院长，党委书记。兼北京市化学工业研究院（以下简称研究院）研发中心主任。研发中心成立初期，他与其他领导就确定了以工程塑料及其合金、功能高分子

材料、塑料助剂、胶黏剂为主要研发方向，支撑研究院走出困境。基本完成企业转型后，他又将研究院未来5年—10年的研发方向扩展到生物医药、智能电子等高新技术领域。80年代中，研究院从德国引进了食品包装复合膜黏合剂项目，他带领科研人员，针对国内市场的不同需求进行试验，吸收、消化、改进项目，使研究院生产的复合膜胶黏剂在国内得到广泛应用。随着国内包装行业发展，胶黏剂产量逐年增长，品种不断翻新。他又组织研发人员研制成功透明基材蒸煮用、铝箔专用、搞介质型、无溶剂型聚氨酯胶黏剂，扩大了产品在食品、医药包装行业的应用。90年代，他主持研制的磁性塑料颗粒料及色纯会聚组件为我国彩管行业填补了空白，推进了彩电行业国产化进程和彩电成本降低，带动了一批中小企业、乡镇企业的发展。他研制的磁性塑料颗粒料还用于宇宙飞船、机械手、机器人、电动连接器等高端产品上。他参与和主持开发了具有国内领先水平的环保型、高性能工程塑料产品，成功实现国外产品的替代，个别指标还有超越，在国内处于领先水平，为研究院创造了良好的经济效益和社会效益。2007年，他进行热塑性聚酯弱弹性体和水溶性胶黏剂研究，完成了两个项目的小试。徐新民在研发工作的同时，紧盯市场，及时将科研成果产业化，向领导建议在广东建设一个年产万吨级的胶黏剂工厂，当年达产并连年增长。2007年完成销售量5000吨，实现销售回款9000万，成为全国食品包装复合膜黏合剂生产前3位厂家。他提出产品环保转型，在国内首先推出符合欧盟标准的环保型PBT、PA6、PA66的工程塑料产品。他走访市场客户，利用网络平台等推广的环保产品，打破工程塑料单个客户月销量不超过100吨的历史记录，工程塑料环保产品远销至日本、德国、西班牙等十多个国家，销售量逐年递增，成为研究院支柱产品之一。徐新民工作态度严谨。为了数据准确无误，不怕麻烦反复测试。在困难面前，乐观向上坚忍不拔。2008年，他被评为中国石油化工系统劳动模范。

（蔡玲红）

【技术创新成果丰硕的高和平】 高和平，1955年1月出生，汉族，中共党员，现任北京光电所高级技师。1985年，他主持建立的二氧化碳激光器生产车间研制成功多种型号和

规格的二氧化碳激光管产品，技术水平居国内前列。1995年，高和平被调到激光检测事业部从事激光功率计、激光能量计等激光参量测试仪器和室内高尔夫球测量系统等激光应用项目的研究和开发工作。在高能激光能量测试仪器研制中，他对普通的等离子喷涂工艺参数和控制方式进行改进创新，使产品具备了非常高的抗激光破坏水平和良好的稳定性，为国防现代化作出贡献，创造了可观经济效益。在激光功率计、能量计产品开发中，他利用自己设计的工装设备和自己探索的电火花焊接工艺，解决了直径微米量级的热电堆材料焊接难题，使光电所在很短时间内开发了一系列激光参量测试仪器产品。在激光检测仪器生产中，他研制

成功一种特殊抗激光照射材料，很好解决了陶瓷片易被打坏的难题。使用高纯石墨材料代替铝材料，提高了测量精度；使用高纯石墨吸收体加水套冷却，提高了激光功率计测量范围；使用电泳工艺解决了零件表面颜色不一致不稳定现象。高和平勤奋好学，心灵手巧，创造出多项新工艺，获得多项国家专利。2008 年，高和平被评为全国机械行业劳动模范。

（工　会）

【引领北玻院科学发展的葛云程】 葛云程，1965 年 10 月出生，中共党员，理学硕士，教授，现任一轻研究院（原为北京玻璃研究院）院长，为国防科工局军工配套项目评审专家和武器装备科研生产许可证审查专家、北京市科技项目评审专家。他 1989 年 6 月毕业于南京大学，1989 年至 1999 年在哈尔滨师范大学工作期间，因业绩突出，被破格晋升为副教授、教授，获得黑龙江省师范教育优秀教师称号及黑龙江省有突出贡献的优秀中青年专家称号，享受政府特殊津贴。1999 年作为优秀

人才引进到北玻院工作，从事于光电功能材料研究，对新型闪烁晶体和大尺寸、高品质光学晶体方面的研究独有建树。在“十五”、“十一五”期间，他主持开展的国防军工重点配套项目和国防高新工程专项项目，为相关国防科技工业项目的完成提供了有力保障。项目成果成功转化为军工配套产品，通过国防科技成果鉴定，受到军工单位和上级机关的好评。在闪烁晶体开发方面，他带领研发团队先后与欧洲核子研究中心（CERN）和美国 Los Alamos 国家实验室、Fermi 国家实验室等多家国际著名研究机构合作，开展了“DANCE 工程用异型 BaF_2 闪烁晶体研制”、“TAPS 谱仪闪烁探测器开发”、“CMS 实验用大尺寸钨酸铅晶体研制”、“BTeV 量能器闪烁晶体开发”等国际合作项目。巩固和提高了北玻院在国际闪烁晶体及探测器领域的地位和声誉，促进北玻院闪烁晶体产品走向国际市场。2007 年、2008 年，他连续应邀担任在美国圣荷塞举行的 SPIE 系列国际会议执行委员。他热衷推动科技交流和开展学术活动，先后被聘请为国内 6 家学会、协会理事和委员，担任学术期刊、科研项目的编委或评审专家。在从事科研工作近 20 年的时间里，承担了国防军工配套项目、自然科学基金项目和国际合作项目等 11 项。发表学术论文 30 多篇，其中 13 篇论文被 SCI 收录；出版学术专著一部。2003 年 4 月，葛云程担任北玻院院长。在他的领导下，北玻院在人工晶体、特种光纤、特种玻璃和光学薄膜四个专业技术领域均取得长足进步。2007 年北玻院通过国军标质量管理体系认证、二级保密资格认证和武器装备科研生产许可审查。2007 年，葛云程获得第四届北京市优秀青年企业家突出贡献奖。2008 年，被纳入北京市新世纪百千万人才工程人选。

（赵丽媛）

【全国机械行业劳动模范蔡军梅】 蔡军梅，1971 年 5 月出生，汉族，群众，现任北京远东仪表有限公司生产主管。她 18 岁进入远东公司当车床操作工，操作的 C608 车床是车间最小的仪表车床，从事加工仪器仪表中的核心零件。她凭着对技术的钻劲和韧劲，很快就能独立操作了，两个月之后，还带上了徒弟，负责教授新工人操作 C608。她多次变动工作岗位，先后在法兰、膜壳、接头、PIC 生

产线上工作，每次都能成为所在生产线的技术能手。2004 年 4 月，远东公司获得罗斯蒙特公司 1151 膜壳零件中国地区的加工项目。她用一周时间掌握了膜壳的数控机床操作和零件加工技术，带领膜壳班凭借质量、服务、成本优势，超过竞争对手，得到膜壳产品全部订单。她将精益管理和 5S 管理运用到班组，在班组率先提出“效率指标”概念，降低了生产成

本，提高了工作效率。2007 年，被任命为生产主管，开展 Kaizen 活动项目，被京仪集团评为经济技术创新优秀成果一等奖，其中的加工中心工艺改进项目被评选为“北京市优秀合理化建议”。蔡军梅在工作中努力钻研业务知识，大胆参与管理创新和技术创新，多次被评为公司先进工作者、公司青年岗位能手，并担任公司制造一部生产主管。2005 年和 2006 年，被分别授予“北京市经济技术创新标兵”和“首都劳动奖章”。2008 年，蔡军梅被评为全国机械行业劳动模范。

（京 仪）

【全国离休干部先进个人臧福录】 臧福录，生于 1925 年 8 月，汉族，中共党员，现任燕山石化公司顾问。1948 年毕业于天津北洋大学。从 1950 年开始，他先后在天津大学、清华大学、大庆石油学院等高校做过助教、讲师和副教授，是新中国成立后培养的第一批教授之一，也是国内知名的反应工程专家。1972 年，臧福禄来到燕山石化科研、教学部门工作。1988 年，他从燕山石化技术委员会主任的位置上正式离休，准备与定居美国的老伴和儿女团聚，安享晚年。可当时燕山石化需要技术专家，特聘他为高级技术顾问。面对诚挚的邀请和挽留，他欣然受命，决定继续为祖国的石油化工事业、为燕山石化的发展多做事情，并婉言谢绝了公司给予的高额报酬。30 多年来，臧福录参与了燕山石化多个重大技术进步、技术改造和建设项目，担负了多个技改难题攻关任务。在与北京某高校联合开发异丙苯新型催化剂过程中，他负责中试设计方案的把关审定。装置中如何减少反应器的放大效应决定整个试验乃至实际生产的成败，原设计方案中反应器按小试比例放大，匀称而规则。他凭借精湛的专业知识和丰富的技术经验，向设计人员指出，中试设计的反应器不能按小试比例放大。正确的设计思路是反应器直径可相应缩小，但高度一定要和下一步工业化设计相同。最终中试过程圆满顺利，进行工业化生产时一次开车成功。在指导间苯二甲酸的中试及工艺包设计时，国外厂家搞技术封锁，国内又无大工业装置，买进的小试工艺技术又不成熟，中试开发难度大。为搞好中试，他和工程技术人员连续十余天奋战在现场，为工程技术人员办

临时指导班，讲试验注意事项、技术放大计算。他嗓子急哑了，牙龈肿起来，毅然到医院拔去病牙，吃饭时将就喝点稀饭。为解决实验攻关中难题，寻找技术信息，他一次次到市内图书馆，披沙拣金，将有价值的资料自费复印下来交给年轻需要的技术人员。去美国探亲期间，他也四处购买书籍，查阅资料，收集世界最新信息。为了加快燕山石化技术人才的培养，他满腔热情传帮带，将理论知识与石化装置紧密结合，选定培训内容，设计课程结构，编写了全套的培训教材。中国石化要求将培训学员的范围，从燕山石化扩大到整个石化系统。他亲自为每一期工程师培训班学员们讲授“化学反应工程”课，审查任课教师的讲义，批改教案。工程师培训班连续举办十期，时间跨度长达十年。他以燕山石化公司名义撰写的《石油化工工程师进修班课程设计》论文，获得中国石化授予的职教成果一等奖，并被中国石化集团公司推荐参加在芬兰赫尔辛基举办的“第五次世界继续教育大会”，受到与会者高度评价。获奖后，他把奖金交给了公司科学技术委员会。2009 年 9 月 11 日，臧福录被中共中央组织部授予“全国离退休干部先进个人”荣誉称号。

（燕 化）

（本栏目编审：潘会楼）

法规政策文件

国务院关于进一步促进中小企业发展的若干意见

国发〔2009〕36号

中小企业是我国国民经济和社会发展的重要力量，促进中小企业发展，是保持国民经济平稳较快发展的重要基础，是关系民生和社会稳定的重大战略任务。受国际金融危机冲击，去年下半年以来，我国中小企业生产经营困难。中央及时出台相关政策措施，加大财税、信贷等扶持力度，改善中小企业经营环境，中小企业生产经营出现了积极变化，但发展形势依然严峻。主要表现在：融资难、担保难问题依然突出，部分扶持政策尚未落实到位，企业负担重，市场需求不足，产能过剩，经济效益大幅下降，亏损加大等。必须采取更加积极有效的政策措施，帮助中小企业克服困难，转变发展方式，实现又好又快发展。现就进一步促进中小企业发展提出以下意见：

一、进一步营造有利于中小企业发展的良好环境

（一）完善中小企业政策法律体系。落实扶持中小企业发展的政策措施，清理不利于中小企业发展的法律法规和规章制度。深化垄断行业改革，扩大市场准入范围，降低准入门槛，进一步营造公开、公平的市场环境。加快制定融资性担保管理办法，修订《贷款通则》，修订中小企业划型标准，明确对小型企业的扶持政策。

（二）完善政府采购支持中小企业的有关制度。制定政府采购扶持中小企业发展的具体办法，提高采购中小企业货物、工程和服务的比例。进一步提高政府采购信息发布透明度，完善政府公共服务外包制度，为中小企业创造更多的参与机会。

（三）加强对中小企业的权益保护。组织开展对中小企业相关法律和政策特别是金融、财税政策贯彻落实情况的监督检查，发挥新闻舆论和社会监督的作用，加强政策效果评价。坚持依法行政，保护中小企业及其职工的合法权益。

（四）构建和谐劳动关系。采取切实有效措施，加大对劳动密集型中小企业的支持，鼓励中小企业不裁员、少裁员，稳定和增加就业岗位。对中小企业吸纳困难人员就业、签订劳动合同并缴纳社会保险费的，在相应期限内给予基本养老保险补贴、基本医疗保险补贴、失业保险补贴。对受金融危机影响较大的困难中小企业，将阶段性缓缴社会保险费或降低费率政策执行期延长至2010年底，并按规定给予一定期限的社会保险补贴或岗位补贴、在岗培训补贴等。中小企业可与职工就工资、工时、劳动定额进行协商，符合条件的，可向当地人力资源社会保障部门申请实行综合计算工时和不定时工作制。

二、切实缓解中小企业融资困难

（五）全面落实支持小企业发展的金融政策。完善小企业信贷考核体系，提高小企业贷款呆账核销效率，建立完善信贷人员尽职免责机制。鼓励建立小企业贷款风险补偿基金，对金融机构发放小企业贷款按增量给予适度补助，对小企业不良贷款损失给予适度风险补偿。

（六）加强和改善对中小企业的金融服务。国有商业银行和股份制银行都要建立小企业金融服务专营机构，完善中小企业授信业务制度，逐步提高中小企业中长期贷款的规模和比重。提高贷款审批效率，创新金融产品和服务方式。完善财产抵押制度和贷款抵押物认定办法，采取动产、应收账款、仓单、股权和知识产权质押等方式，缓解中小企业贷款抵质押不足的矛盾。对商业银行开展中小企业信贷业务实行差异化的监管政策。建立和完善中小企业金融服务体系。加快研究鼓励民间资本参与发起设立村镇银行、贷款公司等股份制金融机构的办法；积极支持民间资本以投资入股的方式，参与农村信用社改制为农村商业（合作）银行、城市信用社改制为城市商业银行以及城市商业银行的增资扩股。支持、规范发展小额贷款公司，鼓励有条件的小额贷款公司转为村镇银行。

（七）进一步拓宽中小企业融资渠道。加快创业板市场建设，完善中小企业上市育成机制，扩大中小企业上市规模，增加直接融资。完善创业投资和融资租赁政策，大力发展创业投资和融资租赁企业。鼓励有关部门和地方政府设立创业投资引导基金，引导社会资金设立主要支持中小企业的创业投资企业，积极发展股权投资基金。发挥融资租赁、典当、信托等融资方式在中小企业融资中的作用。稳步扩大中小企业集合债券和短期融资券的发行规模，积极培育和规范发展产权交易市场，为中小企业产权和股权交易提供服务。

（八）完善中小企业信用担保体系。设立包括中央、地方财政出资和企业联合组建的多层次中小企业融资担保基金和担保机构。各级财政要加大支持力度，综合运用资本注入、风险补偿和奖励补助等多种方式，提高担保机构对中小企业的融资担保能力。落实好对符合条件的中小企业信用担保机构免征营业税、准备金提取和代偿损失税前扣除的政策。国土资源、住房城乡建设、金融、工商等部门要为中小企业和担保机构开展抵押物和出质的登记、确权、转让等提供优质服务。加强对融资性担保机构的监管，引导其规范发展。鼓励保险机构积极开发为中小企业服务的保险产品。

（九）发挥信用信息服务在中小企业融资中的作用。推进中小企业信用制度建设，建立和完善中小企业信用信息征集机制和评价体系，提高中小企业的融资信用等级。完善个人和企业征信系统，为中小企业融资提供方便快速的查询服务。构建守信受益、失信惩戒的信用约束机制，增强中小企业信用意识。

三、加大对中小企业的财税扶持力度

（十）加大财政资金支持力度。逐步扩大中央财政预算扶持中小企业发展的专项资金规模，重点支持中小企业技术创新、结构调整、节能减排、开拓市场、扩大就业，以及改善对中小企业的公共服务。加快设立国家中小企业发展基金，发挥财政资金的引导作用，带动社会资金支持中小企业发展。地方财政也要加大对中小企业的支持力度。

（十一）落实和完善税收优惠政策。国家运用税收政策促进中小企业发展，具体政策由财政部、税务总局会同有关部门研究制定。为有效应对国际金融危机，扶持中小企业发展，自2010年1月1日至2010年12月31日，对年应纳税所得额低于3万元（含3万元）的小型微利企业，其所得减按50%计入应纳税所得额，按20%的税率缴纳企业所得税。中小企业投资国家鼓励类项目，除《国内投资项目不予免税的进口商品目录》所列商品外，所需的进口自用设备以及按照合同随设备进口的技术及配套件、备件，免征进口关税。中小企业缴纳城镇土地使用税确有困难的，可按有关规定向省级财税部门或省级人民政府提出减免税申请。中小企业因有特殊困难不能按期纳税的，可依法申请在三个月内延期缴纳。

（十二）进一步减轻中小企业社会负担。凡未按规定权限和程序批准的行政事业性收费项目和政府性基金项目，均一律取消。全面清理整顿涉及中小企业的收费，重点是行政许可和强制准入的中介服务收费、具有垄断性的经营服务收费，能免则免，能减则减，能缓则缓。严格执行收费项目公示制度，公开前置性审批项目、程序和收费标准，严禁地方和部门越权设立行政事业性收费项目，不得擅自将行政事业性收费转为经营服务性收费。进一步规范执收行为，全面实行中小企业缴费登记卡制度，设立各级政府中小企业负担举报电话。健全各级政府中小企业负担监督制度，严肃查处乱收费、乱罚款及各种摊派行为。任何部门和单位不得通过强制中小企业购买产品、接受指定服务等手段牟利。严格执行税收征收管理法律法规，不得违规向中小企业提前征税或者摊派税款。

四、加快中小企业技术进步和结构调整

（十三）支持中小企业提高技术创新能力和产品质量。支持中小企业加大研发投入，开发先进适用的技术、工艺和设备，研制适销对路的新产品，提高产品质量。加强产学研联合和资源整合，加强知识产权保护，重点在轻工、纺织、电子等行业推进品牌建设，引导和支持中小企业创建自主品牌。支持中华老字号等传统优势中小企业申请商标注册，保护商标专用权，鼓励挖掘、保护、改造民间特色传统工艺，提升特色产业。

（十四）支持中小企业加快技术改造。按照重点产业调整和振兴规划要求，支持中小企业采用新技术、新工艺、新设备、新材料进行技术改造。中央预算内技术改造专项投资中，要安排中小企业技术改造资金，地方政府也要安排中小企业技术改造专项资金。中小企业的固定资产由于技术进步原因需加速折旧的，可按规定缩短折旧年限或者采取加速折旧的方法。

（十五）推进中小企业节能减排和清洁生产。促进重点节能减排技术和高效节能环保产品、设备在中小企业的推广应用。按照发展循环经济的要求，鼓励中小企业间资源循环利用。鼓励专业服务机构为中小企业提供合同能源管理、节能设备租赁等服务。充分发挥市场机制作用，综合运用金融、环保、土地、产业政策等手段，依法淘汰中小企业中的落后技术、工艺、设备和产品，防止落后产能异地转移。严格控制过剩产能和“两高一资”行业盲目发展。对纳入环境保护、节能节水企业所得税优惠目录的投资项目，按规定给予企业所得税优惠。

（十六）提高企业协作配套水平。鼓励中小企业与大型企业开展多种形式的经济技术合作，建立稳定的供应、生产、销售等协作关系。鼓励大型企业通过专业分工、服务外包、订单生产等方式，加强与中小企业的协作配套，积极向中小企业提供技术、人才、设备、资金支持，及时支付货款和服务费用。

（十七）引导中小企业集聚发展。按照布局合理、特色鲜明、用地集约、生态环保的原则，支持培育一批重点示范产业集群。加强产业集群环境建设，改善产业集聚条件，完善服务功能，壮大龙头骨干企业，延长产业链，提高专业化协作水平。鼓励东部地区先进的中小企业通过收购、兼并、重组、联营等多种形式，加强与中西部地区中小企业的合作，实现产业有序转移。

（十八）加快发展生产性服务业。鼓励支持中小企业在科技研发、工业设计、技术咨询、信息服务、现代物流等生产性服务业领域发展。积极促进中小企业在软件开发、服务外包、网络动漫、广告创意、电子商务等新兴领域拓展，扩大就业渠道，培育新的经济增长点。

五、支持中小企业开拓市场

（十九）支持引导中小企业积极开拓国内市场。支持符合条件的中小企业参与家电、农机、汽车摩托车下乡和家电、汽车“以旧换新”等业务。中小企业专项资金、技术改造资金等要重点支持销售渠道稳定、市场占有率高的中小企业。采取财政补助、降低展费标准等方式，支持中小企业参加各类展览展销活动。支持建立各类中小企业产品技术展示中心，办好中国国际中小企业博览会等展览展销活动。鼓励电信、网络运营企业以及新闻媒体积极发布市场信息，帮助中小企业宣传产品，开拓市场。

（二十）支持中小企业开拓国际市场。进一步落实出口退税等支持政策，研究完善稳定外需、促进外贸发展的相关政策措施，稳定和开拓国际市场。充分发挥中小企业国际市场开拓资金和出口信用保险的作用，加大优惠出口信贷对中小企业的支持力度。鼓励支持有条件的中小企业到境外开展并购等投资业务，收购技术和品牌，带动产品和服务出口。

（二十一）支持中小企业提高自身市场开拓能力。引导中小企业加强市场分析预测，把握市场机遇，增强质量、品牌和营销意识，改善售后服务，提高市场竞争力。提升和改造商贸流通业，推广连锁经营、特许经营等现代经营方式和新型业态，帮助和鼓励中小企业采用电子商务，降低市场开拓成本。支持餐饮、旅游、休闲、家政、物业、社区服务等行业拓展服务领域，创新服务方式，促进扩大消费。

六、努力改进对中小企业的服务

（二十二）加快推进中小企业服务体系建设。加强统筹规划，完善服务网络和服务设施，积极培育各级中小企业综合服务机构。通过资格认定、业务委托、奖励等方式，发挥工商联以及行业协会（商会）和综合服务机构的作用，引导和带动专业服务机构的发展。建立和完善财政补助机制，支持服务机构开展信息、培训、技术、创业、质量检验、企业管理等服务。

（二十三）加快中小企业公共服务基础设施建设。通过引导社会投资、财政资金支持等多种方式，重点支持在轻工、纺织、电子信息等领域建设一批产品研发、检验检测、技术推广等公共服务平台。支持小企业创业基地建设，改善创业和发展环境。鼓励高等院校、科研院所、企业技术中心开放科技资源，开展共性关键技术研究，提高服务中小企业的水平。完善中小企业信息服务网络，加快发展政策解读、技术推广、人才交流、业务培训和市场营销等重点信息服务。

（二十四）完善政府对中小企业的服务。深化行政审批制度改革，全面清理并进一步减少、合并行政审批事项，实现审批内容、标准和程序的公开化、规范化。投资、工商、税务、质检、环保等部门要简化程序、缩短时限、提高效率，为中小企业设立、生产经营等提供便捷服务。地方各级政府在制定和实施土地利用总体规划和年度计划时，要统筹考虑中小企业投资项目用地需求，合理安排用地指标。

七、提高中小企业经营管理水平

（二十五）引导和支持中小企业加强管理。支持培育中小企业管理咨询机构，开展管理咨询活动。引导中小企业加强基础管理，强化营销和风险管理，完善治理结构，推进管理创新，提高经营管理水平。督促中小企业苦练内功、降本增效，严格遵守安全、环保、质量、卫生、劳动保障等法律法规，诚实守信经营，履行社会责任。

（二十六）大力开展对中小企业各类人员的培训。实施中小企业银河培训工程，加大财政支持力度，充分发挥行业协会（商会）、中小企业培训机构的作用，广泛采用网络技术等手段，开展政策法规、企业管理、市场营销、专业技能、客户服务等各类培训。高度重视对企业经营管理者的培训，在3年内选择100万家成长型中小企业，对其经营管理者实施全面培训。

（二十七）加快推进中小企业信息化。继续实施中小企业信息化推进工程，加快推进重点区域中小企业信息化试点，引导中小企业利用信息技术提高研发、管理、制造和服务水平，提高市场营销和售后服务能力。鼓励信息技术企业开发和搭建行业应用平台，为中小企业信息化提供软硬件工具、项目外包、工业设计等社会化服务。

八、加强对中小企业工作的领导

（二十八）加强指导协调。成立国务院促进中小企业发展工作领导小组，加强对中小企业工作的统筹规划、组织领导和政策协调，领导小组办公室设在工业和信息化部。各地可根据工作需要，建立相应的组织机构和工作机制。

（二十九）建立中小企业统计监测制度。统计部门要建立和完善对中小企业的分类统计、监测、分析和发布制度，加强对规模以下企业的统计分析工作。有关部门要及时向社会公开发布发展规划、产业政策、行业动态等信息，逐步建立中小企业市场监测、风险防范和预警机制。促进中小企业健康发展既是一项长期战略任务，也是当前保增长、扩内需、调结构、促发展、惠民生的紧迫任务。各地区、各有关部门要进一步提高认识，统一思想，结合实际，尽快制定贯彻本意见的具体办法，并切实抓好落实。

二〇〇九年九月十九日

国务院办公厅关于印发促进生物产业加快发展若干政策的通知

国办发〔2009〕45号

《促进生物产业加快发展的若干政策》已经国务院同意，现印发给你们，请认真贯彻执行。

二〇〇九年六月二日

促进生物产业加快发展的若干政策

加快培育生物产业，是我国在新世纪把握新科技革命战略机遇、全面建设创新型国家的重大举措。为贯彻落实《国家中长期科学和技术发展规划纲要（2006－2020年）》和《生物产业发展“十一五”规划》，加快把生物产业培育成为高技术领域的支柱产业和国家的战略性新兴产业，特制定本政策。

一、政策目标

（一）引导技术、人才、资金等资源向生物产业集聚，促进生物技术创新与产业化，加速生物产业规模化、集聚化和国际化发展。

（二）建立以企业为主体、市场为导向、产学研相结合的产业技术创新体系，造就高素质人才队伍，增强自主创新能力，掌握一批拥有自主知识产权的重要生物技术、产品和标准。

（三）培育若干个跨国经营的大型生物企业和一大批拥有自主知识产权的创新型中小生物企业，形成若干个产业集聚度高、核心竞争力强、专业化分工特色显著的生物产业基地。

（四）加强生物技术专利保护和物种种质资源保护，提高种质资源开发、利用水平，保障生物安全。

二、现代生物产业发展重点领域

（五）生物医药领域。重点发展预防和诊断严重威胁我国人民群众生命健康的重大传染病的新型疫苗和诊断试剂。积极研发对治疗常见病和重大疾病具有显著疗效的生物技术药物、小分子药物和现代中药。加快发展生物医学材料、组织工程和人工器官、临床诊断治疗康复设备。推进生物医药研发外包。

（六）生物农业领域。重点发展优质、高产、高效、多抗的农业、林业新品种和野生动植物繁育种源。大力发展生物农药、生物饲料及饲料添加剂、生物肥料、植物生长调节剂、动物疫苗、诊断试剂、现代兽用中药、生物兽药、生物渔药、微生物全降解农用薄膜等绿色农用生物制品，推进动植物生物反应器的产业化开发，促进高效绿色农业的发展。开发具有抗病和促进生长功能的微生物药品及其他生物制剂，保护和改善水域生态环境，发展健康养殖。

（七）生物能源领域。加快培育速生、高含油、高热值、高产专用能源植物品种，合理利用荒山荒地，推进规模化、基地化种植；积极开展以甜高粱、薯类、小桐子、黄连木、光皮树、文冠果以及植物纤维等非粮食作物为原料的液体燃料生产试点，推动生物柴油、集中式生物燃气、生物质发电、生物质致密成型燃料等生物能源的发展。

（八）生物制造领域。加快推进生物基高分子新材料、生物基绿色化学品、糖工程产品规模化发展。支持农产品精深加工和食品生物制造技术、装备、工艺流程的研发及规模化生产。开发新型酶制剂，发展生物漂白、生物制浆、生物制革和生物脱硫等清洁生产工艺，加快生物制造技术推广应用，降低物耗、能耗和污染。

（九）生物环保领域。重点发展高性能水处理絮凝剂、混凝剂、杀菌剂及生物填料等生物技术产品，鼓励废水处理、垃圾处理、生态修复生物技术产品的研究和产业化。支持荒漠化防治、盐碱地治理、水域生态修复、抗重金属污染、超富集植物等新产品的生产和使用。

三、发展壮大生物企业

（十）培育具有较强创新能力和国际竞争力的龙头企业。鼓励龙头企业加强研发能力建设，积极开展技术引进、跨国经营等活动。推动生物企业间、生物企业与科研机构间的合作与重组，扩大企业规模，增强企业实力。

（十一）鼓励和促进中小生物企业发展。对新创办的生物企业，在人员聘任、借贷融资、土地等方面给予优先支持。支持建立一批生物企业孵化器和留学生创业服务中心。加大科技型中小企业技术创新基金对符合条件的中小生物企业的支持力度。

（十二）大力推进生物产业基地发展。鼓励与生物产业相关的企业、人才、资金等向生物产业基地集聚，促进生物产业基地向专业化、特色化、集群化方向发展，形成比较完善的产业链。在基础条件好、创业环境优良的区域，逐步建立若干个国家级生物产业基地。国家在创新能力基础设施、公共服务平台建设以及实施科技计划、高技术产业计划等方面按规定给予重点支持。

（十三）积极推进国际合作。鼓励外国企业和个人来华投资生产、设立研发机构和开展委托研究。鼓励和支持具有自主知识产权的生物企业"走出去"，开展产品的国际注册和营销，到境外设立研发机构和投资兴办企业。支持国内机构参与有关国际标准的制（修）订工作，开展生物产业认证认可国际交流。

四、大力促进自主创新

（十四）充分发挥企业技术创新主体的作用。鼓励企业加大研发投入，国家通过建立健全产学研结合机制等方式，加大对企业技术创新的支持。加强企业技术中心建设，支持企业设立海外研发中心。支持以产学研联合的方式，吸引社会资金投入，组建若干个具有国际先进水平的生物技术研发机构，提高系统集成和工程化能力。鼓励企业、高校和科研机构共建工程实验室、工程（技术）研究中心、实习实训基地等工程化平台。

（十五）加强创新能力基础设施建设。支持各类研究机构、检测机构的科研基础设施建设，在充分整合和利用现有科研基础设施的基础上，形成若干个具有国际先进水平的生物科学研究基地，加强生物科学基础研究和应用技术开发。支持生物技术工程中心、工程实验室、孵化器、产品质检中心等建设。大力推进生物科研基础设施的开放和共享。

（十六）切实做好生物技术成果转移服务等工作。加快生物技术知识产权的审查，强化生物技术科研成果的登记和转移工作，完善生物技术成果的评价体系和转让机制。建立健全生物产品认证认可体系，规范生物产业第三方认证等中介机构的发展。

（十七）加速自主创新成果的产业化。组织实施生物技术产业化专项，大力推进拥有自主知识产权的重大生物技术成果转化，加速规模化生产和应用。积极开展生物产品相关标准的研究制（修）订与实施工作，加强生物标样的研制和产业化。

五、培养高素质人才队伍

（十八）加强生物科技人才培养。加大高校生物类学科专业建设力度，加强硕士、博士等高级专门人才的培养。在大型企业设立博士后科研工作站，鼓励科研机构、企业与高校联合建立生物技术人才培养基地，加强创新型人才和高级实用型人才培养。鼓励各类职业院校加快培养生物产业发展急需的技能型人才。

（十九）积极引进优秀生物科技人才。鼓励海外优秀人才回国（来华）创办企业、从事科研教学工作。结合实施国家自主创新战略和科技重大专项，鼓励海外回国（来华）优秀人才按规定申请和承担政府科技计划、基金项目和产业化项目。鼓励国有生物科研机构公开向海内外招聘技术负责人。加大向关键岗位和优秀人才的收入分配倾斜力度，完善技术参股、入股等产权激励机制。

六、加大财税政策支持力度

（二十）加大对生物技术研发与产业化的投入。各级政府根据财力增长情况，加大对生物技术研发及其产业化的投入，特别要加大对重要生物技术产品研发、产业化示范项目的支持。对完全可降解生物材料和经批准生产的非粮燃料乙醇、生物柴油、生物质热电等重要生物能源产品，国家给予适当支持。鼓励企业、科研机构、高校和个人申请植物新品种、专利、商标等知识产权。

（二十一）建立财政性资金优先采购自主创新生物产品制度。各级国家机关、事业单位和团体组织使用财政性资金采购生物产品的，应优先购买列入政府采购自主创新产品目录中的生物产品。

（二十二）实施税收优惠政策。生物企业为开发新技术、新工艺、新产品发生的研发费用，未形成无形资产计入当期损益的，在按照规定据实扣除的基础上，再按照研发费用的50%加计扣除；形成无形资产的，按照无形资产成本的150%摊销。对被认定为高新技术企业的生物企业，按照税法规定减按15%的税率征收企业所得税。对国家需要重点扶持和鼓励发展的生物农业、生物医药、生物能源、生物基材料等生产企业，进一步完善相关税收政策。

七、积极拓宽融资渠道

（二十三）引导社会资金投向生物产业。鼓励设立、发展生物技术创业投资机构和产业投资基金，鼓励、引导金融机构支持生物产业发展，支持信用担保机构对生物企业提供贷款担保。支持金融机构创新信贷品种，改进金融服务，对符合条件的生物产业发展项目、生物产业基地基础设施提供信贷支持。积极探索利用贴息、小额贷款等方式，加大有效信贷投入。

（二十四）支持生物企业利用资本市场融资。积极支持符合条件的中小生物企业在中小企业板和创业板上市，鼓励符合条件的生物企业在境内外上市筹资。开展生物产业基地内具备条件的生物企业进入证券公司代办系统进行股份转让试点，推进未上市生物企业股权的流通，拓宽创业投资退出渠道。支持符合条件的生物企业发行企业债券、公司债券、短期融资券和中期票据等，开展生物产业基地内企业联合发行企业债券试点。

八、创造良好市场环境

（二十五）培育生物产品市场。扩大医疗保险覆盖范围，规范药品政府采购方式，发展商业健康保险，积极拓展生物医药应用范围。对拥有自主知识产权的生物药品，按照国家有关程序进行评审，符合条件的纳入医疗保险目录。鼓励推广使用农林业良种、生物农药、生物肥料、生物饲料及饲料添加剂、完全可降解生物薄膜等。稳步推进非粮燃料乙醇应用试点，有序开展生物柴油应用试点。规范生物产品市场秩序，依法查处制假售假、商业欺诈等行为。督促指导生物企业加强环境保护，确保污染物排放达标。

（二十六）完善生物产品市场准入政策。按照生物安全审查、评价、认证认可和监管要求，积极推进转基因农产品技术研发与产业化。对生物能源生产、销售依法实行市场准入制度，由国务院有关部门制定完善相关准入条件。进一步加强生物检测实验室的资质认定工作，切实提高实验室检测能力和管理水平。依法完善生物药品审批制度。对涉及国家安全、人体健康安全、动植物安全、环境保护的生物产品和技术，由国务院有关部门依法实施市场准入制度。制定生物产品进出口管理办法，规范生物产品进出口秩序。

（二十七）加强知识产权的保护。完善生物技术知识产权保护机制，加强生物技术知识产权执法队伍建设，加大对知识产权侵权的惩处力度，依法保障知识产权所有者的权益。

九、强化生物遗传资源保护和生物安全监管

（二十八）加强生物遗传资源保护。建立健全生物遗传资源保护法律法规体系，建立和完善生物遗传资源获取与惠益分享制度。建立生物遗传资源信息系统，开展生物遗传资源调查、评价。加强人类遗传资源库和物种种质资源库（圃）及保护场（区）、原生境保护点、试验基地、管理体系建设。组织实施野生动植物种质资源保护工程，收集和保护濒危稀缺等重要生物资源。建立健全生物遗传资源出入境查验体系，加强对生物遗传资源出入境的监管。

（二十九）加强生物安全管理。认真履行生物安全有关国际公约，依据有关法律法规健全生物安全特别是转基因生物安全技术标准、安全评价、检测监测和监督管理体系，提高安全监管能力。加强防范外来有害生物入侵的防御体系建设，完善进境生物安全防范体系，防范转基因生物、微生物菌剂非法越境转移和无意越境转移。依法限制或禁止影响国家安全或公共利益的生物技术和产品进出口。建立健全生物安全风险分析和信息交换机制，强化风险预警和应急反应机制，提高防范与应对外来有害生物入侵、生物恐怖袭击的能力。加强实验室生物安全监督管理，健全实验室生物安全体系，保护实验室工作人员和公众安全。

（三十）加强生命科学、生物技术知识和有关法律法规的宣传普及工作。引导社会公众树立正确的生物安全意识，营造发展生物产业的良好社会环境。

（三十一）加强生物研究伦理审查。积极开展生物伦理研究，遵循国际通行的生物伦理规范，建立健全医学、农业等领域生命科学研究伦理审查、监督制度。

十、加强组织领导

（三十二）建立健全工作机制。建立国家促进生物产业发展部际协调机制，统筹协调生物产业发展的重大问题。成立国家生物产业发展专家咨询委员会，对产业发展重大问题开展咨询研究。积极发挥行业协会桥梁和纽带作用，推动国际交流与合作，强化行业自律。

（三十三）本政策自发布之日起实施。国务院有关部门要依据本政策制定配套政策措施，各省、自治区、直辖市人民政府要结合本地实际，制定具体方案并抓好落实。

北京市人民政府办公厅
关于进一步开展汽车摩托车下乡工作的通知

京政办发〔2009〕36号

为贯彻《国务院关于印发汽车产业调整和振兴规划的通知》（国发〔2009〕5号）及财政部、国家发展改革委、工业和信息化部等国家部委关于开展汽车、摩托车下乡工作有关文件精神，拉动农村消费，带动汽车产业发展，实现“保增长、保民生、保稳定”的目标，经市政府同意，现就进一步开展汽车、摩托车下乡工作通知如下：

一、指导思想

深入贯彻落实科学发展观，坚持以人为本，大力推进党和国家支农惠农政策的落实，通过开展汽车、摩托车下乡工作，加快农村消费升级，改善农民生产生活条件，推动社会主义新农村建设，促进首都经济又好又快发展。

二、政策内容

（一）财政补贴对象和范围。

1. 补贴对象。凡具有本市农业户口的农民，在政策实施期限内新购或换购符合本通知规定的汽车、摩托车下乡产品，均可以户为单位申请享受财政补贴。

2. 补贴范围。农民将三轮汽车或低速货车报废并换购或新购微型载货车和轻型载货车，每户限购1辆，报废车辆与换购车辆的车主应为同一人；新购微型客车，每户限购1辆；新购摩托车，每户限购2辆。

三轮汽车指原三轮农用车；低速货车指原四轮农用车；微型载货车指总质量在1.8吨以下（含1.8吨）、至少4个车轮且用于载货的机动车辆，轻型载货车指总质量大于1.8吨但不超过6吨、至少4个车轮且用于载货的机动车辆；微型客车指发动机排量在1.3升以下（含1.3升）、至少4个车轮且用于载客的机动车辆（不含轿车）。

3. 实施期限。汽车下乡政策的实施期限为2009年3月1日至12月31日；摩托车下乡政策的实施时间为2009年2月1日至2013年1月31日。

享受财政补贴的汽车购买后两年内不得转移所有权。

（二）汽车、摩托车下乡产品。

1. 享受补贴的微型载货车、轻型载货车和微型客车必须是已经列入财政部、工业和信息化部公布的《微型载货车下乡生产企业及产品目录》、《轻型载货车下乡生产企业及产品目录》、《微型客车下乡生产企业及产品目录》（以下统称《企业及产品目录》），经过国家强制认证并符合本市机动车排放标准的车型。

2. 农民新购摩托车，必须符合我市现行的摩托车管理的相关政策，并购买已经列入财政部、工业信息化部公布的《摩托车下乡生产企业及产品目录》（以下统称《企业及产品目录》）中的产品，方可享受补贴。

3. 生产上述产品并且同意对产品质量、经销网点、售后服务、价格、产品标识、销售统计和政策宣传等工作进行承诺，已经与财政部、工业和信息化部签订了《汽车（摩托车）下乡推广工作生产企业协议书》的企业，可以参与汽车摩托车下乡产品的生产和销售。授权经销商须在工商行政管理部门登记注册，与生产企业或生产企业设立的销售公司签订了销售协议，并已向商务部门备案，其中微型客车的授权经销商应为已在国家工商行政管理总局备案的汽车品牌销售企业。汽车、摩托车下乡产品销售价格不得高于市场同期同类产品价格。

4. 三轮汽车或低速货车报废并换购微型载货车、轻型载货车，须按国家有关规定办理报废手续，车主应当提供完备的车辆报废材料。其中：在公安交管部门注册的车辆须取得公安交管部门出具的注销证明，在农机监理部门注册的车辆须取得农机监理部门出具的注销证明。车主要将报废的车辆交售给依法设立的汽车回收企业回收拆解，并取得报废汽车回收证明。

（三）财政补贴比例及金额。

对农民新购或换购符合本通知规定的微型载货车、轻型载货车，新购符合规定的微型客车、摩托车按以下标准予以财政补贴：

1. 微型载货车、轻型载货车和微型客车：销售价格每辆5万元及以下的，补贴销售价格的10%；销售价格每辆5万元以上的，定额补贴5000元。

2. 摩托车：销售价格每辆5000元及以下的，补贴销售价格的13%；销售价格每辆5000元以上的，定额补贴650元。

3. 以换购微型载货车、轻型载货车为目的报废三轮汽车或低速货车的，报废三轮汽车每辆补贴2000元；报废低速货车每辆补贴3000元。

（四）产品购买和财政补贴申领。

1. 具有本市农业户口的农民可以到有汽车摩托车下乡标识的销售网点购买符合本通知规定的汽车、摩托车产品。

2. 报废三轮汽车、低速货车并换购微型载货车、轻型载货车的农民，在按规定办理报废和注册登记手续后，向户口所在地乡镇财政部门申请车辆报废和购买补贴，并提供以下材料：

（1）机动车整车出厂合格证（复印件）或公安交通管理部门出具的机动车登记证书（原件和复印件）；

（2）公安交通管理部门出具的机动车行驶证（原件和复印件）；

（3）机动车销售发票（原件和复印件）；

（4）报废汽车回收企业出具的报废汽车回收证明和公安交通管理部门或农机监理部门出具的注销证明（原件和复印件）；

（5）购买人身份证、户口簿或公安部门出具的户籍证明（原件和复印件）；

（6）购买人在北京农村商业银行的个人结算储蓄存折或粮食直补专用存折；

（7）汽车摩托车下乡补贴资金申报表。

3. 新购微型客车、微型载货车、轻型载货车或摩托车的农民，在按规定办理车辆登记注册手续后，向户口所在地乡镇财政部门申请车辆购买补贴，并提供以下材料：

（1）机动车整车出厂合格证（复印件）或公安交通管理部门出具的机动车登记证书（原件和复印件）；

（2）公安交通管理部门出具的机动车行驶证（原件和复印件）；

（3）机动车销售发票（原件和复印件）；

（4）购买人身份证、户口簿或公安部门出具的户籍证明（原件和复印件）；

（5）购买人在北京农村商业银行的个人结算储蓄存折或粮食直补专用存折；

（6）汽车摩托车下乡补贴资金申报表。

（五）财政补贴资金审核及兑付。

1. 补贴资金实行“乡级审核、乡级兑付”，乡镇财政部门对申报材料完整性、填报正确性进行审核，按照财政部、工业和信息化部印发的《关于汽车摩托车下乡产品标识及使用规范等有关问题的通知》（财建〔2009〕140号）要求，核实汽车、摩托车下乡标识。

2. 经审核符合补贴条件的，乡镇财政部门要及时将车辆信息、购买人在北京农村商业银行开立的帐户信息及农民户口本信息录入汽车摩托车下乡信息管理系统，确认补贴资金额度，留存相关证明材料复印件，建立汽车摩托车下乡产品及补贴资金使用档案，并在购买人提出申请的15个工作日内，将补贴资金一次性拨付到购买人在北京农村商业银行的个人结算储蓄存折或粮食直补专用存折。对不符合补贴要求的，应当场说明原因，并退回申请资料。

三、组织实施

各相关区县政府、市各有关部门要充分认识开展汽车、摩托车下乡工作的重要性，加强领导，精心组织，强化监管，切实把汽车、摩托车下乡工作抓实抓好。

（一）加强组织领导。

成立北京市汽车、摩托车下乡工作协调小组（以下简称协调小组），主管副市长任组长，市委宣传部、市农委、市财政局、市经济信息化委、市发展改革委、市商务委、市工商局、市环保局、市质监局、市农业局、市公安局公安交通管理局等部门为成员单位，负责全市汽车、摩托车下乡工作的组织领导。协调小组办公室设在市农业局，承担日常工作。

各相关区县政府要成立专门的汽车摩托车下乡领导及工作机构，抓好落实，搞好服务。

（二）明确职责分工。

由市农委、市农业局会同市财政局、市发展改革委、市经济信息化委、市商务委、市工商局、市环保局、市质监局、市公安局公安交通管理局等部门，按照部门职责分工，共同组织实施汽车、摩托车下乡工作。

市农委、市农业局负责统筹协调汽车摩托车下乡工作，负责开展需求调研，制定工作方案，通报相关信息，组织协调市各有关部门进行监督检查。

市财政局负责补贴资金管理，组织区县及乡镇财政部门做好资金调度安排，开展业务培训，完善档案管理，做好信息数据收集整理和沟通交流。

市环保局按照本市环保相关政策要求，筛选符合标准的汽车、摩托车下乡产品，制定目录并向社会公示。

市农委商市委宣传部，协调市属新闻媒体配合有关部门做好宣传工作。

市发展改革委负责对《企业及产品目录》内下乡产品的价格进行监管。

市经济信息化委负责相关生产企业及下乡产品的组织管理。

市公安局公安交通管理局负责办理下乡汽车、摩托车注册登记手续和报废汽车注销登记手续，并依法进行指导，监督享受补贴资金的汽车2年内不得转移所有权。

市商务委负责下乡汽车、摩托车销售和汽车报废的组织管理。

市工商局负责对经销商经营行为进行监督管理。

市质监局和市工商局依据各自职能对《企业及产品目录》内的产品质量进行监督管理。

各相关区县财政、经济和信息化、商务和公安交通管理部门负责做好本区县相关数据和信息的汇总上报工作，于每月8日前汇总上报相对应的市级主管部门。市级各主管部门审核汇总后于每月10日前报送协调小组办公室。

（三）加大宣传力度。各区县政府、市各有关部门要充分利用电视、广播、报纸、网络、宣传栏、宣传单等多种形式宣传汽车、摩托车下乡政策，将补贴产品、销售网点、补贴办法、申领手续等政策和具体实施办法宣传清楚、解释明白，真正做到家喻户晓，切实把党和政府对广大农民的关怀落到实处。

（四）强化日常监管。各级农业部门要认真组织各部门对本市汽车、摩托车下乡工作进行监督检查，及时了解进展情况，提出完善政策的建议措施。（市农业局咨询投诉电话：12316）

各级财政部门要定期检查和掌握补贴资金发放动态情况，加强补贴资金的财务管理。可委托审计部门或社会审计机构进行财务审计和检查，确保补贴资金专款专用和及时足额兑付；通过多种方式了解农民领取补贴的情况，严肃查处截留、挤占、挪用和骗取补贴资金的行为。涉嫌犯罪的，移交司法机关依法处理。（市财政局咨询投诉电话：88549650）

各级工商行政管理部门要会同经济与信息化等部门，加强对汽车、摩托车销售市场秩序的监督管理，保护购置补贴车辆的农民的合法权益。（市工商局咨询投诉电话：12315）

各级质量技术监督部门要对汽车、摩托车下乡产品和企业加强监督检查，加大强制性产品认证管理，加强缺陷产品召回工作。（市质量技术监督局咨询投诉电话：12365）

各区县政府要落实监督和检查责任，杜绝任何侵害农民权益的行为发生。要定期检查政策执行情况，全面、及时、准确掌握汽车摩托车下乡工作动态。公布咨询投诉电话，及时处理群众投诉。

二〇〇九年六月二十六日

北京市人民政府办公厅转发市金融办等部门关于北京市小额贷款公司试点实施办法的通知

京政办发〔2009〕2号

经市政府同意，现将市金融办、市工商局、北京银监局、人民银行营业管理部制定的《北京市小额贷款公司试点实施办法》转发给你们，请遵照执行。

二〇〇九年一月四日

北京市小额贷款公司试点实施办法

（市金融办　市工商局　北京银监局　人民银行营业管理部）

第一章　总　则

第一条　为有效配置金融资源，引导资金支持农村、郊区和中小企业发展，改善金融服务，根据国家有关法律法规，按照中国银监会、人民银行《关于小额贷款公司试点的指导意见》（银监发〔2008〕23号）的要求，制定本办法。

第二条　本办法所称小额贷款公司，是指在北京市由自然人、企业法人或其他社会组织依法设立，不吸收公众存款，经营小额贷款业务的有限责任公司或股份有限公司。

第三条　小额贷款公司是企业法人，有独立的法人财产，享有法人财产权，以全部财产对其债务承担民事责任。小额贷款公司股东依法享有资产收益、参与重大决策和选择管理者等权利，以其认缴的出资额或认购的股份为限对公司承担责任。

第四条　小额贷款公司应执行国家金融方针和政策，在法律、法规规定的范围内开展业务，自主经营，自负盈亏，自我约束，自担风险；合法的经营活动受法律保护，不受任何单位和个人的干涉。

第五条　市金融办为小额贷款公司市级主管部门（以下简称市主管部门），负责本市小额贷款公司试点工作的统筹协调、审批、监督与风险处置。在本市设立小额贷款公司，应经市主管部门的审查批准。

第六条　凡是区、县政府能明确一个主管部门（设金融办的为区、县金融办）负责对小额贷款公司初审和日常监督管理，并承诺愿意承担小额贷款公司风险处置责任的，方可在本区、县范围内开展小额贷款公司试点工作。各区、县主管部门是所在区、县小额贷款公司日常监督管理和风险处置的第一责任人，负责小额贷款公司筹建、开业初审；负责日常监督管理；负责小额贷款公司的风险处置。各区、县主管部门要定期向市主管部门报送小额贷款公司管理运营情况，并抄送北京银监局和人民银行营业管理部。

第二章　小额贷款公司的设立、变更、备案和注销

第七条　小额贷款公司的名称由行政区划、字号、行业及组织形式依次组成，其中行政区划指区、县级行政区划的名称，行业表述应当标明“小额贷款”的字样，组织形式为有限责任公司或股份有限公司，且公司名称应当符合本市工商企业注册的有关规定。未经批准，任何公司不得标注“小额贷款”字样。

第八条　设立小额贷款公司应具备以下条件：

（一）符合《中华人民共和国公司法》规定的公司章程；

（二）股东符合法定人数；

（三）单一最大股东（包括其关联方）持有的股份不得超过公司注册资本总额的30%，其他单一股东及其关联方持有的股份不得超过公司注册资本总额的20%，且不得低于公司注册资本总额的1%；

（四）有限责任公司注册资本不得低于5000万元，股份有限公司注册资本不得低于1亿元。注册资本来源应真实合法，全部为实收货币资本，由出资人或发起人一次足额缴纳；

（五）小额贷款公司的股东资格应当符合法律法规和市有关部门规定的条件；

（六）符合任职资格条件的董事、监事和高级管理人员；

（七）具备相应专业知识和业务经验的工作人员；

（八）必要的组织机构和管理制度；

（九）符合要求的营业场所、安全防范措施和与业务有关的其他设施；

（十）法律法规规定的其他条件；

（十一）市主管部门认为必要的其他条件。

第九条　建立小额贷款公司股东信用征信制度。公司设立和变更股东时，区县主管部门应聘请专门的信用征集评估机构，对法人股东和自然人股东的信贷、纳税、合同履约、股东间关联关系及遵守法律法规等信用情况进行征集和评价。股东信用评价合格并符合小额贷款公司投资人要求的才能成为小额贷款公司股东。信用评估机构出具的股东信用证明，应真实地反映股东的信用情况，并对其真实性承担责任。

第十条　申请设立小额贷款公司，应当先申请筹建。申请人将下列筹建申请材料报送拟设小额贷款公司所在区、县主管部门：

（一）筹建申请书。申请书应当载明拟设立小额贷款公司的名称、拟注册住所、注册资本、股权结构、业务范围、机构性质、组织形式、发起人或出资人基本情况及出资比例以及设立的目的；

（二）可行性研究报告。包括对当地经济金融发展状况分析，组建小额贷款公司的可行性和必要性，市场前景分析，未来业务发展计划，风险处置预案等；

（三）筹建工作方案。包括拟设公司筹建工作步骤和时间安排，主要管理制度的起草计划，业务拓展计划，风险控制措施，资金来源，公司治理架构，部门设置和从业人员配置，内控体系，主要董事、监事及拟聘高级管理人员，信贷部门负责人和风险控制部门负责人的基本情况，经授权的筹建组人员名单、履历、联系地址及电话，选址方案；

（四）出资人关于出资设立小额贷款公司的股东协议。协议内容应包括但不限于拟设小额贷款公司的名称、住所、业务范围、注册资本金、股本结构，出资人出资额与占股份比例，出资人的权利义务等；

（五）出资人关于出资设立小额贷款公司的承诺书。承诺自觉遵守公司章程、接受监管并承担风险、自觉遵守国家及本市相关规定、不吸收公众存款、不参与非法集资活动的承诺书；

（六）出资人之间的关联关系情况说明及相关证明材料，以及如果存在隐瞒事项，出资人在小额贷款公司的投票权将受到限制的承诺；

（七）法人股东的名称、注册地址、法定代表人、经过工商年检的营业执照复印件、经营情况、诚信状况、未偿还金融机构贷款本息情况及所在行业状况、纳税记录等事项；拟投资入股的自有资金来源真实的承诺书；董事会或股东（大）会会议关于同意出资设立小额贷款公司的决议；最近1年经审计的资产负债表、利润表和现金流量表；

（八）自然人股东的姓名、身份证复印件、入股资金来源及个人收入来源合法真实的承诺书；

（九）联系人及其手机、办公电话、传真电话、电子邮件、通讯地址（邮编）；

（十）律师对拟申报材料的合法合规性出具的法律意见书；

（十一）市主管部门要求的其他材料。

第十一条　区、县主管部门应在收到符合要求的全套筹建申请材料后20个工作日内，依据本办法第九条的规定聘用专门的信用评估机构完成对股东信用评价。

区、县主管部门应在收到股东信用评价报告后15个工作日内，将全套筹建申请材料连同初审意见、股东信用评价证明及时报送市主管部门。

市主管部门应在收到设立小额贷款公司的完整申请资料之日起30个工作日内做出批准或者不予批准筹建的决定，并书面通知申请人，抄送区、县主管部门。特殊情况下，市主管部门可以适当延长审查期限，并书面通知申请人，但延长期限不得超过3个月。

申请人凭批准筹建文件到拟设小额贷款公司所在地的区、县主管部门领取开业申请表。

第十二条 申请人应自批准筹建之日起3个月内完成筹建工作，并提交设立申请。在规定期限内未完成筹建工作的，应当说明理由，经拟设小额贷款公司所在地的区县主管部门批准，报经市主管部门，可以延长1个月。在延长期内仍未完成筹建工作的，批准筹建文件自动失效。

第十三条 在本办法规定的筹建有效期内，申请人应当将填写好的开业申请表连同下列资料报送拟设小额贷款公司所在地的区县主管部门：

（一）设立申请书。申请书应当载明拟开业小额贷款公司的名称、住所、注册资本、股权结构、业务范围、拟任高级管理人员情况、经营方针及计划、主要管理制度、营业场所安全、是否符合设立条件等基本信息，及其他需要说明的情况；

（二）筹建工作报告。内容包括筹建过程、筹建工作落实情况以及是否符合设立要求等；

（三）经股东（大）会会议通过的公司章程；

（四）股东名册，包括股东名称（企业法人要有注册地址和法人机构代码）、出资额以及股份比例；

（五）主要管理制度和组织机构图；

（六）拟任职董事、高级管理人员的任职资格证明材料；

（七）法定验资机构出具的验资证明；

（八）营业场所所有权或使用权的证明材料；

（九）公安、消防部门对营业场所出具的安全、消防设施合格证明；

（十）联系人及其电话、传真电话、电子邮件、通讯地址（邮编）；

（十一）律师对申报材料的合法合规性出具法律意见书；

（十二）市主管部门要求的其他材料。区、县主管部门自收到完整设立申请材料之日起15个工作日内审核完毕，连同审核意见报送市主管部门。市主管部门在收到申请材料和区、县主管部门审核意见齐备后15个工作日内做出批准或者不予批准的决定，并书面通知申请人，抄送区、县主管部门。

第十四条 市主管部门批准设立的小额贷款公司，由市工商行政管理部门予以注册登记，颁发营业执照。

第十五条 拟任小额贷款公司董事、监事和高级管理人员需具备下列条件：

（一）无犯罪记录和不良信用记录；

（二）具备本科以上学历，从事金融领域工作3年以上，或从事相关经济管理工作5年以上；或大专以上学历，从事金融领域工作8年以上；

（三）具备与履行职责相适应的专业知识与能力；

（四）拟任总经理应参加由市主管部门组织的任职资格考试和谈话。

对不完全符合上述条件的拟任高级管理人员，小额贷款公司申请人认为其具备拟任职务所需知识、经验和能力的，可向区县主管部门提交个案申请。由区县主管部门上报经市主管部门核准。

第十六条 经各区、县主管部门审核和市主管部门批准，小额贷款公司可设立分支机构，具体办法另行规定。

第十七条 小额贷款公司应在批准开业之日起5个工作日内向本市公安机关、北京银监局和人民银行营业管理部报送相关材料。

第十八条 小额贷款公司在当地税务部门办理税务登记，并依法纳税。

第十九条 小额贷款公司有下列变更事项之一的，在工商登记变更前须经区、县主管部门报市主管部门批准：

（一）变更名称；

（二）变更注册资本；

（三）变更住所；

（四）变更业务范围；

（五）变更股东；

（六）变更董事及高级管理人员；

（七）变更章程；

（八）变更组织形式；

（九）合并、分立；

（十）市主管部门要求申报的其他变更事项。小额贷款公司发生以上变更事项，经区县主管部门初审报市主管部门批准后，持市主管部门批准材料到工商行政管理机关办理变更登记备案手续。

第二十条 小额贷款公司法人资格的终止包括解散和破产两种情况。

小额贷款公司可因下列原因解散：

（一）公司章程规定的解散事由出现；

（二）股东（大）会决议解散；

（三）因公司合并或者分立需要解散；

（四）依法被吊销营业执照、责令关闭或者被撤销；

（五）人民法院依法宣布公司解散。

小额贷款公司解散，依照公司法进行清算和注销。

小额贷款公司被依法宣告破产的，依照企业破产法实施破产清算并注销。

第二十一条 小额贷款公司依法合规经营，没有不良信用记录，符合规定条件的，可在股东自愿的基础上，按照中国银监会发布的《村镇银行组建审批指引》和《村镇银行管理暂行规定》规范改造为村镇银行。

第三章 股东资格及义务

第二十二条 小额贷款公司的股东应为境内的自然人、企业法人或其他社会组织，其中最大股东应为小额贷款公司所在区县的自然人、企业法人或其他社会组织。

有犯罪记录和不良信用记录者，不得成为小额贷款公司股东。

第二十三条 境内企业法人作为小额贷款公司股东的，应符合以下条件：

（一）在工商行政管理部门登记注册，具有法人资格；

（二）有良好的社会声誉、诚信记录和纳税记录；

（三）财务状况良好，入股前一完整会计年度盈利；

（四）入股资金来源合法，为真实自有资本，不得以借贷资金或他人委托资金入股；

（五）有较强的经营管理能力和资金实力；

（六）市主管部门要求的其他条件。

第二十四条 境内自然人作为小额贷款公司股东的，应符合以下条件：

（一）有完全民事行为能力；

（二）有良好的社会声誉和诚信记录；

（三）入股资金来源合法，为真实自有资产，不得以借贷资金或他人委托资金入股；

（四）市主管部门要求的其他条件。

第二十五条 境内其他社会组织投资入股小额贷款公司的，应符合国家对其他社会组织投资管理的相关规定，具备良好的社会声誉和诚信记录，具备投资主体资格，具有资金实力，不得以借贷资金或他人委托资金入股。

第二十六条 小额贷款公司股东不得虚假出资或者抽逃资本。小额贷款公司不得接受本公司股份作为质押权标的。小额贷款公司股东在公司设立后3年内不得转让、质押其持有的股份。

第四章 小额贷款公司的资金来源

第二十七条 小额贷款公司的资金来源为股东缴纳的资本金、捐赠资金、来自不超过两个银行业金融机构的融入资金及经国家有关部门同意的其他资金来源。

第二十八条 在法律、法规规定的范围内，小额贷款公司从银行业金融机构获得融入资金的余额，不得超过资本净额的50%。融入资金的利率、期限由小额贷款公司与相应银行业金融机构自主协商确定。

第二十九条 小额贷款公司应向人民银行营业管理部申领贷款卡。向小额贷款公司提供融资的银行业金融机构，应将融资信息及时报送人民银行营业管理部和北京银监局，并跟踪监督小额贷款公司融资的使用情况。

第五章 小额贷款公司的业务范围和资金运用

第三十条 在试点阶段，小额贷款公司的业务范围限定在注册所在区、县行政区域内发放贷款。

第三十一条 小额贷款公司可自主选择贷款对象，在试点阶段，每年向三农方面发放的贷款金额不得低于全年累计放贷金额的70%。

第三十二条 小额贷款公司发放贷款，应坚持“小额、分散”的原则，鼓励小额贷款公司面向农户、微型企业、中小企业提供信贷服务，着力扩大客户数量和服务覆盖面。同一借款人的贷款余额不得超过小额贷款公司资本净额的3%。

第三十三条 小额贷款公司按照市场化原则进行经营，贷款利率不得超过司法部门规定的上限，下限为中国人民银行公布的贷款基准利率的0.9倍，具体浮动幅度按照市场原则自主确定。

第三十四条 贷款合同参照银行贷款的标准化合约，由借贷双方在公平自愿的原则下依法协商确定。

第六章 小额贷款公司的公司治理

第三十五条 小额贷款公司的组织机构及其职责应按照《中华人民共和国公司法》的相关规定执行，并在其章程中明确。

第三十六条 小额贷款公司应根据其决策管理的复杂程度、业务规模和服务特点设置简洁、高效、灵活的组织机构。完善股东（大）会、董事会、监事会、高级管理层的议事制度和决策程序。

第三十七条 小额贷款公司设总经理1名，根据需要设副总经理1至3名。小额贷款公司董事会应对总经理实施年度专项审计。审计结果应向董事会、股东会或股东大会报告，并报市和区县主管部门。总经理、副总经理离任时，须进行离任审计。

第三十八条 小额贷款公司董事和高级管理人员对小额贷款公司负有忠实守信义务和勤勉尽责义务。董事违反法律、法规或小额贷款公司章程，致使小额贷款公司形成严重损失的，应对公司承担相应赔偿责任。总经理、副总经理违反法律、法规、公司章程或超出董事会授权范围做出决策，致使小额贷款公司遭受严重损失的，应对公司承担相应赔偿责任。

第三十九条 小额贷款公司董事会和经营管理层可根据需要设置专业委员会，提高决策能力和管理水平。

第四十条 小额贷款公司要建立适合自身业务特点和规模的薪酬分配制度、正向激励约束机制，培育良好的企业文化。

第七章　小额贷款公司的内部控制

第四十一条　小额贷款公司应根据各类贷款业务的性质和特点制定相应的贷款管理规章，并针对贷款业务的尽职调查、审批、授权授信、贷后检查、风险管理、关联交易、违规处罚等内容建立健全相关的业务流程和操作规范。

第四十二条　小额贷款公司的金融服务创新应在审慎经营和合法规范的基础上进行，周密考虑业务创新的法律性质、操作程序、经济后果等，严格控制新业务的法律风险和运行风险。

第四十三条　小额贷款公司应当按照我国反洗钱的有关规定逐笔记录和保存单笔或者当日累计交易相当于20万元人民币数额以上的现金缴存、现金支取、现金汇款、现金票据解付及其他形式的现金收支记录。

第四十四条　小额贷款公司应当依据国家有关法律法规制订并实施本公司的财务制度、会计工作操作流程和会计岗位工作手册。应建立出账审批制度，确保业务审批和财务核算相对独立；建立财务核对制度，定期与银行、借款人对账，确保财务一致；建立会计档案保管和交接制度，防止会计档案被替换、更改、毁损、散失和泄密。小额贷款公司在同级财政部门办理财政登记备案，执行国家财务会计制度，依法接受会计监督。

第四十五条　小额贷款公司应按照有关规定，建立审慎规范的资产分类制度和拨备制度，准确进行资产分类，充分计提呆账准备金，确保资产损失准备充足率始终保持在100%以上，全面覆盖风险。资产分类和计提呆账准备金的方法参照中国人民银行、银监会、财政部对商业银行的相关规定执行。

第四十六条　小额贷款公司可自建或依托具有相当资质的银行业金融机构建立完善的计算机信息系统。建立电子数据的即时保存和备份制度，重要数据必须异地备份并且长期保存，也可租用相关共享服务中心进行系统和数据备份。

第四十七条　小额贷款公司应建立健全内部审计稽核制度，设立职责明确的监察稽核岗位，配备有能力的监察稽核人员。监察稽核岗位对公司董事会和股东（大）会负责，以保证监察稽核的独立性和权威性。小额贷款公司董事会和管理层应重视和支持监察稽核工作，对监察稽核中发现的违反法律、法规和公司制度的行为，应及时纠正和处罚。

第四十八条　小额贷款公司应建立信息披露制度，按要求向市、区县主管部门、向人民银行营业管理部、北京银监局、向公司股东、向为其提供融资的银行业金融机构、向有关捐赠人披露经中介机构审计的财务报表和年度业务经营情况、融资情况、大额贷款、重大事项等信息，必要时应向社会披露，并保证信息的真实准确和完整。对突发事件和突发业务风险等重大事项应及时报告主管部门。

第八章　小额贷款公司的监督管理

第四十九条　小额贷款公司应主动接受市、区县主管部门的监督管理。按月向市、区县主管部门提供财务报表和贷款统计表，并自觉接受市、区县主管部门的现场检查。

第五十条　小额贷款公司应接受社会监督。小额贷款公司开业时，应在本区、县主要媒体和营业场所向社会公告公司基本信息，承诺公司不吸收公众存款，坚决杜绝涉入任何形式的非法集资和非法证券买卖，遵守反洗钱相关法律法规，并自觉接受社会公众监督。

第五十一条　各区县主管部门应加强对小额贷款公司的日常监督管理，按月、季、年对小额贷款公司的经营管理和内控风险情况进行监测，每年至少进行一次全面业务检查，视小额贷款公司经营情况适时安排专项检查。对日常监管中发现的重大问题和突发事件应及时向区县主管部门和市主管部门报告，并通报相关部门。

第五十二条　人民银行营业管理部对小额贷款公司的利率、资金流向进行跟踪监测，并将小额贷款公司信用状况纳入信贷征信系统。小额贷款公司应定期向信贷征信系统提供借款人、贷款金额、贷款担保和贷款偿还等人民银行营业管理部要求的业务信息。

第五十三条 小额贷款公司在经营过程中，若有非法集资、变相吸收公众存款等严重违法违规行为，由区县政府负责查处，报市主管部门后，由市主管部门责令整改、取消其小额贷款试点资格，提请工商部门吊销营业执照和罚款。

第五十四条 试点阶段，为加强监管，规范运营，提升服务，小额贷款公司应委托一家提供农村金融服务范围广、网点多、实力强并能为小额贷款公司提供服务支持的商业银行开立存款账户作为小额贷款公司资金托管银行，并为其统一提供支付结算服务。托管银行应切实负起资金安全监督责任，如发生任何资金支付结算等资金使用违规行为，应及时报告市主管部门。

第九章 附 则

第五十五条 本办法实施过程中出现的问题，由市金融办会同有关部门协调解决。

第五十六条 本办法自发布之日起施行。

北京市人民政府办公厅关于印发北京市经济和信息化委员会（北京市国防科学技术工业办公室）主要职责内设机构和人员编制规定的通知

京政办发〔2009〕45号

《北京市经济和信息化委员会（北京市国防科学技术工业办公室）主要职责内设机构和人员编制规定》经市机构编制委员会审核，已经市政府批准，现予印发。

二〇〇九年八月五日

北京市经济和信息化委员会（北京市国防科学技术工业办公室）主要职责内设机构和人员编制规定

根据中共中央、国务院批准的北京市人民政府机构改革方案和《北京市人民政府关于机构设置的通知》（京政发〔2009〕2号），设立北京市经济和信息化委员会（简称市经济信息化委）。市经济信息化委是负责本市工业、软件和信息服务业发展、推进信息化工作的市政府组成部门，挂北京市国防科学技术工业办公室（简称市国防科工办）的牌子。

一、职责调整

（一）划入的职责。

1. 将原北京市工业促进局（北京市国防科学技术工业办公室）、北京市信息化工作办公室、北京市乡镇企业局的职责，整合划入市经济信息化委。

2. 北京市发展和改革委员会（简称市发展改革委）的工业行业管理和信息化有关职责。具体包括：研究提出本市工业发展战略；根据国家工业行业规划和产业政策，研究拟订本市工业行业规划及配套措施的实施意见；指导工业行业地方标准的拟订；按照规定权限，核准、备案和上报本市规划内和年度计划规模内工业和信息化领域固定资产投资项目；车辆生产准入管理；工业生产许可工作中的产业政策确认；高技术产业中涉及生物医药、新材料等的规划、政策和标准的拟订及组织实施；组织编制重大技术装备规划，协调相关政策；工业的节能、资源综合利用、清洁生产促进和落后产能退出工作；对中小企业的指导和扶持，会同有关部门对北京市中小企业创业投资引导基金使用的决策、监督和管理；企业减负工作。

3. 北京市科学技术委员会的本市软件业行业管理职责。

（二）取消的职责。

已由市政府公布取消的行政审批事项。

（三）转变的职责。

1. 加快推进信息化和工业化融合、高新技术与传统工业改造结合，促进现代制造业等高端产业发展，加快推进本市信息化建设。

2. 强化对中央在京企业的服务职责。

3. 加强指导本市工业、软件和信息服务业安全生产工作的职责，组织拟订有关行业安全生产方面的规范和标准，加强对民用爆破器材生产和流通企业安全工作的监督管理。

二、主要职责

（一）贯彻执行国家关于工业、软件和信息服务业、信息化方面的法律、法规、规章和政策，起草本市相关地方性法规草案、政府规章草案，并组织实施。

（二）研究拟订并组织实施本市工业、软件和信息服务业、信息化发展规划和产业政策，推进产业布局调整和产业结构优化升级。

（三）监测分析本市工业、软件和信息服务业、信息化的运行态势，统计并发布相关信息；协调解决产业运行和发展中的重大问题，并提出政策建议。

（四）按照规定权限，核准、备案和上报本市规划内和年度计划内工业和信息化领域固定资产投资项目；会同有关部门研究提出工业、软件和信息服务业、信息化方面利用外资和境外投资的重点领域和促进政策。

（五）指导本市工业、软件和信息服务业、信息化技术创新和技术进步，推进企业技术改造；组织实施国家及本市工业、软件和信息服务业、信息化科技重大专项，推进相关科研成果产业化；指导相关行业质量管理工作。

（六）拟订本市高技术制造业、软件和信息服务业、信息化和新兴产业中重点领域的发展规划、实施方案、配套政策及行业标准，并组织实施；指导工业、软件和信息服务业、信息化领域文化创意产业的发展。

（七）承担振兴本市装备制造业组织协调的责任，组织拟订重大技术装备发展和自主创新规划、政策；依托国家及本市重点工程建设推进重大技术装备国产化，指导引进重大技术装备的消化创新。

（八）拟订并组织实施本市工业、软件和信息服务业、信息化领域的能源节约和资源综合利用、清洁生产促进政策；参与拟订能源节约和资源综合利用、清洁生产促进规划；组织协调相关重大示范工程和新产品、新技术、新设备、新材料的推广应用。

（九）指导和促进本市中小企业发展；会同有关部门拟订促进中小企业发展和非国有经济发展的相关政策和措施，协调解决有关重大问题；建立和完善中小企业服务体系。

（十）指导和协调本市工业开发区的建设与发展，促进工业产业基地建设；负责镇村产业生产集中地（农民就业产业基地）建设；指导镇村产业发展。

（十一）统筹推进本市信息化工作；组织制定相关政策并协调信息化建设中的重大问题；统筹协调电子政务、电子商务、公共服务信息化和经济领域信息化的发展；推动跨行业、跨部门的互联互通和重要信息资源的开发利用、共享；统筹协调社会信用体系建设。

（十二）统筹协调本市信息化基础设施的规划和管理；促进电信网络、广播电视网络和计算机网络融合；参与统筹规划公用通信网、互联网、广播电视网和部门专用通信网；负责与国家通信主干网、军工部门及其他部门专用通信网方面的协调工作。

（十三）承担本市网络与信息安全管理责任；负责协调维护信息安全和信息安全保障体系建设；指导监督政府部门、重点行业的重要信息系统与基础信息系统的安全保障工作；协调处理网络与信息安全的重大事件；承担北京市通信保障和信息安全应急指挥部的具体工作。

（十四）负责本市无线电管理工作；负责对无线电频率资源和无线电台（网）进行统一规划和管理；负责研制、生产、进口无线电发射设备的审核工作；协调处理电磁干扰事宜，维护空中电波秩序。

（十五）组织协调北京地区武器装备科研生产的重大事项，保障军工核心能力建设，推进军民结合；协调推进本市航空航天产业发展。

（十六）开展本市工业、软件和信息服务业、信息化领域对外合作与交流。

（十七）负责本市工业、软件和信息服务业、信息化领域人力资源的合理配置，会同有关部门拟订人才队伍建设规划和有关政策措施，组织相关人才培训。

（十八）承办市政府交办的其他事项。

三、内设机构

根据上述职责，市经济信息化委（市国防科工办）设 24 个内设机构。

（一）办公室（财务处）。

负责机关政务工作；负责文电、会务、机要、档案等机关日常运转工作；承担信息、信访、议案、建议、提案、政府信息公开、新闻宣传、安全保卫、保密、财务和后勤保障等工作；承担重要事项的组织和督查工作。

（二）研究室（政策法规处）。

承担本市工业、软件和信息服务业、信息化方面重大问题的调查研究，并提出相关政策建议；承担综合性重要文稿的起草工作；负责机关推进依法行政综合工作；起草工业、软件和信息服务业、信息化方面的地方性法规草案、政府规章草案；负责行政执法工作的监督、指导和协调；承担行政复议、应诉的有关工作；承担机关行政规范性文件的合法性审核和有关备案工作。

（三）规划处。

组织拟订本市工业、软件和信息服务业、信息化发展规划和产业政策，并组织实施；提出工业和信息化固定资产投资规模和方向的建议；按照规定权限，核准、备案和上报规划内和年度计划规模内工业和信息化固定资产投资项目；审核电子政务和公共服务领域信息化升级改造及运行维护项目；组织重大信息化项目的技术论证、评估验收等工作。

（四）科技标准处。

负责推进本市工业、软件和信息服务业、信息化创新体系建设，研究拟订推进企业技术创新、产业技术进步的政策措施；组织实施行业技术标准和规范；指导行业质量管理工作；组织协调工业科技重大专项的实施，推动技术创新和产学研相结合；组织重大信息化项目技术论证、验收、评估等工作；参与推进相关领域文化创意产业发展工作。

（五）布局处。

研究拟订本市工业、软件和信息服务业、信息化布局规划，并组织实施；指导和协调工业开发区的建设与发展，参与拟订促进工业开发区发展的相关政策；指导工业开发区发展规划和产业定位，推进园区基础设施配套和服务体系建设；推进工业开发区的资源节约和生态建设；组织实施污染扰民工业企业搬迁工作，指导工业资源的开发利用。

（六）经济运行处（央企服务处）。

监测分析本市工业、软件和信息服务业、信息化运行态势，统计并发布相关信息，进行预测预警和信息引导；协调解决运行发展中的有关问题并提出政策建议；参与研究拟订物流业促进政策和措施；研究拟订和推进落实服务中央在京企业的有关政策；协调有关部门做好服务中央在京企业、推进重大项目建设等工作；开展相关产业国内经济协作和对外交流合作。

（七）中小企业处。

指导和促进本市中小企业发展；会同有关部门拟订促进中小企业发展和非国有经济发展的相关政策和措施，指导城镇集体企业改革，协调解决有关重大问题；推动建立完善中小企业服务体系；推进中小企业信息化建设；会同有关部门负责北京市中小企业创业投资引导基金使用的决策、监督和管理；指导中小企业开展国内外合作与交流；负责组织减轻企业负担工作。

（八）节能与环保产业处。

拟订并组织实施本市工业、软件和信息服务业、信息化领域能源节约和资源综合利用、清洁生产促进政策；参与拟订能源节约和资源综合利用、清洁生产促进规划和污染控制政策；组织拟定工业节能节水标准；组织协调相关重大示范工程和新产品、新技术、新设备、新材料的推广应用；推进环保领域相关制造业的发展。

（九）基础与新材料产业处（北京市履行《禁止化学武器公约》事务办公室）。

研究拟订本市基础与新材料产业中长期发展规划和重点产业调整、发展方案及政策措施；监测、分析产业经济运行态势；组织推进专业化招商引资工作，引导和组织相关企业开拓国内外市场，开展国际化经营和国内外交流合作；组织协调和推进行业重大项目的实施；负责农药生产企业核准、农药产品生产审批和农药生产监督管理工作；承担履行《禁止化学武器公约》的组织协调工作。

（十）装备产业处。

研究拟订本市装备产业中长期发展规划和重点产业调整、发展方案及政策措施；监测、分析产业经济运行态势；组织推进专业化招商引资工作，引导和组织相关企业开拓国内外市场，开展国际化经营和国内外交流合作；组织协调和推进行业重大项目的实施；推进重大技术装备国产化，指导引进重大技术装备的消化创新。

（十一）汽车与交通设备产业处。

研究拟订本市汽车与交通运输设备制造业的行业中长期发展规划和重点产业调整、发展方案及政策措施；监测、分析产业经济运行态势；组织推进专业化招商引资工作，引导和组织相关企业开拓国内外市场，开展国际化经营和国内外交流合作；组织协调和推进行业重大项目的实施，推进重大技术装备国产化，指导引进重大技术装备的消化创新；组织产业的地区配套和产业链构建，推进汽车及零部件物流等相关生产性服务业的发展。

（十二）都市产业处（食品产业处）。

研究拟订本市都市产业、食品产业中长期发展规划和重点产业调整、发展方案及政策措施；监测、分析产业经济运行态势；组织推进专业化招商引资工作，引导和组织相关企业开拓国内外市场，开展国际化经营和国内外交流合作；组织协调和推进行业重大项目的实施；指导食品产业布局及结构调整，统筹协调食品加工基地建设；指导协调食品产业的技术开发、装备更新、标准化建设等工作。

（十三）生物与医药产业处。

研究拟订本市生物与医药产业中长期发展规划和重点产业调整、发展方案及政策措施；监测、分析产业经济运行态势；参与推动医药物流发展；组织推进专业化招商引资工作，引导和组织相关企业开拓国内外市场，开展国际化经营和国内外交流合作；组织协调和推进行业重大项目的实施；会同有关部门拟订中药产业促进政策。

（十四）军工综合处。

负责北京地区国防科技工业的综合协调；负责武器装备研制、生产和军工特殊产品的市场准入和监督管理；指导军品科研生产单位的国防科技基础工作；负责民用爆炸物品生产、流通的监督管理；负责国防科技工业相关信息统计工作。

（十五）军工运行处（核应急处）。

负责北京地区武器装备科研生产运行的协调、保障；负责军工固定资产投资管理；负责北京地区地方单位军工科研项目和国防科技成果管理；负责军工安全生产监督管理；负责核应急管理。

（十六）航空航天产业处（军民结合推进处）。

研究拟订本市航空航天及配套产业中长期发展规划，参与制定相关的促进政策；协调推进航空航天产业基地和重大项目建设；负责航空航天产业分析汇总工作；参与航空航天产业、企业的调整和重组；负责指导军民两用技术开发与产业化工作。

（十七）电子信息产业处。

研究拟订本市电子信息产业中长期发展规划和重点产业调整、发展方案及政策措施；监测、分析产业经济运行态势；组织推进专业化招商引资工作，引导和组织相关企业开拓国内外市场，开展国际化经营和国内外交流合作；组织协调和推进行业重大项目的实施，推进重大技术装备国产化，指导引进重大技术装备的消化创新；组织产业的地区配套和产业链构建，推进相关生产性服务业的发展。

（十八）软件与信息服务业处。

指导本市软件和信息服务业发展；研究拟订并组织实施软件和信息服务业中长期发展规划；组织实施软件和信息服务业的技术规范和标准；组织推进软件和信息服务业基地、园区建设；负责软件企业认定和软件产品登记；推进软件服务外包。

（十九）电子政务与信息资源处。

统筹推进本市电子政务和信息资源开发利用，推动跨部门、跨行业、跨领域的互联互通和共享；组织拟订电子政务和信息资源开发利用的发展规划、年度计划和相关政策，协调推进有关试点示范工作；负责信息资源基础设施建设；负责国家机关在互联网上注册域名的审核；负责国家机关网站管理和电子政务绩效考核工作。

（二十）社会信息化处（信用管理处）。

统筹协调本市社会信息化和信息化公共服务工作，推动城乡一体化中的信息化建设；组织拟订信息化公共服务和社区、农村信息化的发展规划、年度计划和相关政策，协调推进有关试点示范工作；统筹协调社会信用体系建设工作。

（二十一）经济信息化处。

统筹协调本市电子商务、企业信息化等经济领域信息化推进和智能卡推广应用工作；组织拟订电子商务、企业信息化和智能卡应用的发展规划、年度计划和相关政策，协调推进有关试点示范工作；组织拟订工业化和信息化融合的政策并组织相关试点示范工作。

（二十二）网络安全处（信息化基础设施处）。

负责本市网络和信息安全建设与管理工作；参与统筹规划公用通信网、互联网、广播电视网和部门专用通信网；负责与国家通信主干网、军工部门及其他部门专用通信网的协调工作；促进电信网络、广播电视网络和计算机网络融合；协调本市信息安全和信息安全保障体系建设；指导监督政府部门、重点行业的重要信息系统与基础信息系统的安全保障工作；协调处理网络与信息安全的重大事件；指导协调信息安全技术开发；承担北京市通信保障和信息安全应急指挥部办公室工作。

（二十三）镇村企业运行指导处。

负责本市镇村产业的监测、统计和经济运行综合分析，协调解决运行中的有关问题；指导镇村企业发展，总结推广先进经验；指导镇村企业的技术进步和技术改造，促进产业结构调整和优化升级；负责镇村产业生产集中地（农民就业产业基地）发展和“一村一品”建设；组织开展镇村企业人才培训。

（二十四）人事教育处。

负责机关及所属单位的人事、机构编制、队伍建设和外事工作；负责相关领域人力资源的合理配置，会同有关部门拟订人才队伍建设规划和有关政策措施，组织相关人才培训。

机关党委（工会）负责机关及所属单位的党群工作。

离退休干部处 负责机关及所属单位离退休人员的管理与服务工作。

纪检、监察机构按有关规定派驻。

四、人员编制

市经济信息化委（市国防科工办）机关行政编制154名。其中：主任1名，副主任5名，市国防科工办专职副主任（副局级）1名；处级领导职数26正（含机关党委专职副书记1名、离退休干部处处长1名）28副。

五、其他事项

（一）市经济信息化委与市发展改革委在工业和信息化领域固定资产投资项目管理方面的分工是：本市政府投资的工业和信息化固定资产项目由市发展改革委审批，非政府投资的工业和信息化固定资产项目由市经济信息化委核准或备案。由国家发展和改革委员会审批、核准的工业重大投资建设项目由市发展改革委初审，并商请市经济信息化委会签后报送；由工业和信息化部审批、核准的工业重大投资建设项目由市经济信息化委初审，并商请市发展改革委会签后报送。市经济信息化委承担本市信息化发展的规划、标准及监管等方面的工作，承担对信息化建设项目的技术性审查工作；市发展改革委会同市经济信息化委研究拟订本市重大信息化建设项目政府投资规划和年度计划，按规定权限审批政府投资的信息化建设项目。

（二）市经济信息化委的无线电管理职责由北京市无线电管理局承担。

（三）机关工勤事业编制15名，随自然减员逐步核销。

（四）所属事业单位的机构编制事项另行规定。

六、附则

本规定由北京市机构编制委员会办公室负责解释，并对本规定的执行情况进行监督检查和评估；其调整由北京市机构编制委员会办公室按规定程序办理。

北京市人民政府办公厅转发市科委关于科技促进生态涵养发展区产业发展意见的通知

京政办发〔2009〕91号

市科委制订的《关于科技促进生态涵养发展区产业发展的意见》已经市政府同意，现转发给你们，请结合实际认真贯彻执行。

二〇〇九年八月十日

关于科技促进生态涵养发展区产业发展的意见

（市科委　二〇〇九年八月）

为贯彻《中共北京市委北京市人民政府关于增强自主创新能力建设创新型城市的意见》

（京发〔2006〕5号）文件精神，落实《北京市中长期科学和技术发展规划纲要（2008—2020年）》，在生态涵养发展区实践《科技北京行动计划》的实践内容，进一步促进生态涵养发展区的功能定位与经济发展目标相适应，推动生态涵养发展区经济又好又快发展，特制定本意见。

一、指导思想和总体目标

（一）指导思想。坚持科学发展观，以促进生态涵养发展区功能定位和经济发展目标协调统一为核心，增强科技对生态涵养发展区的支撑作用，推动生态涵养发展区“一产出特色、二产上水平、三产增比重”，形成以都市型现代农业、高新技术产业、文化创意产业为主导的生态友好型新兴产业集群，促进生态涵养发展区经济社会持续快速发展。

（二）总体目标。加快发展生态涵养发展区高新技术产业，增强生态友好型产业、高端产业对生态涵养发展区经济发展的带动作用。到2012年，生态涵养发展区聚集企业2000家，高新技术产业新增产值达200亿元。

二、优化产业结构，推动生态涵养发展区协调发展

（一）加大科技支撑力度，促进生态涵养发展区现代农业特色化发展。

加快发展特色籽种产业。促进产学研用结合，加快奶牛、生猪、肉蛋禽、冷水鱼、观赏鱼、玉米、小麦、果品、花卉、蔬菜、薯类等具有明显领先地位籽种产业发展，提高市场占有率。

大力推进生态农业。推进山前花卉、果品等特色设施产业带、山区设施蔬菜产业带、特色林果观光带基础设施建设，推动高效生产、观光休闲、节水农业、生态循环等生态农业生产模式。

支撑新型创新富民项目发展。发挥科技工作的体系作用、科技项目的资源作用，支持生态涵养发展区内条件较差地区寻找适合自身特点的项目。以项目为载体，构建农业产业体系、科技支撑体系、市场服务体系，延长产业链，建立新型创新富民模式。

建设农业特色园区。整合镇（乡）、村的资源和特色产业，加大农业文化开发力度，以山区沟域为单元，以沟域内的自然景观、文化历史遗迹和产业资源为基础，推动内容多样、产业融合、特色鲜明的沟域产业带建设；以中心村、次中心村为重点，支持建设集旅游度假、休闲养生为一体的农业特色园区。

推动创新型乡镇建设。选择具有一定基础和优势的乡镇，引导项目、人才、资金和技术向创新型乡镇集中，帮助乡镇以创新求发展，构建较为完善的农业科技产业链，培育和壮大一批各具特色、产业集聚度较高的农业高科技产业集群。

扶持龙头企业发展。对市场竞争力强、辐射带动农户作用明显、与农户利益联系紧密的农业产业化龙头企业和农民专业合作组织，在设施设备更新改造、扩大生产规模、品种改良和技术革新与推广给予支持。

支持农业标准化建设。重点支持市级农业标准化基地建设，鼓励生产经营单位收集和制定相关的生产技术标准、工作标准和管理标准。

建设农村科技推广服务体系。充分发挥农村科技协调员、种养能手、科技示范户、乡土专家的作用，组织科技人员深入农村，推广主导品种和主体技术，大力普及能降低农业面源污染、提高农业生态环境质量的成熟、适用技术。

（二）大力发展高新技术产业，提升生态涵养发展区低碳高端产业发展水平。

推动制造业转型。支持生态涵养发展区新能源环保、汽车零部件产业等现代制造业快速发展，引导制造型企业由单纯制造向制造加服务的模式转变，促进制造业的转型提升。

改造提升传统制造业。运用高新技术、先进适用技术和各种科技手段，改造和提升服装等传统产业，推动清洁生产，发展生态经济、循环经济。

推动废弃矿山生态修复工程。积极探索对关停矿山进行生态修复，发展替代产业，推动矿山废弃物资源化利用，培育龙头企业，带动相关清洁、环保产业发展。推进工业园区建设。加强对生态涵养发展区制造业特色园区的规划与引导，支持园区特色产业的共性技术支撑平台建设，吸引更多生态涵养发展区龙头企业落户到园区。

促进生态涵养发展区产业孵化基地建设，为中小型科技企业的技术创新活动创造良好的环境和条件，促进科技成果在孵化器内的转移。

鼓励国内外企业在生态涵养发展区建设研发中心和技术中心。支持研发中心、技术中心与国内科研机构、大专院校的合作研究，加大企业科技研发力度，提升企业自主创新能力。

（三）加快发展特色主导产业，增加生态涵养发展区现代服务业比重。

大力发展研发服务业。鼓励生物医药、软件、测试、工业设计等研发服务业发展。积极发展信息服务业。以北京呼叫中心产业基地为支撑，联合共建基地的公共服务中心和产业研究中心，推动信息服务业的发展。

重点提升旅游休闲服务业发展质量。大力支持知名企业、民间资本等参与民俗旅游项目的开发建设，促进民俗旅游升级，积极推动森林旅游、生态旅游发展。运用现代技术手段，鼓励开发乡村旅游特色商品，开发民俗旅游新产品，打造科普旅游基地，提升旅游业发展特色和科技水平。

推动现代物流业发展。依托生态涵养发展区的地理位置以及农产品物流需求，积极促进物流企业集聚，发展现代物流业。对生态涵养发展区内物流企业的科技项目在“现代物流业科技支撑”专项中给予重点考虑。

促进文化创意产业发展。积极促进生态涵养发展区内影视动漫等文化创意产业发展，对生态涵养发展区内的重点文化创意产业项目给予支持。

建设特色服务园区。鼓励生态涵养发展区根据自身特点，建立特色服务园区，加强对园区公共平台的投入，引导相关企业集聚，形成特色服务业集群。

三、推动要素融合与政策集成，为生态涵养发展区提供良好的发展环境

加大对生态涵养发展区龙头企业创新能力的培育力度。重点支持一批成长性好的特色企业，对于生态涵养发展区企业申请的提升企业创新能力的科研项目，同等条件下优先在科技经费中给予支持。

加大对生态涵养发展区科技政策扶持力度。高成长专项、中小企业创新资金等科技专项对生态涵养发展区内的企业给予适度倾斜。

加大生态涵养发展区企业认定帮扶力度。制订生态涵养发展区科技型企业政策，根据生态涵养发展区企业的实际情况，在全市高科技企业认定方面适度向生态涵养发展区倾斜。

大力促进适用的科技成果在生态涵养发展区内转化。加大科技成果转化专项对生态涵养发展区企业的支持力度，对生态涵养发展区内组织认定的科技成果转化项目在同等条件下给予优先支持。

加大生态涵养发展区自主创新产品支持力度。在同等条件下，优先认定生态涵养发展区内企业进入本市自主创新产品目录，加快落实企业自主创新产品首购、订购政策。

搭建生态涵养发展区企业科技融资平台。结合生态涵养发展区企业的投融资需求，在同等条件下，利用科技保险、知识产权质押贷款优先扶持生态涵养发展区内的高科技企业。

利用北京市区县合作机制，支持城区与生态涵养发展区合作共建产业基地，并按照相关政策给予积极支持。

支持生态涵养发展区与中关村科技园区共建创新基地。共建基地内符合中关村高新技术企业认定条件的企业可以享受中关村科技园区的有关扶持政策。

北京市人民政府办公厅印发关于加快北京石化新材料科技产业基地建设若干意见的通知

京政办发〔2009〕94号

《关于加快北京石化新材料科技产业基地建设的若干意见》已经市政府同意，现印发给你们，请结合实际认真贯彻落实。

二〇〇九年九月十三日

关于加快北京石化新材料科技产业基地建设的若干意见

建设北京石化新材料科技产业基地（以下简称石化基地），发展高附加值、高科技含量、低污染的石化新材料产业，吸引重大项目落户本市，是贯彻落实《国务院关于印发石化产业调整和振兴规划的通知》（国发〔2009〕16号）精神，加快本市产业结构调整，推动基础产业优化升级，深化燕山石化公司与房山区紧密合作，统筹区域经济协调发展的重要战略举措，同时也是应对国际金融危机，有效扩大投资需求，促进首都经济平稳较快发展的重要内容。为加快推进石化基地的开发建设，现提出以下工作意见：

一、指导思想

以科学发展观为指导，认真落实国家石化产业调整振兴规划和本市“十一五”规划，依托首都石化产业的资源、技术和人才优势，按照规划先行的原则和资源节约、环境友好、安全与可持续发展等要求，运用市场机制整合各类资源，加快空间布局调整和技术创新，培育壮大产业集群，发展具有首都特色和国际竞争力的石化新材料产业，使其成为首都经济的重要支撑。

二、总体要求

（一）石化基地建设和发展，要符合北京城市总体规划和区域功能定位，与首都产业结构调整相适应，坚持产业发展高起点、高标准、高效益，大力转变经济发展方式；坚持土地集约使用、产业集群发展、优势互补、关联配套；坚持“高技术含量、高附加值、高效益、低污染”的项目选择原则和“减量化、再利用、资源化”的循环经济发展原则，提高资源综合开发利用水平，严格控制污染物排放总量，高度重视环境保护工作；坚持安全发展，强化安全监管，增强可持续发展能力。

（二）石化基地建设和发展，要坚持用先进科学技术提升传统产业水平，着力提高企业自主创新能力，促进科技成果转化，推动石化新材料产业关键领域和核心技术实现跨越式发展。

（三）石化基地建设和发展，要以石化新材料为主导产业，积极引进优势企业，有序引导全市石化新材料产业向石化基地集中，延伸和完善产业链条，培育和发展配套产业集群，促进专业化分工和协作，不断增强集群和规模效应，将其建成集新材料生产、加工、集散和技术研发为一体的新型工业产业基地，成为区域经济发展的支柱。

三、建设目标

石化基地分为核心发展区和产业拓展区，核心发展区包括燕山石化公司厂区和前朱各庄村、后朱各庄村及周边区域，产业拓展区包括房山工业园区及周边区域。石化基地建设采取统一规划、滚动开发、分步实施、协调发展的方式。

（一）到2010年，重点做好核心发展区的拆迁及基础设施建设，高起点、高水平编制完成各项规划，做好土地储备开发工作，推进道路和轨道交通、电力、热力和电信等市政基础设施建设，多渠道、全方位开展宣传招商，基地工业总产值达到800亿元。

（二）到2015年，完成核心发展区建设，初步建成产业链条相对完整、聚集效应突出，国内外资本、技术、人才聚集，高新技术产业快速成长，资源集约利用水平较高的石化新材料产业基地，基地工业总产值达到1200亿元，并适时启动产业拓展区的开发建设。

（三）到2020年，基本完成石化基地规划建设，建成设施完备、环境优美、服务完善、特色突出的国际一流石化新材料产业聚集区，基地工业总产值达到2000亿元，成为首都经济的重要支撑。

四、政策措施

（一）抓紧编制和调整规划。

按照“产业集聚、特色突出、布局优化、配套完善”的原则和建设具有可持续发展能力的现代化产业基地的总体思路，加快石化基地总体规划、控制性详细规划的编制、调整工作。加快编制产业发展、基础设施建设、交通组织等相关专项建设规划，做好安全和环境影响评价以及水资源论证工作，为开发建设提供指导和依据。

（二）加大政策、资金支持力度。

市、区两级政府统筹安排各项资金，对基地建设和产业发展、结构调整、技术改造等工作给予优先支持。积极争取国家科技重点项目资金支持，加快石化新材料技术研发平台建设，优先支持科研开发和成果转化，促进产业整体技术提升。借助中国石化集团公司在京形成的石化科研开发平台，发挥首都科技、人才优势和燕山石化公司的技术转化优势，打造中国石化集团公司的科研成果转化基地。

充分利用市、区两级政府投融资平台，引导吸纳社会资本，多渠道筹措石化基地的建设发展资金。鼓励各金融机构、金融担保机构、企业信用协作组织等，为基地内企业的建设和发展提供便捷的融资服务。积极培育市场化的开发建设主体，适时推进上市融资，通过资本运作平台解决开发建设资金问题。

积极做好第一批带动性产业项目落户基地的协调服务工作，将其优先纳入本市重大项目绿色审批通道。对于基地内的重点项目，市、区两级政府按相关规定给予政策支持。

（三）妥善解决土地供给问题。

统筹规划，在市、区县、乡镇土地利用规划修编工作中做好衔接。石化基地建设项目用地列入市年度土地供应计划和市土地利用年度计划，予以优先保证。

研究建立市、区联动的产业发展土地储备制度。按照整体规划、分期开发、分步实施、分类供地的方式，全面开展石化基地的土地前期开发工作，同时创新开发模式，在土地前期开发的实施环节，吸引有实力的企业和机构参与合作。

按照国家和本市相关政策，稳步推进石化基地的征地拆迁安置等相关工作，多渠道筹措解决征地拆迁补偿资金，切实保障被征地拆迁人的合法权益和长远生计。

（四）加快推进基础设施建设。

对于石化基地征收的土地出让金和城市基础设施建设费，统一纳入全市固定资产投资管理体系，由投资管理部门专项用于该区域相关基础设施建设。

重点实施城关再生水厂、丁家洼水厂等工程，改善石化基地生产、生活和环境用水条件。

加快推进京石二高速、京良路及其西延线建设，抓紧研究轨道交通房山线延长至燕房组团的规划与建设等相关工作，着力解决石化基地外围交通瓶颈问题，构建多通道对外交通联络体系。

抓紧研究制定石化基地配套的教育、医疗、商业、餐饮等相关公共服务设施的规划建设方案，优化提升整体发展环境。加快北京石油化工交易所建设，为石化基地的发展提供流通基础平台。

（五）建立有效的人力资源机制。

组建一支高水平、国际化的专家顾问团队，为高起点规划、高标准建设、高水平管理提供全方位咨询服务。搭建人才服务平台，面向国内外公开招聘一批高级管理人才和专业技术人才，为基地内企业引进和使用各类人才提供便捷、高效的服务。

（六）扩大对外交流合作。

制定详细周密的推介与招商活动方案，充分利用各种博览会、推介会等扩大石化基地的影响力，加速国内外知名企业和重大项目落户石化基地。加强交流合作，与国内外知名科技园区建立长期战略合作伙伴关系。

五、组织领导

市推进燕房合作协调小组负责协调解决石化基地建设中的重大问题。协调小组办公室负责联系市政府各相关部门、单位、房山区政府和燕山石化公司，督促落实协调小组议定的相关事项。房山区政府作为石化基地建设实施主体，要按照规划建设的要求，积极做好开发建设的具体实施工作。市政府各相关部门要积极支持、深入研究、密切配合，在编制和调整规划、征地拆迁、市政基础设施建设、公共服务设施配套、政策和资金支持等方面，优化工作流程，加快工作进度，共同推进石化基地的开发建设。

北京市人民政府办公厅印发
关于进一步加强全市污染源监管工作意见的通知

京政办发〔2009〕102号

经市政府同意，现将《关于进一步加强全市污染源监管工作的意见》印发给你们，请结合实际，制定细化工作方案，认真贯彻落实。

二〇〇九年十一月十一日

北京市人民政府办公厅
关于进一步加强全市污染源监管工作的意见

为加快建设“人文北京、科技北京、绿色北京”，按照有关污染防治的法规规定及环境保护部要求，结合实际，现就进一步加强全市污染源监管工作提出如下意见。

一、充分认识污染源监管工作的重要意义

加强污染源监管是落实科学发展观，促进经济社会全面、协调、可持续发展的一项重要工作。经过多年努力，本市污染源监管工作取得了较大成绩，但与党中央国务院要求，与建设“绿色北京”以及人民群众迫切期望相比，还有一定差距。突出表现在：个别重点企业还未能实现稳定达标排放，中小企业非法排污现象时有发生，群众对环境污染投诉居高不下，部分领域的污染源监管缺失较为严重，环境监管体系尚不健全，一些区域的环境安全隐患依然存在。各地区、各部门和各单位要充分认识加强污染源监管工作的重要意义，将其摆到更加突出的位置，采取切实措施，狠抓落实。

二、加强污染源监管工作的总体思路和原则

（一）加强污染源监管工作的总体思路。以科学发展观为指导，以“绿色北京”和宜居城市建设为目标，以达标排放和总量控制为抓手，以强化污染源属地管理、解决突出问题和加强保障体系建设为重点，不断提高污染源监管工作水平，为确保首都环境安全、进一步改善环境质量奠定坚实基础。

（二）加强污染源监管工作的原则。一是坚持企业自律与政府监管相结合。要全面落实“污染者负责”制度，强化企业自律意识，促进企业按照环境保护法律法规要求自我约束、自我规范。在企业自律基础上，各级政府要加强督促、指导和监管，推动企业完善内部环境管理制度，重点企业要建立完善自身监测手段，自觉落实环境保护的各项要求。二是坚持属地监管与分类指导相结合。各级政府对本行政区域内污染源监管负总责，要加强日常监督管理；市环境保护及相关行政主管部门要对大气、水、固体废物、噪声、辐射等各类污染源监管进行分类指导，并加强协调、监督和检查。三是坚持常态监管与应急管理相结合。要以经常性的监管为基础，落实环境保护各项管理制度，加强环境安全隐患排查，努力将应急管理寓于常态化监管中，不断增强快速反应和有效处置能力，确保环境安全。

三、切实做好重点领域污染源监管工作

在实施分类管理基础上，结合国务院及环境保护部对环保工作要求、首都环境质量改善需要，以实现达标排放、推动污染减排、解决突出问题、确保环境安全为目标，着力强化以下重点领域的污染源监管工作。

（一）以开发区和老工业区为重点，狠抓重点区域污染源监管工作。全面加强开发区环境监管，建立健全规章制度和长效监管机制，严格环境准入和执法检查，加快推进生态园区建设。加大对开发区从事汽车、半导体与电子、医药等产品生产企业监管力度，督促其采取有效措施控制挥发性有机污染物和重金属污染物排放，妥善处理处置各类危险废物。切实加强对首钢、燕山石化等传统老工业区各排污单位的监管，重点排污单位须全部安装自动监控设备，并与环保部门联网，确保稳定达标排放。

（二）以北运河和蓟运河水系为重点，狠抓重点流域污染源监管工作。加强对北运河、蓟运河流域综合整治，统筹流域断面水质指标和污染减排控制目标，排查流域范围内各类工业、生活、农业等污染源。要做好对排污企业的环境监察执法，严格执行排污口规范化建设要求，加大监测频次，严控重金属污染物排放，严厉打击偷排、超排行为，确保稳定达标排放。

（三）以建材和化工行业为重点，狠抓重点行业污染源监管工作。要继续加大监管力度，深化行业污染防治，实现重点污染源全面、稳定达标排放。要加强对中小企业污染监管，加大建材、化工行业结构调整力度，加快高污染、低附加值的小水泥、小化工等企业的调整退出步伐，确保国家和本市有关产业政策得到有效落实。

（四）以农村和农业污染源监管为重点，狠抓新农村环境建设。要结合社会主义新农村建设，加强农村生活污水、生活垃圾处理处置设施的建设和运行管理，注重对民俗旅游业污染排放的监督管理。要加强规模化畜禽养殖业环境监管，推动畜禽粪污综合利用和污染治理，努力做到资源化、无害化，实现达标排放。要加快实施农业面源污染控制示范和推广工程，切实改善水环境质量。

（五）以危险废物和辐射源为重点，狠抓环境安全监管工作。按照危险废物管理程序，依法加强危险废物收集、贮存、运输、处置等环节的监管。要逐步将产生废矿物油、含铅废物、废有机溶剂的机动车维修企业纳入危险废物日常监管范围，加强申报登记工作，组织实施专项执法检查。要注意防治土壤污染，大力防控和应对工业、采矿业等带来的重金属污染问题。要进一步严格辐射环境安全管理，加大对放射源工作场所的监督检查力度，做好废旧放射源收贮。

四、进一步落实污染源监管职责

各区县政府对本行政区域内污染源监管工作负总责。市环境保护部门负责起草全市污染源监管的政策、法规、标准和计划；负责协调和督促市有关部门履行其污染源监管职责；负责组织、指导和督促区县的污染源监管工作。市公安、城管执法等部门要按其职责，依法对污染源实施监督管理。市发展改革、经济信息化、规划、住房城乡建设、市政市容、安全监管、质量监督、交通、工商、国土、水务、卫生和农业等部门要贯彻落实有关产业、能源、规划、安全和环保等方面的政策法规，从源头控制污染，强化监管。

五、加强污染源监管保障体系建设

（一）健全工作机制。一是建立健全综合协调机制。要形成各级政府负总责、环保部门统一监管、各相关部门分工协作的污染源监管联动工作机制。二是建立绩效考核机制。市环保局要加强对区县污染源日常监管工作的考评，考评结果作为绩效考核的重要内容。三是严格责任追究机制。对于行政不作为或渎职、失职以及因领导不力、疏于监管导致发生重大环境安全事件或引发群体性事件的，要依法依纪追究相关人员责任。四是建立健全信息公开和公众参与机制。各有关部门要及时公布环境违法行为，公示违法排污企业，通过有奖举报等方式，鼓励公众参与污染源监管。

（二）夯实监管基础。一是完善细化法规标准。要结合本市实际，有计划地推进污染源监管法律法规和重点行业污染源排放标准的制订及修订工作。二是加强制度规范建设。加快出台指导环境保护管理和执法工作的技术规范、技术导则和规章制度，规范执法行为、提高监管效能。三是推进污染源数据库建设。以第一次全国污染源普查数据库为基础，健全污染源档案数据，逐步将适用范围内的全部污染源纳入排污申报登记管理，实施动态监管。市有关部门和各区县政府要加强数据整合，实现信息共享，提高监管效率。

（三）提高监管能力。加强监管队伍建设，采取切实措施，着力增强基层监管力量，完善监管网络。加大资金投入，以建设先进的环境监测预警体系和完备的环境执法监督体系为目标，统筹环境监察、监测、应急、信息化等重点工作，落实环境监察机构标准化建设要求，加快推进污染源监控中心和重点污染源自动监控系统建设，提高核与辐射监管装备水平，切实提升污染源监管的履职能力。

北京市经济和信息化委员会关于转发《工业和信息化部关于做好减轻企业负担工作的指导意见》的通知

京经信委发〔2009〕53号

现将《工业和信息化部关于做好减轻企业负担工作的指导意见》（工信部运行〔2009〕684号）转发给你们，请结合本地区、本部门实际，认真贯彻落实。

为了继续做好减轻企业负担工作，请你们深入开展调查研究，了解和掌握企业反映的突出问题和热点、难点问题，将企业减负纳入帮扶工作并列为重要内容，建立起长效机制，研究制定2010年减轻企业负担工作计划。并于2010年2月底前将书面材料及电子版报送我委经济运行处。

电子信箱：jfb200200@yahoo.com.cn

附件：工业和信息化部关于做好减轻企业负担工作的指导意见（工信部运行〔2009〕684号）

二〇〇九年十二月二十八日

工业和信息化部关于做好减轻企业负担工作的指导意见

工信部运行〔2009〕684号

为深入贯彻落实"保增长、扩内需、调结构、惠民生"一揽子计划，进一步优化企业生产经营环境，减轻企业负担，确保经济平稳较快增长，现就做好减轻企业负担工作提出以下指导意见：

一、深刻认识减负工作在应对国际金融危机中的重要意义

中共中央、国务院《关于治理向企业乱收费、乱罚款和各种摊派等问题的决定》（中发〔1997〕14号）发布以来，各地高度重视并深入开展治乱减负工作，"三乱"现象愈演愈烈的势头得到有效遏制，企业负担不断减轻，对维护企业合法权益、改善经济发展环境、规范市场经济秩序、促进党风廉政建设和维护社会和谐稳定，发挥了积极的作用。

由于国际金融危机的冲击，我国部分企业生产经营困难，中央审时度势，果断采取应对措施，确保经济平稳较快发展。虽然政策效果逐步显现，工业增速下滑势头得到遏制，经济形势总体呈现企稳向好势头，但工业企稳回升的基础还不牢固，经济基本面未有根本性改观，中央和地方应对金融危机制定的各项政策措施需进一步贯彻落实。在当前形势下，侵害企业合法权益、加重企业负担的问题在一些地区出现反弹，加剧了企业特别是中小企业生产经营的困难，对巩固应对国际金融危机的成效，实现工业经济又好又快发展和社会和谐发展的目标，产生了不利的影响。

减轻企业负担，既是一项经济工作，也是当前的一项十分艰巨而紧迫的政治任务。在我国工业经济仍处在保增长、调结构的关键时期，继续做好减轻企业负担工作，巩固和发展减轻企业负担工作成果，进一步优化企业发展环境，尤为重要。各地工业和信息化主管部门及减轻企业负担工作机构，要积极会同有关部门，认真做好工作的指导、监督检查和组织协调，坚决纠正增加企业不合理负担、损害企业合法权益的行为，帮助企业克服困难，继续发挥减轻企业负担工作在服务企业、促进企业和经济社会发展中的积极作用。

二、做好新形势下减负工作的指导思想

按照党的十七届四中全会精神，认真学习和实践科学发展观，紧紧围绕"保增长、扩内需、调结构、惠民生"一揽子计划，坚持走中国特色新型工业化道路，以监督落实中央和地方减轻企业负担和支持企业发展的各项政策规定为重点，以为企业发展服务、帮助企业解决困难、维护企业合法权益为主要任务，从讲政治、反腐败、促发展的战略高度，与本地区、本部门工业经济运行工作实际紧密结合起来，不断研究探讨新形势下减轻企业负担工作中的新情况和新问题，健全工作机制，坚持标本兼治，着力抓落实、抓检查、抓源头、抓服务，努力为工业企业发展创造良好的环境，促进经济增长各项战略目标的实现。

三、当前的主要工作任务

（一）认真抓好各项政策措施的督促落实

继续完善各地减轻企业负担管理部门、执收执罚行政主管部门和企业三级监督网络体系，充分发挥企业负担监测、联系制度及监督员制度的作用，加强对落实工作情况的监督指导。

一是督促落实已经公布的涉及企业的各项优惠政策和收费减免政策。要认真梳理中央和地方以及重点产业调整振兴规划规定实施的关于减轻企业负担、促进企业发展的各项优惠政策和收费减免政策，逐项制定实施措施。对已经明确免收的收费项目要坚决停止征收，明确降低收费标准的要坚决降下来，不得变换名目向企业收取，也不得转为经营服务性项目变相继续收费。不得以任何理由拖延或拒绝执行为企业制定的各项优惠政策。

二是组织开展对落实工作情况的专项检查。各地减轻企业负担工作机构要以查基层单位、查薄弱环节、查突出问题为重点，加强对企业反映强烈的地区、部门和收费项目的监督检查，掌握各项政策措施的实施效果及企业的意见和建议，及时解决发现的问题或提出解决的措施建议。

三是加大对企业反映的或检查中发现的违规违纪问题的处理力度。各地减轻企业负担工作机构要与监察、纠风部门密切配合，及时发现、迅速纠正和严肃查处对落实工作不作为、乱作为，增加企业不合理负担、侵害企业合法权益等违规违纪问题。严格实行"三乱"案件举报制度、督办制度和重大典型案件通报制度。对违规违纪问题要限期纠正，处理结果要逐级上报，典型案例要向社会公布。对顶风违纪和打击报复举报人或刁难企业的，要严肃处理。对违规收取的费用要如数退还企业，对情节严重或给企业造成重大损失的，要给予通报批评，并依法追究有关人员的责任。

（二）对突出问题开展专项治理

一是贯彻落实《国务院关于进一步促进中小企业发展的若干意见》（国发〔2009〕36号），加大减轻中小企业负担工作力度。

清理涉及中小企业的收费。重点是行政许可和强制准入的中介服务收费、具有垄断性的经营服务收费，能免则免，能减则减，能缓则缓。凡未按规定权限和程序批准的行政事业性收费项目和政府性基金项目，一律取消。严格执行收费项目公示制度，公开前置性审批项目、程序和收费标准，严禁地方和部门越权设立行政事业性收费项目。严格执行税收征收管理法律法规，不得违规向中小企业提前征税或者摊派税款。

清理不利于中小企业发展的政策规定。对不利于中小企业发展的负担，要进行调整和规范，从源头上遏制增加中小企业不合理负担和损害中小企业合法利益的行为，逐步清除影响中小企业发展的体制性障碍，确立平等的市场主体地位，实现公平待遇、公平竞争。

加强对中小企业的权益保护。坚持依法行政，规范执收行为，设立中小企业维权举报电话，全面实行中小企业缴费登记卡制度，任何部门和单位不得通过强制中小企业购买产品、接受指定服务等手段牟利，严肃查处侵害中小企业权益的行为；学习借鉴国外维护企业权益、规范政府行为方面的经验和做法。

二是继续加强对社会团体、市场中介组织服务和收费的专项治理。按照《民政部国家发展改革委 监察部 财政部 国家税务总局 国务院纠风办关于规范社会团体收费行为有关问题的通知》（民发〔2007〕167号）和国家发展改革委、国务院纠风办、民政部等九个部门《关于印发规范行业协会、市场中介组织服务和收费行为专项治理工作的实施意见的通知》（发改产业〔2008〕2351号）的规定，会同有关部门，重点治理行政许可、行政审批前置性的和强制准入规定的中介收费，中介服务机构、社会团体接受行政机关委托进行的指定服务、强制服务以及乱收费、高额收费，具有垄断性的经营服务收费等企业反映强烈的问题，完善政府购买服务的制度，规范社会团体、中介机构服务行为，整顿社会团体和中介服务市场秩序。

三是规范对企业的各类检查、产品和设备质量检验检测等行为。按照国务院批准十个部委联合制定的《关于印发<控制对企业进行经济检查的规定>的通知》（国经贸监督〔1999〕706号）的规定，严格控制以各种名义对企业进行检查，凡不属法律法规规定的各类检查项目，一律不得检查。有法律法规规定的各类检查项目，要按规定落实检查申报备案、登记制度，不得进行内容相同或相似的重复检查。按照《国家发展改革委财政部关于适当降低计量检定收费标准及有关问题的通知》（发改价格〔2009〕234号）精神，严格规范进出口商品、国内部分产品和设备质量检验检测服务和收费行为，切实解决产品和设备质量检验检测收费标准过高、重复检验检测的问题。

四是开展冶金矿山企业负担专项治理。针对我国冶金矿山企业社会负担重，税费负担高，长期受国际市场冲击，缺乏竞争力，经营困难的问题，开展冶金矿山企业负担专项治理，减轻冶金矿山企业负担，帮助冶金矿山企业尽快走出困境，促进国内冶金矿产品市场健康发展，减缓进口铁矿石对我国钢铁工业的制约，保障我国钢铁工业经济安全和健康发展。

各地减轻企业负担工作机构，可根据本地区贯彻落实中央和地方出台的和重点产业调整振兴规划要求的政策措施实际需要，选择当地亟待解决的问题，组织有关部门开展专项治理。

（三）帮助企业做好解困和维护合法权益工作

一是认真研究当前金融危机形势下企业发展环境中出现的新情况、新问题，从着力于为企业服务和解决企业反映的突出问题入手，创新工作思路，制定对策措施。继续组织开展“企业服务年”活动，建立重点企业服务制度，切实帮助企业解决生产经营中遇到的困难和问题。

二是开展企业负担调查研究工作，对企业反映的不合理负担和影响发展的政策性问题，当前实施的经济调整政策对部分企业增加了较重负担的问题，研究解决措施，提出整改建议。

三是针对负担的企业“自愿”化和表象合法化的新趋势，加强企业维权体系建设，健全企业维权投诉机制和维权服务网络。企业减负的方法和着力点要从对权力机关的监督转变到对企业维权的引导和帮助，完善企业维权渠道和维权保障上来，搭建“企业呼声直通车”服务平台，引导和方便企业和群众举报和投诉，以充分调动和发挥企业维权的积极性，增强企业的维权意识和能力。要充分调动社会力量，发挥维护企业合法权益的社团组织在扩大企业参与、反映企业诉求、消除不满、化解矛盾等方面的积极作用，为企业维权营造社会化的服务环境。

（四）加快减轻企业负担工作立法进程

目前，企业治乱减负工作的发展正处在“治乱”向“规制”、“减负”向“维权”转变的关键时期。健全完善科学有效的企业负担监督管理机制和减轻企业负 担长效机制，探索源头治理的有效途径十分必要。全国一半以上地区已经出台企业负担监督管理地方性法规，没有出台的地区应该加快法规建设进程，尽快将减轻企业负担工作纳入法制化轨道。

四、保障措施

（一）加强组织领导，完善工作机制。各地工业和信息化主管部门和减负工作机构要切实加强领导，将减轻企业负担工作列入重要议事日程，落实领导和部门责任。加强减负工作组织机构建设，确保减负工作机构、人员、经费、措施“四到位”，保持减负工作的连续性。减负工作机构要认真履行组织协调职责，加强指导督查，确保企业减负工作顺利进行。

（二）落实责任制度，注重协调配合。按照“谁主管、谁负责”的原则，建立健全并组织落实责任制度，充分发挥合作部门职能的合力作用，确保各项工作任务的顺利完成。对全年工作任务完成较好、成绩突出的给予通报表彰，对企业反映问题强烈、存在问题突出的进行通报批评。

（三）突出工作重点，狠抓工作落实。要以督促检查落实减轻企业负担政策措施为重点，采取多种检查方式，及时拟定督促检查方案，适时组织督促检查活动，按时反馈督促检查情况，确保减轻企业负担各项政策措施落实到位，扼制“三乱”的反弹。

（四）加大查处力度，认真处理案件。减负工作要有声势、有力度、有成效，必须抓典型、抓查处、抓曝光。要继续发扬敢于碰硬的精神，认真执行案件查处工作责任制度，努力做到举报案件件件有回音，事事有着落。要通过查处案件，既解决现实问题，也达到教育警示、加强监管、完善机制的目的。

（五）强化制度建设，探索长效机制。继续坚持企业收费项目审批管理制度，严禁擅自越权审批，严禁擅自提高标准，扩大收取范围；继续坚持减轻企业负担工作各项管理制度，推动减轻企业负担工作的制度化、规范化；继续坚持源头治理，充分利用国家出台“保增长、扩内需、调结构、惠民生”一揽子计划的时机，努力在治本上下功夫，建立减轻企业负担的长效机制。

（六）加强舆论宣传，实现社会监督。通过新闻媒体、政府网站等形式及时向社会公布减轻企业负担的政策文件和政务信息，公布收费减免目录，宣传典型经验，曝光典型案件，充分发挥新闻舆论的监督作用，提振企业战胜当前困难的信心。各地减轻企业负担工作机构要按照本意见精神，结合地区实际，制定具体实施措施，于2010年3月底前报送工业和信息化部。

二〇〇九年十二月二十五日

关于印发《北京市工业遗产保护与再利用工作导则》的通知

京工促发〔2009〕32号

为深入落实科学发展观，贯彻“人文北京、科技北京、绿色北京”的发展理念，彰显城市文化特色和底蕴；进一步将北京市工业促进局、市规划委员会和市文物局联合发布的《北京市保护利用工业资源发展文化创意产业指导意见》落到实处，实现工业遗产的保护与再利用工作的规范化推进，特制定《北京市工业遗产保护与再利用工作导则》(见附件)。

附件：《北京市工业遗产保护与再利用工作导则》

二〇〇九年二月二十六日

北京市工业遗产保护与再利用工作导则

第一章 概念与对象

第一条 工业遗产是与工业发展密切相联的，具有历史价值、社会文化价值、艺术美学价值、科学技术价值和经济再利用价值的遗存，是文化遗产的重要组成部分。

工业遗产是极具风貌特色和时代特征的历史文化资源，对工业遗产进行保护和再利用，可以避免资源和能源的浪费，同时有助于经济社会环境的可持续发展。

第二条 工业遗产分为物质遗产和非物质遗产。

物质遗产包括与工业发展有关的厂房、仓库、码头、桥梁、办公建筑、附属生活服务设施及其他构筑物等不可移动的物质遗存；还包括机器设备、生产工具、办公用具、生活用具、历史档案、商标徽章及文献、手稿、影像录音、图书资料等可移动的物质遗存。

非物质遗产包括生产工艺流程、手工技能、原料配方、商号、经营管理、企业文化、企业精神等相关的内容。

第三条 北京市工业遗产的重点为：

(1) 解放前的民族工业企业、官商合营、中外合办企业等遗存；

(2) 解放后五、六十年代“一五”及“二五”期间建设的重要工业企业；

(3) 文革期间建设的具有较大影响力的企业；

(4) 改革开放以后建设的非常具有代表性的企业。

第二章 调查与登录

第四条 工业遗产保护与再利用的第一步工作就是详实的调查，制作登记表格，绘制现状图。同时要将调查的工业资源完备的外观特征和场址情况进行梳理并登记、建档。记录应包括对物质、非物质遗产的描述、绘图、照片、影像等资料。

第五条 工业遗产的调查和保护过程中要加强宣传教育，积极发动群众，引导和调动社会力量参与工业遗产的保护与再利用，充分发挥社会力量在工业遗产调查、认定、信息传播、研究成果和保护利用等方面的积极作用。

第六条 工业遗产的调查和保护是一项长期的工作，在城市更新改造、工业企业搬迁过程中发现有价值的工业资源，有关方面应及时向市工业、规划及文物部门报告，在调查和研究确定工业遗产价值后，依法予以保护和再利用。

第三章 评价与认定

第七条 工业遗产的评估以历史价值、社会文化价值、科学技术价值、艺术美学价值及经济利用价值为准则。符合下列条件之一的，可列入工业遗产保护与再利用名录：

（1）在相应时期内具有稀缺性、唯一性，在全国或北京具有较高影响力。

（2）企业在全国同行业内具有代表性或先进性，同一时期内开办最早，产量最多，质量最高，品牌影响最大，工艺先进，商标、商号全国著名。

（3）企业建筑格局完整或建筑技术先进，并具有时代特征和工业风貌特色。

（4）与北京著名工商实业家群体有关的工业企业及名人故居等遗存。

（5）其他有较高价值的工业遗存。

第八条 工业遗产的认定应根据下列程序进行：

（1）市工业、规划和文物行政主管部门是工业遗产保护与再利用工作的行政主管部门，负责对本市行政区域内的工业遗产组织普查、评估、认定，并做好资料收集、统计等工作。各相关工业遗产权属或使用单位和个人是工业遗产保护与再利用的责任主体，对经有关政府主管部门认定的工业遗产，应按照有关要求做好保护工作，合理地再利用。各相关单位和个人可以就工业遗产保护和再利用等相关问题提出认定申请或建议；

（2）建立专家咨询体系，由工业、规划、文物、历史、环保等方面的专家组成评估委员会，根据工业遗产评价办法，提出评估意见；

（3）工业、规划、文物等行政主管部门建立会商制度，根据专家评估意见，确定工业遗产保护与再利用名录及分类等级；

（4）对确定的工业遗产保护与再利用名录及分类等级征求相关区、县人民政府和单位意见，并向社会公示，经专家委员会评审后，报市政府批准、公布。

第九条 凡列入文物保护单位的工业遗产，其保护、使用应遵循《中华人民共和国文物保护法》的规定。对尚未列入不可移动文物的工业遗产，根据遗产价值及经济利用价值的不同，分为三个等级，并在符合不可移动文物的条件下，可申报为各级文物保护单位：

（1）优秀近现代建筑类工业遗产。即符合优秀近现代建筑标准的工业遗产；

（2）遗产价值突出的工业遗存。即与北京工业发展密切相关的、具有突出的发展阶段标志性和行业代表性的遗存；

（3）再利用价值突出的工业遗存。即虽然遗产价值不突出，但可利用空间大、便于改造、再利用价值突出的工业遗存。

第十条 对于工业遗产集中成片，具有一定规模，工业风貌保存完整，能反映出某一历史时期或某种产业类型的典型风貌特色，有较高历史价值的区域，可列为工业遗产保护区，进行整体保护与再利用。

第四章 保护与利用

第十一条 采取抢救性保护与适宜性利用相结合的原则，因地制宜挖掘工业遗产的现实价值，既要注重与城市规划相协调，又要注重再利用和可持续发展。

第十二条 针对不同类型的工业遗产，采取针对性保护措施，充分挖掘其再利用价值。

已列入文物保护单位的工业遗产及工业遗产保护区参照《中华人民共和国文物保护法》、《中华人民共和国城乡规划法》和《历史文化名城名镇名村保护条例》规定的文物保护单位和历史文化街区的管理办法实施管理；

优秀近现代建筑类工业遗产可申报列入优秀近现代建筑保护名录，参照优秀近现代建筑的管理办法实施管理；

遗产价值突出的工业遗存应充分尊重历史特征，对建筑原状、结构、式样进行整体保留，不得随意拆除，应在合理保护的前提下进行修缮、改造；

再利用价值突出的工业遗存，可对原建筑物进行加层或立面装饰，尽可能保留建筑结构和式样的主要特征，实现工业特色风貌与现代生活的有机结合。

第十三条 对工业遗产按照"谁使用、谁负责、谁保护、谁受益"的原则。在企业拍卖、转产、转制、置换等过程中，受让方应采取积极措施，切实履行保护利用工业遗产的职责。

第十四条 工业遗产的保护与再利用应充分重视物质遗产和非物质遗产的保护，并注重污染土壤的环保修复和厂区环境的生态恢复。

第五章 管理与引导

第十五条 市工业、规划和文物行政主管部门要加强对工业遗产保护与再利用工作的指导，并切实做好工业遗产普查、评估和认定的组织工作。

第十六条 在工业企业搬迁、工业用地转换性质、编制工业用地更新规划时，应注重工业遗产的保护与再利用；在工业遗产的重点保护区内安排建设项目时，应当事先征得工业、规划及文物行政主管部门的同意。

第十七条 各工业企业及相关权属或使用单位应重视工业遗产的保护与再利用，认真配合市工业、规划和文物行政主管部门开展物质遗产和非物质遗产的调查、建档、评估和认定工作，遗产价值突出的还应协助规划部门编制工业遗产保护与再利用规划。

第十八条 价值较高的可移动工业遗产，市博物馆、图书馆及档案馆等应分别予以征集和收藏。

第十九条 运用出版物、展览、电视、互联网等多种媒体和渠道，加强对保护利用工业遗产重要意义的宣传和引导，提高公众对工业遗产价值的认知及欣赏水平，增强保护工业遗产的自觉性。对在工业遗产保护与再利用工作中有突出贡献的单位和企业给予一定的资金奖励和政策支持。

关于颁布《北京市认定企业技术中心管理办法》的通知

京工促发〔2009〕69号

为进一步贯彻落实《中共中央、国务院关于实施科技规划纲要增强自主创新能力的决定》和《中华人民共和国科学技术进步法》，充分发挥北京市认定企业技术中心在促进全市产业结构调整和提升产业竞争力的引导与示范作用，规范和加强市级企业技术中心的认定和评价工作，根据《国家认定企业技术中心管理办法》，特修订《北京市认定企业技术中心管理办法》，现予公布，望认真遵照执行。

附件：《北京市认定企业技术中心管理办法》

二〇〇九年三月二十三日

北京市认定企业技术中心管理办法

第一章　总　则

第一条　为进一步贯彻落实《中共中央、国务院关于实施科技规划纲要增强自主创新能力的决定》和《中华人民共和国科学技术进步法》，充分发挥北京市认定企业技术中心在促进全市产业结构调整和提升产业竞争力的引导与示范作用，规范和加强市级企业技术中心的认定和评价工作，根据《国家认定企业技术中心管理办法》，特制定本办法。

第二条　企业技术中心是企业设立的具有较高层次和水平的研究开发机构，是企业技术创新体系的核心，是企业技术进步和技术创新的主要技术依托。

第三条　为推进企业技术中心建设，确立企业技术创新和科技投入的主体地位，对全市技术创新能力较强、创新业绩成效显著、具有重要示范和导向作用的企业技术中心，北京市政府主管部门予以认定，并给予相应的扶持政策，以鼓励和引导企业利用社会各种资源不断提高自主创新能力。

第四条　北京市工业促进局（以下简称市工促局）、北京市发展和改革委员会（以下简称市发改委）、北京市科学技术委员会（以下简称市科委）、北京市财政局（以下简称市财政局）、北京市国家税务局（以下简称市国税局）、北京市地方税务局（以下简称市地税局）联合成立市级企业技术中心认定工作指导小组，负责市级企业技术中心认定结果的审查工作，并对企业技术中心建设进行宏观指导。指导小组下设办公室，由办公室负责市级企业技术中心认定的具体组织工作和评价工作，办公室设在市工促局。

第二章　认　定

第五条　市级企业技术中心的认定每年组织一次，认定范围为北京地区具有独立法人资格的企业中建立并已正常运行一年以上的技术中心。企业对照市级技术中心条件和要求，自愿申报。受理申请认定截止日期为当年的4月底。

第六条　申请认定市级企业技术中心的企业应具备以下基本条件：

1. 所处行业为北京市重点发展的行业，企业年主营业务收入1.5亿元（含）以上，科技活动经费支出额500万元（含）以上，专职研究与试验发展人员数50人（含）以上，技术开发仪器设备原值500万元（含）以上，特殊情况可适当放宽。

2. 有较强的经济实力和较好的经济效益，在全市同行业中具有显著的规模优势和竞争优势。

3. 企业领导层重视技术中心工作，具有较强的市场意识和创新意识，能为技术中心建设创造良好的条件。

4. 具有较完善的研究、开发、试验条件，有较强的技术创新能力和较高的研究开发投入，拥有自主知识产权的核心技术、知名品牌，并在国内同行业具有较强竞争力，研究开发与创新水平在同行业中处于领先地位。

5. 有技术水平高、实践经验丰富的技术带头人，科技人员队伍结构合理，在同行业中具有较强的创新人才优势。

6. 技术中心有完善的运行机制和管理制度，组织体系、发展规划和目标明确，具有稳定的产学研合作机制，技术创新绩效显著。

7. 企业两年内（指受理认定市级企业技术中心截止日期起向前推算两年）未发生下列情况：(1) 有逃避缴纳税款、骗取出口退税等税收违法行为的。(2) 涉嫌涉税违法已被税务部门立案审查。(3) 走私行为。(4) 发生重大质量事故的。

第七条 市级企业技术中心认定程序：

(一) 企业向市工促局提出申请，并按要求上报申请材料一式二份，申请材料包括：《北京市认定企业技术中心申请报告》(见附件一) 和《北京市企业技术中心评价材料》(见附件二)。

(二) 市工促局对评价材料进行初审。通过初审的，市工促局委托符合条件的中介机构按照《北京市企业技术中心评价指标体系》(见附件三) 进行综合评价。中介机构出具评价意见报市工促局。

(三) 市工促局将评价意见报市级企业技术中心认定工作指导小组，指导小组依据国家和北京市产业政策对评价意见进行综合审查，择优确定市级企业技术中心认定名单。

第八条 已认定为市级企业技术中心的企业，原则上不再受理其控股子公司企业技术中心认定申请；已认定为市级企业技术中心企业的上级控股（集团）公司申请市级企业技术中心认定，要求控股（集团）公司具有独立的主营业务和独立的研发体系，且申报数据不得合并下属已认定市级企业技术中心企业的财务数据。

第九条 认定结果由市工促局以公文形式发布。

第十条 北京市认定企业技术中心认定结果从受理申请截止之日起，90 个工作日之内发布。

第三章 评价

第十一条 对已认定的市级企业技术中心依据《北京市企业技术中心评价指标体系》每年进行一次评价。

第十二条 评价程序：

1. 数据采集。市级企业技术中心于当年 4 月底前将评价材料一式二份报市工促局。评价材料包括：《北京市认定企业技术中心评价材料》(见附件二) 和《北京市认定企业技术中心年度工作总结》(见附件四)。

2. 数据初审。市工促局对市级企业技术中心上报的材料进行初审，对于材料数据欠缺或存在疑问的，通知企业限期补报或提交说明。

3. 数据核查。市工促局委托符合条件的中介评价机构对市级企业技术中心上报的评价材料及相关情况进行核查，核查方式包括召开核查会和实地核查等。

4. 数据计算与分析。市工促局委托符合条件的中介评价机构对经核查后的数据按照《北京市企业技术中心评价指标体系》的规定进行计算、分析，得出评价结果，并形成评价报告。

5. 市工促局对评价结果和评价报告进行审核并确认。

第十三条 市级企业技术中心评价结果分为优秀、合格和不合格。

1. 评价得分 90 分及以上为优秀。

2. 评价得分 60 分（含 60 分）至 90 分之间为合格。

3. 有下列情况之一的评价为不合格。

(1) 评价得分低于 60 分；

(2) 逾期一个月不上报评价材料的企业技术中心。

第十四条 市工促局对评价结果以公文形式发布。

第四章 管理与政策

第十五条 有下列情况之一的，撤消〔销〕其市级企业技术中心资格：

1. 评价为不合格；

2. 连续两次评价得分在 65 分（含 65 分）至 60 分之间；

3. 企业技术中心所在企业自行要求撤销其市级企业技术中心；

4. 企业技术中心所在企业被依法终止；

5. 发生重大质量事故的企业；

6. 有逃避缴纳税款、骗取出口退税等税收违法行为的企业；

7. 提供虚假评价材料的企业。

第十六条 因第十五条1.2.3项原因被撤销市级企业技术中心资格的，两年内不得重新申报认定市级企业技术中心；因第十五条4.5.6.7项原因被撤销市级企业技术中心资格的，三年内不得重新申报认定市级企业技术中心。

第十七条 申请认定市级企业技术中心的企业弄虚作假的，经核实后，三年内不得申请市级认定。

第十八条 对评价结果为优秀的市级技术中心，通报表扬，并择优推荐申报国家级技术中心；对于第一次评价得分65分（含65分）至60分的市级企业技术中心，给予警告，责令企业提出整改方案，并督促整改。

第十九条 市级企业技术中心所在企业发生更名、重组等重大调整的，应在办理相关手续后30个工作日内将有关情况报市工促局。

第二十条 市工促局每年公布一次市级企业技术中心名单。

第二十一条 鼓励北京市认定企业技术中心加强创新能力建设，引导和支持企业加大技术创新投入，促进企业技术中心健康发展。具体政策措施依照《北京市认定企业技术中心专项补助政策实施细则》执行。

第五章 附 则

第二十二条 根据各行业技术创新的实际状况和政府的宏观政策导向，市级企业技术中心认定工作指导小组可对企业技术中心评价指标进行必要的调整。

第二十三条 本办法自颁布之日起施行。2005年发布的《北京市认定企业技术中心管理办法》（京工促发〔2005〕203号）同时废止。

第二十四条 本办法由市工促局负责解释。

北京市财政局关于印发《北京市中小企业信用再担保资金使用管理暂行办法》的通知

京财经一〔2009〕2076号

北京中小企业信用再担保有限公司：

现将《北京市中小企业信用再担保资金使用管理暂行办法》印发给你单位，请遵照执行。

二〇〇九年九月十六日

北京市中小企业信用再担保资金使用管理暂行办法

第一章 总 则

第一条 为鼓励和促进中小企业信用担保机构放大融资担保规模，增强信用和抗风险能力，规范担保机构健康发展，发挥公共财政资金导向作用，切实缓解中小企业融资困难，加强对北京市中小企业信用再担保资金的管理，提高再担保资金使用效率，依据《中华人民共和国担保法》、《中华人民共和国中小企业促进法》和《国务院办公厅转发发展改革委等部门关于加强中小企业信用担保体系建设意见》等有关法律、法规，特制订本办法。

第二条 本办法所称的中小企业信用再担保资金（简称再担保资金），是指由北京中小企业信用再担保有限公司（简称“再担保公司”）负责日常管理的，由市财政主要出资，为支持本市中小企业信用担保业发展，解决中小企业融资难问题而设立的，为本市中小企业信用担保机构提供再担保的专项资金。

第三条 再担保资金遵循政策性导向、公司化管理、市场化运作的指导思想，旨在为中小企业信用担保机构提供增强信用、分散风险、引领提高、规范发展的再担保服务，促进商业银行加大对担保机构的信贷支持。再担保资金按照公开透明、科学管理、专项使用、加强监督的原则进行使用和管理，确保资金使用效率。

第四条 再担保责任余额与再担保资金的放大比例，最高不超过再担保资金余额的10倍。

第五条 再担保资金以市财政出资为主，同时可以吸收担保机构等社会资本的出资以及社会各界的捐助。市财政可根据担保业务发展情况适时增资。

第二章 再担保的对象和范围

第六条 再担保的对象

在本市行政区域内工商管理部门注册登记的主要为本市中小企业提供融资担保的担保机构。

第七条 再担保的范围

再担保公司为符合本办法规定的担保机构的以下担保业务提供再担保：

（一）企业银行贷款担保；

（二）企业融资租赁担保；

（三）企业信托计划担保；

（四）企业债券担保；

（五）企业短期融资券和中期票据担保；

（六）企业银行票据担保。再担保公司超出上述范围提供再担保的，须报市财政局批准。担保机构下列担保业务不属于再担保保证范围：

（一）企业民间借贷担保；

（二）企业非生产经营性质融资担保；

（三）以置房、购车及消费为目的的个人贷款担保；

（四）从事房地产、娱乐、投资以及高污染、高能耗等国家及本市限制发展行业企业或项目的担保。

第八条 再担保的保证条件

申请再担保支持的担保机构必须符合以下基本条件：

（一）在市信用担保协会备案的、具有独立承担民事责任能力的独立法人实体；

（二）实收资本（其中货币资金不少于80%）原则上不低于5000万元，开展担保业务时间不少于二年；

（三）担保机构和其主要经营者具有良好的社会信誉和信用，申请再担保前须经行业管理部门或再担保公司认可的、具有担保机构信用评级资质的信用中介机构进行信用评级，信用等级原则上应达到BBB（含）以上且无任何不良信用记录；

（四）年度中小企业融资担保业务占总体担保业务比重不应低于50%，收取的担保费原则上不应超过人民银行同期基准贷款利率的50%，且服务的中小企业应满足如下条件：

1. 必须是依照《中华人民共和国公司法》在本市注册登记的具有独立承担民事责任能力的独

立法人实体，

2. 符合国家有关部门制定的中小企业标准（参照《关于印发中小企业标准暂行规定的通知》（国经贸中小企〔2003〕143号）的规定），

3. 在经营和履行义务方面无不良信用记录，

4. 具有完善、规范和行之有效的公司治理结构和内部管理制度，

5. 申请担保目的明确且与其实际信用能力和自有资金相匹配，

6. 愿意以反担保方式对信用担保承担相应责任；

（五）具备完善与行之有效的风险管理体系和各项制度规范，近两年和近期三个月代偿率不超过3%；

（六）财务管理规范且各项重要财务指标均在再担保公司可接收的范围内，并须由再担保公司认可的会计师事务所出具最近两个年度的财务审计报告；

（七）至少拥有三名具有三年（含）以上担保或金融领域从业经验的专职人员任职管理岗位；

（八）在承保时，必须遵守如下规定：

1. 对单一企业的累计担保余额原则上不得超过担保本金或净资产（取高值）的10%，特殊情况须事先向再担保公司备案，

2. 年度平均担保额度（年度新增担保额与新增担保笔数之比）原则上不超过800万元，

3. 按照国家有关规定（参照《中小企业融资担保机构风险管理暂行办法》财金〔2001〕77号）计提各项风险准备金和使用闲置资金；

（九）年度担保余额不低于担保本金的3倍，且不超过担保本金的10倍，有再担保保证情况下，年度担保余额与担保本金之比可适当增加，但不应超过有关再担保合同规定的放大比例；

（十）按季向再担保公司报送经营信息和财务信息，按月向再担保公司报送被担保企业财务信息，接受再担保公司的业务跟踪检查。

第九条 再担保责任的免除

在履行再担保保证责任期间，如发生以下情况之一，再担保公司将免于承担再担保保证责任，并视情节严重程度有权决定是否暂停或终止再担保协议：

（一）不属于再担保保证责任范围和保证条件的担保项目发生代偿；

（二）担保机构严重违反内部操作规程造成的代偿；

（三）担保机构严重违反决策程序造成的代偿；

（四）由于担保机构内部道德风险导致的代偿；

（五）担保机构故意隐瞒或报送虚假信息发生的代偿；

（六）由于担保机构侵害被担保企业合法权益导致企业不能按期履行偿还义务所造成的代偿；

（七）担保机构与被担保企业互负债务，达成以代偿方式抵偿担保机构所负债务的合意而发生的代偿；

（八）由于担保受益人（债权金融机构）严重违反操作规程或（和）道德风险导致的逾期贷款；

（九）担保机构当期代偿率超过6%。

第三章 再担保的方式、责任及再担保费的收取

第十条 再担保方式

参照《中华人民共和国担保法》，再担保公司在为担保机构提供再担保时，一般采用比例再担保方式。

如再担保公司采用一般责任再担保或其他保证方式时，应依据担保机构的实际需要、政策导向以及控制风险程度，核定适当的限率或限额标准，确定再担保保证责任，并事先报市财政局

备案。

第十一条 再担保责任

一般情况下，再担保公司所承担的再担保保证责任为担保机构担保余额超过担保本金 3 倍以上部分，但不应超过《再担保协议》规定的再担保放大比例。

第十二条 再担保保证比例

再担保公司应根据政策导向、自身风险控制能力和代偿补偿能力合理确定保证责任比例。

本着利益共享、责任共担原则，再担保公司所承担的再担保保证责任比例不超过实际担保额的 50%。

第十三条 再担保保费费率

为体现再担保的政策扶持性质，再担保公司执行优惠的保费费率政策。再担保公司将参照担保机构年担保费率、再担保调节费率（1－让利比率）和实际承担的再担保保证责任比例确定年再担保费率。一般情况下年再担保费率不超过担保机构年担保费率 30%。

年再担保费率 ＝ 担保机构年担保费率×再担保调节费率×再担保保证责任比例。

让利比率依据担保机构信用等级和担保业务政策导向程度来确定，再担保公司确定让利比例标准后须报市财政局备案。

第四章 再担保的程序

第十四条 再担保的申请

符合本办法要求的担保机构，可向再担保机构提出再担保申请。担保机构向再担保公司申请再担保时，应填写《再担保申请书》，并同时提交以下材料：

（一）担保机构的法人证书；

（二）经行业管理部门或再担保公司认可的、具有担保机构信用评级资质的信用中介机构的信用评级证明；

（三）由再担保公司认可的会计师事务所出具最近二个年度的财务审计报告；

（四）三名具有三年（含）以上担保或金融领域从业经验的专职人员任职高级管理岗位的证明；

（五）再担保公司要求的其他相关材料。

第十五条 再担保的审核与审批

再担保公司收到齐备的申报材料后，对担保机构进行必要的尽职调查和评估，出具《评审报告》并通过内部审核程序进行审批。

第十六条 再担保合同的签订

再担保申请审批通过后，再担保公司按本办法相关要求起草有关再担保合同的文本，经内部审核程序进行核准后，再担保公司通知担保机构签约，并按合同约定条款收取再担保费。

第十七条 担保及保后管理

（一）担保机构按担保业务流程和风险管理制度要求，独立受理、审核、审批与承保担保项目；

（二）根据双方签订的有关再担保合同的条款，担保机构应将再担保项目基本情况、担保审批相关信息以及再担保公司要求的其他相关信息及时报送再担保公司进行再审核或备案；

（三）担保机构应按月向再担保公司报送再担保项目财务报表和其他保后管理信息，对出现重大风险的再担保项目，应及时告知再担保公司并采取有效措施化解风险；

（四）再担保公司有权独立或委托第三方对再担保项目进行跟踪回访，担保机构应予以配合；

（五）再担保公司应加强对担保机构的保后管理，按季收集担保机构经营信息和财务信息并进行跟踪回访，如发现问题应及时采取措施予以处置；

（六）再担保公司建立再担保业务信息统计制度，按季度向市财政局等政府相关部门及行业协会报送相关信息材料。

第十八条　代偿与代偿赔偿

（一）对于债务人不能按期履行偿还义务的再担保项目，担保公司应先代其偿还所欠债务，并及时通知再担保公司。

（二）如再担保公司承担的是比例担保责任，担保机构代偿后可提出代偿补偿申请，并提交相关资料；再担保公司经审核确认属于再担保保证责任范围的，按代偿补偿程序和应承担的责任比例向担保机构支付代偿补偿款。

对于担保机构受其他合作方委托开展担保业务发生的代偿，再担保公司经审核确认属于再担保保证责任范围的，应在担保机构及其他合作方履行代偿责任后，针对代偿余额部分，向担保机构支付代偿补偿款。

担保机构应采取一切必要措施对代偿项目进行追偿，并定期向再担保公司通报代偿项目追偿处置情况。对代偿项目追偿所得，双方按各自承担的责任比例进行分配。

（三）如再担保公司承担的是一般保证责任，则在担保公司不能履行部分或全部代偿职责且完成清算后，由再担保公司依据再担保合同条款予以赔偿，再担保公司拥有对此部分债务的追索权。

（四）如再担保公司承担的是除上述方式外的其他保证责任，应报市财政局备案后按合同规定履行代偿和追偿程序。

第十九条　代偿损失核销

对于追偿时效已过、追偿线索已断且债务部分或全部未能收回的代偿项目，经双方对代偿损失金额确认并报市财政局批准后，按各自内部核销程序和所承担的责任比例予以核销。

第五章　再担保资金的管理

第二十条　再担保公司通过建立现代企业制度，发挥政府出资的引导性作用，管理再担保资金，并保证其权益。政府出资减持、转让须报经市财政局批准。

第二十一条　再担保资金由再担保公司统一存入专门开立的账户，进行专户管理，专项核算。再担保资金余额只能存放银行，或买卖安全性好、回报较高、变现能力较强的国债、企业债券及其他保本收益类金融产品。货币性资金不得低于总资本的80%。严禁投资股票二级市场和向企业或项目直接投资、拆借资金、委托贷款以及捐赠、赞助。

第二十二条　再担保资金收益（包括资本金增值收入和担保业务收入）分配方案应事先报市财政局审核同意，其中市财政出资资本金增值收益的60%用于补充再担保资本金或用于应由市财政负担的代偿补偿；其余40%由再担保公司通过公司董事会确定分配方案进行分配，主要用于弥补风险准备金不足、再担保业务经费补助、以及经批准的其他事项。

第二十三条　再担保公司建立财务会计报告和担保业务统计报告制度，按季、年向市财政局报送财务会计报告和担保业务统计报告，并及时报告公司运营过程中的重大事件。财务会计报告包括会计报表（资产负债表、利润表、现金流量表及相关附表），会计报表附注和财务情况说明书。担保业务统计报告包括每笔在保业务贷款金额、担保责任金额、期限和剩余期限、利率、担保费率、贷款本金偿还情况、代偿情况、资本金运用情况等内容。重大事件包括修改公司章程等重要法律文件、增减资本、高级管理人员或管理机构变更等内容。

第六章　再担保的代偿补偿

第二十四条　市财政根据财政预算平衡的要求和中小企业再担保业务的开展情况，核定适当的风险补偿资金，对符合本办法规定的再担保项目发生的代偿实行限率补偿。当年再担保代偿率

＝当年发生再担保代偿金额/当年末再担保责任余额。

第二十五条 再担保公司必须建立与完善风险管理制度，严格按照制度要求开展再担保业务和计提再担保风险准备金。为保证再担保公司一定的代偿能力，再担保风险准备金主要来源于：

1. 按当年担保费收入的50%提取未到期责任准备金，计入经营成本；

2. 按不超过当年再担保责任余额1%的比例提取风险准备金，计入经营成本；

3. 在税后利润中按不低于20%的比例提取风险准备金。再担保风险准备金累计达到再担保责任余额的10%后，实行差额提取。

第二十六条 再担保资金担保项目发生代偿，再担保公司应首先用其提取的风险准备金抵补，不足部分用再担保资金补偿，经市财政局审核认定后属于补偿范围的给予资金补助，最高补偿比例不超过6%当年再担保代偿率。其余部分由以后年度提取的风险准备金弥补。当年再担保代偿率超过3%时应暂停再担保业务，进行内部整顿，完善风险控制措施后再开展业务。

第二十七条 再担保资金担保项目发生担保代偿，合作担保机构取得代位求偿权后，再担保公司应督促和协助合作担保机构积极制定追偿措施并实施有效追偿。追偿债权所得资金属于再担保公司的，应首先用于归还再担保资金；其次属于风险准备金抵补的，归还风险准备金；属于归还财政补偿资金的部分，单独记账作为以后年度市财政风险补偿的资金来源。追偿债权所得抵债资产按合法程序公开处置，及时变现，并按原代偿资金渠道进行账务处理。

第二十八条 每年七月底前，再担保公司汇总上年度代偿赔偿情况，向市财政局提出代偿补偿申请并附如下相关资料：

（一）代偿项目基本信息；

（二）银行或其他合法债权人代偿通知单；

（三）担保机构代偿款拨付凭证；

（四）再担保公司代偿赔偿审核及审批意见；

（五）再担保公司代偿赔偿款拨付凭证；

（六）项目追偿情况报告；

（七）再担保公司上年度财务报表及财务审计报告；

（八）市财政局要求提供的其他相关材料。市财政局依照本办法要求对再担保公司的代偿补偿申请及相关资料进行审核，确定上年度财政应补偿的担保代偿金额，办理资金拨付手续。

第二十九条 凡属下列情形之一发生的代偿，市财政一律不予以补偿：

（一）项目不符合相关再担保政策要求；

（二）再担保公司未按本办法规定的相关要求及公司规定操作规程和决策程序提供的再担保；

（三）因再担保公司业务人员或管理人员重大失职或有徇私舞弊行为造成的代偿；

（四）再担保公司违法、违规行为导致的代偿。

第三十条 再担保公司未建立风险准备金制度，不按规定及时、足额提取风险准备金并单独记账或实行专户管理，不及时追偿债权，不按规定报市财政局审批、备案，市财政局将停止补偿担保代偿损失。

第三十一条 对于追偿时效已过、追偿线索已断、经执行法律程序仍无法收回的代偿项目，被追索人破产或依法承担偿还义务的自然人死亡，其破产财产收入或遗产收入清偿后仍无法弥补代偿资金的项目，再担保公司应按照核销程序上报市财政局，经批准后予以核销。

第七章　再担保的监督检查

第三十二条 政府出资设立的再担保资金应切实用于中小企业信用再担保事业，为担保机构服务、为中小企业融资服务，鼓励各类商业银行加大信贷支持力度，分散融资风险。再担保公司应按照现行担保业会计制度进行会计核算。市财政局可委托第三方机构对再担保公司业务及财务状况进行审计，再担保公司必须予以配合。再担保公司如挪用再担保资金，虚报、骗取财政补偿资金，或挪用追偿债权收回资金中属于财政资金部分，按照《财政违法行为处罚处分条例》（国务院令第427号）等有关法律法规处理。

第八章　附　则

第三十三条　本办法与法律、法规、规章的规定不一致的，以法律、法规、规章的规定为准。

第三十四条　本办法由北京市财政局负责解释。

第三十五条　本办法自发布之后30日后实施。

北京市财政局关于印发《北京市高端制造业担保代偿资金管理办法》的通知

京财经一〔2009〕548号

为发挥北京市高端制造业担保代偿资金对企业融资的放大作用，规范资金管理，根据《北京市帮扶企业应对国际金融危机的若干措施》、《北京市工业发展资金管理办法》，市财政局、市经济和信息化委员会共同制定了《北京市高端制造业担保代偿资金管理办法》，现印发给你们，请遵照执行。

附件：北京市高端制造业担保代偿资金管理办法

二○○九年四月二日

北京市高端制造业担保代偿资金管理办法

第一章　总　则

第一条　为大力发展北京高端制造业，切实解决企业融资担保问题，根据《北京市帮扶企业应对国际金融危机的若干措施》及有关法律、法规和政策，制订本办法。

第二条　本办法所称的担保代偿，是指被担保人未按合同约定履行义务，由担保人代其履行义务的一种行为。担保人代偿后取得对被担保人的求偿权，取得对相应反担保抵质押物的处置权。

第三条　本办法遵循《中华人民共和国担保法》、《中华人民共和国物权法》的有关规定，在担保业务活动中遵守平等、自愿、公平、诚实、信用的原则。

第四条　北京市高端制造业担保代偿资金（以下简称“担保代偿资金”）由北京市经济和信息化委员会（以下简称“市经信委”）、北京市财政局共同委托具备相关资质的专业担保机构负责进行日常运营。

第二章　资金来源和支持范围

第五条　担保代偿资金由北京市工业发展资金安排，根据北京市高端制造业发展融资需求，可适时调整资金规模。发生担保代偿后，可按年度动态补充。

第六条　担保代偿资金重点支持领域：

（一）高端、高效、高辐射力产业领域；

（二）产品有较大市场容量和较强市场竞争力，有较好的潜在经济和社会效益；

（三）运用高新技术和先进适用技术改造提升传统产业、推进传统产业高端化。

第七条 申请担保代偿资金支持的企业应具备以下条件：

（一）符合国家产业政策、北京市国民经济和社会发展规划、功能区域发展规划和工业发展规划的要求；

（二）在北京市登记注册和生产经营并年检合格的高端制造业企业；

（三）具备独立法人资格、产权明晰、独立核算、自主经营，内部管理规范、核心业务突出；

（四）企业经营状况良好，资产负债率不超过70%，财务管理制度健全；

（五）企业及其法定代表人具有良好的社会信誉，在过去3年内与政府部门、企（事）业单位、个人的经济往来中，没有违法、违规或违约等不良记录；

（六）能够提供符合担保代偿资金日常运营机构（以下简称“日常运营机构”）要求的反担保措施，具有还贷能力。

第八条 日常运营机构对企业3年期以内（含）的融资需求提供担保支持，主要包括：企业固定资产投资贷款担保、流动资金贷款担保、综合授信担保、企业短期票据融资以及其它融资担保。

第三章 管理机构

第九条 市经信委、市财政局对担保代偿资金的使用情况进行监督和管理。主要职责是：

（一）根据国家有关法律、法规及政策的规定审核、批准日常运营机构对担保业务的管理制度；核准由担保代偿资金承担代偿的融资担保项目及具体数额。

（二）审议、批准年度工作计划和工作报告，审定弥补代偿损失方案。

（三）审议、核销坏账和变更资金规模。

第十条 北京高端制造业投融资服务平台（以下简称“投融资服务平台”）受市经信委、市财政局的委托，承担下列职责：

（一）督促日常运营机构执行市经信委、市财政局批准的年度工作计划，组织实施决议。

（二）对发生代偿的项目进行评估。

（三）与日常运营机构共同提请市经信委、市财政局审议、核销坏账。

（四）与日常运营机构共同提请市经信委、市财政局审议弥补代偿损失方案。

（五）市经信委、市财政局交办的其它工作。

第十一条 日常运营机构受市经信委、市财政局的委托，承担下列职责：

（一）执行市经信委、市财政局批准的年度工作计划，实施决议。

（二）对市经信委、市财政局负责，于每年第一季度报告上年度担保代偿资金工作执行情况和本年度工作计划。

（三）负责担保代偿资金的安全运营。

（四）与投融资服务平台共同提请市经信委、市财政局审议、核销坏账。

（五）与投融资服务平台共同提请市经信委、市财政局审定弥补代偿损失方案。

（六）提请市经信委、市财政局审议增资方案。

第四章 担保程序

第十二条 项目申请：企业通过“北京高端制造业投融资服务平台”网站（http://www.bjgyrz.com）在线注册和申报融资项目。

第十三条 项目初审：投融资服务平台在2个工作日内对项目进行初步审核。

第十四条 提交资料：按照投融资服务平台和日常运营机构的共同要求，企业需提交相关材料（具体清单在投融资服务平台网站公布）和《委托担保申请书》。

第十五条 联合审查：通过初审的项目，投融资服务平台联合日常运营机构进行审查。投融资服务平台负责评定企业信用等级，原则上达BB级及以上的企业推荐给日常运营机构进行审查。评级结果作为是否为企业提供担保支持的参考依据。日常运营机构独立对企业做出评判，决定是否提供信用担保。在完成现场尽职调查和企业资料齐全后15个工作日内，投融资服务平台应出具信用等级评定结果，日常运营机构应完成项目的评议、评审程序。

第十六条 发放贷款：日常运营机构在参考投融资服务平台信用评级结果的基础上，经过内部评议和评审，通过后出具担保意向书。合作银行进行贷款审查，通过后出具《同意贷款通知书》。日常运营机构落实反担保措施，银行组织发放贷款。

第五章 资金的管理

第十七条 日常运营机构应开立专户存放担保代偿资金，专户管理、独立核算，严格按照规定的范围定向使用、安全运营，自觉接受市经信委、市财政局的监督。

第十八条 担保代偿资金余额沉淀部分，担保代偿资金日常运营机构可开展安全性好、回报较高、变现能力较强的国债、金融债券和国家重点企业债券买卖、国债回购等业务；长期投资不得超过担保代偿资金余额的30%；严禁投资股票二级市场和向企业或项目直接投资、拆借资金。

第十九条 对信用记录良好、成长快、发展潜力大的企业，日常运营机构应简化程序，进一步降低反担保门槛。

第二十条 企业贷款担保年担保费率不高于1.5%。

第二十一条 担保代偿资金利息、运作收益按年度单独核算。对按规定交纳税费后的净收益，经市经信委、市财政局审核批准，可全部用于弥补日常运营机构业务考察、培训、宣传和管理等经费。

第二十二条 日常运营机构每季度向市经信委、市财政局报送资产负债表、损益表、现金流量表以及其他报表和资料，于每月底前将上月的营业报告报送市经信委、市财政局，营业报告包括每笔在保业务贷款金额、担保责任金额、期限、利率、担保费率、贷款本金偿还情况、代偿情况等内容。

第二十三条 日常运营机构应于每年3月底前，委托中介机构对上年度担保代偿资金运作情况进行专项审计，连同上年度的营业报告、财务会计报告及其他有关报表报送市经信委、市财政局。

第六章 代偿与核销

第二十四条 市经信委、市财政局根据担保业务的开展情况，核定适当的风险代偿补偿率，对发生的担保代偿实行限率补偿。

第二十五条 担保代偿资金提供支持的担保项目发生担保代偿后，日常运营机构应先行垫付。对超过90天追索期仍无法收回的项目，可每年一次向担保代偿资金监管机构提出补偿申请。

第二十六条 日常运营机构应在年度终了后3个月内向市经信委提出补偿担保代偿申请，同时提交上年度担保代偿的有关法律文件，包括：代偿通知书、担保代偿凭据、追偿债权资金情况等。

第二十七条 担保代偿率。当年担保代偿率＝当年发生担保代偿金额/当年末在保责任余额

第二十八条 市经信委委托投融资服务平台对上述资料进行评估。对符合担保代偿资金支持条件的，在当年担保代偿率3%以内，按照50%的比例确定担保代偿资金应承担的代偿数额；超过3%的部分由日常运营机构承担。市经信委会同市财政局确定应由担保代偿资金承担的代偿金

额后，通知日常运营机构办理担保代偿资金划转手续，用于弥补日常运营机构先行垫付的代偿资金。

第二十九条 日常运营机构在取得代位求偿权后，应积极制定追偿措施并实施追偿。追偿债权所得资金，按照日常运营机构与担保代偿资金双方实际代偿分摊比例，对属于市经信委、市财政局补偿资金部分的，并入担保代偿资金。追偿债权所得抵债资产，应限定于国家政策允许流通和可变现的范围，其处置按现行的有关规定执行。

第三十条 确认坏账的条件：

（一）被保证人经法院宣告破产，经破产清偿程序仍无法收回的；

（二）经执行法律诉讼或仲裁程序后无法收回的；

（三）因被保证人逾期未履行偿债义务超过3年仍然不能收回的。

第三十一条 担保代偿资金发生的坏账由市经信委审核确认，报市财政部门批准后核销。

第七章 附 则

第三十二条 本办法由北京市经信委、北京市财政局负责解释。

第三十三条 本办法自发布之日起30日后实施。

北京市财政局关于印发《北京市小额担保贷款担保基金管理实施办法》的通知

京财经一〔2009〕1011号

根据《北京市人民政府关于实施稳定就业扩大就业六项措施的通知》（京政发〔2009〕6号）精神，为支持本市城镇失业人员、大学毕业生、农村转移劳动力和复员（转业）军人自谋职业、自主创业，合伙组织起来创业，鼓励发展劳动密集型产业，现印发《北京市小额担保贷款担保基金管理实施办法》，请遵照执行。

附件：北京市小额担保贷款担保基金管理实施办法

二〇〇九年五月二十七日

北京市小额担保贷款担保基金管理实施办法

第一章 总 则

第一条 为了鼓励本市城镇失业人员、大学毕业生、农村转移劳动力和复员（转业）军人自谋职业、自主创业，合伙组织起来创业，鼓励发展劳动密集型产业，多渠道、多方式增加就业岗位，根据中央有关规定和《北京市人民政府关于实施稳定就业扩大就业六项措施的通知》（京政发〔2009〕6号）的精神，结合本市实际情况，制定本办法。

第二条 本办法所称担保机构、经办银行是指与市财政局、市人力资源和社会保障局或区县财政局、区县劳动保障局签约，并承担本市小额担保贷款业务的担保机构和商业银行。

第二章 贷款担保对象、额度、期限

第三条 本办法所称借款人：一是指本市失业人员自谋职业依法开办的个体工商户；二是指

本市失业人员自主、合伙创办的小企业；三是指本市注册经营的符合条件的劳动密集型小企业。(房地产、娱乐、广告、桑拿、按摩、网吧、氧吧除外)

本办法所称本市失业人员，是指具有本市户口，在法定劳动年龄内持有《再就业优惠证》人员、持有《毕业证书》且尚未就业的大学毕业生、持有自谋职业证明尚未就业的复员（转业）军人、办理了转移就业登记并取得相关证明的农村劳动力。

本办法所称符合条件的劳动密集型小企业，是指劳动密集型小企业当年新招用本市失业人员达到企业职工总数30%以上（超过100人的企业达到15%），并与下岗失业人员签订1年以上期限劳动合同的小企业。小企业标准依据原国家经贸委、国家计委、财政部、国家统计局《关于印发中小企业标准暂行规定的通知》（国经贸中小企〔2003〕143号）执行。企业当年新招用的失业人员比例＝当年新招用本市失业人员人数÷企业现有在职职工人数×100%。

第四条 借款人为个体工商户的，首次申请小额担保贷款，提供的小额担保贷款担保额度不超过8万元。已经享受过小额担保贷款政策，且按时偿还贷款本息，无不良记录的个体工商户再次申请小额担保贷款，提供小额担保贷款的担保额度可提高到不超过10万元。

借款人为自主、合伙创办小企业的，提供的小额担保贷款担保额度一般为20万元；或根据企业合伙人和现有职工中本市失业人员总人数，按人均不超过8万元提供小额担保贷款担保，最高不超过50万元。

对符合条件的劳动密集型小企业，根据企业当年新招用本市失业人员人数，按人均不超过8万元提供小额担保贷款担保，最高不超过200万元。

担保机构或经办银行应根据借款人实际情况合理确定担保及贷款额度。

第五条 小额担保贷款担保期限不超过2年，到期确需延长的，可展期1次，展期期限不超过1年。

第三章 担保基金设立与管理

第六条 北京市小额担保贷款市级担保基金由市财政局出资设立，规模为一亿元人民币。其中，1800万元用于按照比例给予区县担保基金初始配额，其他用于为本市失业人员自主、合伙创办的小企业及符合条件的劳动密集型小企业小额担保贷款提供担保。

第七条 北京市小额担保贷款区县级担保基金初始规模为200万元人民币，由市区两级财政共同出资设立，专项用于为失业人员自谋职业依法开办的个体工商户小额担保贷款提供担保。根据担保业务发展需要，担保基金规模可适时调整。

第八条 担保基金的担保责任余额不超过担保基金余额的5倍。

第九条 区县级担保基金可采取以下两种运作方式：

（一）担保机构担保：由区县财政局和劳动保障局确定小额担保贷款的担保机构和经办银行，签订委托小额担保贷款协议，委托担保机构为小额担保贷款提供担保，并与管理市级担保基金的担保机构签订委托担保协议或协调管理协议；

（二）担保基金直接担保：由区县财政和劳动保障局确定小额担保贷款的经办银行，签订委托小额担保贷款协议并直接将区县级担保基金存入经办银行，由担保基金直接为小额担保贷款提供担保。

第十条 在市财政局、市人力资源和社会保障局的指导下，各区县财政局、劳动保障局牵头，与担保机构、经办银行组成协调小组。其职责包括：

（一）对小额担保贷款业务进行指导、考核和监管；

（二）审议、批准贷款担保业务年度工作计划和工作报告；

（三）审议、批准弥补小额担保贷款代偿损失方案；

（四）审议、核销小额担保贷款坏帐。

第十一条 小额担保贷款的风险控制

（一）担保机构、经办银行应配合区县劳动保障局和社保所为小额担保贷款借款人建立信用档案，根据还款情况对借款人进行信用评定。

（二）担保机构、经办银行和社保所应安排专人定期对贷款项目进行检查和抽查，及时掌握借款人贷款资金使用情况和生产经营情况，及时清收贷款本金。采取担保机构担保的，经办银行于每季度最后一个月的25日前向担保机构报送回收贷款本金报表。

（三）市财政、人民银行营业管理部和市人力资源社会保障局应加强对担保机构、经办银行、区县劳动保障局和社保所开展小额担保贷款工作的指导、协调和监督管理，掌握小额担保贷款工作进展情况，建立健全小额担保贷款体系和风险控制体系。

第十二条 担保基金日常管理

采取担保机构担保的，由担保机构负责担保基金的日常管理和小额担保贷款业务；采取基金直接担保的，由经办银行负责担保基金的日常管理。日常管理的主要职责：

（一）按本办法规定使用管理担保基金，设立专门账户，进行专户管理。担保基金利息收入计入本金，经财政部门批准后可用于担保机构业务经费补助。严禁投资股票二级市场和向企业或项目直接投资、拆借资金，确保安全运营。

（二）为符合规定条件的失业人员和符合条件的劳动密集型小企业提供小额担保贷款，对发生的担保代偿进行追偿。

（三）提请协调小组审议、核销坏帐和审议、批准弥补代偿损失方案；

（四）负责对社保所开展小额担保贷款业务相关的培训和指导；

（五）区县级担保基金管理机构负责做好区县担保信息的收集、整理与分析工作，每季度向区县财政、劳动保障局及市级担保机构报送营业报告及其他有关报表和资料；

（六）市级担保基金管理机构负责做好全市担保信息的收集、整理与分析工作，每季度向市财政局、人民银行营业管理部和市人力资源和社会保障局报送营业报告及其他有关报表和全市担保业务汇总情况。

第十三条 建立代偿补偿机制。市和区县财政部门建立担保基金的代偿补偿机制，及时按规定补充担保基金。

担保基金的日常管理机构在每年度终了后4个月内向同级劳动部门和财政部门提出补偿担保代偿申请，同时提供以下资料：

（一）年度担保代偿情况；

（二）已发生代偿的贷款项目的《保证合同》、银行的代偿通知书、代偿后追偿情况报告；

（三）代偿资金凭证。

劳动保障部门和财政部门对上述资料审查核对，确定上年度财政应补偿的担保代偿数额后，由财政部门办理资金拨付手续。

第十四条 市和区县财政部门按实际贷款本金年1%的费率，向担保基金日常管理机构拨付担保费或手续费补助，每年拨付一次，列入市财政预算安排的就业专项资金。

第十五条 担保基金的监管

市财政局、人民银行营业管理部、市人力资源社会保障局、区县财政局、区县劳动保障局应按照“定向设立、促进创业、安全运营”的原则，加强对担保基金的监督管理，并与签约担保机构、经办银行建立联席会议制度，每个季度召开例会，及时研究和解决小额担保贷款工作中出现的问题，组织或委托中介机构对担保基金和财政贴息资金进行专项检查，对小额担保贷款中弄虚作假、造成损失的单位和个人追究责任，严肃查处。

第四章 贷款程序

第十六条 借款人为个体工商户的贷款程序

（一）申请

借款人为个体工商户的应当向户籍或经营所在地社保所提出申请，填写《北京市自主创业小额担保贷款申请、推荐书》一式三份（社保所、经办银行、担保机构各一份），并提供下列文件：

1. 借款人身份证件。包括《居民身份证》、《户口簿》、《再就业优惠证》、《大学毕业证》、复员（转业）军人自谋职业证明或农村劳动力转移就业登记证明等原件及复印件；

2.《创业培训合格证书》或经北京市劳动保障局认可的创业培训合格证及复印件，经创业培训机构审定合格的创业项目计划书或可行性分析报告；

3.《个体工商户营业执照》原件及复印件；

4.《北京市信用社区小额担保贷款个人承诺书》；

5. 经办银行、担保机构需要的相关资料。

借款人应在贷款银行开立账户，且已用于项目经营的资金不低于贷款本金的30%；合法经营，资信程度良好，有偿债能力。

（二）审核和放款

1. 已经建立信用社区的，按照《北京市信用社区小额担保贷款工作办法》中的规定执行。

2. 未建立信用社区的，由社保所在申请材料齐备后5个工作日内对申请材料进行审查，确认其真实有效后，在《北京市自主创业小额担保贷款申请、推荐书》上签署意见，并将资料送与区县签约的担保机构，担保机构在5个工作日内对项目可行性、自有资金、还款来源和反担保措施进行审核，确认符合贷款担保条件后，出具《同意担保意向书》，送商业银行经办机构。商业银行经办机构在5个工作日内对项目可行性、还款能力进行审核，确认符合贷款条件后，出具《同意贷款通知书》，并通知担保机构和申请人。担保机构在收到银行《同意贷款通知书》后1个工作日内通知申请人办理反担保手续，在申请人办妥反担保手续后2个工作日内与经办银行签订《保证合同》。经办银行与担保机构签订《保证合同》后1个工作日内通知申请人前来办理贷款手续，并在贷款手续办妥后1个工作日内将贷款资金发放到位，同时通知担保机构和社保所。

第十七条 借款人为自主、合伙创办小企业的贷款程序

（一）申请

借款人为自主、合伙创办的小企业的，应当向注册登记地区县劳动保障局提出申请，填写《北京市小企业小额担保贷款申请书》一式三份（区县劳动保障局、担保机构、经办银行各一份），并提供下列文件（复印件需加盖企业公章资料）：

1. 创办人、合伙人或股东的《再就业优惠证》、《大学毕业证》、复员（转业）军人自谋职业证明、农村劳动力转移就业登记证明原件及复印件；

2.《营业执照》副本、《企业组织机构代码证》、《注册验资报告》原件及加盖企业公章的复印件；

3. 特殊行业生产经营许可证复印件；

4. 营业场所权属证明及加盖公章的复印件；

5. 企业章程及合伙协议书复印件；

6. 税务登记证（国税、地税）副本复印件；

7. 法定代表人身份证、授权代理人的授权书及代理人身份证原件及复印件；

8. 贷款卡复印件及密码（或贷款卡查询结果复印件）和企业法人的个人信用报告；

9. 企业决定申请融资担保的股东会决议或合伙人会议决议；

10. 近两年及当期财务报表；

11. 企业一般情况或项目可行性报告；

12. 拟提供的反担保措施；

13. 担保机构及经办银行需要的相关资料。

申请最高50万元小额担保贷款还必须提供以下材料：

14. 企业现有职工中本市失业人员的身份证明原件及复印件；

15. 企业招用本市失业人员签订的劳动合同；

16. 企业为职工缴纳社会保险记录；

17. 企业工资支付凭证（工资表）及复印件。

（二）审核和放款

借款人应当向企业登记注册地区县劳动保障局提出申请，区县劳动保障局在申请材料齐备后5个工作日内对小企业申请资料进行初审，确认企业类型、出资人（合伙人）、经营范围等情况是否符合政策规定，确认资料真实有效后，在《北京市小企业小额担保贷款申请书》上签署推荐意见，连同其他申请材料送交担保公司和经办银行。申请人提交的材料不齐全时，区县劳动保障局要求其在5个工作日内补齐所有材料；对不符合条件的，5个工作日内通知申请人。

担保机构收到企业申请材料后，对材料齐全、规范、符合要求的，自受理之日起5个工作日内，完成审核工作，确认担保贷款用途、额度、期限、还款能力、反担保措施等符合政策规定，出具《同意担保意向书》，送交经办银行。为提高审核效率，担保机构可根据具体情况在与经办银行协商后试行与经办银行联合评审。

经办银行在收到《同意担保意向书》后或企业申请贷款资料（仅适用联合评审），对材料齐全、规范、符合要求的，经办银行自受理之日起5个工作日内，完成贷款审核工作，确认贷款额度、期限、用途、经营状况、还款能力等符合政策规定，出具《同意贷款通知书》，并通知担保机构和申请人。

担保机构在收到银行《同意贷款通知书》后1个工作日内通知申请人办理反担保手续，在申请人办妥反担保手续后2个工作日内与经办银行签订《保证合同》。

经办银行与担保机构签订《保证合同》后1个工作日内通知申请人前来办理贷款手续，并在贷款手续办妥后1个工作日内将贷款资金发放到位，同时通知担保机构和区县劳动保障局。

第十八条 借款人为符合条件的劳动密集型小企业的贷款程序

（一）认定

劳动密集型小企业的审核认定依据《关于印发〈北京市发挥劳动密集型小企业对促进失业人员就业辐射带动作用政府支持政策实施办法〉的通知》（京财金融〔2009〕735号）的相关规定，对符合条件的劳动密集型小企业核发《北京市劳动密集型小企业吸纳失业人员认定证明》（以下简称《认定证明》）。

劳动密集型小企业向其企业注册登记地所在区县劳动保障局递交书面认定申请，并提交以下材料：

1. 营业执照副本及复印件；

2. 税务登记副本及复印件；

3. 招用失业人员的《再就业优惠证》、有效《毕业证书》、复员（转业）军人自谋职业证明、《北京市农村劳动力转移就业证》；

4. 职工花名册（企业盖章）；

5. 企业与新招用的失业人员签订的劳动合同（副本）；

6. 企业为职工缴纳的社会保险记录；

7. 企业安置失业人员前后的工资支付凭证（工资表）及复印件；

8. 区县劳动保障局、区县财政局要求的相关材料。

区县劳动保障局应自受理之日起，5个工作日内完成认定工作，填写《北京市劳动密集型小企业吸纳失业人员认定证明》（一式三份），签署审核意见，并连同相关资料转区县财政局，对不符合条件的，5个工作日内通知申请人。

区县财政局在接到区县劳动保障局转来的申请材料后，5个工作日内完成复核工作，经复核认定符合贷款支持条件的，在《认定证明》上签署复核意见，复核意见转区县劳动保障局。

《认定证明》一式三份，由区县财政局、区县劳动保障局及劳动密集型小企业各留存一份。《认定证明》应注明企业吸纳失业人员的数量、占职工人数的比例等事项。

区县财政局和区县劳动保障局应对已认定企业进行登记，对企业报送的资料逐户建立档案、妥善保管，并报市财政局、市人力资源和社会保障局备案。

（二）申请和审核

企业持《认定证明》向指定的担保机构申请小额贷款担保，并按照担保机构要求提供所需文件。担保机构应自受理之日起，15个工作日内完成担保审核工作，向经办银行出具《同意担保意向书》。

企业持区县劳动保障局出具的《认定证明》、担保机构出具的《同意担保意向书》向指定的经办银行申请小额担保贷款，并按照经办银行要求提供所需文件。经办银行应自受理之日起10个工作日内完成贷款审核工作，向担保机构出具《同意贷款通知书》。

（三）放款

担保机构在收到银行《同意贷款通知书》后1个工作日内通知申请人办理反担保手续，在申请人办妥反担保手续后2个工作日内与经办银行签订《保证合同》。经办银行与担保机构签订《保证合同》后1个工作日内通知申请人前来办理贷款手续，并在贷款手续办妥后1个工作日内将贷款资金发放到位，同时通知担保机构和区县劳动保障局。

第十九条　再次申请小额担保贷款的贷款程序

借款人为个体工商户或自主、合伙创办小企业的，已经享受过我市小额担保贷款政策，按时偿还、无不良记录，且借款人经营状况未发生重大变化的，再次申请小额担保贷款时，由原担保机构提供担保和原贷款经办银行办理的，可直接向原贷款经办银行提出申请，无需经社保所和区县劳动保障局审核，并只须提供以下申请材料：

1. 原小额担保贷款的贷款合同；
2. 近期营业情况报告，小企业须提供近两年及当期财务报表、包括资产负债表、损益表等；
3. 原担保贷款申请时提交的材料中已发生变更的材料；
4. 相关机构要求提供的其他材料。

符合条件的劳动密集型小企业再次申请小额担保贷款，须重新认定，符合再次贷款条件的劳动密集型小企业，在原担保机构和经办银行办理的，可简化担保和贷款审核手续，申请材料可比照合伙创办小企业再次申请贷款所提供的申请材料执行。

第五章　反担保措施

第二十条　借款人应根据《担保法》的规定提供必要的反担保措施，包括：保证金、抵押、质押、保证等。担保机构在签订反担保合同时，应依法办理公证手续（自主、合伙创办小企业和符合条件的劳动密集型小企业还需办理抵、质押登记手续），区县劳动保障局、社保所根据担保机构授权协助办理。

第二十一条　借款人为个体工商户的且在小额担保贷款信用社区申请小额担保贷款的，免于提供反担保；借款人为个体工商户在未建立信用社区申请小额担保贷款的，反担保风险控制金额一般不超过实际贷款额的20%。

借款人为自主、合伙创办小企业的，反担保风险控制金额一般不超过实际贷款额的30%。

借款人为符合条件的劳动密集型小企业的，借款金额为50万元以下的，反担保风险控制金额一般不超过实际贷款额的30%；借款金额为50万元－100万元的，反担保风险控制金额一般不超过实际贷款额的50%；借款金额为100万元以上的，反担保风险控制金额一般不超过实际贷款额的80%。

第二十二条 被保证人可根据担保金额大小及风险程度等实际情况，选择其中一种或几种反担保措施。

（一）被保证人可以采取保证金方式提供反担保。保证金的管理由担保机构负责，主要用于被保证人不能按照合同或约定履行义务时的支付，如保证金支付后尚有余额，在保证期满后由担保机构退还被保证人。

（二）被保证人（或第三人）以其合法财产提供抵押（质押）反担保。抵押（质押）物的范围与条件是能够依法转让并可变现的财产及其他可以依法流通或转让的权利。财产抵押（质押）物的条件应符合《担保法》的有关规定。

（三）其他法人或自然人为被保证人提供信用反担保。信用反担保的条件应符合《担保法》的有关规定。

第六章 在保项目的监督和管理

第二十三条 借款人（被保证人）及反担保人应严格按照《委托保证合同》、《借款合同》的约定履行义务。要按规定用途使用贷款，按季度向区县劳动保障局或社保所、担保机构和经办银行报送财务报表及项目进展情况等资料并保证其真实性，提前落实还款资金，接受上述部门对其资金使用情况、生产经营、财务活动的监督检查。借款人（被保证人）或反担保人情况发生变化（如：企业发生分立、合并、财产及法定代表人变更等；自然人发生户籍、住址、联系电话、婚姻状况变更及财务状况变化等）时，应提前或于变更发生之日起3日内通知区县劳动保障局或社保所、担保机构和经办银行，并主动配合有关单位及时办理相关手续。

第二十四条 担保机构应制定规范、有效的担保评审和在保监控管理措施及办法，设立专业部门专项负责小额贷款担保业务，履行担保管理责任。要定期对担保项目及反担保物或反担保人进行检查或抽查，及时掌握贷款担保整体状况。如发现资金损失或担保风险加大，应及时采取措施防范和化解风险，并通报区县劳动保障部门或社保所、经办银行，共同控制风险。

第二十五条 经办银行要简化手续，为借款人提供开户和结算便利，加强借款人在本机构结算账户的管理，出现借款人透支和不能按期支付利息等情况，及时通知区县劳动保障局或社保所、担保机构，共同维护贷款和担保基金的利益。要确保发放小额担保贷款所需的资金和额度，掌握开展小额担保贷款业务的情况和存在的问题，定期与借款人联系，对有证据证明借款人有可能或已经恶意损失贷款的，应停止支付尚未使用的贷款，并提前收回部分或全部借款，同时通知区县劳动保障局或社保所、担保机构，最大限度使贷款免受或减少损失。

第二十六条 社保所要加强社区劳动保障协管员的培训和管理，积极协助担保机构和经办银行对借款人进行监督管理，及时掌握借款人经营、财务状况和资金使用情况，发现问题及时通知担保机构和经办银行，督促借款人按约履行义务。

第二十七条 区县劳动保障局应及时了解自主、合伙创办小企业的经营状况和贷款资金使用情况，并及时通报担保机构和经办银行，共同防范、控制风险。指导社保所完善对从事个体经营的借款人风险防范措施，加强对在保项目的监督检查。

第七章 贷款利率与贴息

第二十八条 市财政局对从事微利项目的个体经营、自主、合伙创办小企业的借款人发生的小额担保贷款利息据实全额贴息，小额担保贷款利率按照中国人民银行公布的贷款利率水平执行，对个人新发放的小额担保贷款，其贷款利率可在中国人民银行公布的贷款基准利率的基础上最高上浮3个百分点。微利项目由市财政局和市人力资源社会保障局根据情况定期确定公布。

第二十九条 从事微利项目的个体经营和自主、合伙创办小企业的借款人的小额担保贷款贴息申请、审批程序、贴息期限按照《关于印发〈北京市失业人员从事微利项目小额担保贷款财政贴息管理办法补充规定〉的通知》（京财金融〔2008〕1987号）和《关于修订〈北京市失业人员从事微利项目小额担保贷款财政贴息管理办法〉的通知》（京财金融〔2009〕654号）规定执行。

符合条件的劳动密集型小企业的小额担保贷款贴息的申请、审批程序、贴息期限按照《关于印发〈北京市发挥劳动密集型小企业对促进失业人员就业辐射带动作用政府支持政策实施办法〉的通知》（京财金融〔2009〕735号）执行。

第八章　小额担保贷款的代偿与追偿

第三十条　经办银行对已到还款期限未及时归还的小额担保贷款，应及时向借款人发出逾期贷款催收通知书。对从事个体经营的借款人，由经办银行通知担保机构和社保所，由社保所协助担保机构和经办银行履行追索责任；对自主、合伙创办小企业的借款人，由经办银行通知担保机构和区县劳动保障局，由区县劳动保障局协助担保机构和经办银行履行追索责任；对符合条件的劳动密集型小企业的借款人，由经办银行通知担保机构，由担保机构和经办银行履行追索责任。追索期为自贷款期限届满或银行宣布贷款提前到期之日起15个工作日止。

第三十一条　追索期结束后，借款人仍未偿付贷款本金的，采取担保机构担保的，经办银行向担保机构出具《代偿通知书》并提供相关证明文件，担保机构应在收到《代偿通知书》后5个工作日内向经办银行办理代偿资金拨付手续，担保代偿资金从担保基金本金中垫支；采取基金直接担保的，经办银行直接从担保基金本金中垫支，同时报签约财政部门备案。代偿内容限于尚未清偿的贷款本金。

第三十二条　担保机构或经办银行对小额担保贷款代偿后，应积极制定追偿措施并实施追偿，区县劳动保障局或社保所应积极协助。追偿措施包括：

（一）督促借款人制订还款计划，尽快收回贷款；

（二）依法处置贷款抵押（质押）物；

（三）依法提起诉讼。追偿收回的资金属于冲减担保资本金部分的调增担保资金本金；属于财政补偿资金部分的，作为以后年度市财政补偿担保代偿损失的资金来源，单独记账管理。

第九章　附　则

第三十三条　本办法由北京市财政局、北京市人力资源和社会保障局、人民银行营业管理部根据各自职责负责解释。

第三十四条　各区县小额担保贷款管理相关部门可参照本办法精神，结合本区县实际情况制定本区县相应管理实施办法。

第三十五条　本办法自发布之日起30日后实施。《北京市小额担保贷款管理实施暂行办法》（京财经一〔2006〕534号）同时废止，其他已发文件与本办法内容相冲突的，以本办法为准。本办法出台前已发放的小额担保贷款仍按原规定执行。

附件：北京市自主创业小额担保贷款申请、推荐书（略）

附　录

联络指南

单位名称	地址	网址或电子邮箱	邮编	电话
北京市经济和信息化委员会	朝阳区工体北路6号凯富大厦	www.beijingit.gov.cn	100027	85235626
北京市发展和改革委员会	西城区复兴门南大街丁2号	www.bjpc.gov.cn	100031	66415588
北京市商务委员会	东城区朝阳门内大街190号	www.bjmbc.gov.cn	100010	65248780
北京市科学技术委员会	西城区西直门南大街16号	www.bjkw.gov.cn	100035	66153395
北京市财政局	海淀区阜成路15号	www.bjcz.gov.cn	100037	68423868
北京市质量技术监督局	朝阳区育慧南路3号	www.bjtsp.gov.cn	100029	84611177
北京市工商行政管理局	海淀区苏州街36号	www.baic.gon.cn	100080	82691919
北京市安全生产监督管理局	宣武区枣林前街70号	www.bjsafety.gov.cn	100053	83560916
北京市人民政府国有资产监督管理委员会	宣武区枣林前街70号	www.bjgzw.gov.cn	100053	83560755
北京市交通管理委员会	宣武区广安门内大街317号	www.bjjtw.gov.cn	100053	63032255
北京市药品监督管理局	宣武区枣林前街70号	www.bjda.gov.cn	100053	83979811
北京市东城区发展和改革委员会	东城区东四北大街钱粮胡同3号	www.bidch.gov.cn	100010	64079927
北京市西城区商务局	西城区真武庙六里甲6号	www.bjxch.gov.cn	100045	68012353
北京市宣武区发展和改革委员会	宣武区南菜园街51号	fgw.bjxw.gov.cn	100054	83975339
北京市崇文区发展和改革委员会	崇文区珠市口东大街10－1号	cwfgw.cwi.gov.cn	100062	67072095 87556373
北京市朝阳区发展和改革委员会	朝阳区广渠路21号	briie@263.net	100026	85987281
北京市海淀区发展和改革委员会	海淀区四季青路6号楼招商大厦	www.hddrc.gov.cn	100095	88497276
北京市丰台区经济和信息化委员会	丰台区文体路2号	www.zhuanso.com	100071	83656378 83656313

单位名称	地址	网址或电子邮箱	邮编	电话
北京市石景山区经济和信息化委员会	石景山区石景山路18号	www.sjsfg.gov.cn	100043	88687392
北京市门头沟区经济和信息化委员会	门头沟区新桥大街46号	69842584@163.com	102300	69842584—23
北京市房山区经济和信息化委员会	房山区良乡工业开发区金光路1号	gongye@bjfsh.gov.cn	102401	69371594
北京市通州区经济和信息化委员会	通州区新华大街256号	www.bjtzgyj.gov.cn	101100	69546276 65941494
北京市顺义区经济和信息化委员会	顺义区建新西街3号	www.jxw.bjshy.gov.cn	101300	69441064 69444406
北京市昌平区经济和信息化委员会	昌平区城区镇西环路15号	www.bjcpq.gov.cn	102200	69742365
北京市大兴区工业局	大兴区黄村兴政东里甲5号	www.bjdx.gov.cn	102600	69243537
北京市平谷区经济和信息化委员会	平谷区乐园西小区7号	www.bjpg.gov.cn	101200	69986796
北京市怀柔区经济和信息化委员会	怀柔区青春路42号	jgf12351@126.com	101400	69623774 69644311
北京市密云县经济委员会	密云县古楼东大街8号	yjshl@sohu.com	101500	69055880
北京市延庆县经济和信息化委员会	延庆县东外大街建业胡同2号	yuningke1127@163.com	102100	69103310
北京市工商业联合会	崇文区广渠门内白桥大街22号	bjshl@yahoo.com.cn	100062	67123591
中关村科技园区管理委员会	海淀区苏州街36号	www.zgc.gov.cn	100080	82690500
北京经济技术开发区管理委员会	北京经济开发区荣华中路15号博大大厦	www.bdt.gov.cn	100176	67881240 67881210
首钢总公司	石景山区石景山路厂东门	www.shougang.com.cn	100041	88293520 68873606
中国石化集团北京燕山石油化工有限公司	房山区燕山岗南路1号	www.yanshanpcgc.com.cn	102500	69342295 69342736
北京电子控股有限责任公司	朝阳区三里屯西六街6号	www.behc.com.cn	100027	84544208 84545054
北京京城机电控股有限责任公司	朝阳区东三环南路59号	www.jcmeh.com	100022	67702828 67757096
北京京仪控股有限责任公司	朝阳区建国路93号万达广场9号楼	www.biichg.com	100022	58204466—2098 58206350
北京汽车工业控股有限责任公司	朝阳区东三环南路25号	www.bj—auto.com.cn	100021	67699888

单位名称	地　址	网址或电子邮箱	邮编	电话
北京二七轨道交通装备有限责任公司	丰台区长辛店杨公庄1号	www.27rail.com.cn	100072	83306001 83306066
南车二七车辆有限公司	丰台区张郭庄1号	www.eqc.com.cn	100072	83804015 83876184
北京南口轨道交通机械有限责任公司	昌平区南口镇道北	www.nkgc.com.cn	102202	51013161 69771809
北京化学工业集团有限责任公司	北京经济技术开发区西环北路23号华腾发展大厦	www.bjhgji.com.cn	100176	67860685
北京金隅集团有限责任公司	东城区北三环东路36号北京环球贸易中心D座	www.bbmg.com.cn	100031	66411587 66412086
北京京煤集团有限责任公司	门头沟区新桥路南大街2号	www.beijingcoal.com.cn	102300	69842461 69842426
华北电网有限公司	宣武区广安门大街482号	www.ncgc.com.cn	100051	83583114
北京电力公司	西城区前门西大街	www.bpsb.com.cn	100053	63128201
北京医药集团有限责任公司	朝阳区关东店北街核桃园30号瑞昌国际商务写字楼c座	www.bpgc.com.cn	100020	65001117
北京一轻控股集团有限责任公司	宣武区东经路5号	www.bjyq.com.cn	100050	63157942
北京隆达轻工控股有限责任公司	西城区德胜门外东滨河路5号	www.elongda.com	100011	62371586
北京纺织控股有限责任公司	东城区东单三条33号	www.bthc.com.cn	100005	65127929 65129861
中国北京同仁堂集团有限责任公司	崇文区东兴隆街52号	www.tongrentang.com	100062	67171762 67171755
北京工美集团有限责任公司	东城区王府井大街200号	www.gongmeigyoap.com.cn	100005	65140165
北京市民政工业总公司	西城区西直门外南路4号	www.bjflgy.com	100044	68338899 68355545
北京兴东实业有限责任公司	海淀区复兴路2号	www.boomeast.com.cn	100038	63273336 63466193
北内集团总公司	朝阳区广渠路31号		100022	67715588
北新集团建材股份有限公司	海淀区德胜门外西三旗东		100096	82913831 66932678
北京工业经济联合会	宣武区槐柏树街2号	www.bfiv.org.cn	100051	63187806
北京企业联合会	朝阳区北辰东路汇园公寓G座12门	www.bec.org.cn	100022	87783847

单位名称	地址	网址或电子邮箱	邮编	电话
北京市中小企业服务中心	东城区东四十条凯龙大厦301、302、305室	www.beijingsme.org	100700	64058636 64056117
北京市工业经济研究所	朝阳区团结湖北三条瑞博写字楼	briie@263.net	100026	85987281
北京市技术创新服务中心	海淀区北三环中路31号生产力大楼5层		100088	82001833

企业名录

单位名称	办公地点	联系电话	邮政编码	主要产品
电子、通讯行业				
北京兆维电子(集团)有限责任公司	朝阳区酒仙桥路14号	64361361	100016	自服、安防与通讯设备
北京正东电子动力集团有限公司	朝阳区酒仙桥路4号	64377041	100015	电、热力、煤气
北京北广电子集团有限责任公司	西城区黄寺大街23号	62018319	100011	无线发射机设备及配套产品
北京大华无线电仪器厂	北京2452信箱	62921294	100083	仪器类、电源类
北京京东方投资发展有限公司	朝阳区酒仙桥路10号	64372409	100016	移动和应用类显示、专用显示、精密电子零件与材料
北京七星华电科技集团有限责任公司	朝阳区酒仙桥东路1号	64311193	100016	微电子设备、二次电池与太阳能电池设备、电子元器件
北京东光微电子有限责任公司	朝阳区酒仙桥路12号(北京九O三信箱)	64370289	100016	声表面波器件、快速硅半导体器件、掺金硅半导体器件
北京无线电厂(北京益泰电子集团有限责任公司)	海淀区北洼路4号	68419348	100089	组合音响等消费电子类产品建筑智能安防计算机系统
北京牡丹电子集团有限责任公司	朝阳区酒仙桥东路1号南门(8号楼)	64325778 64325927	100016	彩电、元器件
北京北电科林电子有限公司	朝阳区酒仙桥中路18号	64325445	100016	转播车、会议工程、工业电视

续表

单位名称	办公地点	联系电话	邮政编码	主要产品
北京飞达电子集团公司	海淀区苏州街75号	62553751	100080	二极管
北京吉乐电子集团有限公司	朝阳区酒仙桥南路5号	64354808	100016	DY偏转线圈、音圈（手机用）、LED照明用恒流源
北京飞宇微电子有限责任公司	朝阳区三里屯西五街五号	64652346	100027	薄、厚膜集成电路
北京宇翔电子有限公司	崇文区龙潭路3号	67111067	100061	传感器、中小规模CMOS集成电路、信号机
北京半导体器件五厂	朝阳区东直门外西八间房万红西街2号	64320432	100015	半导体集成电路和分立器件、微电路模块
北京市半导体器件六厂	宣武区南菜园甲2号	63545060	100054	场效应管、硅二极管
北京燕东微电子有限公司	朝阳区东直门外西八间房万红西街2号	64364865	100015	半导体芯片设计与制造、超小型塑封器件设计与制造
北京易亨电子有限责任公司	朝阳区北三环东路28号	64405566	100013	自助服务终端、电力仪表
北京瑞普电子集团	朝阳区霞光里5号	64687790	100027	流量计、物位计、压力差压变送器
北京天桥北大青鸟科技股份有限公司	海淀区成府路207号	82615888	100871	系统集成；软件开发
北京松上有限公司	北京经济技术开发区万源街9号	67887099	1000176	A6型半自动生化分析仪、A7、A8全自动生化分析仪等
罗森伯格亚太电子有限公司	顺义区天竺空港工业区B区安详路3号	80481995	101300	电子元件
北京松下普天通信设备有限公司	顺义区天竺空港工业区天柱东路19号	80486660	101312	移动电话
JVC电子产业有限公司	顺义区天竺空港工业区	80486066	101312	电子元件
村田电子有限公司	顺义区天竺空港工业区	80486622	101312	电子元件
北京索爱普天移动通信有限公司	顺义区天竺空港工业区天柱A区天柱西路	80481188	101312	移动电话

续表

单位名称	办公地点	联系电话	邮政编码	主要产品
宝德强科技(北京)有限公司	顺义区金马工业区南路1号	69490633	101303	电子设备
北京京东方光电科技有限公司	北京经济技术开发区宏达北路10号	67855688	100176	LCD显示器
北京天奈科技有限公司	北京经济技术开发区科创二街9号B2－4	67892366	100176	纳米材料
北京兴大豪科技开发有限公司	朝阳区酒仙桥东路1号	64358866	100016	电脑刺绣机电子控制系统
北京英思沃器材有限公司	怀柔区经纬工业区	62968537	101400	电子器材
机械、仪表、小五金行业				
北京北一数控机床有限责任公司	顺义区林河工业开发区	89451589	101300	数控机床
北京市红叶齿科医用器材厂	朝阳区平房路240号	65855544	100025	粉状澡酸盐印模材
北京机床所精密机电有限公司	顺义区空港工业区	80420830	101300	数控机床
北京京仪工贸公司	东城区和平里北街6号	64393948	100013	照相机、监测仪器、切削液
北京北分瑞利分析仪器(集团)有限责任公司	海淀区北清路160号	62403048	100095	红外系列分析仪器、智能型光谱、色谱系列仪器
北京光学仪器厂	通州区新华大街157号	69544601	101149	热分析仪器、光谱仪器、颜色测量仪器、电控位移台系列
北京京仪敬业电工集团有限公司	西城区西什库大街31号	66175725	100034	各种微型电机、低压开关及电器、高中低压配电装置、自动化成套产品
北京北仪创新真空技术有限责任公司	大兴区工业开发区盛坊路仪器仪表基地	60251397	102600	非晶硅太阳能电池生产线设备、真空应用设备、真空获得设备、真空测量仪表
北京远东仪表有限公司	东城区和平里北街6号	64214101	100013	高精度数字化差压/压力变送器、自动化仪表及控制系统
北京京仪世纪电子股份有限公司	丰台区宋家庄苇子坑2号	67616014	100079	硅单/多晶系列设备、砷化镓化合物晶体系列设备

续表

单位名称	办公地点	联系电话	邮政编码	主要产品
北京京仪绿能电力系统工程有限公司	西城区鼓楼西大街41号	64034443	100009	光伏并网逆变器及发电系统
北京京仪海福尔自动化仪表有限公司	东城区安定门外安德路洲际大厦319室	60250310	100164	各种物位、流量测量系列仪表
北京布莱迪工程技术有限公司	朝阳区南三环成寿寺路甲135号	67633541	100164	各种压力表系列、压力变送器系列、压力控制器
北京博飞仪器股份有限公司	经济技术开发区兴业街2号	67816781	100176	光学、电子经纬仪系列产品
北京市自动化系统成套工程公司	东城区安德路地兴居9号	84113335	100011	工业自动化系统成套工程、加氯产品、水处理产品
北京京仪北方仪器仪表有限公司	大兴区工业开发区前高米店盛坊路仪器仪表基地	60250334	102600	各种机电式、全电子式和智能型电能计量产品系列
北京京仪椿树整流器有限责任公司	丰台区三顷地甲3号	88680221	100040	大功率晶阀管，快速恢复整流管，变压器
北京北科合作仪器厂	丰台区大红门久敬庄路57号(生产、服务)	63810135 63814052	100006 100076	料位仪、X射线测厚仪
北京华世天际科贸有限责任公司	西城区西直门如意里小区一号楼	62217535	100035	水处理设备、仪器仪表、舞台音响设备
北京机床附件厂有限责任公司	崇文区珠市口东大街16号	67072062	100050	机床滚针式铣夹头、可逆式丝锥夹头、快换攻丝夹头
北京雪花电器集团公司	大兴区黄村兴华中路1号	69241477	102600	电冰箱
北京白菊电器集团公司	丰台区卢沟桥南里8号	83892822	100165	注塑加工、物业管理
海信(北京)电器有限公司	大兴区清源路34号	69251331	102600	电冰箱
北京恩布拉科雪花压缩机有限责任公司	顺义区天竺空港工业区B区裕华路29号	80482255	101300	冰箱压缩机
北京河山管业有限公司	房山区长沟镇韩村河镇	80387303	102423	预应力钢筒管
北京燕山开关厂	房山区城关镇	81307162	102401	开关
北京帕尔普线路有限公司	房山区良乡镇	89360860	102488	预绞式成路器材

续表

单位名称	办公地点	联系电话	邮政编码	主要产品
北京一机床良工机床零件制造有限公司	房山区大南关河北7号1号楼	69355922	102488	机床零部件
北京和合拉链有限公司	延庆县康庄镇政通路12号	69131175	102100	各种拉链
北京威龙电机有限公司	延庆县妫水南街7号	81196286	102100	微型电机
北京光瑞机械制造有限责任公司	延庆县康庄镇天佑路东30米	61119400	102100	X光机、遥控床、诊断床
北京富安消防器材有限公司	延庆县延庆镇东卓家营村	61129888	102100	消火栓、水泵接合器
北京大兆新元停车设备有限公司	海淀区北小马厂6号	51916680	100038	停车设备
北京现代汽车有限公司	顺义区林河开发区	89490022	101300	汽车
北京汽车制造厂有限公司	顺义区仁和镇双河路南侧	87742223	101300	汽车
延锋伟世通(北京)汽车饰件系统公司	顺义区林河开发区顺通路55号	89407766	101300	汽车内饰件
北京江森汽车部件有限公司	顺义区林河开发区林河南大街1号	89407755	101300	汽车配件
北京摩拓尼克汽车配件有限公司	昌平区凯创路13号	60736001	102200	汽车零配件产品
北京东为汽车喷涂有限公司	顺义区杨镇东疃村	61451899	101309	汽车和民用喷涂
北京都安同信汽车租赁服务有限公司	朝阳区三里屯工体北路工人体育场9看台一层	65513480	100027	汽车租赁服务
北京现代摩比斯汽车零部件有限公司	顺义区双河路59号	89448860	101300	汽车配件
北京韩一汽车饰件有限公司	顺义区仁和镇河南村南侧	89495755	101300	汽车配件
北京李尔岱摩斯汽车系统有限公司	顺义区仁和镇河南村南侧	89491121	101300	汽车配件
北汽福田汽车股份有限公司殴曼重型汽车厂	怀柔区红螺路21号	89692266	101400	汽车
北汽福田汽车股份有限公司欧马可轻型汽车厂	怀柔区迎宾路30号	69621432	101400	汽车

续表

单位名称	办公地点	联系电话	邮政编码	主要产品
北京四维－约翰逊保安器材公司	怀柔区雁栖经济开发区	61666958	101408	运钞车
北京福斯汽车电线有限公司	怀柔区雁栖经济开发区	61667047	101407	电线
北京高山汽车空调有限公司	怀柔区雁栖经济开发区	61666488	101407	汽车空调
南车二七车辆有限公司	丰台区张郭庄甲1号	83879277	100072	新造、检修铁路货车及配件
北京隆长泰工程机械有限公司	丰台区张郭庄甲2号	83883806	100072	轴承附件、金属冲压件
北京丰华实机械有限公司	丰台区张郭庄甲1号	83804592	100072	铁路货车配件、陶瓷复合钢管及管件、聚合物复合管
北京长铁车辆工业公司	丰台区张郭庄甲5号	83804561	100072	货车检修、零件加工、土建工程
北京二七储运有限公司	丰台区张郭庄甲1号	83804711	100072	仓储、物流、商品车配送、内外贸易
北京科锐博华电气设备有限公司	怀柔区经纬工业区	61684488	101400	变压器
北京六零八厂	崇文区幸福大街37号	67125675	100061	光学镜头、光学眼镜片
北京机床电器有限公司	朝阳区永定门外桃杨路11号	67269190	100075	精密光学仪器、医疗器械等
北京泰克仪器有限公司	崇文区永定门外桃杨路11号	67269190	100075	精密光学仪器、医疗器械等
北京世钟汽车配件有限公司	顺义区北小营镇后鲁各庄村	60483190	101300	汽车配件
北京电巴科技有限公司	昌平区超前路37号1号楼3层302室	68946829	102200	电动客车动力电池快速更换系统
北京银桥牵引动力科技发展有限公司	昌平区南邵镇何营村东	60731011	102200	火车电阻制动研发、生产
北京海林节能设备股份有限公司	昌平区沙河工业园	80701188	102206	中央空调及采暖节能温控系统末端产品
北京富机达能电气产品股份有限公司	昌平区火炬街23号106室	60726630	102200	高压电离电容等电位投切开关的研发
北京福田康明斯发动机有限公司	昌平区沙阳路	69733311	102206	汽车发动机的研发

续表

单位名称	办公地点	联系电话	邮政编码	主要产品
北京铁科首钢轨道技术有限公司	昌平区沙河镇沙阳路南24号	51529150	102206	铁轨弹条扣件
蓝星(北京)化工机械有限公司	北京经济技术开发区兴业街5号	58082009	100176	离子膜电解槽
北京金风科创风电设备有限公司	北京经济技术开发区康定街19号	87857500	100176	1.5兆瓦变速恒频直驱永磁风电机组
化工、石油、医药行业				
北京化学工业集团有限责任公司	北京经济技术开发区西环北路23号	67860685	100176	精细化工、化工装备、工业及民用气体、电子化学品
北京化工厂	大兴区安定镇工业东区安定南街1号	80239216	102607	彩色荧光粉、502胶、三基色节能灯粉、化学试剂
北京普莱克斯实用气体有限公司	朝阳区大郊亭化工路6号	67714766	100022	氮气、氧气、氩气
北京染料厂	朝阳区豆各庄1号院	87392109	100023	靛蓝
北京北搪化工设备厂	朝阳区豆各庄1号院	52073557	100023	化工设备、搪瓷浴盆
北京化工实验厂	朝阳区豆各庄1号院	52073510	100023	工业二氧化碳、油脂类制品
北京市氧气厂	朝阳区豆各庄1号院	52073529	100023	氧气
北京旌凯华冠工贸有限公司	朝阳区松榆南路54号	67319822	100021	精细化工材料进出口
北京化学试剂研究所	大兴区安定镇工业东区安定南街1号	80239006	102607	锂离子电池电解液、高纯化学试剂、扩散源、光刻胶
北京市化工职业病防治院(北京化工医院)	海淀区香山一棵松50号	62591713	100093	化工职业病预防治疗、监测
北京市化学工业研究院	海淀区中关村北大街123号	62567814	100084	聚氨酯贴合剂、工程塑料合金材料、科研开发服务
北京东光实业总公司	通州区滨河路143号	69575347	101149	销售丙烯酸酯类、乳液、树脂产品
北京京工化工投资咨询中心	北京经济技术开发区西环北路23号	67861032	100176	资金调剂管理、投资咨询服务
北京华新发展公司	朝阳区垡头东里1号	67374765	100023	开发技术、发展化工产品

续表

单位名称	办公地点	联系电话	邮政编码	主要产品
北京华腾化工有限公司	大兴区安定镇工业东区安定南街1号	80239083	102607	化工集团大兴化工园区水、电、汽公用工程生产及管理
北京华腾橡塑乳胶制品有限公司	通州区光机电一体化基地兴光五街6号	81501509	101111	工业胶板、橡塑制品、医用及家用手套、再生胶
北京华腾大搪设备有限公司	通州区光机电一体化基地嘉创二路8号	81501246	101111	大型搪玻璃设备
北京华腾投资发展有限公司	朝阳区劲松三区甲302号	87730196	100021	投资管理、投资咨询、销售化工产品
北京华腾远通综合管业有限公司	通州区漷县镇操场村南	80573018	101109	PE塑料管及配件、塑料制品
北京华腾通标检测与校准技术研究中心有限责任公司(北京市化工产品质量监测站)	朝阳区双井邮局239信箱	67758350	100124	化工产品检验、化工产品标准、培训服务
北京华腾天海环保科技有限公司	大兴区安定镇工业东区安定南街1号	80239838—805	102607	甲醛、溶剂试剂回收精炼
北京泛洋华腾科技有限公司	大兴区安定镇工业东区安定南街2号	80228001	102607	废旧轮胎精制胶粉
北京华腾东光科技发展有限公司	通州区滨河路143号	61564901	101149	丙烯酸酯类、乳液、树脂产品、丁基胶内胎
北京瑞京乳胶制品有限公司	通州区次渠工业开发区	81501309	101111	乳胶手套
北京宜刚鞋业有限公司	通州区次渠工业开发区	81501429	101111	全胶鞋
北京金鱼科技股份有限公司	通州区玉带河大街12号	60562546	101149	金鱼牌洗涤产品
北京丽源公司	崇文区天坛东路66号	67145298	100061	奥琪、宝贝化妆品、欧珀莱化妆品
北京乐金日用化学有限公司	丰台区石榴庄南里8号	67644544	100075	竹盐牙膏
北京同仁堂科技发展股份有限公司	丰台区南三环中路20号	87632899	100079	六味地黄丸系列、感冒清热颗粒系列、牛黄解毒片
北京同仁堂股份有限公司	崇文区崇外大街42号	67179817	100062	同仁牛黄清心丸、同仁乌鸡白凤丸、同仁大活络丸

续表

单位名称	办公地点	联系电话	邮政编码	主要产品
北京同仁堂健康药业股份有限公司	朝阳区建外大街甲6号中环世贸D座19层	65630880	100022	保健药品、食品、中成药等
北京市非凡制药厂	丰台区岳各庄甲371号	63855792	100071	皮炎宁酊、醋酸氯已定溶液(0.02%～0.05%)
北京曙光药业有限责任公司	朝阳区建国路管庄	65459318	100024	化学医药制剂的研制生产3200
北京华颖化工有限公司	房山区城关镇马各庄村	69326447	102400	增塑剂
北京极易化工有限公司	房山区石楼镇	89385032	102422	酚
北京双鹤高科天然药物有限责任公司	延庆县妫水南街11号	81192559	102100	天然药物
北京清华紫光制药厂	延庆县八达岭经济开发区(康庄)	61163659	102101	头孢系列
北京九龙制药厂	延庆县经济开发区(南菜园)	69182080—103	102100	中成药
北京匡达制药厂	延庆县经济开发区	81195877	102100	健骨生丸
北京华素制药有限公司	房山区良乡镇	51921697	102488	外用制剂、注射剂
北京天惠参业股份有限公司	怀柔区经纬工业区	61681056	101400	西洋参
北大国际医院集团有限公司	昌平区生命园路29号A110—6室	51732825	100080	医药药品研发
中国石油集团东南亚管道有限公司	昌平区超前路9号B座208室	82038821	102200	管道运输,技术开发、咨询、进出口等
方正医药研究院有限公司	昌平区生命园29号创新大厦	80710088	100206	医药产品研究开发
国电物资集团物流有限公司	昌平区中兴路10号A302	58682373	102200	进口管道加工
北京九州泰康生物科技有限责任公司	昌平区兴昌路1—1—4	60736733	102200	生产医疗器械,体外诊断试剂
大唐能源化工营销有限公司	昌平区中兴路10号A322室	82702891	102200	研发、销售易燃化工物品
北京龙裔生物科技有限公司	昌平区生命园路29号1座113室	88452568	102206	研发、生产天然植物提取SOD复活酶

续表

单位名称	办公地点	联系电话	邮政编码	主要产品
丰汇华农(北京)生物科技股份有限公司	昌平区生命园路 29 号 B 座 219 室	84804251	102206	研发、生产植物用多功能真菌蛋白制品
百泰生物药业有限公司	北京经济技术开发区荣京东街 2 号	51571020	100176	泰欣生 TM 尼妥珠单抗
拜耳医药保健有限公司	北京经济技术开发区荣京东街 7 号	67882150	100176	片剂、软膏剂、乳膏剂
北京金豪制药股份有限公司	北京经济技术开发区运成街 7 号	67878866	100176	医疗器械
北京凯因科技股份有限公司	北京经济技术开发区荣京东街 6 号	67871133	100176	重组人干扰素 a2b 预充式注射液
北京泰德制药有限公司	北京经济技术开发区荣京东街 8 号	64968175	100176	靶向药物
北京正大绿洲医药科技有限公司	北京经济技术开发区宏达北路 12 号创新大厦 B 座 3 区 3210	67873497	100176	新药、保健品、医疗用品、制药机械
神州细胞工程有限公司	北京经济技术开发区宏达北路 12 号创新大厦 B 座 3 区 320	68179667	100176	生物药品、生化药品、基因药品的技术开发、技术转让
悦康药业集团有限公司	北京经济技术开发区宏达中路 6 号	67883939	100176	抗肿瘤药
北京首创子午轮胎制造有限公司	房山区工业园区	81307716	102400	橡胶轮胎
建材、装饰行业				
北京北泡轻钢建材有限公司	通州区张家湾镇光华路 8 号	61565702	101113	轻钢结构厂房、冷库工程、聚苯乙烯泡沫塑料夹心板
北京市民政建筑安装工程有限公司	丰台区岳各庄 671 号	63804185	100071	建筑工程总承包(二级资质)
北京市民政局建筑设计所	东城区北官厅胡同 2 号	64013973	100007	建筑工程设计和咨询(丙级)
北京东为汽车喷涂有限公司	顺义区杨镇东疃村	61451899	101309	汽车和民用喷涂
北京太行前景水泥有限公司	房山区青龙湖镇坨里村	80370363	102413	水泥
北京立马水泥厂有限公司	房山区周口店镇黄辛店	60364498	102454	水泥

续表

单位名称	办公地点	联系电话	邮政编码	主要产品
北京强联水泥有限公司	房山区周口店镇周口店村西	69301767	102405	水泥
北京多维联合轻钢板材有限公司	房山区长阳镇	80356026	102455	钢结构加工销售
北京圣戈班维特克斯玻璃纤维有限公司	房山区窦店镇	80332785	102402	玻璃纤维
北京京西建筑设计院有限公司	门头沟区新桥南大街2号	69846714	102300	建筑设计
北京曲美新业家具有限公司	顺义区南彩镇前俸伯村北方路2号	89470212	101300	家具
北京江河幕墙装饰工程有限公司	顺义区牛栏山工业区2路1号	60411166	101301	幕墙
北京嘉寓幕墙装饰工程(集团)有限公司	顺义区牛栏山工业区	69412265	101301	门窗、幕墙
北京兴发水泥有限公司	怀柔区怀北镇河防口	69661301	101408	水泥
北京永振亮建材制品有限公司	延庆县永宁镇太平街村东北角	60171634	102104	页岩煤矸石多孔砖
北京金海螺建材有限公司	朝阳区育慧里11号	84642418	100101	塑钢、铝合金门窗
北京金兰钢结构有限公司	延庆县康庄镇工业开发区天佑路东区5号地	69134007	102101	制造、安装、金属结构
金刚化工(北京)有限公司	顺义区顺通路西林河大街南	89498181	101300	涂料
北京东方雨虹防水技术股份有限公司	顺义区顺平路沙岭段甲2号	61441089	101300	防水材料
北京同益中特种纤维技术开发有限公司	北京经济技术开发区中和街16号	60592374	100176	“孚泰”牌超高分子量聚乙烯纤维
精碳伟业(北京)科技有限公司	北京经济技术开发区中和街9号	52116876	100176	防火封堵材料和防火涂料
纺织、服装行业				
北京铜牛服装有限公司	密云县工业开发区科技路31号	51279898	101500	梭织服装
北京天彩纺织服装有限公司	朝阳区光华路8号光华大厦A座9层	65815275	100026	针织、梭织服装

续表

单位名称	办公地点	联系电话	邮政编码	主要产品
北京佐田雷蒙服装有限公司	通州区西集任辛庄路南	61557016	101108	梭织服装
北京鲁泰衬衫有限公司	朝阳区东直门外左家庄1号	64674439—817	100028	衬衫
北京金商梦时装有限公司	通州区宋庄镇富豪工业区	89551574—608	101119	泳装、休闲服、运动服
北京京工雷蒙服装服饰有限公司	朝阳区松榆西里29号	67336655	100021	梭织服装
北京大华天坛服装有限公司	海淀区中关村大街人民大学南路三义庙	62612565	100086	梭织服装
北京雪莲时尚纺织有限公司	延庆县迎泉街3号	52025188	102100	针织服装
北京雪莲羊绒股份有限公司	大兴区瀛海镇瀛海工业园中路1号	69274215	100076	羊绒衫、单绒制品
北京火炬毛针织有限责任公司	大兴区西红门镇大白楼村委会东400米	61288208	100076	毛针织品
北京铜牛股份有限公司	通州区张家湾镇光华路6号	61502482	101113	针织服装
北京铜牛制衣有限公司	通州区张家湾镇牛堡屯中街	69580853	101104	针织服装
北京五洲燕阳特种纺织品有限公司	大兴区瀛海镇黄亦路97号	69276011	100076	消防水带、软质输油管、软体油罐
北京英特莱科技有限公司	昌平区西织路76号	69742450—227	102200	安全防护产品、环保过滤产品
北京月季红线业有限公司	通州区梨园真小街村张家湾七桥	69571692	101101	缝纫线、涤棉纱、服装辅料
北京京工伊里兰服装服饰有限公司	朝阳区松榆西里29号	87372863	100021	羽绒服
北京市京工红旗厂有限公司	朝阳区左安门外饮马井1号	67629375	100021	旗帜条幅、室内装饰
北京京兰非织造布有限公司	朝阳区太甲庄142号	85772003—8004		无纺布
北京旺乐高婴幼儿用品制造中心	丰台区分钟寺三公司90号	87649856	100078	纯棉针织衫裤
北京超羽纤维制品有限公司	房山区良乡工业开发区	65080450	102488	床上用品

续表

单位名称	办公地点	联系电话	邮政编码	主要产品
北京五洲佳泰新型涂层材料有限公司	丰台区南方庄89号	67640395	100078	双轴向布、帐篷、充气产品
北京埃姆毛纺有限公司	门头沟区永定镇上岸村	69803238	102308	针织绒线、毛针织衫裤
北京新北毛纺织染有限公司	平谷区马坊工业西区191号	60999127	101204	精纺呢绒、精纺绒线、服装
北京新清河毛纺染织有限责任公司	平谷区马坊镇	60999011	101204	精纺毛织品
北京京澳毛纺有限公司	顺义区高丽营镇高泗路四村段30号	69454140	101303	毛纱、混纺纱
北京北国服装有限公司	朝阳区马泉营12号	84593311—214	100103	衬衫
北京爱利德新纺织品发展有限公司	海淀区清河小营毛研所	62925131	100085	毛纱
北京京冠毛巾有限责任公司	海淀区安宁庄东路甲18号	62957990	100085	毛巾
北京京棉巨龙有限公司	顺义区高丽营镇金马工业区B区1号	69457212	101303	气流纱、布
北京楠辰皮革有限公司	宣武区鸭子桥路35号	51760660	100055	皮革、皮箱、皮包制品
北京惠鼎皮业有限公司	丰台区五间楼10号	67622181	100079	轻革、皮革衣、重革、毛皮制品及皮革相关原辅材料
北京北革皮业有限责任公司	丰台区五间楼10号	67623248	100079	皮革制品
北京长城日用品工业公司	丰台区大红门南路158号	67993289	100076	皮革制品
北京卡巴奇五金制品有限公司	丰台区大红门南路158号	67963114	100076	皮包、皮箱等制品
北京市环球新艺皮毛公司	丰台区大红门南路158号	67963114	100075	裘皮服装、服饰
北京皮革制品进出口公司	宣武区鸭子桥路35号	51760620	100055	皮革、皮包、皮鞋等制品
北京爱伯勒皮革化工有限公司	朝阳区豆各庄黄厂	67365613	100121	皮革化工材料

续表

单位名称	办公地点	联系电话	邮政编码	主要产品
北京市皮件三厂销售中心	宣武区鸭子桥路35号	51760645	100055	拉杆箱、真皮男女包、票夹
北京埃迪玛服饰有限责任公司	朝阳区农光东里34号楼C座522室	67305255	100021	针织服装
北京庄子工贸有限责任公司	丰台区分钟寺倪庄16号	67608681	100061	服装制造
北京动向体育发展有限公司	北京经济技术开发区景园北街2号21楼	67821457	100176	Kappa品牌服装、鞋、运动器材、配件
北京剧装厂	崇文区西半壁街15号	67015308	100050	剧装创意
北京快鹿织造有限公司	房山区良乡镇长虹西路	61357109	102488	袜子
北京国宝技术纺织有限公司	顺义区高丽营镇金马工业区B区	69453352	101303	特种纤维缝纫线及布类
顺美时装股份有限公司	顺义区仁和镇	69441618	101300	服装
北京泛美时装公司	顺义区仁和镇平各庄	89492868	101300	服装
北京亿都川服装有限公司	顺义区仁和镇小东庄村北	69440348	101300	服装
北京卓欧制衣有限责任公司	延庆县八达岭经济开发区	62982018	102100	服装
北京桂诚信毛针织品有限公司	延庆县大榆树镇村北	61182018	102100	毛衣
北京亚龙羊毛衫厂	延庆县妫水南街14号	81191192	102100	羊绒衫、裤
世界时装(中国)有限公司	崇文区广渠门内大街29号4层	67123366	100062	设计生产服装
北京格格旗袍有限公司	大兴区西红门福纬路4条北8号	60291115	100076	旗袍、婚庆装、高档礼服等
北京市玉器厂	崇文区光明路13号	67115310	100062	玉雕、器皿、花鸟等
北京市玉器二厂	崇文区光东兴隆街61号	67051651	100062	玉雕、首饰、玉石盆景等
北京市第一绣花厂	大兴区西红门科技工业园	60250339	102600	纺织业(刺绣)

续表

单位名称	办公地点	联系电话	邮政编码	主要产品
		食品、饮料行业		
北京五星青岛啤酒有限公司	海淀区西三旗建材城中路2号	82912308	100096	五星啤酒
北京百事可乐饮料有限公司	大兴区西红门大白楼13号	61280988	100076	百事可乐饮料
北京红星股份有限公司	怀柔区红星路1号	65683106	101400	红星牌系列白酒
北京义利食品股份有限公司	大兴区大兴工业开发区广阳大街2号	60241457	102600	巧克力、糖果
北京义利面包食品有限公司	大兴区大兴工业开发区广平大街1号	60250799	102600	义利牌系列面包
北京龙徽酿酒有限公司	海淀区玉泉路2号	68219243	100143	龙徽葡萄酒
北京大磨坊面粉有限公司	崇文区永外三元街17号	87288924	100077	面粉加工
广东蓝带集团北京蓝宝酒业有限公司	房山区长沟镇北正村西	61318003	102407	啤酒
北京天鸿顺鸭业有限公司	房山区琉璃河镇	51105555	102403	鸭
燕京啤酒集团公司	顺义区双河路9号	89492201	101300	啤酒
顺鑫农业鹏程食品分公司	顺义区南法信镇	69472617	101300	冷切肉、熟肉
顺鑫农业牛栏山酒厂	顺义区牛山地区办事处	69412531	101301	白酒
北京汇源食品饮料有限公司	顺义区北小营镇	60483388	101305	软饮料
北京牵手果蔬饮品有限责任公司	顺义区牛栏山金牛工业区	69410081	101301	软饮料
北京金路易速冻食品有限公司	顺义区高丽营镇金马工业区B区8号	69457718	101303	速冻食品
北京大三环食品有限责任公司	顺义区金马工业区	69495120	101302	熟食

续表

单位名称	办公地点	联系电话	邮政编码	主要产品
红牛维他命饮料有限公司	怀柔区雁栖经济开发区	61667062	101407	红牛维他命饮料
玛氏食品（中国）有限公司	怀柔区雁栖经济开发区	61667410	101407	宠物食品、巧克力、糖果
北京红星股份有限公司	怀柔区雁栖经济开发区	61697890	101407	二锅头酒
纽帏利食品（北京）有限责任公司	怀柔区雁栖经济开发区	61666868	101407	面包屑、饼干粉
北京统一饮品有限公司	怀柔区富乐工业园区	89671966	101400	饮料
北京御食园食品有限公司	怀柔区雁栖经济开发区	61668198	101407	果脯
北京庆和食品有限责任公司	延庆县沈家营镇中鲁科技园区1号	69141582—8016	102100	腐乳
北京京都银龙食品有限公司	延庆县京张路口	69141934	102100	高档系列挂面
北京一品全蜂产品有限公司	朝阳区七颗树西街	84213261	100016	蜂产品
北京东风保健营养品有限公司	延庆县二道河张伍堡110国道南	61189893	102100	人参蜂王浆
金果园老农（北京）食品有限公司	延庆县八达岭区东路1号	61163040	102101	果仁、干炒货
北京怀柔区肉类联合加工厂	怀柔区庙城镇高各庄村南	89610074	101400	肉产品
北京红螺食品有限公司	怀柔区庙城镇郑重庄631号	60697644	101400	果脯
北京大发正大有限公司	顺义区杨镇工业开发区	61458722	101300	肉鸡生产、食品加工
康贝尔食品有限责任公司	顺义区赵全营镇北丰工业区	60435882	101301	糖果制造
能源行业				
北京京煤集团有限责任公司	门头沟区新桥南大街2号	69842426	102300	煤炭
北京昊华能源股份有限公司	门头沟区新桥南大街2号	69839418	102300	煤炭

续表

单位名称	办公地点	联系电话	邮政编码	主要产品
北京昊煜工贸有限责任公司	门头沟区新桥南大街2号	69867542	102300	矿泉水
北京市京浆工贸有限公司	门头沟区城子市场街31号	51617680	102300	水煤浆、洗精煤
北京京煤集团有限责任公司液压支架厂	门头沟区中门寺37号	61890345	102300	液压支架
北京京煤化工有限公司	房山区青龙湖镇	80374040	102471	雷管、火药
河北新光化工有限公司	河北省易县桥头乡	0312—8885775		火药
北京鑫华源机械制造有限责任公司	门头沟区门头沟路47号	61815100	102300	立体车库、金属结构、渣浆泵
北京昊泰建筑材料有限公司	门头沟区军庄镇杨坨	60813840	102300	矸石砖
北京矿务局综合地质工程公司	门头沟区门头沟路24号	69842472	102300	地质工程
京煤集团三河综合厂	河北省三河市	0316—3712106	065205	蓄电池
内蒙古京海煤矸石发电有限责任公司	门头沟区新桥南大街2号	69862467	102300	发电、水泥
北京文新德隆洁净煤有限责任公司	房山区阎村镇	89361239	102401	洁净煤
北京爱友恩新能源技术研究所	延庆县大榆树镇东桑园村西	81193366	102100	太阳能灯
中材科技风电叶片股份有限公司	延庆县康庄镇南	61165512—410	102101	风电叶片
三一电气有限责任公司	昌平区北清路三一产业园	80701029	102206	风力发电、新能源装备、技术服务
北京市警盾京西厨房设备有限公司	昌平区沙河镇七里渠南村365号	80725690	102206	节能、环保厨房设备
中国华电集团发电运营有限公司	昌平区白浮泉路17号综合楼401	83565931	102200	电力运营管理系统的研发

金属行业

单位名称	办公地点	联系电话	邮政编码	主要产品
首钢矿业公司	河北省迁安市杨店子镇	0315—7710802	064404	铁精矿粉、球团矿、烧结矿

续表

单位名称	办公地点	联系电话	邮政编码	主要产品
北京首钢鲁家山石灰石矿有限公司	门头沟区野溪	61881058	102300	石灰石、冶金用白灰
北京首钢铁合金厂	朝阳区西直河	67364330	100023	复合合金
北京首钢炼铁厂	石景山区首钢厂东门内	88295696	100041	烧结矿、生铁
首钢钢丝厂	昌平区沙河镇富生路9号	80713667	102206	特殊合金材料
北京首钢股份有限公司第二炼钢厂	石景山区首钢厂东门内	88293097	100043	连铸方坯、连铸板坯
北京首钢新钢责任有限公司型材厂	石景山首钢厂东门内	88295123	100041	螺纹钢筋
北京首钢股份有限公司第一线材厂	昌平区沙河镇沙阳路	69731883	102206	线材
北京首钢股份有限公司高速线材厂	石景山区首钢厂东门内	88293362	100041	线材
北京首钢新钢责任有限公司中厚板轧钢厂	石景山区首钢厂东门内	88295252	100041	中厚钢板
首钢冷轧镀锌薄板厂	石景山区古城大街	88915289	100043	板材
北京首钢资源综合利用科技开发公司	丰台区卢沟桥北路96号	83891700	100072	渣钢
北京首钢特殊钢公司	石景山区古城大街	88917608	100043	成品钢材
北京首钢氧气厂	石景山区石景山路（旁村）	68872451	100041	氧气、氮气、氩气
北京首钢电力厂	石景山区首钢厂东门内	88295269	100041	电、蒸汽、热水
北京首钢机电有限公司机械厂	石景山区首钢厂东门内	88295172	100041	机械加工、冶金成套装备制造
北京首钢第二耐火材料厂	石景山区首钢厂东门内	88294300	100041	冶金石灰、特种耐火材料
北京市有色金属工业总公司	宣武区槐柏树街2号	63021987	100053	有色金属材料冶炼、加工
北京金鹰铜业有限责任公司	通州区临河里路2号	60526450	101101	精密铜及合金板带材

续表

单位名称	办公地点	联系电话	邮政编码	主要产品
北京有色金属与稀土应用研究所	朝阳区安外北苑路40号	84922575	100012	有色合金、贵金属焊料
北京达博有色金属焊料有限责任公司	朝阳区安外北苑路40号	84924157	100012	键合金丝、键合铜丝
北京超塑新技术有限公司	中关村通州园金桥科技产业基地景盛南四街13号8号厂房	67625169	101102	超塑金属络纱槽筒
中国有色金属进出口北京公司	宣武区感化胡同3号	63180592	100053	国内国际有色金属进出口贸易
北京有色金属供销公司	朝阳区安外北苑路40号	84931946	100012	有色金属贸易
北京冶金设备自动化研究所	东城区纳福胡同13号	64035005	100009	非标设备制作
北京诺飞金属材料有限责任公司	通州区景盛北一街9号	60595121	101102	有色金属铸件、低温焊料
太平洋制罐北京有限公司	怀柔区雁栖镇下庄	61642566	101407	铝制两片罐
波尔亚太包装容器北京有限公司	怀柔区雁栖经济开发区	61668288	101407	铝制易拉罐
北京奥瑞金新美制罐有限公司	怀柔区雁栖经济开发区	61667973	101407	易拉罐
有研粉末新材料(北京)有限公司	怀柔区雁栖经济开发区	61666627	101407	铜粉
北京三吉利稀土有限公司	延庆县延庆镇益祥北街3号	81196955	102100	钕铁硼永磁材料
北京玻璃钢复合材料有限公司	延庆县延庆镇南	61163369	102101	玻璃钢制品
北京精华中美科技有限公司	昌平区富康路18号519室	52700338	102200	研究、开发、生产镁合金材料
北京首钢冷轧薄板有限公司	顺义区李桥镇仁李路1号	81477800	101304	冷轧薄板

其他行业

单位名称	办公地点	联系电话	邮政编码	主要产品
北京隆达轻工控股有限责任公司	西城区德胜门东滨河路5号	82259651	100120	商业票据、书刊印刷、报刊印刷、有色新材料
北京北泡塑料集团公司	丰台区东铁匠营地区顺四条1号	67612929	100078	

续表

单位名称	办公地点	联系电话	邮政编码	主要产品
北京星月泡沫塑料有限责任公司	通州区张家湾镇光华路甲2号	61501888	101113	聚醚型软质聚氨酯泡沫塑料系列产品
北京隆达印刷包装集团有限公司	西城区佟麟阁路36号	51813160	100031	印刷、包装
北京印刷集团有限责任公司	西城区佟麟阁路36号	51813160	100031	书刊印刷
北京印刷集团有限责任公司印刷一厂	丰台区角门南里甲64号	67584280—213	100077	书刊印刷、包装印刷、商标标识印刷、票证印刷
北京印刷集团有限责任公司印刷二厂	朝阳区建外郎家园10号	85893240	100022	彩票、土地证、证券、票据、商标、纸袋等印制
北京乾沣印刷有限公司	朝阳区和平里西街21号	84273521	100013	书刊、画册、教材、商业广告印刷装订
北京印刷集团有限责任公司京华印刷厂	西城区西皇城根北街10号	66174599—3051	100034	各类票据、各种防伪产品、电脑打印单据、各种记录纸
北京市塑料三厂	朝阳区东直门外南皋村	64339418	100015	书刊、画册、教材、商业广告印刷装订;票据、商标、纸袋等印制
北京胶印厂	东城区美术馆后街77号	52182020—1061	100010	票据、商标、纸袋等印制;书刊、画册印刷装订;各种包装盒印制
北京北人羽新胶印有限责任公司	东城区美术馆后街77号	52182020—1061	100010	票据、商标、纸袋等印制;书刊、画册印刷装订;各种包装盒印制
北京市纸箱厂	大兴区工业开发区金星路18号	60213404	102600	AB型楞纸板纸箱、箱面可进行单色或多色印刷
北京包装装潢制品厂	朝阳区左安东路东口路北	67693020	100021	彩色瓦楞纸盒、板纸盒、礼盒;各种瓦楞纸箱等包装用品
北京新特联合印刷纸器有限公司	朝阳区左安东路东口路北	67693020	100021	彩色瓦楞纸盒、板纸盒、礼盒;各种瓦楞纸箱等包装用品
北京轻联富文新特印刷有限公司	顺义区天竺空港工业区B区裕华路25号	80483839	101318	各种规格打字蜡纸、复写纸、复印纸;商标、书刊印刷;瓦楞纸箱制作

续表

单位名称	办公地点	联系电话	邮政编码	主要产品
北京德宝商三包装印刷有限公司	大兴区经济开发区亦庄工业园区如意路1号	67376836	100023	包装印刷；开发、生产新型药用、无菌包装用、新型复合包装材料
北京利丰雅高长城印刷有限公司	宣武区永定门内西街甲2号	83101108—105	100050	高档期刊制版、印刷为主；提供专业的印前、印刷及装订服务
北京轻联富诚彩色印刷有限公司	海淀区永定路15号	68187489	100039	先进的盒型制作软件及自动模切机、糊盒机的使用
北京宝岛包装印刷有限公司	大兴区旧宫工业园区富华街北东区甲19号	87971147	100076	包装盒、彩色书刊、瓦楞、商标、不干胶、纸浆模塑的设计印刷及制作
北京轻联富润饭店管理有限公司	东城区校尉胡同10号	65138099	100010	6家宾馆客房充足、设施齐全，提供餐饮、娱乐、商务会议等服务
北京菱重印刷机技术服务公司	朝阳区德外马甸裕民路12号E1座元辰鑫大厦302室	82251130	100029	各类印刷品的制版、印刷，各类印刷设备的技术咨询
北京印包物业管理有限公司	西城区佟麟阁路36号	66056929	100031	集团内部的宿舍、写字楼、办公用房的物业管理
北京市印刷物资公司	丰台区马家堡东路35号	67293483	100077	印刷机械及配件；纸张、塑料薄膜；印刷器材、油墨
北京市印刷技术研究所	西城区佟麟阁路36号	66068090	100031	珂罗版技术、艺术品复制工艺、快速装裱技术、激光全息印刷、网版印刷、激光防伪制卡等
北京印刷职工中等专业学校	西城区佟麟阁路36号	64042491	100031	排版、图文制作、印刷、裁纸机、财会、计算机等培训
北京厨房设备集团公司	崇文区崇外大街44号	51671990	100062	不锈钢制品
北京轻工集团有限责任公司	西城区德胜门东滨河路5号	82259019	100120	物业、旅游、餐饮、房地产
北京华盾雪花塑料集团有限责任公司	丰台区黄土岗马家楼19号	83728283	100071	塑料薄膜、中空制品
北京北化房地产开发有限公司	崇文区广渠门南水关14号	67149652	100061	房地产开发与经营、商品房销售
北京市工业技师学院	朝阳区化工路甲1号	67387521	100023	技能培训、职业技能培训鉴定、就业服务

续表

单位名称	办公地点	联系电话	邮政编码	主要产品
北京化工集团公司教育培训中心	朝阳区化工路甲1号	67382049	100023	管理经营学校国有资产、化工教育综合管理
北京华腾丹陛华物业管理公司	朝阳区劲松南路9号	67762433	100021	物业管理
北京华腾拓展物业管理公司	朝阳区南磨房路37号	51908216	100022	物业管理和经营
北京华腾劳务派遣有限公司	朝阳区劲松南路9号	67714054	100021	劳务管理、劳务派遣、
北京金泰集团有限公司	宣武区广内大街登莱胡同4号	63548162	100053	煤炭流通、旅游饭店、汽车销售、物业经营
北京金泰房地产开发有限责任公司	丰台区菜户营西街甲34号	63326262	100073	房地产开发
北京昊亚工贸有限责任公司	门头沟区门头沟路10号	69844092	102300	物业
北京京煤集团有限责任公司物业管理公司	门头沟区黑山北小街13号	69832011	102300	物业
京西晨光饭店	门头沟区双峪路1号	69858383	102300	服务业
北京市梅苑饭店	海淀区高梁桥斜街甲30号	62241115	100081	服务业
北京工美集团有限责任公司	东城区王府井大街200号	65140165	100005	工艺美术品
北京工美集团有限责任公司王府井工美大厦	东城区王府井大街200号	65288866—5611	100005	工艺美术品
北京工美集团有限责任公司黄金珠宝商场	东城区王府井大街200号	65288866—5626	100005	工艺美术品、工美黄金
北京工美集团有限责任公司工艺品商场	东城区王府井大街200号	65288866—4021	100005	工艺美术品
北京工美集团有限责任公司金孔雀艺术世界	朝阳区和平里南口砖角楼13号	64201522	100013	挑花、补花、绣花
北京工艺美术博物馆	东城区王府井大街200号	65289326	100005	工艺美术品
北京工美集团有限责任公司白孔雀艺术世界	西城区德外东滨河东路3号	62013008	100011	工艺美术品
北京工美集团有限责任公司技术中心	东城区王府井大街200号八层	65121807	100005	工艺美术品

续表

单位名称	办公地点	联系电话	邮政编码	主要产品
北京丽星工艺美术品销售中心	宣武区前门外廊坊头条43号	67357813	100051	工艺美术品
北京握拉菲首饰有限责任公司	朝阳区德外北沙滩大屯路2号	64873902	100101	工艺美术品
北京工美进出口有限责任公司	朝阳区和平里南口砖角楼13号	64218134	100013	工艺美术品
北京星海钢琴集团公司	通州区次渠光机电一体化基地光大路8号	81503999	101111	钢琴、管乐、民乐
北京中天纸业集团公司	西城区西四北八条9号	66519131	100034	系列信息用纸、复合包装材料
北京玻璃集团公司	崇文区天坛东路74号	67180003	100061	各类玻璃制品、眼镜片、眼镜架
北京市三露厂	崇文区幸福大街永生巷4号	67148601	100061	车辆、房屋出租、劳务输出
北京市大宝日用化学制品厂	朝阳区平方路241号	85512780	100025	五洁粉和“贝贝熊”系列洗涤用品
北京民福实业总公司	宣武区教子胡同65号	83511764	100053	日用化工用品、食品、装潢印刷、五金、造型工艺品
北京市时润技术发展公司	海淀区西北旺黑龙潭路58号	51706892	100094	火化设备、金属结构加工、汽车维修、面包和中西糕点等
北京京海纸制品有限责任公司	朝阳区定福庄路1号	65487182	100024	生产各种五裱、三裱、单裱、牛皮纸箱
北京市香山橡胶制品厂	海淀区香山买卖街1号	62591324	100093	宝怡山庄住宿、餐饮服务
北京市宇海工艺美术品厂	房山区长阳镇高岭村甲10号	80367077 80367055	102445	工艺美术品、印刷、金属材料、证书、服装
北京弘福日化厂	朝阳区劲松七区725号	67796330	100021	房屋租赁、印刷
北京市民政房屋装饰公司	朝阳区平房乡石各庄村北甲1号	65489183	100024	室内外装饰装修业务
北京市珐琅厂有限责任公司	崇文区安乐林路10号	67211677	100075	京珐牌景泰蓝
北京象牙雕刻有限责任公司	崇文区北官园7号	67020413	100062	雕刻

续表

单位名称	办公地点	联系电话	邮政编码	主要产品
北京工美凤凰旅游艺术品集团有限公司	崇文区龙潭湖北侧路1号	67112640	100061	物业、旅游、商贸、工业
北京华江文化发展有限公司	崇文区崇外大街9号正仁大厦1段4层	67082233	100075	非金属制品、金银制品、环保 PVC 制品、毛绒、布制品
北京博士伦眼睛护理产品有限公司	崇文区幸福大街37号	67768585	100061	眼镜业
北京市工艺木刻厂有限责任公司	朝阳区龙爪树宋家楼1号	67637782	100078	工艺木刻
北京聚菱燕塑料有限公司	房山区房窑路21号	80343170	102502	塑料制品
北京艾尔集团有限公司	房山区长沟镇	61318003	102407	塑杯
北京澳特舒尔保健品开发有限公司	房山区窦店镇下坡店村	82650516	102433	开发、生产保健品
北京奥星恒迅包装科技有限公司	怀柔区雁栖经济开发区	61667065	101407	医药包装用品
北京刮拉瓶盖有限公司	怀柔区雁栖经济开发区	61668866	101407	防伪瓶盖
北京三川纸业有限公司	延庆县香营村路东	60162600	102104	瓦楞原纸
北京漫步者科技有限公司	延庆县妫水南街14号	81192100	102100	多媒体音箱
北京东明兴业科技有限公司	怀柔区雁西经济开发区	61665518—213	101407	塑料制品
北京市房山区希望饲料有限责任公司	房山区城关街道大石河南侧	89345943	102400	饲料
北京科高大北农饲料有限公司	怀柔区范各庄村	87782779	101407	混合饲料
先正达生物科技(中国有限公司)	昌平区生命园路29号创新大厦D座3层	80735857	102206	大米、大豆、水稻等种子基因改良,现代农业技术
诺兰特移动通信配件(北京)有限公司	北京经济技术开发区荣昌东街7号隆盛工业园402单元	67870209	100176	手机塑料注模
北京洲际资源环保科技有限公司	北京经济技术开发区运成街9号	67873300	100176	氧化电位水生成器

续表

单位名称	办公地点	联系电话	邮政编码	主要产品
北京市精佳园机械厂	丰台区大红门久敬庄路57号	67993088	100076	租赁、印刷
北京华泰仿瓷制品有限公司	通州区西关大街136号	69547474	101149	密胺餐具

北京市校(院)办企业名录

企业名称	所属院校	地　址	邮政编码	联系电话	主要产品
清华控股有限公司	清华大学	海淀区清华科技园科技大厦A座25层	100084	82150088	科技成果产业化、高科技企业孵化、投资管理、资产运营
同方股份有限公司	清华大学	海淀区五道口清华同方科技广场	100084	82399988	信息产业
启迪控股股份有限公司	清华大学	海淀区清华大学创新大厦A座16层	100084	62785888	基础设施建设开发;房地产开发,销售商品房
诚志股份有限公司	清华大学	江西省南昌市经济技术开发区枫林大道清华科技园(江西)华江大厦9楼	330013	0791—3826898	生命科技、医药、信息类、精细化工类
紫光股份有限公司	清华大学	海淀区清华大学东门外紫光大厦	100084	62789898	信息技术产业
博奥生物有限公司	清华大学	昌平区生命科学园路18号	102206	80715888	自营和代理各类商品及技术的进出口业务;微流体芯片、主动式微阵列芯片
辽宁省路桥建设有限公司	清华大学	沈阳市铁西区滑翔路7号	110022	024—25899988	公路、桥梁交通工程建筑施工;技术咨询服务
紫光集团有限公司	清华大学	海淀区清华东门创新大厦A座1201室	100084	62702166	货物进出口、制造Ⅱ6824—5弱激光体外治疗仪器
北京清华阳光能源开发有限责任公司	清华大学	海淀区上地东路1号盈创动力园E—9	100085	58858858	玻璃真空太阳集热管、热水器及热水系统真空薄膜产品
浦华环保有限公司	清华大学	海淀区清华科技园科技大厦C座27层	100084	82150077	水业投融资、环保工程专项承包及技术服务、浦华供应链服务
北京清源德丰创业投资有限公司	清华大学	海淀区清华科技园科技大厦C座703室	100084	82150098	技术开发、技术转让、技术咨询、技术服务
北京华环电子股份有限公司	清华大学	海淀区上地六街26号	100085	62981998	研发、制造、销售通信技术产品及配件

续表

企业名称	所属院校	地　　址	邮政编码	联系电话	主要产品
比威网络技术有限公司	清华大学	海淀区五道口华清商务会馆708室	100083	82866509	计算机网络产品通信设备、电子产品的技术开发
科威国际技术转移有限公司	清华大学	海淀区清华科技园科技大厦B座701B/D	100084	62795180	各类商品及技术的进出口业务;高新科技项目的技术开发
北京清能创新科技有限公司	清华大学	海淀区清华大学能科楼A座301	100084	62792498	电子产品及通信设备、仪器仪表、机械化工产品等
北京紫光泰和通环保技术有限公司	清华大学	朝阳区光华路光华SOHO大厦0819室	101100	89592038	污水资源化处理;日用化学品;销售环保型融雪剂、五金交电
北京清尚建筑装饰工程有限公司	清华大学	海淀区农大南路1号院硅谷亮城7号楼	100085	62668088	建筑装饰工程的设计及施工、展览设计及施工
青岛华控合志实业有限公司	清华大学	青岛市市北区辽宁路226号701室	266012	82150960	销售、研发、对外投资、进出口
北京华控汇金投资管理有限公司	清华大学	朝阳区新源南路1—3号平安国际金融中心B座18层	100027	59761122	投资顾问咨询
北京清软英泰信息技术有限公司	清华大学	海淀区清华大学华业大厦三区四层	100084	62782208	计算机软硬件及外部设备的技术开发、技术服务
清华同方光盘电子出版社	清华大学	海淀区清华大学华业大厦	100084	62791818	出版科技、文化娱乐和社会教育方面的电子出版物
清华大学煤燃烧工程研究中心	清华大学	海淀区清华大学热能系馆	100084	62788518	燃烧设备、换热设备、煤气化系统、节能设备
北京清尚环艺建筑设计院有限公司	清华大学	海淀区农大南路1号院硅谷亮城7号楼	100085	62668088	建筑工程、建筑装饰工程、环境景观工程的设计、咨询;文化艺术品
道纪忠华公共管理咨询(北京)有限公司	清华大学	海淀区清华科技园科技大厦B座501	100084	62797739	各类咨询、培训
北京紫光制药有限公司	清华大学	延庆县八达岭经济技术开发区紫光东路	102101	61163659	制造硬胶囊剂、丸剂、片剂、软膏剂、粉针剂

续表

企业名称	所属院校	地　址	邮政编码	联系电话	主要产品
河北华控弘屹科技有限公司	清华大学	廊坊开发区金源道清华科技园	65001	0316—2224736	科技成果转化、推广、高科技项目的孵化
清华大学出版社有限公司	清华大学	海淀区双清路学研大厦 A611	100084	62783933	出版图书、电子出版物、音像制品
北京国环清华环境工程设计研究院有限公司	清华大学	海淀区双清路学研大厦 A304	100084	62797741	环境污染防治专项工程设计、环境治理技术
北京华控汇金投资顾问有限公司	清华大学	朝阳区新源南路 1—3 号平安国际金融中心 B 座 18 层	100027	59761122	投资顾问咨询 产业投资基金管理
北京华控通力科技有限公司	清华大学	海淀区清华大学南门内 500 米路东	100084	62785777	教学仪器生产。提供电子、计算机、家电维修、测试技术
清华大学建筑设计研究院	清华大学	海淀区清华大学设计中心楼	100084	62789999	各类公共与民用建筑工程设计、前期可研和建筑策划研究
北京清华城市规划设计研究院	清华大学	海淀区清华大学学研大厦 B501 室	100084	62773216	城乡总体规划设计、物流规划、城市声环境设计
清华大学土建工程承包总公司	清华大学	海淀区清华大学	100084	62797894	建筑、中小型水利水电工程及道路桥梁的规划
北京卓尔教育投资有限公司	清华大学	海淀区清华科技园科技大厦 B 座 20 层	100084	62602621	教育培训、培训服务、管理咨询、培训投资、培训融资
北大方正集团有限公司	北京大学	海淀区成府路 298 号方正大厦	100871	82529988	方正电子出版系统，网络产品，数字媒体
北京北大资源集团有限公司	北京大学	海淀区成府路 298 号中关村方正大厦 4 层	100871	82524455	房地产开发，自营和代理各类商品及技术的进口等
北京北大青鸟软件系统有限公司	北京大学	海淀区海淀路 5 号燕园三区 30 号 305	100871	62759861	计算机软硬件及外部设、智能化仪器设备技术开发
北京北大未名生物工程集团有限公司	北京大学	海淀区上地西路 39 号北大生物城	100085	82890919	生物制药、基因工程药物、金属硫蛋白等

续表

企业名称	所属院校	地　址	邮政编码	联系电话	主要产品
北京北大科技园有限公司	北京大学	海淀区中关村北大街127－1号创新中心	100080	62769088	房地产、成果孵化
北大科技园建设开发有限公司	北京大学	海淀区中关村北大街127－1号创新中心	100080	62769088	科技园基础设施、"孵化器"建设,科技投资、开发等
北京北大临湖科技发展有限公司	北京大学	海淀区中关村北大街151号资源大厦9层	100080	62750918	经营写字间;宾馆业务
北京北大学园教育投资有限公司	北京大学	海淀区中关村大街资源大厦1000－1003	100080	58876055	基础教育、职业教育、高等教育、网络教育产业的投资管理
北大英华科技有限公司	北京大学	海淀区太平洋科技大厦14层	100080	82668266	技术开发、转让、咨询,计算机软硬件及外部设备等
北京北大宇环微电子系统有限公司	北京大学	海淀区北大微电子所院内	100871	62751788	电子产品技术开发、制造、服务
北京北大明德化学制药有限公司	北京大学	昌平区科技园区火炬街21号506室	102200	62751705	生物制药、水产养殖兽药产品等系列专用化学品的开发
北京燕园天地科技有限公司	北京大学	海淀区北京大学逸夫楼七层3711－3712室	100871	62752997	矿产品、建筑材料技术开发、销售、宝石加工
北京北大方正乒乓球俱乐部有限公司	北京大学	海淀区成府路298号中关村方正大厦420	100871	62611188－7670	培养体育健将
厦门北大泰普科技有限公司	北京大学	厦门火炬高新区同集园	361100	0592－7895500	实验室产品、化学品、原料药、动物药品、饲料添加剂、食品添加剂
北京北大先锋科技有限公司	北京大学	海淀区中关村大街资源大厦401	100871	58876060	化工、科技、培训、咨询等
北京北大金秋新技术有限公司	北京大学	海淀区北京大学燕南园63号	100871	62751099	电子、化工、生物技术、环保、软件的开发、咨询等

续表

企业名称	所属院校	地　　址	邮政编码	联系电话	主要产品
北京北大软件工程发展有限公司	北京大学	海淀区北四环西路67号大地科技大厦10层1001—1006	100080	51660855	开发各种应用软件等
北京北大太平洋电子科技有限公司	北京大学	海淀区海淀路52号	100080	82667102	研制、生产高新技术产品；展示高新技术产品；销售自产产品
北京北大维信生物科技有限公司	北京大学	海淀区海淀南路30号10层	100080	8008100531 68748040	血脂康及其他生物药品
北大软件教育发展有限公司	北京大学	大兴区工业开发区	102600	61273588	教育软件广茂大街9号
北京北大天创信息技术有限公司	北京大学	西城区复兴门南大街甲2号天银大厦A座203	100031	62690836	项目投资管理，软件及信息产业
北京北大先行科技产业有限公司	北京大学	昌平区科技园区创新路35号	102200	80105465	化工、电子材料
北京开元数图科技有限公司	北京大学	海淀区图书馆135—2	100871	62754701	数字图书技术、数据库
北京时代博雅咨询有限公司	北京大学	朝阳区八里庄西里100号住邦2000商务中心A区303	100025	85862721	企业管理培训、管理咨询
北京北大众志微系统科技有限责任公司	北京大学	海淀区中关村北大街151号资源大厦11层	100080	58876266	集成电路设计、制造，软件开发系统集成，网络与电子商务
北大星光集团有限公司	北京大学	朝阳区团结湖公园甲23号	100026	85979989	系统集成软件开发
北京燕园隶德科技发展有限公司	北京大学	海淀区万柳中路29号	100089	51605809	商贸流通、物业管理、投资合作、资金运作
北京北大创业园有限公司	北京大学	海淀区太平洋科技大厦17层	100080	82667840	孵化高科技企业
江西北大科技园区发展有限公司	北京大学	江西省南昌市经济技术开发区双港西大街528号	330013	0791—3833209	科技园“孵化器”建设，科技投资、开发等

续表

企业名称	所属院校	地　　址	邮政编码	联系电话	主要产品
北京博雅方略管理咨询有限公司	北京大学	海淀区西三环北路50号院8号楼河北大厦C二座1601室	100085	62964309 62975423	管理培训、咨询服务
北京燕园科玛技术发展有限公司	北京大学	海淀区中关村北二条3号北大技物楼	100080	62753733	α—亚麻酸
北京北大教育投资有限公司	北京大学	海淀区成府路207号北大青鸟楼	100871	82615888	教育投资、培训、咨询
北京北大国际医院投资管理有限公司	北京大学	海淀区北四环西路52号中芯大厦17层	100080	51722801	医疗及相关产业的投资与管理、咨询、培训等
北京华电天德资产经营有限公司	华北电力大学	昌平区朱辛庄北农路2号华北电力大学56号	102206	61772230	资产经营管理
北京华电之星科学技术发展有限公司	华北电力大学	昌平区朱辛庄北农路2号	102206	80798589	能源、环保、机械、建筑、计算机等工程技术开发、设计、加工制作
北京华电天达科技有限责任公司	华北电力大学	昌平区朱辛庄北农路2号华北电力大学	100220	80116875	门禁系列产品、停车场系列产品、读卡器系列产品、消费POS机系列产
北京华电能达科技有限责任公司	华北电力大学	昌平区科技园永安路47号	100220	80116875	计算机及配套产品、软件开发、环保节能产品的开发、销售
北京四方立德保护控制设备有限公司	华北电力大学	海淀区上地创业中路32号	100085	62968260	电力系统继电保护和自动化装置、变电站综合自动化系统
北京华电天仁电力控制技术有限公司	华北电力大学	海淀区上地东路1号盈创动力E—201	100085	51975570	电力辅助设备、仪器仪表、电子装置及标签,计算机硬件,网络安全设备、系统集成及装置
北京华电卓越国际技术培训有限责任公司	华北电力大学	昌平区朱辛庄北农路2号华北电力大学	102206	51976811	国际电力仪器仪表技术开发、咨询、培训、服务、交流
北京华电纳鑫科技有限公司	华北电力大学	昌平区马池口镇上念头村北	102200	80777884 —608	微纳米表面技术开发、应用、生产,新型耐磨材料技术应用、生产

续表

企业名称	所属院校	地　址	邮政编码	联系电话	主要产品
北京华电英康科技有限公司	华北电力大学	昌平区朱辛庄北农路 2 号华北电力大学	102206	86176375	计算机软件、外围设备、电力设备
北京华电网窗信息技术有限公司	华北电力大学	海淀区中关村南大街甲 8 号	100081	62138119	计算机软、硬件、网络技术开发、咨询、服务、转让；销售电子元器件、机械电子设备
北京丹华浩博电力科技有限公司	华北电力大学	海淀区上地信息路 1 号 2 号楼 2205 室	100085	82896582	小电流接地电网单相接地故障选线装置、10kV 主从式自动调谐消弧线圈控制装置
北京微肯佛莱科技有限公司	华北电力大学	昌平区朱辛庄北农路 2 号华北电力大学	102206	80795843	电力管理系统软件、电力系统分析计算、电力企业 ERP、电力系统监测和计量
北京辰能科技发展有限公司	华北电力大学	海淀区中关村东路 123 号 1 号楼 1701 号	100086	62191930	技术开发、服务、转让、咨询；销售计算机软硬件及外围设备、环保节能设备
北京四方同创保护与控制设备有限公司	华北电力大学	海淀区上地信息产业基地四街 9 号	100085	62961515	变电站综合自动化系统等微机保护产品
北京华电天德科技园有限公司	华北电力大学	昌平区朱辛庄华北电力大学教四楼	102206	61772230	技术开发、咨询、服务、电力技术培训；销售电力设备、电子设备
华大天元（北京）电力科技有限公司	华北电力大学	海淀区丰贤中路 7 号（孵化楼）4 层 401 室	102206	51963393	电网运行状态实时监管系统、变电站视频监控系统、数字化电网整体设计方案
北京华电大通环保科技有限公司	华北电力大学	海淀区太平路甲 18 号西南写字楼 311 室	100039	51953738	开发环保技术，研制、生产环保产品；提供技术咨询服务
北京华电杰德科技有限公司	华北电力大学	丰台区科学城海鹰路 8 号 2 号楼 405 室(园区)	100070	63717721	火电厂仿真系统、电厂自动控制设备
保定华电天德科技园有限公司	华北电力大学	保定市复兴西路 118 号	71000	0312—7522131	电力、电子、通信设备、太阳能及风能设备、输变电及控制设备
保定华电科源电气有限公司	华北电力大学	保定市永华北大街 619 号 76 号信箱	71003	0312—7522294	微机综合自动化系统、变电站模拟系统、电网故障信息管理系统

续表

企业名称	所属院校	地　　址	邮政编码	联系电话	主要产品
保定中力电力科技发展有限公司	华北电力大学	保定市高开区竞秀街677号火炬产业园	71051	0312—5903290	微机发电机—变压器保护、分布式光纤母线保护系统
保定市毅格通信自动化有限公司	华北电力大学	保定市高开区竞秀街677号火炬产业园	71051	0312—3132220	电力通信网监控管理系统、远动通道监测装置、电力企业管理
保定华仿科技有限公司	华北电力大学	保定市高开区竞秀街677号火炬产业园	71051	0312—5907665	大型火电机组全仿真机、电网及变电站全仿真机、航天载人飞船飞行训练模拟器
保定华电配电设备有限公司	华北电力大学	保定市华电路3号华电二校内	71003	0312—7525100	高低压开关柜
保定华电辉煌科技有限公司	华北电力大学	保定市朝阳北大街658号发展大厦5层A座	71051	0312—3335875	应用软件开发、计算机网络系统集成、综合布线工程
保定华电电力设计院有限公司	华北电力大学	保定市高开区竞秀街677号火炬产业园	71051	0312—5907550	乙级资质范围内的发电、送变电工程设计、三级及以下等级工业与民用建筑设计
保定华电科技开发服务中心	华北电力大学	保定市永华北大街619号大3号信箱	71003	0312—7522235	科技项目管理
北京华星电力电子新技术开发公司	华北电力大学	大兴区兴政街3号	102600	69259964	小电流接地选线综合装置、微机直流接地综合选线装置及继电保护装置、变电站综合自动化系统
北京思达星电力自动化有限公司	华北电力大学	大兴区兴政街3号	102600	69205011	小电流接地选线综合装置、直流系统绝缘在线检测装置、远程监控系统
北京师大资产经营有限公司	北京师范大学	海淀区新外大街19号	100875	58809613	教育培训；文化创意产品；科技产品；提供劳务服务
北京康良实业总公司	北京师范大学	海淀区新街口外大街19号东围墙教三楼312室	100875	58809613	主营：技术开发、转让、咨询、培训；信息咨询；销售百货、计算机及外围设备、仪器仪表
北京师宏药物研制中心	北京师范大学	海淀区新街口外大街19号师范大学院内	100875	62208126	开发、销售放射性药品（体内）；销售师宏牌糖安平胶囊
北京师范大学光电仪器厂	北京师范大学	海淀区新街口外大街19号	100875	58807781	制造光电测试仪器；技术咨询；测试光电仪器

续表

企业名称	所属院校	地　址	邮政编码	联系电话	主要产品
北京师大师慧信息科技有限公司	北京师范大学	海淀区新街口外大街19号	100081	62200515	电子产品及通信设备技术开发、制造、培训、转让、咨询、服务；销售电子产品及通讯设备
北京师范大学出版社发行部	北京师范大学	海淀区新街口外大街19号9区教3楼	100875	58808007	出版本校设置的学科、专业、课程所需要的教材、教学参考书、教学工具书
北京师范大学音像出版社	北京师范大学	海淀区学院南路12号甲1楼	100875	62204515	零售国内版音像制品、出租国内版录像制品；电子技术咨询、计算机软硬件开发
北京京师印务有限公司	北京师范大学	昌平区崔村镇工业开发区	102212	60725960	出版物印刷、其他印刷品印刷、普通货运
北京师范大学印刷厂	北京师范大学	昌平区崔村镇工业开发区	102212	60725960	出版物印刷、其他印刷品印刷、普通货运
北京文苑科技贸易公司	北京师范大学	海淀区新街口外大街19号	100875	58804515	计算机软硬件、电讯器材、仪器仪表、包装、图片、报刊、展览会的广告设计、制作，销售百货
《中国教师》杂志社	北京师范大学	海淀区新街口外大街19号英东楼627	100875	58805150	出版、发行《中国教师》杂志；设计、制作和印刷品广告
北京师大励耘教育科技发展有限责任公司	北京师范大学	海淀区新街口外大街19号9区16号楼310室	100875	62205024	教育培训、心理教育咨询、家庭教育指导、职业资格认证培训、教育产品制造
中基教育信息技术有限责任公司	北京师范大学	海淀区学院南路12号甲1楼	100875	62206310	计算机网络技术、网络教育、远程教育、教学软件、教学技术、教学仪器设备
北京师大加油站有限责任公司	北京师范大学	海淀区学院南路12号	100875	62205781	零售成品油、润滑油、润滑脂；销售防冻液；危险货物运输
北京豪城物业管理公司	北京师范大学	海淀区新街口外大街19号	100875	58807606	物业管理。经营范围通用许可禁止内容
师奇装饰装潢有限责任公司	北京师范大学	海淀区新街口外大街19号	100875	58808281	可承担单位工程造价50万元以下建筑室内、室外装饰装修工程施工
北京京师大房地产开发有限责任公司	北京师范大学	海淀区新街口外大街19号	100875	62386220	房地产开发、销售自行开发的商品房。经营范围通用许可禁止内容

续表

企业名称	所属院校	地　　址	邮政编码	联系电话	主要产品
天韵京师娱乐有限公司/北京天韵京师健身俱乐部有限责任公司	北京师范大学	海淀区新街口外大街19号	100875	58802288	经营范围通用许可禁止内容
三利行汽车装饰公司	北京师范大学	海淀区学院南路12号	100875	62200357	三类汽车维修,销售定型包装食品、饮料、酒,车辆清洗
北京中农大科技企业孵化器有限公司	中国农业大学	海淀区清华东路2号中国农大东区主楼1层147室	100083	62737370	企业孵化
北京东方畅想有限公司	中国农业大学	海淀区学清路38号金码大厦A座12层	100083	82838866	建筑设计
北京双电电力电子技术有限公司	中国农业大学	海淀区清华东路17号	100083	62736749	电力系统自动化设备的生产
涿州市北农大地肉鸡发展有限公司	中国农业大学	河北省涿州市东城坊镇	72750	0312—3792637	种鸡繁育和养殖
北农(海利)涿州种衣剂有限公司	中国农业大学	河北省涿州市东城坊镇	72750	0312—3792900	种衣剂生产
北京富通环境工程有限公司	中国农业大学	海淀区清华东路17号1958信箱	100083	62736917	农业工程规划、设计
北京市先飞农业工程高技术有限公司	中国农业大学	海淀区清华东路2号	100083	62726203	节水灌溉技术
北京震亚预混饲料厂有限公司	中国农业大学	海淀区圆明园西路中国农业大学西校区	100094	62815567	饲料研发
北京中农大网络发展有限公司	中国农业大学	海淀区上地三街9号嘉华大厦C座8层809	100085	62966655	网络教育
北京中农大我爱我爱动物医院有限公司	中国农业大学	朝阳区农光南里1号楼龙辉大厦	100021	87371999	诊治宠物疾病

续表

企业名称	所属院校	地 址	邮政编码	联系电话	主要产品
北京海淀农大书店	中国农业大学	海淀区圆明园西路3号	100094	62732336	图书 音像
北京图信文化发展有限公司	中国农业大学	海淀区圆明园西路2号农大图书馆内	100094	62731749	打字、印刷
中国农业大学出版社	中国农业大学	海淀区圆明园西路2号	100094	62731203	出版图书
金码大酒店(国际会议中心)	中国农业大学	海淀区学清路甲38号	100094	82828288	酒店经营
北京中农大康科技开发有限公司	中国农业大学	海淀区上地信息路2号D栋603	100085	82781958	玉米新品种选育
北京欣中农油泵油嘴维修有限公司	中国农业大学	海淀区学清路28号	100083	62736574	喷油泵维修、零配件销售、技术培训技术咨询服务
北京中农大生物技术股份有限公司	中国农业大学	海淀区清华东路17号农大东区29栋C座	100083	82375726	兽药、农药生产、销售
北京中农大科技开发有限公司	中国农业大学	海淀区圆明园西路2号	100094	62736884	技术咨询、服务
北京思农种业有限公司	中国农业大学	海淀区圆明园西路2号院	100094	62733057	玉米良种育种及销售
北京中农大地科技发展有限公司	中国农业大学	海淀区学清路甲38号金码大酒店	100083	62737868	投资管理
北京兆通建筑工程有限公司	中国农业大学	海淀区清华东路2号职工二村	10083	62736169	建筑施工、维修
北京北农大动物科技有限责任公司	中国农业大学	海淀区清华东路2号金码大厦A座803-816室	100083	82839898	高效动物饲料、优良畜禽品种及动物保健品的研制与推广
北京建工广厦资产经营管理中心	北京建筑工程学院	西城区展览馆路1号	100044	68322348	投资管理、资产经营管理(不含金融资产)
北京建工京精大房工程建设监理公司	北京建筑工程学院	西城区百万庄大街甲16号	100037	68999949	工程监理、项目管理、工程项目咨询等

续表

企业名称	所属院校	地　　址	邮政编码	联系电话	主要产品
北京建工建筑设计研究院	北京建筑工程学院	西城区展览馆路1号	100044	68308038	公共建筑设计、民用建筑设计、装修设计、园林景观设计
北京建工建方科技公司	北京建筑工程学院	西城区展览馆路1号	100044	68990728	制造、销售、安装、维修交通标志牌、标志灯箱
北京致用恒力建筑材料检测有限公司	北京建筑工程学院	西城区展览馆路1号	100044	68322529	建筑工程材料检测、施工现场技术服务、技术培训等
北京建工远大市政建筑工程公司	北京建筑工程学院	西城区展览馆路1号	100044	68336146	房屋建筑工程施工、市政公用工程施工、装修装饰
北京学宜宾馆有限公司	北京建筑工程学院	西城区展览馆路1号	100044	68322258	住宿、会议等
北京北化大投资有限公司	北京化工大学	朝阳区北三环东路15号化新楼210	100029	64435362	投资及投资管理
北京北化大科益精细化工有限公司	北京化工大学	朝阳区北三环东路15号	100029	64425056	生产销售聚乙烯蜡、氧化聚乙烯等
北京化大科技园科技发展中心	北京化工大学	海淀区紫竹院路28号	100089	88588748	企业自主选择经营项目开展经营活动
北京环峰化工机械实验厂	北京化工大学	朝阳区北三环东路15号	100029	64437213	机械密封、橡胶硫化仪等
北京新特科技发展公司	北京化工大学	朝阳区北三环东路15号	100029	64437046	化工、塑料、橡胶机械装备技术开发等
北京北化混合技术设备公司	北京化工大学	朝阳区北三环东路15号	100029	64435212	科技产品技术开发、培训、转让、咨询等
北京化大群星科技公司	北京化工大学	朝阳区北三环东路15号	100029	64435924	化工、轻工方面的技术开发、咨询等
北京京海化工技术公司	北京化工大学	朝阳区北三环东路15号	100029	64433872	化工产品技术开发、化工设备安装调试
北京化大化新科技股份有限公司	北京化工大学	密云县工业开发区	100101	58650102	技术开发、服务、转让、咨询及生物制品
北京化新通达清洗技术有限公司	北京化工大学	密云县工业开发区	100029	64432298	石油、化工等设备的化学清洗及防腐工程

续表

企业名称	所属院校	地　址	邮政编码	联系电话	主要产品
北京北化黎明膜分离技术有限公司	北京化工大学	海淀区化工大学西区院内	100089	68426022	企业自主选择经营项目开展经营活动
北京化大烛光超市有限公司	北京化工大学	朝阳区北三环东路15号	100029	64445329	购销纺织品、百货、工艺品、包装食品等
北京朝阳三环旅社	北京化工大学	朝阳区胜古南里18号楼	100029	64434719	餐饮、住宿
北京北轻苑招待所	北京工商大学	海淀区阜成路11号	100048	68985624	住宿
北京海淀北商外事楼	北京工商大学	海淀区阜成路33号	100048	68984402	住宿
北京商苑物业管理中心	北京工商大学	海淀区阜成路33号	100048	68984957	物业管理;房屋租赁
北京中传资产管理有限公司	中国传媒大学	朝阳区定福庄东街一号中国传媒大学44号楼	100024	65783519	投资管理、资产运营、资本运作、科技成果转化
北京中传东顺体育文化有限公司	中国传媒大学	朝阳区中国传媒大学体育馆1层	100024	65783116	组织文化艺术交流活动,销售文具用品、体育用品、日用品
北京中传星光文化传播有限公司	中国传媒大学	朝阳区中国传媒大学医务室3层	100024	65789504	文化信息咨询;经济贸易咨询;组织文化艺术交流活动
北京迪安隆科技发展有限公司	中国传媒大学	朝阳区中国传媒大学溢香苑4楼	100024	65783063	技术推广服务;设备租赁;经济贸易咨询;清洁服务;室内装饰服务;园林绿化;销售百货
北京佳音广播电视发展有限公司	中国传媒大学	朝阳区中国传媒大学教材科2层	100024	65779651	综合布线系统;楼宇自控系统;有线电视系统;保安监控系统
北京北广在线远程教育技术有限公司	中国传媒大学	朝阳区中国传媒大学	100024	65783471	远程教育技术开发、图书出版、电子音像制品的制作发行以及岗位培训
北京北广映画数码科技有限公司	中国传媒大学	朝阳区中国传媒大学动画学院	100024	65783457	动画、游戏及相关内容的生产与知识产权的转化

续表

企业名称	所属院校	地　址	邮政编码	联系电话	主要产品
北京中传强联文化发展有限公司	中国传媒大学	朝阳区中国传媒大学影视艺术学院5楼	100024	65783322	电影电视剧制作、新媒体艺术产品的研究开发、影视项目投资咨询
北京中传广信高科技有限公司	中国传媒大学	朝阳区中国传媒大学信息工程学院	100024	65783276	科研项目的孵化、科技成果的转化和推广；计算机软硬件和通信设备以及电子信息产品的开发、生产、销售
北京亚环影音制作有限公司	中国传媒大学	朝阳区光华路甲8号和乔大厦A座408	100026	65813801	拍摄古装剧、年代剧、现代剧、影视节目
中国政法大学出版社	中国政法大学	海淀区西土城路25号	100088	58928285 58908297	提供研究生、本科、专科、高职、中专等不分层次、多种系列的法学教材
北京明法阁文化交流有限公司	中国政法大学	昌平区府学路27号	102249	58905666 58905777	制售中餐；销售饮料；组织文化艺术交流活动；会议服务；法律咨询；电脑技术培训等
北京中地大投资管理有限责任公司	中国地质大学	海淀区学院路29号中国地质大学内	100083	82322347	投资与资产管理；科技交流和推广服务；地质勘察技术服务；企业管理
北京天成印务有限责任公司	中国地质大学	海淀区学院路29号	100083	82327006	各种印刷；货物进出口；技术进出口；计算机图文制作；打字；复印；销售文化体育用品、印刷设备
北京中地大工程勘察设计研究院有限责任公司	中国地质大学	海淀区学院路29号	100083	82327580	工程地质、水文地质、工程测量、岩土工程的设计、勘察、研究、技术咨询、培训
北京地大地质科技公司	中国地质大学	海淀区学院路29号	100083	82326697	地质勘查、岩石、土壤、矿物、水质分析测试、计算机软硬件
北京京迪广珠宝有限责任公司	中国地质大学	海淀区学院路29号	100083	82322384	珠宝玉石批发零售；首饰加工；非金属矿产品
北京捷奥斯图书有限责任公司	中国地质大学	海淀区学院路29号	100083	82322282	零售公开发行的国内版书刊、国内版音像制品；出租国内版录像制品
人大世纪科技发展有限公司(以下简称“世纪公司”)	中国人民大学	海淀区中关村大街59号	100872	62517666	中国人民大学资产经营管理公司

续表

企业名称	所属院校	地　址	邮政编码	联系电话	主要产品
北京人大文化科技园建设发展有限公司	中国人民大学	海淀区中关村大街甲 59 号人大文化大厦 2102 室	100872	82509959	大学科技园的开发、经营、管理和服务;创业投资
北京世纪明德物业管理有限公司	中国人民大学	海淀区中关村大街 59 号如论讲堂	100872	62514305	物业管理
北京世纪方兴商贸发展有限公司	中国人民大学	海淀区中关村大街 59 号人大商店	100872	62515296	销售食品、酒、副食;零售国产卷烟
中国人民大学出版社	中国人民大学	海淀区中关村大街 31 号	100080	62510566 62516586	图书出版、期刊出版、音像出版、电子和网络出版物等多媒体兼营
中国人民大学书报资料中心	中国人民大学	海淀区中关村大街 59 号文化大厦	100872	62515819	期刊出版、网络电子出版、信息咨询、广告等
中国人民大学出版社印刷厂	中国人民大学	西城区鼓楼西大街大石桥胡同 61 号	100009	64040703	出版物印刷、排版、装订、其他印刷品印刷、装订、电脑图文制作等
北京时代网格科技发展有限公司	中国人民大学	海淀区中关村大街 37 号中国人民大学附属中学 1 号楼 8 层	100080	82501923	互联网信息服务,图书零售
北京语言大学出版社	北京语言大学	海淀区学院路 15 号	100083	82303645	对外汉语及外语教材及配套产品
北京北语留学服务中心	北京语言大学	海淀区学院路 15 号教二楼 509	100083	82302114	自费留学中介
北京中石大新元投资有限公司	中国石油大学	昌平区科技园区振兴路 18 号	102200	89733056	资产管理、投资管理、技术开发、技术转让、技术咨询
北京石大翠宫招待所	中国石油大学	昌平区府学路 18 号	102249	89734001	餐饮、住宿、会议
北京石迎招待所	中国石油大学	海淀区 20 号 15 楼	100083	62396986	餐饮、住宿
北京北石新材料技术开发公司	中国石油大学	昌平区府学路 18 号	102249	89733731	耐磨材料、超硬材料及其机电、化工技术的开发、咨询、服务

续表

企业名称	所属院校	地　　址	邮政编码	联系电话	主要产品
北京石大中油油品销售有限责任公司	中国石油大学	朝阳区大屯路甲21号	100012	64856566	成品油批发和零售、便利店、车辆保养和高级手工泡沫洗车
北京中石大化学制剂有限公司	中国石油大学	顺义区牛栏山地区金牛工业开发区	101301	69411933	制造化学制剂、助剂及相关技术咨询、技术服务
北京金时石油测试技术有限公司	中国石油大学	朝阳区北展东路8号汇宾大厦A0708室	100101	84976420	开发研制生产石油测试计量与仪器、自控系统、石油钻采设备、抽油泵、油田化学剂、计算机软硬件
北京石大油软技术有限公司	中国石油大学	海淀区北四环中路229号海泰大厦1109	100083	82883190	软件技术开发、服务、电子技术咨询、培训
北京石大石工油气化工新技术有限公司	中国石油大学	昌平区科技园区振兴路18号	102200	69719241	生产销售:石油化工、机电一体化产品;化学制剂、助剂、食品添加剂
北京油源恒业科技有限公司	中国石油大学	昌平区科技园区振兴路18号	102200	89733117	盆地、油藏、环境质量评价、环境污染治理、岩土工程、科学仪器、通讯设备、电子元件技术及软件
天津市炭金能源技术有限公司	中国矿业大学(北京)	天津市塘沽区创新创业园21－B号商务楼北三层3006	300451	022－66351280	烧烤炭、速燃炭、炼钢增碳剂等型煤生产
北京中大爆破工程有限公司	中国矿业大学(北京)	海淀区学院路丁11号力建学院4楼	100083	62328936	爆破拆除工程的设计与施工
北京东方瀚科技发展有限公司	中国矿业大学(北京)	海淀区学院路丁11号宝源商务公寓1403,1405	100083	51734817 51734885	职工培训教材和高水平学术技术著作的组织策划、组织编审和出版
中关村能源与安全科技园	中国矿业大学(北京)	海淀区学院路丁11号宝源商务公寓A2－18层	100083	51733599	节能减排、绿色开采、矿山建设、固液处理、矿山机电和矿山数字化
北京首医临床医学科技中心	首都医科大学	宣武区右安门西街8号	100054	63517230	医用临床诊断试剂
北京康文书店	首都医科大学	宣武区右安门西头条10号	100069	83911058	医学图书、教材
北京黎庶科技有限责任公司	首都医科大学	宣武区右安门西头条10号	100069	83911398	学校后勤服务

续表

企业名称	所属院校	地　址	邮政编码	联系电话	主要产品
北京德健怡科技服务有限公司	首都医科大学	宣武区右安门西头条10号	100069	83911292	技术开发、文化交流与服务等
北京市宣教书店	宣武区校办产业管理中心	宣武区南新华街17号	100052	63159574	图书、百货、音像电子出版物、期刊零售
北京市居安装饰材料公司	宣武区校办产业管理中心	宣武区牛街商业街5号楼4层	100053	83548633	装饰材料、五金交电、百货、家居、制冷空调设备、木材、钢材、铝材、汽车配件安装制冷、空调设备
北京市华业文教设备公司	宣武区校办产业管理中心	宣武区南新华街17号	100052	63019231	销售文化体育用品、交电、电子计算机及配件、制冷空调设备、仪器仪表电教设备、服装鞋帽、汽车配件
北京市华业诚信物业有限管理公司	宣武区校办产业管理中心	宣武区南新华街17号	100052	63019231	物业管理、保洁服务
北京市正大出租汽车有限公司	宣武区校办产业管理中心	宣武区白广路33号现办公地址:丰台区东管头	100052	63339475	出租汽车运营服务
北京市京都图书储运公司	宣武区校办产业管理中心	丰台区东管头	100052	63339850	图书袋包装、仓储服务、普通货运
北京市星光印刷厂	宣武区校办产业管理中心	宣武区南线阁56号	100053	63588523	印刷
北京市星火汽车修理厂	宣武区校办产业管理中心	宣武区太平街12号	100050	63170073	二类汽车维修
宣教水电设备安装部	宣武区校办产业管理中心	宣武区上斜街91号	100053	83154810	水电设备安装、修理、家居装饰
师大附中书刊发行部	宣武区校办产业管理中心	宣武区南新华街安平里1号	100052	63030181	出售、出租国家允许的国内出版的教辅书、誊印服务
北京市三元诚信印刷厂	宣武区校办产业管理中心	宣武区西便门西里18号	100054	63171525	印刷、排版、装订

续表

企业名称	所属院校	地　　址	邮政编码	联系电话	主要产品
星月城装饰工程中心	宣武区校办产业管理中心	宣武区广内大街223号	100053	63043984	室内外装饰、装修工程服务
星月印刷厂	宣武区校办产业管理中心	宣武区广内大街223号	100053	63187864	书刊印刷
育兴包装运输服务部	宣武区校办产业管理中心	丰台区广莲路9号1层	100050	83102086	运输包装
北京华厚工贸中心	宣武区校办产业管理中心	宣武区育新街2号	100054	63558791	金属制品加工、标牌、灯箱、展板、模型、教学标本加工、制作、修理
琉璃厂西街旅馆	宣武区校办产业管理中心	宣武区琉璃巷5号	100052	83163352	住宿餐饮服务
摇兰体育文化用品服务中心	宣武区校办产业管理中心	宣武区槐柏树7号	100053	63185108	租赁体育场馆和设施、零售书刊、音像制品、期刊报纸、包装食品、包装冷饮、技术服务、技术培训
北京市三新轩书店	宣武区校办产业管理中心	宣武区里仁街10号	100053	83154365—8112	教材、试卷
宣武东风泡沫塑料制品厂	宣武区校办产业管理中心	大兴区安定镇伙达营村	100071	80231437	聚苯乙烯泡沫包装
北京市朝阳东方建筑工程处	朝阳区教育国有资产管理中心	朝阳区大郊亭教育局仓库	100124	67784596	房屋建筑工程施工
北京东方朝教商贸有限公司	朝阳区教育国有资产管理中心	朝阳区石佛营西里2号	100025	85851195	图书、办公用品
北京市朝教装饰服务有限公司	朝阳区教育国有资产管理中心	朝阳区小关东里12号院	100029	64982094	物业管理、抢险工程